Jörg Treffke

GUSTAV HEINEMANN

Jörg Treffke

GUSTAV HEINEMANN

Wanderer zwischen den Parteien

Eine politische Biographie

FERDINAND SCHÖNINGH
Paderborn · München · Wien · Zürich

Bibliografische Information der Deutschen Nationalbibliothek

Die Deutsche Nationalbibliothek verzeichnet diese Publikation in der Deutschen Nationalbibliografie; detaillierte bibliografische Daten sind im Internet über http://dnb.d-nb.de abrufbar.

Umschlaggestaltung: Evelyn Ziegler

Gedruckt auf umweltfreundlichem, chlorfrei gebleichtem und alterungsbeständigem Papier ∞ ISO 9706

(Verlag Ferdinand Schöningh GmbH & Co. KG, Jühenplatz 1, D-33098 Paderborn)

Internet: www.schoeningh.de

Printed in Germany. Herstellung: Ferdinand Schöningh, Paderborn

ISBN 978-3-506-76745-5

INHALTSVERZEICHNIS

VORWORT

Die vorliegende Studie ist die geringfügig überarbeitete Fassung meiner Dissertation, die im Sommersemester 2008 von der Philosophischen Fakultät der Rheinischen Friedrichs-Wilhelms-Universität Bonn angenommen wurde. Der Tag der Disputatio war der 22. September 2008.

Vielen Menschen, die zum Gelingen dieser Arbeit beigetragen haben, bin ich zu großem Dank verpflichtet. An erster Stelle möchte ich meinen Doktorvater Herrn Prof. Dr. Tilman Mayer nennen, der mir in allen akademischen Belangen – aber auch darüber hinaus – jederzeit ein zuverlässiger und hilfsbereiter Ansprechpartner war und mich in den vergangenen Jahren in vielfältiger Weise unterstützt hat. Danken möchte ich außerdem Herrn Prof. Dr. Joachim Scholtyseck, der sich freundlicherweise bereit erklärt hat, als weiterer Gutachter zur Verfügung zu stehen.

Letztendlich hätte ich diese Arbeit aber nicht ohne die Unterstützung der Konrad-Adenauer-Stiftung verwirklichen können, die mir sowohl im Studium als auch während der Promotion ein Stipendium gewährte. Danken möchte ich ferner den zahlreichen Archiv- und Bibliotheksmitarbeitern, die meine Studien durch ungezählte Hinweise und erhellende Gespräche unterstützt haben und mir dadurch einen unschätzbaren Dienst erwiesen haben. Stellvertretend für sie möchte ich besonders Herrn Wolfgang Stärcke vom Archiv der sozialen Demokratie der Friedrich-Ebert-Stiftung nennen. Auch den vielen Gesprächspartnern, die sich für Interviews zur Verfügung gestellt haben, möchte ich an dieser Stelle meinen Dank aussprechen. Zu danken habe ich darüber hinaus auch Frau Charlotte Michel, die sich insbesondere um die redaktionelle Überarbeitung des Manuskripts verdient gemacht hat.

Mein größter Dank geht aber an Judith – nicht nur für das Korrekturlesen der Arbeit, sondern vor allem dafür, daß sie mich in allen Phasen der Promotion geduldig ertragen und zugleich aufopfernd und liebevoll unterstützt hat. Ihr sowie meinen Eltern, denen ich mehr zu verdanken habe als ich in einem kurzen Vorwort niederschreiben könnte, widme ich dieses Buch.

Berlin, im Frühjahr 2009 — Jörg Treffke

EINLEITUNG

Ein politischer Solist

1. Thema und Fragestellung

Nach herkömmlichen Maßstäben war Heinemann für die Politik eigentlich denkbar ungeeignet. Im Grunde ließ er so ziemlich alle Eigenschaften vermissen, die landläufig einen ›erfolgreichen‹ Politiker auszeichnen: Heinemann ging jegliche Art von Jovialität ab, er wahrte eine klare Distanz, sein Auftreten war steif, bisweilen ungelenk, seine Sprache umständlich und bestenfalls als nüchtern zu bezeichnen. Niemals zählte er zu den ›Einer-von-uns‹-Politikern – er war die Inkarnation des protestantischen Pflichtethos. Darüber hinaus zeichnete sich Heinemann durch eine Unnachgiebigkeit, ja sogar Starrköpfigkeit aus, die mit der vorherrschenden politischen Kompromißgesellschaft unvereinbar schien. Die freie Gewissensentscheidung genoß bei ihm stets Vorrang vor der Parteilinie oder dem Fraktionszwang. Zusammengefaßt: Heinemann war der Antityp eines Parteipolitikers.

Bei den meisten Menschen ist Heinemann als der »unbequeme Präsident«[1] in Erinnerung geblieben, einer der seine Rolle als Staatsoberhaupt nicht als die eines wohlwollenden und gütigen Landesvaters interpretierte, sondern eher als die eines strengen, manchmal auch tadelnden Mahners. Er polarisierte damit, wie kaum ein zweiter in der deutschen Nachkriegsgeschichte. Noch heute ist der »Mr. Sodbrennen persönlich«[2], wie ihn Adenauers[3] Pressesprecher Felix von Eckardt[4], einmal spöttisch nannte, eine Persönlichkeit, an der sich Zeitzeugen ebenso reiben wie die Historiker.

Begründet liegt dies allem voran in Heinemanns Politik, die wie sein Charakter, vielschichtig und kontrovers, nicht frei von Brüchen und dennoch immer bestimmt durch unverrückbare Konstanten war. Nirgendwo spiegelt sich dies so deutlich wider wie in Heinemanns parteipolitischer Karriere. Heinemann betrieb seine Politik in insgesamt fünf Parteien. Als Student wurde er zunächst Mitglied der Deutschen Demokratischen Partei (DDP). 1931 schloß er sich dem evangelischen Christlich-Sozialen Volksdienst (CSVD) an. Nach dem Ende des Zweiten Weltkriegs war Heinemann Mitbegründer der Christlich-Demokratischen Union (CDU). 1952 hob er schließlich die Gesamtdeutsche Volkspartei (GVP) aus der Taufe. Fünf Jahre später trat er der Sozialdemokratischen Partei Deutschlands (SPD) bei.[5]

Ein solcher wechselhafter parteipolitischer Lebenslauf legt die Vermutung nahe, daß es sich bei Heinemann um einen politischen Solisten, einen Alleingänger gehandelt haben muß.[6] Gleichzeitig sorgt diese für einen bundesdeutschen Politiker ›untypische‹ Vita auch dafür, daß die Bewertung Heinemanns bis heute zwischen den verschiedenen politischen Lagern – und sogar innerhalb dieser Lager – heftig umstritten ist. Für die einen ist Heinemann ein »Renegat aus Veranlagung«[7], ein opportunistischer Konformist, der geradezu ein Synonym für »politisches Schwärmertum« [8] und »Illusionismus« [9] darstellt. Für die anderen ist Heinemann ein mutiger »Infragesteller«[10] und unbequemer Querdenker, ein »Von-Kopf-bis-Fuß-Demokrat«[11], ein »Protestant im besten Sinne«[12], der seine freie Gewissensentscheidung stets über die Parteiräson stellte.

Es verwundert, daß trotz dieser offen geführten Kontroversen die wissenschaftliche Auseinandersetzung mit Heinemanns parteipolitischem Wirken bisher nicht oder zumindest nur unzureichend stattgefunden hat, und das, obwohl Heinemann als Bundespräsident[13] und zweifacher Bundesminister[14] zu den exponiertesten politischen Akteuren der deutschen Nachkriegsgeschichte zu zählen ist. Trotz des guten Zugangs zu den relevanten Archivmaterialien steht eine Gesamtdarstellung von Heinemanns parteipolitischer Karriere noch immer aus, ebenso eine wissenschaftlichen Ansprüchen genügende Biographie.

Den Mittelpunkt dieser Studie bildet daher die Untersuchung der Bedingungen für Heinemanns ›untypische‹ parteipolitische Karriere. Hierfür wird vor allem nach Heinemanns Verhältnis zu den politischen Parteien zu fragen sein. Inwiefern konnte sich Heinemann mit der jeweiligen Programmatik identifizieren bzw. sich mit dem bestehenden Machtgefüge innerhalb der Partei arrangieren? Wie verlief der innerparteiliche Aufstieg bzw. Abstieg? Was waren die Gründe für den Parteieintritt bzw. für den -austritt? Abschließend soll der Frage nachgegangen werden, ob Heinemanns zahlreiche Parteiwechsel tatsächlich Folge eines politischen Zickzackkurses waren oder vielmehr Ausdruck einer ungewöhnlichen programmatischen Gradlinigkeit. Zog Heinemann tatsächlich den Parteiwechsel dem Überzeugungswechsel[15] vor oder war er doch nicht mehr als ein politischer Renegat?

Auf diesen Erkenntnissen aufbauend soll auch Heinemanns spezielles Politikverständnis[16] untersucht werden. Dabei stehen die folgenden Leitfragen im Vordergrund: Wo sind Brüche bzw. Kontinuitäten in Heinemanns politischem Denken zu beobachten? Wie verliefen die politischen Entwicklungslinien; wie veränderten sich Motivationen und Schwerpunkte? Welches Menschenbild lag seinem politischen Handeln zugrunde? Welche Rückschlüsse können aus dem Verlauf von Heinemanns parteipolitischer Karriere auf sein Staats-, Demokratie- und Parteienverständnis gezogen werden? Inwiefern beeinflußten diese Haltungen sein Amtsverständnis?

Die vorliegende Arbeit ist eine politische Biographie oder besser gesagt eine parteipolitische Biographie. Sie erhebt daher keineswegs den Anspruch, eine vollwertige und alle Lebensbereiche abdeckende Biographie zu sein – sofern es so etwas überhaupt gibt. Zwar widmet sie sich der gesamten Lebensspanne Heinemanns; zugleich ist sie aber gezwungen, manche Aspekte auszuklammern und andere nur knapp anzudeuten. So wird beispielsweise Heinemanns berufliche Tätigkeit als Rechtsanwalt, sein Engagement für die Evangelische Kirche, nicht zuletzt aber auch seine Arbeit als zweifacher Bundesminister nur am Rande angeschnitten bzw. nur dort erwähnt, wo es für die eigentliche Fragestellung dieser Arbeit von Relevanz ist. Ebenso würde die Arbeit bei dem Versuch einer erschöpfenden Würdigung von Heinemanns Bundespräsidentschaft an ihre Grenzen stoßen.

2. Quellenlage

Die Quellenbasis für eine wissenschaftlich-biographische Auseinandersetzung mit Gustav Heinemann ist umfassend. Zu nennen ist insbesondere der umfangreiche Heinemann-Nachlaß im Archiv der sozialen Demokratie (AdsD) der Friedrich-Ebert-Stiftung in Bonn, der für die vorliegende Untersuchung von zentraler Bedeutung ist. Der aus zwei Teilen bestehende Nachlaß umfaßt die gesammelte Korrespondenz, Manuskripte, Redeentwürfe, private Tagebücher sowie das publizistische Werk von 1918 bis 1976 und gewährt somit einen hervorragenden Einblick in das politische Denken und Wirken von Gustav Heinemann.

Über sein frühes politisches Wirken, vornehmlich während seiner Studentenzeit, geben die Bestände im Hessischen Staatsarchiv bzw. im Universitätsarchiv Marburg Auskunft. Zudem erwies sich die Auswertung von Nachlässen enger Studienfreunde Heinemanns als lohnenswert. So finden sich beispielsweise auch im Nachlaß von Ernst Lemmer[17] (Archiv für Christlich-Demokratische Politik der Konrad-Adenauer-Stiftung), im Nachlaß von Viktor Agartz[18] (Stiftung Archiv der Parteien und Massenorganisationen der DDR) sowie im Nachlaß von Wilhelm Röpke[19] (Privatarchiv im Institut für Wirtschaftspolitik der Universität Köln) Verweise auf Heinemanns politische Aktivitäten während seiner Studienzeit.

Hinweise zu Heinemanns politischer, kirchlicher und beruflicher Tätigkeit während des ›Dritten Reiches‹ lassen sich in Heinemanns Entnazifizierungsakte finden, die im Hauptstaatsarchiv in Düsseldorf einzusehen ist. Darüber hinaus geben die Aktenbestände der Rheinischen Stahlwerke im Konzernarchiv der ThyssenKrupp AG in Duisburg sowie die Bestände im Universitätsarchiv Köln Auskunft über Heinemanns Wirken während dieser Jahre.

Für Heinemanns politische Arbeit in der direkten Nachkriegszeit erwiesen sich sowohl die Ratsprotokolle der Stadt Essen als auch der Bestand ›Oberbürgermeister‹ im Essener Stadtarchiv als hilfreich. Darüber hinaus sind vor allem die Akten des CDU-Kreisverbandes Essen und des CDU-Landesverbandes Rheinland, die sich im Hauptstaatsarchiv Düsseldorf befinden, von Bedeutung. Auch der Bestand des Essener CDU-Kreisverbandes im Archiv für Christlich-Demokratische Politik (ACDP) in der Konrad-Adenauer-Stiftung ist, obwohl sehr klein, durchaus von Nutzen, zumal hier eine Sammlung von Jubiläums- und Festschriften der Essener CDU zu finden ist. Besonders verwiesen sei ebenso auf den Nachlaß von Gerhard Schröder[20] im ACDP, der eine Dokumentation der Auseinandersetzungen zwischen Heinemann und Adenauer beinhaltet. Unverzichtbar für die Erörterung des Konflikts Heinemann/Adenauer ist darüber hinaus der äußerst umfangreiche Nachlaß von Konrad Adenauer in der Stiftung-Bundeskanzler-Adenauer-Haus (StBKAH) in Rhöndorf.

Die Aktenbestände der Notgemeinschaft für den Frieden Europas und der GVP befinden sich im AdsD der Friedrich-Ebert-Stiftung. Neben Wahlkampfmaterialen, Broschüren und Publikationen enthalten die Bestände auch aufschlußreiche Protokolle der verschiedenen Gremien. Auch der Bestand von Erhard Eppler[21], sowie die Nachlässe von Helene Wessel[22] und Adolf Scheu[23] (alle im AdsD) gewähren einen guten Einblick in die innerparteilichen Vorgänge der GVP und beinhalten zudem eine Reihe von Parallelüberlieferungen aus Heinemanns Feder. Darüber hinaus sei besonders auf die Sammlung Willems und eine Sammlung des SPD-Parteivorstandes verwiesen, in denen Akten zur GVP zusammengestellt wurden.

Insbesondere für die Frage nach den Ostkontakten Heinemanns bzw. der GVP sind darüber hinaus die Bestände der Ost- und der Exil-CDU im ACDP bzw. die SED-Akten in der Stiftung Archiv der Parteien und Massenorganisationen der DDR in Berlin (Bestände der Kommunistischen Partei Deutschlands und der Sozialistischen Arbeiterpartei, Nachlässe von Viktor Agartz, Heinrich Rau[24], Wilhelm Pieck[25], Otto Grotewohl[26] und Walter Ulbricht[27]) aufschlußreich. Zudem wurden auch die Unterlagen des Staatssicherheitsdienstes der DDR ausgewertet[28], die zwar durchaus umfangreich, jedoch für die Fragestellungen dieser Arbeit nur wenig ertragreich sind.

Für die Darstellung von Heinemanns Beziehungen zur SPD, auch vor seinem Eintritt im Jahr 1957, war vor allem die Auswertung der Unterlagen im AdsD von Nutzen. Hier befinden sich zum einen Nachlässe politischer Weggefährten Heinemanns, wie z.B. der Nachlaß von Erich Ollenhauer[29], der Nachlaß von Fritz Erler[30] sowie der Nachlaß von Kurt Schumacher[31]. Zum anderen werden im AdsD die Protokolle der Parteigremien, insbesondere die des SPD-Parteivorstandes verwahrt, die für die Arbeit von Bedeutung sind. Im Koblenzer Bundesarchiv befindet sich schließlich das erst kürzlich der Forschung zugänglich gemachte amtliche Schriftgut des Bundespräsidialamtes, welches dabei half, Heinemanns Jahre in der Villa Hammerschmidt nachzuzeichnen.

Verzichtet wurde auf eine umfassende Auswertung der Akten des CSVD sowie der DDP, die sich – mit Ausnahme kleinerer Bestände im Geheimen Staatsarchiv Preußischer Kulturbesitz – ebenfalls im Bundesarchiv in Koblenz befinden. Zum einen liegen über beide Parteien umfassende wissenschaftliche Untersuchungen vor. Zum anderen sind in den Beständen kaum zusätzliche Informationen über Heinemanns Wirken in der entsprechenden Partei zu erwarten. Ebenso wurde von der Sichtung kirchlicher Archivmaterialien abgesehen, da Heinemanns Wirken in der Evangelischen Kirche von Deutschland (EKD) in der vorliegenden Untersuchung nur am Rande Beachtung finden kann.

Diese grundsätzlich gute Quellenlage wird zusätzlich ergänzt durch eine umfangreiche Heinemann-Bibliographie[32] und zahlreiche Editionen der Reden, Schriften und Interviews Heinemanns[33]. Darüber hinaus liegt die Edition von Heinemanns Tagebuch der Studienjahre 1919 bis 1922 vor.[34] Als ausgesprochen hilfreich erwiesen sich zudem die zahlreichen edierten Parlamentaria, wie Fraktions-, Ausschuß- und Kabinettsprotokolle[35] oder die stenographischen Berichte des Bundestags bzw. des nordrhein-westfälischen Landtags[36].

Durch die Befragung von Zeitzeugen wurden zudem neue Quellen erschlossen. Die Zeitzeugengespräche gewährten einen guten Einblick in Heinemanns Denken und seine Wesensart. Als Gesprächspartner stellten sich sowohl Familienmitglieder (Peter Heinemann[37] sowie Barbara Wichelhaus[38] und Manfred Wichelhaus[39]) als auch politische Weggefährten (Erhard Eppler, Jürgen Schmude[40] und Geert Müller-Gerbes[41]) zur Verfügung.

3. Stand der Forschung

Die überwiegend gute Quellenlage steht in Kontrast zu der mangelhaften Aufarbeitung von Heinemanns politischer Vita in der Sekundärliteratur. Bisher liegen ausgesprochen wenige umfassende bzw. ertragreiche wissenschaftliche Studien zum Leben von Gustav Heinemann vor. Eine wissenschaftlichen Standards genügende Biographie steht noch aus. Die meisten Publikationen, die sich mit Gustav Heinemann und seiner Politik beschäftigen, tendieren zu einer verklärenden Apotheose seiner Person. Die fehlende kritische Distanz zum Untersuchungsgegenstand hängt nicht zuletzt häufig mit dem fehlenden zeitlichen bzw. persönlichen Abstand der Autoren zur Person Gustav Heinemann zusammen. Auffällig ist, wie viele Werke zur Zeit seiner Bundespräsidentschaft oder in unmittelbarer zeitlicher Nähe zu ihr veröffentlicht wurden. Wissenschaftlicher Anspruch muß ihnen in den meisten Fällen abgesprochen werden. Ihnen geht es mit eigenen Worten mehr um »menschliche Vergegenwärtigung« als um »wissenschaftliche Akribie«[42]. Zu nennen sind hier vor allem die Studien von Hermann Schreiber und Frank Sommer[43], Erich Hauer[44], Joachim Braun[45], Werner Koch[46], Helmut Lindemann[47], Wilhelm Niemöller[48] und die 1986 erschienene Biographie von Hermann Vinke[49].

Obwohl bereits 1972 veröffentlicht, vermag es die Arbeit von Diether Koch die Forschungslücke bezüglich Heinemanns deutschlandpolitischen Alternativkonzepts zu schließen.[50] Trotz der Sperrfristen in den Archiven und des dadurch nur begrenzt zur Verfügung stehenden Quellenmaterials legte Koch die bisher quellen- und kenntnisreichste und bis heute maßgebliche Studie über Heinemanns frühe deutschlandpolitische Vorstellungen vor. Verwiesen sei jedoch auf Kritik an Koch, er mache sich Heinemanns Positionen zu sehr zu eigen und gehe nicht genügend auf Widersprüchlichkeiten, Ungereimtheiten und Brüche in Heinemanns Argumentation ein.[51]

Als sich im Jahr 1999 Heinemanns Geburtstag zum hundertsten Mal und ein Jahr später sein Rücktritt als Bundesinnenminister zum fünfzigsten Mal jährte, bot dies der Forschung Anlaß, den bei ›jüngeren Zeitgenossen in Vergessenheit geratenen‹[52] dritten Bundespräsidenten der Bundesrepublik durch Symposien und unterschiedlichste Publikationen[53] »wieder mehr bekannt zu machen«[54]. Das Hauptaugenmerk dieser Untersuchungen liegt jedoch entweder auf Heinemanns alternativer deutschland-politischer Konzeption oder aber auf Heinemanns Wirken als Bundespräsident. Da sie lediglich bereits Bekanntes zusammentragen und außerdem nicht selten zu historischer Verklärung neigen, sind sie ebenfalls nur von geringem wissenschaftlichen Nutzen.

Hingewiesen sei noch auf drei weitere Monographien, die mit wissenschaftlichem Anspruch bemüht sind, etwaige Forschungslücken zu schließen. Das Werk von Uwe Schütz beschäftigt sich mit Heinemanns friedenspolitischen Vorstellungen und legt damit einen detailreichen und quellengesättigten Überblick über die Jahre 1945 bis 1976 vor.[55] Josef Müllers Interesse richtet sich vor allem auf Heinemanns Engagement in der GVP, liefert jedoch in einigen einleitenden Kapiteln auch wertvolle Erkenntnisse über Heinemanns theologisch-politische Grundhaltung, seine Tätigkeit als Bundesinnenminister und über Gründung, Selbstverständnis und Wirken der Notgemeinschaft für den Frieden Europas.[56] Darüber hinaus ist die Arbeit von Karl-Ludwig Sommer zu nennen, die sich mit Heinemanns Verhältnis zur SPD beschäftigt.[57] Außerdem sei noch auf einige Veröffentlichungen – vor allem Aufsätze – verwiesen, die sich vor allem mit dem persönlichen Konflikt zwischen Gustav Heinemann und Konrad Adenauer befassen.[58]

4. Methodisches Vorgehen

Wie an kaum einem anderen methodischen Ansatz schieden sich an der Biographik[59] im 20. Jahrhundert die geschichts- und politikwissenschaftlichen Geister. Noch Anfang des letzten Jahrhunderts führte in der historischen Forschung kein Weg an der Biographie vorbei. Thomas Carlyle befand 1912: »Nach meiner Auffassung ist die Weltgeschichte, d.h. die Geschichte dessen, was der Mensch in der Welt vollbracht hat, im Grunde die Geschichte der großen Männer. [...] Die Seele der Geschichte der ganzen Welt, so darf man es mit Recht ansehen, ist ihre Geschichte.«[60] Heinrich von Treitschke erhob die Biographie mit seinem Ausspruch »Männer machen die Geschichte«[61] dann endgültig auf den Thron der Geschichtswissenschaft. 1919 bekannte schließlich Theodor Lessing: »Ich scheue [...] nicht das Bekenntnis, daß ich für die echteste und wahrhaftigste Form der Geschichte die Biographie [...] halte.«[62]

Ab der Mitte des 20. Jahrhundert begannen sich jedoch die Kritiker des biographischen Ansatzes zu formieren und rüttelten erstmals am bisher heiligen Primat der Biographik.[63] Die Verfechter einer Strukturgeschichte reduzierten die biographische Beschäftigung mit einzelnen politischen Akteuren zu einem »Sonderfall der geschichtswissenschaftlichen Kausalproblematik«[64] und räumten statt dessen gesetzmäßigen Strukturen und Typologien Vorrang ein. Aus anderer Richtung opponierten die Anhänger der Schule des *New Criticism*[65] gegen die Biographik. Sie postulierten, daß sich eine Quelle einzig und allein aus sich selbst erklären müsse und Kenntnis um die persönliche Biographie des Autors unerheblich sei bzw. leicht zu Über- und Fehlinterpretationen führe.

Gleichwohl solche Ansätze seit den achtziger Jahren wieder an Bedeutung in der wissenschaftlichen Debatte verloren, die meiste Kritik an der biographischen Methode überwunden bzw. entkräftet werden konnte und die Biographie seit einigen Jahrzehnten wieder eine Renaissance erlebt[66], wirken die geäußerten Vorbehalte noch immer nach. So beklagt beispielsweise der Historiker Jacques Le Goff[67], daß viele der vorliegenden Biographien nichts weiter als »reine und schlichte Wiederholungen der traditionellen, oberflächlichen, anekdotischen Biographie« seien, »die nach platten chronologischen Kriterien verfährt, einer überlebten Psychologie huldigt und unfähig ist, die allgemeine historische Bedeutung eines individuellen Lebens aufzuzeigen«[68]. Noch immer werden die Worte des französischen Historikers Marc Bloch[69] bemüht, der behauptet hatte, der Biograph handle wie der Menschenfresser im Märchen: Wo er Menschenfleisch riecht, wittert er seine Beute.[70]

Offensichtlich löst das Genre nach wie vor bei vielen Historikern und Politikwissenschaftlern ein gewisses »Unbehagen« [71] aus. Zu sehr scheint der Biographik durch den Vorwurf der »Theoriearmut«[72], gar der »Theorieabstinenz«[73] oder der Vorwissenschaftlichkeit etwas »Anrüchiges«[74] anzuhaften. Zu sehr scheint sie noch immer – nicht zuletzt aufgrund ihres narrativ-chronologischen Charakters[75] – im Ruf zu stehen, konservativ zu sein. Und tatsächlich ist es so, daß aufgrund der häufig ungenauen bzw. geringen Kenntnis der psychologischen Verfaßtheit des zu Portraitierenden dem biographischen Arbeiten klare Grenzen aufgezeigt sind. Der Anspruch, durch eine narrative und chronologisch gegliederte Biographie einen kohärenten Lebenslauf erstellen zu können, scheint kaum einlösbar zu sein.[76]

Trotz aller Vorbehalte bietet der biographische Ansatz dennoch die große Chance der »Totalität des Wirklichen in der Geschichte nahezukommen« [77], indem die Verflechtung eines individuellen Lebenslaufs mit dem zeitlich-historischen Umfeld zumindest ausschnittsweise dargestellt werden kann. Durch die Untersuchung der Sozialisation und der prägenden generativen Strukturen des Porträtierten wird seine Vita wiederum in den geschichtlichen Kontext eingeordnet. Die biographische Methode kann so Einflüsse, Triebfedern und Motivationen intentionalen Handelns offenlegen, erklären und zuordnen und gewährt damit spezifische Einsichten in das politische Tun und das geistige Leben einer Person. Zugleich bietet die Biographie einen historischen Zugang, um aus einem individuellen Blickwinkel heraus ein Bild der Zeit des Porträtierten zu zeichnen. Sie kann folglich auch dazu beitragen, Zusammenhänge und Brüche, historische Kontinuitäten und Diskontinuitäten zwischen verschiedenen Epochen oder politischen Systemen aufzuzeigen und sie somit in ein Relationsgefüge zueinander zu bringen.[78]

Die vorliegende Studie versteht Quellennähe als ein notwendiges Erfordernis, wobei nicht angenommen wird, daß sich die zu erforschende Geschichte in der jeweiligen Quelle selbst erzählt. Vielmehr müssen andere im Kontext stehende Quellen und historische Dokumente zur Erhellung und Erklärung herangezogen werden bzw. muß eine innere Quellenkritik überall dort vorgenommen werden, wo gesichertes historisches Faktenwissen zur Verfügung steht. Die Hermeneutik als historische Methode zur Bearbeitung der Fragestellung der Arbeit heranzuziehen liegt deshalb nahe. Auch wenn der Quellenwert von Zeitzeugenbefragungen und Tagebüchern problematisch ist, soll auf eine kritische Auswertung nicht verzichtet werden, um ein möglichst vollständiges Bild der Person Heinemann zu zeichnen.

Die Untersuchung will den Problemen des biographischen Ansatzes, nämlich fehlende Distanz zum Forschungsobjekt und psychologistische Überbewertung möglichst entgehen. Die hermeneutische Forderung nach größtmöglicher Objektivität muß selbstverständlich erfüllt werden, wohlwissend, daß eine makellose ›historische Objektivität‹ ein Trugbild ist. Zwar kann und muß willkürliche Subjektivität durch das Bewußtwerden des Vorwissens eingeschränkt werden, eigentliche wissenschaftliche Objektivität kann jedoch nur durch den Pluralismus miteinander konkurrierender Forschungsmeinungen und Werturteile verwirklicht werden.

5. Aufbau der Arbeit

Das erste Kapitel des Hauptteils befaßt sich mit Heinemanns Elternhaus, seiner Kindheit und Jugendzeit sowie seiner Zeit als Soldat im Ersten Weltkrieg. Dabei wird zum einen der Frage nachgegangen, inwiefern die monistische Erziehung Heinemanns frühe Weltanschauung beeinflußte. Zum anderen wird untersucht, welche Bedeutung die Vorfahren der Familie für den jungen Heinemann hatten. Das folgende Kapitel beschäftigt sich mit Heinemanns Engagement für die DDP. Einleitend wird zunächst eine politische Standortbestimmung des Studenten Heinemann vorgenommen. Anschließend wird sein wehrhafter Kampf gegen rechte und linke Gegner der Republik beschrieben und seine ersten politischen Gehversuche in einer deutsch-demokratischen Studentengruppe dargestellt. Daran anknüpfend widmet sich das dritte Kapitel Heinemanns Mitgliedschaft im CSVD. Einleitend befaßt sich das Kapitel zudem mit Heinemanns später Hinwendung zum evangelischen Christentum, das von nun an zu einer entscheidenden Größe und der bedeutendsten Kontinuitätslinie in seinem Leben werden sollte.

Das vierte Kapitel behandelt die zwölf Jahre nationalsozialistischer Diktatur in Deutschland, in denen Heinemann parteipolitisch nicht in Erscheinung trat und sich statt dessen für die Bekennende Kirche engagierte. Zum Schluß des Kapitels wird der Frage nachgegangen, ob Heinemann tatsächlich zu Recht als Widerständler bezeichnet werden kann. Das anschließende Kapitel untersucht die Jahre zwischen 1945 und 1952, in denen Heinemann Mitglied der CDU, seiner nunmehr dritten Partei war. Das Hauptaugenmerk liegt hier vor allem auf der Untersuchung der Bedingungen für seinen parteipolitischen Aufstieg bzw. ab 1950 für seinen Abstieg. Im sechsten Kapitel steht die Beschäftigung mit Heinemanns Engagement für die GVP im Vordergrund. Es werden vor allem die Umstände der Parteigründung geschildert, sowie die Bündnispolitik der neutralistischen Partei untersucht. Eingehend widmet sich dieses Kapitel auch der Frage, ob und inwiefern die Heinemann-Partei tatsächlich finanzielle und organisatorische Unterstützung aus dem Osten erfuhr. Das siebte Kapitel behandelt schließlich Heinemanns Zeit in der SPD. Von Interesse ist in diesem Kapitel vor allem die Analyse von Heinemanns schneller Karriere in der Partei und seiner Amtszeit als Bundesjustizminister in der Großen Koalition. Das anschließende achte Kapitel deckt Heinemanns Zeit als Bundespräsident ab. Genauere Beachtung erfahren die Umstände seiner Wahl durch die Bundesversammlung, seine politischen Schwerpunkte als Präsident und seine Zeit als Altbundespräsident.

Das letzte Kapitel orientiert sich schließlich nicht mehr am chronologischen Aufbau der vorangegangenen Kapitel sondern untersucht – aufbauend auf den zuvor gewonnen Erkenntnissen – in systematischer Weise das Politikverständnis Heinemanns. Alle Kapitel, die sich mit Heinemann und einer speziellen Partei beschäftigen, beinhalten zudem eine Darstellung des Selbstverständnisses und der Programmatik der entsprechenden Partei und untersuchen Heinemanns Verhältnis zu den jeweils anderen Parteien.

»Ein Leben – Fünf Parteien«

HEINEMANNS POLITISCHE KARRIERE

»Die Wahrheit ist nicht nach Parteien verschieden. Es muß den Menschen einmal wieder gesagt werden, daß es nicht heißt: so oder so, – sondern: Sowohl als auch! Alle haben Recht und Unrecht.«

(Tagebuchaufzeichnung vom 28. Januar 1920)

Plakat der SPD für die Bundestagswahl 1965
(Bundesarchiv, Plak 005-015-023, Grafiker: o. Ang.)

ERSTES KAPITEL

Lehrjahre eines politischen Lebens

KINDHEIT, JUGENDZEIT, MILITÄRDIENST 1899-1918

1. »Lass auch mich zum Mann geraten!« Elternhaus und Schulzeit

Gustav Walter Heinemann wurde am 23. Juli 1899 in der Kreisstadt Schwelm, zwischen Sauerland und Bergischem Land, geboren. Bereits im folgenden Jahr zog die junge Familie vom ländlichen Schwelm in die Industriemetropole Essen. Landsmannschaftlich fühlte sich Heinemann daher immer am ehesten dem Rheinland zugehörig: »Ich bin zwar in Westfalen geboren, aber schon im Jahr nach meiner Geburt ist mein Vater nach Essen übergesiedelt. Ich habe praktisch nie in Westfalen gelebt. [...] Meine Mutter ist eine typische Rheinländerin, typisch insofern, als sie zum Beispiel keinen Karneval ausgelassen hat. Mein Vater ist ein ebenso typischer – wenn Sie so wollen – Kurhesse. Ich bin also von daher gesehen landschaftlich ein Mischling. Gelebt habe ich immer in Essen, und das rechnet sich zur Rheinprovinz, obwohl auch das so eine Übergangsgeschichte ist in diesem Meltingpot, genannt Ruhr. Also wenn, dann würde ich sagen, ich bin Rheinländer.«[1] Eher noch als als ›Rheinländer‹ verstand sich Heinemann zeitlebens als ›Essener‹. Seiner Heimatstadt hielt er bis zu seinem Tod im Jahr 1976 die Treue. Das Haus in der Schinkelstraße behielt Heinemann selbst während seiner politischen Arbeit in Bonn. In der Hauptstadt begnügte er sich mit einer kleinen Abgeordnetenwohnung, die er augenzwinkernd »Einraum mit Schlafecke«[2] nannte. Mehr war nicht nötig. Schließlich behauptete Heinemann von sich, nur eine »Leihgabe der Stadt Essen an Bonn«[3] zu sein.

Im Jahr 1900, zum Zeitpunkt des Umzugs der Familie Heinemann nach Essen, zählte die Ruhrmetropole zu den am schnellsten wachsenden Städten im gesamten Reich. Um die Jahrhundertwende lebten über 400.000 Menschen in der Stadt, knapp zehnmal mehr als noch im Jahr 1850.[4] Die allgegenwärtige Firma Krupp als Hauptarbeitgeber fungierte dabei als Katalysator der rasanten Industrialisierung von Essen. Allein 72 Prozent aller Erwerbstätigen der Stadt waren zu Beginn des Jahrhunderts in der Industrie oder im Handwerk tätig – weit über 80 Prozent davon wiederum als Arbeiter. Durch die Industrialisierung und die Hochkonjunktur am Ende des 19. Jahrhunderts wurde das Gesicht der Stadt vollends verändert. War Essen noch 1850 vor allem durch eine mittelalterliche Architektur geprägt, wurde die Stadt zu Beginn des 20. Jahrhunderts durch schlichte Industriearchitektur beherrscht. Rauch und Ruß machten ein zweimaliges Staubwischen am Tag notwendig. Gesundheitlich bedeuteten die Rußpartikel eine enorme Belastung für die

Bewohner der Stadt.[5] Die Ärzte attestierten überdurchschnittlich vielen Kindern asthmatische Anfälle und eine schwache physische Konstitution. Neben der Luftverschmutzung mußten die Essener aber auch mit einer enormen Geruchsbelästigung durch die Schwefelgase der Kokereien und die ungenügende Abwasserbeseitigung leben. Hinzu kam in einigen Stadtteilen die Belastung durch ohrenbetäubenden Lärm, der wie im Fall des Kruppschen Hammerwerks mit seinen gewaltigen Dampfhämmern alles in der Umgebung übertönte.

Politisch war das mehrheitlich katholische Essen um die Jahrhundertwende fest in der Hand der Zentrumspartei und der Nationalliberalen. Die SPD spielte trotz der starken Proletarisierung der Essener Bevölkerung bis zu Beginn des ersten Jahrzehnts des 20. Jahrhunderts kaum eine Rolle. Bis 1908 gelang es ihr nicht, auch nur einen einzigen Abgeordneten in die Essener Stadtverordnetenversammlung zu entsenden.[6] Für die Sozialdemokraten war die Stadt daher über lange Jahre der »dunkelste Winkel Deutschlands«.[7] Wo in anderen Städten die SPD als Sprachrohr für die Interessen der Arbeiter auftrat, wurde in Essen diese Funktion durch die Kirchen erfüllt, deren konkrete Sozialarbeit häufig näher am Lebensalltag der Krupp-Arbeiter zu sein schien als die Parteiarbeit der SPD.

Auch die Familie Heinemann gehörte nach dem Umzug nach Essen zu den zahllosen »Kruppianern«[8] in der Stadt. Gustavs Vater Otto Heinemann[9], 1864 im nordhessischen Eschwege geboren, weigerte sich bereits in jungen Jahren, das »alte Handwerk der Heinemänner«[10], nämlich das der Metzger und Hausschlachter,[11] zu erlernen. Statt dessen wollte er »etwas Besseres werden« und der »Enge und Ärmlichkeit des Elternhauses« entfliehen.[12] Nach dem Volksschulabschluß trat er daher zunächst eine Lehrstelle bei der Steuerkasse Eschwege an. 1892 stieg er schließlich zum Sparkassen-Kontrolleur in Schwelm auf. Fünf Jahre später lernte Otto Heinemann seine spätere Frau Johanna Walter[13], Tochter des Dachdeckermeisters Gustav Walter[14] aus Barmen, kennen und heiratete sie im darauf folgenden Jahr. Nur neun Monate nach der Hochzeit folgte die Geburt des ersten Kindes: Gustav Walter. Die beiden Vornamen des Sohnes sind dabei als Ehrerbietung Ottos an seinen Schwiegervater zu verstehen, mit dem er zeitlebens eine enge freundschaftliche Beziehung führte.[15] Im Dezember 1900 folgte schließlich der Umzug von Schwelm nach Essen, nachdem sich Otto Heinemann bei Krupp erfolgreich um die Stelle des Assistenten im Büro für Arbeiterangelegenheiten beworben hatte. Während der Hundertjahrfeier der Firma Krupp[16] im Jahr 1912 wurde Otto Heinemann für seine Verdienste um das Unternehmen mit dem Preußischen Kronenorden IV. Klasse durch Kaiser Wilhelm II.[17] ausgezeichnet.[18] Bis zu seiner Pensionierung im Jahr 1931 diente sich Otto Heinemann bei Krupp immerhin noch bis zum Prokuristen hoch. Ein Aufstieg in das Direktorium des Unternehmens blieb ihm jedoch aufgrund des Fehlens eines höheren Schulabschlusses verwehrt.[19]

Allerdings brachte es die Familie Heinemann auch so zu einem gewissen Wohlstand, wenngleich es auch nicht für großbürgerliche Verhältnisse reichte. Dies, so betonte Gustav Heinemann später immer wieder, hielte er, trotz des passablen Einkommens seines Vaters und der großzügigen Pension durch die Firma Krupp,[20] für schlichtweg »zuviel gesagt«[21]. Doch auch wenn es nicht großbürgerliche Verhältnisse waren, so wuchs Gustav, als Sproß einer klassischen Aufsteigerfamilie, in durchaus geordneten bürgerlichen Verhältnissen auf.

Seit April 1906 besuchte Gustav Heinemann die Evangelische Volksschule in Essen-Rüttenscheid. Trotz seiner offensichtlich hohen Begabung war Heinemann alles andere als ein begeisterter und strebsamer Schüler. An seine Schulzeit hatte Heinemann dementsprechend nicht die besten Erinnerungen: »Ich ging nicht gern in die Schule und hatte auch nur mittelmäßige Zensuren.«[22] Bestätigung dessen sind die frühen Schulzeugnisse des kleinen ›Tüpp‹, wie Gustav Heinemann von seinen Eltern genannt wurde.[23] Im Schuljahr 1907/08 reichte es beispielsweise in Schönschreiben, Zeichnen und Rechnen lediglich für ein ›Genügend‹. Bei Lesen und Gesang stand es noch schlechter um ihn: ›Mangelhaft‹! Mahnend fügte der Klassenlehrer auf dem Zeugnis hinzu: »G. [Gustav, J.T.] muß fleißiger lesen«.[24] Die Aufnahmeprüfung am Essener Goethe-Gymnasium im März 1909 bestand Heinemann schließlich aber ebenso problemlos wie später die Prüfungen zum Notabitur im Jahr 1917.

Bis zuletzt fühlte sich Heinemann jedoch durch den Zwang und die Strenge der Schulbildung geistig eingeengt und bedrückt. Private Aufzeichnungen aus dem Jahr 1926 lassen deutlich erkennen, wie sehr diese Erfahrung offenbar die Charakterbildung des jungen Heinemann beeinflußte: »Geblieben ist aus der Zeit der Schuljahre jenes tiefe Bedürfnis nach freier und unabhängiger Gestaltungsmöglichkeit als Lebenselement.«[25] Später wurde er noch deutlicher: »Was ich geworden bin, bin ich trotz aller Schulerziehung geworden. Gar nicht ausmalen kann ich mir, was aus mir geworden wäre, wenn man zu Hause ebenso mit mir verfahren wäre wie in der Schule. Ob ich wohl jemals gelernt hätte, durch geistige Freiheit und Unabhängigkeit alles zu überwinden?«[26]

Freiheit und Unabhängigkeit waren Werte, die auch in Heinemanns Elternhaus eine zentrale Rolle spielten. Statt Gehorsam und Anpassung wurde hier »selbstbewußtes Denken«[27], Leidenschaft und Hingabe, Standhaftigkeit und ein eigener Wille als Erziehungsziele propagiert. Der Vater Otto, von seinem Sohn als »Mann des praktischen Lebens« mit einer »verstandesmäßigen Einstellung«[28] beschrieben, gemahnte den jungen ›Tüpp‹ stets aufs Neue zu Schillers ›Männerstolz vor Königsthronen‹. Heinemann berichtete darüber später: »Wenn ich mich scheute, irgendeine unnahbare Person aufzusuchen, so sagte er: ›Geh hin und sprich ganz ruhig mit ihm. Er ist ein Mensch wie du.‹«[29] Auch das Aufbegehren gegen Autoritäten förderte der Vater durch ungewöhnliche Erziehungsmethoden. So versprach er dem fünfjährigen Gustav für seine erste eingeworfene Fensterscheibe eine Belohnung von einem Taler.[30] Auch Mutter Johanna hatte bedeutenden Einfluß auf die Erziehung. Über sie urteilte Heinemann im Nachhinein, sie habe ihm »im Gegensatz zu der verstandesmäßigen Veranlagung nach der Art meines Vaters eine hochgradig reizsame, leidenschaftliche u[nd] phantasievolle Natur mit auf den Weg [gegeben], ein Umstand, der für meine spätere Entwicklung nicht ohne Einfluß geblieben ist.«[31] Wie entscheidend die liberale Atmosphäre in Heinemanns Elternhaus für seine Persönlichkeitsentwicklung war, beschrieb er später in einem Interview: »Wie kaum ein Zweiter würde ich durch natürliche Zaghaftigkeit und Autoritätsgläubigkeit ein ausgezeichnetes Objekt einer knetenden und tyrannisierenden Erziehungskunst geworden sein, wenn ich das Unglück gehabt hätte, einer solchen ausgeliefert zu werden.«[32]

Ein weiteres Element war prägend für die Charakterbildung des jungen Gustav: »die erbliche Belastung in Bezug auf Politik«[33]. Im Hause Heinemann herrschte eine ausgeprägte politisierte bzw. politisierende Atmosphäre. Vater Otto und dessen Schwiegervater Gustav Walter bemühten sich früh, dem Jungen zu vermitteln, daß in einem Staat jeder nach seinen Kräften Verantwortung für die *res publica* übernehmen müsse. Beide hingen während des Kaiserreichs »aus Opposition gegen den Kaiser«[34] der bürgerlich-liberalen Freisinnigen Volkspartei[35] an. Großvater Walter war Stadtrat in Barmen[36], Vater Otto hatte ein Mandat in der Stadtverordnetenversammlung[37] von Essen inne. Trotz massiver Anfeindungen durch die Sozialdemokratie, die kaisertreuen Parteien und das katholische Zentrum traten sie für ihre liberalen Ziele ein: Abschaffung der Monarchie, Einführung einer demokratischen Republik, Begrenzung des Einflusses der Kirchen. Nach dem Ende des Ersten Weltkrieges schloß sich Otto Heinemann dann der Deutschen Demokratischen Partei (DDP) an und wurde wenig später von Parteifreunden sogar aufgefordert, im Wahlkreis Düsseldorf-Ost für den preußischen Landtag zu kandidieren. Dieses Angebot lehnte er jedoch mit der Begründung ab, er wolle seine politischen Aktivitäten nicht »so weit [...] treiben«[38].

Gustav Heinemann, der so schon in jungen Jahren in direkten Kontakt mit der Politik kam, war stets aufs Neue begeistert, wenn sich Großvater Walter mit seinem Schwiegersohn in politischen Diskussionen erging[39]: »Wenn der Großvater auf Besuch nach Essen kam, dann saßen die beiden da und politisierten das Blaue vom Himmel herunter. Vor allem waren sie sich immer einig über die letzten Reden, die der Kaiser Wilhelm gehalten hatte.«[40] Worin diese Einigkeit bestand, läßt sich erahnen, wenn man in Otto Heinemanns Lebenserinnerungen nachliest: »Wilhelm II. habe ich gehaßt. [...] Der Seele und den wirklichen Bedürfnissen des Arbeiters stand der Kaiser ganz fremd gegenüber. [...] Einen besonders schlechten Eindruck machten seine Reden, die er oft mit und ohne besonderen Anlaß hielt, mit denen er die Staatsbürger vor den Kopf stieß.«[41] Obwohl Otto Heinemann ein »ganz harte[r] Ablehner des kaiserlich-wilhelminischen Gehabes«[42] war, war er doch ganz »von dem [...] Nationalismus seiner Zeit«[43] geprägt. Sein politisches Glaubensbekenntnis führte er in einem Satz zusammen: »Deutsch sein und national sein, mein Vaterland über alles; sozial fühlen, denken und handeln; gleiche Rechte und Pflichten für alle!«[44]

Auch in späterer Zeit scheute Otto Heinemann den Konflikt mit den Machthabern im Staat nicht. In seinen Memoiren, die er im Jahr 1943 verfaßte, geht er mutig mit den Nationalsozialisten ins Gericht: »Die Austreibung der Juden und ihre Vernichtung ist [...] eine Kulturschande. Ich lehne ab: Die dauernde politische Entrechtung des deutschen Volkes und seine Beherrschung durch die NSDAP; die vollkommene Ausschaltung der freien Meinungsäußerung; die Unterstellung jeder öffentlichen und privaten Tätigkeit der Leitung oder Führung der Partei oder ihrer Organisationen; [...] die Inhaftierung und Überführung von Volksgenossen in ein Konzentrationslager ohne richterliche Verurteilung [...].«[45] Eine solche direkte Kritik und Aburteilung des Regimes, zehn Jahre nach der ›Machtergreifung‹ Adolf Hitlers[46] und trotz der drohender Sanktionen, läßt auf eine besondere Charakterstärke und politische Prinzipientreue schließen.

Sein Sohn ließ sich schon früh von dieser politischen Leidenschaft ›anstecken‹. Dies äußerte sich nicht zuletzt auch in Heinemanns Berufswunsch. Wenn ihn zur Schulzeit jemand die Frage stellte, was er später einmal werden wolle, so antwortete er ohne zu zögern: »Rechtsanwalt! [...] Es lebte in dieser Antwort ausschließlich die dunkle Vorstellung, daß der Anwalt ein unabhängiger Mensch mit einer interessanten, am Geschehen der Gegenwart unmittelbar teilhabenden und wohl auch einträglichen Beschäftigung sei.«[47] Für den Schüler Heinemann strahlte der Beruf soviel Attraktivität aus, da er sich als Rechtsanwalt erhoffte, zum einen selbständig arbeiten zu können und zum anderen stets etwas »zu fechten, etwas auszupauken«[48] zu haben. Daß der Junge geradezu eine »Liebe zu der Aufgabe des Rechtsuchens und Rechtschaffens«[49] empfand, wurde auch in einem Theaterstück deutlich, das der damals 16-jährige Schüler verfaßte. In ›*Konradin, der letzte Hohenstaufe*‹, einem »Trauerspiel in fünf Aufzügen«, ließ er einen der Protagonisten in einer pathetischen Ansprache König Karl von Anjou[50] anklagen: »Nie wird es mich reuen, der Wahrheit und dem Recht den Mund geliehen zu haben. Bringt mich nur durch rohe Gewalt zum Schweigen! Recht bleibt Recht! Vor dem Stuhle des Richters, der auch Euch einst fordert, werdet ihr mich hören müssen!«[51]

2. »Ich werde an Euch denken!« Das schwarz-rot-goldene Vermächtnis der Vorfahren

Zeit seines Lebens fühlte sich Heinemann dem politischen Erbe seiner Familie in besonderer Weise verpflichtet. Gustav Heinemann stellte sich dabei nicht nur in die Tradition der »unerschütterliche[n] republikanische[n] Gesinnung«[52] seines Vaters und seines Großvaters, sondern er schloß dabei auch die Erinnerung an frühere Generationen seiner Familie mit ein. Interessanterweise war dabei den meisten dieser Vorfahren ein gewisses aufständisches bzw. revolutionäres Moment gemein. Bereits über den Urgroßvater Otto Heinemanns hieß es, er sei während der napoleonischen Zeit als Schreinergeselle auf der Wanderschaft ›aufsässig‹ gewesen und habe zwischen zwei berittenen Soldaten zu Fuß von Eschwege nach Kassel laufen müssen, um dort seine Strafe in einem Gefängnis abzusitzen.[53] An den napoleonischen Freiheitskriegen 1813/1814, so berichtet Otto Heinemann in seinen Memoiren, hätten sich sogar immerhin »11 Kämpfer« der Familie Heinemann beteiligt[54]. Aufzeichnungen von Ottos Großvater wiederum belegen, daß dieser 1848 mit der schwarz-rot-goldenen Fahne auf dem Marktplatz von Eschwege demonstriert habe.[55]

Auch mütterlicherseits finden sich ›Revolutionäre‹ in Heinemanns Verwandtschaft. Der »alte Traum« von einer »freiheitlich-demokratischen und rechtsstaatlichen Sozialordnung«[56] ließ Heinemanns Urgroßvater Jakob Walter[57] gemeinsam mit seinen zwei Brüdern »in der achtundvierziger Zeit ganz gründlich mitmischen«[58]. Alle drei nahmen zunächst an den Barrikadenkämpfen in Elberfeld teil. Anschließend zogen Jakobs Brüder als Freischärler nach Baden weiter, um sich dem dortigen Aufstand unter der Führung von Friedrich Hecker[59] anzuschließen.[60] Einer wurde schließlich bei einem Gefecht in der Nähe von Rastatt so schwer verwundet, daß er später in einem Lazarett seinen Verletzungen erlag. Der andere entkam nach der Niederlage einer standrechtlichen Erschießung, indem er nach

Frankreich floh, dort als Matrose auf einem Schiff anheuerte und schließlich nach Amerika emigrierte.[61] Jakob hingegen blieb im Lande und hatte von nun an »für alle Familien zu sorgen«[62]. Allerdings wurde der selbständige Schieferdecker nun, nach dem endgültigen Scheitern der Revolution, in seiner Heimatstadt Barmen als Umstürzler und Aufrührer diffamiert. Um seine Haltung zu rechtfertigen, beteuerte er in einer Zeitungsannonce, daß seine »politische Gesinnung nie anders gewesen sei, als nach einem freien und einigen Deutschland.«[63] Bei der Erziehung seines Enkels Gustav achtete Jakob Walter sehr genau darauf, daß dieser auch ja im republikanisch-freiheitlichen Geiste heranwuchs. Selbst hatte er sich als 27-Jähriger sogar für einige Zeit den Freiheitskämpfern um Giuseppe Garibaldi[64] in Italien angeschlossen.[65]

Heinemanns Großvater blieb stets darum bemüht, die Erinnerung an das schwarz-rot-goldene Vermächtnis der Familie wachzuhalten. Dem Enkelkind erzählte Walter häufig von der »revolutionären« Verwandtschaft. Der kleine Gustav lauschte fasziniert den Geschichten über den Kampf um Demokratie und Republik und wurde schließlich vom Großvater auf den Schoß gehoben, wo dieser dann dem Enkelkind das Hecker-Lied vorsang: »Er hängt an keinem Baume, er hängt an keinem Strick, er hängt nur an dem Traume der schwarz-rot-goldenen Republik.«[66] Nicht zuletzt diese familiäre Prägung ließ den jungen Heinemann schon früh ein besonderes Interesse an der Vormärz-Bewegung entwickeln. Bereits als 20-Jähriger notierte der Student Heinemann in seinem Tagebuch: »Besonders gerne beschäftige ich mich mit der 48er Revolution. Ich stöbere Zeitungen und Flugblätter aus dieser Zeit durch.«[67] Das historische Interesse an dieser Zeit bewegte Heinemann sein gesamtes Leben in besonderer, durchaus leidenschaftlicher Weise. Auch als Bundespräsident beschäftigte Heinemann sich mit diesem Abschnitt der deutschen Geschichte: »Seit Jahren habe ich es mir zur Gewohnheit gemacht, bei Besuchen in den Landkreisen und Städten unseres Landes an Hand von Chroniken und Kirchenbüchern nachzuforschen, was es in den verschiedenen Landschaften unseres Vaterlandes an freiheitlichen Regungen oder gar an örtlichen Aufständen gegeben hat. [...] Mein Interesse gilt dabei [...] den Vorläufern und örtlichen Verästelungen der Revolutionen von 1848/49 wie etwa dem Hambacher Fest von 1832 oder den Kämpfen auf den Barrikaden in Elberfeld oder um Rastatt im badischen Aufstand 1849 [...].«[68]

Doch es waren nicht nur die bloßen historisch-faktischen Vorgänge, die Heinemann an der Vormärz-Bewegung faszinierten. Vielmehr waren es das demokratische Gedankengut und die freiheitliche Gesinnung der Aufständischen, mit denen sich Heinemann auch im 20. Jahrhundert noch identifizieren konnte. Die Tatsache, daß die Paulskirchen-Verfassung die erste demokratische Verfassung Deutschlands war und als »einzige [...] von einer Volksbewegung mit Waffen verteidigt wurde«[69], betrachtete Heinemann zeitlebens als besondere Verpflichtung – nicht zuletzt auch als Verpflichtung gegenüber dem politischen Vermächtnis seiner Vorfahren. 1919 vermerkte er in Gedenken an seinen Urgroßvater Jakob und dessen Brüder in seinem Tagebuch: »Für Frieden und Freiheit, für Republik und Demokratie! Ich werde an Euch denken!«[70] Das »Festhalten an dieser Grundhaltung, die [...] einfach eine 1848er Haltung oder Tradition ist« – »also das Durchbrechen zu einem freiheitlich-demokratischen Staat«[71] – sollte für Heinemann immer einen zentralen

Bestandteil seiner politischen Grundüberzeugung bilden. Sein gesamtes späteres Wirken als Politiker ist ohne die Vergegenwärtigung der republikanisch-demokratischen und freiheitlichen Tradition, in die sich Heinemann stellte, nicht zu verstehen.[72]

3. »Ich will keinen Gott haben!« Heinemann und der Monismus

Im Dezember 1967 wurde Gustav Heinemann zum Ehrendoktor der Evangelisch-Theologischen Fakultät der Universität Bonn ernannt.[73] Die Fakultät wollte mit dieser Auszeichnung den Politiker Heinemann würdigen, der in all sein Handeln und seine politischen Entscheidungen immer auch die Botschaft des Evangeliums mit einschloß. Zugleich ehrte die Fakultät aber auch den Laientheologen Heinemann, der sich als »engagierter Christ«[74] neben »seinem beruflichen und politischen Engagement ganz in den Dienst seiner Kirche stellte.«[75] Auch heute noch ist in der öffentlichen Wahrnehmung der Politiker Heinemann aufs Engste mit dem Christen Heinemann verbunden.[76]

Doch wie auch seine parteipolitische Karriere, so ist auch Heinemanns spirituelle Entwicklung von markanten Brüchen gekennzeichnet. Heinemann wurde zwar evangelisch getauft und später auch konfirmiert, geistig stand er dem Christentum in jungen Jahren jedoch denkbar fern. Maßgeblich geprägt wurde Heinemann dabei durch die skeptische und kirchenkritische Haltung seines Vaters. Über seine Einstellung zum Christentum berichtete Otto Heinemann in seinen Lebenserinnerungen: »Bereits bei meiner Konfirmation, am Altar stehend, war ich der Kirche und dem Christentum innerlich entfremdet. [...] Meine Vernunft sträubte sich, die biblische Geschichte, die Erzählungen des Alten Testaments, die Gottesoffenbarung an Moses mitsamt der Sinaigesetzgebung als ewige Wahrheiten anzuerkennen.«[77] Später beschäftigte er sich vor allem mit der Philosophie von Schopenhauer und Kant und ließ sich von »Buddha, dem Erleuchteten, dem Nirwana, der altindischen Lehre und Konfuzius«[78] inspirieren. Nachdem Otto Heinemann gegen Ende des 19. Jahrhunderts noch mit der ›Gesellschaft für Ethische Kultur‹[79] sympathisiert hatte, schloß er sich später dem 1906 durch den Zoologen Ernst Haeckel[80] gegründeten ›Deutschen Monistenbund‹ an. Dieser Monistenbund vertrat eine an Darwin und Goethe orientierte Weltanschauung, die ausschließlich auf den erklärbaren und erforschbaren Ergebnissen der Naturwissenschaften beruhte. Die monistische Lehre lehnte jegliche Form von Theismus oder Metaphysik ab. Vielmehr hielt man alle Materie für geistig belebt. Demzufolge seien sämtliche geistige Regungen grundsätzlich an Materie gebunden. Die Vorstellung eines persönlichen Gottes wurde vom Monismus ebenso wie die Annahme eines Leib-Seele-Dualismus zurückgewiesen. Das dualistische Weltbild eines Dies- und Jenseits wurde genauso wie der Glaube an außer- oder überweltliche Wesen bzw. Kräfte als irrational und nicht verstandesmäßig abgetan und verworfen. Moral war für Monisten kein transzendentes Gebot, sondern wurde schlichtweg als das notwendige Resultat menschlichen Zusammenlebens verstanden. Alles sollte auf ein ›einziges‹ Prinzip zurückzuführen sein – die Materie bzw. die Natur. Als alleinige Erkenntnisquelle galten daher die gesicherten ›Wahrheiten‹ der Naturwissenschaften.[81]

Auch auf das Staatsverständnis hatte der Monismus konkrete Auswirkungen. Für Monisten war der Staat nicht mehr als das Ergebnis menschlichen Organisationsstrebens. Als organisches Wesen sollten dem Staat so nur weltliche Aufgaben zufallen. Ein Dualismus von Staat und Kirche wurde abgelehnt. Die eigentliche Aufgabe des Staatswesens bestehe letztlich darin, dem Einzelnen größtmögliche Freiheit zu gewähren und diese mit einer vollkommenen Ordnung des Ganzen zu verbinden.

Otto Heinemann hing bis zu seinem Tod den Lehren des Monismus an.[82] Im Christentum erkannte er keine wirkliche Alternative zur materialistisch-wissenschaftlichen Welterklärung. Vielmehr war das Christentum für Otto Heinemann nur eine Religion von vielen: »In Moses hat man ebenso einen Religionsstifter zu sehen wie in Jesus Christus, Mohammed, Buddha und anderen.«[83] Auch das doppelte Liebesgebot ›Du sollst Deinen Nächsten lieben wie Dich selbst‹ war für ihn keine originär christliche Errungenschaft, sondern vielmehr »ethischer Endpunkt aller großen Religionen«[84]. Zur Trost- oder Heilstiftung tauge das Christentum ebensowenig. Vielmehr sei es nicht mehr als »Pessimismus« und passe nicht mehr in die neue Zeit.[85] Letztendlich sei »eine gründliche Reformation der christlichen Kirchen, auch der evangelischen« dringend erforderlich. »Den Ersatz des viel zu Metaphysischen durch Realitäten« hielt Otto Heinemann für mehr als geboten.[86] Unterstützung fand Otto Heinemann bei seinem Schwiegervater, der ebenso den »Kirchenglauben ganz ablehnte«[87]. Auch wenn Gustav Walter, wie ein Freund in dessen Gradrede betonte, »eine tiefe Religiosität«[88] besaß, so war er doch, so berichtete später der Enkel, schon in den achtziger Jahren des 19. Jahrhundert aus der Kirche ausgetreten.[89] Gustav Walter wurde in dieser Entscheidung wohl nicht zuletzt auch durch die traditionell enge Verbundenheit des Protestantismus mit der verhaßten preußischen Monarchie bestärkt. Selbst nach dem Ende des Kaiserreichs sympathisierte die Mehrheit der Protestanten noch immer mit der Monarchie und neigte politisch vor allem den Deutschnationalen zu.[90]

Die »areligiös[e], freireligiös[e]«[91] Weltanschauung von Otto Heinemann färbte auch auf den jungen Gustav ab, der, »selber auch nicht so kirchlich gesonnen«[92], durch das väterliche Vorbild »bis hin zum Monistenbund hineingezogen worden« war.[93] Ebenso wie der Vater wurde Gustav zwar konfirmiert – das »gehörte sich so« – die Konfirmation hatte aber auch bei ihm keinen »tieferen Eindruck« hinterlassen.[94] Die Familie Heinemann verkehrte zu dieser Zeit mit zahlreichen Monisten. In späteren Erinnerungen berichtete Gustav Heinemann von vielen »freireligiöse[n], monistische[n] Gesprächen« mit Freunden der Familie.[95] Die Frage, aus der Kirche auszutreten, stellte sich jedoch weder für Gustav Heinemann noch für seinen Vater: »Das tat man nicht«, stellte Heinemann später einmal lakonisch fest.[96]

Mit einer bewußten philosophischen Reflexion des Monismus begann Heinemann jedoch erst während des Studiums. Nach der Lektüre der grundlegenden Schriften des Monismus notierte er in seinem Tagebuch: »Ich las Haeckels Briefe aus seiner Studentenzeit. Ein wundervolles Buch! [...] Am interessantesten der Kampf Haeckels mit sich selbst. Dämmernder und sich verstärkender Zwiespalt zwischen Glauben und

Wissenschaft. Die Leidenschaft zur Erkenntnis blieb Sieger.«[97] Wenige Tage später berichtete er über die Lektüre von Haeckels Rede ›Der Monismus als Band zwischen Religion und Wissenschaft‹[98]. Heinemann lobte die Widerlegung des Dualismus und der Annahme einer persönlichen Unsterblichkeit. »Sehr einleuchtend« erschien ihm ebenfalls die »Bevorzugung des Amphitheismus [Glaube an Gott und Teufel] als einer vernünftigeren Welterklärung vor dem Monotheismus.«[99] Heinemann kritisierte Haeckel jedoch dafür, daß dieser in seinem monistischen Glaubensbekenntnis der »christlichen Sittenlehre« nach wie vor einen gewissen Platz einräumte und sie inhaltlich zu großen Teilen bestehen ließ. Dies hielt Heinemann für einen Bruch der Stringenz der Argumentation und schlichtweg für nicht ausreichend begründet.

Nach der Lektüre von Haeckels »Gott-Natur«[100] verstärkte Heinemann diese Kritik sogar noch: »Die entscheidenste Konsequenz der monistischen Weltanschauung ist die Loslösung der christlichen Ethik, die Haeckel im Ganzen unangetastet wissen will, von ihrer dogmatischen und offenbarungsmäßigen Begründung. Sie soll verbindlich sein und bleiben, aber worauf beruht die Kraft ihrer Normen?«[101] Die Belassung einer christlich begründeten Ethik in einem monistischen System aus reiner »Zweckmäßigkeit«[102] empfand Heinemann als inkonsequent und nicht radikal genug. Für ihn stand fest, daß »kein Monist [...] an eine übernatürliche Begründung der Ethik irgendwelche Konzessionen machen« könne. [103] Als »religiös unmusikalischer«[104] Mensch empfand Heinemann keinerlei »frommes Gefühl, kein tiefstes demutsvolles Empfinden vollendeter Abhängigkeit und Bedingtheit. Gerade das Bewußtsein meiner Unabhängigkeit und meines von nichts sich beugenden freien Dastehens macht mich stark und erhebt mich. Ich kann nicht in Andacht ein Mysterium erleben, sondern ich will wissen und erkennen und seien es schließlich Grenzen, über die hinaus es kein Weiterdringen mehr gibt.«[105] Eine spirituelle Suche des Menschen hielt Heinemann *per se* für zwecklos: »Gott offenbart sich niemandem unmittelbar; ihn aber mittelbar zu finden an seinen Zeichen u[nd] in seinen Werken – das wäre wert die Aufgabe eines Lebens zu sein. Nur fürchte ich, das Leben möchte vergeblich sein.«[106]

Wie radikal Heinemanns Monismus war, wird an einer anderen Stelle seiner Tagebuchaufzeichnungen deutlich: »Wenn ich ausziehen wollte, den allgütigen, allvollkommenen und allesregierenden Gott zu suchen, so könnte mir nichts Befremdlicheres passieren, als daß ich ihn wirklich fände. Das ist es eben: Ich will keinen Gott haben! Gottesglaube, und besonders der christliche, bedeutet letzten Endes eine demütige Einstellung zum Leben, eine zufriedene Anerkennung höchster väterlicher Vorsehung in allen angenehmen und unangenehmen Geschehnissen unseres persönlichen Lebens. Ich will aber eine selbstbewußte und kämpferische Einstellung zum Leben: Selbsterlösung durch Lebenssteigerung!«[107] Den Zwiespalt zwischen dem Dualismus von Mensch und Gott wollte Heinemann überwinden, indem sich der Mensch zu seinem eigenen Gott aufschwingt: »Werdet selbst Gott und Mensch in einer Person, werdet göttergleiche Menschen!«[108].

Während dieser »atheistisch-mechanistischen Phase«[109], wie sein Studienfreund Wilhelm Röpke jene Jahre nannte, setzte sich Heinemann auf verschiedene Weise mit dem Gegensatz Theismus-Monismus auseinander. Auf einer Wanderung zum Frauenberg in der Nähe von Marburg entstand zum Beispiel ein Gedicht, das dieser Thematik gewidmet war:

»In den Tälern wohnen die Menschen mit ihrem Gott.
Da ist es stickig und dumpf.
Da wird kein kühner Gedanke geboren,
in Fesseln liegen die Kraft und der Geist.
Aber auf den Bergen ist Freiheit!
Da heult der Sturm und die Stirne ist kühl.
Da ballt sich die Faust zu eisernem Wollen,
da sucht der Fuß seinen einsamen Pfad – zur Höhe – empor!«[110]

Auch wenn Heinemanns atheistisch-materialistische Grundeinstellung hier klar zutage tritt, so wird an anderen Stellen durchaus deutlich, daß ihm die handlungsbegründenden Defizite[111] des naturwissenschaftlich-rationalen Konzepts des Haeckelschen Monismus bewußt waren: »Wenn ich in meiner Weltanschauung heute dem Monismus zuneige, so geschieht auch das wesentlich aus dem Negativen der Abkehr von Dualismus und der Kirche. Aber ich ringe noch um die Einordnung des Geistigen und Gefühlsmäßigen in den Ablauf des Weltgeschehens. Bloßes Naturgesetz und Rationalismus wollen mich nicht befriedigen.«[112] Nur wenige Wochen später äußert er sich sogar noch deutlicher: »Dagegen erscheint mir eine Weiterverfolgung der auf der Naturwissenschaft fußenden Philosophen als ziemlich unfruchtbar. Besonders Haeckel hat mir wenig gegeben.«[113] Lindemann stellt jedoch zutreffend fest, daß diese »weltanschauliche Krise« Heinemanns »freilich zunächst noch keine Hinwendung zum Christentum brachte, sondern nur eine zunehmende Ungewißheit.«[114] Heinemann erkannte, daß sein Versuch, »alle Fragen rein verstandesmäßig zu lösen«, offensichtlich Schiffbruch erlitten hatte: »Das Dasein eines Gottes konnte mir niemand beweisen, ebensowenig wie die Unsterblichkeit der Menschenseele oder die absolute Gültigkeit bestimmter ethischer Gebote. Aber ich konnte auch meinerseits nicht beweisen, daß es keinen Gott gibt, keine Unsterblichkeit usw. [...] Die Konsequenz [...] ist ein gewisser Relativismus.«[115] Letztendlich verstand sich Heinemann selbst, ebenso wie sein Vater, wahrscheinlich am ehesten als einen »Suchender«. Im Gegensatz zu seinem Sohn war Otto Heinemann jedoch »mit der religiösen Frage nie ganz fertig geworden«[116].

4. »Den schönsten Tod stirbt man fürs Vaterland!« Die Katastrophe des Ersten Weltkrieges

Gustav Heinemann war gerade 15 Jahre alt geworden, als die Julikrise 1914[117] die ganze Welt in Atem hielt. Bereits wenige Tage nach seinem Geburtstag, am 1. August 1914, wurde die deutsche Mobilmachung befohlen. Nur kurze Zeit darauf übergab der deutsche Botschafter in Moskau dem russischen Außenminister Sergei Sasonow[118] die deutsche Kriegserklärung. Die Ereignisse nahmen ihren Lauf. Am 2. August besetzte Deutschland in einem ersten feindlichen Akt Luxemburg. Einen Tag danach folgten die deutsche Kriegserklärung an Frankreich und der Einmarsch in das neutrale Belgien. Am 4. August erklärte schließlich Großbritannien dem Deutschen Reich den Krieg. Der Erste Weltkrieg hatte begonnen.

Die Nachricht vom Kriegsbeginn wurde von weiten Teilen der Deutschen »wie eine Erlösung«[119] aufgenommen. Nach Wochen der Anspannung wich nun der Druck, und das Land wurde geradezu von einer patriotischen »Hochstimmung«[120] erfüllt. Besonders stark war die Begeisterung für den Krieg beim alten Bürgertum, im Bildungsbürgertum und unter Studenten und Schülern ausgeprägt. Auch die Heinemanns wurden von der allgemeinen Kriegseuphorie erfaßt. Otto Heinemann berichtete in seinen Memoiren von dem ›Augusterlebnis‹[121]: »Der Kriegsausbruch hatte in ganz Deutschland eine ungeheure Begeisterung ausgelöst. Ich wurde an die Tage von 1870/71, an die Erlebnisse meiner Frühjugend erinnert, an das Lied: ›Es braust ein Ruf wie Donnerhall – zum Rhein, zum Rhein, zum deutschen Rhein, wir wollen alle Hüter sein!‹«[122]

Auch Gustav Heinemann wurde von der euphorischen Stimmung im Land mitgerissen. Heinemann nahm an den politischen Entwicklungen regen Anteil und verfolgte die Kriegsgeschehnisse mit großem Interesse und leidenschaftlicher Begeisterung. Seine Eindrücke und Empfindungen verarbeitete der Schüler in zahlreichen Gedichten, die er in den Jahren 1914 bis 1916 in mehreren Kladden aufzeichnete. In diesen Gedichten kommen Heinemanns Enthusiasmus und seine Kriegsbegeisterung deutlich zum Ausdruck. Die meisten seiner Gedichte handeln entweder von der ruhmvollen deutschen Geschichte oder dem Wunsch, für Deutschlands Ehre gegen den Feind zu ziehen und die Bereitschaft – wenn nötig – sein Leben für das Vaterland auf dem Schlachtfeld zu opfern. In der Elegie »Heldentod eines Jünglings« sprach er beispielsweise dem Tod des Soldaten auf dem Schlachtfeld die höchste Ehre zu:

> »Den schönsten Tod stirbt man fürs Vaterland!
> Wo wilder Kampf ertost,
> wohl dem, der da sein Ende fand!
> Er starb als Held!«[123]

Auch das Gedicht »Soldatenabschied« thematisiert in ähnlicher Weise die vermeintlich ehrenvollste Aufgabe eines jeden Deutschen, an den Kriegsfronten bis zum Letzten für Volk und Vaterland einzustehen[124]:

> »Zum Kampfe uns der König ruft,
> wer da zurückbleibt ist ein Schuft.
> Ade Geliebte, trauer nicht,
> dein Mann für Deutschlands Ehre ficht.
> [...]
> Der letzte Sieg muß unser sein,
> sonst mag der Tod uns all befrein.
> Wir tragen nie ein fremdes Joch
> und kommen nur als Sieger noch.«[125]

Obwohl Heinemann in der ersten Strophe des Gedichts durchaus Treue und Ergebenheit gegenüber dem »König« einforderte, galt seine eigentliche Loyalität – ganz in der Tradition seiner Familie – ausschließlich dem Vaterland. Trotz des nationalen Hochgefühls und der »nationalgesinnt[en]« Erziehung[126] wahrte Heinemann – ebenso wie sein Vater, der den Kaiser immer »für einen Verrückten gehalten hat«[127] – eine kritische Distanz zur Monarchie. Wenn es für Heinemann überhaupt eine Person gab, der Deutschland Größe, Stärke und Ansehen zu verdanken hätte, dann war dies keinesfalls der Kaiser, sondern einzig und allein der ›Reichsgründer‹ Otto von Bismarck.[128] Zum hundertsten Geburtstag Bismarcks am 1. April 1915 widmete Heinemann dem ›eisernen Kanzler‹ ein eigenes Gedicht:

»Zu gründen Deutschlands Macht und Wehr
warst du, mein Bismarck auserkoren.
Viel hundert Jahre ist es her,
als Deutschlands Einheit ging verloren,
als Zwietracht, Kampf und blutger Streit
zu eitler Herrschsucht sich gesellten,
als fremde Mißgunst, bloßer Neid
die heilge deutsche Eiche fällten.
Die deutsche Treue ward verkannt,
von Willkür in den Schmutz gezogen,
in tiefer Ohnmacht lag das Land,
von fremden Räubern ausgesogen.

Du aber hast es stark gemacht,
hast es geeint zu festem Bunde,
hast es gestählt in Krieg und Schlacht
und oft geprüft in schwerer Stunde.
Wie wärs wohl sonst um uns bestellt
in diesem schweren Völkerringen?
Von Waffen strotzt die ganze Welt
und möchte Deutschland niederzwingen.
Doch felsenfest und riesengroß,
so steht im Sturmwind ohne Wanken
der deutschen Freiheit Siegeslos
und dir nur, Bismarck, ist zu danken!«[129]

An ein anderes Kapitel deutscher Geschichte erinnert Heinemann in dem Gedicht »Tannenberg«. Der Schüler widmete dieses Gedicht dem Sieg der deutschen Truppen über die russische Armee in der Schlacht von Tannenberg[130] vom 30. August 1914. Entsprechend der deutschen Kriegspropaganda wertete Heinemann den deutschen Sieg in Tannenberg als späte Revanche für die im Jahr 1410 an selber Stelle erlittene Niederlage des Deutschen Ordens gegen das Heer der Polen und Litauer.[131]

»Wieder gab es Zank und Streit,
Wieder kamen rauhe Horden,
Voller Mißgunst, voller Neid,
Unser Deutschland zu ermorden.

Wieder wars auf selbgen Feld,
Wo die Heere sich jetzt trafen.
Machtlos sind die Feind zerschellt
an den starken deutschen Waffen.

Mancher Feind erschlagen lag.
Unermeßlich groß die Beute.

Also ward gerächt die Schmach
jener tapfrer Rittersleute.[132]

Nach dem triumphalen Sieg bei Tannenberg wuchs bei Heinemann die Kriegsbegeisterung schier ins Unermeßliche. Der 15jährige hatte keinen größeren Wunsch als so schnell wie möglich selber am Kriegsgeschehen teilzunehmen. Zu diesem Zeitpunkt hatten sich schon weit mehr als eine Million Freiwilliger für den Kriegsdienst gemeldet – viel mehr als ausgebildet werden konnten. Otto Heinemann berichtete in seinen Memoiren von der Flut der Kriegsfreiwilligen: »Der Zustrom an Freiwilligen war überall stark, die obersten Klassen der höheren Knabenschulen und die Universitäten leerten sich. Der Krieg hatte aufrüttelnd und stärkend auf das ganze Volk gewirkt. Selbst Alte und Schwache drängten sich zur Kriegsmithilfe.«[133]

In dem Gedicht »Laß auch mich zum Mann geraten« beklagte Heinemann, daß ihm, da er noch nicht alt genug war, nicht die Ehre zuteil würde, »die Brüder« im Kampf gegen den Feind zu unterstützen. Voller Ungeduld und Eifer bezeichnete er es als die größte Schmach, tatenlos beiseite stehen zu müssen, während andere die deutsche Nation auf den Schlachtfeldern verteidigten:

»Vater! Warum darf ich nicht?
Während meine Brüder streiten,
Tapfer Schmerz und Tod erleiden,
Tret ich vor Dein Angesicht
Ohne Anteil an der Ehre
Unsrer mutgen deutschen Heere.

Vater! Warum bin ich hier?
Sie – in Schlacht- und Kampfestoben
Ich – von aller Not enthoben
Ach, vor Scham zergeh ich schier
kaum laß ich mich hier noch halten
möchte auf die Feind zerspalten!«[134]

Doch zunächst blieb dem Jungen nicht viel anderes übrig, als weiterhin die Schulbank im Essener Goethe-Gymnasium zu drücken. Auch hier arbeitete die Kriegspropaganda auf vollen Touren[135]. Die Lehrer ließen die Schüler allerlei Aufsätze zum Krieg verfassen. Am 28. Januar 1915 lautete Heinemanns Fragestellung für den ›Hausaufsatz‹ beispielsweise: »Warum ist unser Haß gegen England begründet?«[136] In seinem Aufsatz rechtfertigte Heinemann zunächst den deutschen Einmarsch in das neutrale Belgien. »Klar und deutlich« hätten »Beweise eines [belgischen] Einverständnisses mit England und Frankreich« vorgelegen. Bereits vor dem Einmarsch hätten französische Truppen auf belgischem Boden bereitgestanden, um »von Lüttich aus in der Flanke anzugreifen.« England habe sich auf die »Seite unserer Feinde« geschlagen und diesen »heimtückischen Überfall« geplant, um so einen »lästigen Konkurrenten zu beseitigen, um neue Kolonien zu erwerben, und um den deutschen Handel an sich zu bringen.« Rücksichtslos sei die Londoner Regierung nur daran interessiert gewesen den »über alles geliebten Geldbeutel« zu füllen. »Gierig« strecke England »die Hände nach unseren Kolonien«. Als Folgerung aus all dem zog Heinemann den Schluß, daß die »Menschheit von der Herrschaft dieses gewissenlosen Krämervolkes« befreit werden müsse: »Recht und Wahrheit sollen die Welt regieren, nicht aber Hinterlist und Feigheit. England ist der Feind! Und wir sagen daher mit Recht: ›Wir lieben vereint, wir hassen vereint, wir haben alle nur einen Feind: England!‹«[137]

Auch in den Gedichten spiegelte sich Heinemanns haßerfüllte Abneigung gegen das *Empire* wider. In dem Gedicht »An England« vom Februar 1915 warf Heinemann dem Vereinten Königreich erneut vor, es sei hinterlistig, nur an wirtschaftlichem Profit orientiert und würde den direkten Kampf scheuen und daher in den Kolonien einen Stellvertreterkrieg führen lassen. In der letzten Strophe nahm Heinemann Bezug auf die Ausrufung des ›uneingeschränkten U-Bootkriegs‹ im Februar 1915 und prognostizierte Englands baldige Vernichtung.

> »Magst Dich auch zeigen erhaben und stolz,
> magst Du auch strahlen in Rüstung aus Eisen,
> alles ist Tand und zerbrechlich wie Holz,
> nichts wird Dich retten, sich tauglich erweisen.
>
> Läßt Du auch kämpfen für schmählichen Sold,
> fremde Gesellen mit schwarzem Gesicht,
> magst Du auch prahlen mit gleißendem Gold,
> nichts wird Dich retten vor Straf und Gericht.
> vMagst Du bestechen mit Worten und Geld,
> magst Du betrügen mit nichtigem Schein,
> magst Du belügen auch schändlich die Welt,
> Wahrheit wird dennoch der Sieger einst sein.
>
> Knechtschaft und Frevel Dein Reich jetzt regiert
> Geldsucht und Habgier sind Zeichen der Zeit,
> eiteler Wahnwitz zum Abgrund dich führt,
> England, o England, Du bist nicht gefeit:
>
> Rächende Strafe wird treffen Dich bald,
> eigene Waffen sich gegen Dich richten
> England, o England, der Ruf jetzt erschallt:
> U-Boote vorwärts, John Bull[138] zu vernichten!«[139]

Trotz aller Kriegsbegeisterung und militärischem Tatendrang mußte Heinemann, der seit April 1916 an »Übungen zur militärischen Vorbereitung der Jugend« teilgenommen[140] hatte, noch bis zum Juni 1917 warten, bis er seinen Gestellungsbescheid[141] in den Händen halten konnte. Heinemann hatte im Mai 1917 das Notabitur[142] bestanden und wurde nun zusammen mit den letzten sieben Schülern der Oberprima des Essener Goethe-Gymnasiums zum Kriegsdienst eingezogen.[143] Die militärische Ausbildung erhielt der Rekrut beim Feldartillerie-Regiment 22 in Münster. In zahlreichen Briefen und auf Postkarten schilderte der Kanonier Heinemann seinen Eltern den Alltag in der Kaserne. Zwar beschwerte er sich des öfteren über den rüden militärischen Umgangston, Ausgangssperren und die knapp bemessenen Lebensmittelrationen, doch alles in allem gefiel Heinemann das Kasernenleben ganz »ausgezeichnet!«[144] Anzeichen auf eine Kriegsernüchterung oder gar -verdrossenheit waren an keiner Stelle zu finden. Ebenso unterließ Heinemann jegliche negative Äußerungen über Militär und Armee.[145] Vielmehr schien sich der

Kanonier noch immer die aktive Kriegsteilnahme herbeizusehnen: »Nachmittags war wieder Unterrichtsstunde über die verschiedenen Feuerweisen, dann Exercieren mit dem Karabiner – ich kann schon einen Engländer damit umlegen! [...] Jetzt sind wir richtige Soldaten!«[146] Noch immer schien sich der Kanonier sicher zu sein: »Dieser Krieg müsse doch wohl gut für uns ausgehen.«[147]

Zu seinem ersehnten Fronteinsatz kam Heinemann jedoch nicht mehr. Anfang August 1917 erkrankte er an Fieber und mußte ins Lazarett.[148] In der Folgezeit verschlechterte sich der Gesundheitszustand weiter. Die Ärzte diagnostizierten eine Rippenfell- und Herzklappenentzündung. Trotz der Verlegung in ein Reservelazarett nach Ledde in der Nähe von Osnabrück und einigen Wochen Erholungsurlaub im Mai 1918, die Heinemann mit seiner Mutter im Allgäu verbrachte[149], besserte sich der Gesundheitszustand nur leidlich. Die Ärzte hielten den »Kümmerling« Heinemann nach wie vor für nur »wenig kräftig« und »besonders erholungsbedürftig«, was dem Rekruten schließlich den Vermerk: ›GvH – Garnisonsverwendungsfähig Heimat‹ einbrachte.[150]

Heinemann wurde zur Dienstpflicht nach Essen überstellt, wo er im Revisionsbüro von Krupp arbeitete[151] und dort für den Einkauf von Lebensmitteln für die Werksküchen verantwortlich war – »Kruppscher Gemüsehändler«[152], wie Heinemann diese Aufgabe selber spöttisch nannte. Der Fronteinsatz blieb Heinemann auch dann noch erspart, als er im November 1918 nach einer erneuten Untersuchung als ›GvF – Garnisonsverwendungsfähig Feld‹ eingestuft wurde. Die Unterzeichnung der Waffenstillstandsbedingungen am 11. November »befreite« Heinemann »endgültig von jedem Militärdienst«[153]. Zu diesem Zeitpunkt war Heinemanns Begeisterung und patriotische Hochstimmung der ersten Kriegmonate einer gedrückteren Stimmung und einer gewissen Resignation gewichen. Die Aussichten, den Krieg noch zu gewinnen, schwanden angesichts der starken Verluste und der ungeheuren Materialschlachten während des Stellungskrieges zunehmend. Infolgedessen war auch Heinemanns »Drang wieder zu den Soldaten zu kommen, um doch noch zum Siege beizutragen, erheblich dahingeschmolzen.« Zwar empfand Heinemann »die Art wie dieser Krieg zu Ende ging und insbesondere die Kapitulationsbedingungen als sehr schrecklich«, allerdings war er auch »nicht so unbedingt traurig«, nicht mehr »ins letzte Schlamassel« hinein zu müssen.[154]

Typisch für einen Vertreter des Bürgertums bzw. für einen jungen Gymnasiasten ließ Heinemann sich früh für den Krieg begeistern. Bis zuletzt stellte er den Krieg an sich nicht in Frage. Auch äußerte er zu keinem Zeitpunkt Kritik am Militär. Allerdings blieb Heinemann eine entscheidende Erfahrung erspart, die fast alle Männer seiner Generation grundlegend prägen sollte: das Fronterlebnis.[155] Wohl nicht zuletzt aufgrund dieser fehlenden ›Fronterfahrung‹ ist ein deutlicher Stimmungsumschwung lange Zeit nicht feststellbar. Länger als die meisten Frontsoldaten, die die verheerenden Stellungsschlachten miterlebt haben, glaubte Heinemann an die Möglichkeit eines deutschen Sieges. Erst während seiner Erkrankung und der langen Lazarettaufenthalte schwand die Zuversicht auf einen Sieg ebenso wie der Wunsch, selber noch in diesem Krieg zu kämpfen.

Heinemanns politische Überzeugungen waren auch während der Kriegsjahre noch immer stark durch die Ansichten des Vaters geprägt, auch wenn die aufgeklärte 48er-Gesinnung der Familie bei der Beurteilung des Krieges durch Heinemann kaum eine Rolle spielte.[156] Vielmehr wurde in den vielen schriftlichen Äußerungen der Jahre deutlich, daß Gustav Heinemann, wie sein Vater, eine patriotisch-nationale, vor allem aber anti-monarchistische Auffassung vertrat. Ein spezifisches politisches Konzept stellten diese Überzeugungen jedoch noch nicht dar.[157] Ein solches sollte Heinemann erst in den nächsten Jahren, nicht zuletzt unter dem Eindruck der Weimarer Republik, entwickeln.

ZWEITES KAPITEL

»Wir müssen Demokraten und Republikaner sein«

HEINEMANN UND DIE DDP
1919-1922

Der Krieg war zu Ende. Am 11. November 1918 hatte der Zentrumspolitiker Matthias Erzberger[1] den Waffenstillstand von Compiègne unterschrieben, der die sofortige Demobilisierung der deutschen Truppen vorsah. Zwei Tage zuvor hatte Philipp Scheidemann[2] vom Balkon des Reichtages die Republik ausgerufen und kam um zwei Stunden der Proklamation der Sozialistischen Republik Deutschland durch Karl Liebknecht[3] zuvor. Fünf Jahrhunderte Hohenzollern-Monarchie waren beendet. Der Kaiser floh in die neutralen Niederlande. Mit der Wahrung der Geschäfte des Reichskanzlers wurde der SPD-Vorsitzende Friedrich Ebert[4] beauftragt. Dieser trat für die Errichtung einer parlamentarischen Demokratie ein und wandte sich damit entschieden gegen die radikal-linken Novemberrevolutionäre, die für eine Räteverfassung eintraten und seit Beginn des Monats in immer mehr Städten und Regionen durch die Bildung von Arbeiter- und Soldatenräten die Kontrolle an sich rissen.[5] Bürgerkriegsähnliche Zustände hielten das Land in Atem. Erst nachdem Ebert Ende des Jahres ein Bündnis mit dem Rat der Volksbeauftragten und der Obersten Heeresleitung (OHL) schloß[6], war die Regierung überhaupt in der Lage, den Aufständen und Revolten auch militärisch entgegenzutreten. Doch erst, als die Regierung mit der Unterstützung der OHL und der neugebildeten Freikorps am 15. Januar 1919 den sogenannten Spartakusaufstand mit Gewalt niederschlug, verebbte die Novemberrevolution langsam. Als wenige Tage später die republiktreuen Parteien der späteren Weimarer Koalition, SPD, DDP und Zentrum bei den Wahlen zur Nationalversammlung am 19. Januar 1919 fast drei Viertel aller Stimmen auf sich vereinen konnten, schien die erste schwere Krise der jungen Republik zunächst überstanden.[7] Die »improvisierte Demokratie«[8] hatte sich für das Erste etabliert.

An den Wahlen durfte sich Heinemann noch nicht beteiligen. Trotz der Absenkung des Wahlalters auf zwanzig Jahre war Heinemann am Wahltag noch wenige Monate zu jung. Dennoch hatte sich der Student zu diesem Zeitpunkt bereits eine klare politische Meinung gebildet: Er sympathisierte mit dem liberalen Lager.[9]

Heinemanns grundsätzliches Interesse an Politik wurde durch die »gewaltige politische Erregung«[10] der Zeit zusätzlich befeuert. Er war entschlossen, jetzt nicht mehr nur untätig an der Seite zu stehen: »Man will doch auch da mitreden und miterleben.«[11] Heinemann wollte den Umbruch nutzen, um den Neuanfang mitzugestalten. Für ihn war jetzt die Zeit gekommen, für seine Überzeugung zu streiten – »Für Einheit und Freiheit, für Republik und Demokratie!«[12]

1. »Es gilt Kampf gegen den Kampf« Die politische Standortbestimmung des Studiosi Heinemann

Heinemann erlebte die revolutionären Wirren im November 1918 hautnah mit. Am 8. November hatte die Revolution Essen erreicht. Desertierte Soldaten reisten mit einem Zug aus Köln an, besetzten den Hauptbahnhof und errichteten eine »revolutionäre Bahnhofskommandantur«[13]. Von dort aus breitete sich die Revolution in kürzester Zeit über die gesamte Stadt aus. Heinemann hörte sich gerade zusammen mit seiner Mutter ein Konzert im Essener Saalbau an, als »plötzlich durch die Türen sog[enannte] Rotarmisten ein[drangen], d. h. also revolutionierende Soldaten, die entsprechend schon aussahen.« Diese »gingen so durch die Reihen der Konzertbesucher durch und wo sie einen Offizier in Uniform sahen, schnitten sie ihm die Achselstücke ab [und] machten einen großen Tumult.«[14]

Heinemann war zwar durchaus über die politische Instabilität und das Chaos, das die Revoltierenden im Lande verbreiteten, besorgt. Dennoch stand er den Novemberrevolutionären grundsätzlich positiv gegenüber. Heinemann erkannte die große Chance für einen politischen Neuanfang, die durch den landesweiten Aufstand ermöglicht wurde. Er begrüßte daher den »Sturmlauf« der Revolutionäre gegen die alten Machtstrukturen, insofern sie durch demokratische Strukturen ersetzt werden sollten: »Die Revolution brach die einseitige Macht, um sie allen zu geben. Das ist das Versöhnende in der Revolution: die Demokratie. Ein Volk – eine Welt – ein Recht!«[15] Die Errichtung eines Rätesystems lehnte Heinemann jedoch ab. Die »rückhaltlose Anerkennung der Demokratie und des Parlamentarismus«[16] hielt er für alternativlos.

Heinemann nahm die Revolutionäre und die Vertreter der neuen Regierung auch gegen die ›Dolchstoß-Legende‹[17] in Schutz, wonach die Aufständischen in der Heimat durch den politischen Umsturz den kämpfenden Soldaten an der Front in den Rücken gefallen sein sollten: »Allenthalben entfalten deutschnationale Agitatoren und von der alten Regierung übernommene Beamte eine lebhafte reaktionäre Propaganda. [...] Alles wird der Revolution zur Last gelegt, und wo nur jemanden der Schuh drückt, ist es die Schuld der heutigen Regierung. [...] Alle Mittel sind recht, um diese Geschichtsfälschung [gemeint ist die Dolchstoß-Legende, J. T.] zu stützen; alle Mittel sind recht, um die heutige Regierungsgewalt zu untergraben.«[18] Die Verantwortlichen für die schwierige Situation des Landes machte Heinemann nicht unter den Revolutionären oder den neuen Regierungsmitgliedern aus, sondern vielmehr unter den Repräsentanten und Machthabern des alten wilhelminischen Systems. Seiner Meinung nach kam gänzlich ihnen die Schuld an der »physischen und moralischen Entkräftung« des deutschen Volkes zu. Ihre »Kriegssünden« hätten von ganz alleine »zum notwendigen Umschwung geführt«[19].

Heinemanns Einstellung zum Krieg hatte sich im Vergleich zu den ersten Kriegsjahren fundamental geändert. Noch wenige Jahre zuvor begrüßte er den Krieg als notwendiges und reinigendes »Völkerringen«[20], das die deutsche Nation nur um so enger zusammenbringen und sie somit stärken würde. Den Soldatentod empfand er als eine ehrenvolle und heldenhafte Auszeichnung. Nicht zuletzt beeinflußt durch das Anwachsen der Friedensbewegung, die seit Oktober 1918 »lawinengleich«[21] über Deutschland hereinbrach, sprach Heinemann nun mit »Grauen und Entsetzen«[22] vom Krieg als wahnsinniges »Völkermorden«[23].

Bereits kurz nach dem Ende des Krieges wurden erste Bestandteile von Heinemanns friedenspolitischem Konzept erkennbar, das auch für sein späteres politisches Handeln von Relevanz sein wird. Im Mittelpunkt dieser Friedenskonzeption stand die enge Verknüpfung der Werte ›Frieden‹ und ›Demokratie‹.[24] Die Bewahrung des Friedens müsse für den Staat oberste Priorität haben. Einzig die Demokratie sei, so Heinemann, in der Lage, dies zu gewährleisten. Daher sei letztendlich ohne die Verteidigung der Demokratie auch kein Friede in Deutschland möglich.[25]

Eine Konsequenz daraus war für Heinemann, daß der neuen demokratischen Regierung bedingungslose Loyalität entgegengebracht werden mußte. Vor allem mußte sie vor den reaktionären Kräften in Schutz genommen werden, die versuchten, durch eine »zweite Revolution wieder zur monarchistischen Diktatur zu gelangen«[26]. Dabei sei jedoch offensichtlich, daß das »Macht- und Autoritätsideal« des überwundenen Systems »kläglich gescheitert [sei] und [...] immer wieder scheitern«[27] werde. Heinemann hob in seiner Kritik nicht zuletzt auch auf Bismarck ab, den er jetzt – nachdem er ihn vier Jahre zuvor in seinen Gedichten als Nationalhelden feierte[28] – als einen Vertreter des alten Regimes anklagte. Den einflußreichen »ostelbischen Junkerfamilien«, zu denen er auch Bismarck zählte, warf er vor, einzig und allein ihre eigenen Interessen verfolgt zu haben: »Die Interessen dieser Kreise waren die Interessen des Staates; die Interessen des Staates waren ihre Interessen.« Das »Sozialistengesetz« bzw. die »Zoll- und Steuerpolitik« hätten lediglich der Wahrung ihrer eigenen Machtstellung gedient.[29]

Doch Heinemann warnte nicht nur vor der Bedrohung durch die wieder erstarkenden konservativen und reaktionären Kreise. Vielmehr erkannte er eine grundsätzliche Gefahr in dem Anschwellen beider Extreme – rechter wie linker.[30] Kämpferisch konstatierte er: »Drohend steigt dieser Kampf herab. Es scheint als sei er unabwendbar. Aber wir dürfen uns nicht blindlings ergeben. Es gilt Kampf gegen den Kampf.«[31] Heinemann erhob es schließlich zur obersten Pflicht eines jeden Demokraten, »das Letzte zu versuchen, daß die Brücke zwischen den beiden Lagern nicht abreißt. Nicht weil wir Kompromißler sind, sondern weil wir den rücksichtslosen Machtkampf zwischen Rechts und Links für das größte Unheil halten, das unser ohnehin schwer geprüftes Volk treffen kann. [...] Die Demokratie steht auf dem Spiele, wenn es zum Äußersten kommt.«[32] Als »Von Kopf bis Fuß-Demokrat«[33] war Heinemann bereit, die Demokratie mit allen Mitteln zu verteidigen. Demokratie und Republik waren alternativlos, Loyalität gegenüber Staat und Verfassung oberste Pflicht.

Sosehr Heinemann eine Brücke zwischen den radikalen politischen Lagern anmahnte, sosehr forderte er die Versöhnung des liberalen Bürgertums mit der sozialistisch orientierten Arbeiterschaft. Zwar hielt Heinemann den klassischen wirtschaftsliberalen Kapitalismus für gescheitert und für »Vergangenheit«[34]. Der Ausgangspunkt von Heinemanns politischer Konzeption war jedoch ein liberales Staatsverständnis, in dessen Mittelpunkt die Freiheit des Bürgers stand. Da der Liberalismus jedoch nicht in der Lage gewesen sei, »soziale Harmonie« herzustellen und auch die als Ausweg gedachte Sozialpolitik nicht aus der Sackgasse herausgeführt habe[35], versuchte Heinemann, die liberale Grundhaltung konzeptionell mit linken bzw. sozialistischen Positionen zusammenzuführen. Sozialismus war für Heinemann die »Zukunft«[36], die Arbeiterschaft der neue Machthaber, »der Träger der neuen Werte«[37]. Dem Bürgertum hielt Heinemann vor, die Umwandlung zum Parlamentarismus versäumt zu haben, obwohl er bereits »vor dem Kriege längst möglich und erreichbar« gewesen wäre. Dem Bürgertum habe schlichtweg der »Wille zur Macht« gefehlt.[38] Anders jedoch die Arbeiterschaft. Sie habe, so Heinemann, diesen ›Willen‹ bewiesen. Mit Recht habe sich die Arbeiterschaft daher gegen die Regierung von Agrariern über das deutsche Industrievolk aufgelehnt[39]: »Die Masse ist endgültig mitbestimmend, vielleicht gar ausschlaggebend in die Geschichte eingetreten. Wohlstand, Genuß, Kultur einer Minderheit auf Kosten einer Mehrheit sind vorüber. [...] Die Minderheiten wollen nicht von ihren Vorrechten lassen. Aber sie müssen es. Demokratie!«[40] Als Konsequenz daraus erhob Heinemann die Forderung nach einer klassenlosen Gesellschaft nach sozialistischem Vorbild: »Wir müssen den Übergang finden in den nicht geschichteten, klassenlosen Kulturstaat.«[41] »Wider den Klassengeist!«[42] wurde zur zentralen politischen Parole Heinemanns.

Zwar wollte Heinemann mit dem »Gedanken der Revolution« jetzt »ernst machen«[43]. Das Rätesystem lehnte er jedoch als undemokratisch ab. Den Revolutionären warf er gar »Gelüste nach Rätediktatur«[44] vor. Allein der demokratische Sozialismus erschien Heinemann ein gangbarer Weg zu sein, um das Ziel der klassenlosen Gesellschaft zu erreichen: »Sozialismus muß sein, oder wir werden gar nicht sein!«[45] Entscheidend war für Heinemann jedoch, die sozialistische ›Klassenlosigkeit‹ vom ›Klassenkampf‹ zu unterscheiden. Heinemann wollte die Versöhnung der Klassen: »Der wahre Sozialismus kann nur ein vom Klassenkampf geläuterter sein. Die Idee des Zurück zur Gemeinschaft wird siegreich bleiben. Keine Gewalt kann sie hindern. Wir müssen u[nd] werden wieder ein einheitliches deutsches Volk werden!« Nur so hielt er Frieden und politische Stabilität für gewährleistet. Die Grundvoraussetzung zur Schaffung dieser nationalen Einheit bestand für Heinemann darin, daß das liberale Bürgertum und die sozialistischen Arbeitermassen durch die Zusammenführung linker, sozialreformerischer Ideen und freiheitlichem, liberalem Staatsverständnis miteinander versöhnt werden. Um dies zu gewährleisten, bedurfte es jedoch überzeugter Demokraten, die die Verfassung bejahten, der Regierung loyal gegenüberstanden und bereit waren, wehrhaft für die staatliche Ordnung einzutreten.

2. »Wahnsinn ist Trumpf im deutschen Vaterlande« Wehrhaft gegen Kapp und Spartakus

Heinemann hatte sich bereits am 1. August 1917, noch als Soldat, zum Studium der Rechts- und Staatswissenschaften an der Universität Münster eingeschrieben.[46] Bis zum Ende des Krieges und seinem Ausscheiden aus dem Militärdienst hatte Heinemann jedoch keine einzige Vorlesung besucht.[47] Erst ab November 1918 nahm

Heinemann als ordentlicher Student am Universitätsbetrieb teil.[48] Nur kurze Zeit darauf, wenige Wochen vor der ersten Wahl zur Nationalversammlung, schloß sich der Student einer akademischen Bürgerwehr an,[49] die ein »selbständiges und besonderes Glied« der »allgemeinen Wehr« bildete. Auftrag der fünfzig Mann starken Truppe war die »Aufrechterhaltung der Ordnung« und die »Sicherung des Eigentums«[50] vor marodierenden Aufständischen. In der Wahlnacht bewachte die Studentenwehr – mit Maschinengewehren bewaffnet – das städtische Elektrizitätswerk. Die zu großen Teilen aus ehemaligen Soldaten bestehende Studentenwehr wähnte sich für jegliche kämpferische Auseinandersetzungen gut gewappnet. »Gegen uns kommt so leicht kein Spartakusvolk auf!« [51]

Der Hauptgegner wurde also auf der linken Seite ausgemacht. Als im Februar 1919 das Militär einen Aufstand der radikalen Linken in Münster schnell und massiv niederschlug, schrieb Heinemann seinen Eltern zufrieden: »Den Spartakisten aber ist doch wenigstens einmal von vornherein der Kopf zurecht gesetzt worden.«[52] Auch einen Monat später hatte sich die Lage noch nicht wieder beruhigt. In enger Absprache mit der Weimarer Regierung plante man nun, studentische Freiwilligenregimenter regierungstreuer Truppen zu bilden. Von Münster aus sollten dazu Kuriere – auch Heinemann stellte sich hierfür zur Verfügung – an die übrigen Universitäten gesandt werden, um dort die Bildung von Studentenkorps zu organisieren.[53] »Das Ziel: endgültige Niederwerfung aller Spartakusaufstände.« [54] Zwar verzögerte sich die Aufstellung der Studentenregimenter, da sich das Kultusministerium zunächst weigerte, die Universitäten, wie gefordert, zu schließen.[55] Doch am 14. März 1919 konnte Heinemann schließlich freudig verkünden: »Unser ›Akademischer Heimatschutz, Sitz Münster i/W‹ tritt in Tätigkeit.«[56] Das Ministerium hatte der Schließung der Hochschulen zugestimmt. An allen Universitäten wurden die Studenten zur Bildung von Freikorps aufgerufen.

Befürchtungen seines Vaters, daß eine solche Truppe, der auch zahlreiche rechtsgesinnte Verbindungsstudenten angehörten,[57] leicht in reaktionäres Fahrwasser geraten könne, trat Heinemann entschieden entgegen. Innerhalb der Studentenwehr würde keinerlei Politik betrieben. Und er selbst sei schließlich »der letzte, der Wilhelm II. wieder auf seinen Thron« setzen würde.[58] Der Tatsache aber, daß er als Mitglied eines regierungstreuen Freikorps genau zwischen den Fronten stand, war sich Heinemann bewußt. Spätestens die Ereignisse um den ›gegenrevolutionären‹ Kapp-Putsch[59] von 1920 machte deutlich, daß von der radikalen Rechten eine ebenso große Bedrohung für die junge Demokratie ausging wie von den Spartakisten. Und auch dieses Mal war Heinemann – der mittlerweile sein Studium in Marburg fortsetzte – bereit, sich den Republikfeinden entgegenzustellen. An dem Tag des Umsturzversuchs notierte Heinemann in seinem Tagebuch: »Also doch diese Wahnsinnstat! Aber wir lassen uns die Republik nicht zerschlagen, wie die Monarchisten ihr Kaiserreich! [...] Wir halten fest an der alten, allein rechtmäßigen Regierung.«[60] Kurz zuvor hatte der Mitbegründer der rechtsradikalen Deutschen Vaterlandspartei Wolfgang Kapp[61], unterstützt durch General Walther Freiherr von Lüttwitz[62] und die von ihm befehligte Marinebrigade ›Ehrhardt‹, die am Morgen in Berlin einmarschiert war, erklärt: »Die bisherige Reichsregierung hat aufgehört zu sein.«[63] Die gesamte Staatsgewalt sei nun auf den neuen Reichskanzler Kapp übergegangen. Das politische Ziel der neuen Regierung sollte keine »Reaktion, sondern eine freiheitliche Fortbildung des Deutschen Staates, Wiederherstellung der Ordnung und der Heiligkeit des Rechtes« sein. »Pflicht und Gewissen« sollte wieder in deutschen Landen regieren.[64]

Nachdem zu befürchten stand, daß sich Teile der Marburger Studentenschaft dem Putschversuch anschließen würden, bildete sich an der Universität sofort ein Aktionsausschuß der drei Regierungsparteien und der Unabhängigen, »um etwaigen Versuchen dieser Art entgegenzuarbeiten.«[65] Als der Ausschuß einen Boten suchte, der bereit war, am nächsten Tag nach Kassel zu reisen, um dort mit dem Oberpräsidenten über die sofortige Entwaffnung der rechtsstehenden Studentenschaft zu verhandeln, fiel die Wahl auf Heinemann. Durch die Wirren des Putschversuchs erwies sich dieser Auftrag jedoch als schwieriger als zunächst angenommen. In Kassel angekommen, wurde Heinemann, der auf der Suche nach dem Oberpräsidenten war, von »Putschisten mit schwarz-weiß-roten Armbinden«[66] aufgegriffen und kurzzeitig in Schutzhaft genommen.[67] Erst am Abend setzte man ihn wieder auf freien Fuß und ließ ihn dem Oberpräsidenten die Anliegen des Aktionsausschusses vortragen.[68]

Es blieb schließlich bei nur »fünf Tagen Militärdiktatur«[69]. Der Putsch brach bereits am 17. März 1920 nicht zuletzt wegen des passiven Widerstandes der Ministerialbürokratie, der mangelnden Unterstützung der Reichswehr und des Generalstreiks der Gewerkschaften, zusammen. Der Staatsstreich offenbarte jedoch die Verwundbarkeit der Republik. Auch Heinemann beklagte das politische Chaos, das die Putschisten hinterließen: »Die Kappschen Verbrecher können sich rühmen, Deutschland noch einmal ins Unglück gestürzt zu haben. Die Wirrnisse, die ihr Berliner Aufruhr ausgelöst hat, werden noch lange anhalten.«[70]

Trotz des raschen Scheiterns des Putsches war das Land in Aufregung. Allenthalben griffen Unruhen um sich: »Wahnsinn ist Trumpf im deutschen Vaterlande.«[71] Die erneut aufkochenden »Gelüste nach Rätediktatur«[72] der Linken mobilisierten auch die Studenten aufs Neue. Zahlreiche regierungstreue Studenten meldeten sich als Zeitfreiwillige[73] zur Unterstützung der Reichswehr – darunter Heinemann. Die Republikaner setzten sich gegen den Widerstand der zunehmend rechtsgerichteten ›Studentenkompanien‹ durch, die, so Heinemann, »im innersten Herzen« mit »Kapp und Genossen« sympathisieren würden, und bildeten eine »eigene, selbständige Truppe«. Die Regierung sollte endlich einmal »durch und durch republikanische Kerntruppen in die Hand bekommen«.[74]

Die neue regierungstreue Volkskompanie, die sich, im Gegensatz zu den reaktionär gesinnten Studentenkompanien, aus »allen Kreisen der Bevölkerung, Arbeitern, Angestellten und Akademikern rekrutierte[75], verstand sich als Teil der demokratischen Gesellschaft. Verbunden durch das »gemeinsame demokratische Ideal und die Liebe zur jungen deutschen Republik«[76] wollte man, anders als bei der Reichswehr oder den reaktionären Studentenkompanien, Tendenzen entgegenwirken, einen »Staat im Staate« zu bilden. Nicht selten erntete die Volkskompanie daher »Hass und Verachtung« der übrigen Marburger studentischen Zeitfreiwilligen, was »sich bis zum Ausspeien schwarz-rot-gold verstieg«[77].

Am 25. März 1920 wurde die ›Marburger Volkskompagnie‹ nach Thüringen abkommandiert. Dort sollte sie aufständische bzw. streikende Arbeiter entwaffnen und Ruhe und Ordnung gewährleisten. Hoffnungsvoll schrieb Heinemann seinen

Eltern aus Eisenach: »Ruhe, Frieden und Vernunft müssen doch die Menschen lehren, daß es ein Wahnsinn ist, durch Gewaltmaßnahmen Deutschland weiter zu beunruhigen und in seinem Wiederaufstieg zu stören. Die Republik und die Demokratie werden sich durchsetzen und sie müssen es, weil sie die einzige Möglichkeit zu einer Zusammenfassung aller Kräfte am Wiederaufbau unseres Vaterlandes bieten.«[78]

Zwar bewies Heinemann während dieser Tage, daß er als wehrhafter Demokrat durchaus bereit war, die staatliche Ordnung aktiv und notfalls auch mit Waffengewalt zu verteidigen. Jedoch hatte diese Kampfbereitschaft auch eine Grenze – und zwar dort, wo ein bedingungsloser Kampf zwischen Staatsfeinden und Staatsverteidigern auf dem Rücken des deutschen Volkes ausgetragen werden würde. Um »das Schrecklichste« abzuwenden, war Heinemann auch zum »Verhandeln und Nachgeben«[79] bereit: »Meinetwegen auch Räteherrschaft, aber nur keine Belagerung, Aushungern, Erobern [...]. Nur ein Trümmerhaufen würde übrigbleiben.«[80]

Für Heinemann war klar: Die Feinde der Republik waren mit Waffengewalt vielleicht kurzzeitig aufzuhalten, nicht aber endgültig zu schlagen. Ein Sieg für die Demokratie konnte daher nur durch politischen Kampf errungen werden – und Heinemann war bereit, sich auf diesen Kampf einzulassen: Er wurde Mitglied der DDP.

3. »Wir schützen die Republik!« Selbstverständnis und Programmatik der DDP

Die Deutsche Demokratische Partei war eine der wenigen wirklichen Neugründungen der Weimarer Republik. Bereits am 16. November 1918, nur fünf Tage nach der Unterzeichnung des Waffenstillstandsabkommens, veröffentlichte das ›Berliner Tageblatt‹ einen Aufruf[81] zur Gründung einer neuen, demokratischen Partei – der DDP. »Da die Gewalten von Gestern [...] dem Untergang verfallen« seien, seien nun alle dazu aufgerufen, den demokratischen Staat »gegenüber jeder Reaktion zu verteidigen.«[82]

Initiator des Aufrufes war der Chefredakteur des ›Tageblatts‹ Theodor Wolff[83]. Unter den Unterzeichnern des Aufrufes finden sich vor allem Politiker der ehemaligen Fortschrittlichen Volkspartei[84] bzw. des linken Flügels der Nationalliberalen Partei[85]. Darüber hinaus konnte Wolff zahlreiche namhafte Persönlichkeiten des öffentlichen Lebens für seine Idee einer liberalen Partei gewinnen. So zählten u.a. der Wissenschaftler Albert Einstein[86], der Soziologieprofessor Max Weber[87], der Bankier Hjalmar Schacht[88] und der Strafrechtler Franz von Liszt[89] zu den Unterzeichnern des Aufrufes.

Noch am 16. November begannen Verhandlungen zwischen den Vorständen der Fortschrittlichen Volkspartei und der Nationalliberalen Partei. Das Ziel war die Schaffung einer einheitlichen und schlagkräftigen liberalen Sammlungspartei.[90] Dem Zusammenschluß aller liberalen Kräfte in einer einzigen Partei standen jedoch zum einen die programmatischen Differenzen zwischen Linksliberalen und Nationalliberalen und zum anderen das persönliche Zerwürfnis zwischen Theodor Wolff und Gustav Stresemann[91], der Mitglied der Nationalliberalen Partei war, entgegen.[92] Zwar schlossen sich zunächst die meisten Nationalliberalen der DDP an, unter anderem der Vorsitzende der Nationalliberalen Partei Robert Friedberg[93]. Unter dem maßgeblichen Einfluß von Stresemann entschied jedoch der Zentralvorstand der Nationalliberalen, die Verhandlungen mit der DDP abzubrechen und statt dessen die Nationalliberale Partei unter dem neuen Namen ›Deutsche Volkspartei‹ (DVP) weiterzuführen. Die Einigung der liberalen Bewegung in einer Partei war gescheitert.[94]

Das auf dem außerordentlichen Parteitag der DDP im Dezember 1919 beschlossene Programm[95] war durch ein »Spannungsfeld von demokratischem Nationalismus und internationalem Friedensdenken«[96] geprägt. Von der DVP unterschied sich die DDP vor allem in der Auffassung über die Staatsform des neuen Deutschlands. Während die Nationalliberalen die Entscheidung bis auf Weiteres offenlassen wollten – nicht zuletzt, um so die Möglichkeit der Wiederherstellung der Monarchie gewahrt zu wissen –, bekannte sich die DDP bedingungslos zur »Demokratie als Staatsgrundlage«. Sie sei, so Friedrich Naumann[97], der erste Vorsitzende der DDP, das »aus inneren und äußeren Gründen Unvermeidliche«[98]. »Jeder Form von Diktatur« wurde eine Absage erteilt.[99] Die Partei stand ganz »auf dem Boden der Weimarer Verfassung«. »Zu ihrem Schutz und zu ihrer Durchführung«[100] fühlte sie sich berufen[101]: »Wir schützen die Republik! Wir schützen die Verfassung!«[102] Als »eigentlicher Träger des Weimarer Staates«, als »Verfassungspartei« und »Staatspartei«[103], forderte die DDP daher in ihrem Parteiprogramm ein föderales System, das Prinzip der Selbstverwaltung, eine rechtsstaatliche Ordnung und die Gleichstellung von Mann und Frau.

Außenpolitisch vertrat die Partei einen revisionistischen Kurs. Die Bestimmungen der Versailler Friedensverträge wurden aufs Schärfste abgelehnt.[104] Niemals wollte man »das Diktat der Gewalt als bleibende Rechtsordnung« hinnehmen, niemals »die Absplitterung deutscher Volksteile vom Vaterland« anerkennen.[105] Auch der »Raub der Kolonien« wurde durch die DDP angefochten. Für sie besaß Deutschland wegen seines »Anteils an der geistigen Hebung der Menschheit« das Recht auf »kolonisatorische Betätigung«[106]. Zugleich forderte die Partei die Errichtung eines Völkerbundes als Garant der nationalen Gleichberechtigung, die »Völkerhaß und Völkerverhetzung« überwinden hilft.[107]

Einen weiteren Eckpfeiler des Parteiprogramms der DDP bildeten die Aussagen über die Errichtung des deutschen »Kulturstaates«, der als die »höchste Schöpfung menschlichen Geistes« empfunden wurde.[108] Kernforderungen waren: die Lehr- und Lernfreiheit, die Einheitsschule, die helfen sollte, die »soziale, politische und religiöse Zerklüftung« der Gesellschaft zu überwinden, ein staatliches Schulmonopol und als »Krönung des Kulturstaates« schließlich die Verwirklichung weltanschaulicher Neutralität durch »allmähliche« Trennung von Kirche und Staat.[109]

»Auf dem Gebiete der Wirtschaft« sollte »der Staat des sozialen Rechts«[110] verwirklicht werden. Grundsätzlich wurde an einer privatwirtschaftlichen Organisation festgehalten.[111] Vergesellschaftungen und Verstaatlichungen lehnte die DDP mit Hinweis auf die »tödliche Bürokratisierung der Wirtschaft«[112] ab. Nur für

»monopolistisch entwickelte Wirtschaftsgebiete«[113] habe »der Staat sein Hoheitsrecht zu wahren«[114] und dürfe die »Idee der Sozialisierung«[115] umsetzen. Innerhalb der Betriebe forderte die Partei die Abkehr vom alten Herrschaftsverhältnis zugunsten eines solidarischen Gemeinschaftsverhältnisses. Emanzipierte Arbeiter und Angestellte sollten vom »Betriebsuntertan« zum »Betriebsbürger« werden.[116] Durch die Aufhebung der Klassengegensätze durch den »Interventionsstaat«[117], nicht zuletzt unter Zuhilfenahme von Umverteilungssteuern, erhoffte man die klassenlose, »solidarische Arbeits- und Volksgemeinschaft« zu erreichen.[118]

So wie das Parteiprogramm der DDP eine Brücke zwischen Arbeiterschaft und Bürgertum schlagen wollte, so wollte auch die Partei nach den Wahlen eine Brücke zwischen Sozialdemokratie und den bürgerlichen Parteien schlagen.[119] Durch den überraschenden Wahlerfolg im Januar 1919, der die Partei mit 74 Mandaten zur drittstärksten Fraktion machte, sah sich die Partei in ihrem republiktreuen Kurs bestätigt und beteiligte sich neben der SPD[120] und dem Zentrum als dritte Partei an der sogenannten ›Weimarer Koalition‹[121]. Trotz eines hohen Organisationsgrades – die Partei umfaßte 1919 bereits 900 000 Mitglieder – konnte der Wahlerfolg von 1919 nicht wiederholt werden. Bereits die nächsten Wahlen im Juni 1920 wurde für die DDP zum »Katastrophentag«[122]. Die Linksliberalen verloren mehr als die Hälfte der Wählerstimmen und kamen nur noch auf acht Prozent. Fraktionierung und Flügelbildung irritierte die, zu weiten Teilen aus dem Bürgertum stammende, Wählerklientel ebenso wie die enge politische Bindung an die SPD.[123] Nicht wenige Wähler hatten 1919 gerade deshalb der DDP ihre Stimme gegeben, da sie ihnen als das einzige relevante Gegengewicht zur Sozialdemokratie erschien.[124] Auch das Fehlen einer wirklich charismatischen Identifikationsfigur – Friedrich Naumann, der eine solche Aufgabe hätte übernehmen können, starb bereits im August 1919[125] – begünstigte den Abstieg der Partei bei den folgenden Wahlen. Ebenso zollte die DDP der Tatsache Tribut, daß sich die Partei – anders als SPD und Zentrum – nie auf ein fest angestammtes und strukturell geschlossenes Wählermilieu stützen konnte.[126] Schwerwiegende finanzielle Probleme der Partei und massiver Mitgliederschwund machten die Krise der DDP schließlich perfekt.

Zusehends verloren die Linksliberalen an politischem Gewicht. Einst angetreten, um eine Mittlerposition zwischen den Parteien einzunehmen, stand die DDP zunächst zwischen den Stühlen und wurde schließlich zunehmend zwischen den Blöcken zerrieben. »Die Rolle von sozusagen zwei Parteien zu spielen, zu vermitteln zwischen Arbeiterschaft und Bürgertum, den Bogen zu spannen zwischen Kaiserreich und Republik, den Gegensatz in sich zu verarbeiten zwischen einer konservativen und einer progressiven Partei, [...] dazu hätten auch die Energien einer besser geführten, schlagkräftiger organisierten und finanziell weniger bedrängten Partei kaum gereicht«.[127] Bei den Reichstagswahlen 1924 kam die Partei nur noch auf 5,7 Prozent der Stimmen, 1928 nur noch auf 4,9 Prozent. Auch das Zusammengehen mit der bündisch-völkischen Volksnationalen Reichsvereinigung und die Umbenennung in Deutsche Staatspartei (DStP) konnten den Verfallsprozeß nicht aufhalten.[128] Von ehemals 900.000 Mitgliedern waren 1930 nur noch knapp 110.000 übrig. Bei den Reichstagswahlen 1930 erreichte die Partei nur noch 3,8 Prozent der Stimmen. Nach einer Abspaltung rechtsliberaler Gruppen besaß die DStP zeitweise nicht einmal mehr Fraktionsstärke. Bei den beiden Reichstagswahlen 1932 erreichte sie jeweils nur noch 1,0 Prozent. Nur durch eine Listenverbindung mit der SPD kam die Rest-DStP im März 1933 noch einmal auf fünf Mandate.[129] Am 23. März 1933 schließlich stimmte die Partei für Hitlers ›Ermächtigungsgesetz‹. Im Juni desselben Jahres beschloß der Vorstand die Auflösung der Partei.[130]

4. »Eine ganz besondere Art Studentenleben« Politische Gehversuche während des Studiums

Wie im gesamten Land, so begann sich auch in Münster bald nach dem Kriegsende das politische, vor allem auch das parteipolitische Leben neu zu organisieren. »Beinahe täglich« fanden »große Studentenversammlungen statt.«[131] Mit großem Interesse und wachem Auge beobachtete Heinemann die Aktivitäten der verschiedenen Parteien im Vorfeld der Wahlen zur Nationalversammlung, deren »schleunige« Konstituierung er für das »wichtigste Erfordernis der Stunde« hielt.[132] Vor allem die Bemühungen der Zentrumspartei verfolgte er mit Skepsis. Ihr erbitterter Kampf gegen die Trennung von Kirche und Staat stieß bei dem kirchenkritischen Monisten Heinemann auf Ablehnung. Durch die rege Betriebsamkeit des Zentrums fühlte sich jedoch das liberale, bürgerliche Lager unter Zugzwang gesetzt. Um nicht ins Hintertreffen zu geraten, sahen sich einige bürgerlich gesinnte Studenten, unter ihnen auch Heinemann, veranlaßt, es dem »Zusammenschluß der katholischen Studierenden« gleichzutun und einen »Verein im neu-nationalliberalen Sinne« zu gründen, der über den Rahmen der Universität hinausgreifend, alle bürgerlich denkenden Nicht-Zentrumsanhänger zusammenfassen sollte.[133] In Hinblick auf die weltanschaulichen Unterschiede zwischen dem katholischen und dem bürgerlich-liberalen Lager prophezeite Heinemann: »Das werden noch erbitterte Kämpfe werden!«[134]

Für die Gründung dieser Vereinigung fanden sich einige Studenten am Abend des 3. Dezember 1918[135] in Münster zusammen: »Gestern abend hat sich nach 2 ½ stündiger, erregter und zeitweilig infolge bedauerlicher persönlicher Reibereien und Ungeschicklichkeiten völlig gespaltener Versammlung die Bildung einer ›freien politischen Vereinigung‹ angebahnt.« Diese ›freie politische Vereinigung‹ war »ohne parteipolitische und konfessionelle Bindung« und sollte »durch Veranstaltung von Vorträgen führender Politiker aller Parteien politische Schulung und Bildung vermitteln.«[136]

Nicht zuletzt das Scheitern der Gespräche über die Schaffung einer einheitlichen liberalen Sammlungspartei mag die Entscheidung der Studenten beeinflußt haben, zunächst eine Vereinigung ohne Parteibindung zu gründen. DDP und DVP waren gerade erst aus der Taufe gehoben worden, programmatische Leitlinien waren noch immer hart umkämpft. Auch Heinemann zählte nicht von Beginn an zu den überzeugten ›Parteigängern‹ der DDP. Noch kurz vor den anstehenden Wahlen, an denen sich der 19jährige noch nicht beteiligen durfte, schrieb er an seine Mutter: »Ich meines Teils bin für [sic!] Deutsche Volkspartei, wegen ihrer stärkeren Betonung des Nationalen und der Erhaltung der Privatwirtschaft. Von den Demokraten weiß man nie, wohin sie noch einmal steuern werden. Eine feine Partei ist es nicht.«[137] Erst nachdem sich die DDP in der Weimarer Koalition durch bedingungslose Republiktreue auszeichnete und hartes Vorgehen gegen demokratiefeindliche Bestrebungen versprach, revidierte Heinemann seine Meinung über die Partei.

Als Heinemann sich im Sommersemester 1919 an der Universität Marburg immatrikulierte,[138] fand er dort schnell Anschluß an eine deutsch-demokratische Jugendgruppe – einen studentischen Ableger der DDP. Heinemann wurde Mitglied[139] und übernahm bald erste Ämter: zunächst als Schriftführer[140] und stellvertretender Vorsitzender[141], kurze Zeit später als erster Vorsitzender[142]. Im Vordergrund der politischen Arbeit stand neben der Organisation von Vorträgen und Diskussionsveranstaltungen vor allem die Gründung neuer DDP-Ortsvereine in den Nachbargemeinden von Marburg. Da die »Deutsch-Nationalen Konkurrenten« in vielen Fällen bereits »sehr tätig gewesen sind, so daß wir [die DDP, J.T.] etwas ins Hintertreffen gekommen sind«[143], zog Heinemann an den Wochenenden »nicht selten über die hessischen Dörfer« und hielt »in den Wirtshausstuben politische Versammlungen ab«, um für die DDP zu werben.

Häufig wurde Heinemann bei diesen Ausflügen von einem Kommilitonen begleitet, dem er zeitlebens freundschaftlich verbunden bleiben sollte: Ernst Lemmer. Lemmer beteiligte sich bereits 1918 an der Gründung der DDP in Remscheid. Auch die Gründung der Marburger DDP-Jugendorganisation ging auf die Initiative des späteren CDU-Ministers zurück. Heinemann ließ sich schnell von dem politischen Enthusiasmus des anderthalb Jahre älteren Lemmer begeistern. Da zudem ihre »politischen Gedanken voll [...] übereinstimmten«[144], trat Heinemann bald in die von Lemmer geführte Vereinigung ein. Durch das »gemeinsame Kämpfen und Erleben«[145] und durch das Bestehen »zahlreicher gefährlicher Situationen«[146] wußte Lemmer, »was ich an meinem Gustav Heinemann« hatte.[147] Lemmer schätzte den Jüngeren nicht zuletzt wegen seines politischen Tatendrangs und seiner Zuverlässigkeit und pflegte ihn bald nur noch »meinen Stabschef«[148] zu nennen. Über die gemeinsamen »Marburger Sturm- und Drang-Tage« berichtete Lemmer in einem an Heinemann adressierten Brief aus dem Jahr 1921: »Wieviel Idealismus, wieviel entsagungsvoller Opfergeist und welche Treue und Hingebung an starke Ideale war in unserer kleinen Kämpferschar lebendig! [...] Der Kampf damals war naturgemäß rauh und unerbittlich. So mußte er damals geführt werden. Und ich bin heute der Meinung, daß wir mit unserer lärmenden, brutalen Kampfesführung Wunden aufgerissen haben, die überreif waren und dadurch zu unserm Teil halfen, Schlimmeres zu verhüten.«[149]

Aufgrund dieser verbindenden Erfahrungen prophezeite Lemmer schon im Jahr 1920, daß das freundschaftliche Band zwischen den »Gefährten und Kampfgenossen«[150] nicht abreißen wird[151]: »Und ich glaube ohne Übertreibung sagen zu können, daß wir unser ganzes Leben lang, an unsere Marburger Studentenzeit zurückdenken werden. Wir haben eine ganz besondere Art Studentenleben geführt.«[152] Er sollte Recht behalten. Die Freundschaft zwischen Lemmer und Heinemann hatte ein Leben lang Bestand.[153] Sie war es, die den CDU-Abgeordneten Lemmer bei der Bundespräsidentenwahl 1969 schließlich dazu bewegte, in der Bundesversammlung für den SPD-Kandidaten Heinemann zu stimmen.[154]

Über seinen Freund Lemmer kam Heinemann auch in Kontakt zu einem »etwas versponnen Studiker«[155], der es im späteren Leben ebenso zu einer gewissen Prominenz bringen sollte: Viktor Agartz, der sogenannte »Häuptling der sozialdemokratischen Studenten«[156] in Marburg. Agartz, der spätere Leiter des Wirtschaftswissenschaftlichen Instituts der Gewerkschaften und ›Cheftheoretiker‹ des Deutschen Gewerkschaftsbundes, »organisierte und führte eine sozialistische Studentengruppe, mit der wir anderen Demokraten vielfältig, z.B. im Allgemeinen Studentenausschuß (AStA), zusammenarbeiteten, um uns des Übergewichts der schwarz-weiß-roten Korporationsstudenten erwehren zu können.«[157] Heinemann ging es jedoch nicht nur darum, in Agartz' »Vereinigung sozialistisch gesinnter Studierender und Akademiker«[158] einen politischen »Bundesgenossen« im Kampf gegen die »Schwarz-Weiß-Roten« zu haben. Vielmehr schätzte er den Sozialdemokraten durchaus auch »menschlich«.[159] Auch mit Agartz verband Heinemann eine Freundschaft, die weit über die Marburger Studienzeit hinaus wirken sollte. Nachdem Agartz 1957 wegen vermeintlicher Kontakte zur Führung der DDR bzw. zur Führung des ostdeutschen Gewerkschaftsbundes (FDGB) festgenommen und vom Bundesgerichtshof als Landesverräter angeklagt wurde, bat er seinen alten Studienfreund Heinemann die Verteidigung zu übernehmen. Heinemann willigte ein und erwirkte nach zehntägiger Verhandlung einen Freispruch.[160] Agartz' Ausschluß aus der SPD 1958 und aus dem DGB 1959 konnte Heinemann hingegen nicht verhindern.[161]

Noch ein weiterer Studienfreund Heinemanns sollte später in der Bundesrepublik Bekanntschaft erlangen: Wilhelm Röpke. Röpke, im Studium »ein Überflieger«[162], stieg im Nachkriegsdeutschland zu einem der führenden Nationalökonomen und Wirtschaftstheoretiker auf und wurde als enger Mitarbeiter Ludwig Erhards zu einem der geistigen Väter der sozialen Marktwirtschaft. Gemeinsam mit Heinemann, Lemmer und Agartz[163] bildete er den vierten Teil eines »unzertrennlichen Kleeblatts«[164]. Mit Röpke, der ebenfalls Mitglied der DDP-Jugendgruppe war[165], verband Heinemann während des Studiums die engste und intensivste Beziehung. Röpke sprach in dem regen Briefverkehr wiederholt von Heinemann als der Person, die »ich meinen einzigen Freund im rechten Sinne nenne«[166] bzw. als dem, dem »ich mich unter meinen Freunden trotz scheinbarer Verschiedenheiten am nächsten fühle«[167]. Trotz aller Schwüre, diese Freundschaft auf alle Zeit »als ein heiliges Vermächtnis, das uns Marburg geschenkt hat«[168] zu bewahren, kühlte die Freundschaft in späteren Jahren merklich ab. Zum einen stellten die unterschiedlichen wirtschaftspolitischen Vorstellungen der beiden Konfliktpotential dar, zum anderen konnte und wollte Röpke Heinemanns deutschlandpolitischen Kurs nicht nachvollziehen.[169]

Inhaltlich beschäftigten sich Heinemann und seine Studienfreunde vor allem mit der Diskussion über den Versailler Friedensvertrag. Heinemann lehnte die Friedensbedingungen rigoros ab, »die – je genauer man sie durchliest – stets gemeiner und furchtbarer werden«[170] würden. Der Student befürchtete, daß die besondere »Härte«[171] der Vertragsbestimmungen eine Gefahr für den labilen Frieden und die Stabilität im Lande darstellen würde[172]: »Nach beinahe fünf Jahren Krieg haben wir nun wieder Frieden! Aber dieses Friedens wird man nicht froh, wir hatten ihn uns doch gar zu anders gedacht. Es ist einem gar nicht nach Frieden zu Mute, es kommt einem eher vor, als sollte es nun erst recht losgehen. Denn daß die Bedingungen so bleiben sollen, wie sie heute sind, das ist doch undenkbar. Und daß im Inneren nun Frieden und Eintracht und Ordnung einkehren, das ist leider noch viel weniger der Fall.«[173] Vor allem die Formulierung des Art. 231 des Versailler Vertrags lehnte Heinemann ab. Hier sollte festgeschrieben werden, daß Deutschland als einziger europäischer Staat Schuld am Kriegsausbruch sei. Eine alleinige deutsche Kriegsschuld lehnte Heinemann als »einseitig, nicht vorurteilsfrei und darum nicht objektiv«[174] ab. Dennoch machte er der Regierung keinen Vorwurf, als diese beschloß, den Friedensvertrag zu akzeptieren. Da es »ebenso viel dafür wie dagegen sprechende Gründe« gegeben habe, habe in dieser Situation kein Mensch mit Sicherheit sagen können, was richtiger gewesen sei.[175]

Heinemann führte in Marburg bald eine Art »Doppelleben: teils in der Wissenschaft, teils in der Politik.«[176] Seit Januar 1922 übernahm er zusätzlich noch den ersten Vorsitz des Marburger AStA und trug damit »die Hauptverantwortung für alles, was gegenwärtig innerhalb unserer studentischen Selbstverwaltung geschieht.«[177] Auch hier bildete der Kampf gegen die Gegner der demokratischen Ordnung den Schwerpunkt der Arbeit. Vor allem die reaktionären Studentenverbindungen erwiesen sich zunehmend als Sammlung der antirepublikanisch und antidemokratisch eingestellten Studenten. »Mein Bestreben ist stets dahin gegangen, zu einer Eingliederung der Deutschen Studentenschaft als politischer Machtfaktor und kulturelle Bewegung in die deutsche Volksgemeinschaft im Sinne meiner demokratischen Anschauungen beizutragen. Das bedingte im Großen und Ganzen vorwiegend einen Kampf gegen nationalistische, reaktionäre und auch antisemitische Bestrebungen, während ein Kampf gegen Links eigentlich nur in Zeiten des Aufruhrs als Zeitfreiwilliger in Frage kam.«[178]

Schon früh suchte Heinemann die Auseinandersetzung mit den Gegnern der Weimarer Republik nicht mehr nur auf der parteipolitischen Ebene. Zunehmend widmete er sich auch der journalistischen Arbeit. Als freier Mitarbeiter der Hessischen Landeszeitung war Heinemann bereits als Student »unter die ›Pressebengel‹ geraten«[179]. Auch wenn er zu Anfang überwiegend Versammlungsberichte[180] verfaßte, hatte er doch immer wieder auch Gelegenheit, in Kommentaren oder längeren Artikeln politisch Position zu beziehen und die alten, reaktionären Führungsschichten und Befürworter einer »monarchistischen Diktatur« journalistisch zu attackieren.[181]

Während eines Abendausfluges auf das Marburger Schloß im Januar 1920 gelangten die Freunde Heinemann, Lemmer und Röpke beim Anblick des schläfrigen Universitätsstädtchens zu der Überzeugung, daß man da »mal was reinwerfen« müsse, damit »die mal munter werden«. Schnell war die Idee geboren, eine eigene Satirezeitung zu gründen, die »die Bürger da unten mal richtig in alle möglichen seltsamen Geschichten« verwickeln solle: die Geburtsstunde der ›Marburger Stadtbrille‹.[182] Unter dem Motto »Angehörige aller Parteien, veräppelt Euch!« sorgte die Stadtbrille für Furore in der Universitätsstadt. Was als kleiner Studentenulk gedacht war, entwickelte sich rasch zu einer regelrechten »Sensation in Marburg«[183]. Die Anfangsauflage von 3.000 Stück war schnell verkauft. Allerdings waren nicht alle begeistert von den »erfundenen Geschichten über tatsächliche Personen«. Bald schon wurden die ersten Anzeigen gegen die Redaktion erstattet.

Jedoch hatten die Studenten, um nicht als Verantwortliche der Stadtbrille ausgemacht zu werden, eine Bardame aus Lübeck gegen eine einmalige Zahlung von 50 Mark telegrafisch dazu gewinnen können, »Sitzredakteurin zu spielen«[184]. Wer wirklich hinter der Stadtbrille steckte, wurde nie ausgemacht. Die skandalträchtige Zeitung war jedoch mehr als eine reine Ulkschrift und alles andere als unpolitisch. Vor allem die rechtsgerichteten Studenten waren Ziel des Spotts. In einer Ausgabe fand sich z.B. eine fingierte Anzeige der ›teutschnationalen Studentengruppe‹: »Teutschgeborene blondhaarige Ariersöhne suchen zur Vervollständigung ihrer politischen Ausrüstung schwarz-weiß-rote Badehöschen!«[185] In der folgenden Ausgabe wurde das »Anschlag-Bredt der deutschnationalen Studentengruppe« zur Minderung der »Brennstoffnot« zur Verteilung angeboten. »Um eine Benachteiligung der bislang bredtlosen sozialistischen und demokratischen Studenten zu vermeiden, sollen dieselben in erster Linie bedacht werden.«[186] In der Anzeige daneben weist der »Küchenunteroffizier« des Reichswehr-Jägerbataillons darauf hin, daß neue »Kaiser-Wilhelm-Gedächtnisbutter« eingetroffen sei. Doch auch die linke Studentenschaft wurde nicht verschont. Eine Annonce wies darauf hin, daß zur »Verstärkung der sozialistischen Studentengruppe« noch »schöngeistige Idioten« gesucht würden.[187]

»Im Kolleg, auf der Straße, in der Wirtschaft – alles spricht davon! Jeder lacht und fühlt sich zugleich selbst getroffen!«[188] Man hatte erreicht, was man sich erhofft hatte. Man hatte »Marburg verrückt gemacht.«[189] Doch noch eine andere Hoffnung hatte Heinemann mit der Marburger Stadtbrille verknüpft – eine Hoffnung, die auch über ein halbes Jahrhundert später noch immer das politische Denken Heinemanns bestimmen sollte: Heinemann hoffte, daß er dazu beitragen könnte, »die Menschen aus ihren fürchterlich verbohrten Parteimeinungen herauszuholen. Die Wahrheit ist nicht nach Parteien verschieden. Es muß den Menschen einmal wieder gesagt werden, daß es nicht heißt: so oder so, – sondern: Sowohl als auch! Alle haben Recht und Unrecht.«[190]

Gegen Ende seines Studiums zog sich Heinemann – nicht zuletzt aufgrund der anstehenden Examensprüfungen – vorerst aus dem politischen Leben zurück. Vor dem Hintergrund der anstehenden Parlamentswahlen schrieb er seinen Eltern im Februar 1921: »Der Wahlkampf ist hier flott im Gange. Aber ich kümmere mich nicht mehr so darum wie früher, weil mir die Zeit so schade geworden ist.«[191] Ausführlicher schilderte Heinemann seinem Freund Lemmer die Gründe dafür, warum das »politische Interesse [...] notwendigerweise einmal in den Hintergrund treten mußte«: »Das ist [...] nicht so zu verstehen, als wäre ich zur Partei der Parteilosen abgeschwenkt, als wäre auf die rege politische Betätigung vollkommende Gleichgültigkeit gefolgt, wie bei so vielen anderen, – nein, ganz und gar nicht. Es ist [...] auch nicht so zu verstehen, als wäre ich alten und gemeinsam verfochtenen Idealen untreu geworden – niemals habe ich daran gedacht –, aber gleichwohl mußte gerade hier nach Betätigung und dem Eifer einmal eine Zeitspanne der ruhigen und friedlichen Überlegung und Selbstbesinnung kommen. [...] So kam es, daß ich mich von politischer Betätigung tunlichst, wenn auch keinen Augenblick ganz, zurückgehalten habe und gewissermaßen nur noch nebenher ging.«[192]

Offensichtlich gab es neben dem Studienabschluß noch einen weiteren Grund für das erlahmende politische Engagement. Heinemann war unzufrieden mit der

Politik der DDP. Der Mißerfolg der Partei bei den Wahlen, ihre innere Zerstrittenheit und der programmatische Schlingerkurs enttäuschten den Jungdemokraten und entfremdeten ihn ein Stück weit von der Partei. Nachdem er als AStA-Vorsitzender in einigen hochschulpolitischen Themen gegenüber der DDP entgegengesetzte Positionen vertrat, verstärkte sich die Enttäuschung über die Linksdemokraten sogar noch.[193] Einer Parteifreundin gestand er, daß doch eigentlich die Partei, »der wir selbst angehören«, schon lange nicht mehr »unserem Wollen« entspreche.[194] Verbittert über die Politik der »Berliner Reichstagskomödianten«[195] forderte er eine »gründliche Wandlung« der DDP. Ansonsten sei sie es »wert, daß sie an sich selbst, an ihrer Ziel- und Willenslosigkeit zu Grunde geht.«[196]

Allerdings wurde auch deutlich, daß es nicht nur die Unzufriedenheit mit der politischen Linie der DDP bzw. der zeitliche Aufwand des parteipolitischen Engagements war, was Heinemann in den Jahren 1921/22 dazu veranlaßte, sich aus dem aktiven politischen Geschehen zurückzuziehen. Vielmehr war es die Parteipolitik an sich, deren Sinn und Nutzen Heinemann in Frage stellte: »Mein Interesse an der Parteipolitik ist seit geraumer Zeit nur noch ein sehr vermindertes oder verändertes. Als nach dem Zusammenbruch 1918 die große innere Umgestaltung Deutschlands Platz griff, trat ich mit lebhaftem Anteil an alle politischen Fragen heran. Ich schloß mich der Demokratischen Partei an und glaubte, besonders während meiner ersten drei Marburger Semester durch eifrige Verfechtung ihrer Zielsätze zum inneren Neubau Deutschlands etwas beitragen zu können. Das völlige Scheitern des Überkommenen erfüllte mich mit einem lebhaften Glauben an neue politische Ideale. Tiefer und tiefer verwickelte ich mich in verbissenen Parteistreit und ich harrte lange genug darin aus. Aber schließlich brach sich die Erkenntnis durch, daß die parteipolitische Arbeit viel zu sehr bloße Augenblicksarbeit ist, daß alle die bewegten Fragen weit tiefer gehen und weit weniger eindeutig sind, als es der Kampf der Schlagwörter wahr haben will.«[197]

5. »Die Wahrheit ist nicht nach Parteien verschieden« Das Verhältnis zu den anderen Parteien

Heinemanns Distanzierung von der nicht zufriedenstellenden »Augenblicksarbeit« der Parteipolitik[198], seine Skepsis gegenüber dem Wahrheitsmonopol einer Partei (»Die Wahrheit ist nicht nach Parteien verschieden. [...] Alle haben Recht und Unrecht.«[199]) und seine parteiübergreifenden und vorurteilsfreien Freundschaften, z.B. mit dem Sozialisten Agartz, legen nahe, daß sich Heinemann bereits als Student nicht als klassisches Parteimitglied verstand. Parteiarbeit bedeutete für den Studenten Heinemann ein notwendiges Übel. Zwar erkannte er die Erforderlichkeit der politischen Parteien in einem demokratischen Konkurrenzsystem an, zugleich kritisierte er, daß sie gesellschaftliche Konflikte zusätzlich schüren und verschärfen und einer wirklichen Volkseinheit damit im Wege stehen würden[200]: »Unser politisches Leben krankt an einer bodenlosen Zerrissenheit. Hier will man Kommunismus u[nd] Diktatur, dort Diktatur u[nd] Sozialismus, dort Sozialismus u[nd]

Demokratie, dort Demokratie u[nd] freie Wirtschaft, dort freie Wirtschaft u[nd] Chauvinismus, dort Chauvinismus u[nd] Herrenprinzip.«[201]

Letztlich hielt Heinemann aber parteipolitisches Engagement doch für das beste Mittel im Kampf gegen die Gegner der demokratischen Ordnung – wenn auch nicht für das einzige, wie seine Mitgliedschaft in der Münsterer Studentenwehr und der Marburger Volkskompanie beweisen. In Hinblick auf die Schwäche und Verletzlichkeit der jungen Republik forderte Heinemann eine enge Kooperation der demokratischen Kräfte. Heinemann begrüßte daher die Bildung der Weimarer Koalition auf Reichsebene, die er als einzige für geeignet hielt, »den ›demokratischen Volksstaat‹ zu stabilisieren.«[202] Auch in der Hochschulpolitik verfolgte Heinemann diese Linie und schloß sich mit den studentischen Ablegern des Zentrums und der SPD gegen die reaktionären Korporationen zusammen.

Sosehr Heinemann auch einen politischen Zusammenschluß mit den anderen demokratischen Parteien propagierte, sowenig kam für ihn jedoch in jenen Jahren ein politisches Engagement außerhalb der DDP in Frage. Trotz seiner zum Teil sozialistischen Grundüberzeugungen[203] und obwohl er es für eine »große Tat dieser Partei« hielt, daß sie sich in schwerer Stunde »einsetzte für Deutschland«[204] hegte Heinemann gewisse Vorbehalte gegenüber der SPD. »Das Bild des Sozialismus« hielt Heinemann für »viel zu schön [...], um wahr zu sein.«[205] Vor allem warf er den Sozialdemokraten ihre »verwerfliche Wahlagitation« vor, die sich vorzugsweise gegen die wenigen anderen demokratischen Parteien richtete: »Alle alten Phrasen u[nd] Schlagwörter sind wieder ausgepackt.«[206] Erleichtert stellte Heinemann daher bereits nach den ersten Reichstagswahlen im Januar 1919 fest, »daß eine sozialdemokratische Mehrheit ausgeschlossen werden kann.«[207]

Ebenso erfreute es Heinemann, daß die Zentrumspartei bei den Reichstagswahlen nicht das gewünschte Ergebnis erzielen konnte und statt dessen Stimmen an die DDP verlor.[208] Als linksliberal und sozialistisch Denkender mußte er mit dem konservativ-klerikalen Zentrum in Konflikt geraten. Als Monist stieß er sich an der ›Katholikenpartei‹, da sie »alles unter dem Gesichtspunkt des Christentums« betrachtete. Heinemann war fest davon überzeugt, daß der christliche Ansatz des Zentrums bald »nicht länger zu halten« sei, die Partei der tieferen Begründung ihres politischen Ansatzes beraubt werde[209] und daher kurz vor einer Spaltung stünde.[210]

Trotz aller Kritik erachtete er die beiden Parteien, SPD und Zentrum, als die einzigen potentiellen Koalitionspartner der DDP in der Weimarer Republik. Gemeinsam galt es, als Demokraten eine Brücke zwischen den extremen Lagern zu schlagen. Eine Regierungsbeteiligung der radikalen Linken kam für Heinemann wegen ihrer republikfeindlichen Tendenzen nicht in Frage. Der 1917 von der SPD abgespaltenen Unabhängigen Sozialdemokratischen Partei (USPD) machte Heinemann zum Vorwurf, sie beschäftige sich mehr mit sich selbst als mit der Lösung der dringlichen politischen Probleme des Landes. Zwar gestand Heinemann im Januar 1920, er hätte, wenn ihm nicht »das große Ganze« über seine »eigenen Wünsche« ginge, »manchmal nicht übel Lust zur U.S.P. [USPD, J.T.] zu gehen.«[211] Nachdem aber die gemäßigten, links-bürgerlichen Kräfte zunehmend an Gewicht in der Partei verloren und statt dessen die radikalen Marxisten offenkundig das Ruder übernahmen und in Richtung der Kommunistischen Partei Deutschlands

(KPD) steuerten,[212] disqualifizierte sich für Heinemann auch die USPD als undemokratisch. Statt an der politischen Erneuerung Deutschlands zu arbeiten, verlöre sie sich in bloßer »Klassenkampfhetze, Phrasen vom Himmel auf Erden u[nd] den Wundern des Sozialismus. Keine Wahrheit u[nd] Wirklichkeit.«[213] Auch wenn die Unabhängigen und die KPD sich noch im Wahlkampf öffentlich scharf attackierten, so war für Heinemann der große Unterschied zwischen den beiden Parteien in Wirklichkeit bereits verschwunden: »Ich glaube, daß dieser Gegensatz zwischen U.S.P. und K.P.D. mehr in den Köpfen der Führer als in denen der Arbeiter besteht. Wenn es darauf ankommt, sind auch alle Unabhängigen Kommunisten!«[214]

Auch die nationalliberalen bzw. nationalkonservativen Parteien wie DVP und DNVP kamen in Heinemanns Augen »als erklärte Republikfeinde«, die sich »durch eine Politik der Gewalt auszeichneten«[215], für eine Koalitionsregierung nicht in Frage. Mittlerweile hielt Heinemann – anders als noch 1918/19[216] – diese »rechtsstehenden Kreise«, die »sich immer noch nicht damit abfinden, daß sie nicht mehr den Staat verkörpern wie ehedem [...]«[217], für die größte Bedrohung der demokratischen Ordnung der Weimarer Republik. An die Spitze dieser Bewegung sollte sich schon bald eine junge, neugegründete Partei stellen, deren Gefahrenpotential für die Republik Heinemann bereits früh erkannte: die Nationalsozialistische Deutsche Arbeiterpartei (NSDAP). Für den Augenblick schien diese amorphe, aufstrebende Partei »ein neues Ei des Columbus« entdeckt zu haben. Der NSDAP sollte es gelingen, aus den verschiedensten politischen Bereichen und Problemfeldern, »Trennung von Staat u[nd] Kirche, weltliche Schule, Bodenreform, Frieden mit Sowjet Rußland, Antisemitismus, Dreigliederung des sozialen Organismus, Wirtschaftsparlament, Monarchie-Republik-Rätestaat, Völkerbund u[nd] Pazifismus, Föderalismus – Zentralismus, Aufteilung Preußens u[nd] was sonst noch alles an Meinungsverschiedenheiten auftaucht« eine »Mischung« herzustellen und als »Allheilmittel« anzupreisen.[218]

Während des Sommersemesters 1920, das Heinemann in München verbrachte, besuchte er eine Wahlkampfveranstaltung der NSDAP, auf der auch Adolf Hitler sprach. In seinem Tagebuch berichtete Heinemann von dieser Veranstaltung: »Viel Trauriges und etwas Schönes. Ein uferloser Antisemitismus. An allem u[nd] jedem sind nur die Juden schuld. Rathenaus Wirtschaftsplan, die Friedensresolution des Reichstages stammen aus einer jüdischen Großloge zu Paris. Marx hat die Arbeiterbewegung nur deshalb entfesselt, um die jüdische Weltherrschaft des Börsenkapitals zu bringen. Die Arbeiterbewegung ist nur ein Vortrupp der Juden. Rußland u[nd] D[eutschland] sind in den Krieg getrieben worden, um dort den antisemitischen Zarismus u[nd] hier das Industrie- zu Gunsten des Börsenkapitals zu stürzen. – Solche Dinge nimmt die Versammlung gläubig u[nd] beifallfreudig hin!! Von volkswirtschaftlichen Falschheiten will ich ganz absehen. – Das einzig schöne ist ein scharfer Kampf gegen übertriebenen Internationalismus, gegen den Versailler Frieden.«[219]

Sowenig Heinemann etwas mit dem politischen Programm der Nationalsozialisten anfangen konnte – als er seinem »Entsetzen durch einen Zwischenruf Luft machte« ergriffen ihn »einige handfeste Gesellen« und »expedierten« ihn vor die Türe[220] – sosehr unterschätzte er die Nationalsozialisten: »Die Partei wird an der inneren Inkonsequenz ihres Programms u[nd] der unglaublich einseitigen u[nd] darum den Dingen nicht gerecht werdenden Einstellung scheitern.«[221] Letztlich schien ihm der Zuspruch für die NSDAP nicht mehr als ein »trauriges Bild der Geistesverfassung u[nd] politischen Unbildung unseres Volkes«[222] zu sein.

DRITTES KAPITEL

»Evangelisch! Deutsch und Sozial!«

HEINEMANN UND DER CSVD 1930-1933

Nachdem Heinemann das Studium der Volkswirtschaft bereits 1921 mit der Promotion zum Dr. rer. pol. erfolgreich beendet hatte, legte er im Dezember 1922 auch das erste juristische Staatsexamen ab. Seine Referendarstationen führten ihn von Kirchhain bei Marburg über Essen nach Berlin, wo er schließlich im Juni 1926 auch seine zweite juristische Staatsprüfung bestand. Zu diesem Zeitpunkt lag Heinemann bereits ein Angebot der renommierten Essener Anwaltskanzlei von Justizrat Victor Niemeyer[1] vor. Niemeyer war während eines Strafprozesses, an dem Heinemann als Pflichtverteidiger beteiligt war, auf den jungen Referendar aufmerksam geworden.[2] Bevor Heinemann jedoch die Zulassung als Anwalt ausgehändigt wurde, trat der Präsident des Oberlandesgerichts Hamm mit der Aufforderung an Heinemann heran, er möge sich zunächst als Hilfsrichter beim Amtsgericht Lünen melden. Erst nachdem Heinemann im August 1926 schließlich als Anwalt zugelassen wurde, konnte er seinen Dienst im Büro Niemeyer antreten.[3]

Doch es sollte nicht lange dauern, bis noch ein weiterer Arbeitgeber um die Dienste des aufstrebenden Juristen warb. Im Frühjahr 1928 fragten die Rheinischen Stahlwerke, ein »wesentlicher Auftraggeber«[4] der Kanzlei Niemeyer, bei Heinemann an, ob nicht Interesse bestünde, als Justitiar und Prokurist bei dem bedeutenden Montanunternehmen zu arbeiten. Die Aufgabe reizte Heinemann, und da ihm sowohl von den Rheinischen Stahlwerken als auch von Niemeyer versichert wurde, daß nichts dagegen spreche, auch weiterhin der Anwaltstätigkeit nachzugehen, wagte er im Mai 1928 den beruflichen Wechsel.[5]

Heinemann steckte von nun an nicht nur vollständig in der »Wurstmaschine des Berufs«, wie sein Studienfreund Röpke in einem Brief spottete[6], er stand mittlerweile auch einer kleinen Familie vor. Im Oktober 1926 heiratete Gustav Heinemann Hilda Ordemann[7], Tochter eines Bremer Getreidekaufmanns. Das erste Kind, Uta, kam 1927 zur Welt. Die zweite Tochter, Christa, folgte 1928. An ein politisches Engagement schien in dieser Situation zunächst eigentlich nicht zu denken.[8] Heinemann war durch die doppelte Belastung von Beruf und Familie voll ausgelastet. Dennoch zog es den Juristen schon bald wieder in die Politik. War das politische Engagement der Studentenjahre noch allein in dem Gefühl der Verantwortlichkeit für die Verteidigung der republikanisch-demokratischen Ordnung begründet, so trat ab Ende der zwanziger Jahre eine neue Motivation in den Vordergrund: die Empfindung einer christlichen ›Dienstpflicht‹. Aus dem einstmaligen Monisten war mittlerweile ein frommer Christ geworden – aus dem DDP-Aktivisten wurde ein ›Volksdienstler‹.

1. »Gott sitzt im Regimente« Heinemanns späte Hinwendung zum Protestantismus

Der Zeitpunkt von Heinemanns Hinwendung zum evangelischen Glauben ist nicht exakt zu datieren. Er ist weder an einem bestimmten Erweckungsereignis noch an einer einzelnen, besonderen Erfahrung festzumachen.[9] Vermutlich war es die Begegnung mit einzelnen Christen und deren praktizierter Glaube, die den spirituell suchenden Heinemann schließlich von der Botschaft des Evangeliums überzeugte und begeisterte. Zwei Personen nehmen hier eine besondere Bedeutung ein[10]: seine Frau Hilda und Friedrich Graeber[11], ein Essener Gemeindepfarrer.

Hilda Ordemann trat im Jahr 1922 in Heinemanns Leben: »Das war in Marburg. Mein Mann war gerade fertig mit seinem juristischen Referendar und ich noch mitten in meinem Studium. Die Studenten trafen sich mal hier, mal dort, wie das so üblich ist. Und bei einer solchen Gelegenheit begegnete ich meinem Mann, und zwar bei einer Adventsfeier. Wir waren damals noch in einer so nostalgischen und romantischen Zeit, da organisierte man Adventstreffen, und jeder bekam eine Kerze, und wer die entsprechende Kerze hatte, die setzten sich zusammen. Und so war das Schicksal dann besiegelt durch die beiden Kerzen.«[12]

Die drei Jahre ältere Kaufmannstochter begann – verspätet durch die Nachkriegswirren – 1921 mit dem Studium der Germanistik und Geschichte in München. Nach dem ersten Semester wechselte sie nach Marburg, wo sie zusätzlich ein Theologie-Studium aufnahm. Beeinflußt durch die Lehren Karl Barths[13] und ihres akademischen Lehrers Rudolf Bultmann[14] wurde die Studentin, die ihren politischen Standort als »links von der Mitte« bestimmte,[15] Anhängerin der dialektischen Theologie, die von der evangelischen Kirche die Abkehr von der Rolle als staatstragende Institution und den Aufbruch zu einem neuen Verständnis vom Christentum in der Gesellschaft postulierte.[16]

Heinemann ließen die theologischen Studien seiner Frau zunächst unbeeindruckt. Die innerkirchlichen Diskussionen interessierten ihn wenig. Er bewahrte seine kirchendistanzierte Haltung. Erst um das Jahr 1929 setzte ein Umdenken bei Heinemann ein – eher langsam als plötzlich. Zwar weiteten die theologischen Diskussionen mit seiner Frau und ihr gelebter christlicher Glaube den spirituellen Horizont Heinemanns,[17] es bedurfte jedoch erst der Begegnung mit einer weiteren Person, die schließlich ausschlaggebend für Heinemanns Hinwendung zum Christentum werden sollte: Pastor Graeber[18]. Heinemann kam durch die Vermittlung seiner Frau in Kontakt mit Graeber, der seit April 1927 Pfarrer der evangelisch-reformierten Gemeinde Essen-Altstadt war. Seine zupackende und offene Art begeisterte Heinemann sofort. Vor allem die Predigten des Pfarrers faszinierten Heinemann: »Graeber interpretierte das Evangelium so realistisch, daß es seinen Zuhörern nicht schwer wurde, ihre eigene Situation darin zu erkennen.« Heinemann »ergriff diese Nüchternheit, mit der der Mensch gesehen wird in der Bibel, diese totale Nüchternheit.«[19]

Heinemann war jedoch nicht nur von Graebers alltagsnahem Verständnis des Evangeliums und seiner Fähigkeit zu predigen, »daß die Fetzen flogen«[20], begeistert. Vielmehr beeindruckte ihn die Tatsache, daß in Graebers handfestem Christsein keine Kluft zwischen Theorie und Praxis, zwischen Anspruch und Wirklichkeit bestand. Der Pfarrer verarztete verletzte Kumpels, half bei benachbarten Bauern aus und kümmerte sich um die Bedürftigen.[21] In Essen-Borbeck erwarb Graeber, der sich selber gerne als »Landsknecht Gottes«[22] bezeichnete, ein mehrere Hektar großes Gelände, auf dem er eine Art Landkommune für Arbeits- und Mittellose und ihre Familien errichtete. Ein Bauernhaus und zu Stallungen umfunktionierte alte Bahnwaggons bildeten den sogenannten ›Hoffnungskotten‹, der den Allerärmsten wieder etwas vom Sinn des Lebens zurückgeben sollte.[23] Auch auf dem ›Hoffnungskotten‹ packte Graeber immer wieder selber mit an. Bewundernd berichtete Heinemann über den Geistlichen: »Er schnitt Ziegen die Hufe, stach einer Kuh in den Pansen, wenn sie Blähungen hatte, und war zuweilen überhaupt mehr Bauer als Pfarrer.«[24] Für Heinemann wurde Graeber zum eigentlichen »Wegbereiter zum Verständnis des Evangeliums«.[25]

Spätestens ab 1930 verband Graeber und Heinemann eine enge Freundschaft.[26] Dabei war es nicht von Bedeutung, daß sie politisch Welten voneinander trennten. Heinemann vertrat nach wie vor eher linksliberales und obrigkeitsstaatskritisches Gedankengut. Der rund 15 Jahre ältere Graeber hingegen war stark obrigkeitsstaatlichem Denken verhaftet, pflegte ein ausgeprägtes deutsch-nationales Pathos und neigte zu antisemitischen Ressentiments.[27] In einer Aussage kamen die beiden jedoch zusammen: »Gott sitzt im Regiment« – Welt und Menschheit bleiben in Gottes Hand![28] Der Staat ist die göttliche Schöpferordnung, der Inhalt und Begrenzung in den göttlichen Sittengesetzen findet.

Auch wenn dies durchaus die Überzeugung von einem unmittelbaren Eingreifen Gottes in die Weltgeschichte einschloß,[29] leitete Heinemann daraus keineswegs den Aufruf zu einer Entpolitisierung des Denkens und des Handelns ab.[30] Im Gegenteil: Das Bekenntnis zur Botschaft des Evangeliums bedeutete für ihn zugleich auch den »Ruf zur Verantwortung und Betätigung auch im öffentlichen Leben«.[31] Nach seiner ›Erweckung‹ betätigte Heinemann sich wieder verstärkt im politischen bzw. gesellschaftspolitischen Bereich. Er war regelmäßig Gast bei politischen Diskussionsveranstaltungen der Gemeinde, an denen – von Graeber eingeladen – auch immer wieder Sozialisten und Kommunisten teilnahmen.[32] Auch beteiligte sich Heinemann rege am Gemeindeleben. Zunächst als einfaches Gemeindemitglied in den Bibelkreisen, bald als rechtlicher Beistand des Gemeindeverbandes.[33] Es dauerte nicht lange, bis Heinemann von den Mitgliedern der Gemeinde Essen-Altstadt zum Presbyter gewählt wurde – er behielt dieses Amt bis 1945.[34]

Heinemanns Engagement sollte sich jedoch nicht lange auf das Gemeindeleben beschränken. Über Pfarrer Graeber, der beim Essener Christlich Sozialen Volksdienst eine leitende Funktion innehatte,[35] trat Heinemann in Kontakt zur der evangelischen Partei. Schnell gelang es Graeber, auch Heinemann von der Idee und der Notwendigkeit einer evangelischen Partei zu überzeugen.[36] 1930 wurde Heinemann schließlich Mitglied beim CSVD.[37]

2. »Wir sind keine Partei« Selbstverständnis und Programmatik des CSVD

Der Christlich-Soziale Volksdienst war die einzige dezidiert protestantische Partei der Weimarer Republik.[38] Sie entstand im Dezember 1929 durch einen Zusammenschluß der Christlich-sozialen Reichsvereinigung (CSRV), einer Abspaltung des christlich-sozialen[39] Flügels der nationalkonservativen DNVP[40], und des Christlichen Volksdienstes (CVD).[41] Da der 1927 gegründete und weitgehend auf Württemberg beschränkte CVD nach einer Basisverbreiterung strebte, begann man schon früh, um ein Zusammengehen mit der Reichsvereinigung zu werben. Die Reichsvereinigung, im August 1928 als innerparteiliche, christlich-soziale Opposition gegen den neuen DNVP-Vorsitzenden Alfred Hugenberg[42] gegründet, verstand sich selbst als Sammlungsbewegung christlich-sozial denkender Persönlichkeiten, die »Kultur-, Sozial- und Wirtschaftspolitik aus den sittlichen Grundsätzen des Evangeliums heraus«[43] gestalten wollten. Obwohl die Christlich-Sozialen von den radikalen Kräften in der DNVP zunehmend zurückgedrängt und isoliert wurden, konnte man sich lange nicht zu einer Abspaltung durchringen. Erst als im November 1929 die Versuche der Christlich-Sozialen scheiterten, den politischen Schulterschluß der DNVP mit der NSDAP[44] zu beenden und die Partei wieder auf ihr ehemals christliches, sozialpolitisches Programm einzuschwören, entschied sich die Reichsvereinigung zu einer Abspaltung. Am 28. Dezember 1929 schlossen sich schließlich CVD und CSRV zum Christlich-Sozialen Volksdienst zusammen.

Die Gründung des CSVD führten seine Mitglieder direkt auf den Missionsbefehl Christi zurück. Doch nicht nur die Gründung, sondern die gesamte Politik des Volksdienstes war religiös motiviert: »Die politische Arbeit ist uns [...] Gottesdienst und Missionsaufgabe.«[45] Als Hauptaufgabe des Volksdienstes proklamierte man die »Erneuerung des öffentlichen Lebens aus dem Geiste des Evangeliums«[46]. Man war fest überzeugt, daß »für den Neubau dieses deutschen Reiches [...] eine entscheidende Voraussetzung das Wiedererwachen eines wirklich im Glauben der Reformatoren stehenden und politisch selbständig werdenden Protestantismus« sei.[47] Durch »Glauben und Gehorsam gegen Gott« hoffte man, zu einer »gerechten Ordnung des Staates, zu Eintracht und Freiheit« zu gelangen.[48] Aus diesem Geist heraus strebte der Volksdienst die soziale Neuordnung der Gesellschaft an:[49] »Denn nur von einem neuen evangelischen Verständnis des Staates aus kann die politische Krise überwunden werden, nur aus dem Geiste der Reformation kann eine Wirtschaftsgesinnung kommen, die das Chaos der heutigen Wirtschaft in eine sozial gerechte Ordnung umgestaltet.«[50] Jedoch betonte der CSVD, daß es zu dieser Umgestaltung und Neuordnung nur auf friedlichem, demokratischem Wege kommen dürfe: »Nicht Revolution, sondern Reformation« sollte die Losung der Weimarer Republik werden.[51]

Aus diesem Verständnis heraus bekannte sich der CSVD in seinem Programm eindeutig zur Weimarer Republik. Als demokratische Verfassungspartei[52] wollte man alle Kräfte dafür einsetzen, daß das Volk und der Staat als »göttliche Ordnung« nach »außen frei und nach innen von den Kräften sozialer Gerechtigkeit erfüllt und getragen werden«[53] kann. Eine »ehrliche Anerkennung des heutigen Staates« verstand der Volksdienst als Verpflichtung eines jeden Christen: »Wenn wir scharfe Kritik am heutigen Staat [...] zu üben haben, so veranlaßt uns das nicht zu einem Kampf gegen den Staat, sondern zu einem um so intensiveren Kampf um den Staat.«[54]

Besonderen Wert aber legte der Volksdienst darauf, »keine Partei im bisherigen Sinne«[55] zu sein: »Wir sind keine Partei. Wir unterscheiden uns in den Antriebskräften, in den Zielen, in den Methoden und im Geiste grundsätzlich von allen Parteien. Wir sind und wollen bleiben eine Bewegung [...].«[56] Eine politische Verortung des Volksdienstes erschien daher zunächst schwierig. Abwechselnd wurde er für eine rechte oder eine linke Partei gehalten. Nicht wenige sahen in ihm nur ein »Stück aus der qualligen Masse«[57]. Selber wollte sich der Volksdienst keiner dieser Richtungen zuordnen lassen: »Sind wir rechts? Wenn die warmherzige Liebe zu Volk und Vaterland, wenn eine zu allen Opfern bereite hingebende Leidenschaft für die geknechtete Heimat den rechts eingestellten Politiker ausmacht, dann stehen wir rechts, ganz rechts, noch rechts von den Nationalsozialisten [...]. Also sind wir links? Wenn es ein linkspolitischer Kurs ist, daß wir sozial sind, daß wir gesinnungsmäßig zu jedem wackeren Deutschen innerlich als Bruder stehen, ganz unabhängig von Beruf und Stand und daß wir der politischen Zielsetzung nach erstreben, daß die deutsche Arbeiterschaft als vollberechtigtes Glied am Ganzen in den Volkskörper immer mehr eingegliedert wird, wenn das links ist, dann sind wir links. [...] Wenn es aber rechts ist, daß man auch in Bezug auf Stände und Berufe keine öde Gleichmacherei erstrebt, sondern weiß, daß, wie jedes Glied am Körper, so auch jeder Stand seine ganz besondere Aufgabe hat, wenn diese organische Betrachtung von Volk und Staat rechts ist, dann sind wir rechts.« Jedoch »für die Mitte sind wir zu radikal, zu wurzelhaft, zu echt, zu grundsätzlich, zu jung, zu lebensstark und zu spannungsvoll, zu wenig ausgleichend und gar nicht zum händlerischen Kompromiß geneigt. [...] Wir sind – um es kurz zu sagen – wir sind evangelisch. Und deshalb liegen wir gegenüber allen parteipolitischen Einschachtelungsversuchen so ganz und so rettungslos ›verquer‹.«[58]

Als Ausdruck der »vollständigen Freiheit« der Bewegung »vom alten Parteiwesen« lehnte man es ab, sich »irgendeiner Parteifront zu verschreiben« bzw. sich in »irgendeine Klassenfront, sei es in die bürgerliche oder in die sozialistische einreihen zu lassen.«[59] Das in verantwortungsloser Selbstsucht agierende Parteienwesen sei »innerlich faul« und gelte es zu überwinden.[60] Das christliche Bekenntnis verpflichte geradezu dazu, »allen unchristlichen Erscheinungen des öffentlichen Lebens den Kampf anzusagen, mögen sie uns im bürgerlichen oder sozialistischen Lager entgegentreten. Der Kampf muß also ebensosehr gegen Rationalismus, Liberalismus und Marxismus der bürgerlichen Schichten und Parteien, wie gegen denjenigen der proletarischen Parteien geführt werden.«[61]

Sosehr sich der Volksdienst dagegen wehrte, in das linke oder das rechte Lager eingereiht zu werden, sosehr lehnte er es mit Nachdruck ab, als bürgerliche Partei angesehen zu werden. Zum einen, da es keine »geschlossene bürgerliche Front« mehr gäbe – schließlich würden »90 Prozent aller Erwerbstätigen weniger als 200 Reichsmark im Monat verdienen und 96 Prozent des ganzen Volkes kein Vermögen mehr haben«. Zum anderen, da schlichtweg eine »bürgerliche Ideologie« fehle, die noch eine »begeisternde und gruppenbildende Kraft« hätte.[62] Darüber hinaus sei eine solche ›Frontbildung‹ für eine Partei, die sich selbst als »antiklassenkämpferisch« bezeichnete, rundweg abzulehnen.[63]

Das »große Rätselraten« über den politischen Standort des Volksdienstes thematisierte auch der CSVD-Vorsitzende Simpfendörfer[64] in einer programmatischen Rede vor dem Reichstag: »Die Schwierigkeit der Einordnung des Volksdienstes in irgendeine Gruppe besteht eben darin, daß wir eine Bewegung sind. Wir sind nicht nur antiliberalistisch, [...] wir gehen noch weiter zurück: wir sind antirationalistisch, und deshalb finden wir hier nicht ohne weiteres einen Standort. Aber was im Volksdienst wirksam ist, das Religiöse, das Nationale und das Soziale, das wird uns in Zukunft einen Standort anweisen, der ganz klar sein wird.«[65] Anhand dieser drei Punkte, dem Religiösen, dem Nationalen und dem Sozialen, umriß Simpfendörfer im Folgenden die Schwerpunkte des politischen Programms des CSVD: »In religiöser Hinsicht ist es das Bewußtsein letzter Verantwortung vor dem Höchsten, auch in politischen, wirtschaftlichen und sozialen Fragen; in nationaler Hinsicht ein Sichaufbäumen gegen die ungerechten Verträge, ein mächtiger Protest gegen die Heuchelei einer sogenannten Friedenspolitik [...]; in sozialer Hinsicht ein mächtiger Wille, eine Empörung gegen eine Wirtschaftsordnung, die dem Schwachen alle Lasten aufbürdet und die nur dem rücksichtslosen Geldmenschen Gelegenheit gibt, nach oben zu kommen.«[66]

Das Programm des Volksdienstes vereinte somit den durchaus restaurativen Charakter eines als Gesinnungsmonopol verstandenen christlichen Leitbildes mit einer revisionistischen Außenpolitik[67], die sich gegen die »Lüge von der Alleinschuld«[68] wandte, und einer linken, sozialreformerischen Wirtschafts- und Sozialpolitik.[69] Vor allem sah man sich als Teil der »Gegenbewegung gegen die ›Ideen von 1789‹, gegen Aufklärung, Säkularisierung und Rationalismus«[70]. Nicht zuletzt wurde jeder Art eines theoretischen oder praktischen Materialismus und jeder Form eines ausufernden Liberalismus der Kampf angesagt. Der Entartung der kapitalistischen Wirtschaftsordnung zu einem »Mamonismus«[71] begegnete der Volksdienst mit der Forderung nach Einführung korporativer, kontrollierender und protektionistischer Elemente.[72]

Doch trotz seines Programms, trotz seiner Forderungen blieb der Volksdienst im Grunde seines Wesens eine unpolitische Bewegung.[73] Mehrere Gründe verhinderten eine wirkliche Politisierung des Volksdienstes: ein grundlegendes Mißtrauen gegen die Rationalität des Politischen,[74] die Weigerung, dem klassischen Parteienspektrum zugeordnet zu werden, und schließlich die religiöse Begründung jedes Politikansatzes und der damit verbundene Wille, sich als heiliges Werkzeug von »Gott Schritt für Schritt führen zu lassen«[75]. Besonders deutlich trat diese unpolitische Haltung der Volksdienstler auf Parteiversammlungen zu Tage. Wo andere Parteien die politisch-argumentative Auseinandersetzung als Mittel der innerparteilichen Willensbildung und Entscheidungsfindung suchten, schlug beim Volksdienst bei jeder »politischen Entscheidung [...] die Überzeugung, daß eine bestimmte politische Aktion oder daß die Grundzüge der Volksdienstpolitk dem Willen Gottes entspräche, jede politische Argumentation aus dem Felde.«[76]

Dennoch schien diese neuartige und ungewöhnliche Herangehensweise an Politik, vor allem aber der »Verzicht auf agitatorische Übertreibung, auf demagogische

Kampfesweise und lärmende Kraftäußerung«[77] zunächst auf Zustimmung zu treffen. Vor allem in Kreisen »eines im Grunde unpolitischen Bürgertums, das [...] von radikalen Forderungen auf die Dauer erschreckt und vom politischen Parteibetrieb überhaupt abgestoßen«[78] war, konnte der Volksdienst Unterstützer gewinnen. Da es dem Volksdienst zudem gelang, auch an die alten Wählerbestände der ehemaligen Christlichsozialen Partei (CSP) – einer sozialkonservativ-monarchistischen Partei, die nach dem Krieg in der DNVP aufging[79] – anzuknüpfen, erreichte man bei den Reichstagswahlen im September 1930, den man unter dem Slogan ›Hakenkreuz oder Christenkreuz‹[80] bestritt, auf Anhieb 2,5 Prozent der Stimmen und damit insgesamt 14 Mandate. Auch wenn man den Fraktionsstatus um einen Sitz verpaßte und auf eine technische Fraktion mit anderen bürgerlich-konservativen Splitterparteien angewiesen war,[81] vermochte es der CSVD doch, einen gewissen Einfluß in der Reichspolitik auszuüben.[82]

Noch der Tradition eines gouvermentalistischen und obrigkeitsstaatlichen Denkens verhaftet, das eine von den Parteien unabhängige Regierung einer klassischen Parteienregierung vorzog, trug der Volksdienst die Präsidial- und Notverordnungspolitik des Reichskanzlers Brüning mit.[83] Obwohl man sich als evangelische Partei durchaus als Gegenpol zum katholischen Zentrum verstand, unterstützte man Brünings Regierung als »Kabinett der sachlichen Arbeit und des nationalen Dienstes«[84]. Da für den CSVD der Staat mit »Herrschaft und Obrigkeit« gleichzusetzen war, zugleich die Herrschaft in besonderem Maße der Macht bedürfe[85], erschien auch die Stärkung »der Macht des Herrn Reichspräsidenten« nur begrüßens- und erstrebenswert. Sie wurde als ein wichtiger »Ansatzpunkt für eine grundlegende Neubildung der Staatsführung«[86] angesehen. In der »Verschärfung des autoritären Kurses« meinte der Volksdienst denn auch nichts anderes als eine positive »Weiterentwicklung einer überparteilichen Staatsautorität«[87] zu erkennen. Ebenso bejahte man Brünings außenpolitischen Kurs und bekannte sich bereitwillig zum »Primat der Außenpolitik«, der alle innenpolitischen Entscheidungen der Brüningschen Revisionspolitik unterordnete.[88]

Trotz allem scheiterte der CSVD damit, sich dauerhaft als evangelisches Pendant zum katholischen Zentrum zu profilieren.[89] Der Volksdienst versuchte zwar durch eine stärkere Betonung des ›Völkischen‹[90] und des ›Nationalen‹ – man warb beispielsweise mit dem Slogan »Evangelisch! Deutsch und Sozial! Keine Gruppe ist deutscher als der Volksdienst«[91] – einen drohenden Stimmenverlust bei den Reichstagswahlen abzuwenden. Das Abwandern großer Teile der Wählerschaft zu den Nationalsozialisten konnte dies jedoch nicht verhindern. Bei den beiden Reichstagswahlen 1932 kam der Volksdienst nur noch auf 0,9 bzw. 1,2 Prozent und damit auf drei bzw. fünf Mandate. Zu den Reichstagswahlen 1933 trat der CSVD bereits nur noch in einem Wahlblock mit der Deutschen Volkspartei (DVP) und der Deutschen Bauernpartei an. Gleichwohl erreichte man lediglich 1,0 Prozent der Stimmen und vier Mandate. Im Parlament verlor die Partei rapide an Einfluß. Am 23. März 1933 stimmten die verbliebenen CSVD-Abgeordneten schließlich für Hitlers ›Ermächtigungsgesetz‹[92]. Am 30. Juni 1933 überbrachte die Reichsführung des CSVD, nachdem zuvor den verbliebenen Reichstagsabgeordneten ein Hopitantenstatus in der NSDAP-Fraktion zugesagt wurde,[93] dem Innenministerium den Auflösungsbeschluß.[94]

Nicht zuletzt, da es der CSVD nie schaffte, sich als politisches Sprachrohr des Protestantismus zu etablieren, war das Experiment einer protestantischen Partei gescheitert. Zu groß waren die Bedenken seitens vieler Protestanten »aus dem evangelischen Glaubensbekenntnis heraus wirtschafts- und staatspolitische Forderungen zu formulieren«[95] und diese Forderungen dann sogar noch mit dem Prädikat ›christlich‹ zu behaften.[96] Zu schwach war die personelle Basis, auf die sich die Bewegung hätte stellen können. Zu stark blieb die traditionelle Bindung des lutherischen Bürgertums an die nationalen und konservativen Parteien.[97] Die Weigerung des Volksdienstes, sich politisch zu positionieren, und sein Selbstverständnis als ›unpolitische Nicht-Partei‹ verhinderte es schließlich, als ernsthafte Parteialternative wahrgenommen zu werden.

3. »Aus politischer Dienstpflicht an Volk und Staat« Politik in Krisenjahren

Als Heinemann 1930 zum CSVD stieß, hatte die neue Partei gerade bei den Reichstagswahlen für eine große Überraschung gesorgt. Erst wenige Monate zuvor gegründet, zogen die Volksdienstler auf Anhieb mit 14 Mandaten in das Parlament ein. Daß sich der CSVD von Beginn an bemühte, nicht in den ideologischen Parteienstreit hineingezogen zu werden und statt dessen die Regierung Brüning unterstützte und bedingungslos für Republik und Demokratie eintrat, beeindruckte Heinemann ebenso wie die Nüchternheit, mit der der CSVD an politische Fragestellungen heranging. Es entsprach Heinemanns sachlich-rationalem Verständnis von Parteipolitik, daß Sachthemen im Vordergrund der politischen Arbeit stehen sollten und nicht der ideologische Grabenkampf. Zudem imponierte ihm die enge Orientierung der Sozialpolitik der Reichstagsfraktion am christlichen Menschenbild und Gesellschaftsverständnis. Dies ließ Heinemann schließlich zu der Überzeugung gelangen, daß der Volksdienst zu »einer echten demokratischen Haltung aus christlicher Wurzel«[98] vorstoße und damit zu einer wirklichen politischen Repräsentanz des Protestantismus werden könne.

Über Heinemanns parteipolitische Aktivitäten der frühen dreißiger Jahre liegen keinerlei zeitgenössische Quellen vor. Weder sein Nachlaß noch die Bestände des Volksdienstes geben eine konkrete Auskunft über Heinemanns Mitgliedschaft im CSVD. Lediglich später getätigte Aussagen Heinemanns lassen darauf schließen, daß er sich tatsächlich im Volksdienst betätigte. So gab Heinemann beispielsweise 1945 in seinem Lebenslauf für die Entnazifizierungsakte an: »Politisch war ich [...] seit 1930 im Christlichen Volksdienst tätig.«[99] In einem Interview mit Günter Gaus führte er zudem aus: Ich »[...] war dann Ende der 20er Jahre in der Christlich-Sozialen Volkspartei [...]«.[100] Inwieweit Heinemann sich aber tatsächlich in die eigentliche Parteipolitik des CSVD vor Ort in Essen einbrachte, ist durch das vorliegende Archivmaterial nur bruchstückhaft zu rekonstruieren.[101] Vermutlich war er im Volksdienst nie unmittelbar politisch aktiv geworden.[102] Durch Quellenfunde können lediglich verschiedene Vorträge Heinemanns auf CSVD-Veranstaltungen belegt werden.[103]

Daß Heinemann sich aber überhaupt wieder einer politischen Partei anschloß, hing eng mit seiner Hinwendung zum Christentum bzw. zum Protestantismus zusammen. Nicht zuletzt ging mit dieser spirituellen Neuorientierung auch ein politischer Wandlungsprozeß einher. Der Beitritt zum Volksdienst war dabei der äußere Ausdruck dieser Wandlung. Das Christentum wurde zur neuen bestimmenden Größe und wichtigsten Kontinuitätslinie seines politischen Denkens. Es beeinflußte bzw. veränderte in entscheidendem Maße sein Politik- und Parteienverständnis.[104] Heinemann leitete aus seinem Christsein eine besondere Verpflichtung gegenüber dem Staat und der Gesellschaft ab: »Christenstand ohne Dienst ist wie ein Baum ohne Frucht. [...] Darum gehört auch Mitverantwortung für die bürgerliche Gemeinde und ihre Gemeinschaften in Dorf, Stadt und Staat, Parteien, Betrieben und Berufsverbänden zum Dienstbereich des Christen.«[105] Diese besondere christliche Verpflichtung zum Dienst sollte zur zentralen Triebfeder seines parteipolitischen Handelns werden.

Ebenso wie Heinemann postulierte auch der Volksdienst »die politische Dienstpflicht«[106] des Christen an Volk und Staat: »Christen, an die Front!«[107] Bereits in seinen Leitsätzen rief der CSVD alle Christen zur Beteiligung am politischen Leben auf: »Die Anerkennung der uneingeschränkten Herrschaft Gottes in Familie, Gesellschaft, Volk, Staat und Völkerleben hat nicht nur die persönliche Einstellung des Christen in politischen, wirtschaftlichen, sozialen und kulturellen Fragen sowie die politischen Arbeitsmethoden zu bestimmen, sondern sie verpflichtet ihn auch, durch Zeugnis und Tat der Gesamtheit gegenüber dafür einzutreten, daß dem Willen Gottes im öffentlichen Leben Gehör und Gehorsam verschafft werde.«[108] Der CSVD-Abgeordnete Reinhard Mumm[109] stellte dabei klar, daß sich diese Verpflichtung selbstverständlich an den Fähigkeiten bzw. Möglichkeiten des einzelnen Christen orientieren müsse. Nicht jeder Christ könne ein »politischer Kämpfer« sein. »Die Aufgaben richten sich nach den Gaben. Es gibt genug Christen, denen die Charakteranlage und die Vorbildung für die politische Arbeit fehlt. Diese sollen sich auf die Stimmabgabe beschränken und nicht eine politische Führerrolle begehren, für die sie sich nicht eignen.« Jedoch mache die »Bedeutung des Staates für das eigene Volk wie für das Reich Gottes« jedem Christen zumindest »das Interesse und die regelmäßige Beteiligung an dem öffentlichen Leben zur sittlichen Pflicht.«[110] Diese ›sittliche Pflicht‹ sollte auch Heinemann zum Maßstab für sein politisches Engagement machen.

Als eine Art Blaupause für das parteipolitische Engagement Heinemanns können die »Regeln für die politische Betätigung des Christen«[111] gelten. Mit diesem ›Verhaltenkodex‹ des CSVD konnte sich Heinemann voll und ganz identifizieren. Mit ihnen stimmte Heinemann nicht nur zu Beginn der dreißiger Jahre überein – sie sollten sein politisches Denken ein Leben lang bestimmen: Der Volksdienst forderte, daß sich kein Christ zu einer Partei bekennen dürfe, »die die Ordnungen, welche Gott der Schöpfer für das Zusammenleben der Menschen in Staat und Familie festgesetzt hat, umstürzen will.« Dies glich Heinemanns Auffassung von der Schutzwürdigkeit der demokratischen Ordnung. Der Volksdienst verlangte, sich »jeder politischen Betätigung zu enthalten, welche nicht auf dem gesetzlichen Wege, sondern dem der Gewalt eine Änderung der wirtschaftlichen oder politischen Verhältnisse in unserem Vaterland herbeiführen will.« Dies stimmte mit Heinemanns ablehnender Haltung gegenüber gewaltsamen Umsturzversuchen überein. Der Volksdienst erinnerte daran, »daß auch unser Mund dem Herrn Jesus Christus gehört und aus einem Brunnen nicht Süßes und Bitteres zugleich fließen kann.« Er rief dazu auf, sich »von Hass- und Hetzreden, welche die Menschen für eine Parteisache fanatisieren und die Seelen zu vergiften drohen« zu enthalten und Politik »frei [...] von jedem persönlichen Hass dem politischen Gegner gegenüber« zu betreiben. Diese »Entgiftung der Methoden des politischen Kampfes«[112] entsprach Heinemanns nüchterner, unaufgeregter und sachlicher Einstellung zum politischen Geschäft. Der Volksdienst erklärte schließlich, »unser Platz kann nicht bei einer Partei sein, welche nur die materiellen Wünsche einer Wirtschafts- oder Standesgruppe vertritt oder die nur um die Macht ringt, um einseitig im Staate ihre Parteiinteressen durchzusetzen.« Vielmehr sei dort »unser Platz, wo man um das Wohl des ganzen Volkes und aller seiner Stände sich müht und alle die, denen des Volkes Bestes am Herzen liegt, anerkennt und mitarbeiten läßt.« Dies glich wiederum dem, was Heinemann nach dem Zweiten Weltkrieg fordern sollte: das Ende der Klientelpartei zugunsten einer Volkspartei, die die Interessen aller Bürger vertritt – unabhängig von Konfession, Einkommen, Bildung oder Herkunft.[113]

Auch wenn Heinemann sich zunächst nicht wieder unmittelbar in das parteipolitische Geschehen einbrachte, so ist seine Mitgliedschaft im CSVD doch ein Beleg für die ›Dienstpflicht‹, die Heinemann als Christ empfand. Er fühlte sich zum »Dienst an Volk und Staat in deutscher Notzeit«[114] berufen. Diese Notzeit drückte sich für Heinemann nicht nur in Form einer Wirtschaftskrise aus, sondern eben genauso in einer parteipolitischen Krise des Landes. Befördert durch die Schwäche und Uneinigkeit der republiktreuen Parteien erwuchs dem demokratischen Staatswesen im Anschwellen der extremen Parteien, ihrer ideologischen Aufrüstung, Radikalisierung und Gewaltbereitschaft eine latente Bedrohung, die schließlich in der Tragödie des ›Dritten Reiches‹ enden sollte. Diese ›Weimarer Erfahrung‹ sollte Heinemann, wie so viele Politiker seiner Generation, nachhaltig prägen und hatte großen Einfluß auf sein Parteienverständnis. Nicht zuletzt fand sie in der Überzeugung Ausdruck, daß ein demokratisches Parteiensystem immer auch wehrhaft gegen Systemgegner sein dürfe und müsse.

4. »Unabhängigkeit nach allen Seiten« Das Verhältnis zu den anderen Parteien

Als Heinemann im Jahr 1930 dem Volksdienst beitrat, hatte sich die »latente Krise des Weimarer Parlamentarismus« schon längst zu einem »Todeskampf der Republik«[115] entwickelt. Das Kabinett Müller[116], gebildet von einer großen Koalition aus SPD, DVP, Zentrum, DDP und BVP, war im Frühjahr 1930 auseinandergebrochen.[117] Ihr Scheitern bedeutete einen herben Rückschlag für die demokratische Entwicklung in der Weimarer Republik. Das parlamentarische System schien am Boden. Die politische Symmetrie verschob sich nachhaltig in Richtung der Extremen.[118]

Bei den Reichstagswahlen im September 1930 konnte die NSDAP ihr Ergebnis von 2,6 Prozent auf 18,3 Prozent steigern. Die KPD erzielte 13,1 Prozent. Vor dem Hintergrund dieser unversöhnlichen parteipolitischen Lager- und Frontenbildung im Reichstag, war es der Regierung Brüning nur noch möglich, als Präsidialkabinett auf der Grundlage von Notverordnungen zu regieren. Doch nicht nur im Parlament stießen die unterschiedlichen politischen Meinungen frontal aufeinander. Zunehmend wurde der politische Konflikt auch auf der Straße ausgetragen – und forderte zahllose Tote und Verletzte als Opfer. Befördert durch die anhaltende Weltwirtschaftskrise hatte der politische Zersetzungsprozeß einen vorläufigen Höhepunkt erreicht.

In dieser schwierigen und politisch angespannten Situation verstand sich der CSVD als demokratischer Notnagel. Als neue demokratische Kraft im Parlament erklärte sich der Volksdienst sofort bereit, mit allen anderen demokratischen Parteien zu kooperieren: »Wir unterstützen jede verantwortungsbewußte und verantwortungsfreudige Regierung, welche die dringliche Aufgabe der Gesundung der Reichsfinanzen, der Bekämpfung der Arbeitslosigkeit und der Rettung der Landwirtschaft entschlossen und unter Ausschöpfung aller verfassungsmäßigen Möglichkeiten in Angriff nimmt.«[119] Vehement wandte sich der Volksdienst auch gegen die Radikalisierung des politischen Tons und erklärte einen Verzicht auf agitatorische Hetze. Bei allen Auseinandersetzungen müsse immer »die Betonung des Positiven« im Vordergrund stehen. »Immer ist scharf zu unterscheiden die Auseinandersetzung über politische Fragen und der Kampf gegen Widerchristliches und Widergöttliches. Würde der Christlich-Soziale Volksdienst bei seinen Auseinandersetzungen mit anderen Parteien die Vergiftung der politischen Atmosphäre steigern, so hätte er seine Aufgabe verfehlt.«[120]

Mit Nachdruck verwahrten sich die Christ-Sozialen jedoch dagegen, einem bestimmten politischen Block zugeordnet zu werden: »Wir müssen es ablehnen, uns irgend einer Parteifront zu verschreiben oder uns in irgend eine Klassenfront [...] einreihen zu lassen.« Vielmehr wurde betont, der Volksdienst könne »seine politische Aufgabe nur in völliger Unabhängigkeit gegenüber allen anderen politischen Gruppen und Richtungen erfüllen.«[121] Es galt die »vollständige Freiheit [...] vom alten Parteiwesen« mit allen Mitteln zu bewahren.[122] Sosehr man auch Wert auf die »Unabhängigkeit nach allen Seiten« legte, so deutlich sah man die Notwendigkeit »zur Zusammenarbeit mit allen denen, die guten Willens sind. Dieser Wille zur Zusammenarbeit wird sich zunächst in der praktischen Arbeit im Parlament zu betätigen haben, schließt aber auch gemeinsame Aktionen zur Erreichung gemeinsamer politischer Ziele außerhalb des Parlaments nicht aus.«[123] Der Volksdienst begrüßte »jede Möglichkeit zur Zusammenarbeit mit allen Parteien, insbesondere mit den ihm nahestehenden Gruppen«[124].

Trotz des ›Willens zur Zusammenarbeit‹ erwies sich die Kooperation mit anderen Parteien im politischen Alltag als nicht unproblematisch. Zwar erklärte man sich unmittelbar nach dem Einzug in den Reichstag dazu bereit, die zentrumsgeführte Regierung Brüning zu unterstützen. Dennoch hegte man in Reihen des Volksdienstes starke Ressentiments gegenüber der Katholikenpartei. Sie sei »papistisch«[125], ultramontan und »romhörig«[126], waren häufig geäußerte Vorwürfe. Auch wenn das Zentrum in gewisser Weise Vorbild für die Gründung des CSVD gewesen war, bestand bei vielen Volksdienstlern das tiefe Bedürfnis, sich gegenüber dem politischen Katholizismus abzugrenzen.[127]

Doch trotz der konfessionellen Spannungen und des offensichtlichen Schismas zwischen politischem Protestantismus und politischem Katholizismus rang man sich von Seiten des CSVD zu einer Kooperation mit dem Zentrum durch. »Die Gemeinschaft des christlichen Glaubens und des gemeinsamen Volkstums sowie die gemeinsame Verantwortung und Aufgabe der evangelischen und katholischen Deutschen in der Verteidigung von Kirche und Heimat«[128] wurde von den Volksdienstlern grundsätzlich bejaht. Die gemeinsame christliche Basis beider Parteien bewirkte eine unübersehbare Übereinstimmung grundlegender politischer Ziele und Ordnungsvorstellungen. In Fragen der Konfessionsschulen oder des Staat-Kirchen-Verhältnisses stand man sich sogar so nahe[129], daß man sich als natürliche Verbündete betrachtete.[130]

Auch Heinemanns Haltung gegenüber dem Zentrum war mittlerweile weit weniger negativ als noch während seiner Studentenzeit. Die noch als Monist geäußerte Meinung, der christliche Ansatz des Zentrums sei überholt und würde über kurz oder lang zum Untergang des Zentrums führen, hatte er verständlicherweise mittlerweile korrigiert. Dennoch war es ihm wichtig, das Profil der eigenen Partei zu schärfen und die Grenzen zwischen dem mächtigen und einflußreichen Zentrum und der kleinen, eher unbedeutenden protestantischen Splitterpartei nicht zu sehr zu verwischen.

Tatsächlich setzte sich der CSVD, je mehr er seine Zusammenarbeit mit dem Zentrum intensivierte, immer häufiger der Agitation oppositioneller Kreise aus. Vor allem DNVP und NSDAP nutzten die programmatische Nähe der konfessionellen Parteien, um den Volksdienst als bloßes Anhängsel und Mitläufer des mächtigen Zentrums zu diffamieren. Die Vorwürfe verfehlten ihre Wirkung nicht. Der CSVD grenzte sich zunehmend vom Zentrum ab. Den Katholiken warf man vor, die »staatsbürgerliche Gleichberechtigung des evangelischen Volksteils« nicht anerkennen zu wollen. »Das Vertrauen der Evangelischen in den guten Willen des Zentrums« sei daher »ernsthaft erschüttert.«[131] Als 1932 die Regierung Brüning zurücktrat, setzten sich schließlich endgültig jene Kreise des CSVD durch, die auf eine deutliche Distanzierung und ein Abrücken aus der »gefährlichen Nähe«[132] der ›Katholikenpartei‹ drängten.

Auch gegenüber der zweiten großen demokratischen Partei der Weimarer Republik, der SPD, nahm der CSVD eine eher zurückhaltende und distanzierte Haltung ein.[133] Der Gegensatz zwischen Sozialdemokratie und Christentum sei »unversöhnlich.«[134] Zwar zeigte man durchaus Respekt für die staatsbürgerliche Verantwortung, die die SPD während der Krisenjahre der jungen Republik übernommen hatte;[135] zugleich kritisierte man aber die Sozialdemokratie für ihre ›Doppelnatur‹: »Einmal ist die sozialistische Bewegung in Partei, Gewerkschaft, Konsumvereinen usw. Selbsthilfebewegung der deutschen Arbeitnehmerschaft. Als solche hat sie eine notwendige und wertvolle Aufgabe übernommen. [...] Zum anderen ist die sozialistische Bewegung Träger der marxistischen Weltanschauung. Jener Weltanschauung, die Gott leugnet und die internationale Klassensolidarität der Arbeiter oft über die Gemeinschaft des eigenen Volkstums stellt.«[136]

Dementsprechend war auch das Verhältnis des CSVD zur SPD durch eine nuancierte ›Doppelnatur‹ geprägt. Gegenüber der kommunistisch-marxistischen Linken nahm man eine unversöhnliche Position ein:[137] »Uns trennt eine Kluft, uns trennt eine Welt. Zwischen uns gibt es keinen Frieden, gibt es auch kein Pardon. Wir geben keinen, wir verlangen auch keinen, und damit ist unser Verhältnis aufs beste geordnet.«[138] Dies bedeutete jedoch nicht, daß man sich gegen die sozialdemokratische Bewegung an sich wandte. Eine flexible und differenzierte Haltung eröffnete dem Volksdienst die begrenzte Möglichkeit, in einigen Politikfeldern, insbesondere in sozialpolitischen Fragen, mit der SPD zu kooperieren.[139] Vor allem das Eintreten der SPD für die »wirtschaftlich Schwachen« honorierte der CSVD und stellte in Aussicht »hier oft an der Seite der Sozialdemokratie stehen« zu werden.[140] Jedoch fand diese Zusammenarbeit nur ausgesprochen zaghaft und in vagen Ansätzen statt. Schnell kritisierten einige Volksdienstler, man dürfe es keinesfalls »an der Vertretung der uns gegebenen Grundwahrheiten gegenüber dem Sozialismus fehlen lassen.« Eine deutlichere Abgrenzung zur Sozialdemokratie halte man für dringend nötig und geboten – mindestens ebenso nötig, wie »auch gegenüber den bürgerlichen Gruppen den richtigen Abstand [zu] gewinnen.«[141]

Die bürgerlichen Parteien wurden vom CSVD nicht nur aufgrund ihrer zumeist wirtschaftspolitisch-materialistischen Ausrichtung und ihrer engen Verflechtung mit Industrie, Wirtschaftsunternehmen und Banken angegriffen. Ihre liberale Weltanschauung und Staatsbegründung und ihre Bereitschaft, der Wirtschaft Vorrang vor allem anderen einzuräumen, stand in völligem Kontrast zum christologischen Ansatz des Volksdienstes. Von den »inneren Grundlagen« war man »grundsätzlich verschieden«[142]. Für den Protestanten, so postulierte der CSVD, könne es sogar nur eine wahre Parole geben: »Tod dem Liberalismus!«[143] Trotz dieses Mißtrauens und der beinahe militanten Ablehnung[144] der Ideologie des Bürgertums und des Liberalismus war der Volksdienst auch hier wieder zu einer, wenn auch zeitlich beschränkten, Kooperation auf Sachebene, z.B. bei der »Sanierung der Reichsfinanzen«[145] bereit. In einer Notkoalition der demokratischen Kräfte unweigerlich miteinander verbunden, mußte man sich notgedrungen gewillt zeigen, über die Gesinnungsunterschiede hinwegzuschauen und bestehende Differenzen nicht zu stark zu betonen. Ein gewisser Grad an Kooperation war nötig, wollte man die angeschlagene Reichsregierung nicht noch zusätzlich schwächen und den oppositionellen bzw. radikalen Rechten eine zusätzliche Angriffsfläche bieten.

Der Hauptvorwurf, der der DNVP von Seiten des Volksdienstes gemacht wurde, war der, die Partei habe sich »zu weit von den christlichen Grundlagen losgelöst«[146]. Dennoch galten die Deutschnationalen noch immer als die eigentliche politische Repräsentanz des deutschen Protestantismus und waren somit einer der Hauptkonkurrenten des CSVD. Die Angriffe des CSVD richteten sich vor allem gegen die Parteiführung, insbesondere gegen den Vorsitzenden Hugenberg. »Seine politische Vergangenheit, seine soziale Stellung und seine ideologischen Bindungen«[147] wurden von den Christ-Sozialen rundweg abgelehnt. Ebenso attackierte man Hugenbergs Presseimperium, mit dem er die »Masseninstinkte« der Wähler ausnütze. Der CSVD warf Hugenberg vor, er scheue sich nicht, »seine politischen Ziele mit dem verwerflichen Mittel der Sensations- und Schundpresse zu verbreiten und das durch die Ausnützung der niederen Instinkte gewonnene Geld zur Förderung

›nationaler‹ Ziele zu verwenden.«[148] Zwar begrüßte der Volksdienst die antimarxistische Haltung der ›Hugenbergpartei‹, letztlich sei man bei den Deutschnationalen aber arm an eigenen Ideen.[149] Der Partei des Besitzbürgertums ginge es in Wirklichkeit nur um ihre eigenen wirtschaftlichen Interessen und die Wahrung des Besitzstandes.[150] Ein solcher praktischer Materialismus widerspreche jedoch allem, wofür die Volksdienstbewegung antrete. Daß die DNVP darüber hinaus eine »bis zur Obstruktion reichende Opposition«[151] gegen die Regierung Brüning betrieb und sich schließlich im Oktober 1931 in der Harzburger Front mit den Nationalsozialisten in einer Gemeinschaft der restaurativen und reaktionären Kräfte zusammentat[152], ließ den CSVD eine endgültige und völlige Abgrenzung von den Deutschnationalen vollziehen.

Spät lenkten die Christ-Sozialen ihren Fokus auf den neuen Bündnispartner der Hugenbergschen: die NSDAP. Erst nachdem zunehmend protestantische Wähler in das Lager der Nationalsozialisten abwanderten, setzte man sich politisch mit der Partei Hitlers auseinander. Bis zu diesem Zeitpunkt hatte man aus Rücksicht auf eventuelle Stimmenpotentiale aus dem rechten, konservativen Wählerlager auf Angriffe gegen die Nationalsozialisten weitgehend verzichtet.[153] Doch auch jetzt konnte man sich nicht zu einer deutlichen Abgrenzung durchringen. Ausdruck der »ambivalenten politischen Mentalität«[154] des CSVD war es, daß man den Nationalsozialismus zwar aufgrund seiner rassischen und antichristlichen Weltanschauung kritisierte, zugleich der Politik der NSDAP aber auch »eine gewisse Sympathie«[155] entgegen brachte: »Bei den Nationalsozialisten freuen wir uns über die häufig vorhandene starke nationale Gesinnung und stimmen darin mit ihnen überein. […] Wir anerkennen bei ihnen den großen Opfersinn und das Streben nach Reinlichkeit in Wirtschaft und Behörde. Ihrer programmatischen Zielsetzung nach könnten wir in vielen Dingen mit ihnen gemeinsame Wege gehen.«[156]

Vereinigende Elemente meinte man vor allem in antiliberalen, antimarxistischen und antikapitalistischen Elementen der NS-Ideologie auszumachen. Zwar sei »das politische und weltanschauliche Bild, das der Nationalsozialismus […] vorlebte« nicht das des CSVD. Allerdings seien »viele gemeinsame Anschauungspunkte durchaus [zu] sehen.« Die Trennlinie zwischen Nationalsozialismus und Volksdienst liege lediglich in der Abstufung dieser Punkte.[157] Wiederholt setzten sich daher Volksdienstler für eine Regierungsbeteiligung der NSDAP ein. Im November 1931 forderte beispielsweise der CSVD-Abgeordnete Georg Kliesch[158]: »Das Dritte Reich wird weder durch Brüning noch durch Braun oder Severing aufgehalten werden. Wenn man diese Überzeugung hat, kann gar keine andere Konsequenz bleiben, als das ungeheure Risiko eben einzugehen und die Nationalsozialisten an die Verantwortung zu lassen. Ich sehe die Größe des Risikos ganz nüchtern. Es geht dabei außen- und innenpolitisch auf Tod und Leben. Ich halte aber eine Fortführung des heutigen Systems für genauso gefährlich, und wenn der Nationalsozialismus regieren soll, soll er es vor diesem und in diesem schweren Winter tun.«[159] Im März 1932 versicherte der Volksdienst-Vorsitzende Simpfendörfer Adolf Hitler in einem vertraulichen Gespräch, daß »sich der Volksdienst immer dafür eingesetzt habe, daß den Nationalsozialisten der Weg in die Regierung offen gehalten werde.«[160] Darüber hinaus sehe er Potential für eine Zusammenarbeit von CSVD und NSDAP – wesentlich mehr als beispielsweise mit den Deutschnationalen.[161]

Von dieser Strategie im Umgang mit den Nationalsozialisten erwartete der CSVD einerseits, sich eine mögliche Zusammenarbeit mit der NSDAP für die Zukunft nicht zu verbauen, andererseits durch die Übernahme von Regierungsverantwortung eine gewisse Entzauberung bzw. Zähmung der Nationalsozialisten zu erreichen.[162] Schließlich erhoffte man sich, daß ein im Regierungsgeschäft eingebundener Adolf Hitler schnell seiner revolutionären Haltung mitsamt seines »Prophetennimbus« entkleidet werden könne.[163] Letztlich jedoch zeugte die Strategie vor allem davon, daß man den Nationalsozialismus und Adolf Hitler im Volksdienstlager heillos unterschätzte.[164]

Eine grundsätzliche Zusammenarbeit kam für viele Volksdienstler aufgrund der schwerwiegenden Gegensätze von Nationalsozialismus und Christentum jedoch nicht in Frage.[165] Auf sachlicher Ebene meinte man jedoch, zusammenkommen zu können. Beim CSVD hielt man die nationalsozialistische Partei für einen »wertvollen Helfer an der Erneuerung des deutschen Volkes und am Wiederaufstieg des Deutschen Reiches.« Lediglich als »maßgebenden Führer für diese Aufgabe« müsse die nationalsozialistische Bewegung abgelehnt werden.[166] Aus dieser Überzeugung heraus wollte man einer Regierung Hitler eine »ehrliche Chance«[167] geben und stimmte am 23. März 1933 für das ›Ermächtigungsgesetz‹. Über die Beweggründe dieser Entscheidung erklärte der CSVD-Vorsitzende Simpfendörfer in einer Rede vor dem Reichstag: »Deutsche Männer und Frauen! Der Volksdienst bejaht die innen- und vor allem die außenpolitischen Ziele der Reichsregierung, die der Herr Reichskanzler [Adolf Hitler, J.T.] heute vorgetragen hat. Er ist zu seinem Teil zu der Mitarbeit, die der Herr Reichskanzler in so eindrucksvoller Weise gefordert hat, bereit und gibt deshalb dem ›Ermächtigungsgesetz‹ seine Zustimmung.«[168] Nur drei Monate später löste sich der CSVD selbst auf. Die Abgeordneten des Volksdienstes erhielten einen Hospitantenstatus in der NSDAP-Fraktion.[169]

VIERTES KAPITEL

»Hybris und Katastrophe«

HEINEMANN UND DAS ›DRITTE REICH‹ 1933-1945

Mit der Verabschiedung des ›Ermächtigungsgesetzes‹ am 23. März 1933[1] wurde *de facto* das Ende der Weimarer Republik besiegelt. Das Experiment der ersten deutschen Demokratie war endgültig gescheitert. Die Hoffnung vieler demokratischer Abgeordneter, die nationalsozialistischen Regierungsmitglieder Adolf Hitler, Wilhelm Frick[2] und Hermann Göring[3] würden durch die acht weiteren konservativen und deutschnationalen Minister in gewisser Weise politisch gezügelt und gezähmt, wurde enttäuscht.[4]

Gegen den Widerstand Hugenbergs und seiner Deutschnationalen hatte Hitler noch am Tag seiner Ernennung erreicht, daß der Reichstag aufgelöst wurde und Neuwahlen ausgeschrieben wurden. Gleichzeitig wurden Polizei, Sturmabteilung (SA) und Stahlhelm zur »Gegnerbekämpfung« zusammengeschlossen, die mit Gewalt und Terror gegen Angehörige der übrigen Parteien, vor allem gegen Sozialdemokraten und Kommunisten, aber auch gegen Gewerkschafter und Juden vorging. Nach dem Brand des Reichtages im Februar 1933[5] waren auch die letzten Reste rechtstaatlicher Ordnung durch Notverordnungen beseitigt worden. Grundrechte konnten nun »bis auf weiteres« außer Kraft gesetzt werden. Die Presse- und Versammlungsfreiheit wurde massiv eingeschränkt. Durch das ›Ermächtigungsgesetz‹ waren die Nationalsozialisten schließlich jeglicher legislativen Fesseln entledigt. Der Hitlerschen Willkürherrschaft war Tür und Tor geöffnet. Unter dem Eindruck massiven politischen Drucks, nicht zuletzt aber auch aufgrund der Androhung von körperlicher Gewalt, lösten sich die meisten Parteien binnen kürzester Zeit von selbst auf oder wurden, wie die SPD, schlichtweg verboten.[6] Die Gewerkschaften wurden zerschlagen, ihre Mitglieder in die neu gegründete Deutsche Arbeitsfront (DAF)[7], eine Zwangsvereinigung von Arbeitnehmern und Arbeitgebern, überführt.

In rasantem Tempo war es den neuen Machthabern gelungen, die alten, demokratischen Strukturen zu zerschlagen und durch den Aufbau eines zentralistischen Führerstaates die eigene Herrschaftsposition zu sichern. Alle wichtigen politischen und gesellschaftlichen Bereiche wurden gleichgeschaltet und nach dem Führerprinzip neu organisiert. Auch Heinemann sollte sich binnen kürzester Zeit ganz direkt mit den Auswirkungen der Machtübernahme Hitlers und der »nationalsozialistischen Revolution«[8] konfrontiert sehen. Die tiefgreifende nationalsozialistische Durchdringung des Staates erreichte ihn auf verschiedensten Ebenen – auf der parteipolitischen ebenso wie auf der beruflichen und kirchlichen. Wollte Heinemann den Weg einer offenen Konfrontation bzw. Opposition vermeiden, erschien es zunächst unausweichlich zu sein, sich in manchen Bereichen mit den neuen Machthabern zu arrangieren.

1. »Ausbruch des III. Reiches« ›Arrangement‹ mit den neuen Machthabern

In einem Taschenkalender Heinemanns aus dem Jahr 1933 findet sich am 30. Januar, dem Tag der Machtübernahme Adolf Hitlers, der Vermerk »Ausbruch des III. Reiches«[9]. Offenbar ahnte Heinemann schon früh, vor welch radikalem Umbruch die Republik nach dem mit demokratischen Mitteln herbeigeführten Regierungswechsel stehen sollte. An die Wirksamkeit des »Zähmungskonzepts«[10] schien Heinemann nicht zu glauben. Doch auch wenn in dem Kalendereintrag eine gewisse Besorgnis mitzuklingen scheint und Heinemann später behaupten wird, er habe bereits zu diesem Zeitpunkt »gewittert«, daß das ganze »nationalsozialistische Unternehmen« in einer »Katastrophe« enden werde[11], so stand er der Politik der Nationalsozialisten doch zunächst nicht vollkommen ablehnend gegenüber. Vor allem der revisionistische, außenpolitische Kurs der neuen Regierung fand vorderhand Anklang bei Heinemann. In einem Schreiben an den Reichskanzler Adolf Hitler bezeichnete Heinemann beispielsweise den Volksentscheid vom 12. November 1933, der mit großer Mehrheit über den Austritt Deutschlands aus dem Völkerbund[12] beschied, als eine »erhebende Wahl«[13]. Noch im Jahr 1919 hatte Heinemann die Idee des Völkerbundes als Instrument zur Verwirklichung des Weltfriedens ausdrücklich begrüßt.[14]

Auch in der Beurteilung des Bolschewismus stimmte Heinemann grundsätzlich mit den Nationalsozialisten überein. In einem Schreiben an den Chef der Reichskanzlei, Staatssekretär Hans Heinrich Lammers[15], unterstrich Heinemann seine Überzeugung, der »Kampf gegen den Bolschewismus« sei »heute mehr als zuvor [...] tiefste Notwendigkeit«. Es werde darauf ankommen, »alle Kräfte zu mobilisieren, welche innerhalb und außerhalb Deutschlands dem Bolschewismus entgegengestellt werden können«[16].

Doch trotz solcher partieller Übereinstimmungen mit dem außenpolitischen ›Programm‹ der NS-Machthaber blieb Heinemann dem Regime grundsätzlich zunächst einmal skeptisch gegenüber eingestellt. Hierzu trugen nicht nur die negativen Erfahrungen bei, die Heinemann als Student in München mit der jungen NSDAP gemacht hatte.[17] Heinemann störte sich vor allem an der Simplizität und Derbheit der NS-Weltanschauung. Die Ablehnung der Republik und der Demokratie stieß bei ihm außerdem ebenso auf Kritik wie das Rassedenken und der Antisemitismus.[18] Die gesellschaftspolitischen und wirtschaftspolitischen Ansätze der NSDAP hielt Heinemann gar für vollends unbrauchbar. Nicht zuletzt stießen ihn die (durchaus auch körperliche) Aggressivität und Rücksichtslosigkeit, durch die sich die ›Politik‹ der NSDAP immer wieder auszeichnete, in besonderem Maße ab.

Die NSDAP konnte daher in seinen Augen keine wirkliche Alternative für eine demokratische Partei sein. Als im März 1933 noch ein letztes Mal Reichstagswahlen »nach alten Regeln«[19] stattfanden, entschied sich Heinemann, trotz seiner Mitgliedschaft im Volksdienst für die SPD zu stimmen, die für ihn »die einzige Chance zu sein schien, gegen Hitler noch ein Gegengewicht zu entwickeln«[20]. Sämtliche anderen Parteien, den CSVD eingeschlossen, seien bereits entweder »ohne Widerstandskraft« oder »gar Komplicen der NSDAP«.[21]

Nachdem sich der Volksdienst schließlich freiwillig aufgelöst hatte und zu Teilen in der NSDAP aufgegangen war, empfand Heinemann im parteipolitischen Engagement nicht mehr die »geringste Verheißung«[22]. Nach seiner Auffassung bestand »keinerlei Chance« mehr, »über Parteipolitik außerhalb der NSDAP nachzudenken.«[23] Resigniert zog sich Heinemann daraufhin vollends aus der Politik zurück und zeigte in der folgenden Zeit »kaum eine politische Leidenschaft«[24].

Auch beruflich sah sich Heinemann bald mit den Auswirkungen der ›nationalsozialistischen Revolution‹ konfrontiert. Immer schneller wuchs auch unter den Rechtsanwälten und Richtern bzw. bei den juristischen Berufsverbänden die Anhängerschar der NSDAP. Innerhalb kürzester Zeit vermochte es die nationalsozialistische Ideologie, das deutsche Rechtswesen zu durchdringen. Bereits im April 1933 gab es auch in Heinemanns Essener Anwaltsverein erste Diskussionen über Berufsbeschränkungen für jüdische Kollegen.[25] Rasch zeichnete sich ab, daß Heinemann, der auf Versammlungen wiederholt Partei für die ›nicht arischen‹ Anwälte ergriff, eine Minderheitenposition vertrat. Bei einer Mitgliederversammlung des Anwaltsvereins im Mai 1933 entschied man sich schließlich dafür, Juden aus dem Verein auszuschließen. »Nach bewegter Debatte stimmten 43 Anwälte für den Ausschluß, fünf dagegen. Sieben Anwälte enthielten sich der Stimme – zu schweigen von denen, die es vorzogen, der Versammlung fernzubleiben. [...] Zu den Ja-Sagern gehörten auch Kollegen, die sich vorher noch gegenteilig geäußert hatten. [...] Aber die Angst, aufzufallen und neben dem großen Aufbruch zu stehen, erfaßte mehr und mehr viele Gemüter.«[26]

Zwar versuchte Heinemann anfänglich, den Einfluß der Nationalsozialisten auf die Arbeit des Anwaltsvereins zurückzudrängen. Doch bereits wenige Monate später wurde deutlich, wie sehr die Juristenorganisation bereits von der NS-Ideologie durchsetzt war. Im Rahmen der allgemeinen Gleichschaltung löste sich auch der Essener Anwaltsverein am 21. Dezember 1933 selbst auf.[27] »Der Antrag auf Auflösung wurde einstimmig angenommen.«[28] Die Aufgaben des Anwaltsvereins wurden nun vom Bund Nationalsozialistischer Deutscher Juristen (BNSDJ) übernommen.[29]

Der BNSDJ war bereits 1928 als Juristenvereinigung innerhalb der NSDAP gegründet worden. Geleitet durch den 1945 in Nürnberg als Kriegsverbrecher verurteilten und hingerichteten Hans Frank[30] wurde dem BNSDJ als »ständische Zusammenfassung aller Arbeiter am Recht«[31] die Aufgabe zugewiesen, »zu allen Fragen rechtlicher Art, die die Partei und ihre Idee oder Angehörige derselben betreffen, Stellung zu nehmen und die Entwicklung des deutschen Rechtslebens vom nationalsozialistischen Standpunkt aus ideell und praktisch zu beeinflussen.«[32] Nach der Machtübernahme sollte der BNSDJ die »Revolutionierung des Rechts« einleiten: »Die große historische Aufgabe, die nun die Bewegung und ihr Führer dem BNSDJ gestellt hat, ist, die nationalsozialistische Weltanschauung gerade auf dem Gebiete des Rechts durchzusetzen. Es gilt, für uns ein wahres deutsches Recht zu schaffen, das der blutmäßig gebundenen Vorstellung von dem was recht – gerecht – und richtig ist, entspricht. Die fremden Rechtsgrundsätze, die auch heute noch in unseren Gesetzbüchern dominieren, gilt es zu ersetzen durch artgemäße Rechtsgrundsätze.«[33] Diesen Zielen entsprechend forcierte der BNSDJ eine unverzügliche Säuberung aller deutschen Gerichte, »einschließlich des Reichsgerichts«, von jüdischen Richtern. Außerdem forderte der Bund, allen jüdischen sowie der SPD und der KPD angehörenden Rechtsanwälten die Zulassung zu entziehen und veranlaßte in mehreren Städten die Besetzung von Gerichten, um seinen Forderungen Nachdruck zu verleihen.[34]

Nachdem der Bund in den ersten Jahren zwar stetig, aber zunächst doch nur sehr langsam wuchs, schnellten seine Mitgliedszahlen nach dem Januar 1933 sprunghaft an.[35] Nicht zuletzt die Tatsache, daß sich der BNSDJ auch für Nicht-Parteimitglieder öffnete und die Gleichschaltung der etablierten Juristenvereinigungen forciert wurde, ließ die Organisation von knapp 1.600 Mitgliedern im April 1933 auf rund 80.000 Mitglieder im Jahr 1935 anwachsen. Lediglich 18.000 davon waren jedoch Mitglied der NSDAP.[36] 1939 erreichte der NS-Rechtswahrerbund (NSRB), wie der BNSDJ seit einer Umbenennung im Jahr 1936 hieß, einen Höchststand von 104.000 Mitgliedern.

Ob der NSRB *de facto* eine Zwangsvereinigung für Juristen war, ist durchaus umstritten. Trotz der sprunghaft angestiegenen Mitgliederzahlen erreichte der Rechtswahrerbund nie einen hundertprozentigen Organisationsgrad. Durchweg gab es eine »wenn auch verschwindende« Anzahl von Anwälten, die nicht im NSRB organisiert waren. »Sichtbare Konsequenzen« ergaben sich für sie offenbar nicht.[37]

Auch Heinemann wurde unmittelbar nach der Auflösung des Essener Anwaltsvereins Mitglied im BNSDJ.[38] Bereits auf der ersten Sitzung ließ er sich darüber hinaus in den Beirat der Essener Ortsgruppe des NS-Juristenbundes wählen.[39] Neben seiner Tätigkeit im Beirat ist darüber hinaus eine regelmäßige Teilnahme an Versammlungen und Treffen der Berufsvereinigung[40] sowie ein Vortrag Heinemanns bei einer Fortbildungsveranstaltung des BNSDJ nachzuweisen.[41] Aufgrund mangelnder archivarischer Überlieferungen ist es jedoch kaum möglich, genauer und umfassender zu rekonstruieren, in welchem Maße Heinemann tatsächlich in die Arbeit des BNSDJ eingebunden war.

1936 wurde Heinemann Mitglied in einer weiteren NS-Organisation: der Nationalsozialistischen Volkswohlfahrt (NSV).[42] Die NSV wurde am 3. Mai 1933 offiziell als »Organisation innerhalb der Partei« anerkannt. Ihre Zuständigkeit umfaßte »alle Fragen der Volkswohlfahrt und der Fürsorge«.[43] In ihrer Satzung formuliert sie ihre Aufgabe wie folgt: »Sie [die NSV; J.T.] hat die Führung der freien Wohlfahrtspflege und erläßt Richtlinien und Anweisungen für die gemeinsamen Aufgaben. Die NSV ist ferner Dachorganisation für Wohlfahrts- und Selbsthilfeverbände. Die NSV führt die Reichsgemeinschaft der freien Wohlfahrtspflege, der der ›Centralausschuß der Inneren Mission‹, der Caritas-Verband und das Deutsche Rote Kreuz angehören.« Als ihre »vornehmste Pflicht« bezeichnete es die NSV, »die lebendigen, gesunden Kräfte des deutschen Volkes zu entfalten und zu fördern. Sie übernimmt die Gesundheitsführung des deutschen Volkes.«[44] Der ›gesunde Volkskörper‹ war eine der Grundvoraussetzungen und Ausgangspunkt der nationalsozialistischen Weltanschauung. Deutschland, so die NS-Ideologen, könne sich in der Welt nur mit einem »gesunden Volk« durchsetzen. Daher komme auch seiner Pflege eine besondere Bedeutung zu: »Ein gesundes Volk wird nicht nur durch Waffen, Ideen oder Überzeugungen repräsentiert, ein gesundes Volk wird auch durch die Kraft seines Leibes und durch die Kraft seiner Seele repräsentiert. Und die Kraft des Leibes und die Kraft der Seele eines Volkes bedürfen der Pflege, der Fürsorge, vor allem auch der Vorsorge [...].«[45]

An diesem Fürsorgeauftrag der NSV beteiligten sich im Jahr 1943 über 17 Millionen Mitglieder.[46] Die über eine Million ehrenamtlichen und knapp 120.000 hauptamtlichen Mitarbeiter der NS-Organisation kümmerten sich in verschiedenen Einrichtungen um Bedürftige und Mittellose. Das Winterhilfswerk, das Hilfswerk ›Mutter und Kind‹, die NSV-Kindergärten, die Kinderlandverschickung, der Bahnhofsdienst und die Suppenküchen der NSV konnten dabei Jahr für Jahr auf ein Spendenaufkommen von mehreren hundert Millionen Reichsmark zurückgreifen.[47]

Obwohl die »Wohlfahrtspflege nationalsozialistischer Prägung« zumindest in der Theorie »grundsätzlich erbbiologisch und rassenhygienisch orientiert« war und sie sich gegen eine »aussichtslose, das Volksvermögen verschleudernde Fürsorge der Erbkranken« wandte und statt dessen die »aufbauende Vorsorge für die Erbgesunden«[48] propagierte, traten auffallend viele Regimekritiker in die NSV ein.[49] Eine Mitgliedschaft in der NSV wurde häufig als Möglichkeit gesehen, den Beitritt zur NSDAP oder einer anderen NS-Organisation zu umgehen.[50] »Die NSV bot sich hierzu in geradezu idealer Weise an. Man konnte sich von der ›Politik‹ fernhalten, ohne sich dem Argwohn staatsbürgerlicher Unzuverlässigkeit auszusetzen.«[51] Vor allem im christlichen Bevölkerungsspektrum hatte eine Mitgliedschaft in der NSV nicht selten eine gewisse Schutz- und Alibifunktion. Der rassen- und erbbiologische Theorie der NS-Ideologen trotzend, fanden viele Christen in der NSV ein staatlich legitimiertes Forum für christlich-karitatives Engagement, ohne sich zugleich einer oppositionellen Haltung verdächtig zu machen. Ob diese Überlegungen auch bei Heinemanns Beitritt zur NSV vorrangig gewesen sind, läßt sich aufgrund der wenigen Überlieferungen und der schlechten Quellenlage dieser Jahre nicht nachvollziehen.

Neben BNSDJ und NSV war Heinemann noch Mitglied einer dritten NS-Organisation. Bereits im Frühjahr 1933 war er dem Reichsluftschutzbundes (RLB) beigetreten.[52] Der RLB, dessen erstrangige und »unendlich wichtige Aufgabe« es war[53], »das deutsche Volk und das Reichsgebiet vor den Folgen von Luftangriffen zu schützen«[54], war nur kurze Zeit zuvor, am 29. April 1933, auf Initiative des Reichsluftfahrtministers Hermann Göring gegründet worden. Die Reichsführung wollte mit der Gründung des RLB eine Organisation schaffen, die »1. Aufklärung und Werbung für den Luftschutz in der Bevölkerung« betreibt, »2. Selbstschutz der Bevölkerung in Haus und Wohnung« vorbereitet und durchführt und »3. Kräfte des behördlichen Luftschutzdienstes« personell ergänzt.[55]

Im September 1935 wurde Heinemann, in dessen Kalender fast wöchentlich Termine des RLB, gleichwohl ob Fortbildungen, Übungen oder Kameradschaftsabende vermerkt waren,[56] zum kommissarischen Blockwart für den Luftschutz der Bezirksgruppe Essen ernannt.[57] Im Juni 1942 wurde Heinemann darüber hinaus durch den Oberluftschutzführer zum »Amtsträger des Reichsluftschutzbundes zur besonderen Verwendung während des Fliegeralarms« berufen.[58] Laut einer Verfügung des RLB-Präsidiums konnten hierzu nur politisch »zuverlässige Persönlichkeiten, nach Möglichkeit Parteigenossen«[59] ernannt werden. Als Nicht-Parteimitglied bedurfte es einer »politischen Unbedenklichkeitserklärung« des zuständigen

»Hoheitsträgers der Partei« und der »Anhörung der Polizeibehörde«, um als Amtsträger ernannt zu werden.[60] Schließlich, das betonte Göring 1935 in einer Rede vor Amtsträgern des RLB, sei der Luftschutzbund »in der Zielrichtung nationalsozialistischer Weltanschauung« geschaffen worden. Die Amtsträger dürften daher niemals vergessen, daß sie »nicht neben« und »nicht außerhalb dieser gewaltigen Bewegung« stünden, »sondern [...] ein Glied in dieser Bewegung« seien, »die erfüllt ist von zielsicherem Handeln, Geschlossenheit und hoher Glaubenskraft an Deutschlands Zukunft!«[61]

Auch wenn man zu keinem Zeitpunkt davon sprechen konnte, daß Heinemann zu einem »Glied dieser Bewegung« wurde, so kann man doch auch nicht sagen, daß Heinemann wirklich »außerhalb dieser gewaltigen Bewegung« stand. Als Mitglied in insgesamt drei NS-Organisationen schien Heinemann zu einer, wenn auch begrenzten bzw. partiellen Kooperation mit dem NS-Regime bereit. Nicht zuletzt in beruflicher Hinsicht blieb Heinemann offensichtlich zunächst nichts anderes übrig, als sich mit den politischen Umwälzungen zu abzufinden. Nicht nur seine Tätigkeit als Anwalt und Justitiar zwangen ihn, die offene Konfrontation mit den NS-Machthabern zu vermeiden. Heinemann hatte zum Wintersemester 1933/34 zusätzlich einen Lehrauftrag an der Universität Köln übernommen[62] und hielt einmal wöchentlich eine Vorlesung über Bergrecht.[63] Da seine Dozententätigkeit einer regelmäßigen Verlängerung bzw. Bestätigung durch die NS-Behörden bedurfte,[64] war Heinemann auch hier darauf angewiesen, einen guten Leumund zu wahren.[65] Noch wichtiger war dies jedoch in Hinblick auf seine Tätigkeit bei den Rheinischen Stahlwerken. Im August 1936 war Heinemann zum stellvertretenden Vorstandsmitglied und Bergwerksdirektor befördert worden.[66] Auch wenn das Unternehmen als private Aktiengesellschaft auf Parteigenossen im Vorstand weitestgehend verzichten konnte,[67] ist es dennoch kaum vorstellbar, daß eine solche Beförderung möglich gewesen wäre, wenn Heinemann sich einen Ruf als Dissident und Regimegegner gemacht hätte.[68] Schließlich waren die Rheinischen Stahlwerke für die Kriegs- bzw. Rüstungspläne Adolf Hitlers von entscheidender Bedeutung. 1933 wurde die Stahlproduktion des Unternehmens, das zu 47,7 Prozent im Eigentum des IG-Farben-Konzerns war, komplett in die Vereinigten Stahlwerke eingegliedert.[69] Rheinstahl, so der Börsenname, konnte sich so ganz auf die Förderung von Kohle konzentrieren und wurden als wichtiger Kohlelieferant schnell zu einem der bedeutendsten Unternehmen der deutschen Rüstungsindustrie.[70] Essen stieg zur »Waffenschmiede des Reiches«[71] auf.

An exponierter Stelle beschäftigt, zeichnete Heinemann durchaus für die Unternehmenspolitik der Rheinischen Stahlwerke mitverantwortlich; nicht zuletzt in Anbetracht der Tatsache, daß Heinemann als Vorstandsmitglied schon sehr frühzeitig über die Rüstungspläne der Nationalsozialisten informiert war[72] und diese ausgesprochen begrüßte.[73] Heinemann hatte sich, letztlich auch zugunsten seines beruflichen Fortkommens,[74] gegen den Weg politischer – wohlgemerkt politischer – Konfrontation und für eine beschränkte Kooperation entschieden. Aus nicht immer nachvollziehbaren Gründen sollte Heinemann dieses Verhalten – im Gegensatz zu Politikern konservativer Provenienz wie Kurt Georg Kiesinger[75], Hans Globke[76], Hans Filbinger[77] oder Karl Carstens[78] – später nicht mehr vorgehalten werden.

2. »Teneo, quia teneor« Kirchenkampf in der Bekennenden Kirche

Die Ernennung Adolf Hitlers zum Reichskanzler am 30. Januar 1933 stieß bei der großen Mehrheit der deutschen Protestanten auf durchaus positive Resonanz. Die evangelische ›Kirchliche Rundschau für Rheinland und Westfalen‹ sprach beispielsweise von einem »Frühlingserwachen«, das durch das deutsche Volk ging. Die evangelisch-lutherische Landeskirche Bayern versicherte in einem Aufruf sogar: »Ein Staat, der wieder anfängt, nach Gottes Gebot zu regieren, darf in diesem Tun nicht nur des Beifalls, sondern auch der freudigen und tätigen Mitarbeit der Kirche sicher sein.«[79] Auch die Kirchenführung äußerte sich zustimmend über die zupakkende Art der neuen Regierung. Der Berliner Generalsuperintendent und spätere Bischof von Berlin Otto Dibelius[80] predigte am 21. März 1933 anläßlich der feierlichen Reichstagseröffnung: »Ein neuer Anfang staatlicher Geschichte steht immer irgendwie im Zeichen staatlicher Gewalt. Denn der Staat ist Macht. Neue Entscheidungen, neue Orientierungen, Wandlungen, Umwälzungen bedeuten immer den Sieg des einen über den anderen. Und wenn es um Leben oder Sterben der Nation geht, dann muß die staatliche Macht durchgreifen und kraftvoll eingesetzt werden, sei es nach außen oder nach innen. Wir haben von Dr. Martin Luther gelernt, daß die Kirche der rechtmäßigen staatlichen Gewalt nicht in den Arm fallen darf, wenn sie tut, wozu sie berufen ist. Auch dann nicht, wenn sie hart und rücksichtslos schaltet. Wir kennen die furchtbaren Worte, mit denen Luther im Bauernkrieg die Obrigkeit aufgerufen hat, schonungslos vorzugehen, damit wieder Ordnung im Lande werde [...]. Wenn der Staat seines Amtes waltet gegen die, die Grundlagen der staatlichen Ordnung untergraben, gegen die vor allem, die mit ätzendem und gemeinem Wort die Ehe zerstören, den Glauben verächtlich machen, den Tod für das Vaterland begeifern – dann walte er seines Amtes in Gottes Namen!«[81]

Bereits im Herbst 1932 hatte sich innerhalb der evangelischen Kirche mit den »Evangelischen Nationalsozialisten« eine Bewegung gegründet, die offen und lautstark für Adolf Hitler Partei ergriff. Schon bald von Hitler persönlich in »Deutsche Christen« (DC) umbenannt, sprachen sie sich in ihren »Richtlinien«[82] für eine evangelische Kirche aus, »die im Volkstum wurzelt« und den »Geist eines christlichen Weltbürgertums« ablehnt.[83] In »Rasse, Volkstum und Nation« erkannten die DC »von Gott geschenkte und anvertraute Lebensordnungen.« »Rassenvermischung« traten sie ebenso entscheiden entgegen wie einer »Judenmission«, die ein »Eingangstor fremden Blutes in unseren Volkskörper« darstelle und zu »Rassenverschleierung und –bastardierung« führe.

Die Ernennung Hitlers zum Reichskanzler im Januar 1933, die mit Dankgottesdiensten gefeiert wurde,[84] bedeutete einen großen Aufschwung für die DC. Nun sollte die nationalsozialistische Machtübernahme auch auf die evangelische Kirche ausgeweitet werden. Hierzu wurde zunächst der lockere Zusammenschluß der im ›Deutschen Evangelischen Kirchenbund‹ zusammengefaßten 29 Landeskirchen zur zentralistisch organisierten ›Deutschen Evangelischen Kirche‹ (DEK) umgewandelt. Der evangelische Pfarrer Ludwig Müller, ein Vertrauter Hitlers, wurde zum Reichsbischof ernannt. Bei den im Juli 1933 abgehaltenen Kirchenwahlen errangen die DC mit der reichsweiten Unterstützung des Propagandaapparates der NSDAP einen überwältigenden Sieg über die letzten oppositionellen Kräfte in den Reihen der evangelischen Kirche.[85] Auch in Essen ergaben sich in fast allen Gemeinden Mehrheiten für die DC. Insgesamt entfielen über 70 Prozent aller Stimmen auf die Liste der DC. Jedoch hatte man zuvor – nicht zuletzt durch massive Einschüchterung – erreicht, daß häufig nur Wahlvorschläge der DC oder Einheitslisten eingereicht wurden.[86]

Doch um so mehr Einfluß die DC in der evangelischen Kirche gewannen, desto größer wurde der Widerstand bekenntnistreuer Protestanten gegen die einseitige Vormachtstellung. Im gesamten Reich formierten sich ›Freie Evangelische Synoden‹, die sich gegen die neue Reichskirchenverfassung wandten. An dieser innerkirchlichen Opposition beteiligte sich auch der Presbyter Gustav Heinemann. Er schloß sich einem Essener Kreis bekenntnistreuer Pfarrer und Laien an, die unter der Führung von Pastor Graeber gegen die Vorherrschaft der DC aufbegehrten. Doch wie die meisten im Kirchenkampf Beteiligten trennte Heinemann den kirchlichen vom politischen Bereich scharf ab. »Die kirchliche Opposition war anfangs ehrlich davon überzeugt, keine politische Opposition zu sein, sie bejahte vielmehr den neuen Staat ebenso aufrichtig wie diejenigen, die sich in der Glaubensbewegung [der DC; J.T.] sammelten. Ja, sie meinte sogar, dem Staat durch ihren Widerstand gegen die Deutschen Christen zu dienen.«[87] Heinemann selber betonte dies in einem Brief an seine Mutter in aller Deutlichkeit: »Unser Kampf hat nichts, aber auch gar nichts mit Opposition gegen die Regierung zu tun. Im Gegenteil. [...] Wenn man überhaupt ein Schlagwort brauchen will, so könnte man sagen, daß wir uns nicht katholisch machen lassen wollen. Deshalb Kampf den Bischöfen in einer evangelischen Kirche!«[88]

Heinemann war zu einer entschlossenen Gegenwehr gegen die DC bereit. Als sich die Auseinandersetzungen des Kirchenkampfes verschärften, warnte er in einem Brief an Adolf Hitler vor den Folgen der Kirchenspaltung: »Wieder einmal versucht die Glaubensbewegung Deutscher Christen hohe Regierungsstellen über den wahren Zustand der evangelischen Kirche irrezuführen. [...] Wiederholt wurden unter dem Deckmantel kirchlicher Bekenntnisformeln kirchenzerstörende Angriffe betrieben [...]. Immer deutlicher wird es weiten Kreisen der Gemeinden mit ihren Pfarrern, daß die Kirchenpolitik der Reichsleitung der ›Deutschen Christen‹ und der von ihr einseitig beherrschten preußischen Kirchenbehörden ein Verderb für Staat und Kirche ist. [...] Es wird hohe Zeit, daß die eigentlichen Träger kirchlichen Lebens in unseren Gemeinden bei den amtlichen Stellen zu Gehör kommen, wenn der neue Staat nach der erhebenden Wahl nicht schwere Rückschläge in den Herzen treuester Anhänger erfahren soll!«[89] Auch hier wird deutlich, daß es Heinemann zu diesem Zeitpunkt keineswegs um den Widerstand gegen das nationalsozialistische Regime an sich, sondern vielmehr nur um den Widerstand gegen die DC und um Kritik an der aus Heinemanns Sicht fatalen Kirchenpolitik ging.

Heinemanns Kritik beschränkte sich auch dann noch auf die Glaubensbewegung, nachdem die DC bei einer Kundgebung im Berliner Sportpalast eine Resolution verabschiedeten, die die »Vollendung der deutschen Reformation aus dem Geist des Nationalsozialismus« forderte. Neben der Absetzung oppositioneller Pfarrer und der Gründung einer »judenchristlichen Kirche« als Vereinigung aller »fremdblütigen evangelischen Christen« sprach sich die Resolution für eine »deutsche Volkskirche aus«, die sich »frei macht von allem Undeutschen in Gottesdienst und Bekenntnis, insbesondere vom Alten Testament und seiner jüdischen Lohnmoral.« Darüber hinaus sollte ernst gemacht werden »mit der Verkündigung der von aller orientalischen Entstellung gereinigten schlichten Frohbotschaft und einer heldischen Jesus-Gestalt als Grundlage eines artgemäßen Christentums, in dem an die Stelle der zerbrochenen Knechtseele der stolze Mensch tritt, der sich als Gotteskind dem Göttlichen in sich und seinem Volke verpflichtet fühlt.«[90]

Empört über diese Entschließung unterstützte Heinemann ein Telegramm an den Reichsbischof Müller, das im Namen von »über 250 Pfarrern und Gemeindevertretern« die unchristliche Irrlehre der DC anmahnte und den Reichsbischof aufforderte, die Schirmherrschaft über die DC niederzulegen, alle 20.000 Mitglieder der Sportpalastkundgebung aus ihren Ämtern zu entfernen, die Reichsleitung der Glaubensbewegung zu entlassen und schließlich »feierlichst« jedem evangelischen Christen Freiheit und Schutz zu gewähren, »der in dieser Bekenntnisstunde gegen eine Vernebelung der Lage verantwortlich sich wehrt.«[91]

Reichsbischof Müller reagierte auf diese Forderungen mit dem Erlaß einer ›Verordnung betreffend die Wiederherstellung geordneter Zustände in der Deutschen Evangelischen Kirche‹[92]. Diese als ›Maulkorberlaß‹[93] bekanntgewordene Verordnung verbot allen kirchlichen Amtsträgern, öffentlich Kritik an Personen, Einrichtungen oder Maßnahmen der Kirchenleitung zu üben. Bei Verstoß gegen den Erlaß drohten die Amtsenthebung und die Eröffnung eines Disziplinarverfahrens. Dieser Erlaß wurde vor allem von den bekenntnistreuen Protestanten als offene »Kampfansage«[94] aufgefaßt. Nicht zuletzt beförderte er in jenen Kreisen den Entschluß, eine reichsweite Bekenntnissynode abzuhalten.

Vom 29. bis zum 31. Mai 1934 kamen 139 Delegierte der freien Synoden, unter ihnen auch Gustav Heinemann[95], in Barmen zur ›1. Reichsbekenntnissynode‹ zusammen. Die von ihnen verabschiedete ›Barmer Theologische Erklärung‹ prangerte in insgesamt sechs Thesen den Irrglauben und die Irrlehre der DC an.[96] Sie wandte sich gegen eine Staatsvergottung, wies eine Übertragbarkeit des Führerprinzips auf die Kirche zurück, wehrte sich gegen staatlichen Zugriff auf die Kirche, verwarf die Ansicht, »als solle und könne der Staat über seinen besonderen Auftrag hinaus die einzige und totale Ordnung des menschlichen Lebens werden« und lehnte die »falsche Lehre ab, als dürfe die Kirche die Gestalt ihrer Botschaft und ihrer Ordnung ihrem Belieben oder dem Wechsel der jeweils herrschenden weltanschaulichen und politischen Überzeugungen überlassen.«[97] Die ›Barmer Erklärung‹ wurde somit zur theologischen Grundlage des Kirchenkampfes der bekenntnistreuen Protestanten gegen die DC – und zugleich zum Gründungsdokument der Bekennenden Kirche.[98]

Die Bekennende Kirche war ein Zusammenschluß verschiedenster evangelischer Kirchengruppen. Unter dem Wahlspruch ›*Teneo, quia teneor*‹ – ›Ich halte, da ich gehalten werde‹ – versammelten sich in der Bekennenden Kirche Lutheraner, Reformierte und Unierte, Vertreter der freien Synoden, Pfarrer sowie Laien. Jedoch legte die Bekennende Kirche Wert darauf, nicht als ›Widerstandsbewegung‹ verstanden zu werden.[99] In einer Kanzelabkündigung im Dezember 1934 stellte die

Leitung der Bekennenden Kirche klar: »Wir wollen keine Zufluchtsstätte politisch unzufriedener Elemente sein.«[100] In manchen Kirchenprovinzen ließ die Bekennende Kirche ihre Mitglieder sogar eine Erklärung unterschreiben, wonach sie sich »zu Treue und Hingabe an Volk und Vaterland«[101] verpflichteten. Zwar gab es auch innerhalb der Bekennenden Kirche eine Reihe einzelner politischer Widerständler. Jedoch wurde ihr Kampf gegen die NS-Herrschaft von der Kirchenleitung keineswegs gutgeheißen – im Gegenteil: Die Kirchenleitung reagierte auf sie mit »Tadel und Distanzierung«[102]. Politische Dissidenten wie Karl Barth, Mitglied der SPD, wurden aus der Bekennenden Kirche verstoßen. KZ-Insassen wie Dietrich Bonhoeffer[103] wurden nicht in die Fürbitten miteinbezogen, sofern sie aus politischen Gründen, und nicht um Christi Willen verhaftet wurden. Statt dessen schloß man lieber den Führer Adolf Hitler in jedes Fürbittengebet ein.[104]

Doch ungeachtet dessen, wie sehr die Bekennende Kirche beteuerte, sie werde zu »Unrecht gegen Zeit und Ewigkeit als Rebellen verdächtigt«, hatte sie mit ihrer Gründung die Kirchenspaltung vollzogen – zumal sich die Bekennende Kirche in ihrem Selbstverständnis als allein rechtmäßige evangelische Kirche begriff. Demgemäß folgte auch auf der zweiten Reichsbekenntnissynode im Oktober 1934 in Berlin-Dahlem die organisatorische Trennung von der deutschchristlichen Kirchenleitung. Die Bekennende Kirche stellte auf allen Organisationsebenen – von der Gemeinde über die Kirchenkreise und Kirchenprovinzen bis hin zu den Landeskirchen – den Deutschen Christen eigene Kirchenleitungen, die sogenannten Bruderräte, entgegen.

Heinemann war Mitglied im Bruderrat der Evangelischen Bekenntnissynode im Rheinland und gehörte damit zum engeren Führungskreis der Bekennenden Kirche. Auch wenn er sich keineswegs als Staatsgegner verstand, wurde er durch sein Engagement für die Bekennende Kirche doch in eine »partielle Illegalität«[105] gedrängt. Heinemann ging dadurch durchaus auch ein gewisses persönliches Risiko ein. Einige Zeit beherbergte er beispielsweise eine Vervielfältigungsmaschine der Bekennenden Kirche in seinem Keller, auf der die teilweise verbotenen sogenannten ›Grünen Briefe zur Lage‹ von Pfarrer Heinrich Held[106] gedruckt wurden. Zur Tarnung diente der Keller tagsüber an einigen Stunden in der Woche »dem BDM [Bund deutscher Mädel; J.T.] für kindliches Singen und Spielen, an dem sich unsere zwei ältesten Töchter beteiligten. [...] Der Apparat stand in einem Schrank, den ich verschlossen hielt. [...] Wir sorgten dann dafür, daß abends keine unnützen Besucher im Hause waren, wenn ›der Betrieb‹ einrückte.«[107]

Daß Heinemann bereit war, eventuelle Konsequenzen zu tragen, die aus seiner Mitgliedschaft in der Bekennenden Kirche erwuchsen, sollte sich Anfang 1936 erweisen, als das Rheinisch-Westfälische Kohlensyndikat Heinemann das Angebot machte, ihn in den Vorstand aufzunehmen. Heinemann wurde allerdings zur Bedingung gemacht, sein zeitintensives Engagement im Kirchenkampf und in den Bruderräten ruhen zu lassen. Darüber hinaus wurde er aufgefordert, seine Zusammenarbeit mit dem Pfarrer Martin Niemöller[108] einzustellen. Heinemann verwahrte sich gegen diese Auflage. Insbesondere seine Tätigkeit im Bruderrat wollte er nicht aufgeben.[109] In einem Schreiben an den Generaldirektor des Kohlensyndikats verteidigt Heinemann seine kirchliche Betätigung, machte zugleich aber auch deutlich, daß es ihm um einen kirchenpolitischen, nicht um einen allgemeinpolitischen Kampf ginge:

»Ich verfechte eine auf Bibel und Bekenntnis gegründete Evangelische Reichskirche, bin aber ein Gegner jedes Staatskirchentums. [...] Es geht inmitten aller Ordnungs- und Verfassungsfragen darum, ob Quelle und Inhalt der kirchlichen Verkündigung das Evangelium nach dem Neuen Testament oder die Weltanschauung des jeweiligen politischen Führers sein soll. Ich bin mit der Bekennenden Kirche ein Gegner jeder an politischen Zielen oder an weltanschaulichen Meinungen orientierten kirchlichen Verkündigung. [...] Ich hoffe, daß auch im Rahmen meiner Arbeit im Syndikat – ebenso wie bei meiner bisherigen Tätigkeit an der Universität Köln – Raum genug bleibt für eine solche, auch für unser Volk dringend notwendige Betätigung christlicher Überzeugung und kirchlicher Erfordernisse.«[110] Nur wenig später erhielt Heinemann die Antwort des Konzernvorstandes:[111] »Der Personalausschuß unseres Aufsichtsrates [ist] mit Rücksicht auf Ihre Stellungnahme im Kirchenstreit zu der Entschließung gekommen, auf Ihren Eintritt in unseren Vorstand verzichten zu müssen.«[112] Der berufliche Rückschlag war jedoch schon bald wieder vergessen, da Heinemann bereits wenige Monate nach der Absage des Kohlensyndikats als stellvertretendes Mitglied in den Vorstand der Rheinischen Stahlwerke berufen wurde und eine Beförderung zum Bergwerksdirektor erhielt.[113]

Nur kurze Zeit nach dieser Beförderung zog sich Heinemann dann doch aus dem aktiven Kirchenkampf zurück. Der Besuch der ›Fünften Preußensynode‹ in Lippstadt im August 1937 war seine letzte offizielle Aktivität im Bruderrat der Bekennenden Kirche.[114] Am 17. August 1938 legte er schließlich alle Ämter in der Bekennenden Kirche ab und schied aus dem Bruderrat aus. Dieser Schritt ist jedoch weniger in den neuen beruflichen Aufgaben oder der Verschärfung der Auseinandersetzung mit den NS-Behörden begründet, als vielmehr in den anhaltenden konfessionellen Konflikten innerhalb der Bekennenden Kirche. Bereits seit der Barmer Synode 1934 war der alte Streit zwischen Reformierten und Lutheranern erneut entflammt. Die innerkirchlichen Flügelkämpfe bestimmten mehr und mehr das Wirken der Bekennenden Kirche. Diese Entwicklung empfand Heinemann schlichtweg als fatal und unerträglich: »Der Rückfall in einen neuen [...] Konfessionalismus ist mir seit langem eine schwere Belastung. [...] Weil man die Einheit der Kirche in der Lehre sucht, kommen Lutheraner und Reformierte nicht über die alten Gräben hinweg. Man kann sich zwar nicht mehr gegenseitig verdammen wie ehedem! Aber man kann sich noch immer vorstellen, daß der andere genau das denken müsse, was man selbst denkt. Solche Uniformität des Denkens zur Voraussetzung der kirchlichen Einheit zu machen ist völlig unbiblisch. [...] Wann endlich lassen wir ab von der Tyrannei des uniformen Denkens, das eine Einheit nur in der Vergewaltigung der Mannigfaltigkeit findet?«[115]

Unter diesen Bedingungen war Heinemann nicht mehr bereit, beim Kampf der Bekennenden Kirche mitzuwirken: »Meine am 17. August 1938 ausgesprochene Bitte um Entlassung aus den Ämtern der BK steht unter der Frage, ob wir die Verteidigung der evangelischen Kirche seit 1933 recht geführt haben oder nicht. Ich bin der Überzeugung, daß das nicht der Fall ist, und da ich des weiteren nicht die Möglichkeit zu einer gründlichen Änderung unserer Verteidigung sehe, bleibt mir nur übrig, auf die Seite zu treten und einer Entwicklung ihren Lauf zu lassen, die zwar providentiell doch letztlich zum rechten Ende kommen, aber zunächst *confusione hominum* noch weiter verhängnisvoll sein wird.«[116]

Heinemann blieb der Bekennenden Kirche auch in den folgenden Jahren grundsätzlich verbunden.[117] Er konzentrierte sein kirchenpolitisches Engagement jetzt jedoch mehr auf die Gemeinde und den Christlichen Verein Junger Männer (CVJM) in Essen, den Heinemann seit März 1937 als Vorsitzender leitete.[118] Aber auch hierüber sollte sich schon bald der dunkle Schatten des Zweiten Weltkriegs legen.

3. »Es geht nur noch um nackte Existenz« Kriegserlebnis

Mit dem deutschen Überfall auf Polen[119] begann am 1. September 1939 der Zweite Weltkrieg. Anders als noch während des Ersten Weltkriegs wurde Heinemann dieses Mal jedoch nicht mehr zum Kriegsdienst einberufen.[120] Als Vorstandsmitglied eines kriegswichtigen Rüstungsbetriebs wurde er vom Dienst an der Front freigestellt. Nichtsdestoweniger sollte er schon bald tief in den »Strudel des furchtbaren Krieges«[121] gezogen werden.

Noch am Tag der britischen bzw. französischen Kriegserklärung an Deutschland[122] und nur zwei Tage nach dem deutschen Einmarsch in Polen heulte erstmals der Fliegeralarm über Essen; jedoch blieb es zunächst noch bei einem Probealarm. Doch aufgrund der in Essen angesiedelten kriegswichtigen Industrie ließen die ersten Luftangriffe nicht lange auf sich warten. 1940 flogen englische Bomber bereits 33 Angriffe auf das Herz der deutschen Kohleproduktion. Doch auch wenn die Zahl der »›luftgeschützten‹ Nächte« rapide zunahm, war sich Heinemann sicher, daß Deutschland diesen Krieg siegreich beenden werde. Nun war die Zeit gekommen, »daß den Engländern das Nötige beigebracht«[123], wie er seinem Vater im Juli 1940 schrieb.

Noch während der ersten Bombennächte feierte das Haus der Heinemanns seine »Feuertaufe«. Eine Fliegerbombe detonierte in der Nähe des Hauses und ließ die Fensterscheiben zerbersten. Doch auch davon ließ Heinemann sich noch nicht entmutigen. Das Gegenteil war der Fall. Für ihn stand nur um so mehr fest: »Klein kriegen werden wir die Engländer nun erst recht!«[124]

In den folgenden Kriegsjahren wurde das Haus in der Essener Schinkelstraße wiederholt von englischen und amerikanischen Bomben getroffen. In der Nacht zum 9. März 1942 erlitt das Haus einen weiteren Treffer. Der Schaden war jedoch nur gering.[125] Schlimmer traf es das Wohnhaus der Heinemanns ein Jahr später. In der Nacht vom 5. auf den 6. März 1943 flog die *Royal Air Force* ihren bislang größten Angriff auf Essen. Innerhalb von nur einer Nacht wurden knapp 500 Einwohner getötet, 50.000 obdachlos. Über 400 britische Bomber warfen insgesamt 140.000 Phosphor- und Stabbrandbomben, 1.000 Sprengbomben und 80 Minen über der Industriestadt ab.[126] Bei diesem Großangriff erlitt auch das Haus in der Schinkelstraße »einen schweren Fliegerschaden.«[127]

Flankiert von über 40 kleineren Angriffen folgten allein im Jahr 1943 noch fünf weitere britische Großangriffe.[128] Und erneut wurde Heinemanns Haus bei einem dieser Angriffe getroffen. Am 3. April fielen mehrere Brandbomben in das Haus und verursachten einen Dachbrand, der allerdings rechtzeitig gelöscht werden konnte.[129] Trotz der persönlichen Not und trotz der enormen Zerstörung der Stadt und des gesamten Ruhrgebiets war Heinemann auch weiterhin zuversichtlich, daß der Krieg für Deutschland gewonnen werden könne: »Auch ich gebe den Krieg nicht verloren. [...] Es wird Zeit, daß unser Gegenschlag gegen die englische Insel erfolgt!«[130]

Auch nachdem die Luftangriffe, mittlerweile mit amerikanischer Unterstützung, täglich an Massivität zunahmen, war für Heinemann an ein Aufgeben nicht zu denken: »›Wir kapitulieren nicht‹ ist jetzt unser Wahlspruch!«[131] Ebenso kam für ihn das Verlassen des Wohnhauses nicht in Frage – auch wenn die Kinder immer häufiger zu den Großeltern in das ruhigere und sicherere Winterberg im Sauerland ›ausquartiert‹ wurden.

Erst Ende des Jahres 1943 ist eine Änderung in Heinemanns Einstellung festzustellen. Ausgelaugt durch die pausenlosen Bombardements und desillusioniert durch die Trost- und Aussichtslosigkeit der Lage überwogen nun die skeptischeren Töne bei Heinemann. Ein Wunsch begleitete zu dieser Zeit seine Gebete: »Gebe Gott, daß die Front Stand halten kann [...].«[132] Es schien jedoch immer aussichtsloser zu werden, daß sich dieser Wunsch tatsächlich erfüllen würde. Nach weiteren verheerenden Bombenabwürfen am 27. April 1944 konnte Heinemann nur noch bedrückt feststellen: »Das ist wahrlich der totale Krieg.«[133] Die fortgesetzten Großangriffe der englischen und amerikanischen Flugzeuge zwangen Heinemann schließlich seine Frau Hilda und die vier Kinder dauerhaft bei den Großeltern in Winterberg unterzubringen.[134] Er selbst blieb im ausgebombten Essen wohnen.

Von Siegeszuversicht war nun keine Rede mehr. Heinemann sehnte sich ein Ende des Krieges herbei: »Es ist zu furchtbar, daß wir Menschen gar keinen Ausweg aus allem Hass und aller Vernichtung mehr finden«[135]. Die in dieser Situation verfaßten Briefe an seine Familie, nicht zuletzt auch immer Abschiedbriefe, lassen erahnen, in welcher existentiellen Not Heinemann sich zu jener Zeit befand. Im Januar 1945 schrieb er seinen Kindern: »Diese Zeilen schreibe ich heute aus dem Bewußtsein, daß der Krieg mich gar leicht von Eurer Seite reißen kann. Fast jeder Tag fordert hier Todesopfer [...]. Auch meine Jugendzeit fiel zum Teil in eine schwere Kriegszeit. Aber ich kann mir nicht verhehlen, daß Euch ein wesentlich härterer Lebensweg bevorsteht, als er mir [...] bisher beschieden war. [...] Es können Ereignisse über uns kommen, denen keine menschliche Macht mehr gewachsen ist.«[136]

Im täglichen Bombenhagel ging es Heinemann jetzt nur noch um die »nackte Existenz«[137]. Der Überlebenskampf im völlig zerstörten Essen fand schließlich aber seinen Höhepunkt am 11. März 1945. In einem letzten Angriff flogen insgesamt 1.070 amerikanische Bomber über Essen und warfen über 8.000 neuartige schwere, stahlgepanzerte Sprengbomben ab. In weniger als einer Stunde kamen fast 1.000 Menschen ums Leben – Essen wurde eine Trümmerwüste. Das Inferno überstanden schrieb Heinemann am nächsten Tag seiner Mutter: »Das Unheil, das über Essen gekommen ist, kann niemand ausdenken. So wahnsinnig hat hier der Krieg noch nicht getobt. Da war die Hölle losgelassen und hat ihr Äußerstes aufgeboten, um das Chaos herbeizuführen.«[138] Nur wenige Tage später überschritten amerikanische, britische und kanadische Truppen den Rhein und stießen auf das Ruhrgebiet vor. Innerhalb kürzester Zeit wurde das gesamte Ruhrgebiet eingekreist[139] – der Ruhrkessel hatte sich geschlossen.

Heinemann hatte keinerlei Hoffnung mehr, daß die »Überrollung des Ruhrgebiets abgewendet werden wird. Eine Unsumme an Arbeit, Aufopferung und Einsatz gegen jahrelangen Bombenterror wird damit zunichte. Was das übrige Vaterland an Abwehr noch leisten kann, weiß ich nicht. Für uns hier geht jedenfalls das Spiel nach meiner Beurteilung zu Ende.«[140] Und auch als die Amerikaner am 10. April 1945 schließlich in Essen einmarschierten, fühlte Heinemann sich keinesfalls als ›Befreiter‹: »Ja, – sie kommen, sie sind da, es ist zu Ende mit uns. Wie eine Lähmung steigt es in mir auf. Nur nicht denken jetzt!«[141] Einen Tag später wurde die Stadt offiziell durch den Oberbürgermeister an den amerikanischen Befehlshaber übergeben.

In den sechs Kriegsjahren kamen insgesamt 34.470 Essener um. 6.384 Zivilisten starben bei den alliierten Luftangriffen. Von den 670.000 Einwohnern aus dem Jahr 1939 lebten 1945 nur noch 285.000 in der Stadt. Die Hälfte aller Wohnungen war zerstört, die Essener Innenstadt zu 90 Prozent vernichtet. »So wird denn nun ein neues Buch unseres deutschen Lebens aufgeschlagen: das Buch der Arbeit am Wiederaufbau und Neuordnung unseres so furchtbar zusammengeschlagenen Vaterlandes in einem von fremder Macht regierten Gehäuse völlig unbekannter Art und Gestaltung.«[142]

4. »Warum habe ich nicht mehr widerstanden?« Widerstandskämpfer oder Opportunist?

Nicht selten wird Heinemann, vor allem von der zeitgenössischen Literatur, mit Bezug auf seine Tätigkeit in der Bekennenden Kirche während des ›Dritten Reiches‹, als Widerständler und Dissident dargestellt.[143] Dabei wird er bisweilen sogar in die Nähe von Widerstandskämpfern wie Claus Graf Schenk von Stauffenberg[144] und Henning von Tresckow[145] gerückt. Auch Heinemann habe schließlich »Widerstand in dem letzten eigentlichen Sinne« geleistet und damit nichts anderes getan als das, was »die Leute am 20. Juli 1944 gemacht haben«[146], urteilt beispielsweise der Heinemann-Biograph Erich Hauer.

Es erscheint allerdings zweifelhaft, ob einer solchen Bewertung wirklich zugestimmt werden kann, zumal Heinemann selbst Wert darauf legte, keineswegs zu einem konspirativen Kreis von Widerständlern gerechnet zu werden.[147] Mit einer »Opposition gegen die Regierung« wollte Heinemann nichts »aber auch gar nichts« zu tun haben.[148] Nach eigener Überzeugung beteiligte sich Heinemann an einem Kirchenkampf – nicht an einem Kampf gegen den Staat. Für ihn war es von größter Wichtigkeit, den kirchlichen vom politischen Bereich scharf abzugrenzen. Der »Widerstand gegen die Staatsgewalt mit dem Ziel einer Änderung der staatlichen Verhältnisse« war auch dann noch für ihn ausgeschlossen, als deutlich wurde, daß die Barmer Beschlüsse zur Konfrontation mit der Staatsgewalt hinführten und die Bekennende Kirche »in eine partielle Illegalität« zwangen.[149] Gemeinsam mit der gesamten kirchlichen Opposition war auch Heinemann »ehrlich davon überzeugt, keine politische Opposition zu sein«. Vielmehr bejahte man den neuen Staat »ebenso aufrichtig wie diejenigen, die sich in der Glaubensbewegung [der DC; J.T.] sammelten.« Ziel des Kirchenkampfes war schließlich nicht zuletzt, »dem Staat durch [den] Widerstand gegen die Deutschen Christen zu dienen.«[150]

Diese besondere Staatstreue, stark vertreten vor allem in evangelischen Kirchenkreisen, rührte zu großen Teilen noch aus der alten lutherischen Obrigkeitslehre, wonach alle Obrigkeit von Gott sei und ihr daher Treue und Gehorsam entgegengebracht werden müsse.[151] Seinen Ursprung fand dieses Obrigkeitsdenken im Römerbrief des Apostels Paulus (›Römer 13‹) in dem es heißt: »Jedermann sei Untertan der Obrigkeit, die Gewalt über ihn hat. Denn es ist keine Obrigkeit außer von Gott, wo aber Obrigkeit ist, die ist von Gott angeordnet. Wer sich nun der Obrigkeit widersetzt, der widerstrebt der Anordnung Gottes; die ihr aber widerstreben, ziehen sich selbst das Urteil zu. [...] Darum ist es notwendig, sich unterzuordnen, nicht allein um der Strafe, sondern auch um des Gewissens willen.«[152]

Auch für Heinemanns Staatsverständnis war der Römerbrief von entscheidender Bedeutung. Allerdings leitete Heinemann – an der Lehre Karl Barths orientiert – daraus keineswegs eine Verpflichtung zur blinden Untertänigkeit ab.[153] Vielmehr verstand er ›Römer 13‹ als Aufruf zu tätiger Mitarbeit an der *res publica*, als Aufruf, Verantwortung für den Staat zu tragen: »Trachten nach dem Reich Gottes heißt, daß wir gehorsam sein sollen, damit Gott sein Reich bauen kann. Dieser Gehorsam kann auch politische Verantwortung und Betätigung einschließen.«[154] Die freie Loyalität zum Staat sollte an die Stelle des Obrigkeitsgehorsams treten. Letztlich schloß jedoch auch dieses Verständnis eines Staat-Bürger-Verhältnisses eine fundamentaloppositionelle Haltung gegen Staat und Regierung aus.

Fernerhin machte Heinemanns berufliche Karriere eine konfliktfreie Beziehung zu den staatlichen Behörden zur Voraussetzung. In allen Berufen, die er während des ›Dritten Reiches‹ ausübte – Anwalt, Justitiar, Dozent und Vorstandsmitglied eines kriegswichtigen Rüstungsunternehmens –, war Heinemann darauf angewiesen, eine offene Konfrontation mit dem NS-Regime zu vermeiden. Zwar ging Heinemann mit seiner Tätigkeit für die Bekennende Kirche durchaus auch karrieristisch ein gewisses – wenn auch kalkuliertes – Risiko ein. Jedoch machte seine berufliche Tätigkeit eine nonkonformistische, dissidente Haltung unmöglich.

Dennoch wurde Heinemann dadurch niemals zu einem Parteigänger der Nationalsozialisten. Er scheute zwar den direkten Widerstand, wahrte gleichwohl aber stets Distanz zum Hitler-Regime. Im Gegensatz zu vielen anderen Protestanten gingen Christentum und NS-Ideologie für ihn nicht zusammen. Aus dieser Überzeugung heraus lehnte er auch die nationalsozialistische Rassenlehre ab und widersprach der antisemitischen Hetze[155] der braunen Machthaber. »Christenglaube und Judenhaß« waren für ihn »unvereinbar in einem letzten, sehr speziellen Sinn.«[156]

Doch was war Heinemann letztendlich: Mutiger Widerstandskämpfer oder doch vielmehr ein opportunistischer Mitläufer? Zwar ist es Heinemann anzurechnen, daß er sich zu keinem Zeitpunkt von dem hitlerschen Regime verführen ließ. Immerhin bewahrte er sich im politischen wie im kirchlichen Bereich einen eigenen Kopf. Dennoch ist Heinemann kein Widerständler im Sinne eines Stauffenbergs. Weder unterhielt er Kontakt zu verschwörerischen Gruppen des politischen Widerstands noch dachte er über die Beseitigung Hitlers nach oder plante die politische Zukunft des Landes nach einem Sturz der Regierung.[157] Im Gegenteil: Wo es nötig erschien, kooperierte Heinemann mit dem Regime, war zu Zugeständnissen bereit, wurde Mitglied in NS-Organisationen[158]. Heinemann verhielt sich absolut loyal gegenüber der Regierung und paßte sich den neuen politischen Gegebenheiten durchaus geschickt an. Kritik an der Innen- oder Außenpolitik des Hitler-Staates enthielt er sich.[159] Den Kampf gegen die Deutschen Christen verstand er als Dienst am Staat. Sein Widerstand galt ausschließlich dem Alleinherrschaftsanspruch der Deutschen Christen, nicht dem der Nationalsozialisten. Es sollten kirchliche Verhältnisse geändert werden, nicht staatliche.

Ab einem gewissen Zeitpunkt war es jedoch nicht mehr ohne Weiteres möglich, kirchlichen und politischen Widerstand voneinander zu trennen. Dies erkannte auch Heinemann. Während einer Beratung des rheinischen Bruderrates im August 1937 machte Heinemann sich eine aufschlußreiche Notiz: »Kampf gegen DC war falsche Front. DC sind nur Attrappe des Staates. Deswegen nicht dogmatischer Ansatz, sondern politischer.«[160] Letztlich sollte diese Einsicht jedoch ohne direkte Konsequenzen bleiben. Heinemann schied bald darauf aus den Leitungsgremien der Bekennenden Kirche aus. Zu einem Kampf an der ›richtigen Front‹ sollte es nicht mehr kommen.

Dennoch konnte Heinemann zum Kriegsende eine weiße Weste vorweisen. Noch im April 1945 vermerkte er in seinem Tagebuch: »Überall werden Persönlichkeiten gesucht, die ohne nationalsozialistische Vorbelastung sind. Da ich in dieser Richtung sehr ›groß‹ dastehe, will man mich von vielen Seiten einspannen [...].«[161] Dies spiegelt sich auch in Heinemanns Entnazifizierungsfragebogen wieder, der bereits am 11. Oktober 1945 mit dem Vermerk »Fragebogen already passed 2.10.1945. Vorläufig für gut befunden« versehen wurde und Heinemann am 24. Mai 1946 durch die Bemerkung »Kein Aktivist, no objection« endgültig entlastete.[162]

Trotz allem empfand Heinemann auch nachdem »Gottes Gericht mit allem aufgeräumt [hat], was seiner Gemeinde so hohnlachend in den Weg treten wollte«[163], eine innere moralische Notwendigkeit, eine persönliche Mitverantwortung für das Leid der vergangenen zwölf Jahre zu übernehmen. Für Heinemann war das ›Dritte Reich‹ »kein Betriebsunfall«[164]. Das in »Hybris und Katastrophe, in Gericht und Gnade Erlebte«[165] konfrontierte ihn immer wieder mit der gleichen Frage: »Warum habe ich [...] nicht mehr widerstanden.«[166] Letztlich beteiligte Heinemann sich aus dieser Frage heraus an der Erarbeitung der ›Stuttgarter Schulderklärung‹ des Rates der Evangelischen Kirche Deutschlands vom Oktober 1945.[167] Als ›Bekenntnis des eigenen Versagens‹ wurde die ›Stuttgarter Erklärung‹ zu einem »›Dreh- und Angelpunkt‹ seiner späteren politischen Tätigkeit.«[168] Die Unterzeichner bekannten sich stellvertretend zu einer »Solidarität der Schuld« aller Deutschen, die »unendliches Leid über die Völker und Länder gebracht« hatten. Von zentraler Bedeutung war die Selbstanklage, daß während des ›Dritten Reiches‹ »nicht mutiger bekannt, nicht treuer gebetet, nicht fröhlicher geglaubt und nicht brennender geliebt«[169] wurde. Auch wenn Heinemann fürchtete, daß »auch die Warnung von Stuttgart vor neuem deutschen Abweg in den Strudel [...] [des] Vergessens«[170] geraten könnte, behielt das Schuldbekenntnis für ihn selbst bindende Wirkung und war geradezu ein »Katalysator für seine spätere Ablehnung einer Wiederbewaffnung des Volkes, das die Welt [...] in einen katastrophalen Krieg gestürzt hatte«[171].

FÜNFTES KAPITEL

»Adenauers Antipode«

HEINEMANN UND DIE CDU 1945-1952

Am 8. Mai 1945 kapitulierte das Deutsche Reich. Der Krieg war zu Ende, seine Bilanz erschütternd für das ganze Land. Deutschland lag am Boden: Über viereinhalb Millionen Deutsche waren während des Krieges gestorben, knapp elf Millionen waren in Kriegsgefangenschaft. Millionen Menschen wurden aus ihren Heimatgebieten vertrieben und befanden sich nun auf der Flucht. Durch die zahllosen Luftangriffe glichen die deutschen Großstädte Trümmerwüsten. Überall galt es wieder ganz von vorne anzufangen. Für Deutschland hatte die Stunde Null geschlagen.[1]

Essen hatte es während des Krieges besonders hart getroffen. Aufgrund seiner herausgehobenen industriellen Bedeutung als »Waffenschmiede des Reiches«[2] war die Stadt über Jahre eines der zentralen Ziele der alliierten Bomber gewesen. Von allen Städten im Reich waren nur die Innenstädte von Dortmund und Köln zu einem noch höheren Grade zerstört.[3] 15 Millionen Kubikmeter Schutt türmten sich in den Straßen. Die einstige Ruhrmetropole wurde zur »toten Stadt«[4] erklärt.

Dennoch begann man in Essen, wie auch in allen anderen deutschen Städten, unmittelbar nach Kriegsende wieder mit dem Neuaufbau. Schon bald konnten die ersten Gebäude wieder hergestellt, die ersten Straßen wieder befahrbar gemacht werden. Gleichzeitig sollte sich auch das politisch-soziale Leben in den Städten wieder organisieren. Geprägt durch die schrecklichen Erfahrungen des Weltkrieges und das gemeinsam erlebte Leid, das tiefe und markante Spuren im nationalen Gedächtnis hinterließ, wurden allerorts nicht nur Vereine und Verbände wiederbelebt, sondern auch die ersten Parteigründungen vorbereitet. Erstmals nach zwölf Jahren Diktatur blühte wieder ein pluralistisches Parteienwesen auf. Neue Parteien wurden aus der Taufe gehoben, alte Parteien wurden wiederbelebt. Die zweite deutsche Demokratie tat ihre ersten Atemzüge.

Auch Heinemann, der zunächst noch verkündet hatte, er wolle sich bis auf weiteres ausschließlich der »Gemeinde und Kirche«[5] widmen, beteiligte sich an dem politischen Neubeginn. Bereits im Juni 1945 wurde er durch den Essener Oberbürgermeister Hugo Rosendahl[6] als stellvertretendes Mitglied in einen Bürgerausschuß berufen, der als provisorischer ›beratender Stadtrat‹ eine Vorstufe der kommunalen Selbstverwaltung bilden sollte.[7] Kurz darauf wurde er zudem von der britischen Militärregierung als Mitglied einer Kommission zur Entnazifizierung gehobener Angestellter des Ruhrbergbaus ernannt.[8]

Gleichzeitig beteiligte sich Heinemann auch am parteipolitischen Neuanfang in Essen. Für ihn lag auf der Hand, daß das alte Parteienwesen der Weimarer Republik zu seinem eigenen Totengräber geworden war. In seinen Augen hatte die Verfolgung von reinen Partikularinteressen die Zersplitterung und Schwächung des politischen Systems befördert. Dieser Fehler sollte nun nicht mehr wiederholt werden. Heinemann befürwortete daher die Gründung einer neuen großen Volkspartei. Für den »Weg der Demokratie« standen für Heinemann grundsätzlich »zwei Ansätze [...] zur Verfügung. Es sind dies die sozialistische und die christlich demokratische Bewegung.« Da Heinemann jedoch die »Verneinung von Kirche und Christentum« für die »geistesgeschichtlichen Wurzeln«[9] des Sozialismus hielt, kam für ihn als Christen letztlich nur eine Beteiligung an einer christlich-demokratischen Bewegung in Frage.

1. »Die Idee der Union lag in der Luft« Die Gründung der Essener CDU

Ausgehend von den Ideen des ›Wattenscheider Kreises‹ formierte sich bald auch in Essen eine Gruppe ehemaliger Zentrumsangehöriger und christlicher Gewerkschafter, die für eine interkonfessionelle Union beider großen christlichen Bekenntnisse eintrat.[10] Zwar wurden die ›planenden Gespräche‹ dieses kleinen Kreises dadurch erschwert, daß in Essen Zusammenkünfte von mehr als fünf Personen durch die Militärregierung verboten waren. Dennoch ließ sich die Gruppe um den Gewerkschafter Heinrich Strunk[11] nicht von ihrem Vorhaben abbringen. Für den Ernstfall wurde die Parole ausgegeben: »Wir sind gläubige Christen und treffen uns zum Religionsunterricht.«[12]

Bald schon beschloß der eher katholisch geprägte Kreis, seine Arbeit auf eine breitere Basis zu stellen und suchte den Kontakt zu Mitgliedern des ehemaligen Christlich-Sozialen Volksdienstes. Noch während der letzten Apriltage des Jahres 1945 begann man mit den Planungen für eine erste größere Versammlung. Der Kreis der Eingeladenen wurde jedoch zunächst auf fünfzig beschränkt. Um einen möglichst repräsentativen Querschnitt durch die Essener Bevölkerung zu gewährleisten, dominierte ein ausgeklügelter Proporz die Einladungsliste. Unter den Eingeladenen befanden sich »Arbeitgeber, Arbeitnehmer, Frauen, Männer, Evangelische, Katholische, Kaufleute, Handwerker, Flüchtlinge, Vertriebene, Landwirte.«[13]

Die Versammlung des »Fünzigerkreises« kam schließlich im Juli 1945[14] – noch immer ohne offizielle Genehmigung der Besatzungsmacht – im Keller des Essener Kolpinghauses zusammen. Mit deutlicher Mehrheit erteilte die Gründungsgruppe der alten Zentrumspartei eine Absage und votierte mit wenigen Gegenstimmen[15] für die Gründung einer neuen, interkonfessionellen Partei, »geboren aus den Erfahrungen des Dritten Reiches«[16], als christliche Sammlungsbewegung: »Die Idee der Union lag in der Luft.«[17] Heinemann, der auch zu den Geladenen zählte, beteiligte sich an der »harten, stundenlangen Auseinandersetzung«[18] und ergriff nach der Abstimmung das Wort, um seine Freude zu äußern, daß sich die »Geburtsstunde der neuen Partei [...] in solch schwerem Ringen vollzogen«[19] habe. Er hätte Bedenken gehabt, wenn sich die katholischen Freunde leichten Herzens und ohne Gegenwehr von der alten Zentrumspartei gelöst hätten.[20] Gern und freudig wolle er nun aber in der neuen Partei »mittun«[21].

Für Heinemann erschien die Gründung einer Partei beider christlichen Bekenntnisse als absolut notwendig: »Wer heute in Regierungen und Parlamenten Männer und Frauen am Werke sehen will, die aus christlicher Verantwortung handeln, kann es nicht in Absonderung der evangelischen von den katholischen oder der katholischen von den evangelischen Mitbürgern verwirklichen, sondern nur in politischer Gemeinschaft beider.«[22] Vorteile einer solchen Union entstünden durch die Verbindung der spezifischen Erfahrungen, die der katholische Volksteil im Kulturkampf und der protestantische im ›Dritten Reich‹ machen mußte. Gemein sei ihnen die Erkenntnis, daß es eine politische Verantwortung aus christlicher Sicht gebe.[23] Für ihn war es eine historische Chance, daß nun erstmals seit über 400 Jahren in Deutschland Protestanten und Katholiken gemeinsam politische Verantwortung übernehmen wollten.[24] Dabei sah Heinemann im Zusammengehen der Konfessionen in der CDU weder die Gefahr einer »Verkirchlichung der Politik« noch der »Politisierung der Kirche«. Vielmehr »werde eine Politik aus christlichem Geist angestrebt, die ihre Gemeinsamkeit in der sozialen Zielsetzung, in der Ablehnung jeglichen Klassenkampfes und in der Verteidigung der weltanschaulichen Ideale des Christentums sehe.«[25]

Schon kurz nachdem die britische Militärregierung am 15. September 1945 mit den Verordnungen Nr. 8 bis 12 erklärte, daß demokratische Parteien unter bestimmten Bedingungen wieder zugelassen würden, »um das Wachstum eines demokratischen Geistes in Deutschland zu fördern, und um die Abhaltung freier Wahlen zu einem noch zu bestimmenden Zeitpunkt vorzubereiten«[26] reichte auch die »Christlich-Demokratische Partei Essens« einen Antrag auf Registrierung beim Stadtkommandanten ein.[27] Die neue Partei wolle, so heißt es in dem Dokument, zu deren Mitunterzeichnern auch Heinemann zählte, »alle Kräfte umfassen, die auf dem Boden der christlichen Weltanschauung stehen«[28]. Die neue Partei stünde daher allen »unbescholtenen« Bürgern offen, die »sich zu den Grundwahrheiten des Christentums und zu den Grundsätzen und Zielen der Christlich-Demokratischen Partei« bekennen.[29] Die »Permit for Political Party«, die offizielle Genehmigung der Gründung einer »Christian Democratic Party«, wurde »unter der Auflage der strengen Befolgung der Anweisungen der Militärregierung« jedoch erst Anfang Januar 1946 erteilt.[30]

Nun stand dem Aufbau einer Essener Kreisorganisation nichts mehr im Wege.[31] Nachdem sich im November 1945 die Landespartei im Rheinland[32] gegründet und im Dezember in Bad Godesberg das erste Reichstreffen stattgefunden hatte,[33] konnte man nun auch in Essen zur offiziellen Gründungsversammlung einladen. Diese fand schließlich am 27. Januar 1946 im Saal des Steeler Stadtgartens statt.[34] Nachdem es im Vorfeld zu erbitterten Machtkämpfen um die Führungspositionen in der neuen Partei gekommen war,[35] setzte sich bei den Wahlen zum vorläufigen Vorstand schließlich Heinrich Strunk als Vorsitzender durch, dem es gelang, auch den evangelischen Kreis der Partei hinter sich zu vereinen.[36] Als einen der führenden Köpfe des evangelischen Flügels der Partei wählte die Gründungsversammlung schließlich auch Gustav Heinemann – ohne Gegenstimme – in den vorläufigen Vorstand der Essener CDU. Heinemann war wieder im politischen Geschäft.

2. »Neuen Ufern zu« Selbstverständnis und Programmatik der CDU

Auf der Essener Gründungsveranstaltung betonten sämtliche Redner, daß mit der CDU eine ganz neue Partei die politische Bühne betrete.[37] Auch der Sprecher der evangelischen Christen in der Essener Union, Hans Spiecker[38], unterstrich in seiner Ansprache an die Versammlung, daß die neugegründete Partei nicht als Sammelbecken politischer Gruppierungen der Weimarer Zeit verstanden werden dürfe.[39] Vielmehr sei die CDU eine völlig neuartige Partei. »Gerechtigkeit, Wahrheit, Friede und Freiheit« sollten zu den Fundamenten, das Christliche zum bestimmenden Wesenselement der Politik werden. Daher müßten die Grundsätze der christlichen Sitten- und Soziallehre im gesamten öffentlichen Leben, in Staat und Wirtschaft, in Schule und Erziehung und in Kultur und Wissenschaft zur Geltung kommen.[40]

Spieckers Rede entsprach dem ›Vorläufigen Programm der Christlich-Demokratischen Partei Essen‹[41], das bereits einige Monate vor der Gründungsversammlung erarbeitet wurde. Das ›Essener Programm‹ wiederum bezog sich im Wesentlichen auf die ›Kölner Leitsätze‹ der Partei, einen Programmentwurf, der im Juni 1945 unter der Federführung des Kölners Leo Schwering[42] im Dominikanerkloster Walberberg bei Brühl erarbeitet wurde.

Die ›Kölner Leitsätze‹, ebenso wie das in sechzehn von zwanzig Punkten wortgleiche ›Essener Programm‹, postulierten neben der Anerkennung der Würde des Menschen[43] und der Wiederherstellung des Rechtsstaats[44] vor allem den Schutz der Familie[45], die Meinungs- und Vereinsfreiheit[46], sowie die religiöse Gewissensfreiheit[47]. Im Mittelpunkt aller frühen programmatischen Erklärungen der CDU, so auch in den ›Kölner Leitsätzen‹ und im ›Essener Programm‹, stand die »Besinnung auf die Werte des Christentums«. Zwar beanspruchte die Union nicht das Monopol für sich, als einzige Partei, christliche Politik zu betreiben bzw. Christen in politischer Verantwortung zu sammeln und bestritt darüber hinaus auch nie, daß es auch außerhalb der Christdemokratie noch weitere Möglichkeiten zur individuellen Vertretung christlicher Grundsätze und Interessen in der Politik geben könne.[48] Als »Weltanschauungspartei« bekannte sich die CDU jedoch auch im politischen Leben *expressis verbis* zum christlichen Menschenbild und zu den moralischen und rechtlichen Grundsätzen, die vom Naturrecht, von der christlichen Ethik und von der ›abendländischen Kultur‹ her bestimmt werden. Konrad Adenauer faßte dies 1946 in einer Grundsatzrede in der Kölner Universität wie folgt zusammen: »Demokratie ist mehr als parlamentarische Regierungsform; sie ist eine Weltanschauung, die ebenfalls wurzelt in der Auffassung der Würde, dem Werte und den unveräußerlichen Rechten eines jeden einzelnen Menschen, die das Christentum entwickelt hat [...]. Wir nennen uns christliche Demokraten, weil wir der tiefen Überzeugung sind, daß nur eine Demokratie, die in der christlich-abendländischen Weltanschauung, in dem christlichen Naturrecht, in den Grundsätzen der christlichen Ethik wurzelt, die große erzieherische Aufgabe am deutschen Volk erfüllen und seinen Wiederaufstieg herbeiführen kann.«[49] Aus diesem Selbstverständnis heraus verstand sich die Union in der Bewahrung dieser Werte »als ›konservativ‹, in der Wertschätzung der Freiheit als ›liberal‹, und nicht zuletzt in ihrem Bestreben um Gerechtigkeit im gesellschaftlichen und wirtschaftlichen Zusammenleben auch als ›sozial‹.«[50]

Der Tatsache Rechnung tragend, daß 1945/46 an eine eigenständige deutsche Außenpolitik noch nicht zu denken war, lassen sich nur wenige und allgemein gehaltene außenpolitische Aussagen in den frühen Programmen der CDU finden. Die Union gelobte, daß die künftige deutsche Außenpolitik auf der Grundlage der »Achtung fremden Volkstums« sowie der »treuen Innehaltung der Verträge« stünde. Es müsse »Gemeingut des ganzen Volkes werden, daß die Politik der Gewalt und des Krieges nicht nur eine Versündigung am eigenen Vaterland, sondern auch ein Verbrechen an der Menschheit ist. Deutschland muß führend sein in der Verwirklichung der Sehnsucht der Völker nach einem ewigen Frieden.«[51] Für die zwischenstaatlichen Beziehungen sollten in Zukunft die »gleichen Grundsätze der Freiheit und Gerechtigkeit« gelten »wie für unser persönliches und innerstaatliches Leben. Loyale Erfüllung unserer Verpflichtungen aus dem verlorenen Krieg und die äußerste Anbahnung innerer Wiedergesundung sollen die Grundlagen für die Anbahnung einer vertrauensvollen Zusammenarbeit mit den anderen Völkern geben.«[52]

Letztlich wurde die Außenpolitik in den frühen programmatischen Entwürfen der Partei jedoch nur am Rande behandelt. Im Mittelpunkt der Programme stand vielmehr die Auseinandersetzung mit dem »wahren christlichen Sozialismus«. ›Christlicher Sozialismus‹, wie ihn die CDU verstand, hatte »nichts gemein [...] mit den falschen kollektivistischen Zielsetzungen, die dem Wesen der Menschennatur von Grund aus widersprechen.«[53] Die Abgrenzung des ›Christlichen Sozialismus‹[54] von einem Sozialismus Marxscher Prägung war den Gründervätern der Partei besonders wichtig. Anläßlich einer Tagung der Christlich Demokratischen Union Deutschlands (CDUD) im Juni 1946 in Berlin erklärte Jakob Kaiser[55] dazu: »Unsere Sozialauffassung ist wesenverschieden vom Marxismus. Das christliche Sozialgesetz kann nur sozialistische Wege führen, da es an eine bestimmte Gesellschafts- und Wirtschaftsordnung nicht gebunden ist. Aber im christlichen Sozialgesetz und im Marxismus begegnen sich zwei Weltanschauungen, die einander ausschließen. Wir lehnen die materialistische Weltauffassung, die dem Marxismus zugrunde liegt, ab. Wir lehnen es ab, den Menschen im Grunde als das Ergebnis der wirtschaftlichen Umwelt zu sehen. Freiheit und Eigengesetzlichkeit der menschlichen Persönlichkeit sind uns unantastbare Lebensgesetze. Wir lehnen die Wirtschaft als beherrschende Macht im Leben ab. Und wir verneinen die Diktatur einer Klasse und den revolutionären Weg des Klassenkampfes, der zu diesen Zielen führen soll.«[56]

Trotz der scharfen Abgrenzung zum marxistischen Sozialismus blieben doch auch zahlreiche Gemeinsamkeiten. So proklamierten die Essener Christdemokraten, entsprechend den ›Kölner Leitsätzen‹, daß das Recht auf Eigentum zwar gewährleistet werden müsse, die Eigentumsverhältnisse allerdings »nach dem Grundsatz der sozialen Gerechtigkeit und den Erfordernissen des Gemeinwohles geordnet« werden müßten. Das Privateigentum dürfe auf keinen Fall den Zwecken kapitalistischer Herrschaft und Ausbeutung dienen. Das Gemeineigentum müsse daher »soweit erweitert werden, wie das Allgemeinwohl es erfordert. Post und Eisenbahn, Kohlenbergbau und Energieerzeugung sind grundsätzlich Angelegenheiten des öffentlichen Dienstes. Das Bank- und Versicherungswesen unterliegt der staatlichen Kontrolle.«[57] Darüber hinaus wurde gefordert, daß die »Vorherrschaft des Großkapitals, der privaten Monopole und Konzerne [...] gebrochen« werden müsse.[58] Letztlich habe jeder »sozial eingestellte« Christ notwendigerweise anzuerkennen, daß »je größer die allgemeine Not« sei, »umso größer [...] die soziale Verpflichtung der begüterten Schichten« sein müsse.[59]

Auch in den ›Frankfurter Leitsätzen‹ vom September 1945 bekannte man sich »zu einem wirtschaftlichen Sozialismus auf demokratischer Grundlage, und zwar in folgender Form: Wir erstreben die Überführung gewisser großer Urproduktionen, Großindustrien und Großbanken in Gemeineigentum. Wir wollen ferner, daß die Wirtschaft im großen einheitlich und planvoll gelenkt werde, weil nur dadurch Fehlanzeigen und Verschwendung volkswirtschaftlichen Gutes verhindert und ein Wiederaufbau nach sozialen und gesamtwirtschaftlichen Produktivitätsgesichtspunkten, und nicht nur nach privatwirtschaftlichen Rentabilitätsgrundsätzen gesichert werden kann.«[60]

Einer der schärfsten Kritiker des Konzepts des ›Christlichen Sozialismus‹ war der Vorsitzende der CDU in der britischen Zone Konrad Adenauer. Er lehnte den Begriff ›Sozialismus‹ mit der Begründung ab, er sei in der Wissenschaft und auch allgemeinen Sprachgebrauch bereits belegt. Außerdem sei es nicht möglich, dieses Wort von der Verbindung zu Marx und Lenin zu lösen. Die Verwendung des Begriffs führe letztlich nur dazu, ihn salonfähig zu machen. ›Sozialismus‹ war aus der Sicht des ehemaligen Kölner Oberbürgermeisters schlechthin nichts ›Tragbares‹. Außerdem befürchtete er, daß mit dem Wort Sozialismus zwar fünf Menschen für die CDU gewonnen werden könnten, zwanzig allerdings weglaufen würden.[61]

Es verwundert daher nicht, daß man in dem ›Programm der Christlich-Demokratischen Union der britischen Zone‹, das am 1. März 1946 im Karolinen-Hospital in Neheim-Hüsten auf der Grundlage eines Entwurfs Konrad Adenauers verabschiedet wurde, den Begriff des ›christlichen Sozialismus‹ vergeblich sucht. Zwar fand auch in dem Programm von Neheim-Hüsten die Forderung nach einer »Vergesellschaftung der Bergwerke«[62] Eingang. Darüber hinaus erreichte Adenauer jedoch, daß man sich von weiteren Sozialisierungsabsichten distanzierte. »Die sich aufdrängende Frage der Vergesellschaftung von Teilen der Wirtschaft« sei zur Zeit schlichtweg »nicht praktisch, da die deutsche Wirtschaft nicht frei ist. Bei ihrer späteren Regelung werden wirtschaftliche und politische Gesichtspunkte, vor allem das Allgemeinwohl maßgebend sein.«[63]

Auch während einer programmatischen Rede auf dem Essener Burgplatz am 24. August 1946 nahm Adenauer von den einstigen Vergesellschaftungsabsichten seiner Partei Abstand. Es sei nicht die Schicksalsfrage Deutschlands »wie viele und welche der wenigen uns noch verbliebenen Betriebe sozialisiert und wie viel Hektar Land enteignet werden sollen.« Vielmehr sei es entscheidend, daß die »Arbeiterschaft an der Führung der Unternehmen, an der Verantwortung und am Ertrag« beteiligt werden müsse.[64]

Doch auch mit dem ›Ahlener Programm‹ vom Februar 1947[65] hielt die CDU an ihrer grundsätzlichen Kritik am kapitalistischen System fest. Zwar verband das Programm »gemeinwirtschaftliche Prinzipien mit liberalen Grundsätzen«[66]. Das kapitalistische Wirtschaftssystem hielt man jedoch für gescheitert. Es sei »den staatlichen und sozialen Lebensinteressen des deutschen Volkes« schlichtweg »nicht gerecht geworden«. Vielmehr bedürfe es jetzt einer »sozialen und wirtschaftlichen Neuordnung«, die nicht länger am kapitalistischen »Gewinn- und Machtstreben« orientiert ist. Die »neue Struktur der deutschen Wirtschaft« müsse davon ausgehen, »daß die Zeit der unumschränkten Herrschaft des privaten Kapitalismus vorbei« sei. Ebenso gelte es jedoch zu vermeiden, »daß der private Kapitalismus durch den Staatskapitalismus ersetzt wird, der noch gefährlicher für die politische und wirtschaftliche Freiheit des einzelnen sein würde«.

Letztlich hielt man es für unerläßlich, Konzerne so weit wie möglich zu »entflechten« und »Unternehmungen monopolartigen Charakters« durch »Kartellgesetze« aufzubrechen. Bei solchen »Unternehmungen« strebte man an, ein »machtverteilendes Prinzip« einzuführen, »damit jede mit dem Gemeinwohl unverträgliche Beherrschung wesentlicher Wirtschaftszweige durch den Staat, Privatpersonen oder Gruppen ausgeschlossen« werden könne. Da Kohlebergwerke wegen des von ihnen geförderten, »für das ganze Volk lebenswichtigen Urprodukts« grundsätzlich einen »monopolartigen Charakter« besäßen, seien sie notwendigerweise zu vergesellschaften. Auch bei der eisenschaffenden Großindustrie sei »der Weg der Vergesellschaftung zu beschreiten.« Schließlich und endlich sei es absehbar, daß die »Planung und Lenkung der Wirtschaft [...] auf lange Zeit hinaus in erheblichem Umfange notwendig« sein würde. Und auch in »normalen Zeiten der Wirtschaft« werde eine »Planung und Lenkung« in einem »gewissen Umfang notwendig sein, was sich aus unserer Auffassung ergibt, daß die Wirtschaft der Bedarfsdeckung des Volkes zu dienen hat.«[67]

Doch bereits im Juli 1949 vollzog die Partei mit den ›Düsseldorfer Leitsätzen‹[68] eine wirtschaftspolitische Kehrtwende. Entsprechend eines Wahlslogans von 1947 brach die CDU in Düsseldorf »zu neuen Ufern«[69] auf. Das neue Programm revidierte wesentliche Grundgedanken der ›Ahlener Beschlüsse‹. Sowohl die Sozialisierungspolitik als auch das Prinzip des ›Christlichen Sozialismus‹ wurden in dem ›Düsseldorfer Programm‹ verworfen. Statt dessen bekannte sich die Partei mit ihren neuen Leitsätzen zur sozialen Marktwirtschaft und damit zur Wirtschaftspolitik Ludwig Erhards[70]. Im ›Düsseldorfer Programm‹ wurde der 20. Juni 1948, der Tag der Währungsreform, als der Tag des »Umschwungs« gepriesen. Auch wenn die Währungsreform nicht alleine den wirtschaftlichen Aufschwung herbeigeführt habe, seien durch sie doch die »technischen Voraussetzungen« geschaffen worden. »Der wesentliche Impuls aber kam aus der Inkraftsetzung marktwirtschaftlicher Grundsätze. Diese marktwirtschaftlichen Grundsätze wurden durch die von der CDU vertretene ›soziale Marktwirtschaft‹ am 20. Juni 1948 zur Grundlage der deutschen Wirtschaftspolitik gemacht.«

Den Kritikern, die der CDU vorwarfen, ihr Kurswechsel »führe zurück zu kapitalistischen Formen und zu altem Liberalismus unsozialer, monopolistischer Prägung«, hielt man entgegen, daß der Union nichts ferner läge, als einen solchen Weg zu beschreiten. Vielmehr erstrebe man, »aufbauend auf dem Ahlener Programm«, die soziale Marktwirtschaft, die »im Gegensatz zur sogenannten ›freien Wirtschaft‹ liberalistischer Prägung« stünde. Gleichzeitig verzichte die soziale Marktwirtschaft »auf Planung und Lenkung von Produktion, Arbeitskraft und Absatz.« Lediglich die »planvolle Beeinflussung der Wirtschaft mit den organischen Mitteln einer umfassenden Wirtschaftspolitik«, d.h. durch »sinnvolle Kombination von Geld- und Kredit-, Handels- und Zoll-, Steuer-, Investitions- und Sozialpolitik« sei erlaubt. Die soziale Marktwirtschaft sollte einen versöhnenden

»dritten Weg« zwischen liberalistischem Individualismus und sozialistischem Kollektivismus ermöglichen.

Nicht wenige CDU-Mitglieder trieb nach der Verabschiedung der ›Düsseldorfer Leitsätze‹ die Sorge um, daß das ›Ahlener Programm‹ durch die neuen Beschlüsse »im Grundgefüge«[71] aufgehoben worden sei. Andere hielten die neuen Leitsätze sogar für einen »Verrat« an dem, was die Partei in Ahlen beschlossen hatte. Diesen Kritikern, zu denen auch Heinemann zählte, hielt der Parteivorsitzende Adenauer entgegen: »Alle solchen Programme und programmatischen Sätze haben keinen Ewigkeitswert.«[72] Eine Erklärung, die Heinemann nicht befriedigt haben dürfte.

Heinemann hielt die programmatische Abkehr der CDU von den in Köln, Frankfurt und Ahlen verkündeten wirtschaftspolitischen Entschließungen für falsch. Nur durch die Sozialisierung des Bergbaus und der Schlüsselindustrien sah Heinemann die Staatsgewalt wirksam »vor illegitimen Einflüssen wirtschaftlicher Machtstellungen« geschützt. Er verfocht nach wie vor einen »Sozialismus christlicher Verantwortung«, der ein »System planvoller Wirtschaftslenkung« mit der »alten abendländischen Idee der freien und verantwortlichen Persönlichkeit« zusammenführen sollte.[73] Er hielt das ›Ahlener Programm‹ grundsätzlich mit Erhards Konzept der sozialen Marktwirtschaft für vereinbar:[74] »Im Bergbau und in der Großindustrie wollen wir eine gemeinwirtschaftliche Ordnung herbeiführen, die dem Arbeitnehmer Mitwirkung und Beteiligung als gleichwertige Persönlichkeit gewährleistet und eine Wiederkehr kapitalistischer Macht ausschließt.«[75] Lindemann weist zu Recht darauf hin, daß diese Worte aus dem Munde eines »angesehenen Industrieführers«[76] mit Sicherheit auf Verwunderung stoßen mußten. Wie sehr sich Heinemann jedoch mit dem ›Ahlener Programm‹ der CDU identifizierte, machen seine Ausführungen in einer Wahlrede zum Landtagswahlkampf 1947 deutlich: »Insgesamt ist festzustellen, daß die Union mit ihrem Ahlener Programm als erste Partei wirklich ausgearbeitete Vorschläge für die neue Ordnung der Wirtschaft unterbreitet hat. [...] Hier [...] wird ein Programm vorgelegt, das wahrhaft zeitgemäß, fortschrittlich und sozial ist. Ein Programm, das aus der furchtbaren Erfahrung der letzten Jahre zugleich darauf bedacht ist, keiner neuen Diktatur Vorschub zu leisten. Dieses neue Programm will wirklich der Person auch inmitten der Großstadt und inmitten der Großbetriebe wieder Spielraum verschaffen und die private Wirtschaftsmacht durch Auflockerung und Machtverteilung brechen.«[77] Daß das ›Ahlener Programm‹ schließlich mit den ›Düsseldorfer Beschlüssen‹ von 1949 *de facto* für nichtig erklärt wurde, war ein erster herber Rückschlag für Heinemann und der Beginn einer langsamen programmatischen Entfremdung von der CDU. Zunächst jedoch wies Heinemanns parteipolitische Karriere in der CDU steil nach oben.[78]

3. »Die Verkörperung des Gedankens der Union« Heinemanns Aufstieg in der CDU

Als die Essener CDU am 31. März 1946 auf dem Essener Burgplatz eine ihrer ersten öffentlichen Kundgebungen abhielt, trat auch Heinemann an das Rednerpult – nun als Bürgermeister der Stadt Essen. Nach der offiziellen Übergabe der Stadt von den US-amerikanischen an die britischen Besatzungstruppen, wurde ein neues kommunales Selbstverwaltungssystem nach britischem Vorbild eingerichtet. Dem ehrenamtlichen Oberbürgermeister als Repräsentanten der Gemeinde wurde ein besoldeter Oberstadtdirektor als Chef der städtischen Behörden zur Seite gestellt. Nachdem sich der amtierende Oberbürgermeister Rosendahl für die Tätigkeit des Oberstadtdirektors entschied, wurde der Kommunist Heinz Renner[79] von der Besatzungsbehörde im Januar 1946 zum neuen Oberbürgermeister ernannt.[80] Zu seinem Stellvertreter und somit zum Bürgermeister wurde Gustav Heinemann bestellt.

Doch bereits am 13. Oktober 1946 wurde diese Konstellation im Essener Rathaus wieder geändert. Bei den ersten Wahlen zum Stadtrat eroberte die CDU 30 von 54 möglichen Sitzen und somit die absolute Mehrheit.[81] Die neu konstituierte Stadtvertretung wählte schließlich zwei Wochen später mit den Stimmen der CDU und bei Stimmenenthaltung der SPD, des Zentrums und der FDP und bei Abwesenheit der KPD Gustav Heinemann zum neuen Oberbürgermeister von Essen.[82]

In seiner Antrittsrede vom 31. Oktober 1946 stellte Heinemann den Wiederaufbau der durch zahllose Bombenangriffe zerstörten Stadt in den Mittelpunkt und verwies gleichzeitig darauf, daß er trotz »aller Zielstrebigkeit«, die ihn mit den engeren Parteifreunden verbinde, »nachdrücklichst auf den Ausgleich mit anderen Parteien bedacht«[83] sei. Die Arbeit für die Stadt stand für Heinemann über allen Parteiinteressen und parteipolitischen Befindlichkeiten. Das entschiedene Engagement in der Zeit als Oberbürgermeister galt neben der Versorgung mit Lebensmitteln[84] und dem Wiederaufbau der zerstörten Stadt[85] vor allem aber der Bekämpfung der Demontage-Politik der alliierten Besatzungsmächte:[86] »In einer Zeit, in der wir schlechthin um unsere nackteste Existenz ringen, nimmt man uns Werke, Maschinen und Institute, die für uns lebenswichtig sind.« Darüber hinaus betonte Heinemann, daß die Befugnisse des Alliierten Kontrollrates ihre Grenzen in den sinngemäß anzuwendenden Regeln der Haager Landkriegsordnung von 1907 finden müßten.[87] Vor allem der Kampf um den Erhalt des zivilen Teils des Krupp-Konzerns stand an oberster Stelle von Heinemanns politischer Agenda. [88] Entscheidend für ihn war, daß der Kampf gegen die Demontagen nicht als »ein Parteiproblem angesehen«[89] werden dürfe.

Die praktische Tätigkeit als Essener Oberbürgermeister hatte für Heinemann bis 1949 Vorrang vor allen anderen politischen Aufgaben. Heinemann betonte während dieser Zeit immer wieder, daß die Arbeit in der Kommunalpolitik nur über die Parteigrenzen hinweg erfolgreich sein könne: »Es darf [...] in keinem Falle eine politische Differenz jemals dazu führen, daß der gute Kontakt von einem Lager zum anderen abreißt, daß wir das Schauspiel des Zankes bieten und damit die Demokratie in Verruf bringen [...].«[90] Besonderen Wert legte er darauf, daß er die ersten zwei Jahre als Oberbürgermeister »mit dem ernstesten Bestreben der unparteilicher Amtsführung«[91] amtiert habe. »Die Bündelung des konstruktiven Potentials der Parteien« ließe sich nur erreichen, wenn »die demokratischen Kräfte in Deutschland zusammenstehen«[92]. Heinemann meinte damit keinesfalls eine Politik im Sinne einer nationalsozialistischen Gleichschaltung, sondern vielmehr das Streben nach politischem Konsens und Ausgleich. Für den Fall, daß dieser parteipolitische Ausgleich im Essener Stadtrat nicht herzustellen sei, zeigte sich Heinemann durchaus gewillt, das Amt des Oberbürgermeisters, in das er sich niemals »gedrängt« habe, auch wieder abzugeben. Letztlich fühlte er sich »vor allen Dingen [...] der Stadt Essen verpflichtet«. Parteiengezänk sei das Letzte, womit er sich als Oberbürgermeister beschäftigen wolle.[93] Trotz allen parteipolitischen Engagements wollte Heinemann nie als Parteipolitiker gelten. Nur kurze Zeit, nachdem er zum Oberbürgermeister gewählt wurde, schrieb er seinem früheren Sozius, dem Justizrat Niemeyer: »Ich bin noch mit keinem Menschen um einer anderen politischen Überzeugung willen innerlich auseinandergekommen. Ich empfinde im Politischen gar keine metaphysische Leidenschaft, vielmehr rein sachlich.«[94]

Auch wenn sich Heinemann vor allem der Stadt verpflichtet fühlte, kandidierte er für die ersten freien Landtagswahlen am 20. April 1947.[95] In einem Flugblatt anläßlich der Wahlen appellierte Heinemann an die Wähler: »Es geht um die Überwindung jeder totalitären Geisteshaltung! Es geht um Ihre persönlichen Rechte in Staat und Gesellschaft! Es geht um [...] christliche Verantwortung auch im öffentlichen Leben! Für diese Ziele treten alle Kandidaten der Christlich-Demokratischen Union ein. Die Union vereinigt in sich Menschen aller christlichen Bekenntnisse und aller sozialen Stände. Sie ist der große Zusammenschluß des Ausgleichs.«[96]

Obwohl nach der Stimmauszählung am 21. April 1947 nur noch 37,5 Prozent der Stimmen auf die CDU entfielen, immerhin neun Prozent weniger als noch in den Kommunalwahlen vom Herbst 1946, errang Heinemann ein Landtagsmandat.[97] Am 17. Juni 1946 konnte schließlich der neue Ministerpräsident Karl Arnold[98] nach langen und schwierigen Koalitionsverhandlungen, die auch innerhalb der CDU, namentlich mit Konrad Adenauer, zu schweren Zerreißproben führten, das neue Kabinett präsentieren. Die Koalition bestand aus CDU und Zentrum sowie SPD und KPD. Obwohl eine Koalition aus CDU und Zentrum, eventuell sogar unter Einbeziehung der FDP rechnerisch denkbar gewesen wäre, setzte sich Arnold mit seiner Idee einer großen Koalition des Ausgleichs in der CDU-Landtagsfraktion durch – wenn auch gegen den erbitterten Widerstand des Fraktionsvorsitzenden Konrad Adenauer, der durch ständiges Konterkarieren der Verhandlungen eine Koalition unter Beteiligung der Kommunisten zu verhindern versuchte.

Allerdings stand Arnold vor besonderen Problemen bei der Besetzung der Ministerposten für das Finanz- und das Justizministerium. Zum einen lehnte der FDP-Politiker Franz Blücher[99] wenige Tage vor der entscheidenden Landtagssitzung am 16. Juni 1947 das Amt des Finanzministers ab. Zum anderen wurde der bereits auf der Ministerliste der CDU vom 4. Dezember 1946[100] als Justizminister vorgesehene Artur Sträter[101] von der britischen Militärverwaltung abgelehnt, da er bei den Wahlen kein Landtagsmandat erringen konnte, was im politischen Verständnis der britischen Besatzungsmacht den Ausschluß von allen Ministerämtern zur Folge hatte. In dieser Situation trat Arnold an den Essener Oberbürgermeister heran und bat ihn, das Amt des Finanzministers in Vertretung für Blücher zu übernehmen, »um die Regierungsbildung nicht noch im letzten Augenblick abermals zu gefährden oder zu verzögern und damit das ohnehin längst unerträgliche Spiel um die Regierungsbildung weitergehen zu lassen.«[102] Nach einer Beratung mit dem Essener Parteivorstand, schlug Heinemann Arnold vor, einen »Austausch mit

Herrn Dr. Weitz[103], der für das Justizministerium vorgesehen war, in dem Sinne herbeizuführen, daß Herr Dr. Weitz das Finanzministerium und ich [Heinemann; J.T.] das Justizministerium übernehmen könnte.« Zur Bedingung machte Heinemann allerdings, daß Sträter durch eine Nachwahl wieder in den Landtag gebracht werden müßte, um ihn »sodann aus dem Justizministerium ablösen zu können.«

Durch zahlreiche schriftliche Äußerungen wird deutlich, daß Heinemann seine Berufung zum Landesminister nur widerwillig annahm, nicht zuletzt, da er nun gezwungen war, seine lukrative Tätigkeit als Vorstandsmitglied der Rheinischen Stahlwerke ruhen zu lassen.[104] In einem Brief an seine Mutter schrieb er über seine neue Tätigkeit: »Sicherlich ist die Arbeit hier sehr interessant, aber ich möchte doch lieber ausschließlich in den Essener Bereich zurückkehren und nicht in der Politik untergehen.«[105]

Daß er seine Tätigkeit in Düsseldorf tatsächlich als politisches Intermezzo und keineswegs als »Sprungbrett zu verstärkter politischer Tätigkeit auf Landes- und Zonenebene«[106] verstand, machte er sowohl in mehreren Briefen an den Parteivorstand der Essener CDU[107] als auch in einer Rundfunkrede am 2. Juli 1947 unmißverständlich klar. Er erklärte: »Ich wäre gern im meiner beruflichen und politischen Arbeit in Essen geblieben und hoffe, dorthin zurückkehren zu können.«[108] Als die britische Militärregierung signalisierte, nun auch Minister ohne Parlamentsmandat zuzulassen,[109] ersuchte Heinemann Arnold, seinen »wiederholt erklärten Wunsch auf Entlassung [...] nunmehr wirklich ernst zu nehmen«.[110] Schließlich konnte Heinemann am 29. Mai 1948 sein Ministeramt zugunsten Sträters niederlegen,[111] »um sich wieder ausschließlich seinem Amt als Oberbürgermeister der Stadt Essen widmen zu können«.[112]

Heinemann, der mittlerweile auch zum Präses der Synode der Evangelischen Kirche in Deutschland gewählt worden war, sollte jedoch nicht für lange Zeit in die Essener Kommunalpolitik zurückkehren. Er schlug zwar 1948 eine Einladung in den Parlamentarischen Rat mit Hinweis auf seine Tätigkeit im Essener Rathaus aus.[113] Auch zu einer Kandidatur zum Bundestag konnte er nicht überredet werden, obwohl sich Konrad Adenauer persönlich einschaltete und versuchte, Heinemann von einer Kandidatur zu überzeugen. Bereits Heinemanns Name hätte, so Adenauer, einen solchen Gewinn für die CDU bedeutet, daß man auf seine »Kandidatur und Mitgliedschaft« im Bundestag nicht verzichten könne. Selbst häufige Abwesenheit aufgrund seiner Essener Tätigkeit könne man in Bonn hinnehmen; ein Verzicht sei hingegen fatal für die CDU. Hinsichtlich der verschiedenen Bestrebungen im evangelischen Lager, »die entweder Abstinenz von der CDU anraten oder aber sogar die SPD empfehlen«,[114] sei die Integrationskraft für protestantische Wählerschichten[115], die Heinemann durch sein Ansehen »in evangelischen Kreisen« genösse, unersetzlich.

Zwar erbat sich Heinemann etwas Bedenkzeit, dennoch blieb er auch nach diesem Angebot seiner Linie treu und verzichtete auf eine Kandidatur zugunsten des Bürgermeisteramtes. In seinem Antwortschreiben teilte Heinemann Adenauer mit, daß eine Kandidatur für ihn nicht in Frage käme: »In Hinblick sowohl auf meine beruflichen Aufgaben als auch meine verschiedenen Ämter in der evangelischen Kirche [...] kann ich außer dem Essener Rathaus nicht auch noch ein Mandat im Bundestag versehen.« Er ergänzte: »Das Essener Rathaus war der Sinn meines

Ausscheidens in Düsseldorf im vergangenen Jahr. [...] Den CDU-Freunden der anderen Länder und Zonen bleibt nur zu sagen übrig, daß ich nicht alles machen kann.«[116] Zu großen Teilen war Heinemanns Entscheidung, der Bonner Politik fern zu bleiben, sicherlich durch seine Verpflichtungen in der Evangelischen Kirche und im Essener Rathaus zu erklären. Ein übriges dürfte aber wohl auch Heinemanns Erfahrung mit Adenauer im nordrhein-westfälischen Landtag zu dieser Entscheidung beigetragen haben.[117] In Düsseldorf war Heinemann zwar, da er im Jahr 1946 wiederholt von Adenauer als Berater konsultiert bzw. als Unterhändler zu den Koalitionsverhandlungen des ersten Kabinetts Rudolf Amelunxen[118] hinzugezogen worden war,[119] zunächst dem ›Adenauer-Flügel‹ der Fraktion zugerechnet worden.[120] Bald jedoch schon ordnete man ihn richtigerweise eher dem politischen Umfeld Arnolds zu.

Doch obwohl Heinemann bemüht war, sich der Bonner Politik zu entziehen, zeigte er sich keinesfalls desinteressiert an den bundespolitischen Geschehnissen. Schon kurz nach den Wahlen vom 14. August 1949 schaltete sich Heinemann von Essen aus in die Koalitionsverhandlungen ein. In Sorge um den konfessionellen Proporz in der neuen Regierung schrieb er an Adenauer: »Unter den evangelischen Freunden der Union wird auch beachtet, ob unter den von der Union zu stellenden Bundesministern der evangelische Teil zu einer angemessenen Berücksichtigung kommt, um wirklich dem immer noch bestehenden Einwand begegnen zu können, daß die Union zu stark katholisch geführt würde. Ich bin nicht darüber unterrichtet, wie Sie die Zusammensetzung der Bundesregierung endgültig zu gestalten gedenken, kann mich aber zahlreichen Appellen nicht entziehen, welche dahingehen, daß ich Ihnen den dringlichen Wunsch evangelischer Parteifreunde auf eine gute konfessionelle Ausgewogenheit nahe bringen möchte.«[121] Müller will in Heinemanns Schreiben den Versuch erkennen, sich selbst als möglichen Minister ins Spiel zu bringen.[122] Spätere Briefe und Aufzeichnungen Heinemanns lassen aber darauf schließen, daß dies eher unwahrscheinlich ist.[123] Vielmehr meldete er sich hier als Präses der Synode der EKD zu Wort, um auf das drohende Übergewicht des ›politischen Katholizismus‹ im neuen Kabinett hinzuweisen.[124]

Dafür verantwortlich, daß Heinemann schließlich dennoch als Minister in Erwägung gezogen wurde, war die protestantische Gruppe in der CDU/CSU-Bundestagsfraktion unter der Führung von Hermann Ehlers[125], Eugen Gerstenmeier[126] und Gerd Bucerius[127]. Bei einem Treffen mit Konrad Adenauer am 14. September 1949 drängten sie darauf, eines der Schlüsselministerien einer Persönlichkeit zukommen zu lassen, »die vor der ganzen evangelischen Öffentlichkeit als Repräsentant der evangelischen Kirche dasteht und die [...] ein Zeichen des guten Gewissens und die Verkörperung des Gedankens der Union ist.«[128] Ihr Vorschlag lautete daher, Heinemann das Innenministerium anzuvertrauen.[129] Der Kanzler-Vertraute Herbert Blankenhorn[130] hielt in seinem Tagebuch fest, daß Adenauer daran die Bedingung knüpfte, Heinemann müsse sich dafür »von seinen sämtlichen Ämtern frei machen«[131]. In der Fraktionssitzung erklärte Adenauer, daß eigentlich alles gegen Heinemann spreche, zumal dieser durch das Ministeramt notwendigerweise gezwungen sei, seine Ämter als Mitglied des Rates der EKD und als Präses der Synode aufzugeben. Tatsächlich jedoch bestand keinerlei Notwendigkeit, die kirchlichen Ämter als Minister niederzulegen. Dennoch argumentierte Adenauer in der

Fraktion, es gelte genau abzuwägen, »an welcher Stelle Herr Heinemann der CDU den besseren Dienst leistet: indem er dafür sorgt, daß die Evangelischen zu uns kommen und bei uns bleiben, oder ob als Innenminister, der diese Ämter nicht mehr hat.«[132] Gleichzeitig wies Adenauer darauf hin, daß Heinemann »eine besondere Kenntnis auf dem Verwaltungsgebiet nicht«[133] habe, da er erst seit anderthalb Jahren Oberbürgermeister sei (tatsächlich war Heinemann zu diesem Zeitpunkt bereits seit drei Jahren Oberbürgermeister). Der künftige Innenminister müsse aber »erstens etwas von Verwaltung kennen«, »zweitens etwas von Organisation kennen« und schließlich »drittens [...] gegenüber der Sozialdemokratie gepanzert sein«[134]. Diese Kriterien würden von anderen Kandidaten besser erfüllt.

In welchem Maße Adenauer bereit war, Fehlinformationen über Heinemann in der Fraktion zu streuen, um Heinemann als Bundesminister zu verhindern, wird bei der Gegenüberstellung der Aufzeichnungen Heinemanns über eine Besprechung mit Adenauer vom 15. September 1949[135] und Adenauers Ausführungen über dieses Gespräch auf der Fraktionssitzung vom 17. September 1949[136] deutlich. Heinemann betonte in dieser Unterhaltung,[137] daß er nie Wert darauf gelegt habe, sich »in die Bonner Entwicklung hineinziehen zu lassen.« Nur nach einem dringenden Appell seiner evangelischen Freunde in Bonn habe er sich zu einer grundsätzlichen Bereitschaft zur Kandidatur bewegen lassen, um sich nicht seiner Verantwortung zu entziehen und ›in Bonn zu helfen‹[138]. Zu einer »Loslösung von Rheinstahl« sei er ebenso bereit[139] wie zu einem Rückzug vom Essener Oberbürgermeisteramt, von der Stadtverordnetenversammlung und vom nordrhein-westfälischen Landtag. Ausdrücklich wies Heinemann jedoch darauf hin, daß er »großen Wert auf die Fortführung des Amtes als Präses der Synode und als Mitglied des Rates der EKD« lege. Nach einer Erläuterung über Aufgaben und Bedeutung dieser beiden kirchlichen Ämter habe, so berichtet Heinemann, auch Adenauer Wert darauf gelegt, daß diese beiden Ämter beibehalten würden, »um wirklich die Verbundenheit mit den Evangelischen zu halten.« Auch mögliche spätere Streitpunkte habe Heinemann in diesem Gespräch offen angesprochen, so z.B. Heinemanns persönliche Beziehungen zu Persönlichkeiten wie dem SPD-Abgeordneten Werner Jacobi[140], dem Kommunisten Renner und Ministerpräsidenten Arnold. Außerdem habe Heinemann Meinungsdifferenzen über Fragen der »Förderung der Ostzone«, »der Eigentumsfrage an den Grundstoffindustrien« oder der Mitbestimmung nicht nur mit »den anderen Koalitionspartnern, sondern auch mit Dr. Adenauer persönlich« als wahrscheinlich erachtet.

Auf der Fraktionssitzung zwei Tage später referierte Adenauer[141] über dieses Gespräch. Wiederholt ging der Bundeskanzler darauf ein, daß Heinemann, im Gegensatz zu Adenauers Wunschkandidaten Robert Lehr[142], über keinerlei Verwaltungserfahrung verfüge, »was ein Innenminister aber unbedingt haben müsse«. Über die kirchlichen Aufgaben Heinemanns, an denen dieser ja laut eigenen Aufzeichnungen unbedingt festhalten wollte, führte Adenauer aus: »Ich fragte Herrn Heinemann, wie es unter diesen Umständen mit der Wahrnehmung seiner Funktionen als Präses der Generalsynode sein würde. Er meinte, diese Funktion laufe in dreiviertel Jahren ab, wenn ich mich recht erinnere [...].«

An dieser Stelle wird Adenauers doppeltes Spiel deutlich. Auf der einen Seite unterstrich Adenauer im Gespräch mit Heinemann wiederholt die Wichtigkeit von

Heinemanns kirchlichen Ämtern für die CDU und bestärkte den Essener Oberbürgermeister darin, diese Ämter beizubehalten. Auf der anderen Seite betonte er in der Fraktion die Unvereinbarkeit des Ministeramtes mit dem kirchlichen Amt. Offensichtlich spekulierte der Kanzler darauf, daß, sollte Heinemann vor die Wahl gestellt werden, er doch seiner kirchlichen Funktion die Priorität einräumen und auf den Ministerposten verzichten würde. Außerdem wäre denkbar gewesen, daß vom katholischen Flügel der Fraktion starke Einwände gegen ein derart exponiertes Mitglied der EKD als Innenminister, immerhin in »hervorragender Weise politischer Minister«, erhoben worden wären.[143] Würde Heinemann jedoch auf das Kirchenamt verzichten, so könnte der Kanzler argumentieren, Heinemann sei genau dessen entkleidet, was ihn in den Augen des protestantischen Flügels der CDU zu dem geeignetsten Kandidaten für einen Ministerposten machte – ein Versuch Heinemann seiner »evangelischen Hausmacht zu ›entledigen‹.«[144] Schließlich wußte Heinemann 1949 nicht nur die evangelischen CDU-Mitglieder in Essen und Düsseldorf, seinem angestammten politischen Wirkungsbereich, sondern auch die meisten protestantischen Abgeordneten in der CDU/CSU-Fraktion hinter sich.

Dennoch scheiterte Adenauers Strategie. Wie es sich bereits in der Fraktionssitzung vom 17. September abzeichnete, sprach sich die Fraktion am 19. September 1949[145] einmütig für Heinemann und gegen Lehr als Innenminister aus. Adenauer blieb nichts anderes übrig, als Heinemann mit Schreiben vom 19. September 1949 dem Bundespräsidenten Theodor Heuss[146] als Bundesinnenminister vorzuschlagen.[147] Gleichsam wurde damit der »traurigtragische«[148] Konflikt zwischen Heinemann und Adenauer in das Kabinett inkorporiert.

Über die Motive Adenauers, Heinemann letztendlich doch in sein Kabinett zu berufen, machte dieser sich keine Illusionen: »Ich war ihm als Person oder als Fachmann für das Innenministerium längst nicht so wichtig wie als Stimmenfänger für den evangelischen Teil.«[149] Heinemann übernahm das Amt, da dies nicht zuletzt auch Ausdruck seiner christlichen Verpflichtung zur politischen Verantwortung war. Gleichzeitig hielt er kritische Distanz zu seiner politischen Karriere: »Ich sitze locker genug im Sattel, um heruntersteigen zu können; denn der Ehrgeiz packt mich nicht.«[150]

Bemerkenswerterweise schien sich mit der Aufgabe des Bürgermeisteramtes in Essen und dem Wechsel in die Bundespolitik auch Heinemanns Einstellung zur CDU zu ändern. Im Essen der ersten Nachkriegsjahre dominierten Probleme die Alltagspolitik, die nach Heinemanns Erfahrung nur mit vereinten, auf Ausgleich bedachten, politischen Kräften zu bewältigen waren. In Bonn jedoch standen nun innerparteiliche und interkonfessionelle Machtkämpfe im Vordergrund – statt praxisorientierter Kommunalpolitik dominierte machtorientierte Interessenpolitik.

Nicht nur deshalb hatte Heinemann in den kommenden Monaten mit zahlreichen Konflikten zu kämpfen. Ein erster ernstzunehmender Dissens zwischen dem Innenminister und dem Bundeskanzler deutete sich bereits im Dezember 1949 an. Martin Niemöller[151], Präsident der evangelischen Landeskirche von Hessen und Nassau und zudem ein persönlicher Freund Heinemanns hatte in einem Zeitungsinterview den westdeutschen Staat ein Gebilde genannt, »das in Rom gezeugt und in Washington geboren« worden sei.[152] Heinemann blieb das einzige Regierungsmitglied, das Niemöllers Äußerung nicht ausdrücklich und öffentlich verurteilte.

Statt dessen bat der Innenminister »um menschliches Verständnis für den Angegriffenen«[153] und wies darauf hin, daß die Äußerungen aus dem Zusammenhang gerissen bzw. entstellt wiedergegeben worden seien.[154] Heinemann billigte zwar Niemöllers Aussagen nicht, er stand jedoch »völlig zu seiner Person als Mann der Evangelischen Kirche.«[155] Letztlich prallten bei diesem ersten Konflikt erstmals die Ansichten Heinemanns und Adenauers unversöhnlich aufeinander.[156] Zugleich hatten die Auseinandersetzungen im »Fall ›Niemöller‹«[157] zur Folge, daß Heinemanns Stellung im Kabinett und in der Union empfindlich geschwächt wurde. An dieser Stelle erwies es sich als Nachteil für Heinemann, daß er nicht für den Bundestag kandidiert und somit nie den ›Stallgeruch‹ der Fraktion angenommen hatte. Heinemann wurde nun aufgrund der zögerlichen Reaktion auf Niemöllers Äußerungen und seiner ungeschickten Vermittlungsversuche, durch die bei vielen der Eindruck erweckt wurde, Heinemann trage in Wirklichkeit die Aussagen Niemöllers mit, zunehmend auch von Fraktion und Bundespartei kritisch beäugt.

Nur kurze Zeit darauf wurde allen Beteiligten deutlich vor Augen geführt, daß die Auseinandersetzung um den »Fall Niemöller« nur den Auftakt zu weiteren Konflikten zwischen dem Bundeskanzler und dem Innenminister darstellte. Heinemann lud in seiner Funktion als Präses der EKD vom 23. bis zum 27. April 1950 zur Synode der EKD nach Berlin-Weißensee, d.h. in den Ostsektor der Stadt ein.[158] Zu den Eingeladenen zählten neben den Regierungen der Bundesrepublik und der DDR auch die vier Stadtkommandanten Berlins, der Regierende Bürgermeister Ernst Reuter[159] und die obersten Stadtbehörden von Ost- und Westberlin.

Am 13. April 1950 rief Adenauer das Kabinett zusammen, um über Heinemanns »doppelseitige Einladung« zu beraten, die nach Auffassung einiger Minister »eine sehr schwierige Situation mit ungünstigen psychologischen und politischen Auswirkungen« entstehen lassen könne.[160] Am folgenden Tag distanzierte sich Adenauer im Namen der Bundesregierung ausdrücklich in einem Brief an Heinemann von der Veranstaltung und warnte, daß die von Heinemann in seiner Funktion als Präses der EKD ausgesprochene Einladung »irgendwie« mit dem »Amt des Bundesministers in Verbindung gebracht« werden könnte »und daß dadurch Schwierigkeiten entstehen, die hätten vermieden werden können.«[161] Auf der Kabinettssitzung vom 21. April 1950 wurde Heinemann gar damit konfrontiert, daß »sämtliche Kabinettsmitglieder den Standpunkt vertreten, daß eine Teilnahme des Ministers Heinemann an einer Veranstaltung, auf der offizielle Vertreter der Ostzone erscheinen, nicht möglich« sei.[162] Heinemann wies dies jedoch mit dem Hinweis auf den rein kirchlichen Charakter und die bereits verschickten Einladungen zurück und bot, einen Eklat im Kabinett provozierend, dem Bundeskanzler seinen Rücktritt an, sollte dieser auf dem Widerruf der Einladungen bestehen. In einer Aktennotiz hielt Heinemann später fest: »Zum ersten Mal sprach ich in der Kabinettssitzung vom 21. April von Rücktritt, als der Herr Bundeskanzler mich in dieser Sitzung aufforderte, meine als Präses der Synode der Evangelischen Kirche in Deutschland für den 23. April ausgesprochene Einladung [...] rückgängig zu machen. Diese Aufforderung war schon rein technisch nicht zu realisieren. Infolgedessen konnte ich einen Ausweg aus der vom Herrn Bundeskanzler befürchteten Kollision nur in einem Ausscheiden aus der Bundesregierung sehen.«[163] Der Bundeskanzler wollte und konnte offensichtlich jedoch (noch) nicht einen offenen

Bruch mit »*dem* [Hervorhebung im Original, J.T.] Repräsentanten des protestantischen Lagers der CDU«[164] riskieren und ließ seine Forderungen fallen.

Jedoch machte der Streit um die Synode deutlich, daß Heinemann bereits wenige Monate nach der Amtsübernahme im Kabinett politisch annähernd vollständig isoliert war. Die übrigen Minister standen geschlossen hinter Adenauer,[165] auch wenn dieser sich letztendlich Heinemann beugte. Daß Heinemann tatsächlich zu einer Art »innerparteilichen Antipoden Adenauers«[166] erwachsen war, wurde schließlich während der Auseinandersetzungen um den Beitritt der Bundesrepublik zum Europarat offensichtlich.

Heinemann verurteilte die Bemühungen des Kanzlers, die Aufnahme der Bundesrepublik in den Europarat zu forcieren, aufs Schärfste. Zwar begrüßte der Innenminister grundsätzlich die Gründung einer auf Westdeutschland beschränkten Bundesrepublik. Eine deutsche Beteiligung an einem militärisch-politischen Blockbündnis erachtete er jedoch in Hinblick auf die Wiedervereinigung als verhängnisvoll.

Als der Bundeskanzler am 23. März 1950 in einem Schreiben die alliierten Hochkommissare bat, eine Einladung zum Beitritt an die Bundesrepublik auszusprechen[167], übten vor allem Kaiser und Heinemann an diesem – im Kabinett nicht besprochenen – Alleingang Adenauers harsche Kritik. In der Kabinettssitzung am 28. März gab Kaiser zu bedenken, »daß sich das Spannungsfeld um Deutschland im Hinblick auf die Ostzone und auf Sowjetrußland durch einen Beitritt Deutschlands zum Europarat noch verstärken werde.«[168] Er hielte es für richtiger, wenn die Bundesrepublik im Europarat lediglich die Rolle eines »interessierten Beobachters« einnehme.[169] Auf der Kabinettssitzung vom 9. Mai, auf der die Entscheidung über den Beitritt zum Europarat anstand, schloß sich auch Heinemann Kaisers Kritik an. Während Kaiser wiederholt seine »Sorge um Ostdeutschland« zum Ausdruck brachte, befürchtete Heinemann durch den Beitritt einen »Zwang zur Wiederaufrüstung«[170]. Beide plädierten dafür, die Entscheidung zunächst einmal zu vertagen und die weitere Entwicklung abzuwarten.

Die vierstündige Aussprache, die u.a. in Sonderbesprechungen aller CDU-Minister bzw. in Sechs-Augen-Gesprächen zwischen dem Bundeskanzler, dem gesamtdeutschen und dem Innenminister fortgeführt wurde, endete schließlich mit einem »weniger apodiktischen, ins Passiv gewendeten«[171] Kompromißvorschlag Heinemanns, dem das gesamte Kabinett zustimmen konnte: »Der Zusammenschluß Europas unter Einbeziehung der Bundesrepublik Deutschland wird als notwendiger Weg zur Erhaltung des Friedens und zur Wiederherstellung der deutschen Einheit angesehen. In der Absicht, diesen Zielen zu dienen, empfiehlt die Bundesregierung, die Einladung zum Beitritt der Bundesrepublik in den Europarat anzunehmen.«[172]

Bevor der mit der geänderten Formulierung von allen Kabinettsmitgliedern einstimmig verabschiedete Beschluß veröffentlicht wurde, veränderte Adenauer jedoch den Wortlaut nachträglich und gab seine ursprüngliche apodiktische Version an den Bundesrat weiter: »Der Zusammenschluß Europas unter Einbeziehung der Bundesrepublik *ist* [Hervorhebung nicht im Original; J.T.] ein notwendiger Weg [...]«[173]. Mit Empörung wandte sich Heinemann an den Bundeskanzler: »Die Formulierung, daß die Einbeziehung der Bundesrepublik Deutschland in den Zusammenschluß Europas als notwendiger Schritt zur Erhaltung des Friedens und zur Wiederherstellung der deutschen Einheit ›angesehen wird‹, nämlich von der Mehrheit des Kabinetts, war für mich und wahrscheinlich auch für Herrn Kaiser die Brücke zu der gemeinsamen Erklärung vom 9. Mai. Wenn irgendein Kabinettsbeschluß in seinem Wortlaut genau erwogen worden war und nachträglich nicht geändert werden durfte, so war es sicherlich dieser Beschluß vom 9. Mai, um den nicht weniger als 4 ½ Stunden gerungen worden war [...].«[174] Herausfordernd erklärte der Bundeskanzler in seinem Antwortschreiben »die Änderung« sei »aus stilistischen Gründen« notwendig gewesen. Außerdem sei es aus »Mangel an Zeit« nicht möglich gewesen, die Änderungen »im Kabinett nochmals zur Sprache zu bringen«. Lasse jedoch Heinemanns Einspruch die Deutung zu, daß der Beitritt der Bundesrepublik nicht gewünscht werde, so wäre er für eine Stellungnahme dankbar.[175]

Die Kontroverse um den Europaratsbeitritt vereinte sowohl den Dissens, der zwischen Kanzler und Innenminister in der Frage des Amtsverständnisses und des Regierungsstils bestand, als auch den bestehenden deutschlandpolitischen Antagonismus zwischen Adenauers und Heinemanns Konzept. Im Gegensatz zu Adenauers konkretem Entwurf der Westanbindung war Heinemanns außenpolitische Standortbestimmung zu diesem Zeitpunkt noch recht vage und nicht ausformuliert. Heinemann befand sich in einem politischen Dilemma. Zum einen verwarf er die von Adenauer verfolgte Idee der Westintegration. Zum anderen schloß er aber auch die Annäherung des westdeutschen Staates an die Sowjetunion kategorisch aus. Zugleich erteilte Heinemann jedoch auch der von Ulrich Noack[176] verfochtenen Idee eines neutralisierten Deutschlands eine deutliche Absage. Deutsche Neutralität sei nicht praktikabel, da sie von Ost und West mißachtet werden würde: »Ich optiere erst recht nicht für die Sowjets. [...] Ich sehe auch keine Chance, daß man d[eu]t[sche] Neutralität achten wird. Entscheidend ist für mich, daß wir mit jetzigem Ja in Konsequenzen der Aufrüstung hineingehen.«[177] Da Heinemann in dieser Phase offensichtlich ein wirkliches deutschlandpolitisches Alternativkonzept fehlte, zog er es vor, eine Politik des Abwartens zu betreiben und gleichzeitig alles zu verhindern, was zu einer vertieften Westintegration bzw. zu einer deutschen Remilitarisierung führen könnte: »Jede Aktivität der Bundesregierung im gegenwärtigen Zeitpunkt, die über eine den inneren Bedürfnissen entsprechende Bundespolizei hinausgreift, würde den Riß durch Deutschland vertiefen und die Spannungen verschärfen [...].«[178]

Obwohl schon früh Details über die Auseinandersetzung und das Abstimmungsverhalten im Kabinett an die Presse gelangten,[179] vermied Heinemann öffentliche Stellungnahmen zum angestrebten Europaratsbeitritt. Er äußerte sich auch deshalb nicht, da es noch keinen konkreten Vorstoß der Bundesrepublik in der Frage der Wiederbewaffnung gab. Daß dies zunächst auch so bleiben sollte, betonte Adenauer auf einer Pressekonferenz nach der Kabinettssitzung vom 9. Mai: »Ich bitte Sie also, daran festzuhalten [...], daß die Remilitarisierung Deutschlands durch den Europarat in keiner Weise beschlossen ist«[180]. Doch bereits im August 1950 sollte allen Beteiligten klar werden, daß die Wiederbewaffnung ganz oben auf Adenauers politischer Agenda rangierte.

Der Bundeskanzler hatte bereits im Dezember 1949 in einem Interview mit einer amerikanischen Zeitung angedeutet, daß ein Wehrbeitrag von deutscher Seite nicht vollkommen ausgeschlossen sei: »Im äußersten Fall ist die Frage eines deutschen Kontingentes im Rahmen der Armee einer europäischen Föderation zu überlegen.«[181] Nicht einmal einen Monat, nachdem Adenauer verkündet hatte, daß zunächst einmal nicht an einen deutschen Wehrbeitrag gedacht werde, lud der Kanzler am 6., 7. und 8. Juni nacheinander die drei Hohen Kommissare nach Rhöndorf ein, um dort mit ihnen über die möglichst ›unauffällige‹ Aufstellung eines deutschen Kontingents zu beraten. Über diese geheimgehaltenen und auch von Adenauer in dessen Erinnerungen nicht erwähnten Unterredungen geben lediglich Blankenhorns Tagebuchaufzeichnungen Auskunft.[182] Wohlgemerkt fanden diese Treffen gut zwei Wochen vor dem Ausbruch des Koreakrieges statt. Blankenhorns Aufzeichnungen und weitere von Hans-Peter Schwarz angeführte Quellenfunde widerlegen damit die immer wieder in der Forschung vertretene Auffassung, Adenauers Angebot eines deutschen Wehrbeitrages sei allein eine notwendige Reaktion auf den Kriegsausbruch in Korea gewesen.[183]

Dessenungeachtet hatte der koreanische Bruderkrieg in Hinblick auf die deutsche Remilitarisierung eine katalytische Wirkung, da nun auch die Alliierten ein Interesse an der deutschen Wiederbewaffnung hatten. Bereits am 17. August 1950 wurde Adenauer auf einer Sitzung mit den Hohen Kommissaren vom französischen Vertreter François-Poncet[184] darum gebeten, darzulegen, wie er sich einen deutschen Wehrbeitrag vorstelle.[185] Am 29. August schließlich wagte Adenauer den diplomatischen Vorstoß und verfaßte ein ›Memorandum über die Sicherung des Bundesgebietes nach innen und nach außen‹[186], »um den drei westlichen Außenministern« seine »Ansichten über einen möglichen deutschen Verteidigungsbeitrag darzulegen«.[187] Unter Umgehung seines Kabinetts bot Adenauer den Alliierten in seinem Memorandum an, »im Falle der Bildung einer internationalen Westeuropäischen Armee einen Beitrag in Form eines deutschen Kontingents zu leisten.« Darüber hinaus schlug er vor, »auf Bundesebene eine Schutzpolizei in einer Stärke aufzustellen, die eine hinreichende Gewähr für die innere Sicherheit zu bieten« vermöge.

Zwar hatte das Kabinett in geheimer Sitzung bereits am 25. August 1950 über die Sicherheitsfrage diskutiert,[188] jedoch wurde eine Beschlußfassung zunächst noch verschoben, da »alle Kabinettsmitglieder die Gelegenheit zur Überlegung haben sollten und weil seitens des Herrn Bundeskanzlers noch eine Aussprache mit dem Englischen Kommissar bevorstand«[189]. Nachdem auch auf der Kabinettssitzung vom 29. August wegen der Beratung des Haushaltes keine Möglichkeit zur Aussprache über die Sicherheitsfrage bestand,[190] wurde diese ein weiteres Mal ohne Beschluß auf die nächste Sitzung am 31. August 1950 vertagt. Noch am 29. August versicherte Adenauer auf Heinemanns Nachfrage, seinen Kabinettsmitgliedern den ersten Entwurf eines Sicherheitsmemorandums noch vor der nächsten Sitzung zukommen zu lassen.[191]

Allerdings erhielten weder die Bundesminister den Entwurf noch wurde die Verhandlung über den Wehrbeitrag in die Tagesordnung für die Kabinettssitzung vom 31. August 1950 aufgenommen.[192] So erfuhren die Kabinettsmitglieder erst kurz vor der Sitzung aus der Presse[193] von Adenauers Vorstoß. Da die Vorschläge des Bundeskanzlers annähernd alle Ministerressorts an einer Stelle betrafen, war die Aufregung groß. Das Memorandum war »das Gespräch unter den sich versammelnden Kabinettsmitgliedern. Man war über die Eigenmächtigkeit des Kanzlers empört, bis er als letzter hinzukam und die Sitzung eröffnete.«[194]

Nachdem der Kanzler die Kabinettssitzung eröffnet hatte, wurde er sofort von Heinemann zur Rede gestellt.[195] Adenauer rechtfertigte das Umgehen des Kabinetts damit, daß keine Zeit mehr zur Aussprache geblieben sei, da der geschäftsführende Vorsitzende der Hohen Kommission John McCloy das Memorandum vor seiner Abreise in die USA am 30. August 1950 vorgelegt haben wollte. Der Innenminister drängte jedoch weiterhin darauf, daß der Bundeskanzler das Memorandum vor dem Kabinett verlese, was Adenauer schließlich auszugsweise tat. Heinemann bat daraufhin den Bundeskanzler um unmittelbare Einsichtnahme in das Dokument. Als Adenauer dies gewährte, verließ Heinemann die Kabinettssitzung, um das Memorandum im Bundeskanzleramt zu lesen.

Während Heinemanns Abwesenheit stellten sich jedoch die übrigen Kabinettsmitglieder »einmütig hinter den Bundeskanzler« und votierten »einstimmig für die Aufstellung einer Bundesschutzpolizei«[196]. Nachdem Heinemann aus dem Bundeskanzleramt zurückkehrte, konfrontierte er den Kanzler mit dem Vorwurf, er habe dem Kabinett die wichtigsten Passagen des Memorandums vorenthalten. So habe er mit keinem Wort erwähnt, daß er mit dem Memorandum den Alliierten die Beteiligung deutscher Divisionen an einer europäischen Armee angeboten hätte.[197] Unter diesen Umstände sah Heinemann keine Möglichkeit mehr, im Kabinett zu verbleiben und entschied: »Ich scheide aus der Bundesregierung aus.«[198]

Anders als Kaiser kritisierte Heinemann nun nicht mehr nur die formale Vorgehensweise des Bundeskanzlers. Vielmehr formulierte der Innenminister inhaltliche Kritik am Memorandum, das er als verhängnisvoll für die Umsetzung der gesamtdeutschen Option erachtete. Erstmals trat das »Engagement für den Frieden« in den Vordergrund von Heinemanns politischem Wirken, wobei er die Frage der westdeutschen Wiederbewaffnung eng mit der der Realisierung der Wiedervereinigung verknüpfte.[199] Zugleich machte der Konflikt um das Sicherheitsmemorandum deutlich, wie sehr sich Heinemann in der CDU bereits politisch isoliert hatte. Zwar beklagten sich einige Regierungsmitglieder über Adenauers Vorstoß. Allerdings kritisierten sie nur das formale Vorgehen des Kanzlers, nicht inhaltliche Komponenten. Selbst Jakob Kaiser, bisher Heinemanns treuester Verbündeter im Kabinett, plädierte seit Beginn des Koreakrieges für einen westdeutschen Wehrbeitrag.[200]

Durch die Reaktion einiger Bundesminister auf das Sicherheitsmemorandum war Heinemann mißtrauisch geworden. Er vermutete, daß eventuell einige Regierungsmitglieder bereits zuvor durch Adenauer eingeweiht worden waren. Auf der entscheidenden Kabinettsitzung am 31. August 1950 notierte Heinemann in Stichworten: »Alle merkwürdig berührt, daß das Memorandum schon überreicht: Dehler[201], Wildermuth[202], Blücher – Weißt du Bescheid? Kaiser.«[203] Von Thomas Dehler, zuvor ebenfalls ein entschiedener Gegner von Adenauers Deutschlandpolitik, fühlte sich Heinemann besonders im Stich gelassen.[204] Auch von der CDU-Fraktion um den Vorsitzenden Heinrich von Brentano[205] brauchte Heinemann bei seinem außen- und deutschlandpolitischen Konfrontationskurs mit dem Bundeskanzler keine Unterstützung mehr zu erwarten.

Zu diesem Zeitpunkt hatte sich Heinemann bereits zu großen Teilen von der CDU entfremdet. Aber auch die CDU hatte sich von den Positionen Heinemanns entfremdet. Diese Entwicklung wurde entscheidend durch zwei Faktoren beeinflußt. Zum einen verlor Heinemann durch die *de facto*-Aufgabe des ›Ahlener Programms‹ seine eigentliche wirtschaftpolitische Bezugsquelle zur CDU.[206] Zum anderen machte die Ablehnung der vom Kabinett und der Fraktion mitgetragenen Adenauerschen Westintegration und Wiederbewaffnungspolitik eine außen- und sicherheitspolitische Identifikation mit der CDU unmöglich. Um so überzeugter Heinemann seine – jedoch noch nicht völlig ausgereifte – gesamtdeutsche Idee verfolgte und der Politik des Bundeskanzlers seine Konzeption der Demilitarisierung und des Ausgleichs mit dem Osten entgegen hielt, desto mehr wuchs die programmatische Kluft zwischen ihm und der Union.

4. »Wir machen das Land rebellisch« Innerparteiliche Opposition und politischer Abstieg

Trotz zahlreicher Vermittlungsversuche, unter anderem durch Jakob Kaiser und Bundesfinanzminister Fritz Schäffer[207], ein enger Vertrauter Adenauers, ließ sich Heinemann von seinem Entschluß zurückzutreten nicht mehr abbringen. Dennoch sollten von Heinemanns Rücktrittsangebot auf der Kabinettssitzung am 31. August 1950 und seiner tatsächlichen Entlassung aus dem Ministeramt durch den Bundespräsidenten annähernd anderthalb Monate vergehen. Die von Heinemann gestellten Bedingungen für ein Verbleiben in der Regierung lehnte Adenauer als schlichtweg nicht erfüllbar ab.[208] Heinemann hatte gefordert, daß die »Mitglieder der Bundesregierung [...] Herrn Dr. Heinemann darin bei[treten], daß das von dem Herrn Bundeskanzler am 30. August den Hohen Kommissaren überreichte Memorandum zur Sicherheitsfrage entsprechend der gemeinsamen Verantwortung vorher im Kabinett hätte erörtert werden sollen und erwarten, daß in Zukunft entsprechend verfahren wird. Das Memorandum wird den Mitgliedern der Bundesregierung unverzüglich zugestellt.« Zur Sache erklärte er, daß er »die Notwendigkeit einer Bundespolizei« grundsätzlich bejahe, und zwar »unter Betonung beider Teile dieses Wortes, d.h. es soll sich nicht um militärische Kräfte, sondern um polizeiliche Kräfte handeln, die unmittelbar in der Hand der Bundesregierung sind.« Eine darüber hinausgehende »Mitwirkung an militärischer Rüstung« lehnte er jedoch rundweg ab.[209]

Auch wenn die Forderungen Heinemanns »undurchführbar« seien, so hielt der Vermittler Schäffer zunächst noch eine »Erklärung von A[denauer]« für denkbar.[210] Spätestens jedoch, nachdem auch eine persönliche Aussprache[211] zwischen Heinemann und Adenauer am 4. und am 5. September 1950 gescheitert war[212], wurde klar, daß eine solche Erklärung des Kanzlers illusorisch war. Zwar bestanden keinerlei Differenzen »in Bezug auf die Notwendigkeit zur Schaffung einer die innere Sicherheit gewährleistenden Bundespolizei [...]«[213]. Ebenso betonte Heinemann, daß die Meinungsverschiedenheiten »keine ressortmäßigen oder konfessionellen Gründe«[214] hätten. Dennoch bestand eine sachliche Differenz in der unterschiedlichen Beurteilung dessen, was »zu einer deutschen Beteiligung an einer europäischen Aufrüstung und der sich daraus zwangsläufig ergebenen Eingliederung der Deutschen Bundesrepublik in den Atlantikpakt zu sagen« sei. Letztendlich beanspruchte Heinemann, wenn er Mitglied der Bundesregierung bleiben würde, »innerhalb und außerhalb derselben« den ihm »einsichtigen Weg zur Erhaltung des Friedens zu vertreten.« Er fügte hinzu: »Von dieser Verantwortung vor Gott könnte mich niemand entbinden.« Heinemann drückte damit aus, daß sein Konzept der ›Politik aus christlicher Verantwortung‹ keinesfalls unlösbar mit seinem Ministeramt zusammenhinge und kündigte somit an, notfalls auch »außerhalb« der Bundesregierung für seine Friedenspolitik weiter zu streiten.

Nicht zuletzt, da sich die Entscheidung über sein Rücktrittsgesuch immer länger hinzog[215] und er zugleich aus den eigenen Reihen »unausgesetzt angegangen« wurde, seine »Stellung zu den sachlichen Fragen öffentlich darzulegen«, drängte Heinemann nun auf eine abschließende Besprechung mit dem Kanzler.[216] Heinemann und Adenauer umkreisten sich im Folgenden »lauernd wie zwei Judo-Kämpfer.« Keiner wollte »zu dem gefährlichen ersten Griff ansetzen«.[217] In einem Brief vom 28. September 1950 wies der Kanzler Heinemann darauf hin, daß »natürlich keine Rede [davon] sein« könne, daß der Innenminister das Recht für sich in Anspruch nehmen könne, seine deutschlandpolitische Ansicht, mit der er schließlich alleine im Kabinett stünde, »öffentlich zu vertreten.«[218] Zugleich bemühte sich Adenauer noch einmal, die Einwände Heinemanns zu entkräften und seine inhaltliche Kritik zu widerlegen, indem er auf die Unvermeidbarkeit der Geschehnisse hinwies: »Es wird in absehbarer Zeit [...] an die Bundesregierung und Deutschland die offizielle Frage gestellt werden, ob es bereit sein wird, seine Menschenreserven und Materialreserven zum Schutze der westlichen Freiheit einer internationalen Armee zur Verfügung zu stellen [...]«. Aussagen dieser Art konnten Heinemann jedoch nur in seinem Urteil bestärken, das er 1959 über Adenauers Charakter fällte: »Ich halte seine [Adenauers; J.T.] Politik für falsch und seine Menschenverachtung für verhängnisvoll. Was das letztere anbelangt, so mag ihn seine Lebenserfahrung gelehrt haben, daß nahezu alle Menschen im weitesten Sinne gekauft oder erpreßt werden können. Eine solche Erfahrung aber mit noch soviel Meisterschaft zu bestätigen, ist im Rahmen einer christlichen Partei noch verderblicher, als es ohnehin ist.«[219]

Letztlich kam es erst am 9. Oktober 1950 zu einer Aussprache des Kanzlers mit seinem Innenminister. Heinemann überreichte Adenauer bei dieser Gelegenheit eine Erklärung, in der er nun erstmals ein geschlossenes außenpolitisches Konzept darlegte. Heinemann wandte sich darin ausdrücklich gegen die bisher betriebene ›Politik des fatalistischen Abwartens‹. Statt dessen forderte er, daß Deutschland eine »besondere aktive Funktion für die Erhaltung des Friedens« übernehmen müsse.[220] In insgesamt zehn Punkten machte Heinemann klar, warum er einer »militärischen Einbeziehung der Bundesrepublik in eine westeuropäische Verteidigungsgemeinschaft« ablehnend gegenüber stand:

1.) Die Westmächte hätten sich dazu bereit erklärt, die Bundesrepublik vor Angriffen von außen zu schützen. 2.) Bis dato läge von den Westmächten keine einheitliche Stellungnahme zu einer Einbeziehung der Bundesrepublik in eine militärische Verteidigungsgemeinschaft vor. 3.) Die Bundesrepublik sei noch nicht souverän und habe nur eine schwache moralische Grundlage für eine Forderung nach Gleichberechtigung. 4.) Der Verzicht auf eine Wiederbewaffnung wäre der eindrückliche Beweis für eine Gesinnungsänderung des deutschen Volkes. 5.) Die Aufstellung einer deutschen Armee in der jungen Demokratie könne Remilitarisierung und Renazifizierung nach sich ziehen und könne die militärische Macht gegenüber dem Staatsapparat stärken. 6.) Von der Aufstellung einer deutschen Armee könne sich Rußland provoziert und zum »Losschlagen« veranlaßt fühlen. 7.) Die westliche Welt könne sich deshalb zu einem Präventivkrieg unter Miteinbeziehung der deutschen Truppen als »Kanonenfutter« veranlaßt fühlen. 8.) Ein deutsch-deutscher Bruderkrieg werde wahrscheinlicher. Durch die Einbeziehung in die Aufrüstung werde Deutschland als Schlachtfeld legitimiert. 9.) Der Ruf nach Remilitarisierung sei Ausdruck von Fatalismus und ungläubiger Angst. Der christliche Politiker müsse in seinem Handeln in das Weltregiment Gottes vertrauen. 10.) Die Entscheidungsbefugnis des Bundestages über die deutsche Aufrüstung sei zweifelhaft. Nur das deutsche Volk könne über diese schicksalhafte Frage entscheiden. Schlußendlich kam Heinemann auf das Demissionsangebot zurück: »Ich überlasse es Ihnen zu beurteilen, ob Sie unter diesen Umständen eine weitere Zusammenarbeit mit mir in der Bundesregierung für möglich halten einschließlich der Freiheit, meine Gesichtspunkte auch öffentlich zu vertreten, solange es andere Kabinettsmitglieder mit den ihrigen tuen.«

Nach dieser Abrechnung mit der Adenauerschen Außen- und Sicherheitspolitik und Heinemanns Beharren, seine konträre Meinung auch weiterhin öffentlich zu machen, blieb dem Kanzler nichts anderes übrig, als den Innenminister aus seiner Verantwortung zu entlassen.[221] In einem Schreiben vom selben Tag erklärte Adenauer: »Die heutige Besprechung mit Ihnen und der Inhalt Ihrer schriftlichen Erklärung [...] haben in mir die Überzeugung vertieft, daß unsere Auffassungen von den politischen Gegebenheiten und der politischen Lage des deutschen Volkes so weit auseinandergehen, daß eine fruchtbringende Arbeit nicht mehr möglich ist. [...] Ich sehe mich daher angesichts der Verantwortung, die ich vor dem deutschen Volke trage, zu meinem Bedauern gezwungen, dem Herrn Bundespräsidenten auf Grund Ihres Rücktrittsgesuches die Entlassung aus Ihrem Ministeramt vorzuschlagen.«[222]

Die innerparteiliche Diskussion, die das Demissionsangebot ausgelöst hatte, führte Heinemann deutlich vor Augen, daß er »weder unter den Protestanten der Fraktion, noch des Kabinetts über einen gewichtigen Anhang verfügte«[223]. Als offensichtlich wurde, daß trotz seines Ausscheiden aus der Regierung die befürchtete konfessionelle Zerreißprobe der CDU ausbleiben würde, wurde er selbst von den Synodalen in der CDU-Fraktion, Gerstenmaier[224] und Ehlers, fallen gelassen. So konnte sich Gerstenmaier auf der Fraktionssitzung vom 6. September 1950 »einer nicht zu verkennenden Spitze gegen Dr. Heinemann« nicht erwehren und kritisierte dessen vermeintliches Versagen in »der inneren Abwehrbereitschaft gegen Osten«[225]. Die Evangelische Tagung der CDU von Nordrhein-Westfalen faßte am 14. Oktober 1950 sogar eine Entschließung, in der ausdrücklich auf die »verschiedene Auffassung in der Sache« hingewiesen wurde, und verwies demonstrativ auf das Vertrauen, das man der Arbeit des Bundeskanzlers und der Regierung entgegenbringen würde.[226]

Der Parlamentarisch-Politische Pressedienst (PPP) vom 29. September 1950 machte deutlich, wie sehr Heinemann zu diesem Zeitpunkt bereits in der Union politisch isoliert war: »Aus Kreisen der CDU/CSU-Fraktion hören wir, daß etwa 2/3 der Fraktionsmitglieder gegen den Bundesinnenminister eingestellt sind.«[227] Über die Gründe berichtet der PPP: »Einmal wird ihm seine Haltung gegen den Osten vorgeworfen, zum anderen die – auch daraus resultierende – Lauheit in Polizeifragen, und schließlich ist die CSU gegen Heinemann absolut voreingenommen, weil er in ihren Augen der Prototyp des Zentralisten ist. [...] Weiter verargt man Heinemann in der CDU sehr seine Freundschaft mit Niemöller und auch, daß er sich so einseitig auf die Richtung Niemöller-Grüber[228] gegenüber der Richtung Gerstenmaier festgelegt habe. Die beiden Richtungen unterscheiden sich vor allem in ihrer Haltung gegen den Osten.« Um Heinemann möglichst rasch durch einen Nachfolger ersetzen zu können, trage »man von allen CDU-Seiten Material gegen Heinemann zusammen.«

Zwar kehrte Heinemann nach seinem Rücktritt zunächst der Hauptstadt den Rücken. Er dachte jedoch überhaupt nicht daran, seine deutschlandpolitische Opposition zu Adenauers Politik aufzugeben. Auf zahllosen öffentlichen Kundgebungen warb Heinemann für friedenspolitische Alternativen zur Regierungspolitik und prangerte die vermeintlichen deutschlandpolitischen Fehlentscheidungen des Kanzlers an. Dennoch stand Heinemann in dieser Phase dem Bemühen anderer Oppositionspolitiker bzw. Oppositionsgruppen, eine schlagkräftige Front gegen Adenauers Westbindungs- und Wiederbewaffnungspolitik zu formieren, kritisch gegenüber. Heinemann mied sowohl die Kooperation mit dem Nauheimer Kreis um Noack, als auch die Zusammenarbeit mit den Sozialdemokraten, immerhin die größte Oppositionsfraktion im Bundestag. Auch zu Niemöller ging Heinemann auf Distanz. So schlug er z.B. die Einladung des Kirchenpräsidenten aus, an einem Gespräch verschiedener Oppositionsgruppen teilzunehmen, die sich am 30. Oktober 1950 bei Niemöller in Darmstadt trafen, um das weitere Vorgehen gegen die Wiederbewaffnungspolitik der CDU zu besprechen. Heinemann antwortete Niemöller: »Sei also nicht ungehalten, wenn ich nicht nach Darmstadt komme. Im Augenblick gilt es: getrennt marschieren, vereint schlagen!«[229]

Auch wenn Heinemann unmittelbar nach seinem Rücktritt mit einer etwaigen Parteigründung kokettierte, wollte er offiziell solche Pläne »noch nicht«[230] kommentieren. Er wollte »diesen Versuchsballon ruhig weiterfliegen und einige Zeit wirken« lassen, »damit wir die Reaktion darauf feststellen können.« Aber nur wenige Wochen später erteilte Heinemann Niemöllers Vorschlag, eine neue »sammelnde bürgerliche Partei« zu gründen, die »sich weder konfessionell noch christlich abstempelt«[231], eine deutliche Absage. Auch von einer Wiedergründung des CSVD, die von einigen CDU-Politikern erwägt wurde, versprach sich Heinemann nichts, da er es für ausgeschlossen hielt, daß »eine solche Partei im gesamten Bundesgebiet zu etablieren« wäre. Vielmehr sollten evangelische Christen »innerhalb der bestehenden Partei mitarbeiten«[232]. Eine Parteigründung kam für ihn zu diesem Zeitpunkt nicht in Frage. Vielmehr wollte er seine Politik als Sonderweg *innerhalb* der CDU verstanden wissen. Dennoch hatten seine Jahre in der »außerparlamentarischen Opposition« bereits begonnen.[233]

Letztlich jedoch mußte auch Heinemann erkennen, daß die Widerstände gegen seinen Sonderweg zunehmend massiver wurden. Deutlich wurde dies beispielsweise bei den Wahlen zum erweiterten Landesvorstand der rheinischen CDU am 3. Dezember 1950, bei denen Heinemann mit nur 25 Stimmen das drittschlechteste Ergebnis errang und somit seinen Sitz in diesem Gremium verlor.[234] Als Heinemann im Februar 1951 in einem Zeitungsartikel[235] als bolschewistisch beeinflußt bzw. als »der KPD erlegen«[236] beschrieben wurde, weigerte sich sogar die Essener CDU trotz eines ausdrücklichen Appells Heinemanns,[237] sich von den Äußerungen zu distanzieren. Bezüglich eines Artikels des Informations-Dienstes der CDU vom 23. Dezember 1950, in dem Heinemann »erschütternde Unkenntnis«, »Unzulänglichkeiten« und politische »Tendenz« vorgeworfen wurde[238], fragte Heinemann bereits zwei Wochen zuvor den Essener CDU-Vorsitzenden Meurer[239], ob er eine »solche Kampfesweise für tragbar halte und »was man etwa zu tun gedenkt, um mich in Schutz zu nehmen.«[240] Auf einer Kreisvorstandssitzung, an der auch Heinemann teilnahm, wurde er jedoch keineswegs, wie gefordert, ›in Schutz genommen‹. Vielmehr warf ihm sein eigener Kreisverband vor, er schade durch seine öffentlichen Auftritte, zu denen regelmäßig auch SPD- und KPD-Anhänger kämen, der CDU und betreibe somit Wahlkampf für den politischen Gegner. Darüber hinaus forderte die Essener CDU von Heinemann, er müsse sich dem Mehrheitsbeschluß der Gesamtpartei beugen und habe sich deshalb in der Debatte um die Deutschlandfrage und die Wiederbewaffnung des Wortes zu enthalten.[241] Für Heinemann, der stets betonte, er würde in jedem Fall seiner Gewissensentscheidung Vorrang vor jeglicher Parteiräson einräumen, waren die Auflagen der Essener Parteiführung unannehmbar.

Doch obwohl Heinemann von seinen Parteiämtern abgewählt und in der Bundespartei und im eigenen Kreisverband politisch isoliert war, und trotz des immer offensichtlicher werdenden programmatischen Bruchs mit der Union mochte Heinemann noch immer nicht aus der CDU austreten. Statt dessen fokussierte er seine politischen Anstrengungen auf die Entwicklung bzw. die Konsolidierung seines friedens- und deutschlandpolitischen Programms als Alternative zu Adenauers Westpolitik. Im Mittelpunkt seiner Politik stand zwar schon immer ein gesamtdeutscher Ansatz; sein Konzept zur Verwirklichung der Wiedervereinigung war bis zu diesem Zeitpunkt allerdings eher als vage zu bezeichnen. Nun allerdings entwickelte Heinemann ein Konzept, das er nicht zuletzt in Abgrenzung zu anderen Ansätzen, wie die von Kaiser oder Noack, Adenauers Westbindungspolitik gegenüberstellen konnte.

Heinemanns Konzept sah zum einen ein striktes Nein zur westdeutschen Wiederbewaffnung vor, in der die Sowjetunion eine militärische Provokation erblicken würde, was in letzter Konsequenz einen Präventivkrieg heraufbeschwören könnte.[242] Dem Argument, Deutschland müsse sich im Fall der Fälle selbst verteidigen können, entgegnete Heinemann, daß hierfür die Westmächte bereits im September 1950 eine Sicherheitsgarantie abgegeben hätten, in der sie erklärten, jeglichen Angriff auf Deutschland als Angriff auf sich selbst zu betrachten. Besonderen Wert legte er darauf, daß diese Haltung keineswegs als prinzipieller Pazifismus fehlgedeutet werden dürfe. Heinemann forderte vielmehr einen ›realistischen Pazifismus‹[243] im Sinne Emil Brunners[244], d.h. eine Verknüpfung von Realpolitik mit einer pazifistischen Kriegsächtung.[245] Als letztes Element fügte Heinemann seinem deutschlandpolitischen Konzept das Prinzip der ›Ausklammerung‘[246] bei, das eine eher isolationistische als neutralistische Blockfreiheit implizierte und von jeglicher Westbindungspolitik Abstand nahm.

Erst durch die Kombination dieser drei Elemente, die Ablehnung der Wiederbewaffnung, der ›realistischen Pazifismus‹ und die ›Ausklammerung‘ Deutschlands, entwarf Heinemann eine geschlossene Alternativkonzeption zur Deutschlandpolitik der Bundesregierung. Nach dieser programmatischen Loslösung von den außenpolitischen Positionen der CDU vollzog sich im Herbst 1951 ein weiterer Einschnitt in Heinemanns politischer Vita. Das Moment der politischen Aktion gewann gegenüber dem der Reflexion an Gewicht. Stärker als zuvor war Heinemann nun darum bemüht, seine politischen Vorstellungen auch politisch handelnd durchzusetzen.[247]

Doch obwohl Heinemann nun ein friedens- und deutschlandpolitisches Alternativprogramm entwickelt hatte und er zudem in der CDU, dem »Hilfsorgan von Regierung und Fraktion«[248], jeglicher Rückendeckung beraubt war, schloß er eine Parteineugründung, wie sie u.a. Rudolf Augstein im ›Spiegel‹ forderte[249], nach wie vor aus. Zwar hielt Heinemann das Ansinnen für verständlich und »redlich«, aber dennoch auch für »weiterhin unrealistisch. Gegen eine jetzt zu entscheidende Aufrüstung nützt keine Partei, welche erst bei späteren Wahlen die Gelegenheit zur Mitbeteiligung an den Entscheidungen finden wird.« Ebenso erschien ihm die »Auflockerung unserer Parteidogmen und Parteimaschinen zu einem freieren und persönlicheren Verhalten der Politiker gegenüber der jeweiligen Sachfrage« eine Sache zu sein, die »weniger durch eine neue Partei«, als vielmehr »durch eine wachsende allgemeine Bemühung um die Achtung vor der persönlichen Entscheidung und größere staatsbürgerliche Lebendigkeit insgemein zu fördern wäre«[250]. Da eine Parteineugründung offensichtlich nicht in Frage kam, verblieb Heinemann, der ja auch kein öffentliches Mandat oder parteipolitisches Amt mehr inne hatte, nur die Möglichkeit, eine außerparlamentarische und überparteiliche Organisation zum Forum seiner politischen Überzeugungen zu machen, um so wieder Einfluß auf die Politik nehmen zu können.

Zunächst vertrat Heinemann noch die Meinung, man müsse den politischen Prozeß erst noch »gären« lassen, bis es schließlich zum vollen »Aufmarsch der Kräfte«[251] kommen könne. Als jedoch die drei Außenminister der Westmächte vom 10. bis zum 14. September 1951 zusammenkamen, um über die Umsetzung des ›Pleven-Plans‹[252] zu verhandeln, der die Gründung einer Europäischen Verteidigungsgemeinschaft vorsah, wurde aus Sicht Heinemanns ein rascheres Handeln notwendig. In dieser Ansicht unterstützt wurde Heinemann von der Katholikin und Vorsitzenden der Zentrumspartei Helene Wessel[253]. Heinemann nahm bereits im Dezember 1950 Kontakt mit Wessel auf,[254] die sich im Bundestag als eine der entschiedensten Aufrüstungsgegnerinnen profiliert hatte. Trotz anfänglicher Skepsis Heinemanns waren sich beide bald einig: »Es kann ja nicht immer nur geflötet werden, sondern es muß nun auch marschiert werden.«[255]

Zusammen mit Wessel initiierte Heinemann am 14. Oktober 1951 in Essen ein Treffen von Wiederbewaffnungsgegnern und gründete den ›Arbeitsring für den Frieden Europas‹.[256] Das erklärte Ziel des Arbeitsrings bestand darin, eine politische Plattform für Rüstungsgegner zu schaffen. Auf möglichst breiter Basis sollten alle Arten von oppositionellen Gruppen, zu denen Heinemann neben der evangelischen Kirche ausdrücklich auch die Sozialdemokraten unter Kurt Schumacher bzw. kleinere bürgerliche Parteien wie das Zentrum oder die Bayernpartei zählte, zusammengefaßt werden. Auch die westdeutsche Jugend betrachtete Heinemann als potentiellen Bündnispartner.[257] Um den Zusammenschluß »zahlreiche[r] maßgebende[r] Persönlichkeiten der verschiedensten geistigen und politischen Lager des Bundesgebietes« bzw. von »Vertreter[n] weitester Kreise des deutschen Volkes«[258] voranzutreiben, einigte sich der Arbeitskreis, der bisher nur in kleinem Kreis und unter Ausschluß der Öffentlichkeit tagte, zur Gründung einer Friedensbewegung aufzurufen, die fortan auch in der Öffentlichkeit agieren sollte, um letztendlich »das Land rebellisch zu machen«[259]. Am 21. November 1951 wurde schließlich die ›Notgemeinschaft für den Frieden Europas‹ feierlich im Plenarsaal des nordrhein-westfälischen Landtages in Düsseldorf proklamiert; einen Tag, bevor Adenauer nach Paris reiste, um dort Kernstücke des Generalvertrages zu unterzeichnen.[260]

Als »überparteiliche Sammlungsbewegung«[261] wollte die Notgemeinschaft denen ein politisches Forum bieten, die eine deutsche Wiederbewaffnung entschieden ablehnten. Um eine »Kollision mit anderen Zugehörigkeiten«[262] zu verhindern, sollte die Notgemeinschaft keine politische Organisation sein, vielmehr eine »Vereinigung von Einzelpersönlichkeiten«[263], die der Widerstand gegen die Remilitarisierung miteinander verbindet. Daher sollten sich politische Aktionen auch nur auf Personen, nicht aber auf Programme oder Organisationen stützen, zumal sich für eine überparteiliche Bewegung politische Ideologien *per se* verbieten würden. Der »Parteipolitik der Weltanschauungsparteien« wollte die Notgemeinschaft eine neue »Sachpolitik« gegenüberstellen.[264]

Übergeordnete Aufgabe der Notgemeinschaft sollte es sein, »überall und jederzeit, frei vom Streit der Tagesmeinungen, alle Pläne, Zielsetzungen, Maßnahmen und Unternehmungen zu fördern, die geeignet sind, den Frieden Europas zu bewahren. Die Notgemeinschaft wird in Wort und Schrift, in Zeitungen, Zeitschriften und im Rundfunk, in Versammlungen, Kundgebungen und in Gruppenarbeit das deutsche Volk und die Völker Europas ständig über die den Frieden gefährdenden Maßnahmen unterrichten und sie zur Verhinderung aller friedensfeindlichen Pläne auffordern.«[265] Auf diese Weise sollte ein öffentlicher, außerparlamentarischer Druck auf alle im Bundestag vertretenen Parteien, ihre Abgeordneten und Entscheidungsträger ausgeübt werden.[266]

In seiner Rede zur Proklamation der Notgemeinschaft verurteilte Heinemann die Adenauersche Politik der Westintegration: »Wenn ich nach Dresden oder Rostock oder Berlin will, steige ich nicht in einen Zug nach Paris oder Rom ein. Wenn gegenwärtig kein Zug nach Berlin fährt, so muß ich halt warten. Es ist gar nichts gewonnen, wenn ich in entgegengesetzter Richtung abfahre, nur um zu fahren.«[267] Wolle man nicht die Chance auf eine Wiedervereinigung verspielen, sei es letztlich entscheidend, auch Rußlands Interessen zu berücksichtigen. Die Regierung habe endlich einzusehen, daß Rußland ein wiederbewaffnetes und wiedervereinigtes Deutschland »nicht eines Tages unter seinen Angreifern sehen will.« Zwar dürfe Deutschland nicht »Opfer des Bolschewismus«[268] werden, dennoch dürfe man nicht akzeptieren, »daß gesagt wird, mit Rußland könne man nicht paktieren«[269]. Ein »Abkommen«[270] zwischen Ost und West könne vielmehr den Frieden in Europa herbeiführen und Deutschland den Spielraum lassen, einen eigenen, d.h. einen blockfreien Weg zu gehen. Letztlich laute die Parole daher: »Nicht Frieden um jeden Preis! Aber auch: Krieg um keinen Preis [...]«[271]. Stimmten dem alle zu, so müßten nun alle »Bereitschaft zur Verständigung bis zuletzt«[272] signalisieren – wer nicht schießen wolle, müsse reden.[273]

Um ihren »Charakter als Sammlungsbewegung quer durch alle Parteien, Organisationen usw. nicht zu beeinträchtigen«[274] hielt sich die Notgemeinschaft betont aus allen »Erörterungen über Parteineugründungen heraus. Dennoch weckte ihr Kampf gegen eine »Politik der starken Faust«[275] und für eine ›Ausklammerung‘ Deutschlands sowohl den Argwohn der Regierung und der CDU als auch weiter Kreise der Bevölkerung, die hinter der Notgemeinschaft eine kommunistische Tarnorganisation vermuteten. Auch wenn die Notgemeinschaft durchaus einige Freunde und Förderer und zumindest teilweise auch Zuspruch in der Presse fand, so war die Idee der ›Sammlung‹ der Aufrüstungsgegner schon früh zum Scheitern verurteilt. Dafür verantwortlich war nicht zuletzt die Tatsache, daß der erhoffte Einbruch in die großen Parteien, vor allem in die Union[276], nicht gelang.[277]

Statt Unterstützung erntete die Notgemeinschaft bei der CDU Hohn und Verachtung. Das »in sich widersprüchliche Konglomerat aus nationalkonservativem, pazifistischem und system- wie gesellschaftskritischem Gedankengut«[278] der Notgemeinschaft machte es der CDU leicht, sie in das Licht eines utopistischen »Reiseteams ohne Auftrag«[279] zu rücken. Der offizielle Pressedienst der CDU verglich die Notgemeinschaft gar mit anderen ›Friedenskongressen‹, die von der sowjetischen Zone aus dirigiert würden.[280] Zugleich sah man Heinemann in der »Rolle eines Tragikomikers«[281], der ein Synonym geworden sei für »politisches Schwärmertum«[282], Illusionismus[283] und »Naivitäten«[284]. Der Deutschland-Union-Dienst (DUD) bezeichnete Wessel gar als unbelehrbar und warf ihr vor, sie habe sich »die kommunistische Argumentation gegen einen Verteidigungsbeitrag zu eigen« gemacht.[285]

Nicht zuletzt, um sich nicht dem Vorwurf auszusetzen, die katholisch dominierte CDU wolle sich eines weiteren unbequemen Protestanten entledigen, wurde Kritik an der Notgemeinschaft vor allem von prominenten evangelischen Unionsmitgliedern vorgebracht. Hermann Ehlers bezeichnete Heinemanns deutschlandpolitische Vorstellungen als »phantastisch« und widersprach der von der Notgemeinschaft geführten Argumentation gegen die Aufrüstung: »Es ist sicher nicht richtig, daß die Teilung Deutschlands durch eine Wiederbewaffnung Deutschlands verewigt werde. Wenn die großen Mächte zu einer ihre gesamten Streitigkeiten in der Welt regelnden Vereinbarung kommen, ist auch für Rußland die Teilung Deutschlands nicht unaufgebbar. Dann ist aber auch ein deutscher Verteidigungsbeitrag für West und Ost nicht mehr interessant genug, um daran politische Forderungen zu knüpfen. Die Entscheidung fällt – ob mit oder ohne deutschen Soldaten – auf einer ganz anderen Ebene.«[286] Gerstenmaier beschuldigte Heinemann gar, er würde mit der Notgemeinschaft die »primitivsten Gefühle des Volkes« aufwühlen und »neue Verwirrung« anstiften.[287] Adenauer beginge geradezu eine »Unterlassungssünde«, wenn er Heinemann und Wessel wie bisher wirken lasse. Ein weiterer prominenter Protestant der Union, Gerhard Schröder, unterstellte der Notgemeinschaft auf dem Parteitag der rheinischen CDU in Velbert vom 24. und 25. November 1951 gar »sektiererische Züge«. Die CDU müsse sich dagegen verwahren, »daß auf diese Weise Verwirrung in das Volk getragen werde« [288]. Nur mit

»brutalem Realismus«[289] werde man in Deutschland weiterkommen können. Auf der Tagung des Evangelischen Arbeitskreises der CDU in Siegen am 16. März 1952[290] erklärten die Teilnehmer, daß ein anderer Weg als der Adenauers »heute nicht möglich ist. Unmöglich ist insbesondere jede Form einer Neutralisierung«. Die Frage, ob durch einen »deutschen Verteidigungsbeitrag die unheilvolle Trennung Deutschlands noch verstärkt« werde, wurde »mit Nein beantwortet«[291]. Die Vermengung von politischen und Glaubensentscheidungen wies man entschieden zurück.[292]

Auch vom katholischen Flügel der Union wurde nicht an drastischen Worten, Spott und Unterstellungen gespart. Der Fraktionsvorsitzende der CDU, von Brentano, fragte polemisch, wer im deutschen Volk »abgesehen von ein paar Verbrechern und Hasardeuren« überhaupt bereit sei, einer Vereinigung wie der Notgemeinschaft beizutreten. Heinemann und Wessel seien in seinen Augen nichts mehr als »Wanderredner mit Anmaßung«[293]. Franz Josef Strauß[294] bezeichnete die beiden bei einer Debatte im Bundestag als »ein Reiseteam peripatetischer Politiker«[295] und Kurt Georg Kiesinger warf Heinemann vor, er sei nichts weiter als ein ›Profiteur der Angst‹[296], dessen Politik der Blockfreiheit zum »Untergang« der Bundesrepublik führen werde.[297] Gerhard Ritter[298], ein der CDU nahestehender Historiker, befürchtete sogar, daß die Notgemeinschaft zu einer »Feuersbrunst« werden könne, die die Zukunft Deutschlands zerstöre.[299] Selbst Heinemanns ehemaliger politischer Weggefährte Kaiser, der zunächst noch dafür plädierte, daß die CDU die Differenzen mit Heinemann beilegen sollte, da sich dieser lediglich »politisch verrannt«[300] habe, forderte nun, man müsse endlich »Heinemann und Frau Wessel das Wasser abgraben.«[301]

Nachdem die Parteispitze Heinemann schließlich sogar untersagte, auf öffentlichen Veranstaltungen zur Deutschland- bzw. zur Sicherheitsfrage zu sprechen,[302] schien es nur noch eine Frage der Zeit zu sein, bis ein Parteiausschlußverfahren gegen den ehemaligen Innenminister angestrebt werden würde. Tatsächlich beriet bereits der Landesparteitag der CDU in Velbert Ende November 1951 in einer Satzungsdiskussion über die Möglichkeit, auch ›persönlich sehr ehrenhafte CDU-Mitglieder‹ auszuschließen, wenn ihr Verbleib in der Partei aus politischen Gründen untragbar sei. Während der Diskussion wurden zwar bewußt keine Namen genannt; einige Delegierte bestätigten jedoch gegenüber Pressevertretern, daß man hierbei »unter Umständen an den ehemaligen Bundesinnenminister Dr. Heinemann denke.«[303] Doch auch wenn im Januar 1952 sowohl die ›Welt‹ als auch der ›Tagesspiegel‹ unter Berufung auf CDU-Abgeordnete vermeldeten, daß ein einberufener Parteiausschuß unter Vorsitz des Bundeskanzlers über den Ausschluß Heinemanns aus der Union beraten würde,[304] kam es letztlich zu keinem Parteiausschlußverfahren.

Trotz des inquisitorischen Vorgehens der CDU gegen seine Person lehnte Heinemann die Umformung der Notgemeinschaft in eine politische Partei, wie dies von einigen Ortsgruppen in Erwägung gezogen wurde,[305] zunächst noch immer ab. Er erhoffte sich von einer außerparlamentarischen und überparteilichen Gruppierung wie der Notgemeinschaft größeren politischen Spielraum bzw. größere Kreativität und Flexibilität bei der Durchsetzung ihrer Ziele. Zwar brauchte die Notgemeinschaft Verbündete in den etablierten Parteien; Heinemann betonte aber, daß sie »zu keiner Partei besondere Bindungen eingehen« oder etwa »die Bildung einer neuen Partei ins Auge fassen«[306] sollte. Nach wie vor erhoffte er sich, als Parteimitglied von ›innen heraus‹ den Widerstand gegen die Regierungspolitik mobilisieren zu können. Doch trotz seines Bekenntnisses zur Union schienen die politischen Differenzen zwischen Heinemann und der CDU auf Dauer unüberbrückbar. Während die CDU Heinemanns fortgesetzte deutschlandpolitische Angriffe gegen die Regierung bzw. den politischen ›Flirt‹ der Notgemeinschaft mit der SPD mit großem Unmut aufnahm, kritisierte Heinemann an der CDU vor allem, daß sie sich immer weiter von ihrer eigentlichen Ausgangsposition entfernte. Dies betraf in Heinemanns Augen nicht nur die Friedens- und Deutschlandpolitik, sondern auch wirtschaftspolitische Entscheidungen. Zwar trat Heinemann ebenso wie die CDU für ein liberales marktwirtschaftliches System[307] ein, in der Abkehr der Union vom ›Ahlener Programm‹ erkannte er jedoch einen großen wirtschafts- und sozialpolitischen Fehler.

Für einen ebenso großen Fehler hielt Heinemann die immer deutlicher zu Tage tretende Tendenz in der Union, aus dem christlichen Bekenntnis der Partei eine zwingende und notwendige Zustimmung zur Regierungspolitik Adenauers herzuleiten. Exemplarisch hierfür sei eine Stellungnahme in der CSU-Korrespondenz vom 23. September 1952. Dort heißt es: »Die Frage der westlichen Verteidigung ist über alle taktischen Alltagsüberlegungen hinaus zu einer echten Grundsatzfrage christlicher Gesinnung geworden. Die Grundsatzfrage duldet auf keinen Fall ein privates Lavieren, sondern erfordert für einen christlichen Politiker ein eindeutiges Bekenntnis. Das Verlassen des gemeinsamen Kurses in einem entscheidungsvollen Augenblick kommt einem Verrat an der gemeinsamen Sache gleich.«[308] Eine solche Argumentation hielt Heinemann für absolut unzulässig, da sie eine Instrumentalisierung des ›C‹ im Parteinamen für politische Zwecke bedeute.

Heinemann kritisierte, die Partei verrate genau das, »was einmal am Anfang der CDU-Politik stand, nämlich ein politisches Handeln aus persönlicher christlicher Gewissensentscheidung.« Die CDU-Führung habe es geschafft, daß die »Politik aus christlicher Gewissensbindung und persönlicher Gewissensentscheidung in eine Blockpolitik der ›christlichen Sache‹ nach dem jeweiligen Verständnis der herrschenden Person oder Gruppe umgefälscht«[309] wurde. An die Stelle der Freiheit zum politischen Handeln aus christlicher Gewissensentscheidung des Einzelnen sei in steigendem Maße der »Zwang unter eine Einheitsmeinung« getreten, »in der die Unterstützung der Politik des Bundeskanzlers zum entscheidenden Maßstab der Christlichkeit erhoben wird«[310]. Immer wieder hielt Heinemann der CDU vor, sie habe die »Plattform zum gemeinsamen Handeln katholischer und evangelischer Christen in ein Propagandainstrument einer autokratischen Führung« verfälscht, »deren politische Entscheidungen den christlichen Wählern durch ein christliches Einheitsgeschrei über den Kopf gestülpt werden«[311]. Heinemann machte deutlich, wie sehr er die Ideale für verraten hielt, wegen derer er sich an der Gründung der Union beteiligt hatte: »Als die Christlich-Demokratische Union 1945 nach dem Zusammenbruch des Hitler-Wahnes entstand, war ihr Anliegen, auch und gerade im politischen Felde eine Umkehr zu Gott und eine Hinkehr zum Nächsten zu bereiten. [...] Nichts lag dieser CDU zu Beginn ihrer Arbeit ferner, als wieder eine ›christliche Front‹ entstehen zu lassen oder nur eine Einheitsmeinung als die allein christliche gelten zu lassen. Nun aber ist solches wieder in vollem Gange.«[312]

Erst die Aushöhlung der christlichen Basis der Partei zugunsten tagespolitischer Entscheidungen ließ Heinemann mit dem Programm der CDU brechen. Ohne die Verfälschung des »Christentums in ein politisches Zweckinstrument«[313] hätte Heinemann, »da er überhaupt kein eigentlicher Parteipolitiker war«, wie Lindemann richtigerweise anführt, vermutlich »noch längere Zeit als passives Mitglied in der CDU ausgeharrt«.[314] Daß schließlich aber auch noch sein eigener Kreisverband in Essen eine Kandidatur Heinemanns für die Kommunalwahlen im November 1952 davon abhängig machte, daß er »während der Zeit des Wahlkampfes in keinem Ort von Nordrhein-Westfalen die Außenpolitik des Bundeskanzlers kritisierend behandeln [dürfe] und zwar auch nicht auf Veranstaltungen, die mit der CDU oder der Kommunalwahl nichts zu tun haben, so etwa auf Veranstaltungen der Notgemeinschaft«[315], war für Heinemann schließlich und endlich ausschlaggebend, seine Mitgliedschaft aufzukündigen.[316] Immerhin, so betonte er, habe er sein »Amt in Bonn nicht aufgegeben, um nunmehr wegen des Essener Stadtverordneten-Mandats [...] zu schweigen. Das kann ich gewissensmäßig keinesfalls tun. So ist denn also mein Verhältnis zur CDU durch diesen Vorgang ein überaus lockeres geworden, was mich als Mitbegründer der Essener CDU und Vorstandsmitglied von 1945 an sehr betrübt«[317]. Gegenüber dem Essener Kreisvorsitzenden kündigte er an, daß er, nachdem die CDU ihm »nicht einmal mehr auf kommunaler Ebene eine Wirkungsmöglichkeit ohne Ansehung« seiner »außenpolitischen Haltung einräumen zu können« glaube, »daraus seine Folgerungen zu ziehen« habe.[318]

Zudem sorgte das offensichtliche Verschleppen eines Termins für eine Aussprache mit dem Bundeskanzler für eine zusätzliche Verstimmung. Über zwei Monate blieben alle Versuche fruchtlos, eine endgültige Unterredung mit Adenauer zu vereinbaren: »Mit Herrn Dr. Ehlers und Herrn Minister Kaiser haben Gespräche stattgefunden, denen zufolge eine Unterredung zwischen dem Herrn Bundeskanzler und mir zustande gebracht werden sollte, und zwar schon im September. Auch daraufhin ist bisher nichts geschehen. Ich habe nicht den Eindruck, daß es noch etwas werden wird. Es wird für mich in der CDU schwerlich noch eine politische Heimat bleiben.«[319]

Die vergeblichen Vermittlungsversuche führender CDU-Politiker offenbarten in Heinemanns Augen zusätzlich, wie machtvollkommen der Autokrat Adenauer die Partei führte: »Ist das nicht einfach eine Misere, daß kein Mensch in der ganzen CDU, weder Sie [Simpfendörfer] noch Dr. Ehlers, Kaiser, Arnold, Kiesinger, Toussaint[320] und was weiß ich, wer sonst noch möchte, etwas zustandebringt, wenn Dr. Adenauer nicht will?«[321] »Trotz viel gutgemeinten Aufbegehrens« hätte niemand in der CDU etwas getan, »um eine andere Lösung als eine Trennung zu ermöglichen«. Heinemann verwies darauf, daß seine Beteiligung an Erörterungen über eine neue Partei einer Zwangsläufigkeit folge, denen das Ausbleiben einer »verbindlichen Klärung« zu Grunde liege. Letztendlich halte Heinemann es nicht mehr für möglich, sich durch diese »grundsätzliche Differenz noch einen Einfluß in der Partei und durch die Partei zu verschaffen.«

Am 9. November 1952 sandte Heinemann schließlich ein Schreiben an den Vorsitzenden des Kreisparteivorstandes der CDU-Essen ab,[322] in dem er seinen Austritt aus der CDU erklärte.[323] Heinemann erklärte darin, daß er durchaus auf das stolz sei, »was in Essen unter wesentlicher Mitwirkung der CDU geleistet worden ist. Um deswillen und im Hinblick auf manche persönliche Verbundenheit« falle es ihm schwer, sich zu trennen. Allerdings, so hob Heinemann hervor, hätten sich seine Bedenken »gegen die Außenpolitik des Bundeskanzlers und der ihm darin folgenden Gesamtpartei ständig verstärkt. Die daraus erwachsene Differenz hat sich verfestigt.« In Heinemanns Augen bestand unter diesen Bedingungen keine Möglichkeit mehr, seine »Auffassung in der CDU und durch die CDU zur Auswirkung zu bringen«. Um der Sache willen müsse er dafür andere Wege einschlagen. Letztlich wünschte sich Heinemann »in guter Weise voneinander zu scheiden« und »dessen eingedenk bleiben, daß es um die letzten Verantwortungen« ginge, »in denen niemand den anderen richten könne.« Letztlich beendete Heinemann mit diesem Schritt die Entwicklung, die in der Aachener Tageszeitung bereits im Februar 1952 beschrieben wurde: die Wandlung »vom christlichen Demokraten zum demokratischen Christen«[324].

5. »Politischer Alleingänger« Das Verhältnis zu den anderen Parteien

Auch wenn Heinemann trotz der zahlreichen Anfeindungen aus den eigenen Reihen lange Zeit einen Parteiwechsel bzw. ein Austritt aus der CDU ausschloß, so bemühte er sich doch schon früh, schlagfertige Bündnisse gegen Adenauers Regierungspolitik zu schmieden. Neben Einzelpersönlichkeiten hoffte Heinemann vor allem bei anderen Parteien und kleineren außerparlamentarischen Friedensbewegungen Bündnispartner zu finden. Dies wiederum brachte die Union auf, die Heinemann wegen seines unverhohlenen parteiübergreifenden Werbens um Unterstützung im Kampf gegen die Regierungspolitik politischen Verrat vorwarf.

Auch aus den Reihen der FDP, dem Koalitionspartner der Union, regte sich Kritik an Heinemanns permanentem Störfeuer gegen Adenauers Aufrüstungspolitik. Nach Meinung der FDP, die den wehrpolitischen Kurs des Kanzlers grundsätzlich unterstützte,[325] führte Heinemann einen persönlichen Rachefeldzug gegen Adenauer und die CDU. Wie zunächst nur von Unionspolitikern wurde Heinemann bald auch von Mitgliedern der FDP harsch attackiert und nicht selten grob beschimpft. So bezeichnete der FDP-Abgeordnete Heinrich Fassbender[326] Heinemann gar als »verblödeten bürgerlichen Intellektuellen«[327]. Im Mai 1952 erklärte der Hauptausschuß der Partei sogar eine gleichzeitige Mitgliedschaft in der FDP und in der Notgemeinschaft oder einer anderen neutralistischen Gruppierung für unvereinbar.[328] Unterstützung aus den Reihen der Liberalen konnte Heinemann folglich nicht erwarten. In seinen Augen konnte die FDP überhaupt »keine politische Heimat für den evangelischen Wähler« sein.[329]

Mehr als von der FDP erhoffte sich Heinemann jedoch Rückendeckung von der größten Oppositionspartei im Bundestag, der SPD. Heinemann warb offen um die Unterstützung der Sozialdemokraten, obwohl er sie programmatisch nicht für eine wirkliche politische Alternative hielt. Heinemann hielt der Sozialdemokratie vor, noch immer in einer »geistigen Rückständigkeit«[330] gefangen und ähnlich wie die

FDP nicht in der Lage zu sein, Christen eine politische Heimat zu bieten. Heinemann war davon überzeugt, daß die SPD im Banne »sogenannter Aufklärung und materialistischer Geschichtsauffassung« verharrte und für sie »Kirche gleich Besatzungsmacht«[331] sei. Neben der »noch völlig unausgetragenen Differenz über das Verhältnis der SPD zur Kirche«[332] warf er den Sozialdemokraten aber ebenso vor, noch immer an ihrer veralteten Klassenkampfideologie und den damit verbundenen »Ideen der Planwirtschaft«[333] festzuhalten. Als »Vertreter der Marktwirtschaft«[334] lehnte er den »Staatskult«[335] in Wirtschaftsfragen, wie ihn seiner Ansicht nach die Sozialdemokraten betrieben, als verhängnisvoll ab. Darüber hinaus bestanden trotz der gemeinsamen Ablehnung der Adenauerschen Linie durchaus auch in außen- und sicherheitspolitischen Fragen Differenzen. Ein direkter Zusammenhang zwischen Wiederbewaffnung und der vertiefenden Spaltung des Landes, wie ihn Heinemann propagierte, war für den SPD-Vorsitzenden Schumacher keineswegs offensichtlich.

Dennoch gab es aus den Reihen der SPD auch zustimmende Worte für Heinemanns deutschlandpolitisches Konzept. Sowohl Erich Ollenhauer als auch Carlo Schmid[336] äußerten wiederholt, daß sich Heinemanns Ansichten »weitgehend«[337] mit denen der SPD deckten. Ähnlich wie Heinemann trat auch die SPD für rasche Konsultationen mit der Sowjetunion ein und lehnte als Konsequenz daraus den Deutschlandvertrag ab. Ähnlich wie Heinemann versuchte Schumacher die ›Scheinsouveränität‹ der Bundesrepublik zu entlarven und forderte, möglichst schnell Viermächtegespräche über ein souveränes Gesamtdeutschland anzuberaumen.[338] Ebenso bestand eine deutliche Übereinstimmung bei der Bereitschaft zur gründlichen Prüfung des Grotewohl-Vorstoßes im September 1951, der die Errichtung einer beratenden Versammlung von Vertretern beider deutscher Staaten vorsah. Daneben bestand eine Gemeinsamkeit in der Ablehnung der Westverträge, die sowohl nach Meinung der SPD als auch der Notgemeinschaft die Teilung Deutschlands und der Welt verfestigen würden.

Nicht zuletzt aufgrund dieser programmatischen Übereinstimmungen wagte Heinemann, wenn auch zunächst mit einer gewissen »Verhaltenheit«[339], eine Annäherung an die SPD. Bereits vor der Gründung der Notgemeinschaft nahm Heinemann Kontakt zu Schumacher auf und erläuterte ihm in einem vertraulichen Gespräch seine politischen Pläne und Ziele.[340] Schließlich bat Heinemann den SPD-Vorsitzenden, die Notgemeinschaft durch »Parteipresse und dergl[eichen].« zu unterstützen, um ein Volksbegehren in Nordrhein-Westfalen zu ermöglichen. Alle seien sich im Klaren darüber, daß eine solche Aktion nicht von der Notgemeinschaft alleine erfolgreich geleistet werden könne. Vielmehr sei dies »nur mit einem ansehnlichen publizistischen Apparat«[341] – wie eben jenem der SPD – zu schaffen.

Trotz der ähnlichen deutschlandpolitischen Vorstellungen kam für Schumacher eine Kooperation mit Heinemann bzw. der Notgemeinschaft nicht in Frage. Zu sehr stand die Notgemeinschaft in dem Ruf, von Kommunisten unterwandert und von der Sowjetunion gelenkt und finanziert zu sein. Handschriftlich notierte Schumacher auf der Rückseite von Heinemanns Brief: »Wenn neben d[er] SPD auch andere Faktoren sich gegen die Politik d[er] bedingungslosen Aufrüstung wenden, ist das zu begrüßen. Immer unter d[er] Voraussetzung, daß keine Situationen und Stimmungen entstehen, die der totalitären Seite nützen könnten. [...] Im Kampf wird Ihnen [der Notgemeinschaft; J.T.] praktisch die Abgrenzung gegenüber KP [Kommunistische Partei] nicht möglich sein.«[342] Über den Versuch, Sozialdemokraten für die Notgemeinschaft zu gewinnen, schrieb Werner Koch im November 1951 an Heinemann resignierend: »Bei allen Leuten der SPD scheint das Ressentiment gegen die feindlichen Brüder stärker zu sein als die Vernunft und gute Tradition.«[343] Auch Heinemanns und Wessels wiederholte Beteuerungen, daß eine kommunistische Unterwanderung der Notgemeinschaft nicht möglich sei, da sie satzungstechnisch[344] auf zehn Mitglieder begrenzt sei, um »von vornherein der Gefahr jedweder Infiltration vorzubeugen«[345], änderten nichts an der grundsätzlichen Ablehnung der SPD.

Ungeachtet der negativen Antwort des SPD-Parteivorsitzenden unternahm Heinemann einen weiteren Anlauf, um die Sozialdemokraten als Bündnisgenossen zu gewinnen. In einem Brief warb Heinemann bei dem stellvertretenden SPD-Vorsitzenden Erich Ollenhauer um Unterstützung für die Notgemeinschaft. Heinemann bat Ollenhauer darum, »eine Mitwirkung Ihrer Partei an der einen oder anderen Art einer breiten Mobilisierung öffentlicher Meinung zu erwägen.«[346] Zu diesem Zeitpunkt glaubte jedoch Heinemann selber nicht mehr an eine Bereitschaft der SPD zur Kooperation mit der Notgemeinschaft. Schon einen Tag nach seinem Brief an Ollenhauer schrieb er an Niemöller: »Von [...] Herrn Ollenhauer liest man aufrüstungsfreundliche Äußerungen in der Presse. [...] Der Eindruck, daß es der SPD in Wahrheit von Anfang an nicht um den Widerstand gegen westdeutsche Aufrüstung, sondern um Machtergreifung in der Bundesrepublik gegangen sei, ist ja nachgerade stark genug und weit verbreitet.«[347]

Wie von Heinemann vermutet, fiel die Antwort Ollenhauers negativ aus.[348] Ollenhauer erschienen die von Heinemann vorgeschlagenen Aktionen, »der Politik der bedingungslosen Aufrüstung wirkungsvoll entgegenzutreten«, als ungeeignet. Zwar sei die SPD der Auffassung, daß die Voraussetzungen für einen Verteidigungsbeitrag nicht gegeben seien, allerdings müsse davor gewarnt werden, »die Situationen und Strömungen zu fördern, die der totalitären Seite nützen würden.«[349] Gerade die Arbeit der Notgemeinschaft führe dazu, daß eine Abgrenzung gegenüber den Kommunisten nicht mehr möglich sei. Infolgedessen müsse die Notgemeinschaft, wenn sie auf ihren Aktionen bestehe, der Überfremdung zum Opfer fallen. Aus diesen Erwägungen heraus sah Ollenhauer keine Möglichkeit, die Pläne Heinemanns und Wessels von Seiten der SPD zu unterstützen.[350]

Kurze Zeit nach dem Briefwechsel zwischen Ollenhauer und Heinemann erging nach einer Debatte in der Bundestagsfraktion[351] eine Empfehlung des SPD-Parteivorstandes an alle Bezirkssekretäre, Landtags- und Bundestagsabgeordnete, sich nicht an Aktionen der Notgemeinschaft zu beteiligen.[352] Nur wenig später erfolgte sogar ein Unvereinbarkeitsbeschluß der SPD-Führung, der eine gleichzeitige Mitgliedschaft in der SPD und der Notgemeinschaft verbot.[353]

Obschon Heinemann bemüht war, sich in allen Belangen von kommunistischen und extremistischen Gruppen, bzw. von solchen, die in dem Ruf standen, kommunistisch beeinflußt zu sein, wie z.B. Noacks Nauheimer Kreis[354], zu distanzieren, gelang es nicht, die Ressentiments der Sozialdemokraten abzubauen. Daneben erblickte die SPD vor allem im Demokratieverständnis der Notgemeinschaft Konfliktpotential. Während für die SPD Parteienpartizipation und Parlamentarismus entscheidend für das Funktionieren einer Demokratie waren, wollte die Notgemeinschaft ihre Ziele als überparteiliche und außerparlamentarische Bewegung erreichen.[355] Durch die distanzierte Haltung der SPD wurde Heinemann schließlich auch seines letzten und wichtigsten potentiellen Bündnispartners beraubt. In der CDU politisch isoliert, von der FDP verspottet und von der SPD gemieden war Heinemann schließlich zu einem »politischen Alleingänger«[356] geworden.

SECHSTES KAPITEL

»Fähnlein der Aufrechten«

HEINEMANN UND DIE GVP 1952-1957

Da der Notgemeinschaft mit der politischen »Unperson«[1] Gustav Heinemann an ihrer Spitze die notwendige Unterstützung anderer Oppositionsparteien bzw. unzufriedener Unionspolitiker weitestgehend versagt blieb, blieben auch Heinemanns eigene politische Wirkungsmöglichkeiten begrenzt. So mußte er im März 1952 machtlos mit ansehen, daß Adenauer und die Westmächte die sogenannte ›Stalin-Note‹[2] ungeprüft als Störfeuer aus Moskau abtaten.[3] In Heinemanns Augen verspielte die Bundesregierung durch die vorzeitige Ablehnung des sowjetischen Angebots die einmalige Chance, die Wiedervereinigung Deutschlands auf friedlichem Wege zu erreichen. Den westlichen Alliierten, die Stalins Angebot jegliche Ernsthaftigkeit absprachen, warf Heinemann ebenso wie dem Bundeskanzler vor, sie seien überhaupt nicht an der Verwirklichung der »Wiedervereinigung Deutschlands« interessiert. Vielmehr habe man es auf eine Verschärfung der Situation und zusätzliche »westdeutsche Rekruten« abgesehen.[4] Für Heinemann stand außer Frage, daß mit Rußland verhandelt werden müsse, da es nun einmal tief im Herzen Deutschlands stünde.[5]

Auch die Ratifizierung des Deutschlandvertrages am 26. Mai 1952[6] konnte die Notgemeinschaft nicht verhindern. Heinemann und seine Mitstreiter mußten sich damit abfinden, daß der deutschlandpolitische *status quo* durch den Generalvertrag zwischen der Bundesrepublik und den Westmächten endgültig festschrieben wurde. Als schließlich auch der EVG-Vertrag[7], der letztlich die deutsche Wiederbewaffnung völkerrechtlich legitimieren sollte, unterzeichnet wurde, mußte sich die Notgemeinschaft eingestehen, daß sie politisch folgen- und erfolglos geblieben war.

Nicht zuletzt in Hinblick auf die Bundestagswahlen, die bereits im nächsten Jahr anstanden, galt es für den Protest gegen die ›Politik der starken Faust‹ eine geeignetere politische Aktionsform zu finden. Ohne parlamentarische Repräsentanz – das wurde zunehmend allen in der Notgemeinschaft deutlich – blieb den Kritikern an Adenauers Wiederbewaffnungspolitik nur ein Zuschauerplatz übrig. Wollte man tatsächlich eine Wende in der Deutschlandpolitik der Bundesrepublik herbeiführen, war der Regierungswechsel unumgänglich. Eine außerparlamentarische Bewegung in der Organisationsform der Notgemeinschaft konnte dies offensichtlich jedoch nicht erreichen. Da letztlich ein Wechsel zu einer der etablierten Parteien für Heinemann und seine Mitstreiter aber nicht in Frage kam, blieb als letzte denkbare Möglichkeit nur die Überführung der Notgemeinschaft in eine politische Partei. Auch wenn Heinemann noch wenige Wochen vor seinem Austritt aus der CDU Ende Oktober 1952 die Gründung einer eigenen Partei offiziell ausgeschlossen hatte, so liefen die Planungen und Vorbereitung für die Proklamation der neuen Partei in Wirklichkeit bereits auf Hochtouren.

1. »Der Aufbruch des neuen politischen Wollens« Die Gründung der GVP

Erste Überlegungen, die Notgemeinschaft in eine politische Partei umzuwandeln und damit »von außerparlamentarischen Bemühungen zur parlamentarischen Wirksamkeit zu gelangen«,[8] hatte es bereits im Frühjahr 1952 gegeben.[9] Auch im Führungszirkel der Notgemeinschaft diskutierte man schon früh darüber, ob es nicht geeignetere Aktionsformen geben könne, um den Widerstand gegen Adenauers Politik in die Bevölkerung zu tragen. Innerhalb des Vorstandes der Notgemeinschaft war es vor allem der Heinemann-Vertraute und ehemalige CSVD-Politiker Adolf Scheu, der auf eine baldige Umwandlung der Bewegung in eine politische Partei drängte. Seines Erachtens ließen sich die politischen Ziele der Notgemeinschaft schlichtweg besser in der Organisationsform einer politischen Partei verfolgen.[10] Scheu glaubte schon seit dem Sommer 1952 nicht mehr an die Wirksamkeit der Strategie der Friedensinitiative, wonach durch gezielte Aktionen, Petitionen und öffentlichen Druck der Fraktionszwang im Bundestag aufgelockert und die Ratifizierung der Westverträge verhindert werden könne.[11]

Nach Absprache mit Heinemann und Wessel[12] wandte sich der Industrieberater Scheu im Juli 1952 mit einem vertraulichen Rundschreiben an etwa achtzig Persönlichkeiten aus dem politischen Umfeld der Notgemeinschaft.[13] Scheu regte darin unter der Überschrift »Notwendigkeit einer neuen politischen Kraft in Deutschland« die Gründung einer Partei an. Es genüge aber nicht, so Scheu, »eine neue Partei zu gründen um der Partei willen. Wir brauchen eine auf breitesten Schichten des deutschen Volkes ruhende politische Kraft, die eine neue Atmosphäre in die Politik hineinträgt und mit klaren, realen Vorstellungen (auch in Bonn) wirksam wird.« Nach »Rücksprache mit meinen politischen Freunden« bat Scheu die Angeschriebenen, »Gedanken« und »Vorschläge« für ein zukünftiges Manifest der neuen Partei schriftlich niederzulegen. Sie sollten eine Diskussionsgrundlage darstellen, um zu einem späteren Zeitpunkt in konkretere Verhandlungen eintreten zu können.

Zu solch konkreteren Gesprächen sollte es schließlich am 18. und 19. Oktober 1952 im ›Haus der Begegnung‹ in Mülheim an der Ruhr kommen. Scheu hatte, nachdem sein erstes Rundschrieben eine zum größten Teil positive Resonanz erfahren hatte, wiederum etwa sechzig Persönlichkeiten für ein erstes, sondierendes Treffen eingeladen. Zur Bedingung für die Veranstaltung machte Scheu allerdings, daß die Versammlung einen »vertraulichen Charakter« haben müsse. Auch wenn in Mülheim nichts Grundlegendes entschieden werden würde, dürfe nichts von dem, was verhandelt wurde, nach außen dringen. Ebenso großen Wert legte Scheu darauf, daß es sich bei dem Treffen nicht um eine Veranstaltung der Notgemeinschaft handele, sondern »um eine Tagung von Menschen, die im Sinne der Notgemeinschaft einig sind, und die eine erste Fühlungnahme haben wollen«. Zwar trage diese erste Tagung noch nicht die Möglichkeit zu dem »konkreten, klaren Schritt« der Parteigründung in sich, allerdings stelle er allerorts die zunehmende Bereitschaft fest, »aus den Fronten der Parteien auszubrechen. Ich kann sagen, daß viele Männer und Frauen in Bonn einfach darauf warten, daß sich eine neue Kraft gestaltet. So bald eine neue Heimat da ist, werden sie ganz andere Konsequenzen siehen [sic!], als man es jetzt sieht. Es ist die wachsende Bereitschaft da, Parteifesseln aller Art zu sprengen.«[14]

Heinemann war zunächst mit starken Vorbehalten nach Mülheim gekommen. Er hatte sich noch immer nicht grundsätzlich für die Gründung einer neuen Partei entschieden. Scheu hatte ihm im Vorfeld versichern müssen, daß »sein Kommen [...] besonders unverbindlich sei und er zu nichts verpflichtet werden würde.« Tatsächlich hatte man Heinemann allerdings »längst als Boss auserkoren«[15], was auch im Verlauf der Tagung immer deutlicher zu Tage treten sollte. Durch die Eigendynamik der Tagung in einen gewissen »Handlungszwang« geraten[16], ließ sich Heinemann zunehmend von der Notwendigkeit einer Parteigründung überzeugen.[17]

Als erstes Ergebnis der Gespräche stellte Scheu fest: »Durch die Zusammenkunft ist [...] erreicht worden, daß das Gremium sich darüber klar ist, daß mit aller Kraft die Vorbereitung zur Gründung einer Partei getroffen werden muß.«[18] Eine anschließende Abstimmung bestätigte Scheus Einschätzung. Bis auf vier Teilnehmer sprachen sich alle Anwesenden für die zeitnahe Gründung einer neuen Partei aus.[19] Auch Heinemann befürwortete jetzt eine Gründung. Er stimmte Wessel zu, daß mittlerweile der Zeitpunkt gekommen sei, wo man Adenauer nicht mehr »aus dem vorpolitischen Raum heraus«[20] imponieren könne. Allerdings schwebte Heinemann zu diesem Zeitpunkt nur eine Art »Notstandspartei« vor, die sich der Öffentlichkeit mit einem zeitlich und thematisch beschränkten »4-Jahres-Programm« präsentieren solle. Dieser »Verband von Unabhängigen« sollte eben nicht zu einer von vielen Parteien werden, sondern sich auch durch die Organisationsstruktur als eine wirkliche Alternative zu den etablierten Parteiblöcken darstellen können. Wichtig sei es daher vor allem, daß man bewußt auf ein Parteiprogramm verzichte und den Fraktionszwang der anderen Parteien entschieden ablehne.[21]

In der folgenden Diskussion formulierte Heinemann sechs Punkte, die seines Erachtens bei der Parteigründung dringend berücksichtigt werden müßten. Erstens müsse man darauf achten, daß auch die junge Generation in der neuen Partei berücksichtigt werde. Es gelte: »Jugend mit in die Front.« Zweitens habe man dafür Sorge zu tragen, daß die Parteimitglieder in allen politischen Fragen aus ihrer freien Gewissensentscheidung handeln könnten. Es dürfe daher keinen Fraktionszwang und keine »weltanschauliche Zementierung« geben. Drittens sei zu verhindern, daß die zu gründende Partei zu einer reinen Interessensvertretung verkomme. Viertens müsse sich die Partei zu einer dritten Kraft außerhalb der SPD und außerhalb des außenpolitischen Kurses der Bundesregierung entwickeln können. Fünftens sei deutlich zu machen, wofür die Partei eintritt: »Ablehnung der Ost-West-Gebundenheit, Ausklammerung aus der Inanspruchnahme der beiden Weltmächte. Wiedervereinigung, Bereitschaft zur Partnerschaft nach Ost und West (Friedensvertrag)«. Und sechstens und letztens müsse all dies in einem »4-Jahres-Programm für die Bundesebene« festgeschrieben werden.

Nachdem eine Debatte über einen möglichen Namen der Partei zunächst ergebnislos blieb, wählte die Versammlung insgesamt vier Kommissionen, die sich unter der Leitung Heinemanns mit der »weiteren Durchdenkung der Dinge« und »Verhandlungen mit anderen Gruppen«, unter der Leitung des CSU-Politikers Hans Bodensteiner[22] mit dem Programm bzw. dem Manifest, unter der Leitung Possers[23] mit der Finanzierung und unter der Leitung von Helene Wessel mit der Organisationsstruktur der Partei, beschäftigen sollten.[24]

Da zu erwarten war, daß »das Zusammensein sowieso in Bonn bekannt«[25] werde, diktierte Heinemann eine kurze Pressenotiz: »Am 18./19.10. in Mülheim/Ruhr sind etwa 60 Männer und Frauen aus dem Bundesgebiet und Westberlin zu einer Aussprache über eine gemeinsame politische Aktion und zur Beratung künftiger Aufgaben in Hinblick auf die zur Ratifizierung stehenden Westverträge zusammengekommen. Es nahmen Mitglieder der SPD, CDU/CSU, FDP, darunter Bundestags-Abgeordnete, sowie der Notgemeinschaft für den Frieden Europas, der Friedensgesellschaften, der Sammlungsbewegung der Kriegsgeneration, der jungkatholischen Opposition und anderer Gruppen teil. Die Versammelten waren sich über die weiter zu unternehmenden Schritte einig. Die Fühlungnahme wird fortgesetzt und auf weitere Gruppen ausgedehnt.«[26] Bewußt wurde es vermieden »ausdrücklich zu sagen, worin die Einmütigkeit bestanden hat.«[27]

»Intern« war man in Mülheim zu dem Schluß gekommen, daß sich »die Proklamation der Partei um den 1. Dezember [...] vollziehen wird, es sei denn, daß die Bonner Situation etwas anderes erheischt.« Der 1. Dezember war jedoch zunächst einmal die »unter Vorbehalt stehende Absicht.«[28] Tatsächlich konnte Adolf Scheu bereits drei Wochen später in einem erneuten Rundschreiben »an die Damen und Herren, die an der Tagung in Mülheim [...] teilgenommen haben, sowie an weitere interessierte Persönlichkeiten« ankündigen, daß die »berechtigte Hoffnung« bestünde, »daß die Proklamation der Partei am 30. November erfolgen kann.«[29] Wenig später folgte das offizielle Einladungsschreiben. Scheu bat alle Interessierten für den 29./30. November zur Parteigründung nach Frankfurt a.M. ca. 120 Männer und 20 Frauen folgten der Einladung und kamen in dem Frankfurter Vorstadtlokal ›Feste Burg‹ zusammen.[30]

Schon wenige Tage vor der eigentlichen Gründungsversammlung wurde in zahlreichen Tageszeitungen über die Entstehung einer neuen Partei spekuliert.[31] Helene Wessel ließ in diesem Zusammenhang gegenüber einigen Journalisten sogar schon einen möglichen Parteinamen fallen: »Gesamtdeutsche Volkspartei«.[32] Die eigentliche Gründungsversammlung stieß dann auch erwartungsgemäß auf reges Interesse in der bundesdeutschen Presselandschaft. Das Leitungsgremium entschied sich jedoch, den Veranstaltungsort hermetisch abzuriegeln und »bei verschlossenen Türen«[33] zu tagen. Nur geladenen Gästen wurde Einlaß gewährt. Der Veranstaltungssaal, angrenzende Räume und sogar die Toiletten wurden nach Abhöreinrichtungen und »verborgenen Lauschern«[34] durchsucht. Kurz vor Veranstaltungsbeginn wurde schließlich noch einmal durch das Verlesen der Einladungsliste kontrolliert, ob sich nicht doch Unbefugte Zugang verschafft haben könnten. Tatsächlich stellte sich heraus, »daß zwei Personen im Saal ohne Einladung erschienen sind und durch niemanden legitimiert werden können. Sie werden zum Verlassen des Saales aufgefordert und gehen fort.«[35] Das Mißtrauen und die scheinbar übertriebenen Vorsichtsmaßnahmen hatten, wie sich später herausstellen sollte, durchaus ihre Berechtigung. Offenkundig hatte der Verfassungsschutz Interesse an der Veranstaltung und hatte einige Spitzel zur Überwachung der Gründungsversammlung entsandt.[36]

Nachdem Adolf Scheu zum Versammlungsleiter gewählt und ein erster Entwurf eines ›Parteiprogramms‹ verteilt worden war, stieg man in die Debatte um den künftigen Parteinamen ein. Zuvorderst erörterte die Versammlung, worum es sich bei der zu schaffenden Organisation handeln solle. Gehe es um eine »›Partei‹« oder doch vielmehr um eine »Aktion, Bewegung, Block, Bund, Föderation, Gemeinschaft, Notgemeinschaft, Sammlung, Sammlungsbewegung, Union, Vereinigung.«[37] Heinemann sprach sich in der Diskussion für den Begriff der ›Partei‹ aus. Er sei zum einen »sachlich richtig« und zum anderen werde er »wahlgesetzlich vielleicht eines Tages notwendig.« Grundsätzlich empfahl er die Bezeichnung »Unabhängige Volkspartei«. Ein solcher Name beinhalte die Unabhängigkeit von Ost und West, was zugleich den gesamtdeutschen Charakter der Partei unterstreiche. Somit werde die Fülle dessen ausgedrückt, »was wir wollen.«[38] Offensichtlich war man sich im Führungszirkel Heinemanns Vorschlag bereits so sicher, daß im Sitzungssaal sogar schon Plakate angebracht waren, die die Aufschrift trugen »Wir verhindern den dritten Weltkrieg – Unabhängige Volkspartei Gesamtdeutschlands«.[39] Nach langer Diskussion, in der unter anderem die Namensvorschläge »Gesamtdeutsche Erneuerungspartei«, »Notstandspartei«, »Deutsche Notgemeinschaft«, »Heinemann-Wessel-Bewegung«, »Friedenspartei«[40], »Gesamteuropapartei der Deutschen«, »Deutsche Freiheitspartei« und »Republikanische Freiheitspartei« verworfen wurden, einigte sich die Versammlung auf fünf mögliche Namen, die in einer engeren Wahl bleiben sollten: »Unabhängige Volkspartei«, »Gesamtdeutsche Volkspartei«, »Deutsche Unabhängigkeitspartei«, »Gesamtdeutsche Friedenspartei« und »Gesamtdeutsche Partei«.[41] Jedoch fand keiner dieser Namensvorschläge eine eindeutige Mehrheit. Nach zahlreichen Probeabstimmungen und vergeblichen Vermittlungs- und Kompromißvorschlägen erinnerte einer der Teilnehmer daran, daß die Presse die Partei bereits »unter dem Namen ›Gesamtdeutsche Volkspartei‹ angekündigt« habe. Helene Wessel, von der der Vorschlag ursprünglich stammte,[42] betonte, daß der Namen bisher »überall gute Aufnahme gefunden« habe. Nachdem sich die Versammlung bisher »mit der Namensgebung so verrannt« zu haben schien, fielen bald alle Widerstände gegen den Vorschlag. Mit nur vier Gegenstimmen einigte sich Versammlung schließlich auf den Namen »Gesamtdeutsche Volkspartei« – kurz: GVP.

Nach der langwierigen Debatte über den Namen der neuen Partei standen als nächstes die Personalentscheidungen an. Als erstes wurde ein sechsköpfiger Ausschuß, die sogenannte ›Deutschland-Kommission‹, gewählt, deren Aufgabe es sein sollte, »fortlaufend zu prüfen, welche Schritte die ›Gesamtdeutsche Volkspartei‹ tun könne, um zur Lösung der Deutschlandfrage beizutragen.« Nachdem die Kommission besetzt worden war, schritt man mit der Wahl des Bundesvorstandes fort. Die Versammlung wählte insgesamt 29 Personen direkt in den Vorstand. Darüber hinaus wurde dem Vorstand das Recht zugestanden, noch zehn weitere Mitglieder zu kooptieren. Einen Vorsitzenden gab es nicht. Vielmehr sollte ein vierköpfiges Präsidium, bestehend aus Gustav Heinemann, Adolf Scheu, Helene Wessel und

Robert Scholl[43] der neuen Partei vorstehen. Die Präsidiumslösung hatte man nicht zuletzt deshalb gewählt, weil Heinemann die Übernahme des Amtes des Parteivorsitzenden abgelehnt hatte.[44] Hans Bodensteiner komplettierte schließlich als Bundesgeschäftsführer die Leitungsebene der Partei.

Die Zusammensetzung des Vorstandes machte jedoch bereits ein entscheidendes Manko der jungen Partei deutlich. Entgegen aller Vorsätze war es kaum gelungen, zuvor parteipolitisch anders gebundene Persönlichkeiten für die GVP zu gewinnen. Verhandlungen mit mehreren norddeutschen Landtagsabgeordneten über einen Parteiwechsel waren bereits im Vorfeld der GVP-Gründung gescheitert. Außer Heinemann, Wessel und Bodensteiner waren im Bundesvorstand lediglich Werner Reinecke,[45] ehemals SPD-Mitglied und niedersächsischer Landtagsabgeordneter und Wilhelm Hermes[46], früherer Generalsekretär der FDP in der britischen Zone, zuvor parteipolitisch gebunden gewesen.[47] Zudem wurde bereits während der Vorstandswahl kritisiert, daß nicht ein einziger Arbeiter im Führungsgremium der Partei vertreten sei. Zu stark sei die neue Partei »von Professoren, Rechtsanwälten und Studenten durchsetzt, [...] während die breite Masse der Bevölkerung ›nicht zum Zuge‹ komme.«[48] Die FAZ faßte die soziale Zusammensetzung der Gründungsversammlung in knappen Worten passend zusammen: »Keine feinen Leute, aber auch keine kleinen Leute. Viel Intelligenz, ein bißchen viel ›a.D.‹«[49].

Nachdem auch die Satzung und das programmatische ›Manifest‹ der GVP verabschiedet werden konnte, wurde die Gründungsversammlung beendet. Zwar war Heinemann noch immer »traurig« darüber, daß eine neue Partei habe entstehen müssen. Jedoch habe man einen solchen Schritt dann zu wagen, »wenn die vorhandenen Parteien den Willen des Volkes nicht mehr ausdrücken.« Und eben das sei »heute der Fall.«[50] Nachdem es sich aus der Sicht der GVP-Gründer erwiesen hatte, daß »der Wille zu einer Erneuerung und Wiedervereinigung des deutschen Volkes nicht die erforderliche Wirkung ausüben kann, wenn er sich nur außerhalb des Parlaments« betätigt, sei man nicht zuletzt durch das »unüberhörbare Drängen aus dem Volke« geradezu gezwungen gewesen, eine neue Partei zu gründen.[51] Durch die »Sammlung der Kräfte«[52] in der GVP habe sich nun aber der »Aufbruch des neuen politischen Wollens«[53] endgültig vollzogen.

In seinem Schlußwort wies Heinemann noch einmal darauf hin, »daß ein Werk begonnen sei, von dem er überzeugt sei, daß es schwerwiegende Bedeutung hat für alle. Nicht nur der Bundesvorstand, sondern alle miteinander müßten nun hinter der Aufgabe stehen. Er hoffe, daß durch besseres Kennenlernen untereinander und gründliches Erfassen der Aufgabe die Partei zu einer wirkungsvollen, beispielhaften und guten Partei werde.«[54]

2. »Zweckpartei, nicht Gesinnungspartei« Selbstverständnis und Programmatik der GVP

Bereits während der Gründungsphase der GVP wurde deutlich, daß die neue Partei in einem unauflösbaren Zwiespalt gefangen war. Die GVP wandte sich zwar gegen die bestehende »Parteienoligarchie«[55] und die klassische ›Partei-Politik‹ in der Bundesrepublik, die sie verantwortlich machte für die »Parteimüdigkeit im deutschen Volk.«[56] Sie wollte etwas »grundsätzlich Neues«[57] sein, eine Alternative zu den etablierten Weltanschauungsparteien mit ihrer Fraktionsdisziplin[58] und ihrem strikten ideologischen Korsett. Wollte sie jedoch in den demokratischen Wettbewerb mit den anderen Parteien treten, blieb ihr gar keine andere Wahl als selber eine Partei im herkömmlichen Sinne zu werden. Allein die Namensgebung der neuen Partei machte diese Antinomie deutlich. Eine Mehrheit der Gründungsmitglieder der GVP plädierte lange für einen neutralen Namenzusatz wie ›Bewegung‹, ›Gemeinschaft‹ oder ›Bündnis‹. Erst nachdem Heinemann zu Bedenken gegeben hatte, daß es vielleicht einmal aus wahlrechtlichen Gründen nötig sein könnte, die Bezeichnung ›Partei‹ im Namen zu führen, stimmte man widerstrebend dem unliebsamen Namenszusatz zu.[59]

Dennoch verstand sich die GVP selber als Novum in der deutschen Parteienlandschaft. Sie wollte »Zweckpartei, nicht Gesinnungspartei«[60] sein – Zweckpartei zur Verwirklichung der deutschen Einheit. Diesem »größten deutschen Anliegen« sollten alle »unterschiedlichen Auffassungen in wirtschaftlichen und sozialen Fragen« untergeordnet werden.[61] Als politisches Zweckinstrument sollte sich die GVP somit von den anderen Weltanschauungsparteien unterscheiden, die von ihren Mitglieder verlangten, »gehorsam der durch Parteidogma festgelegten Marschroute zu folgen.«[62] Letztlich, so die ›Gesamtdeutschen‹, sei dies der Grund dafür, daß man »sieben Jahre nach der Kapitulation [...] noch keinen Weg gefunden [habe], den Frieden nach Innen und Außen zu erlangen. Nach hoffnungsvollen Ansätzen sind die großen Parteien in die alten Wege und Gegensätze der Vergangenheit zurückgefallen. Angst, Gleichgültigkeit und Zerrissenheit kennzeichnen den Zustand unseres Volkes. [...] Man kennt untereinander keine Solidarität, verkoppelt Gruppeninteressen mit Weltanschauungen, versucht, den Bolschewismus durch einen Kreuzzug zu überwinden, stellt Partei- und Fraktionszwang über Gewissensfreiheit und ist wieder auf dem Wege, in totalitäre Regierungsformen zurückzufallen.«[63]

Es galt, den alten Parteienstaat, dem man vorwarf, er sei nur auf »Interessen, auf die Gesinnung und auf die Weltanschauung aufgebaut«[64], zu erneuern. An seine Stelle sollten Parteien treten, »die ihr Daseinsrecht dadurch [...] beweisen, daß sie vor den Staatsbürgern bestehen können, indem sie sich deren Zwecke und politischen Willen zu eigen machen.«[65] Verantwortungsvolle Staatspolitik sollte endlich an die Stelle der macht- und interessengeleiteten Parteienpolitik treten.[66] Nicht zuletzt aus diesem Grund galt es, »Gleichgültigkeit und Egoismus zu überwinden und den Mut zur persönlicher Verantwortung zu haben.«[67] Damit betonte die GVP, daß sie mit ihrer Mülheimer Entscheidung ernst machen wollte und nicht bereit war, weltanschauliche Zementierung oder Fraktionszwang zu dulden.[68] Weder sollte die GVP zu einer Weltanschauungspartei mit ideologischem Fundament noch zu einem bloßen »Interessentenhaufen«[69] werden: »Männer und Frauen, die sich aus der Verpflichtung ihres Gewissens zum Dienst am Volk gerufen wissen, können nicht Partei im bisherigen Sinne werden.«[70] Die GVP wollte als »eine Partei neuen Stils – ohne Ideologie, Dogma und Dialektik, ohne Fraktionszwang«[71] zu einem »Fähnlein der Aufrichtigen«[72] werden, zu einer »Wegbereiterin [...] einer neuen, veredelten Demokratie«[73].

Das Selbstverständnis der GVP entsprach dem eines »aufgeklärten, liberalen, christlich engagierten Besitz- und Bildungsbürgertums, das die durch friedlichen Interessenausgleich erreichte Wiedervereinigung als Voraussetzung dafür ansah, einem bürgerlich-demokratischen Deutschland zu ökonomischer und sozialer Prosperität zu verhelfen.«[74] Erhard Eppler, auf der Gründungsversammlung in Abwesenheit in den Bundesvorstand der GVP gewählt,[75] faßte den Charakter der GVP wie folgt zusammen: »Der Geist der Partei ist also im Ganzen [...] christlich, aber antiklerikal; vorwiegend evangelisch [...]. Die GVP Dr. Heinemanns geht in der Kulturpolitik aus von dem Grundsatz der Zumutbarkeit, berührt sich dabei in der Praxis mit liberalen Vorstellungen, ohne jedoch in dem Sinne liberal zu sein, in dem ein guter Teil unseres Volkes liberal ist. Die GVP wendet sich an das Gefühl nationaler Verantwortung, sieht aber in allem Nationalismus und dem in Deutschland meist damit verbundenen Militarismus eine Gefahr. Sie ist also auch nicht in dem Sinne national, in dem viele Deutsche national sind. Die GVP rechnet sich zur Linken, ohne sozialistisch zu sein. Sie steht in der Innenpolitik etwas rechts, in der Außenpolitik etwas links von der SPD.«[76] Als Wurzel dieses christlich-liberalen Selbstverständnisses machte Scholl einen »neuzeitlichen Humanismus« aus, der sich aus der Tradition der Bekennenden Kirche, einem antimonopolistischen Katholizismus und Gandhis[77] Lehre von der Gewaltlosigkeit speise.[78]

Letztlich war es aber vor allem der Einfluß der protestantisch-kirchlichen Kreise in den Führungsgremien der Partei, der sich im Selbstverständnis der Partei manifestierte. Eine deutliche Überzahl an Protestanten, pazifistische Grundströmungen, das Bekenntnis zum Christlichen Sozialismus und vor allem der Kampf gegen die ›katholische‹ CDU ließen in der Öffentlichkeit das Bild einer betont evangelischen Partei entstehen. Zwar hob Heinemann hervor, daß die GVP anders als der CSVD sich eben nicht als reine Konfessionspartei verstünde, und führte als Beweis gerne die prominenten katholischen Mitglieder der GVP, Wessel und Bodensteiner, an. Zugleich sorgte er aber immer wieder bei katholischen Christen für Empörung, wenn er ihnen beispielsweise restaurative Neigungen unterstellte und ihnen vorwarf, sie würden Adenauer »in das neue Reich Karls des Großen aus Franzosen, Italienern und Westdeutschen williger zu folgen bereit [sein] als evangelische Christen.«[79]

Es verwundert nicht, daß der GVP aus den katholischen Kreisen der Bevölkerung weitestgehend die Unterstützung versagt blieb. Um so größeren Rückhalt genoß sie dafür im protestantischen Lager. Vor allem bei jenen, die sich am ›Bruderrat der Bekennenden Kirche‹ orientierten, fand die GVP Anklang. Theologen und hohe kirchliche Würdenträger, unter ihnen beispielsweise Martin Niemöller, Helmut Gollwitzer[80], Heinrich Held oder Ernst Wilm[81], machten aus ihrer Sympathie für die GVP keinen Hehl.[82] Nicht wenige Ortsgruppen der Partei wurden sogar zu ganz wesentlichen Teilen durch evangelische Pfarrer oder kirchliche Laien getragen.

Letztlich vereinte jedoch alle in der GVP – ob katholisch oder evangelisch – ein großes Anliegen: »Der entschiedene Widerstand gegen die Außenpolitik Bonns.«[83] Diese Grundhaltung fand ihren ersten Niederschlag in der programmatischen Erklärung der Gründungsversammlung – dem ›Manifest‹ der Gesamtdeutschen Volkspartei. Dieses Manifest, das die Außen- und Deutschlandpolitik eindeutig in den Mittelpunkt stellte, wollte jedoch keine »programmatischen Dogmen« aufstellen. Das Volk rufe schließlich nach Menschen und nicht nach Programmen. Daher sollte die Arbeit der GVP »durch die jeweiligen politischen, kulturellen, sozialen und wirtschaftlichen Bedürfnisse bestimmt werden.« Im Manifest wurden daher lediglich erste ›Leitsätze‹ niedergeschrieben, die, nach einem etwaigen Einzug in das Parlament, nur als eine erste Grundlage für ein konkreteres »Arbeitsprogramm« dienen sollten.[84]

Als die zentrale Aufgabe der deutschen Außenpolitik erachtete die GVP die »Erhaltung des Friedens« und die »Wiedervereinigung unseres Volkes in einem einheitlichen Staatswesen, welches Freiheit, Gerechtigkeit und Menschenwürde zur Grundlage seiner Ordnung hat.« Deutschland als »Land der Mitte« müsse aus dem »militärischen Aufmarsch Nordamerikas und der Sowjetunion herausbleiben.« Nur so könne verhindert werden, daß Deutschland »zum Aufmarschplatz zweier Heerlager wird, in denen Deutsche gegen Deutsche bewaffnet werden.« Zentrale Forderung war daher die »sofortige Beseitigung der Aufrüstung zweier deutscher Armeen in West- und Ostdeutschland.«[85]

Da eine »gesamtdeutsche Haltung« die »Unabhängigkeit von Ost und West« erfordere, vertrat die GVP wie bereits zuvor die Notgemeinschaft das Konzept der »Ausklammerung Deutschlands aus dem westlichen wie östlichen Militärblock«[86]. Dieses spezielle Neutralismuskonzept war, wie Heimann richtig resümierte, jedoch zweifach bedingt: »1. Der Neutralismus eines wiedervereinigten Deutschlands beschränkte sich auf eine außen- und militärpolitische Neutralität. Die Zugehörigkeit Deutschlands zu einem ›westlichen Kulturkreis‹ und zur politischen Tradition der bürgerlich-parlamentarischen Demokratie sollte damit nicht zugunsten eines ›Dritten Weges‹ in Frage gestellt werden. 2. Das Angebot eines neutralen Deutschland war an die Bedingung geknüpft, daß die Sowjetunion die DDR ohne Vorbehalte aus ihrem Einflußbereich entließ, also auch die seit 1945 vollzogenen gesellschaftlichen Veränderungen in der DDR zur Disposition stellte.«[87]

Das Ziel der Wiedervereinigung verpflichte somit innenpolitisch zum Abbau des vorherrschenden »blinden Antikommunismus«. Außenpolitisch müsse sie sich zu einer Politik »im Geist eines neuen Rapallo« bereit zeigen. Deutschland hätte demnach nur eine Zukunft, »wenn es bereit ist, außerhalb politischer und militärischer Blockbildungen einen Ausgleich nach allen Seiten anzustreben: Nicht gegen Amerika, aber auch nicht gegen Rußland, sondern Ost und West gleichermaßen friedlich verbunden.«[88]

Von den Siegermächten erwartete die GVP »sofortige Schritte zur vollständigen Wiedervereinigung«, auf die die Deutschen ein unverbrüchliches Recht hätten. Als ein erstes Zeichen »ihres ehrlichen Willens« forderte sie darüber hinaus von beiden deutschen Regierungen eine »unverzügliche Fühlungnahme zur Verbesserung der Lebensbeziehungen zwischen den Menschen in Ost und West durch Erleichterung des Reise- und Postverkehrs, durch freiwilligen Ausgleich beruflicher Kräfte und durch freien Wirtschaftsverkehr.«[89] Die völkerrechtliche Stellung eines wiedervereinigten Deutschlands sollte in einem Friedensvertrag garantiert werden. Erst wenn gewährleistet sei, daß Deutschland keinem seiner Nachbarn mehr zur Gefahr werde, könne damit gerechnet werden, daß alle Nachbarn schon »aus ihrem eigenen Lebensinteresse« Deutschlands Bestand garantierten.[90]

Zudem müsse, so forderte die GVP in ihrem Manifest, Deutschland baldmöglichst in die Vereinten Nationen (VN) aufgenommen werden, da Deutschland als Mitglied der VN »auch ohne Eingliederung in einen der Machtblöcke nicht schutzlos isoliert« sei. Abschließend sprach sich das Manifest für ein »freies und unabhängiges Europa auf der Grundlage föderativer Gleichberechtigung als politische Macht zwischen USA und UdSSR« aus, da nur ein solches Europa, »das keiner fremden Weltmacht eine Aufmarschbasis« biete, »dem Frieden und dem Sicherheitsbedürfnis aller dienen« könne.[91] Ziel war ein Europa »als selbständige dritte Kraft zwischen den beiden Mächten [...]«, nicht als »Brückenkopf für eine der zwei Weltmächte.« Nur ein unabhängiges Europa habe die Aussicht, »auch die Mitarbeit Osteuropas für ein ganzes Europa zu erreichen.«[92]

Während das Manifest der GVP die außenpolitischen Zielsetzungen der Partei ausführlich und konkret umriß, wurden die wirtschafts- und sozialpolitischen Vorstellungen nur am Rande und recht allgemein behandelt. Auch kulturelle Fragen wurden »bewußt zurückgestellt«, da diese einen Bundestagswahlkampf, nach Meinung Heinemanns, nur »hemmen« würden.[93] Eine eingehende programmatische Erklärung zu diesen Themen suchte man auch an anderer Stelle vergebens. Das Präsidium hatte schlichtweg »kein Interesse«[94] an der Erarbeitung eines eigenen Kultur- bzw. Wirtschafts- und Sozialprogramms. Heinemann verließ sogar regelmäßig den Raum, sobald das Präsidium die Thematik eines eigenständigen Wirtschaftsprogramms ansprach.[95] Für ihn gab es keine Not, sich den Kopf über Dinge zu zerbrechen, »die noch gar nicht akut sind«.[96] Da man schließlich die bestehende Wirtschaftsordnung im Großen und Ganzen bejahte, bestand nach Heinemanns Meinung keine Notwendigkeit für zusätzliche programmatische Äußerungen.[97] »Was sollte man sagen? [...] Man hatte nichts zu sagen!«[98] erklärte Scheu die Grundhaltung der Parteiführung.

Hinzu kam die Furcht, die junge GVP könne sich in innerparteilichen Diskussionen über den zukünftigen wirtschaftspolitischen Kurs aufreiben. Letztlich vereinte die Parteimitglieder lediglich die Ablehnung der Adenauerschen Außenpolitik. In wirtschafts- und sozialpolitischen Fragen zeichneten sich die GVP-Mitglieder hingegen durch eine ausgesprochene Heterogenität aus.[99] Zudem befürchtete die Führungsspitze der GVP, man böte mit einer Konkretisierung des Wirtschaftsprogramms dem politischen Gegner nur zusätzliche Angriffsflächen an.

Im Bundesvorstand der Partei wurde der Verzicht auf ein Wirtschaftsprogramm jedoch eher als ein Versäumnis erachtet. So drängte Eppler bereits seit Anfang des Jahres 1953 darauf, endlich ein eigenes wirtschaftspolitisches Programm zu erarbeiten: »Wir müssen wirklich eine Gesamtkonzeption entwickeln, ob uns das gefällt oder nicht. [...] Wir müssen uns darüber im klaren sein, daß die Zukunft unseres Volkes vielleicht davon abhängt, ob die GVP mit oder ohne Wirtschaftsprogramm in den Wahlkampf geht.«[100] Ob sich die Partei für oder gegen ein Sozialprogramm ausspricht, werde, nach Epplers Meinung, über das Schicksal der ganzen Partei entscheiden.[101]

Diesem Appell schlossen sich schließlich auch die Mehrheit der katholischen GVP-Anhänger um den Generalsekretär Bodensteiner an. Erst nachdem das innerparteiliche Drängen zunehmend stärker wurde, entschied sich das Präsidium dazu, dem Bundesparteitag der GVP ein entsprechendes Programm zur Abstimmung vorzulegen. Am 7. Juni 1953 nahm der Parteitag schließlich mit breiter Mehrheit[102] das neue Wirtschafts- und Sozialprogramm an.[103]

Das Programm der GVP war weder neu, noch besonders radikal. In vielen Punkten deckte es sich sogar mit den wirtschaftspolitischen Entschließungen der frühen CDU.[104] Bezeichnenderweise kam auch das neue Wirtschaftsprogramm nicht ohne außenpolitischen Bezug aus: »Eine gesamtdeutsche Außenpolitik, die durch ihre Unabhängigkeit von West und Ost der weltpolitischen Entspannung dienen will, setzt eine Wirtschafts- und Sozialpolitik voraus, welche die inneren Gegensätze überwindet. Hier fängt der Frieden an.«[105] Im Mittelpunkt des Programms stand der Leitgedanke des Ausgleichs, des Christlichen Sozialismus und eines »solidarischen Miteinanders«[106]. Ferner bekannte sich die GVP mit dem neuen Programm ausdrücklich zum Prinzip der sozialen Marktwirtschaft: »Unser Leitbild einer Wirtschafts- und Sozialordnung liegt also zwischen dem westlichen und dem östlichen Wirtschaftssystem. Die Grundlage dieser Ordnung ist die Marktwirtschaft. Aber diese Ordnung muß gewährleisten, daß niemand sich dem Wettbewerb entziehen kann, und bedarf der Ergänzung durch volkswirtschaftliche Planung.«[107] Mit einer solchen Wirtschaftsordnung beschreite die Bundesrepublik den »rechten Weg der goldenen Mitte. Dieser neue Weg bejaht den Eigennutz und das Selbstinteresse, den Wettbewerb und des Eigentum der einzelnen und fördert sie. Aber er verhindert durch geeignete Vorschriften, daß der eine kraft seiner Stärke den anderen übervorteilt.«[108] Ziel war eine gerechte Gesellschaftsordnung, die »weder kommunistisch noch kapitalistisch ist«[109].

Ebenso schrieb das Wirtschaftsprogramm die Anerkennung des privaten Eigentums an Produktionsmitteln fest, solange diese sozial verantwortungsvoll genutzt würden. Der GVP ging es um eine »gerechte Verteilung des Ertrags, [...] nicht um Revolutionen.«[110] Es galt, den »Kampf der Interessengruppen und den ›sozialen Bandenkrieg‹ in eine solidarische Gemeinschaft aller Anständigen« umzuformen.[111]

Letztlich war das Wirtschafts- und Sozialprogramm jedoch nicht mehr als »eine bloße Leerformel.«[112] *De facto* spielte das Programm weder in der theoretischen Diskussion noch in der politischen Praxis der GVP eine entscheidende Rolle.[113] Die Verabschiedung des Programms geriet zu einer parteipolitischen Pflichtübung. Widerstrebend beugte sich der Führungszirkel der demokratischen Logik, wonach eine Partei bei Wahlen nur mit einer politischen ›Gesamtkonzeption‹ als vollwertige Wahlalternative wahrgenommen werde. Für Heinemann aber war klar, daß nach wie vor die Außenpolitik den »Schwerpunkt« bildete und man ansonsten die Dinge »locker« sehen müsse, um »niemanden vor den Kopf zu stoßen«.[114]

Die auch nach außen getragene Geringschätzung des Wirtschaftsprogramms durch die eigene Parteiführung[115] hatte jedoch eine fatale Konsequenz. In der öffentlichen Wahrnehmung schien die einzige Basis der Gesamtdeutschen die Negation der Politik der Bundesregierung zu sein.[116] Indem man den eigenen außenpolitischen Standort vor allem über die Ablehnung der Adenauerschen Westbindungspolitik definierte, entstand der Eindruck, die GVP verfüge über gar kein wirkliches ›positives Programm‹.[117] Für viele Beobachter schien die GVP »nichts zu sagen« zu haben.[118]

3. »Am Scheideweg« Erfolglos gegen Wiederbewaffnung und Westbindung

Von Beginn an stand die GVP unter enormen Zeitdruck. Heinemann und seinen Mitstreitern blieben nur wenige Monate, um rechtzeitig zu den Bundestagswahlen im September 1953 einen funktionierenden Parteiapparat – zumindest ein »organisatorisches Gerippe«[119] – auf die Beine zu stellen. Die Ausgangssituation hierfür schien jedoch denkbar schlecht. Es mangelte an allem. Zuvorderst fehlte es der GVP an Mitgliedern. In vielen Städten stieß die junge Partei schnell an ihre Grenzen. Lediglich dort, wo bereits zuvor starke Arbeitsgruppen der Notgemeinschaft bestanden hatten, konnte die GVP auf Anhieb Fuß fassen. Ansonsten ging der Aufbau der Partei nur mühsam vonstatten. Ein halbes Jahr vor der Bundestagswahl gab es erst knapp über sechzig Kreisverbände. In fast einhundert Wahlkreisen war die GVP noch gar nicht präsent. Doch auch dort, wo sich Kreisverbände der GVP gegründet hatten, war an eine normale Parteiarbeit häufig nicht zu denken. Nicht selten bestanden Kreisverbände der GVP aus kaum mehr als drei Mitgliedern.[120] Selbst 1957, immerhin vier Jahre nach der Gründung, hatte die GVP lediglich rund 1.000 Mitglieder.[121]

Schwerer noch als die geringe Mitgliederzahl wog jedoch das Finanzproblem der Partei. Von Beginn an fehlte der GVP schlichtweg das notwendige Geld in der Kasse, um einen erfolgreichen Wahlkampf zu führen. Hinzu kam, daß im Bundestag über ein neues Wahlgesetz verhandelt wurde, das vorsah, durch die Einführung einer Fünf-Prozent-Klausel den Einzug kleiner Parteien in den Bundestag zu erschweren.[122] Es war absehbar, das der Gesetzentwurf, der nach Meinung der GVP eindeutig darauf abzielte, »die alten Parteien zu konservieren, ja zu privilegieren, neue Parteien praktisch von der Bundestagswahl auszusperren und damit neuaufkommende politische Bewegungen zu blockieren«, eine breite Mehrheit im Bundestag finden würde.[123] Da auch die durch die GVP angestrengte Verfassungsklage[124] nur wenig Aussicht auf Erfolg hatte,[125] begann man zeitgleich im Führungszirkel der Partei über neue Wege nachzudenken, wie es zu schaffen sei, die Fünf-Prozent-Hürde dennoch zu überspringen. Schnell war man sich einig, daß dies für die GVP nur schwerlich allein zu erreichen sei. Wollte man bei den Bundestagswahlen nicht chancenlos untergehen, war die Suche nach starken Bündnispartnern dringend notwendig.[126]

In den Augen der Parteiführung war ein Zusammenschluß mit anderen oppositionellen Kleinparteien und Vereinigungen durch die organisatorische und finanzielle Schwäche der GVP unumgänglich. Nicht zuletzt Heinemann befürwortete diese Lösung. Schließlich hatte er bereits vor der Gründung der GVP mit der Bildung eines Blocks der neutralistischen Kräfte in Deutschland geliebäugelt.[127] Einem Wahlbündnis mit einer anderen Partei stand Heinemanns Meinung zufolge nichts im Wege, solange man außenpolitisch eine sachliche, programmatische Einigung erzielen könne. Sollte es in anderen Politikbereichen gegensätzliche oder konfliktträchtige Auffassungen geben, seien diese zugunsten des übergeordneten Ziels der Wiedervereinigung auszublenden.

Auf die maßgebliche Initiative Scheus[128] hin trat die GVP schon bald in intensive Verhandlungen mit dem ›Block der Mitte/Frei-Soziale Union (FSU)‹. Der Block der Mitte/FSU, selber lediglich ein Wahlbündnis, war erst im September 1952 durch eine Absprache der Frei-Sozialen Union und der Freien Mitte Ulrich Noacks entstanden.[129] Die außenpolitische Zielsetzung der kleinen Splitterpartei entsprach in weiten Teilen der der GVP.[130] Zentrales Anliegen des Blocks war die Wiederherstellung der nationalen Einheit, die durch eine Neutralisierung Deutschlands erreicht werden sollte. Ebenso wie die GVP forderte der Block der Mitte/FSU, daß weder Ost- noch Westdeutschland einem militärischen Paktsystem beitreten dürfe und verlangte statt dessen von beiden deutschen Regierungen die Bereitschaft zur Verständigung.

Heinemann hatte sich bereits im November 1952 zu Sondierungsgesprächen mit dem Block der Mitte/FSU bereit erklärt.[131] Als es jedoch zu konkreten Verhandlungen kam, wurde Heinemann zögerlicher, nicht zuletzt, da er Noack nach wie vor skeptisch gegenüberstand.[132] Letztlich war die Entscheidung zu diesem Zeitpunkt aber schon so gut wie gefallen.[133] Die programmatische Nähe der beiden Parteien ließ ein Zusammengehen »möglich und angezeigt«[134] erscheinen. Differenzen in anderen Punkten, vor allem in der Wirtschaftspolitik, hielt man sowohl in der GVP als auch beim Block der Mitte/FSU für überwindbar, zumal der Schwerpunkt eines gemeinsamen Programms auf der Außenpolitik liegen sollte.[135]

Um »einer Zersplitterung unter Gruppen vorzubeugen, die im Wesentlichen, zumal in der Außenpolitik, eine gleiche Zielsetzung verfolgen«[136] stimmte letztlich auch Heinemann dem Wahlbündnis zu. In der entscheidenden »ausführlichen« Unterredung am 12. April 1953 im Hause Heinemanns beschloß man schließlich »ein Zusammengehen für die Bundestagswahl.« Außen- und innenpolitisch erzielte man eine Übereinstimmung im Sinn des Manifests der GVP. Außerdem, so verkündete Heinemann in einem Schreiben an den Bundesvorstand der GVP, habe Einmütigkeit darin geherrscht, »daß die drei Gruppen selbständig bleiben, jedoch ihre Wahlpropaganda in Namensverbindung als GVP – Block der Mitte – FSU« betreiben, derart, daß diese Namensverbindung auf Plakaten und Drucksachen erscheint.«[137]

Die gemeinsame programmatische Erklärung von GVP und dem Block der Mitte/FSU trug der deutschlandpolitischen Grundhaltung der GVP vollauf Rechnung. Gemeinsam forderte man: »1. Ablehnung der zweigeteilten Wiederaufrüstung und Ablehnung jeglicher Militärallianz mit Ost und West. 2. Die neue Bundesregierung muß die Befreiung aus allen militärischen Bindungen betreiben, die von der Adenauerregierung eingegangen werden. 3. Die Voraussetzung für freie gesamtdeutsche Wahlen ist die Regelung der völkerrechtlichen Stellung eines wiedervereinigten Deutschlands auf Grund von Vier-Mächte-Verhandlungen. 4. Das wiedervereinigte Deutschland ist als gleichberechtigtes Mitglied in die UNO aufzunehmen. Seine territoriale Unantastbarkeit wird unter die Garantie der vier Mächte und der UNO gestellt. 5. Die bleibende Aufgabe gesamtdeutscher Außenpolitik ist die Erhaltung der Unabhängigkeit eines geeinten und freien Deutschlands als Land der friedlichen Vermittlung zwischen den Weltgegensätzen. 6. Deutschland darf nur ungeteilt einem europäischen Bundesstaat beitreten. Auch das wiedervereinigte Deutschland kann nur einem Vereinten Europa angehören, das zwischen den atlantischen Seemächten und dem sowjetischen Staatenblock eine vermittelnde und ausgleichende Haltung einnimmt.«[138]

Jedoch gaben sich die Gesamtdeutschen mit diesem ersten Wahlbündnis noch nicht zufrieden. Noch immer fehlte der GVP die notwendige politische Durchschlagskraft. Auch die Presse höhnte über die politische Folgenlosigkeit des Bündnisses mit dem Block: »Es sucht der Splitter den Splitter, doch solche Splitterbrüder ergeben noch lange keine ernstzunehmende politische Familie.«[139] Um so mehr bemühte sich Heinemann im Folgenden, die GVP zu einer tatsächlichen Sammlungsbewegung der oppositionellen Kräfte auszubauen. Tatsächlich gelang es ihm, mit einigen Zentrumsabgeordneten in Kontakt zu treten, um die Möglichkeit einer Wahlvereinbarung mit der Katholikenpartei auszuloten.[140] Diese sprachen sich jedoch *unisono* gegen Absprachen jeglicher Art mit der GVP aus.[141] Zwar lehnte die Zentrumspartei den EVG- und den Generalvertrag ebenso ab wie die Gesamtdeutschen. Eine Neutralisierung Deutschlands bzw. eine Intensivierung der Kontakte mit den Kommunisten in der Sowjetunion kam für sie jedoch noch weniger in Frage.

Die Sammlung der oppositionellen Parteien erwies sich als »schwierig, zeitraubend und unergiebig«[142]. Kleinere, unbekanntere Parteien bargen für die GVP die Gefahr, von Kommunisten oder Nationalisten infiltriert zu werden. Größere Parteien wie die SPD[143] hingegen hatten auch weiterhin kein Interesse an einer Kooperation mit der GVP, da sie befürchteten mußten, daß die GVP bereits von Kommunisten oder Nationalisten unterwandert sein könnte.[144] Nach monatelangen, kräfteraubenden Verhandlungen erreichte man lediglich eine Absprache mit einer lokalen Gruppe des Evangelischen Volksdienstes (EVD) in Nürnberg, die vorsah, einem EVD-Kandidaten im Gegenzug für eine Wahlempfehlung und eine »indirekte Beeinflussung evangelischer Kreise« einen aussichtsreichen Listenplatz zur Verfügung zu stellen.[145] Außerdem hatte man erreicht, daß sich ein Kreisverband der FDP[146] und die auf Hessen begrenzte Nationale Partei Deutschlands (NPD)[147] der GVP anschloß. Darüber hinaus traten die Mitglieder der ehemaligen Partei der Frauen (PdF) geschlossen der Heinemann Partei bei.[148] Jedoch war diese Gruppe zahlenmäßig eher unbedeutend. Zudem stand die PdF unter Verdacht, eine »kommunistische Tarn- und Hilfsorganisation« zu sein.[149] Mit diesen kläglichen Erfolgen blieb die GVP weit hinter den eigenen Erwartungen zurück. Eine Erhöhung der politischen Schlagkraft hatte man durch die neuen Bundesgenossen kaum erreicht. Ebenso blieb das Werben um namhafte politische Dissidenten anderer Parteien – mit Ausnahme von Thea Arnold[150] und Hermann Etzel[151] – weitgehend erfolglos.

Für ihre Bündnispolitik hatte die GVP letztlich einen hohen Preis zu zahlen. Die Einbeziehung der vielfältigen und unterschiedlichsten politischen Gruppen, so zahlenmäßig marginal sie auch im Einzelnen sein mochten, machte die GVP noch heterogener als sie es ohnehin schon war. In der GVP versammelten sich mittlerweile Rechte, Linke und Liberale – Kommunisten und Nationalisten – Feministen, Pazifisten und Christsoziale. Sie alle verband die Ablehnung des deutschlandpolitischen Kurses der Bonner Regierung, sie alle strebten nach der Wiedervereinigung. Darüber hinaus gab es jedoch kaum etwas, worauf sich dieser heterogene, ›zusammengewürfelte Haufen‹ hätte einigen können.

Allerdings brachte erst das Bündnis mit dem Bund der Deutschen (BdD) die GVP an einen politischen »Scheideweg«[152]. Der im Mai 1953 auf Initiative des ehemaligen Reichskanzlers Josef Wirth[153] und des früheren Mönchengladbacher

Oberbürgermeisters Wilhelm Elfes[154] gegründete BdD ging im Wesentlichen auf die nur ein Jahr zuvor gegründete ›Deutsche Sammlung für Einheit, Frieden und Freiheit‹ (DS) zurück. Die DS, die als linkes Pendant zur Notgemeinschaft galt, trat ebenso wie später der BdD für eine Neutralisierung Gesamtdeutschlands, direkte Verhandlungen der beiden deutschen Regierungen und einen Verzicht auf die westdeutsche Wiederbewaffnung ein. Das Neutralismuskonzept der DS bzw. des BdD unterschied sich jedoch deutlich in ihrer Akzentuierung von dem der GVP. Während die GVP eine strikte machtpolitische Ausklammerung eines Gesamtdeutschlands forderte, sah das Konzept der DS eine stärkere Öffnung zum Osten hin vor.[155] Tendenziell war die Wirth-Elfes-Bewegung gegenüber Ost-Berlin aufgeschlossener als gegenüber der Bonner Regierung. Während man zur DDR-Führung grundsätzlich einen sehr guten Kontakt pflegte, wurde die Regierung Adenauer aufgrund ihrer dezidierten Westanbindungspolitik kurzerhand zum »Feind«[156] deklariert. Nicht zuletzt aufgrund dieser Haltung und der augenfälligen Deckungsgleichheiten mit dem außenpolitischen Programm der KPD bzw. der SED stand die DS ebenso wie später der Bund der Deutschen unter dem Generalverdacht, eine »kommunistische Tarn- und Hilfsorganisation« zu sein.[157]

Tatsächlich bestand dieser Verdacht nicht zu Unrecht. Die DS und der BdD boten nicht nur zahlreichen Kommunisten eine politische Plattform, sondern sie wurden auch organisatorisch und finanziell durch die Regierung Ulbricht unterstützt.[158] Unverhohlen hatte die DDR-Presse die DS als »Millionenbewegung aller Patrioten Westdeutschlands«[159] gepriesen. Nur sie könne, da sie als einzige Bewegung »*allen* [Hervorhebung im Original; J.T.] Patrioten ihre Tore öffnet und die Rolle und Bedeutung der Deutschen Demokratischen Republik im Kampf um die Einheit und den Frieden begreift und anerkennt, der Sympathie, Unterstützung und Gefolgschaft der Patrioten in Ost und West unseres Vaterlandes sicher sein.«[160] Die Partei Heinemanns hielt man hingegen für »ein totgeborenes Kind«[161], die in eine »Politik der Halbheiten, der Ausflüchte und der Vorbehalte« treibe, anstatt sich »auf die Bekämpfung der Adenauer-Regierung und ihrer Kriegsverträge zu konzentrieren«.[162]

Auch ohne genaue Kenntnisse über die tatsächlichen Abhängigkeiten des BdD und seiner Vorgängerorganisation schienen Heinemann und seinen Anhängern die Verdachtsmomente auszureichen, um zunächst einmal eine kritische Distanz zu wahren. Bereits im Januar 1953 hatte Scheu sein Mißtrauen gegenüber der DS deutlich gemacht: »Wenn es auch vielleicht etwas zu weit geht zu behaupten, daß sie kommunistisch gelenkt sei, ohne Frage ist aber, daß sie in allerengster Zusammenarbeit mit den Kommunisten steht, daß die führenden Leute gemeinsam mit den Kommunisten Versammlungen abhalten, während die GVP sich eindeutig und klar von der KP [Kommunistischen Partei; J.T.] distanziert und von dieser Haltung auch nicht abgehen wird.«[163] Auch Heinemann wollte zunächst von einer Zusammenarbeit mit der »nach links profilierten«[164] Vereinigung nichts wissen. Als Elfes, der der GVP die Unterstützung seiner Vereinigung anbot, sich sogar förmlich aufdrängte,[165] fand Heinemann deutliche Worte: »Glaubt man, ich bin aus der Bundesregierung ausgetreten, um mich an die Ost-Berliner Strippe legen zu lassen? Beide, sowohl die Amerikaner als auch die Russen, sind die Gegner unserer Partei, weil wir gegen die Aufrüstung beider sind.«[166] Auch im Weiteren verhielt sich

Heinemann zurückhaltend gegenüber der Wirth-Elfes Bewegung, warf ihr sogar vor, sie sei bloß ein Instrument der Regierung Ulbricht, um »alle echten Wiedervereinigungsbestrebungen im Westen [zu] torpedieren und [zu] zersplittern«[167]. Neben dem pro-kommunistischen Kurs der DS, erschien Heinemann zudem eine engere Kooperation mit der DS schon deshalb nicht zweckdienlich, da sie sich als ›überparteiliche‹ Bewegung nicht an den Bundestagswahlen beteiligen konnte.[168]

Auch nachdem die Führung der DS im Mai 1953 – nicht ohne ›Zuraten‹ des Politbüros der SED[169] – beschloß, als ›Bund der Deutschen – Partei für Einheit, Frieden und Freiheit‹ bei den Bundestagswahlen anzutreten, änderte dies zunächst nichts an Heinemanns ablehnender Haltung. Nur wenige Tage vor der Gründung des BdD hatte er in einem Interview noch einmal klar gestellt, was er von Wirths und Elfes‹ Vereinigung hielt: »Diese Leute sind ostzonal gesteuert. Sie sind das Instrument der Pankower in Westdeutschland«[170]. Vor dem Hintergrund dieses final wirkenden Urteils muß es verwundern, daß der Bundesvorstand der GVP bereits Anfang Juni empfahl, sich dem BdD gegenüber grundsätzlich »abwartend und freundlich«[171] zu verhalten.

Vorhergegangen war eine intensive Diskussion innerhalb der GVP, inwiefern es möglich sei, ein »zweckdienliches Verhältnis« zum BdD zu etablieren, um die »Voraussetzungen erfolgreicher Zusammenarbeit zu schaffen«[172]. Bei zahlreichen Mitgliedern des Bundesvorstandes setzte sich allmählich die Auffassung durch, daß man trotz aller Meinungsverschiedenheiten doch »im Hauptanliegen« eigentlich mit dem BdD einig sei.[173] Sogar der zuvor übliche schroffe Umgangston, mit dem man die DS bisher angegangen war, wurde nun kritisiert. Man wolle sich zwar nicht direkt mit »den Absichten der Deutschen Sammlung und ihren Anhängern in allem solidarisch erklären.« Allerdings wolle man sich auch dagegen verwahren, daß »von vornherein durch unkontrollierte und unüberlegte Angriffe eine unerfreuliche Atmosphäre geschaffen« wird, »die eine Verständigung über gemeinsames Vorgehen, wenn auch unter präzisen Voraussetzungen und Beschränkungen, unmöglich macht.« Für alle Beteiligten gebe es in Hinblick auf die bevorstehenden Wahlen nur eine Alternative: »Entweder ruinieren sich GVP und Deutsche Sammlung im Wahlkampf gegenseitig (das wäre das Ziel der Bundesregierung) oder sie finden einen gemeinsamen modus vivendi et procedendi.«[174] Nur wenige Tage nach der Gründung des BdD und trotz aller Vorbehalte entschloß man sich schließlich in der Bundesgeschäftsstelle der GVP, erste sondierende Gespräche zu führen. Scheu wurde von der Partei damit beauftragt, sich bei einer Unterredung mit Elfes ein genaueres Bild der neuen Partei zu machen.[175] Wenn möglich, sollte er dabei durchaus »den Versuch [...] unternehmen, die anständigen Leute dieser Gruppe abzulösen.«[176]

Es wurde jedoch schnell deutlich, daß eine Kooperation mit dem BdD nicht problemfrei funktionieren würde. Bereits in der ersten Unterredung stellte Elfes klar, daß der BdD keinesfalls bereit wäre, sich im Fall eines Bündnisses mit der GVP von seinen kommunistischen Mitgliedern zu trennen: »KP-Leute können und wollen wir nicht ausschließen«.[177] Zwar trat mittlerweile auch Heinemann gegenüber dem BdD versöhnlicher auf und betonte, daß er in keiner Weise an einem Streit mit einer Partei interessiert sei, die wie die GVP der Politik Adenauers widerstehe: »Wir werden sie nicht schlecht machen und wir werden versuchen, aus der Gesamtsituation das Beste zu machen, um Dr. Adenauer zu hemmen. Die GVP läßt es sich nicht verbieten, mit den Menschen zu reden, mit denen sie will.«[178] An ein mögliches Bündnis mit dem BdD knüpfte Heinemann jedoch zwei Bedingungen: Im Falle eines Bündnisses werde die GVP weder »Mitglieder der KPD« noch »Gelder von KPD und SED direkt oder indirekt« akzeptieren.[179]

Auf Seiten des BdD stieß dieser deutliche antikommunistische Kurs der GVP-Führung erwartungsgemäß auf wenig Verständnis. Zahlreiche kritische Stimmen aus dem BdD sprachen sich nun ihrerseits gegen einen Zusammenschluß mit der GVP aus. Heinemanns kategorische Absage an eine Kooperation mit Kommunisten wurde von Elfes und Wirth als ein Einstimmen in den bundesdeutschen Chor der antibolschewistischen Panikmacher verspottet. Für sie war Heinemann in einem »Kommunistenschreck befangen«.[180] In ihren Augen fehlte der GVP dadurch die notwendige »Beziehung zu breiten Volksschichten«, was sie letztlich davon abhalte, »die erforderliche Brücke zum Osten zu finden«[181]. Das Wahlprogramm des BdD fand in Bezug auf die »Splitterpartei Dr. Heinemanns« sogar noch deutlichere Töne. Dort hieß es, die GVP verneine schlichtweg »die vorrangige Notwendigkeit der innerdeutschen Verständigung« und bezöge darüber hinaus »eine einseitige und feindselige Haltung gegen den Osten.«[182]

Noch Mitte Juni schienen die Verhandlungen der beiden Parteien völlig festgefahren zu sein: die GVP stellte Forderungen – der BdD wies sie empört zurück. Die Bündnisgespräche lagen auf Eis. Doch scheinbar über Nacht kam Ende des Monats wieder Bewegung in die Verhandlungen. Plötzlich vernahm man wieder versöhnlichere Töne aus der BdD-Zentrale. Man ergriff die Initiative und ging wieder auf die GVP zu. Elfes wandte sich mit einem Brief an Scheu und sprach davon, daß im BdD »allseits ein guter Wille zu einer Verständigung«[183] bestünde. Noch direkter wurde der nordrhein-westfälische Landesverband des BdD, der sich mit einem Schreiben an den Landesvorstand der GVP wandte: »Bei der Betrachtung unserer beiderseitigen Auffassungen sind wir zu der Überzeugung gelangt, daß zwischen uns keine entscheidenden Meinungsverschiedenheiten bestehen, die eine Zusammenarbeit grundsätzlich ausschalten könnten. Ihre wie unsere Partei erstreben ein freies, von Ost und West gleichermaßen unabhängiges Deutschland. Sie, wie wir, sind zu der Erkenntnis gelangt, daß dieses Ziel nicht mittels Gewalt, sondern auf dem Wege friedlicher Verhandlungen erreicht werden kann. Ebenfalls haben wir die gleiche Auffassung, daß die friedliche Verständigung der Deutschen untereinander eine Voraussetzung zur Erreichung dieses Zieles ist. Die Gleichheit unserer programmatischen Forderungen verpflichtet uns geradezu zur Zusammenarbeit!«[184]

Was war passiert? Was hatte den BdD so plötzlich zum Umdenken bewogen? Zum einen übte wohl das »Wahlgesetz einen heilsamen Einfluß«[185] auf die Bündnisbestrebungen des BdD aus. Am 25. Juni hatte der Bundestag in der dritten Lesung das neue Wahlgesetz verabschiedet. Die Fünf-Prozent-Klausel war nun Gewißheit geworden. Zum anderen aber hatte das Politbüro der SED am 27. Juni 1953 den Beschluß gefaßt, das »Zusammengehen des Bundes der Deutschen mit der GVP«[186] zu forcieren. Anscheinend traute man in Ost-Berlin dem BdD aus eigener Kraft nicht mehr den Einzug in das westdeutsche Parlament zu. Gemeinsam mit der GVP jedoch – so die Rechnung Ulbrichts – bestünde die berechtigte Hoffnung, den Sprung über die Fünf-Prozent-Hürde zu schaffen. Die Gespräche mit der Heinemann-Partei sollten daher unverzüglich wieder aufgenommen werden. Zugeständnisse an die GVP sollten nicht mehr von vornherein ausgeschlossen werden. Einer Verbindung mit der GVP durfte jetzt nichts mehr in den Weg gelegt werden.

Bald schon erfuhr auch die GVP von dem Kurswechsel der DDR-Führung. In einem vertraulichen Gespräch mit einem hohen SED-Funktionär[187] wurde Heinz Krüger[188], Mitglied des Bundesvorstandes der GVP, darüber unterrichtet, daß die DDR-Presse angewiesen worden sei, »die GVP [...] nicht mehr anzugreifen«. Außerdem wurde deutlich gemacht, daß man »auf die Wirth-Bewegung nicht mehr große Hoffnungen« setze.[189] Das Bündnis mit der GVP sollte Realität werden.

Nur wenige Tage, nachdem die Verhandlungen wieder aufgenommen wurden, kam es »zu sensationellen Abmachungen«.[190] Die Bevollmächtigten beider Parteien – für die GVP hatte maßgeblich der Darmstädter Studentenpfarrer Herbert Mochalski[191] verhandelt – verkündeten den Durchbruch. Man habe sich geeinigt, gemeinsam bei den Bundestagswahlen unter einem neuen Namen anzutreten. Die Wahllisten sollten ebenso wie alle Parteigremien paritätisch besetzt werden.[192] Heinemann, der nicht an den Gesprächen teilgenommen hatte, war von den Ergebnissen alles andere als begeistert. Zwar befürwortete auch er angesichts des neuen Wahlgesetzes und der organisatorischen und vor allem finanziellen Schwierigkeiten der GVP mittlerweile ein Zusammengehen mit dem BdD.[193] Der vereinbarte Kompromiß ging Heinemann jedoch viel zu weit, bedeutete er doch letztlich das Ende der GVP als eigenständige Partei.

Sofort machten sich Heinemann, Wessel und Posser daran, die Vereinbarung zu hintertreiben. Spitzfindig nutzte man die Satzung der GVP, um die Fusion der beiden Parteien auf juristischem Wege abzuwenden. In einem Brief an Elfes gab Posser zu bedenken, daß das Bündnis mit dem BdD einen außerordentlichen Parteitag nötig mache, der jedoch frühestens in einem Monat, d.h. in der zweiten Augusthälfte, einberufen werden könne. Außerdem bedürfe es auf einem solchen Parteitag dann noch einer Zweidrittel-Mehrheit, da die Namensänderung der GVP formal auch eine Satzungsänderung sei. Letztlich kam Posser zu dem Schluß: »Es muß [...] eine andere Lösung gefunden werden.«[194] Da von Seiten des BdD keine Einsprüche erhoben wurden, war damit das »Damoklesschwert der Fusion«[195] bis auf weiteres abgewendet.

Dennoch befand sich die GVP in einer Zwickmühle. Obwohl die Führungsspitze der GVP dem BdD politisch noch immer reserviert gegenüberstand, kam man zu dem Schluß, daß ein Zusammengehen schon allein aus finanziellen Gründen geboten sei. Schließlich stand die GVP angesichts des kostspieligen Wahlkampfs finanziell mit dem Rücken an der Wand. Eine Einigung mit dem BdD hätte der GVP hingegen gestattet, auch weiterhin einen engagierten Wahlkampf zu führen. Gleichzeitig machte sich jedoch niemand bei der GVP Illusionen über die Herkunft der Gelder des BdD. Auch wenn Elfes immer wieder betonte, seine Partei werde finanziell im Wesentlichen durch Mitgliedsbeiträge und Spenden von Unternehmern getragen, die vom Ost-West-Handel profitieren würden,[196] blieb man bei der GVP skeptisch. Heinemann vermutete, daß das Geld in Wirklichkeit aus Mitteln der Ost-CDU stamme. Da er es aber für durchaus möglich hielt, daß das Geld nicht direkt aus »kommunistischen Quellen« komme, sondern auch in den »Erwerbsbetrieben« der Ost-CDU hätte erwirtschaftet werden können, hielt er es für opportun, die finanziellen Zuwendungen anzunehmen.[197] Zugleich wußte er jedoch um das politische Risiko dieser Zahlungen: »Würden über den ›Bund‹ gewisse Gelder in die GVP einfließen, würde das der große Wahlschlager gegen uns werden, weil man die Sache kurz vor den Wahlen platzen ließ.«[198]

Trotz aller Bedenken einigten sich schließlich Delegierte beider Parteien am 19. Juli 1953 in Mannheim auf eine gemeinsame Wahlvereinbarung.[199] Das Abkommen sah vor, daß der Bundestagswahlkampf »unter dem Namen der GVP und auf der Grundlage der Deutschlandpolitik der GVP zu führen« sei. Der BdD verpflichtete sich überall dort »wo keine GVP-Organisation besteht, [...] organisatorische Hilfe« zu leisten. Im Gegenzug sollten BdD-Kandidaten »in Anstrebung der Parität« auf den Landeslisten der GVP aufgestellt werden.[200] Ihnen wurde jedoch untersagt, im Namen der GVP Wahlwerbung zu betreiben. Dies wurde nur Personen gestattet, »die von der GVP gebilligt werden.« Außerdem wurde »verbindlich vereinbart, daß für die Wahl von keiner der beiden Parteien Gelder verwendet werden, an die irgendwelche politischen Bedingungen oder Bindungen geknüpft sind.«[201]

Die GVP schaffte es in allen entscheidenden Punkten, die Bedingungen zu diktieren, ohne ihrerseits zu wesentlichen Zugeständnissen gezwungen worden zu sein. Verglichen mit den vom BdD erhobenen Ausgangsforderungen nach »Fusion, Namensänderung« und »Parität in allen Organen« hielt Heinemann »das Ergebnis [für] zweifellos lobenswert«[202]. Das weitreichende Entgegenkommen des BdD nährte jedoch den Verdacht, daß auch weiterhin die »Ostberliner Regisseure« am Werke seien, die alles daran setzten, das Bündnis mit der GVP zu einem Abschluß zu bringen.[203] Eppler, der als Delegationsmitglied an den Abschlußverhandlungen beteiligt war, bestätigt diese Vermutung: »Im Zweifel blickte die BdD-Führung nach einem ehemaligen Obersten der Wehrmacht, Josef Weber. Nickte er, so gab man nach. Und er nickte. Nicht erst seit 1990 ist klar, wessen Vertrauensmann er war. Die SED wollte offenbar das Bündnis um jeden Preis.«[204]

Letztlich erfüllte der BdD, dessen ›Richtlinienkompetenz‹ schon lange die SED-Führung wahrnahm,[205] auch die letzte Forderung der GVP. Auf einem außerordentlichen Parteitag am 25. Juli 1953 schaffte der Bund per Satzungsänderung die Möglichkeit der gleichzeitigen Mitgliedschaft im BdD und in der KPD ab. Die Mitglieder wurden aufgefordert, sich in »angemessener Frist« für eine Mitgliedschaft in der einen oder anderen Partei zu entscheiden.[206] Nach Meinung der Führungsriege der GVP stand einer erfolgreichen Zusammenarbeit mit dem BdD nun nichts mehr im Wege. Für sie war nun einwandfrei bewiesen, daß der BdD »keineswegs die kommunistische Partei darstellt, wie in der Öffentlichkeit behauptet wird.«[207]

Doch auch die engagiertesten Erklärungen und die deutlichsten Distanzierungen vom Kommunismus, änderten nur wenig daran, daß der BdD von der Öffentlichkeit auch weiterhin für eine kommunistische Organisation gehalten wurde. Die vielen Kritiker des BdD wurden in ihrer Auffassung noch bestärkt, als zeitgleich zu den Bündnisverhandlungen in mehreren Zeitungen über eine kommunistische Unterwanderung des BdD berichtet wurde. Zudem, so wurde behauptet, lägen Hinweise vor, die belegten, daß der BdD von Ostberlin gelenkt und finanziert werde. »SED finanziert Partei Wirths« lautete nur eine Überschrift von vielen.[208]

Wehte der GVP bisher nur der rauhe Wind der CDU-Polemik entgegen, blies ihr seit der Bekanntgabe der Wahlabsprache mit der Wirth-Elfes-Partei ein geradezu orkanartiges Gewitter ins Gesicht. Die Empörung über das Bündnis war mindestens ebenso gewaltig, wie die Diffamierungskampagne, die langsam in Schwung kam und zum Ziel hatte, Heinemann als »bezahlten Sprecher Sowjetrußlands«[209] zu diskreditieren. Aber auch in den eigenen Reihen wollte die Kritik am Zusammengehen mit den vermeintlichen ›Kryptokommunisten‹ Wirth und Elfes nicht verstummen. Die Zusammenarbeit wurde schlichtweg als »politischer Sündenfall«[210] empfunden. Viele GVPler befürchteten, daß die Partei durch ihre Bündnispolitik »ihren untadeligen Schild« verloren habe, wie es der junge GVP-Funktionär Johannes Rau[211] auf dem nordrhein-westfälischen Landesparteitag ausdrückte.[212] Auch Eppler war »entsetzt«, von der Bereitschaft seiner Partei, mit dem BdD zu kooperieren.[213] Schon früh zeichnete sich für ihn ab, daß das Bündnis die GVP noch »in Teufels Küche« bringen werde.[214]

Das Abkommen mit dem BdD stürzte die GVP in eine schwere Krise.[215] Ganze Landesverbände rebellierten gegen das Bündnis. Zahlreiche Amtsträger traten von ihren Posten zurück. Selbst eine Spaltung der Partei wurde von einigen Kritikern in Erwägung gezogen.[216] Statt gestärkt in den Wahlkampf einzusteigen, war Heinemann jetzt damit beschäftigt, aufgebrachte Gemüter zu beruhigen, zu vermitteln und das Auseinanderbrechen seiner Partei zu verhindern. Trotz aller Bemühungen konnte er jedoch nicht verhindern, daß viele Parteimitglieder ihren Austritt erklärten[217] oder sich in die Passivität zurückzogen.

Unter solchen Voraussetzungen einen erfolgreichen Wahlkampf zu betreiben, schien eigentlich kaum möglich zu sein. Dennoch kam Heinemann bis zuletzt nie ein Zweifel daran, daß seine Partei den Einzug in den Bundestag erreichen würde.[218] Der Wahltag sollte jedoch Heinemanns Irrtum offenbaren – er wurde zu einem Debakel für die GVP. Das Ergebnis ließ, wie Heinemann es umschrieb, »an Kläglichkeit nicht viel zu wünschen übrig.«[219] Die GVP erreichte gerade einmal 1,16 Prozent der Wählerstimmen und scheiterte damit deutlich an der Fünf-Prozent-Hürde. Ein Schlag ins Gesicht für die Gesamtdeutschen. Heinemann und seine Partei lagen am Boden. Spätestens jetzt war der ehemalige Innenminister »politisch ein toter Mann«[220]. Doch es kam noch schlimmer: Nicht nur, daß die GVP sang- und klanglos an der Wahlurne untergegangen war; man mußte zudem hinnehmen, daß der eigentliche politische Gegner, die CDU, mit 45,2 Prozent ein hervorragendes Wahlergebnis erzielen konnte. Die Wähler hatten Adenauers ›Politik der starken Faust‹ bestätigt. Der außenpolitische Kurs des Kanzlers schien bei den Deutschen Unterstützung zu finden. Das von Heinemann prognostizierte breite Aufbegehren gegen die »faschistische[n] Züge«[221] der Adenauerschen Politik war ausgeblieben.

Zum Mißerfolg der GVP bei den Bundestagswahlen 1953 trug offensichtlich eine ganze Reihe von Gründen bei. Zum ersten sollte es der GVP bis zum Wahltag nicht gelingen, eine funktionierende Parteiorganisation aufzubauen. Zu wenig Mitglieder und eine chronische Geldknappheit machten eine effektive Parteiarbeit unmöglich. In vielen Wahlkreisen war die Partei im September 1953 einfach noch nicht angekommen. Nach den verlorenen Wahlen verschlechterte sich die Situation sogar noch. Zahlreiche Kreisverbände der Heinemann-Partei lösten sich auf. Ein organisatorischer Ausbau der Partei wurde kaum noch vorangetrieben. In Baden-Württemberg, dem Bundesland, in dem die GVP von Beginn an am stärksten vertreten war, existierten im Jahr 1955 gerade einmal noch in 22 Städten Ortsgruppen. Im Durchschnitt bestanden diese Gruppen aus nicht mehr als 10 bis 15 Mitgliedern.

Ein zweiter Grund für das Scheitern der GVP war die relative Unbekanntheit der Partei. Bei einer Umfrage, die das Institut für Demoskopie Allensbach kurz vor den Bundestagswahlen durchführte, wurden der GVP verheerende Bekanntheitswerte attestiert. Auf die Frage »Wissen sie zufällig, wie die Partei heißt, die vor einiger Zeit von dem ehemaligen Innenminister Heinemann und von Helene Wessel gegründet worden ist?« konnten gerade einmal fünf Prozent aller Befragten die richtige Antwort geben. Drei Prozent konnten nur vage Angaben machen und ganze 86 Prozent konnten gar keine Antwort geben[222] – nicht die beste Voraussetzung für einen erfolgreichen Wahlausgang.

Zum dritten beging die Partei einen schwerwiegenden Fehler, indem man bis zuletzt eine Ein-Zweck-Partei geblieben war. Die selbstauferlegte Beschränkung der Partei auf ein außen- und deutschlandpolitisches Programm ließ in der Öffentlichkeit den Eindruck einer ›halben Partei‹ entstehen.[223] Auch die verspätete Verabschiedung des halbherzigen Wirtschafts- und Sozialprogramms änderte an dieser Wahrnehmung nur wenig. Zu offensichtlich erschien es als ein bloßes taktisches Manöver, um die Sozialpolitiker der Partei ruhig zu stellen. Der geringe Stellenwert, den wirtschafts- und sozialpolitische Fragen in der innerparteilichen Diskussion hatten, ließ sich nach außen hin nicht verheimlichen.

Viertens und letztens[224] wirkte sich die Bündnispolitik der GVP verhängnisvoll auf den Wahlausgang aus. Zum einen wurde die GVP durch die zahlreichen Wahlabsprachen zu einem schwer zu führenden, heterogenen Konglomerat unterschiedlichster politischer Splittergruppen. Zum anderen verspielte die Partei durch ihre Annäherung an Organisationen mit zweifelhaftem politischen Ruf einen Großteil ihres Ansehens. Als besonders folgenschwer und als großer strategischer Fehler sollte sich zudem das Bündnis mit dem Bund der Deutschen erweisen.[225] Zwar löste die GVP mit dem Bündnis einen Teil ihrer organisatorischen und finanziellen Probleme. Jedoch gab die Heinemann-Partei nach Meinung der Öffentlichkeit »für das Linsengericht des Geldes [...] ihre Unabhängigkeit [auf], die allein ihr Bestehen rechtfertigte.«[226] Unvermeidbar setzten sich die Gesamtdeutschen durch das Abkommen mit dem BdD dem Verdacht des ›Kryptokommunismus‹ und der ›Moskau-Hörigkeit‹ aus. Für viele potentielle Wähler, nicht zuletzt aus protestantischen Kreisen, war die Partei schlichtweg nicht mehr wählbar.[227] Nicht nur, daß die GVP durch das Zusammengehen mit dem BdD in den Ruf geriet, zu einem weiteren Agenten Ulbrichts geworden zu sein, zugleich führte das Abkommen auch zu massiven politischen Spannungen innerhalb der eigenen Partei, die in der Wahlkampfphase nur hemmend wirken konnten. Darüber hinaus war das Bündnis ein gefundenes Fressen für jeden christdemokratischen Wahlkämpfer und eine Steilvorlage für die Propagandaabteilung der CDU, die nun aus allen Rohren feuerte. Unmittelbar vor der Wahl konnte die CDU schließlich zum finalen Schlag gegen die GVP/BdD-Gemeinschaft ausholen. Gestützt auf Informationen eines ehemaligen SED-Funktionärs veröffentlichte Adenauers Regierungssprecher

Felix von Eckardt auf einer Pressekonferenz in Bonn zahlreiche Dokumente, die die angebliche Finanzierung des BdD durch die SED und die KPD offenlegen sollten.[228] Dies war für Heinemann kein Grund, das Bündnis zu lösen. Wie er in einem Zeitungsinterview erklärte, war es ihm gleichgültig, woher die Gelder des BdD stammten, solange »keine politischen Bindungen daran geknüpft sind.«[229] Die Wähler dachten anders. Sie glaubten, daß »Pankow hinter Wirth und Heinemann«[230] stünden – und sie fürchteten, daß der »Wechsel eines Tages eingelöst« werden könnte.[231]

Es verwundert nicht, daß die GVP unmittelbar nach dem Wahldebakel in eine schwere Krise glitt. In den meisten Kreis- und Landesverbänden ruhte die Parteiarbeit. Zunächst sollte darüber entschieden werden, ob es überhaupt noch sinnvoll sei, die Partei fortzuführen: »Eine gewisse Müdigkeit und Resignation hat sich unter vielen unserer Mitglieder breit gemacht [...] und findet ihren Ausdruck in der Frage: Hat die GVP überhaupt noch eine Existenzberechtigung.«[232] Entmutigt durch die Wahlniederlage sprachen sich nicht wenige Mitglieder für eine Auflösung, eine Umformung oder einen Übertritt zur SPD aus. Auch Heinemann zog eine Auflösung der GVP in Erwägung. Neben dem Wahldebakel waren schließlich auch die Schulden der Partei in Höhe von 40.000 Mark »nicht gerade ein Ansporn zur Weiterarbeit«. Da mit einer weiteren finanziellen Unterstützung durch den BdD nicht gerechnet werden konnte,[233] befürchtete Heinemann »nüchtern und real beurteilt«, daß »man Schluß machen« müsse. Jedoch war unklar, was danach kommen sollte. Ein Rückzug aus der Politik kam für Heinemann zu diesem Zeitpunkt ebensowenig in Frage wie ein Parteiwechsel. Die Fortführung der GVP schien die einzige Alternative zu bleiben. Parteifreunden, die auf eine Auflösung der GVP drängten, riet er zur schwäbischen Gelassenheit. Er wollte die Dinge zunächst einmal »reifa lassa«[234]. Heinemanns Vorschlag an die Parteimitglieder lautete daher: »Wir bleiben beieinander, auflösen kann man später immer noch.«[235]

Auch gegenüber dem Bundesvorstand trat Heinemann für die Fortsetzung der Parteiarbeit ein: »Warum Gesamtdeutsche Volks<u>partei</u> und nicht Gesamtdeutsche Volks<u>bewegung</u>? Antworten: 1. Wir wollen nicht Meinungen, sondern politischen Willen bilden. Politischer Wille wird durch Parteien ausgedrückt. 2. Parteien haben erhöhten Rechtsschutz (Art. 21). Nicht Polizei oder Regierung können eine Partei auflösen, sondern nur das Bundesverfassungsgericht. 3. Eine Partei wird schwerer unterwandert als eine Bewegung. [...] Warum nicht SPD? Die SPD ist erstarrt. Frage: Kann man sie von innen her wandeln? Antwort: Die SPD wird wohl neue Kräfte aufnehmen, aber einwalzen. Der Optimismus, daß die SPD durch uns von innen gewandelt werden könnte, wird abgelehnt. Eine Wandlung von außen wäre evtl. durch Geduld und Zähigkeit möglich.«[236] Auch er zweifelte nicht an der »Existenzberechtigung« der Partei, die in seinen Augen in dem gleichen Maße bestand, »wie bei ihrer Gründung. Ein Wahlsieg bedeutet nicht den Beweis für die Richtigkeit einer politischen Konzeption. Die Voraussetzung, die zur Gründung der GVP führte, nämlich die politische Situation, ist die gleiche wie vor den Wahlen.« Darüber hinaus bestand in seinen Augen sogar eine »Existenzverpflichtung« der GVP. So verständlich die Nachwahlreaktion vieler Parteimitglieder auch sei, seien sie aber doch auch »mehr denn je [...] aufgerufen, das schlechte Gewissen der Bundesrepublik und ihrer Politiker zu sein.«

Heinemann und Scheu konnten sich zwar mit ihrer Meinung in der Partei zunächst durchsetzen und die verbliebenen Mitstreiter davon überzeugen, daß die GVP-Arbeit auch in Zukunft fortgesetzt werden müsse. Von der Wahlniederlage im September 1953 sollte sich die Partei jedoch nicht mehr erholen. Mitgliederschwund und Finanznöte machten die Krise perfekt. Auch ein Jahr später war die Partei sowohl auf Kreis- und Landes-, als auch auf Bundes- und Präsidiumsebene noch immer von lähmender Lethargie gepackt.[237] Trotz zahlloser Appelle durch die GVP-Führung (»So kann es nicht weitergehen!«[238]) kam der Parteiapparat nicht wieder in Schwung. Als allen Beteiligten klar wurde, daß die GVP leckgeschlagen hatte und offensichtlich nicht mehr zu retten war, entschied man sich, das rettende Ufer anzusteuern. Die Heinemann-Partei setzte die Segel in Richtung SPD.

4. »Von Moskau bezahlt?« Kontakte in den Osten

Seit ihrer Gründung war die GVP, wie zuvor bereits die Notgemeinschaft, permanent dem Vorwurf des politischen Gegners ausgesetzt, sie stünde der DDR-Regierung näher als der in Bonn. Während des Wahlkampfes wurden die propagandistischen Attacken zunehmend heftiger. Abwechselnd wurde der Heinemann-Partei unterstellt, sie vertrete kommunistische Positionen, sie werde durch die SED finanziert, sie sei von Kommunisten unterwandert oder sie sei den Weisungen Ostberlins direkt hörig. Spätestens seit ihrem Bündnis mit dem als kommunistische Tarnorganisation verdächtigten BdD stand für den politischen Gegner fest, daß sich die GVP an das Ostberliner Politbüro verkauft habe. In den Augen vieler – nicht zuletzt auch eigener Parteimitglieder – hatte sich die GVP durch den Pakt mit der Wirth-Elfes-Partei zu einem »Werkzeug Ulbrichts«[239] gemacht. Sämtliche Dementis, Widerrufe, Gegenanzeigen und Verleumdungsklagen konnten nicht verhindern, daß der Ruf der Partei nachhaltig beschädigt war.[240]

Doch was war dran an den Verdächtigungen? Waren Kandidaten der GVP wirklich »Briefträger der Sowjets« und »von Moskau finanziert«, wie auf Klebestreifen zu lesen war, mit denen GVP-Plakate 1953 in Nacht-und-Nebel-Aktionen von Unbekannten überklebt wurden?[241] Stimmte die Behauptung des CDU-Schatzmeisters Ernst Bach, der Heinemann einen »bezahlten Sprecher Moskaus« nannte?[242] Entsprach ein Bericht der ›Zeit‹ der Wahrheit, die wenige Tage vor der Wahl ›enthüllt‹ hatte, daß die GVP durch den Osten gelenkt und finanziert werde?[243] Hatte Mochalski tatsächlich 50.000 Mark zu politischen Zwecken von einem kommunistischen Parteifunktionär erhalten, wie die Wetzlarer Neue Zeitung am Vortag der Bundestagswahl vermeldete?[244] Hatten alle Kritiker recht, die das Bündnis mit dem BdD für ein von Ostberlin inszeniertes Manöver hielten, um direkten Einfluß auf die Politik der GVP nehmen zu können?[245] War die GVP tatsächlich zu einem Bestandteil der Westarbeit[246] der SED geworden?

Die Heinemann- bzw. die GVP-Forschung ist sich in ihrer Bewertung einig. Für Autoren wie Lindemann steht »unzweifelhaft fest, daß Heinemann und die GVP zu keinem Zeitpunkt Gelder oder sonstige Unterstützung seitens der Kommunisten gesucht oder erhalten haben.«[247] Da die Gründung der GVP in der ostdeutschen Presselandschaft auf negative Resonanz stieß, hält auch Koch »die Unabhängigkeit der neuen Partei [gemeint ist die GVP, J.T.] vom Osten« für bewiesen.[248] Gallus wiederum bescheinigt Heinemann, daß er »den verschiedenen Avancen aus Ost-Berlin« immer widerstanden habe.[249] Viele Autoren heben vor allem hervor, daß Heinemann bei den Verhandlungen mit dem BdD alles dafür getan habe, eine kommunistische Unterwanderung seiner Partei zu verhindern.[250] Müller weist auf Heinemanns Weigerung hin, mit dem BdD zusammenzugehen, solange nicht die Herkunft der finanziellen Mittel des BdD einwandfrei geklärt sei. Eine indirekte Förderung durch KPD oder SED habe die GVP schließlich mit allen Mitteln ausschließen wollen.[251] Auch in Schreiber findet Heinemann einen Fürsprecher. Für ihn ist klar, daß Heinemann die Geldspritzen des BdD erst dann angenommen habe, nachdem man ihm »in die Hand versprochen hatte, daß es sich nicht um Ost-Geld handle.« Unnötig zu erwähnen, daß Schreiber betont, Heinemann habe dies selbstverständlich wirklich geglaubt.[252] Für Eßer scheinen immerhin die finanziellen Zuwendungen der DDR an den BdD bewiesen zu sein. Jedoch schiebt er vor, daß diese »nicht unbedingt als Beweis für eine kommunistische Steuerung und Lenkung gewertet werden« bräuchten. Eine Verknüpfung an bestimmte Bedingungen sieht er nicht. Vielmehr könnten, nach Eßers Meinung, die Gelder aus dem Osten auch nur aufgrund »einer Interessenidentität im Bereich kommunistischer Nahziele« geflossen sein.[253]

Dokumente in den Archiven der ehemaligen DDR bzw. im Bestand der Ost-CDU lassen jedoch einen anderen Schluß zu.[254] Sie gewähren einen guten Überblick über die tatsächlichen Kontakte zwischen GVP, BdD und DDR-Führung und lassen einiges über die finanziellen und politischen Abhängigkeiten der Heinemann-Partei erahnen. Unter anderem belegen die Funde beispielsweise, daß – anders als lange angenommen – eine durchaus enge und intensive Kooperation zwischen der Heinemann-Partei und der Ost-CDU bestand. Entsprechende Dokumente bezeugen zahlreiche Zusammenkünfte von führenden Vertretern der GVP und Funktionären der Ost-CDU, aber auch der SED. Auch Heinemann trat wiederholt – entweder selber[255] oder durch einen Verbindungsmann[256] – in Kontakt zur Ostberliner Regierung. Zudem widerlegen Quellenfunde die von der klassischen Heinemann-Forschung vertretene These, die GVP habe eine direkte oder auch indirekte Finanzierung durch Ost-Gelder mit allen Mitteln zu verhindern gesucht. Das Gegenteil war der Fall. Die GVP trat wiederholt an die SED-Führung heran und bat von sich aus um finanzielle Unterstützung der Parteiarbeit.

Ein Bericht der Ost-CDU gibt beispielsweise über eine Reise des Generalsekretärs der GVP, Hans Bodensteiner, Auskunft, die dieser in der Zeit vom 14. bis zum 20. September – d.h. unmittelbar nach der verlorenen Bundestagswahl – in die DDR unternahm.[257] Die Reise, die nicht aufgrund einer Einladung Ostberlins erfolgte, sondern auf eine Initiative Bodensteiners zurückging,[258] sollte den Generalsekretär mit verschiedenen Vertretern der Ostberliner Regierung zusammenführen. In einer ersten Unterredung machte der GVP-Generalsekretär deutlich, daß sein Besuch, der durch Wilhelm Karl Gerst[259], einem Bonner Journalisten der ostdeutschen Nachrichtenagentur ADN, vermittelt wurde, den Zweck haben sollte, eine bessere

»Anleitung der GVP und anderer bürgerlicher Kreise in Westdeutschland« herbeizuführen.[260] Bodensteiner beklagte sich in dem Gespräch über die schlechte Kooperation mit dem KPD-Parteivorstand. Aus diesem Grunde wünsche man sich von seiten der GVP »eine direkte Unterstellung unter Berlin, wobei das Zentralkomitee nicht in Erscheinung treten sollte, sondern über die CDU die entsprechenden Direktiven gegeben werden sollten als eine Art Relais, das für Westdeutschland, insbesondere für diese bürgerlichen Kreis um Heinemann usw. bessere Wirkung zu haben scheint«[261].

Am Tag darauf traf Bodensteiner mit Otto Nuschke[262], dem stellvertretenden Ministerpräsidenten der DDR und Vorsitzenden der Ost-CDU zusammen.[263] Gegenüber Nuschke kam der GVP-Vertreter schnell zur Sache. Seine Partei trage sich im Moment mit Wahlschulden in Höhe von rund 100.000 Mark. Hinzu kämen Verschuldungen der Kreis- und Landesverbände in Höhe von rund 40.000 Mark. Bodensteiner stellte klar, daß die GVP »aus eigener Kraft [...] diesen Verpflichtungen nicht nachkommen könne. Sie sei daher auf eine finanzielle Unterstützung von außerhalb angewiesen.«[264] Unverhohlen machte der Generalsekretär deutlich, worum es ihm ging: »Wenn es wünschenswert sei, daß die politische Arbeit der GVP weitergehen soll, sei es unbedingt erforderlich, die GVP zu unterstützen. Seiner Meinung nach seien dazu monatlich mindestens 20.000 Mark notwendig.« Blieben die geforderten Gelder aus, so Bodensteiner, sähe sich die Partei außerstande, bei den anstehenden Landtagswahlen in Bremen, Hamburg, Bayern und Hessen einen Wahlkampf zu bestreiten.[265] Bodensteiner hatte dies schon zuvor in Gesprächen mit anderen Vertretern der Ost-CDU angedroht: »Wenn jetzt nicht vom Osten finanzielle Hilfe käme, könne die Arbeit nicht fortgeführt werden. Außerdem sei »eine geschicktere Arbeit von seiten der KPD« nötig, »um der GVP genügend Arbeitsmöglichkeit zu geben.« Es sei »spürbar, daß in der GVP größere Kreise der KPD eingewandert seien«[266].

Zum Abschluß des Gesprächs mit Nuschke faßte Bodensteiner die wesentlichen Forderungen der GVP in einer kurzen Aktennotiz zusammen: »1. Wesentliche Voraussetzungen für ein erfolgreiches Weiterarbeiten der einzelnen Gruppen, welche die Kriegspolitik Adenauers bekämpfen, ist ihre völlige Selbständigkeit. 2. Es erscheint zweckmäßig, daß die einzelnen westdeutschen Oppositionsgruppen unmittelbare Verbindung mit den entsprechenden Parteien der DDR haben. 3. Die GVP ist bereit, eine solche Zusammenarbeit mit der CDU der DDR zur Förderung der Verständigung von Ost und West durchzuführen. 4. Die GVP hat durch die Wahlarbeit beträchtliche finanzielle Verpflichtungen eingegangen. Ungeachtet dieser Verschuldung kann der notwendige systematische Aufbau der Organisation und die erforderliche Propaganda aus eigener Kraft nicht geleistet werden. Die GVP ist auf eine finanzielle Unterstützung angewiesen. 5. Für den Ausbau unserer Wochenzeitschrift ›Gesamtdeutsche Rundschau‹ haben wir einen konkreten Vorschlag zu machen.«[267]

Auf Vermittlung Nuschkes traf Bodensteiner im Anschluß mit Vertretern des Zentralkomitees der SED[268] zusammen. Auch in diesem Gespräch, von dem Bodensteiner »außerordentlich beeindruckt« war, machte der Generalsekretär deutlich, daß man mit der »mangelhaften Arbeit des Parteivorstandes der KPD in der Anleitung der bürgerlichen Gruppen in Westdeutschland« unzufrieden sei. Noch einmal brachte der GVP-Mann vor, »er verspreche sich [...] durch eine direkte Anleitung der GVP durch unsere CDU [gemeint ist die Ost-CDU; J.T.] ein besseres Wirken in der Bundesrepublik.«

Wiederum durch Fürsprache Nuschkes wurde Bodensteiner von einem sowjetischen Vertreter der Hohen Kommission in Karlshorst empfangen. Da der Hohe Kommissar Wladimir Semjonow[269] kurzfristig verreisen mußte, traf Bodensteiner mit einem »politischen Mitarbeiter aus der nächsten Umgebung des Hohen Kommissars« zusammen. Details dieser Besprechung sind nicht bekannt. Bodensteiner äußerte sich im nachhinein über das Gespräch jedoch sehr befriedigt. »Er hatte den Eindruck, daß der sowjetische Vertreter ausgezeichnet informiert war und daß die Hinweise, die B[odensteiner; J.T.] über die Lage in Westdeutschland gegeben habe, bestimmt von der Hohen Kommission beachtet würden.«

Zum Abschluß seiner Reise traf der GVP-Generalsekretär noch einmal mit dem Vorsitzenden der Ost-CDU zusammen und unterbreitete ihm eine Reihe von Vorschlägen für die zukünftige Zusammenarbeit: »1. Die Abdeckung der 100.000 Mark Wahlschulden der GVP dränge nicht so sehr, da die Gelder bei Banken aufgenommen wurden und durch Bürgschaftserklärungen der Mitglieder gedeckt seien. 2. B[odensteiner; J.T.] betonte nochmals, daß es notwendig wäre, monatlich 20.000 Mark als Mindestbeitrag zur Unterstützung ihrer Arbeit zu bekommen. Diese würde man zunächst in den Landesverbänden einsetzen, in denen bald Landtagswahlen sein würden [...]. 3. Es sei für ihn unbedingt notwendig, von der ›Bevormundung‹ der Kollegin Grete Thiele[270] [KPD; J.T.] loszukommen, die bisher das Geld für alle entsprechenden Organisationen in der Bundesrepublik verteilte. Seiner Auffassung nach sei mit diesen finanziellen Mitteln oft unverantwortlich gearbeitet worden. [...] Es sei also besser, direkten Kontakt zur Deutschen Demokratischen Republik – für die GVP zur CDU zu bekommen. 4. Er schlage zu diesem Zweck die Zusammenarbeit CDU und GVP in einem gemeinsamen Arbeitsausschuß vor.«[271]

Nuschke konnte und wollte der GVP offensichtlich keine konkreten Versprechungen machen und wich wiederholt den direkten Fragen Bodensteiners aus. In den Gesprächen mit dem GVP-Mann lenkte er »immer wieder vom Thema dadurch ab, daß er Bodensteiner nette Anekdoten über einzelne Persönlichkeiten der Bundesrepublik erzählte.«[272] Letztlich ist durch die vorliegenden Archivmaterialien nicht ersichtlich, inwiefern die Ost-CDU bzw. die SED auf die Bitten der GVP einging. Offensichtlich blieb allerdings die finanzielle Unterstützung auch weiterhin hinter den Erwartungen der Gesamtdeutschen zurück, da es in der Folgezeit zu weiteren Treffen von Spitzenleuten der GVP mit Vertretern der Ost-Regierung kam, die alle nur einem Zweck dienten: Die Akquirierung von Geldern für die Fortsetzung der Parteiarbeit.

Auch über eine Reise Heinemanns in die DDR wurde von seiten der GVP nachgedacht. Am 13. Oktober 1953 kam es zu einer Unterredung zwischen dem »persönlichen Referenten Heinemanns« Arnold Haumann[273] und einem unbekannten Vertreter der Ost-CDU.[274] Der Referent forderte in dem Gespräch »ganz entschieden, daß eine engere Zusammenarbeit zwischen Heinemann (GVP) und CDU (DDR) hergestellt werden müsse.« Nachdem der Heinemann-Vertraute noch einmal an den Besuch Bodensteiners und an dessen Vorschläge erinnert hatte, regte er an, ob es nicht »zweckmäßig sei, Heinemann einmal in die Republik einzuladen«. Bei diesem Besuch, der für Ende Oktober 1953 vorgesehen wurde, sollte es im Wesentlichen um drei Punkte gehen: »1. Herstellung eines ständigen Kontaktes zwischen der GVP und der CDU mit dem Ziele der Verbesserung der gesamtdeutschen Arbeit. Er betonte, daß es notwendig sei, die GVP besser anzuleiten und ihr politische Hilfe zu bieten. 2. Die GVP erwünscht sich von der CDU einen monatlichen Zuschuß von ca. 20.000 DMW, da sie über keine Geldquellen verfüge. [...] 3. Dr. Heinemann würde gern in der DDR durch eigene Besichtigung verschiedene Probleme studieren, über die er sich noch kein klares Bild machen kann. Haumann schlug deshalb vor, daß anschließend die Möglichkeit einer Besichtigung einiger Städte der DDR mit diesem Besuch verbunden werden sollte.«[275] Über ein mögliches Zustandekommen der Reise finden sich jedoch keine Hinweise in den Akten.

Nachweisbar ist jedoch ein DDR-Besuch des Pfarrers Mochalski im Juli 1954.[276] Mochalski, Mitglied des Bundesvorstandes der GVP, machte gegenüber Vertretern der Ost-CDU »erneut« darauf aufmerksam, »daß die GVP vor allen Dingen deshalb keine politische Arbeit leisten kann, weil die dafür notwendigen finanziellen Mittel fehlten.« Offensichtlich hatte der Darmstädter Studentenpfarrer bereits in einer Unterredung im Mai 1954 die katastrophale finanzielle Situation der GVP angemahnt und finanzielle Hilfe von seiten der DDR erbeten. Da die Heinemann-Partei, nach Meinung des ungenannten Berichtschreibers, die Möglichkeit besäße, »ein Sammelbecken bürgerlicher Kreise zu werden«, wurde die »Regulierung und Einflußnahme auf die Entwicklung der GVP« empfohlen. Diese sollte in zwei Richtungen geschehen: »a) Anleitung und Unterstützung der GVP mit dem Ziele, fortschrittliche bürgerliche Kader für den nationalen Kampf unseres Volkes zu gewinnen. Muß durch die CDU der DDR erfolgen. Das geschieht wiederum in enger Zusammenarbeit mit dem zuständigen Gremium der DDR. b) Die CDU unterstützt auf finanziellem Wege bestimmte Persönlichkeiten der GVP und damit natürlich auch die Arbeit der GVP, um diesen bestimmten Persönlichkeiten starken politischen Einfluß und Perspektiven für eine weitere Mitarbeit zu eröffnen. Durch diese finanzielle Unterstützung muß gleichzeitig ein klarer Einfluß auf die Linie der GVP verbunden werden.«[277]

Zur Verschleierung der Zahlungen sollte die ›VOB Union-Verwaltungs-GmbH‹ zwischengeschaltet werden. Sie wäre in der Lage, »mit Genehmigung der Deutschen Notenbank für die Vertretung von Büchern durch Mochalski und vielleicht Herrn Poser [gemeint ist vermutlich Posser; J.T.] Geldmittel« aufzuwenden. Außerdem könne man durch die Werbung für Bücher, durch die Aufgabe von Annoncen in der Zeitschrift ›Stimme der Gemeinde‹ und durch die »Wahrnehmung wirtschaftspolitischer Interessen unserer VOB-Union in Westdeutschland«[278] möglicherweise der GVP Geldmittel zukommen lassen.

Interessanterweise wurde auch dieses Mal, wie bereits zuvor in den Gesprächen mit Bodensteiner und Haumann, die Summe von 20.000 Mark genannt, die monatlich von der DDR aufzubringen wäre, um das Bestehen der GVP zu sichern. Allerdings erscheine es notwendig, »dieses Geld jeden Monat auf anderer [sic!] Art und Weise mit der GVP zu verrechnen, wobei Summen bis 5.000,- West auch persönlich Mochalski gegen Quittung übergeben werden können.«[279] Anscheinend hatte der Verfasser des Berichts auch nach der Besprechung mit Mochalski keinen Grund zu befürchten, daß Heinemann Einwände gegen die illegale Verschleierung der Parteifinanzierung oder gegen die »finanzielle Unterstützung« bestimmter Parteimitglieder haben könnte. Vielmehr empfahl er sogar, daß alle finanziellen Verhandlungen nur »mit Genehmigung und Wissen von Heinemann und Nuschke« geführt werden sollten. Jedoch wurde seitens der Ost-CDU die Bedingung an die Zahlungen geknüpft, daß die politische Arbeit der GVP kontrolliert werden müsse. Der GVP-Vorstand sollte »regelmäßig« von »bestimmten Instrukteuren« besucht werden. Darüber hinaus müßte sichergestellt werden, daß besonders »zuverlässige Freunde in der GVP bei Besuchen in der DDR Besprechungen mit der Parteileitung der CDU« führten.[280]

Zu den ›besonders zuverlässigen Freunden in der GVP‹ ist sicherlich auch Ruth Achelis-Bezzel[281] zu zählen. Achelis-Bezzel war Gründungsmitglied der GVP und gehörte von Beginn an dem Bundesvorstand und der Deutschlandkommission der Partei an. Zugleich war die Berlinerin aber auch ›Vertrauensperson‹ der SED. Ihr Kontaktmann in der DDR war Robert Havemann[282], Mitglied der Volkskammer und späterer Informeller Mitarbeiter (IM) des Ministeriums für Staatssicherheit (MfS) der DDR. In einem Gespräch mit Havemann im Dezember 1952 versicherte Achelis-Bezzel, daß sie sich stets so verhalten werde, »daß ihre Position im Bundesvorstand nicht verloren geht, ohne jedoch zurückzuweichen, wenn es nicht unumgänglich notwendig ist.«[283] Auf Vorschlag Havemanns sollte die neue Informantin durch offensive Kontaktpflege sofort damit beginnen, »ihren politischen Einfluß auszudehnen«.[284] Das Politbüro hatte endlich eine stabile informelle Verbindung zum Heinemann-Wessel-Kreis.[285] Heinemanns Bemühungen hingegen, die GVP vor Unterwanderung und Infiltration von Ost-Spionen zu bewahren, waren vom ersten Tag des Bestehens seiner Partei zunichte gemacht.

Obwohl die Akten der Ost-CDU bzw. der SED durchaus aufschlußreiche Auskünfte über die Beziehungen der GVP zur DDR-Führung geben, bleiben doch auch zahlreiche Fragen offen. Gab es tatsächlich direkte Zahlungen aus Ostberlin an die Heinemann-Partei? Wie sah die »Anleitung« der GVP durch die Ost-CDU *in concreto* aus? Wieviel Einfluß konnte die DDR auf die Politik der GVP nehmen?

Als Mitte der neunziger Jahre von der FAZ noch einmal Vorwürfe erhoben wurden, die GVP habe mit Wissen Heinemanns »Geld aus dem Osten« erhalten,[286] überschlugen sich ehemalige GVP-Politiker mit Gegendarstellungen. Bodensteiner schrieb 1994 in einem Leserbrief an die FAZ, die GVP habe niemals Geld von der Ost-CDU erhalten. Auch habe er 1953 keine Reise in die DDR unternommen, um dort um eine bessere »Anleitung« und eine zuverlässigere Finanzierung zu bitten. Ebenso bestritt er, sich auf dieser Reise mit Vertretern der Hohen Kommission oder dem Zentralkomitee der SED getroffen zu haben. Allein der BdD habe sich – da er bei den Bundestagswahlen ja auf den Landeslisten der GVP habe kandidieren dürfen – 1953 an den Wahlkampfkosten beteiligt. Niemals aber hätte seine Partei Geld aus dem Osten erhalten.[287] Auch Posser versicherte in einem Leserbrief »daß die Gesamtdeutsche Volkspartei (GVP) nicht von der ›DDR-Führung‹ oder der KPD finanziell unterstützt worden sei. Die GVP habe auch nicht um Geld gebeten.« Heinemanns Sozius unterstrich, daß seine Partei Gelder ausschließlich vom BdD erhalten habe. Hierbei habe es sich aber auch nur um einen »einmaligen Wahlkostenbeitrag von 400.000 DM« gehandelt. Zuvor hätten er und Heinemann sich beim BdD sogar vergewissert, daß das Geld von legalen Spenden und nicht aus Ostberlin stamme.[288]

Tatsächlich hatten die beiden Parteien Anfang August 1953 ein Finanzabkommen ausgehandelt, daß vorsah, daß der BdD der GVP eine Summe von 500.000 DM zur Verfügung stellt.[289] 400.000 DM wurden der Heinemann-Partei in bar ausgezahlt.[290] Zu Spannungen zwischen den Parteien kam es, als die GVP unter Hinweis auf den noch ausstehenden Betrag zumindest eine ›Vergleichsumme‹ von 40.000 DM zur Deckung der Wahlschulden einforderte. Auf diesen Betrag hätten sich, so Scheu, die Parteispitzen bei einer gemeinsamen Sitzung am 9. September 1953 geeinigt.[291] Der BdD hingegen argumentierte, die GVP habe zugestimmt, den Restbetrag von 100.000 DM mit den vom BdD hergestellten Wahlmaterialien zu verrechnen. Von einer Einigung auf eine ›Vergleichsumme‹ wollte man in den Reihen des BdD nichts wissen.[292] Der Streit zog sich über mehrere Monate hin und trug dazu bei, daß das »taktische Bündnis« aus Sicht der GVP spätestens »mit dem 6. September 1953 [Tag der Bundestagswahl; J.T.] seine natürliche Beendigung gefunden« habe.[293] Von Seiten des BdD mußten sich die Gesamtdeutschen daher den Vorwurf gefallen lassen, es sei ihnen bei der Zusammenarbeit weniger um ein politisches Bündnis als vielmehr um die Finanzierung ihres Wahlkampfes gegangen.[294]

Letztlich deuten alle Indizien darauf hin, daß die GVP zweifach mit Ostgeldern finanziert wurde. Zum einen genoß sie finanzielle Unterstützung durch den BdD, dessen direkte Steuerung durch den Osten wohl feststehen dürfte.[295] Zum anderen – diese Vermutung legen die Archivmaterialen der Ost-CDU nahe – bezog die Heinemann-Partei auf direktem Wege Gelder von der KPD, die wiederum finanziell durch das SED-Regime ausgestattet wurde. Ob die GVP darüber hinaus auch direkte Zahlungen der Ostberliner Regierung empfing und wenn ja, welche konkreten Bedingungen an diese Gelder geknüpft waren, läßt sich mit dem vorliegenden Archivmaterial nicht rekonstruieren. Bewiesen scheint jedoch, daß die GVP von sich aus auf die DDR-Regierung zukam und um ›Anleitung‹ und eine zuverlässige Finanzierung bat. Daß dies keine voneinander unabhängigen Aktionen einzelner Mitglieder gewesen waren, dürfte die Tatsache belegen, daß sowohl von Bodensteiner als auch von Haumann und Mochalski jeweils dieselbe Summe von 20.000 DM genannt wurde, die die GVP monatlich bräuchte.

Konkrete Hinweise darauf, inwieweit Heinemann über die Vorstöße informiert war und inwiefern er sich ebenso eine politische ›Anleitung‹ durch die Ost-CDU erhoffte, liegen nicht vor. Jedoch ist es kaum vorstellbar, daß Heinemann als Mitglied des vierköpfigen Parteipräsidiums weder über die Vorstöße der beiden GVP-Leute Mochalski und Bodensteiner noch über die direkte Finanzierung seiner Partei durch die KPD bzw. die Abhängigkeiten des BdD informiert gewesen sein sollte.[296] Insbesondere die Tatsache, daß sein persönlicher Referent scheinbar über Bodensteiners Vorstoß Bescheid wußte und selber auf direktem Wege um finanzielle Unterstützung und »politische Hilfe« aus dem Osten bat, dürfte ein Beleg dafür sein, daß Heinemann nicht nur eingeweiht gewesen war, sondern die Annäherung an die DDR maßgeblich mit vorantrieb. Anscheinend war Heinemann bereit, sich in die Abhängigkeit der DDR-Machthaber zu begeben, um sein politisches Projekt nicht vorzeitig scheitern zu sehen. Mehr als ein wenig Zeit gewann er nicht.

5. »Zwischen den Fronten« Das Verhältnis zu den anderen Parteien

Die GVP war eine klassische Protestpartei: Sie protestierte gegen konkrete politische Entscheidungen der Bundesregierung, gegen die Art und Weise des Regierens, gegen das gesamte Parteiensystem. Doch auch wenn die GVP nicht Teil dieses ›sich selbst protegierenden Systems‹ werden wollte, so mußte sie sich doch nach den bestehenden Spielregeln richten. Jedoch legte man Wert darauf, etwas völlig anderes, etwas gänzlich Neues zu sein.[297] »Was man wollte, war eine Partei nicht im Sinne von Parteiung, d.h. gebunden an bestimmte Ideologien oder soziale Gruppen, sondern im Sinne eines Pars pro toto. Die GVP wollte als Teil das Gesamte repräsentieren.«[298] Die weltanschauliche Toleranz, als ideologisches Fundament der Partei[299] befähigte, nach Meinung Heinemanns, die GVP dazu, »zwischen die Fronten [zu] treten und gesamtdeutsche Staatspolitik oberhalb der Interessen [zu] betreiben«.[300] Durch eine solche Auflösung der Parteienoligarchie erhoffte man eine höhere Form der parlamentarischen Demokratie zu erreichen.

Aus dieser Haltung sprach die tiefe Verachtung gegenüber den etablierten Weltanschauungsparteien[301] – allen voran gegenüber der CDU. Die Adenauerpartei war für viele GVP-Anhänger die Inkarnation der machtgeleiteten Interessenpartei. Daher opponierte Heinemann nicht nur gegen ihre vermeintlich verhängnisvolle Außenpolitik. Wichtiger war für ihn, daß sich die absolutistisch-diktatorische Tendenz der christdemokratischen Partei zu einer Gefahr für das demokratische System an sich entwickle. In seinen Augen betrieb die CDU ihre Politik »viel zu sehr von einem bürgerlich-restaurativen Standort aus«, der den »absoluten Willen zur sozialen Gerechtigkeit und zur unbedingten Freiheitlichkeit unserer Ordnung vermissen läßt.« Es sei »schmählich zu sehen, wie sehr diese Front eine Front gegen die Schwächeren ist und wie leicht sie geneigt ist, besitzbürgerliche Positionen zu verteidigen und faschistische Züge anzunehmen.«[302] In dem autoritären Kurs des Kanzlers und dem ›Führerkult‹ um seine Person wollte manch einer in der GVP »gefährliche Ansätze zur totalitären Regierungsform auch in der Bundesrepublik« erkennen.[303]

Darüber hinaus warf Heinemann der CDU vor, sie pervertiere die christliche Botschaft, indem sie sie zu einem politischen Zweckinstrument mache: »Wir verwerfen insbesondere die Verfälschung des Christentums zu einer politischen Ideologie. Wer politische Interessen mit christlichen Parolen verteidigt, wer insbesondere die machtmäßige Überwindung des Bolschewismus zu einem kirchlich-westlichen Auftrag stempelt, versperrt der christlichen Verkündigung den breiten Zugang zu allen Menschen und belastet die Christen hinter dem Eisernen Vorhang schwer.«[304] Als ehemaliges CDU-Mitglied kritisierte Heinemann vor allem die Verfälschung der CDU »aus einer Plattform zum gemeinsamen Handeln katholischer und evangelischer Christen in ein Propagandainstrument einer autokratischen Führung, deren politische Entscheidungen den christlichen Wählern durch ein christliches Einheitsgeschrei über den Kopf gestülpt werden.«[305] Die christliche Botschaft werde darunter leiden, »daß ausgerechnet die christliche Partei der Bundesrepublik an der Spitze einer Aufrüstung« marschiere. Die Überhöhung der Adenauerschen Politik zu einer »Christlichen Einheitsfront«, die sich im Wahlkampf bereits zahlreiche »Schmähungen und Verleumdungen« geleistet habe, ließ in seinen Augen »für den Fortgang allerlei befürchten.«[306] Daher forderte er, allen politischen Willen auf die Bekämpfung des christdemokratischen Parteienmonopolismus zu richten.

Aufgrund der Konzentration auf die CDU als politischen Hauptopponenten waren Heinemann und die GVP jedoch in einem gewissen Spannungsfeld gefangen. Auf der einen Seite übte man zwar grundsätzliche Kritik am Parteiensystem und den etablierten Weltanschauungsparteien. Auf der anderen Seite war man jedoch auf eine gewisse Kooperation mit anderen Parteien angewiesen, wollte man der übermächtigen CDU entgegentreten. Auf der Suche nach möglichen Bündnispartnern kam der GVP dabei ihre weltanschauliche Offenheit zugute. Keine Partei und keine Parteiung wurde von vornherein ausgeschlossen. Die GVP wollte »für alle offen« sein.[307]

Sogar gegenüber Regierungsparteien zeigte sich die GVP aufgeschlossen, wenn es darum ging, die Front gegen die Adenauerlinie zu verbreitern. Vor allem gegenüber der FDP brachte Heinemann, nach Aussage Helmut Simon[308], als »liberaler Bürger [...] durchaus gewisse Sympathien« auf.[309] Das gute Verhältnis zu den Liberalen gipfelte schließlich darin, daß Anfang 1953 der Kreisverband der Viersener FDP zu den Gesamtdeutschen übertrat.[310] Bereits auf der Gründungsversammlung der GVP hatte Heinemann betont, daß seine außenpolitische Konzeption »weitestgehend« mit der des FDP-Politikers Pfleiderer[311] übereinstimmen würde.[312] Gespräche mit FDP-Vertretern über eine intensivere Zusammenarbeit, u.a. auch mit dem baden-württembergischen Ministerpräsidenten Reinhold Maier[313], blieben jedoch ohne konkrete Folgen.[314]

Trotz gewisser programmatischer Schnittmengen standen die Liberalen jedoch – bis auf wenige Kritiker in den südwestlichen Landesverbänden der Partei[315] – unverbrüchlich hinter der Außenpolitik ihres christdemokratischen Koalitionspartners. Vor allem innerhalb der FDP-Bundestagsfraktion drängte man daher darauf, dem Werben der Gesamtdeutschen möglichst rasch eine deutliche und definitive Absage zu erteilen. Wiederholt bezeichneten FDP-Abgeordnete im Bundestag die Politik der GVP als »weltfremd« und gefährlich[316] und warnten davor, daß »die Gesamtdeutsche Volkspartei mit ihrer Neutralisierungspolitik [...], wenn sie zum Zuge käme, nichts anderes bewirken [würde], als daß Deutschland in die Lage Koreas gebracht würde und daß lediglich für uns in Zukunft das eine in Frage stünde, wann denn der Zeitpunkt eines sowjetischen Angriffs, eines sowjetischen Überfalls gekommen wäre.«[317] Ein anderer FDP-Abgeordneter bezichtigte Heinemann und seine Anhänger sogar als »gesamtdeutsche Morgenthauer« und warf ihnen vor, sie verfolgten ähnlich wie der ehemalige US-amerikanische Finanzminister Henry Morgenthau[318] ein Konzept, das ein neutralisiertes und entmilitarisiertes Deutschland vorsähe, »das von den anderen unter der Fuchtel gehalten wird.«[319] Eine engere Kooperation mit den Liberalen schien nach solch klaren Worten kaum denkbar.[320]

Auch die Zentrumspartei blieb – trotz intensiven Werbens durch Heinemann – auf Distanz zu den Gesamtdeutschen. Heinemann hatte sich von der oppositionellen Katholikenpartei erhofft, sie würde bereitwillig in die Front gegen die Adenauersche Außenpolitik eintreten. Zwar gelang es ihm, mit einigen hochrangigen Zentrumspolitikern zusammenzutreffen.[321] Allerdings reagierten sie auf die Avancen der GVP »sehr sauer«[322]. Obwohl man sich mit den Gesamtdeutschen in der Ablehnung des EVG- und des Generalvertrags einig war, kam für die Zentrumsleute eine Kooperation mit der GVP wegen deren Nähe zu linken und kommunistischen Kräften nicht in Frage. Hinzu kamen Schwierigkeiten, die sich durch die unterschiedliche konfessionelle Prägung der beiden Parteien ergaben. Die Zentrumspartei verstand sich als katholische Interessenspartei, die GVP war zumindest protestantisch geprägt. Auch wenn Heinemann und seine Parteifreunde stets betonten, daß die GVP überkonfessionell sei, so wurde doch deutlich, daß eine fruchtbringende Zusammenarbeit der beiden Parteien in Hinblick auf die Konfessionsfrage und das hieraus erwachsende Konfliktpotential kaum möglich war.[323]

Die konservative Grundeinstellung der Zentrumsleute hätte in Heinemanns Augen das geringste Hindernis für eine Zusammenarbeit dargestellt. Er suchte ein reines politisches Zweckbündnis, das weitergehende ideologische Fragen außen vor lassen sollte. Heinemann konnte sich sogar Bündnisse mit Parteien vorstellen, die im Parteienspektrum deutlich rechts von der CDU bzw. der Zentrumspartei standen. Schon früh lotete er die Möglichkeiten einer Kooperation mit national-neutralistischen Rechtsgruppen aus. Politische Positionierungen dieser Parteien, die nicht die Deutschlandpolitik betrafen, interessierten ihn dabei nur am Rande. Selbst ehemaligen Nationalsozialisten – solange diese geläutert seien – wollte Heinemann die Mitarbeit in der GVP nicht verwehren. Wiederholt betonte er, daß er es für das Schädlichste hielte, wenn man nur aufgrund seiner »nationalsozialistischen, soldatischen, antifaschistischen oder pazifistischen Haltungen in vergangenen Jahren [...] eine ständige Fehde untereinander« führe. An die rechts-nationalen Kreise gerichtet forderte Heinemann die »allgemeine Bereitschaft«, sich »gegenseitig auch in dem zu tragen, was wir in der Vergangenheit getan haben.«[324]

Als die GVP jedoch in konkrete Verhandlungen mit den Rechts-Nationalen einstieg, kamen schnell Zweifel an der Läuterung mancher Rechtspolitiker auf.[325] Viele waren offensichtlich weder bereit, dem Antisemitismus eine deutliche Absage zu erteilen, noch wollten sie sich von ihrer Forderung der ›Rückgabe der geraubten Gebiete‹ oder den ›zeitlosen Werten des soldatischen Geistes‹ distanzieren.[326] Auch wenn man bereit war, weltanschauliche Differenzen auszuklammern, so ging man in diesen Fragen doch zu weit auseinander. Auf dieser Grundlage schien ein gemeinsamer Wahlkampf nicht möglich zu sein und man nahm von seiten der GVP wieder Abstand von der Idee eines Wahlbündnisses mit den Rechten. Auf öffentliche Kritik an den Rechtsparteien verzichtete man jedoch. Statt dessen konzentrierte man sich auf Verhandlungen mit gemäßigteren rechtsnationalen Gruppen, was schließlich in einer Wahlabsprache mit der nur in Hessen agierenden NPD mündete.[327]

Sowenig Heinemann Berührungsängste gegenüber rechts-nationalen Parteien kannte, sowenig kannte er sie gegenüber linken bzw. kommunistischen Parteien. Mit einzelnen Linken und Kommunisten, wie beispielsweise zu dem KPD-Mitglied

Heinz Renner, pflegte Heinemann langjährige Freundschaften. Vor dem Hintergrund der allgemeinen antikommunistischen Stimmung im Lande sah sich Heinemann jedoch gezwungen, auf Distanz zu den kommunistischen Parteien zu gehen, um sich nicht selbst dem Generalvorwurf des Bolschewistenfreundes auszusetzen.[328] Unmittelbar nach der Gründung der GVP verkündete Heinemann daher, daß eine Zusammenarbeit mit kommunistischen Gruppierungen ausgeschlossen sei. Vermeintliche politische Notwendigkeiten brachten Heinemann jedoch schon bald dazu, seine Meinung zu ändern. Die in Aussicht gestellte finanzielle und organisatorische Unterstützung durch den kommunistischen Bund der Deutschen ließ Heinemann von seinem Versprechen abrücken. Die GVP ließ sich trotz Bedenken auf ein Bündnis ein. In welchem Maße darüber hinaus eine politische ›Anleitung‹ und direkte Finanzierung der GVP durch die westdeutsche KPD stattgefunden hat, läßt sich nicht genau rekonstruieren. Daß sie jedoch stattgefunden hat, kann als wahrscheinlich erachtet werden.

Mehr als mit jeder anderen Partei drängte sich jedoch für die meisten GVPler eine Zusammenarbeit mit der SPD auf.[329] Wessel betonte bereits vor der Parteigründung, daß »eine loyale Zusammenarbeit zwischen dieser neuen Partei und der SPD und die Möglichkeit der Koalition zwischen diesen beiden Parteien [...] nicht ausgeschlossen« sei.[330] So wie sie forderten viele Gesamtdeutsche, sich mit den Sozialdemokraten zumindest auf einen politischen »Burgfrieden« zu verständigen.[331] Schließlich war klar, daß man im Falle eines Einzuges in den Bundestag nur zusammen mit der SPD in eine Koalition eintreten könne.[332] Daher hielt auch Heinemann eine Annäherung an die SPD grundsätzlich für sinnvoll. Jedoch mahnte er noch zur Zurückhaltung und erinnerte an »so manchen Dolchstoß«, den die Sozialdemokraten »in unseren Rücken geführt« hätten.[333] Außerdem wies er darauf hin, daß nach wie vor beträchtliche Unterschiede im außenpolitischen Programm von GVP und SPD bestünden. Vor allem vermißte Heinemann bei den Sozialdemokraten »die Bereitschaft, das Sicherheitsbedürfnis, von dem auch eine revolutionäre Sowjetunion erfüllt ist, als den Ansatzpunkt zu nehmen, der sich für die Wiedervereinigung Deutschlands bietet.«[334] In Fragen der Wiederbewaffnung hielt Heinemann die Oppositionsarbeit der SPD für nicht konsequent genug. Letztlich, so befand er, unterscheide sich ihr Programm nur unwesentlich von dem der CDU: »Die Sozialdemokratie opponiert zwar gegen die Adenauersche Deutschlandpolitik, was sie statt dessen will, ist aber wiederum eine zweigeteilte deutsche Aufrüstung und zwar in Gestalt einer westdeutschen Nationalarmee neben den Nationalarmeen des Westländerbund neben einer Nationalarmee in der Ostzone. Sie will, um es bündig zu sagen, an die Stelle der Adenauerschen Aufrüstung lediglich eine Ollenhauersche Aufrüstung setzen.«[335]

Nach dem niederschmetternden Ausgang der Bundestagswahlen 1953 wurde innerhalb der GVP offen darüber diskutiert, ob es nicht besser sei, »die GVP aufzulösen und unsere Freunde ganz in die SPD hineinzuführen.« Die Parteiführung wollte diesen Schritt jedoch »im Augenblick« noch nicht gehen, da die SPD »noch nicht so weit [sei], daß positive, aufbauende und nicht-reaktionäre Kräfte einen wirksamen Einfluß innerhalb dieser Partei bekommen würden.« Statt dessen empfahl man zunächst einmal »die Entwicklung in aller Ruhe ab[zu]warten«, zugleich aber auch »mit einzelnen positiven politischen Kräften innerhalb der SPD auf Kreisebene so gut wie möglich Fühlung zu suchen.«[336]

Bereits im Folgejahr stellte Heinemann einen gewissen »Wandel« innerhalb der SPD fest. Das Bekenntnis zur Marktwirtschaft, die Absage an den »Marxismus als Religionsersatz« und das positivere Verhältnis zum Christentum hielt Heinemann für erste Schritte der SPD »auf dem Wege zur großen Volkspartei der Arbeitnehmer, des Mittelstandes und der Verbraucher mit kleinem Einkommen«. Sollte die Sozialdemokratie sich nun auch noch bereit zeigen, ihre »jahrzehntelangen Halbheiten« aufzugeben, so hielt Heinemann die Mitarbeit in der SPD selbst für einen liberalen und christlichen Bürger für möglich.[337]

Jedoch stieß die GVP zu diesem Zeitpunkt bei den Sozialdemokraten noch nicht auf viel Gegenliebe. Zwar beobachtete man das Wirken der GVP mit Interesse und empfahl in einem internen Bericht sogar, man täte gut daran, »die Entwicklung dieser nun von der CDU/CSU losgelösten Kräfte zu verfolgen.« Allerdings hielt man die Partei »aus personellen, programmatischen, organisatorischen und finanziellen Gründen, sowie durch den Mangel an Zustrom anderer Gruppen noch nicht reif für ein Auftreten in der Öffentlichkeit.« Darüber hinaus wurde vor allem Heinemann angelastet, er sei ein Mann »‚ohne Feuer‹ und Überzeugungskraft.« Seine »vornehme Zurückhaltung und Mangel an Robustheit« schienen ihn in den Augen der Sozialdemokraten »nicht als Parteiführer zu qualifizieren.«[338] Dennoch lehnten die Sozialdemokraten ein Bündnis mit der Heinemann-Partei nicht kategorisch ab. Da man allerdings nicht ausschließen konnte, daß die GVP Opfer einer kommunistischen Unterwanderung geworden war[339] und man zunächst abwarten wollte, »wie weit sie sich von manchen illusionären Gedankengängen«[340] zu entfernen bereit war, blieb man bis auf weiteres auf Distanz.[341]

SIEBENTES KAPITEL

»Niemandes Genosse«

HEINEMANN UND DIE SPD 1957-1969

Seit der Bundestagswahl 1953 hatte ein »schleichender Prozeß der Agonie«[1] die GVP gelähmt. Die politischen Ereignisse, die Mitte der fünfziger Jahre in Gang kamen, sollten der GVP schließlich vollends den Boden unter den Füßen wegziehen. Am 5. Mai 1955 traten die Pariser Verträge in Kraft, die zwar nicht rechtlich, aber doch faktisch einem Friedensvertrag zwischen den westlichen Siegermächten und der Bundesrepublik gleichkamen. Mit der Eingliederung in die NATO wurde Westdeutschland vom Besiegten zum Bündnispartner. Gleichzeitig trat die DDR in den Warschauer Pakt ein. Die militärische Blockbildung verfestigte sich.

Anders als durch Heinemann vorausgesagt, blieb eine generelle Verhärtung der Fronten jedoch zunächst aus. Vielmehr gelang es den vier Siegermächten, sich noch im selben Monat auf einen Staatsvertrag für Österreich und einen Abzug der Besatzungstruppen zu verständigen. Nur kurze Zeit darauf kam es zur Genfer Gipfelkonferenz, auf der erstmals seit 1945 wieder die vier Regierungschefs der Siegermächte zusammenkamen, um über die zukünftige Ordnung Europas zu beraten. Heinemanns Versuch, durch persönliche Gespräche Einfluß auf das Ergebnis der Verhandlungen zu nehmen, scheiterte grandios: Nicht ein einziger Vertreter der vier Mächte war zu einem Gespräch mit dem GVP-Mann bereit.[2] Statt dessen wehte der »Geist von Genf«[3] über die politische Bühne, und die Regierungschefs beschlossen *de facto* die Anerkennung des *status quo* in Europa. Mit dieser Einigung schien die deutsche Frage von der internationalen Gesprächsbühne zu verschwinden. Die Trennung Deutschlands wurde festgeschrieben. Die Wiedervereinigung rückte in weite Ferne.

Als Adenauer schließlich im September 1955 auf seiner Moskaureise einen diplomatischen Erfolg sondergleichen verbuchen konnte, indem er die Freilassung der letzten deutschen Kriegsgefangenen aus der Sowjetunion erreichte,[4] wurde auch die zentrale politische Grundannahme der GVP *ad absurdum* geführt. Nicht der von Heinemann geforderte Kurs der Verständigung, sondern Adenauers Politik der Stärke und der Unnachgiebigkeit wurde von politischem Erfolg gekrönt.[5]

Mit der Formulierung der Hallstein-Doktrin im Juli 1955, die den Alleinvertretungsanspruch der Bundesrepublik postulierte und die »Aufnahme diplomatischer Beziehungen mit der DDR durch dritte Staaten [...] als einen unfreundlichen Akt«[6] verurteilte und mit der Vereidigung der ersten Bundeswehrsoldaten im Januar 1956[7] mußten Heinemann und seine Anhänger zwei weitere politische Niederlagen hinnehmen, ohne zu irgendeinem Zeitpunkt auch nur den Hauch einer Möglichkeit gehabt zu haben, etwas dagegen zu unternehmen. Adenauer war auf dem Höhepunkt seiner Macht. Die für 1957 anstehenden Bundestagswahlen ›drohten‹ erneut zu einem Triumphzug für den Alten aus Rhöndorf zu werden.

Daß die GVP aus eigener Kraft nichts mehr gegen die Vorherrschaft der CDU würde ausrichten können, war allen Beteiligten klar. Resignierend stellte Helene Wessel 1957 fest: »Der Kampf gegen die Aufrüstung ist verloren, die Wiedervereinigung nicht mehr möglich, das muß man schlicht einsehen.«[8] Mit dieser Erkenntnis war auch das Schicksal der GVP besiegelt. Die Partei stand vor dem Aus. Ihre Erneuerung war nicht gelungen. Ihr prominentester Vertreter galt in der Öffentlichkeit als ein politisch »toter Mann«[9]. Letzter Ausweg schien nur die Annäherung an den einzig denkbaren politischen Bündnispartner: die SPD.

1. »Wie man eine Partei auflöst« Der Übertritt zur SPD

Im Oktober 1956 fertigte Heinemann ein Exposé zur anstehenden Bundestagswahl an.[10] In vier Punkten erörterte der Parteivorsitzende darin die Möglichkeiten und Voraussetzungen eines Regierungswechsels: »1. Die GVP wäre bereit, mit allen anderen Gruppen, vor allem mit der SPD, im Blick auf die Bundestagswahl 1957 zu einer Zusammenarbeit zu kommen, mit dem Ziel, die CDU-Regierung aus dem Sattel zu heben. 2. Es wird festgestellt, daß nur SPD, FDP und BHE[11] bei der Bundestagswahl mit Mandaten im Alleingang rechnen können, während Bayern-Partei, Zentrumspartei und GVP dies nur in gewissen Schwerpunkten erreichen dürften. [...] 3. Da die FDP und der BHE für unser Ziel, eine Regierung ohne CDU zu bilden, nur bedingt in Rechnung zu setzen sind, müßte in der verbleibenden Zeit erreicht werden, daß die SPD mit diesen beiden Parteien und den kleineren Parteien zusammen eine deutlich sichtbare Opposition gegenüber der Bundesregierung bildet. 4. Da der Kern der Opposition gegen die CDU die SPD darstellt, muß diese sich in erster Linie fragen lassen, ob sie bereit ist, die drei kleineren Parteien in der Wahl so zu fördern, daß diese ihrerseits der SPD bei der Regierungsbildung helfen können, da die SPD alleine auf keinen Fall über eine 50-Prozent-Mehrheit kommen kann.« Das Exposé endet schließlich mit der Frage: »Ist die SPD bereit, sich auf eine Überlegung einzulassen, wie dieser Situation Rechnung getragen werden kann?«[12]

Die SPD war dazu bereit. Heinemanns Vorschläge jedoch kamen bei den Sozialdemokraten überhaupt nicht gut an. Eine generelle Unterstützung des GVP-Wahlkampfes und der Verzicht auf die Aufstellung von SPD-Direktkandidaten zugunsten von GVP-Vertretern kam für die SPD kaum in Frage: »1. Es wird für ausgeschlossen gehalten, daß die Untergliederungen der SPD auf Aufstellung von SPD-Leuten zugunsten von GVP-Leuten auch nur an irgendeinem Ort verzichten. 2. Man glaubt nicht, SPD-Redner zu gewinnen, die für einen GVP-Kandidaten werben würden. 3. Überlegungen der GVP zur Gewinnung von Direktmandaten seien zwar rechnerisch gesehen richtig, aber man befürchtet, daß die Wähler der SPD einfach nicht mitmachen, da ihnen die Ziele der GVP zu unbekannt seien.

Dazu komme die Belastung BdD, außerdem die Vorfälle in Ungarn und das Verhalten der DDR-Regierung. 4. Die Organisation und der Partei-Apparat der GVP sei zu gering ausgebaut, als daß man sich davon wesentliche Unterstützung verspreche.«[13] Auch die von Heinemann angestellte Überlegung, GVP-Leute an sicherer Stelle auf den SPD-Landeslisten zu plazieren, wurde von den Sozialdemokraten zurückgewiesen. Für den SPD-Abgeordneten Fritz Erler, mit dem sich Heinemann Mitte 1956 zu einigen Unterredungen traf,[14] blieb statt dessen einzig und allein der Weg übrig, »die positiven Kräfte der GVP und damit eine starke Phalanx, vor allem aus evangelischen Kreisen, in die SPD zu überführen und die GVP wieder aufzulösen.«

Anfang 1957 kam es schließlich auf Initiative des Präsidiums der GVP zu ersten offiziellen Treffen zwischen Vertretern beider Parteien.[15] In insgesamt drei Besprechungen verhandelten der Parteivorsitzende Ollenhauer und der Fraktionsvorsitzende Wehner mit den GVP-Spitzenleuten Heinemann, Wessel und Scheu über die Modalitäten einer Zusammenarbeit in Hinblick auf die Bundestagswahl.[16] Letztlich ließ sich die SPD-Spitze aber zu keinen Zugeständnissen an die Gesamtdeutschen hinreißen.[17] Als Ergebnis des letzten offiziellen Gesprächs am 11. Februar 1957 wurde festgehalten, daß eine »Hereinnahme von GVP-Kandidaten in die SPD-Landes- oder Kreislisten«[18] nicht infrage komme.[19] Praktisch hieße das, »wer bei der SPD kandidieren will, muß SPD-Parteimitglied sein. Etwas anderes kommt nach der geschichtlichen Struktur der SPD nicht infrage.«[20]

Als zwei Wochen später der Bundesvorstand der GVP zusammentraf, machte Scheu deutlich, daß es »keinen Weg zum Weitermachen in der bisherigen Form der GVP« gäbe. Die »einzige – wenn auch fragwürdige – Chance biete die SPD.« Daher müsse jetzt versucht werden, »eine größere Anzahl von GVP-Kandidaten in die SPD zu bringen.« Voraussetzung dafür sei allerdings, daß die SPD aus der »Verschmelzung« mit der GVP »ein politisches Ereignis« mache, der Zusammenhalt der ehemaligen GVP-Mitglieder gewährleistet werde und man ein eigenständiges Publikationsorgan weiterführen dürfe.[21] Zwar lehnte die Mehrheit des Vorstandes eine Auflösung ab, einigte sich jedoch darauf, daß man sich »nicht selbständig« an der nächsten Bundestagswahl beteiligen wolle. Der politische Auftrag der GVP bestünde auch weiterhin.[22]

Noch Ende Februar 1957 machte Heinemann deutlich, daß für ihn persönlich ein Übertritt zur SPD außer Frage stünde. Auch Scheu äußerte in einem vertraulichen Gespräch mit einem SPD-Vertreter die Befürchtung, daß Heinemann »im Augenblick ganz sicher nicht [...] einen Weg in die SPD mitgehen würde.«[23] Heinemann legte daher im GVP-Bundesvorstand besonderen Wert darauf, »daß alle Schritte, die in die Zukunft hinein getan werden, [...] unabhängig von der Frage seiner persönlichen weiteren politischen Existenz getroffen werden« sollten.[24] Unter allen Umständen wollte Heinemann den Eindruck vermeiden, die Gespräche mit der SPD dienten letzten Endes nur der Sicherung seiner persönlichen politischen Karriere. Als von einigen Kritikern der Vorwurf geäußert wurde, Heinemann und seine Mitstreiter seien bloß an Bundestagsmandaten[25] bzw. einem Ministerposten[26] interessiert, widersprach Heinemann auf das Entschiedenste: »Mit Betonung« stellte Heinemann fest, daß es nicht das Ziel sei, »für irgendwen von uns zu einem Bundestagsmandat durch ihre Partei zu gelangen.«[27]

Bereits im März 1957 ließ Scheu in einem Brief an Erler durchblicken, daß mittlerweile von Seiten Heinemanns durchaus Bereitschaft bestünde, zur SPD überzutreten – sofern diese nicht vor inneren Reformen und dem wahren »Signal eines Wandels«[28] zurückschrecke: »Noch eine Bemerkung zu der Frage, welche Sie an Dr. Heinemann richteten, ob er seinerseits bereit sei, in die SPD einzutreten und gegenenfalls [sic!] als SPD-Mitglied zu kandidieren. Dazu kann ich Ihnen nur soviel sagen, daß Dr. Heinemann schon lange auf dem Weg zu Ihrer Partei ist. [...] Ich weiß aber ebenso genau aus der jahrelangen engen Zusammenarbeit mit ihm, daß er den letzten Schritt nur dann tut, wenn damit in hinlänglicher Breite die Entwicklung gefördert wird, um die es hier geht. Es wird kein noch so schönes Bundestags-Mandat geben, mit dem Heinemann von dieser Vorstellung – mögen Sie darüber denken wie Sie wollen – abzubringen wäre.«[29]

In Scheus Augen waren es weniger rationale Vorbehalte gegenüber der Sozialdemokratie, die Heinemann davor zurückscheuen ließ, die Überführung der GVP in die SPD voranzutreiben. Vielmehr vermutete er, daß Heinemann sich auf eine bestimmte Art und Weise für ›seine‹ GVP verantwortlich fühle[30] und sich schlichtweg nicht eingestehen wolle, daß die Auflösung der einzig mögliche Weg sei, »wenn er nicht endgültig in die politische Exil-Stellung gelangen solle«[31]. In Helene Wessel hoffte Scheu eine Verbündete zu finden, um Heinemann endlich zum Loslassen bewegen zu können. In einen Brief bat er die ehemalige Zentrumsfrau: »Ich flehe Sie an, ringen Sie sich vor der nächsten Präsidiumssitzung zu einer klaren Linie durch, denn nur so können wir Heinemann helfen, seine Treuekomplexe über Bord zu werfen.«[32]

Um die Dinge »innerparteilich weiter vorwärts zu treiben« nutzte Scheu einen Auslandsaufenthalt Heinemanns aus, um das Gerücht an die Presse zu lancieren, die GVP stünde kurz vor der Auflösung,. Unter der Überschrift »Geht die GVP in der SPD auf?« wurde am 4. April 1957 auf der Grundlage der Informationen Scheus die folgende Agenturmeldung veröffentlicht: »In der von dem früheren Bundesinnenminister Dr. Gustav Heinemann und der früheren Zentrumsvorsitzenden Helene Wessel gegründeten Gesamtdeutschen Volkspartei (GVP) wird eine Auflösung der Partei und ein Übertritt in die SPD erwogen. [...] Aus der Umgebung Heinemanns wurde darauf verwiesen, daß in dieser Angelegenheit bisher keine Beschlüsse gefaßt worden seien. [...]«[33]

Erst Ende April 1957 hatte sich Heinemann zur Auflösung der GVP durchgerungen.[34] Auf einer Besprechung mit Siegener Parteifreunden sprach Heinemann erstmals an, daß auch er keine Zukunft mehr für die GVP sehe. Dankbar äußerte sich ein GVP-Kreisvorsitzender über Heinemanns deutliche Worte: »Ich bin Ihnen, hochverehrter Herr Doktor, herzlich dankbar, daß Sie bei der Besprechung mit den Siegenern so klar und deutlich Stellung bezogen haben. Darum ging es uns. Die Siegener wissen jetzt, daß auch Sie keinen Weg für die GVP mehr sehen.«[35]

Nachdem Heinemann nach langem Hadern letztendlich doch den Entschluß gefaßt hatte, das Projekt GVP endgültig zu begraben, gelang schließlich auch der entscheidende Durchbruch bei den Verhandlungen mit der SPD. In einer Besprechung am 9. Mai 1957 konnten sich Heinemann, Wessel und Scheu mit den SPD-Vertretern Ollenhauer und Wilhelm Mellies[36] auf vier zentrale Punkte einigen: »1. Das Gespräch habe bestätigt, daß wir in wesentlichen politischen Fragen übereinstimmen. 2. Unter der Voraussetzung, daß unser Bundesparteitag die Auflösung der GVP beschließt, wolle die SPD einen Zugang der GVP zur SPD [...] als einen Beitrag zur Verbreiterung und Stärkung der Opposition in einer demonstrativen Weise begrüßen. 3. Was die aktive Mitarbeit bisheriger Mitglieder der GVP in der SPD anbelangt, so sei uns dargelegt worden, daß es Berufungen in Leitungsgremien der Partei satzungsgemäß nicht gäbe. Insoweit wird es auf die regelmäßigen Wahlen in den Gliederungen der Partei ankommen. Es sei aber ausdrücklich von Seiten der SPD erklärt worden, daß man auf die Gliederungen diesbezüglich einwirken wolle. 4. Man wolle bezüglich der Bundestags-Mandate sich nicht beschränken auf Dr. Heinemann, sondern auch andere Personen der GVP einschließen.«[37] Heinemann wurde einer der ersten fünf Plätze auf der Landesliste NRW in Aussicht gestellt. Wessel, Posser sowie fünf weitere GVP-Mitglieder sollten sichere bzw. aussichtsreiche Plätze auf anderen Landeslisten erhalten.[38] Scheu erklärte, er stünde für eine Kandidatur zum Bundestag nicht zur Verfügung.[39]

Auf dem Bundesparteitag der GVP am 18. und 19. Mai 1957 in Essen wurde schließlich die Auflösung der Partei beschlossen[40] und den bisherigen Mitgliedern der Übertritt in die SPD empfohlen.[41] Heinemann enthielt sich bis unmittelbar vor dem Parteitag jeder Stellungnahme. Erst während der Debatte äußerte sich Heinemann erstmals und sprach sich eindeutig für die Auflösung der Partei aus. 43 Delegierte stimmten für den Auflösungsantrag, einer enthielt sich und nur neun stimmten dagegen. Zum Ende des Parteitages vermeldete die Deutsche Presse Agentur (dpa)[42]: »Die Gesamtdeutsche Volkspartei hat heute auf einem außerordentlichen Bundesparteitag in Essen ihre Auflösung beschlossen und ihren bisherigen Mitgliedern empfohlen, sich der SPD anzuschließen oder sie in der Bundestagswahl 1957 zu unterstützen. Dieser Beschluß ist aus der weitgehenden Annäherung beider Parteien in ihren Auffassungen zur Deutschland-Politik erwachsen. Er soll der Überwindung alter weltanschaulicher Gräben und einer Zusammenfassung derjenigen Kräfte dienen, welche eine Änderung der Bonner Politik für geboten halten.«

Heinemann tat sich anfangs schwer damit, Sozialdemokrat zu werden. Halb mußte er zum Parteiwechsel überredet und gedrängt werden, halb vollzog er ihn aus politisch-strategischen Gründen. Letzten Endes präsentierte sich die SPD aber als das geeignete Instrument, um noch einmal aus dem politischen Schattendasein herauszutreten und als tatsächliche Opposition zu der Adenauerschen Deutschland- und Aufrüstungspolitik aufzutreten. Ausschlaggebend für den Parteiwechsel war aber die programmatische Nähe zur SPD in außen- und deutschlandpolitischen Fragen. So betonte er in seiner ersten Pressekonferenz als SPD-Mitglied vor allem die »breite Übereinstimmung der Meinungen, vor allem in den nationalen Fragen und in der Absage an die atomare Aufrüstung.« Etwaige Meinungsverschiedenheiten in wirtschaftlichen Fragen träten demgegenüber zurück.[43] Auch das noch ungeklärte Verhältnis der SPD zu den Kirchen verhinderte den Parteiwechsel nicht. Schließlich sei die SPD keine »anti-christliche Partei«[44]. Zusammenfassend bezeichnete Heinemann seinen Übertritt zur SPD als »ein Zusammenrücken verwandter Kräfte«[45]. Außerdem, und darin stimmte er mit Helene Wessel überein, stelle sich schlichtweg die Frage, wo man schon eine Partei finden könne, »die man [zu] 100 Prozent bejahen kann.«[46] Am 27. Mai 1957 wurde Heinemann Mitglied der SPD.

2. »Sozialismus ist eine dauernde Aufgabe« Selbstverständnis und Programmatik der SPD

In dem Jahr, in dem Heinemann in die SPD eintrat, konnte die Partei auf eine beinahe einhundertjährige Tradition zurückblicken. Zweimal in ihrer Geschichte war die Sozialdemokratische Partei bereits verboten worden: während des Kaiserreichs von 1878 bis 1890[47] und während des ›Dritten Reichs‹ von 1933 bis 1945[48]. Das Hitlerregime verfolgte und verhaftete zahllose Genossen. Nicht wenige wurden in Konzentrationslagern interniert oder hingerichtet. Die Übrigen wurden in die innere Emigration gezwungen.[49]

Die zweifache Erfahrung der Verfolgung und staatlichen Repression prägte nach der Befreiung von der Naziherrschaft das kollektive Gedächtnis und das Selbstverständnis der Partei in besonderer Weise. Hatte sich die SPD trotz ihrer radikalmarxistischen Programmatik bereits in der Weimarer Republik zu einer staatstragenden und staatsloyalen Partei entwickelt, so kam nun die Verbindung von Sozialismus und Demokratie als Kristallisationspunkt aller programmatischen Überlegungen hinzu: »Als geistige und politische Grundlage steht neben dem Sozialismus und völlig mit ihm zusammengewachsen die Demokratie. Die Demokratie ist untrennbar von Begriff und Ethik des Sozialismus.«[50] Das demokratische System galt nicht mehr länger als bloßer ›Kampfboden‹, den die Sozialdemokraten nach einem Sieg über die kapitalistisch-reaktionären Kräfte zugunsten einer sozialistischen Gesellschaftsordnung zu überwinden trachteten. Vielmehr wurde der demokratische Staat selber als »Ausdruck einer eigenwertigen sittlichen Idee«[51] angesehen.

Als historische und moralische Konsequenz aus der Katastrophe des ›Dritten Reichs‹ nahm die Sozialdemokratie für sich in Anspruch, in einem demokratischen Staat die alleinige »Trägerin der Freiheits- und Humanitätsideale«[52] zu sein. Folglich beharrte die Partei darauf, daß ihr in dem politischen System auch die politische Führungsrolle zufallen müsse.[53] Zugleich wollte man, indem man die parlamentarische Demokratie zum vorherrschenden Strukturprinzip erhob, eine deutliche Trennlinie zum Kommunismus ziehen, dem man einen totalitär-diktatorischen Wesenskern unterstellte.[54] Gesellschaftliche Veränderungsprozesse im sozialistischen Sinne hielt man nur in einem parlamentarischen System, keinesfalls in einer totalitären Diktatur für realisierbar. Schließlich sei »ein auf diktatorischem Wege erkämpfter und behaupteter ›Sozialismus‹ [...] kein Sozialismus, sondern bestenfalls Staatskapitalismus oder irgendeine andere überindividualistische Wirtschaftsform«[55].

Der angestrebten Führungsrolle wollte die SPD gerecht werden, indem sie sich auch gegenüber der Mittelschicht, den Angestellten und Beamten, den Handwerkern und den Händlern und Bauern öffnete. Gleichzeitig wollte die Sozialdemokratie sich aber auch ihrer Ursprünge bewußt werden, sich auf die programmatische Tradition einer sozialistischen Partei besinnen und das Profil als Arbeiterpartei schärfen. Dies veranlaßte die SPD dazu, trotz ihres Bekenntnisses zur westlich-liberalen Demokratie- und Parlamentstradition auch nach 1945 weiterhin an ihrem vulgär-marxistischen ›Heidelberger Programm‹ von 1925 festzuhalten.

Hinter der Distanzierung vom Kommunismus als Teil eines politischen Systems darf folglich keine grundsätzliche Abkehr vom Marxismus vermutet werden. Nach wie vor maß die SPD dem Marxismus eine wesentliche methodische Bedeutung bei der Analyse gesellschaftlicher Kräfte und Konflikte zu. Auch wenn Karl Marx nicht mehr länger als der »Finder angeblich ewiger Naturgesetze in der Wirtschaft« gefeiert werden sollte, so erachtete man doch auch weiterhin den Marxismus als ein geeignetes »Instrument der Abwehr gegen die dem Kapitalismus innewohnenden Verelendungstendenzen und [als] ein Werkzeug der sozialistischen Neugestaltung«[56].

Auch in den ersten programmatischen Erklärungen nach Ende des Krieges wurde deutlich, wie sehr die SPD dem alten marxistischen Klassenkampfdenken verhaftet blieb. Kurt Schumacher, der erste Vorsitzende der SPD nach der Wiederbegründung, führte im Oktober 1945 in einer Rede über die politischen Ziele der SPD aus: »Auf der Tagesordnung steht heute als der entscheidende Punkt die Abschaffung der kapitalistischen Ausbeutung und die Überführung der Produktionsmittel aus der Hand der großen Besitzenden in gesellschaftliches Eigentum, die Lenkung der gesamten Wirtschaft nicht nach privaten Profitinteressen, sondern nach den Grundsätzen volkswirtschaftlich notwendiger Planung. Das Durcheinander kapitalistischer Unternehmerwirtschaft, deren Träger keine größeren Sorgen kennen als die, morgen noch mehr Geld zu verdienen als heute, kann nicht ertragen werden. Planung und Lenkung sind noch nicht Sozialismus, sondern erst die Voraussetzung dazu. Der entscheidende Schritt ist erst in einschneidenden Sozialisierungsmaßnahmen zu sehen.«[57]

Bereits in den ›Politischen Richtlinien für die SPD in ihrem Verhältnis zu den anderen politischen Faktoren‹ vom August 1945 hatte der Vorsitzende die »völlige Zerbrechung der finanzkapitalistischen, imperialistischen und militärischen Linie« gefordert.[58] Die politische Macht des Geldes sollte durch Vergesellschaftungsmaßnahmen im antikapitalistischen Sinne begrenzt werden: »Die Verstaatlichung der Großindustrie, der Großfinanz und die Aufsiedlung des Großgrundbesitzes sind volkswirtschaftlich eine absolute Notwendigkeit. Vor allem sind der Bergbau, die Schwerindustrie, die Energiewirtschaft, das Verkehrswesen, ein sehr großer Teil der Verarbeitungsindustrie sowie die Versicherungs- und Bankwirtschaft nicht nur sozialisierungsreif, sondern müssen sozialisiert werden, wenn die deutsche Wirtschaft ausreichend funktionieren soll.«

Auch kirchenpolitisch orientierte sich die Programmatik der SPD an klassisch sozialistischen Forderungen: Staat und Kirche sollten strikt voneinander getrennt werden, Bekenntnisschulen zugunsten öffentlicher Gemeinschaftsschulen abgeschafft werden. Zwar hatte sich das Verhältnis der Sozialdemokratie zu den Kirchen als Folge des gemeinsamen Kampfes gegen den Nationalsozialismus insofern gewandelt, daß man nun zumindest keine dezidiert kirchenfeindliche Haltung mehr einnahm.[59] Allerdings bestanden in zahlreichen Punkten die traditionellen Differenzen zwischen Sozialdemokratie und Kirche auch weiterhin fort. Zusätzlich wurde das Verhältnis durch die Nähe der Kirchen zur CDU, dem politischen Hauptkonkurrenten der SPD, einer besonderen Belastungsprobe unterzogen. Die SPD warf den Kirchen vor, gemeinsame Sache mit der Adenauerpartei zu machen und unverantwortlicherweise zu dulden, daß sich die CDU mit dem Prädikat

›christlich‹ schmücke. Dabei sei die »Bezeichnung christlich [...] nicht sauber und nicht anständig gegenüber den anderen Parteien, denen damit antichristliche Momente in ihrer Politik unterstellt werden. [...] Mit der Aufnahme des Wortes christlich in einer Parteifirmierung wird das Monopol des Christentums für eine politische Richtung in Anspruch genommen.« Zwar sei das »vorübergehend für diese Partei von Nutzen«, im Interesse des Christentums könne dies allerdings nicht sein. Daher rief die SPD dazu auf, »daß die Kirchen den notwendigen Abstand zu solchen Erscheinungen halten und ihre Diener sich nicht einseitig engagieren.« Ansonsten, so warnte man, erschienen die »Kirchen als Instrument der Besitzverteidigung« und gerieten dadurch »in einen verhängnisvollen Gegensatz zu der antikapitalistischen Grundstimmung des Volkes«[60]. Einen solchen »Mißbrauch kirchlicher Einrichtungen und Personen als Instrumente des politischen Machtkampfes«[61], so drohte man von Seiten der SPD, werde man zu allen Zeiten aufs Schärfste bekämpfen.

Auch wenn die Auseinandersetzung mit wirtschafts- und gesellschaftspolitischen Themen im Mittelpunkt der SPD-Parteiprogrammatik stand, so genoß in der politischen Praxis doch die Außenpolitik eindeutig Priorität.[62] Unter Schumacher wurde das sozialistische Programm der SPD geradezu »an die Außenpolitik delegiert«[63]. Für ihn war klar, »daß in einem solchen Trümmerfeld und bei einem fast völligen Fehlen der politischen und wirtschaftlichen Hilfsmittel die Fragen der inneren Politik zwangsläufig unter dem Gesichtspunkt der Außenpolitik geregelt werden«[64]. Letztlich sollte der sozialistische Neuaufbau nur einem Ziel dienen: »Das Recht der nationalen Selbstbehauptung und deren Ausdruck in einem eigenen Staat zu verwirklichen«[65].

Mit Schumachers Primat der Außen- und Deutschlandpolitik hielt zugleich ein neuer Nationalismus Einzug in die SPD-Programmatik. Die Sozialdemokraten hielten den Besatzungsmächten vor, daß die Reparationszahlungen zu hoch seien, die sowjetische Besatzungsgrenze zu weit nach Westen gerückt sei und die Oder-Neiße-Grenze schlichtweg inakzeptabel sei.[66] Statt dessen forderte die SPD ein Deutschland in den Grenzen von 1937, die Wiederangliederung des Saarlandes und die Ernennung Berlins zur Hauptstadt.[67] Zugleich wandten sich die Sozialdemokraten entschieden gegen die föderalistischen Pläne der Besatzungsmächte, die in ihren Augen zu Kleinstaaterei und Separatismus führten und somit eine »Balkanisierung des Reichsraums«[68] zur Folge hätten.

Die SPD, und insbesondere Schumacher, war gewillt, dem Ziel der Wiederherstellung der Einheit des Reiches alles andere unterzuordnen. Ein gespaltenes Deutschland wurde als eine latente Gefahr für den Frieden in Europa betrachtet. Verhandlungen mit Ostberlin über eine deutsche Wiedervereinigung lehnte die SPD jedoch ab. Die SED hielt man für moskauhörig und sie wurde daher nicht als gleichwertiger Gesprächspartner akzeptiert. Statt dessen setzte man darauf, die westlichen Besatzungszonen politisch und wirtschaftlich soweit zu stabilisieren und attraktiv zu gestalten, daß sich der Anschluß der SBZ durch eine Sog- bzw. Magnetwirkung geradezu zwangsläufig und von alleine vollziehen werde.[69]

Mit der starken Betonung des ›Nationalen‹ wähnte sich die SPD ganz in der Tradition der Sozialdemokratie, die sich bereits in der Weimarer Republik als Bewahrer der Einheit des Reiches verstand. Ebenso faßte die Partei das Festhalten am

›Heidelberger Programm‹ als Ausdruck sozialdemokratischer Kontinuität auf. Die SPD sollte nach Kriegsende wiedergegründet, nicht neugegründet werden.[70] Allenfalls sollte sie mit Schumacher einen »neuen Kopf« erhalten, nicht aber »neue Glieder«[71]. Letztlich entstand nach 1945 ein »Parteileben nach altem Muster, das vom Stolz auf die Tradition, von ergebener Treue gegenüber den Führern, von Mißtrauen gegen Staat, Unternehmer, Kirchen und Intelligenz und von einem pseudorevolutionären, gefühlsbetonten Radikalismus geprägt war«[72].

Bei den ersten Wahlen in der westlichen Besatzungszone war der auf Tradition und Kontinuität bauenden Politik der SPD durchaus ein gewisser Erfolg beschieden. Vor allem auf kommunaler Ebene gelang es der Partei zunächst, »daß der Sozialismus auf der Tagesordnung blieb«[73]. Aber auch auf Landesebene spielte die SPD eine gewichtige Rolle. In einigen Ländern wurde sie stärkste Fraktion, besetzte den Posten des Ministerpräsidenten und stellte zahlreiche Minister. Auch die Mitgliederentwicklung spiegelte den erfolgreichen und offensiven Kurs der Partei wieder. Innerhalb kürzester Zeit wurde die SPD wieder zur mitgliederstärksten Partei. Ende 1947 zählte sie bereits knapp 900.000 Mitglieder.

Jedoch währte dieser Aufschwung nur kurz. Bereits Mitte 1947 kam die ›Offensive‹ der SPD wieder zum Erliegen.[74] Behäbigkeit, Bürokratismus und Einfallslosigkeit erstickten die anfängliche Dynamik. Die Kluft zwischen radikaler Programmatik, die die Revolution zum politischen Prinzip erhob und dem tatsächlichen sozialreformerischen Politikansatz der Partei hatte einen »wortradikalen Immobilismus«[75] zur Folge. Die Kombination aus programmatischer Starrheit und Theoriedefizit[76] ließ keinen Platz für Utopien oder neue Ideen. Die Entwicklung des Parteiapparats stagnierte. Innerhalb kürzester Zeit verlor die Partei hunderttausende Mitglieder. Bis 1954 schrumpfte die SPD auf nur noch 585.000 Mitglieder.[77]

Auch bei entscheidenden Wahlen auf Landes-, Gemeinde- und Kreisebene sollte die SPD zumeist deutlich hinter die CDU, ihren politischen Hauptkonkurrenten, zurückfallen. Teilweise entfielen auf die Adenauerpartei bis zu viermal so viele Stimmen wie auf die SPD.[78] Zunehmend gerieten die Sozialdemokraten ins politische Abseits. Als besonders folgenreich erwies sich die Entscheidung der Parteiführung, im Frankfurter Zweizonen-Wirtschaftsrat die Oppositionsrolle zu übernehmen. Somit überließ es die SPD der Koalition aus Union und FDP für marktwirtschaftliche Tatsachen zu sorgen und wichtige Weichenstellungen in der deutschen Wirtschaftspolitik zu bestimmen. Gleichzeitig führte die Oppositionspolitik dazu, daß die Sozialdemokraten in der öffentlichen Wahrnehmung immer stärker als Verhinderer und Blockierer, eben als eine ewige »Neinsager-Partei«[79] wahrgenommen wurden.[80]

Die erste Bundestagswahl im August 1949 bescherte der SPD folglich eine schmerzliche Niederlage. Zwar erzielte man mit 29,2 Prozent nur ein unwesentlich schlechteres Ergebnis als die CDU, die 31,0 Prozent erreichte. Die Bildung einer sozialdemokratisch geführten Regierung war bei diesem Ergebnis allerdings praktisch ausgeschlossen. Der propagierte Führungsanspruch der SPD war nicht zu realisieren. Ohnmächtig mußte man hinnehmen, daß sich Adenauer eine bürgerliche Koalition zusammenschmiedete, die ihn schließlich am 15. September 1949 mit einer Stimme Mehrheit zum ersten Bundeskanzler der Bundesrepublik Deutschland wählte.

Als unmittelbare Reaktion auf die enttäuschende Bundestagswahl beschloß der Parteivorstand am 30. August 1949 in Bad Dürkheim die Richtlinien der zukünftigen Politik der SPD. Mit den sogenannten ›Dürkheimer 16 Punkten‹ nahm die SPD das erste Mal seit der Wiederbegründung 1945 eine umfassende programmatische Bestimmung ihrer politischen Ziele vor. Obwohl die 16 Punkte erste Anzeichen erkennen ließen, daß sich die SPD auch mit einer soziale Marktwirtschaft arrangieren könne, blieb es zunächst noch bei der Forderung nach politischer und wirtschaftlicher »Entmachtung des großen Eigentums [...] durch Sozialisierung der Grundstoff- und Schlüsselindustrien«[81] und der »Planung und Lenkung der Kredite und Rohstoffe zur Befriedigung des volkswirtschaftlichen Bedarfs«[82].

Neben der Wirtschafts- und Sozialpolitik blieb jedoch die Deutschlandpolitik das zentrale Anliegen der Partei. Um so mehr, da in den Augen vieler Sozialdemokraten das schlechte Abschneiden bei den Bundestagswahlen bewiesen habe, daß die Erreichung der deutschen Wiedervereinigung auch für die SPD von vitalem Interesse sei. Solange die SPD durch die deutsche Teilung von ihren »Hochburgen in Mitteldeutschland« abgeschnitten sei, könne sie nur »auf einem Lungenflügel atmen«[83].

Auf dem Parteitag der SPD Ende Mai 1950 stellte der stellvertretende Fraktionsvorsitzende Carlo Schmid erstmals die unzeitgemäße und rückwärtsgewandte Programmatik der Partei in Frage. In einem Grundsatzreferat forderte er: »Es wird neu geprüft werden müssen, ob wir die Waffen vergangener Tage noch mit Nutzen werden gebrauchen können. Und wir werden untersuchen müssen, ob wir Notwendigkeit und Richtigkeit unseres strategischen Konzeptes noch mit den alten Formeln glaubhaft machen können und wir aufzugeben haben, was nur aus den spezifischen Umständen der Zeit heraus, in der es entstand, gerechtfertigt war.«[84] Darüber hinaus thematisierte Schmid das Wegbrechen des klassischen sozialdemokratischen Milieus. Die SPD-Solidargemeinschaft, die sich bis 1933 aus sozialdemokratischen »Vorfeldorganisationen« wie Sport- und Gesangsvereinen rekrutierte, existiere nicht mehr.[85] Die SPD könne daher »keine Ersatzkirche und keine Sekte« sein wollen. »[...] Diese Partei, die SPD, kann denen, die sich ihr angeschlossen haben, kein Rezept für die Erfüllung ihres eigenen individuellen Lebens geben. Sie kann ihnen auch nicht die letzten Entscheidungen abnehmen und auch nicht ›bieten‹, was man eine geistige Heimat nennt.«[86]

Zu einer ersten programmatischen Kurskorrektur kam es jedoch erst auf dem Dortmunder Parteitag im September 1952. Die Delegierten des Parteitages verabschiedeten ein Aktionsprogramm, das nun deutlich marktwirtschaftliche Töne anschlug. Das Programm sprach sich für eine »Neuordnung der Wirtschaft durch eine Verbindung von volkswirtschaftlicher Planung und einzelwirtschaftlichem Wettbewerb« aus. Die Zwangswirtschaft wurde abgelehnt. Freie Konsumwahl wurde ausdrücklich bejaht. In allen dazu geeigneten Wirtschaftsbereichen sollte echter Leistungswettbewerb gefördert werden. Als besondere Aufgabe des Staates wurde die Förderung von Unternehmensformen erachtet, die einen marktwirtschaftlichen Wettbewerb beleben könnten.[87]

Dennoch gelang es der SPD in der Folgezeit nicht, sich als politische Alternative zur Regierungskoalition zu etablieren. Nach außen hin bot die SPD auch weiterhin das Bild einer Partei, die noch nicht in der Bundesrepublik angekommen war. Den unbestreitbaren außenpolitischen Erfolgen des Bundeskanzlers und dem an Dynamik zunehmenden ›Wirtschaftswunder‹ schien die SPD programmatisch nichts entgegensetzen zu können. Zudem gelang es den Genossen auch nach dem Tod des Parteivorsitzenden Schumachers nicht, ihr Image als Oppositions- und Verweigerungspartei abzuschütteln. Die starre Oppositionshaltung, die die SPD in allen politischen Bereichen, sei es in Fragen der Sicherheits- oder Deutschlandpolitik, sei es in Fragen der Haushalts-, Wirtschafts- oder Sozialpolitik, einnahm, machte die Partei für den Wähler nicht attraktiver.

Bei den Bundestagswahlen im September 1953 mußte die SPD folglich erneut eine bittere Niederlage hinnehmen. Ihr Stimmenanteil verminderte sich zwar nur unwesentlich von 29,2 Prozent auf 28,8 Prozent. Die CDU konnte jedoch rund fünf Millionen zusätzlicher Stimmen erringen und erreichte somit beachtliche 45,1 Prozent. Die SPD sollte auf weitere vier Jahre von der politischen Macht ausgeschlossen sein.[88]

Letztlich bewirkte das schlechte Abschneiden bei den Wahlen jedoch ein erstes Umdenken in der Partei. Zahlreiche reformorientierte Genossen forderten eine programmatische Kehrtwende. Auf dem Berliner Parteitag im Juli 1954 wurden schließlich die Weichen für eine inhaltliche Neubestimmung bzw. Neubesinnung gestellt. Die Delegierten verabschiedeten ein Aktionsprogramm, das nun erstmals die von Karl Schiller[89] geprägte Formel »Wettbewerb soweit wie möglich, Planung soweit wie nötig« aufnahm. Die SPD wollte nicht mehr länger eine Partei sein, die ausschließlich die Interessen der Arbeiter vertrat. Vielmehr wollte man zur politischen Stimme des ganzen Volkes werden: »Die Sozialdemokratie ist aus der Partei der Arbeiterklasse, als die sie erstand, zur Partei des Volkes geworden.«[90]

Zudem stellte man die bisherige Schwerpunktsetzung der Parteiprogrammatik in Frage. Zunehmend wurde die Fokussierung auf die Außenpolitik als politische Fessel empfunden, die zudem das traditionelle Programm der Partei auf den Kopf stellte.[91] Die Kritiker der schumannschen Linie argumentierten, Arbeiter und Angestellte hätten andere Sorgen als die Außenpolitik. Die außenpolitische Orientierung werde den Problemen der SPD-Wähler und der Parteimitglieder schlichtweg nicht gerecht.[92]

Trotz der angestoßenen Diskussion über das Programm und die Parteiorganisation blieben weiterführende Reformen zunächst aus.[93] Nachdem die Partei die Diskussionen in zahlreiche Kommissionen verlagert hatte, war der anfängliche Elan, der auf eine konsequente volksparteiliche Profilierung zielenden Reformer rasch wieder erlahmt.[94] Traditionalisten konnten ihre Positionen behaupten. Eine Organisationsreform wurde weiterhin aufgeschoben. Weitere Impulse blieben bis auf weiteres aus.

Ernsthaft kam der Reformprozeß erst wieder nach der Bundestagswahl von 1957 in Gang.[95] Die Sozialdemokraten konnten bei den Wahlen zwar noch einmal drei Prozentpunkte dazugewinnen und kamen nun auf 31,8 Prozent. Dies reichte jedoch nicht, um eine absolute Mehrheit der Union zu verhindern, die auf 50,2 Prozent der Stimmen kam. Die SPD drohte dauerhaft und strukturell zu einer Minderheits- und Oppositionspartei zu werden. Die Programm- und Parteireform war unumgänglich geworden. Theorie und Praxis der SPD als linker, sozialreformerischer Volkspartei sollten endlich unmißverständlich miteinander in Einklang gebracht werden.[96] Nur wenige Tage nach der verheerenden Wahlniederlage erklärte der SPD-Parteivorstand: »Die Sozialdemokratie ist vor die Aufgabe gestellt zu prüfen, welche Schwerpunkte eine moderne sozialdemokratische Partei ihrer Arbeit im Kampf für die demokratische Freiheit und die soziale Sicherheit geben muß. Zur Lösung dieser Aufgabe müssen die Wahlergebnisse [...] gründlich untersucht, die Arbeiten an der geschlossenen Darstellung der sozialdemokratischen Vorstellungen und Aufgaben beschleunigt fortgeführt [...] und die Organisation der SPD überprüft werden, damit sie in die Lage versetzt wird, alle Schichten der Bevölkerung an ihrer Arbeit teilnehmen zu lassen.«[97] Dem »Sozialismus als dauernde[r] Aufgabe«[98] verschrieben, befand sich die SPD auf dem Weg nach Godesberg – und einer, der diesen Weg maßgeblich mitgestaltete, geradezu eine katalytische Rolle übernahm, war der ›Jungsozialist‹ Gustav Heinemann.[99]

3. »Signal eines Wandels« Heinemanns Aufstieg in der SPD

Heinemanns Beitritt zur SPD war alles andere als eine Herzensangelegenheit. Im Jahr 1963 betonte Heinemann im Pressedienst der SPD, daß ihm die Partei eigentlich »aus Elternhaus, Schule und Erziehung« fremd gewesen sei.[100] Der erneute Parteiwechsel 1957 kam folglich nur unter Zurückstellung innerer Vorbehalte und aufgrund taktisch-nüchterner Überlegungen zustande. Heinemann hatte schließlich noch 1954 der SPD in einem Artikel in ›Die neue Gesellschaft‹ tiefliegende »Unzulänglichkeiten« unterstellt, deren Ursache er in »dem jahrzehntelangen unrealistischen Verhältnis zwischen den Zielen, die von der SPD verfolgt worden sind, und dem Weg, den sie zu diesen Zielen eingeschlagen hat«, zu sehen glaubte.[101]

Allerdings wollte er auch bemerkt haben, daß sich die SPD mittlerweile von einem »Revolutionarismus« vergangener Tage abgewandt habe und nun den »Weg des Revisionismus« beschreite.[102] Daher war sich Heinemann sicher, daß die SPD über kurz oder lang »endlich ihren Frieden auch mit der westlichen Wirtschaftsordnung – wie immer man sie bezeichnen mag – machen müsse, so wie sie seit 1918 ihren Frieden mit westlicher Staatsordnung gemacht hat.«[103] Einen ersten Schritt dahin erkannte Heinemann im ›Dortmunder Programm‹ von 1953, in dem »die SPD das Anerkenntnis der Marktwirtschaft vor der Bundestagswahl ausgesprochen« hatte. Doch auch wenn die SPD ihr marktwirtschaftliches Bekenntnis auf direktem Wege »durch törichte Wahlpropaganda wieder verdunkelt« hatte,[104] so blieb für Heinemann doch der Eindruck bestehen, daß »sich das ursprüngliche Feldgeschrei vom Tode des Kapitalismus durch Vergesellschaftung aller Produktionsmittel über ein langes und tiefes Mißtrauen gegenüber der Marktwirtschaft allmählich in eine Anerkennung der Marktwirtschaft mit ›linken‹ Vorbehalten zu verwandeln« beginne.[105]

Für Heinemann trug die Gemächlichkeit dieses erst allmählich stattfindenden Umdenkprozesses ebenso Schuld an der langjährigen Machtabstinenz der deutschen Sozialdemokratie wie das nach wie vor ungeklärte Verhältnis der Partei zum

Christentum und zu den Kirchen. Die Kernfrage an die SPD blieb für Heinemann daher bis zuletzt: »Kann die Partei ein positives Verhältnis zum Christentum finden, so daß insbesondere endlich auch der christliche Arbeiter ein volles Vertrauen zu ihr gewinnen könnte?«[106]

Letzten Endes aber wähnte Heinemann die SPD 1957 auf ihrem innerparteilichen Reformweg soweit, daß er diese Frage für sich bejahen konnte.[107] Trotz der zu erwartenden Häme seiner politischen Gegner wagte Heinemann mit 57 Jahren noch einmal den Parteiwechsel.[108] Leicht tat er sich damit jedoch nicht. Dennoch schien die SPD jedoch die einzige Möglichkeit zu sein, um aus dem politischen Niemandsland herauszutreten und die oppositionellen Kräfte in einer schlagkräftigen und bei Wahlen chancenreichen Partei zu konzentrieren.[109] Vorbehalte gegenüber der Wirtschaftspolitik der SPD und andere strittige Einzelfragen traten letztendlich zugunsten der »breite[n] Übereinstimmung der Meinungen, vor allem in den nationalen Fragen und in der Absage an die atomare Aufrüstung«, in den Hintergrund.[110]

Heinemanns Integration und sein Aufstieg in der SPD gingen schließlich bemerkenswert schnell vonstatten. Die Parteiführung war von Beginn an bemüht, Heinemann und seine ehemaligen Parteifreunde von der GVP zügig in die Partei einzubinden. Bereits vor dem Übertritt zur SPD wurde Heinemann ein sicherer Listenplatz auf der niedersächsischen Landesliste versprochen. Auf dem dritten Platz der Liste zog Heinemann schließlich bei der Bundestagswahl am 15. September 1957 ungefährdet in den Deutschen Bundestag ein. Nach Jahren der »politischen Erfolglosigkeit«[111] wurde Heinemann nun in der SPD und im Bundestag wieder ein politisches Forum für seine Kritik an Adenauers Politik geboten.

Auf Anhieb wurde Heinemann am 30. Oktober 1957 als Bundestagsneuling in den Vorstand der SPD-Bundestagsfraktion gewählt. Nach den Fraktionsspitzen um den Vorsitzenden Ollenhauer und seine Stellvertreter Schmid, Erler und Herbert Wehner[112] erzielte Heinemann mit 130 von 163 Stimmen das drittbeste Ergebnis der insgesamt 23 Vorstandsmitglieder.[113] Überhaupt hatte das Ergebnis der Vorstandswahlen eine organisatorische und personelle Neustrukturierung der Fraktion zur Folge, durch die die reformorientierten Kräfte in der Partei erheblich an Einfluß gewannen.[114]

Die personelle Erneuerung der Partei fand schließlich ihre Entsprechung in der Neuwahl des Parteivorstandes auf dem Stuttgarter Parteitag vom 18. bis zum 23. Mai 1958. Mit Genossen wie Wehner, Erler, Schmid und Willy Brandt[115] wählte der Parteitag eine ganze Reihe einflußreicher, reformorientierter Sozialdemokraten in den neuen Vorstand, dessen Vorsitzender Ollenhauer durch die Delegierten bestätigt wurde. Mit 288 von 375 Stimmen wurde auch Gustav Heinemann in den Bundesvorstand der Partei gewählt – nach nur einjähriger Parteizugehörigkeit.

Daß jemand wie Heinemann, dem durch seinen späten Parteiwechsel eigentlich jeglicher sozialdemokratischer ›Stallgeruch‹ fehlte, der grundsätzlich auf die bei der SPD gebräuchliche Anrede ›Genosse‹ verzichtete und sich durchaus mit dem sozialdemokratischen ›Du‹ schwertat,[116] bereits nach so kurzer Zeit in die Spitzengremien der Partei gewählt wurde, war nicht nur ein Vertrauensbeweis und ein Ausdruck persönlicher Wertschätzung. Vielmehr entsprach es auch dem besonderen Willen der Parteiführung, die ehemaligen GVP-Mitglieder möglichst schnell in die

Partei zu integrieren. Die früheren GVP-Leute wurden von Beginn an voll in die Parteiarbeit eingebunden und ließen sich auch einbinden. Im Bundestagswahlkampf 1957 wurde Heinemann wiederholt von Fraktionskollegen angesprochen, die »spontan Worte der höchsten Anerkennung über die schwungvolle Mitarbeit früherer GVP-Mitglieder in den verschiedensten Wahlkreisen« fanden.[117]

So gut sich die ehemaligen GVP-Mitglieder aber auch in die Partei einfügten, so sehr war der Heinemann-Kreis darum bemüht, auch weiterhin untereinander Kontakt zu halten. Auch lange nach dem Parteiwechsel[118] trafen sich noch regelmäßig »50 bis 60 alte Freunde der GVP« zu »Wochenenden der Aussprache«[119] oder kamen in kleineren Runden, die u.a. aus Heinemann, Wessel, Scheu, Rau und Posser bestanden, zu »Gruppentreffen« zusammen.[120] Die Gesprächsthemen solcher inoffiziellen Zusammenkünfte sind nicht bekannt. Die Bildung eines konspirativen Zirkels ehemaliger GVPler mit dem Ziel, Einfluß auf die SPD-Politik zu nehmen, darf hinter den Zusammenkünften aber wohl eher nicht vermutet werden.[121]

Daß Heinemann tatsächlich voll und ganz in der SPD angekommen war, stellte er spätestens bei der Bundestagsdebatte am 23. Januar 1958 eindrucksvoll unter Beweis. Mit einer spektakulären Rede von zeitgeschichtlichem Range[122] meldete sich der ehemalige Innenminister wieder auf der politischen Bühne zurück. Anlaß der Debatte war eine Große Anfrage der FDP-Fraktion und ein Antrag der SPD zur geplanten Aufrüstung der Bundeswehr mit Atomwaffen. Für die Liberalen war zuvor der ehemalige Justizminister Dehler an das Rednerpult getreten und hatte den Bundeskanzler in einem »persönlichen Rachefeldzug« – so Bundespräsident Heuss über seinen Parteifreund[123] – hart attackiert, indem er ihn dafür kritisierte, daß er 1952 die deutsche Einheit leichtfertig verspielt habe, als er sich weigerte, über Möglichkeiten der Stalin-Note zu diskutieren. Daß Dehler trotz seiner damaligen Vorbehalte gegen Adenauers Kurs dennoch in der Bundesregierung verblieben sei, bezeichnete er als einen seiner größten Fehler: »Ich schäme mich, ja! Ich beneide den Heinemann wegen seines Mutes!«[124]

Als übernächster Redner trat Heinemann an das Mikrofon und setzte die »Abrechnung« mit Adenauer und der CDU-Politik fort. Heinemann richtete sich »bald salbungsvoll, bald hart und eruptiv«[125] direkt an den Kanzler und rechnete ihm die »versäumten Gelegenheiten« seiner Deutschlandpolitik vor: »Wie sieht denn nun das Ergebnis eben dieser ganzen Politik heute aus? Sie müssen ja selber sagen, daß die DDR stärker im Spiele ist als je zuvor. Wahrscheinlich fühlte die Sowjetunion in all diesen Jahren, daß ihr mehr und mehr an Stärke zuwuchs. Das heißt mit anderen Worten, daß die Politik der eingebildeten Stärke das Spiel der Sowjetunion gespielt hat.« Heinemann betonte, daß er Adenauer »nie und keinen Augenblick vorgeworfen [habe], daß er mit den westlichen Nachbarn einen Ausgleich betrieb. Das war unerläßlich. Aber ich habe ihm immer vorgeworfen und tue es auch in dieser Stunde, daß er mit diesem westlichen Ausgleich neue Ostfeindschaft verbunden hat in der Art, wie geredet wurde, von ihm und seinen Mitarbeitern bis tief in die Reihen der CDU hinein, und in der Art, wie gefordert wurde: Neuordnung usw. Bis wohin denn?«

Insbesondere verurteilte Heinemann die Kreuzzugsideologie der Bundesregierung und verwies auf Publikationen des Evangelischen Arbeitskreises der CDU, wonach der »Westen ja noch eine Waffe gegen das ›Untier im Osten‹ habe und diese Waffe die aufhaltende Macht gegen den Antichristen« sei. Mit Vehemenz forderte Heinemann die CDU auf, dafür zu sorgen, »daß solche Klänge endlich verschwinden« mögen. Schließlich ginge es »nicht um Christentum gegen Marxismus«. Als darauf hin ein empörter CDU-Abgeordneter versuchte, Heinemann mit der Zwischenfrage »Sondern?« aus dem Konzept zu bringen, konterte dieser: »Sondern? Es geht um die Erkenntnis, daß Christus nicht gegen Karl Marx gestorben ist, sondern für uns alle.«

Letztlich – so resümierte Heinemann – habe es um Deutschland noch nie so schlecht gestanden wie heute. Daher wandte er sich wieder direkt an Adenauer und fragte ihn unverblümt: »Herr Bundeskanzler, für mich persönlich bedeutet dieses alles an Sie die Frage, ob sie nicht nachgerade zurücktreten wollen. [...] Ich verstehe zur Genüge, daß Sie sich in eine politische Sicht und einen politischen Weg begeben haben, von denen Ihnen persönlich der Rückweg schwerfällt. [...] Aber ich meine, daß eine ruhige Überlegung und Prüfung der gesamten Gegebenheiten es nachgerade nahelegen sollten, den Weg freizumachen für andere Kräfte, die nun aus dieser Gegebenheit wirklich und glaubwürdig das entwickeln, was geboten ist.«[126]

Heinemanns furiose Rede traf die Vertreter der Regierungskoalition völlig unvorbereitet. Mit einer so massiven »Abrechnung« hatte niemand gerechnet. Kein CDU-Abgeordneter sah sich in der Lage, die Angriffe zu kontern und die Kritik zu entkräften. Der abtrünnige, ehemalige Minister war fest entschlossen – so der Adenauer-Biograph Hans-Peter Schwarz – Adenauer bei dieser Gelegenheit »wenigstens rhetorisch zu vernichten«, und es gelang ihm auch.[127] Adenauer war bloßgestellt; zu einer substantiellen Widerlegung der Vorwürfe fand er sich nicht bereit. Auch in der Öffentlichkeit fand die Rede ein erstaunliches Echo. Über eintausend Briefe – überwiegend zustimmenden Inhalts – erreichten Heinemann in den folgenden Tagen. In Meinungsumfragen sackten die Regierungsparteien deutlich ab.[128] Heinemann und Dehler legten dagegen deutlich an Sympathiepunkten zu.[129] Zahllose Zeitungskommentare beschäftigten sich mit der Heinemann-Rede; allenthalben wurde ihre zeitgeschichtliche Bedeutung betont. Die Frankfurter Rundschau erhob die Rede zu einer »wichtige[n] Quelle zum Verständnis unserer politischen Entwicklung in der Mitte des 20. Jahrhundert«. Deshalb könne sie »auch in ihren unmittelbaren politischen Auswirkungen kaum überschätzt werden.«[130] Die Ruhrnachrichten erklärten Heinemann sogar zu einem der kommenden Männer in der SPD: »Über Nacht hat sich unter den sozialdemokratischen Politikern ein Mann nach vorn geschoben, der bis zur Auflösung seiner eigenen gescheiterten Partei in der öffentlichen Meinung als der Exponent der Neutralisierung Deutschlands galt. Tatsächlich hat Dr. Gustav Heinemann, kaum ein knappes Jahr Mitglied der Sozialdemokratischen Partei Deutschlands, den Ruhm Erlers und Carlo Schmids verdunkelt. [...] Wenn die SPD jetzt die jüngste Bundestagsrede Dr. Heinemanns in Massenauflagen verbreiten will, dann verstärkt sie den Verdacht, daß Dr. Heinemann einer ihrer Kronprinzen geworden ist.«[131] Eins war sicher: Seit dem Abend des 23. Januar 1958 war Heinemann zurück im politischen Rampenlicht der Bundesrepublik.

Zudem zählte der ehemalige GVP-Mann fortan auch innerhalb der SPD zu den profilierten und meinungsführenden Außenpolitikern. Nicht zuletzt aus diesem

Grund gehörte Heinemann Anfang des Jahres 1959 auch einer siebenköpfigen, von Herbert Wehner geleiteten Kommission an,[132] die als Reaktion auf das Berlin-Ultimatum der Sowjetunion im November 1958,[133] den ›Deutschlandplan der SPD‹ erarbeitete. Ziel des Deutschlandplans, der am 18. März 1959 einstimmig vom Parteivorstand gebilligt wurde, war laut seiner Verfasser, »den Weg endlich für eine Politik des Friedens, der Freiheit, der Sicherheit und der sozialen Gerechtigkeit in Europa frei zu machen.« Die Vorschläge der Kommission orientierten sich dabei an dem Disengagement-Konzept des US-amerikanischen Diplomaten George F. Kennan[134], das zur Lösung der politischen Probleme in Europa eine militärische Entspannung zur Voraussetzung machte.[135] In ihrem Deutschlandplan schlug die SPD daher die Errichtung einer »beide Teile Deutschlands, Polen, die Tschechoslowakei und Ungarn umfassende Entspannungszone« vor. »In diesem Bereich treten Vereinbarungen über Rüstungsbeschränkungen und über den gleichwertigen Abzug der Fremdtruppen der NATO und des Warschauer Paktes in Kraft. Am Ende ist durch die militärische Verdünnung die Zone von Fremdtruppen und Atomwaffen frei. [...] Den Schutz der Teilnehmerstaaten in der Entspannungszone garantiert ein kollektives Sicherheitssystem, dem die USA und die UdSSR angehören.«

Eine politische und wirtschaftliche Zusammenführung der beiden deutschen Staaten sollte schließlich in insgesamt drei Stufen erfolgen: »1. Bildung einer gesamtdeutschen Konferenz aus Beauftragten beider Regierungen auf paritätischer Grundlage; 2. Zusammentritt des gesamtdeutschen Parlamentarischen Rates mit gesetzgeberischer Zuständigkeit; 3. Bildung einer Zoll- und Währungsunion, Wahl einer Verfassungsgebenden Nationalversammlung durch den gesamtdeutschen Parlamentarischen Rat (mit Zweidrittelmehrheit) oder andernfalls durch Volksabstimmung und schließlich freie Wahlen.«[136] Die Kommission verstand den Deutschlandplan dabei keineswegs als »Plan der Kapitulation auf Raten.« Vielmehr sollte er ein »offensiver Plan der Ausdehnung der Freiheit auf Gebiete Deutschlands [sein], die der Freiheit beraubt sind, nichts anderes.«[137]

Die Kombination aus Demilitarisierung und Verständigung entsprach exakt den friedens- und deutschlandpolitischen Vorstellungen Heinemanns, der mit dem Plan die Hoffnung verband, der Adenauerschen Linie endlich eine politische Alternative gegenüberstellen zu können. Zugleich baute er darauf, durch den Deutschlandplan endlich den Vorwurf entkräftigen zu können, die SPD sei außenpolitisch auf den Kurs der Regierung eingeschwenkt: »Von einem Einschwenken der SPD auf CDU-Kurs kann gar keine Rede sein. Das hat der soeben veröffentlichte Deutschlandplan der SPD deutlich gemacht, über den die CDU und die SED drüben gemeinsam herfallen.«[138] Tatsächlich wurde der Deutschlandplan von Beginn an in der Öffentlichkeit heftig kritisiert: »Er war machtpolitisch illusionär, vertrug sich nicht mit den Interessen des Westens, der auf Entspannung und eine Lösung der Berlinfrage setzte, wobei die deutsche Einheit in den Hintergrund rückte, und selbst die Sowjetunion sah darin nur so etwas wie Aufweichung.«[139] Bereits im August 1959 wurde durch die ergebnislos verlaufene Genfer Konferenz deutlich, daß der Deutschlandplan der weltpolitischen Situation faktisch nicht entsprach.[140] Im Juli 1960 konnte der Parteivorsitzende Ollenhauer daher nur resümieren, daß die SPD von der Erreichung ihres »wesentlichen nationalen Zieles, die Einheit Deutschlands in Freiheit wiederherzustellen [...] weiter entfernt [war] als je zuvor seit dem Ende des Krieges.« Darüber hinaus habe sich »auch innenpolitisch [...] nichts Wesentliches an den gegensätzlichen Positionen der Adenauerschen Einparteienregierung und der sozialdemokratischen Opposition geändert.«[141] Als Ollenhauer diese ernüchternde Bilanz zog, war die Partei jedoch bereits auf dem Weg, eine programmatische Neubestimmung vorzunehmen und den lange notwendigen Reformprozeß einzuleiten.

Im November 1959 hatte die SPD auf einem außerordentlichen Parteitag in Bad Godesberg ein neues Grundsatzprogramm[142] verabschiedet, das »im Selbstverständnis der Mitglieder den Wandel der Partei zu einer gemeinwohlorientierten sozialreformerischen Volkspartei programmatisch bestätigte«[143]. Das ›Godesberger Programm‹ war für viele das lang erwartete »Signal eines Wandels«[144] und sollte nun endlich den längst fälligen Prozeß der »Bundesrepublikanisierung der SPD«[145] in Gang setzen. Erst durch die Beschlüsse des Godesberger Parteitages gelang der Partei der entscheidende Durchbruch auf dem Weg von der praktisch längst abgelegten Position der Klassenkämpferpartei zur Volkspartei – die SPD nahm Abschied von der »Traditionskompagnie«[146]. Zwar postulierte das neue Programm nach wie vor, daß der »Sozialismus [...] dauernde Aufgabe«[147] sei. Allerdings warf das ›Godesberger Programm‹ erstmals ideologischen Ballast ab, verzichtete auf jegliche weltanschauliche und theoriegeschichtliche Festlegung und sagte sich von marxistischen Denkansätzen los.[148] Indem das ›Godesberger Programm‹ »die letzten Lücken [...], die anfänglich noch sein mochten«,[149] schloß, wurde es zu dem Kristallisationspunkt für Heinemanns weitere Arbeit in der SPD.

Auch die wirtschaftspolitischen Programmaussagen sollten mit der politischen Praxis in Einklang gebracht werden. Die bisher noch halbherzig aufrechterhaltene Forderung nach Beseitigung der kapitalistischen Produktionsverhältnisse durch Sozialisierung und Planwirtschaft wurde zugunsten einer, von der Partei in Realität schon lange akzeptierten, marktwirtschaftlichen Ordnung verworfen.[150] Erneut wurde die Schiller-Formel »Wettbewerb soweit wie möglich, Planung soweit wie nötig«[151] aufgegriffen. Die liberal-kapitalistische Wirtschaftsordnung sollte lediglich sozialstaatlich begrenzt und durch Mitbestimmung ergänzt werden.[152]

Ausdrücklich begrüßte Heinemann die Abkehr der SPD von der planwirtschaftlichen Sozialisierungspolitik früherer Tage: »Ich habe Zwangswirtschaft stets abgelehnt und der SPD geradezu die Hinwendung zur Marktwirtschaft gewünscht, die in Godesberg abschließend vollzogen worden ist.«[153] Entscheidend war auch für ihn, daß die SPD endlich den alten Widerspruch zwischen marxistischer Theorie und sozialreformerischer Praxis beseitigt hatte: »Die marxistischen Anfänge sind mit dem Ausscheiden der USPD in 1917 und vor allem der KPD in 1918 längst eigene Wege gegangen. Übrig blieb in der SPD zunächst noch eine Tendenz zur Sozialisierung, die aber nach 1945 mehr und mehr abgestreift worden ist und in dem nunmehr zur Erörterung stehenden Parteiprogramm vollends hinfällig wird.«[154] Für Heinemann stand fest, daß »nur eine von marxistischer Weltanschauung befreite und zur allgemeinen Volkspartei fortgeschrittene SPD [...] die Chance zur linken Alternative zur CDU« haben könne. Die Befreiung von marxistischer Weltanschauung hieß dabei für Heinemann »weder Befreiung von jeglichem Leitbild noch Verachtung der politischen Theorie oder Wissenschaftlichkeit, wohl aber das Fallenlassen des Marxismus als einer den ganzen Menschen erfüllenden und bewegenden Gläubigkeit.«[155]

Die Lossagung der Sozialdemokratie vom Marxismus war für Heinemann bereits deshalb von so großer Bedeutung, da sie zugleich Voraussetzung für eine Neubestimmung des Verhältnisses der SPD zu den Kirchen war. Bereits in den ersten Sätzen des ›Godesberger Programms‹ wurde deutlich, daß die deutsche Sozialdemokratie ihren Frieden mit der Religion gemacht hatte:[156] »Der demokratische Sozialismus, der in Europa in christlicher Ethik, im Humanismus und in der klassischen Philosophie verwurzelt ist, will keine letzten Wahrheiten verkünden – nicht aus Verständnislosigkeit und nicht aus Gleichgültigkeit gegenüber den Weltanschauungen oder religiösen Wahrheiten, sondern aus Achtung vor den Glaubensentscheidungen des Menschen, über deren Inhalt weder eine politische Partei noch der Staat zu bestimmen haben.«[157]

Das maßgeblich von Heinemann erarbeitete Kapitel über ›Religion und Kirche‹ sorgte nicht nur für die hitzigsten Diskussionen des Parteitags, es bereitete auch den Weg für eine Aussöhnung mit der Kirche und die Öffnung gegenüber neuen, kirchlich-religiös gebundenen Kreisen, denen eine Mitarbeit in der SPD bisher unmöglich erschien.[158] Zentraler Punkt des Kapitels war die Erklärung, die SPD achte »die Kirchen und die Religionsgemeinschaften, ihren besonderen Auftrag und ihre Eigenständigkeit. Sie bejaht ihren öffentlich-rechtlichen Schutz.« Zudem bekannte sich die Partei zur »Zusammenarbeit mit den Kirchen und Religionsgemeinschaften im Sinne einer freien Partnerschaft.« Diese Formulierung, die besonders von Heinemann gewünscht wurde,[159] stieß vor allem bei den Parteilinken auf Ablehnung, denen der programmatische Wandel der SPD an dieser Stelle zu weit ging. Erst durch die Berufung auf das Geschlossenheitsprinzip konnte der Parteivorstand die linken Delegierten zum Einlenken bewegen.[160]

In den Augen Heinemanns hatte die SPD mit dem ›Godesberger Programm‹ endlich die Wandlung zu einer Partei abgeschlossen, in der »aus christlicher Verantwortung gehandelt werden« könne.[161] Die »SPD und ihre Anhänger« dürften daher auch nicht mehr länger als das »Schreckgespenst« des Christen gelten. »Die Verdienste dieser Partei um die Rechte der Arbeiterschaft in der Zeit der Industrialisierung der letzten 100 Jahre widerlegt diese Vorstellung. Daß diese Partei früher stark christentums- und kirchenfeindlich auftrat, fällt wesentlich auf das Schuldkonto der Kirche, die sich besonders in der Zeit vor 1918 einseitig auf Seiten der Besitzenden und Herrschenden stellte. Heute gehören dieser Partei viele überzeugte und tätige Christen an und werden darin nicht mehr als Fremdkörper betrachtet.«[162]

Heinemann warnte jedoch davor, nun, da sich »christliche Staatsbürger aktiv«[163] in die Parteiarbeit einbringen könnten, die Religion für politische Zwecke zu mißbrauchen: »Wogegen wir uns nach wie vor mit größter Entschiedenheit wehren und wehren müssen, das ist die Bemäntelung höchst handfester materieller Interessen mit christlichen Parolen, das ist die Bemäntelung ungerechter Gesellschaftsordnungen mit christlichen Parolen, und das ist die Bemäntelung politisch-militärischer Bündnissysteme mit christlichen Parolen. Gegen eine solche Verquickung, wie sie leider bei der CDU weithin üblich, ist, wehren wir uns.«[164]

Zudem befürchtete er, daß die einseitige Parteinahme der katholischen Kirche für die CDU letztlich auch zu einem parteipolitischen Schisma der christlichen Konfessionen führen müsse. So gewiß es auch sei, »daß die Zahl der Evangelischen, welche SPD wählen, wegen der Anstöße an der Konfessionalisierung unserer Politik und zumal an einer Katholisierung der CDU immer größer wird und allein unter den evangelischen Pfarrern etliche tausend ausmacht, so wenig ist eine Scheidung zwischen CDU und SPD nach katholischer und evangelischer Konfession erwünscht.« Heinemann betonte, daß sich die »Scheidung der Parteien [...] nach den sachlichen Fragen der Innen- und Außenpolitik ohne weltanschauliche Ideologisierung vollziehen« [165] solle. Dies müsse aber eben auch bedeuten, daß es in der SPD »auf allen Stufen auch Figuren [geben dürfe], die dem Evangelium fremd sind«[166]. Schließlich sei die SPD – wie jede andere Partei – »eine politische Mannschaft, d.h., ein Zusammenschluß von Männern und Frauen gleicher politischer Zielsetzung, nicht mehr und nicht weniger.«[167]

Während die durch das ›Godesberger Programm‹ vorangetriebene Versöhnung mit der Kirche und die Hinwendung zur Marktwirtschaft Heinemanns volle Unterstützung fand, betrachtete er den neuen außen- und wehrpolitischen Kurs der SPD mit Skepsis. Der von Heinemann miterarbeitete Deutschlandplan hatte nie ausreichende Zustimmung in der Bundestagsfraktion gefunden und war schnell in Vergessenheit geraten.[168] In Godesberg wurde schließlich deutlich, daß die SPD zunehmend bereit war, von ihrer alternativen Konzeption einer deutschlandpolitischen Lösung abzurücken.[169] Erstmals hatte sich die SPD in ihrem neuen Grundsatzprogramm zur Landesverteidigung bekannt.[170] Auch die Konkretisierung der Programmkommission, die Landesverteidigung müsse »der politischen und geographischen Lage Deutschlands gemäß sein« und habe daher »die Grenzen [zu] wahren, die zur Schaffung der Voraussetzungen für eine internationale Entspannung, für eine wirksame kontrollierte Abrüstung und für die Wiedervereinigung Deutschlands eingehalten werden« müßten,[171] änderte nichts daran, daß die SPD in Godesberg *de facto* nachträglich ihre Zustimmung zur Wiederbewaffnung aussprach und die Bundeswehr anerkannte.[172]

Da sich das ›Godesberger Programm‹ aber nicht ausdrücklich für eine Wehrpflicht aussprach und einen Schutz jener Bürger forderte, die »aus Gewissensgründen den Dienst an der Waffe oder an Massenvernichtungsmitteln« verweigerten,[173] war Heinemann zunächst bereit, den neuen Kurs mitzutragen. Im November 1959 verteidigte er die Passage über die Landesverteidigung sogar: »Das Godesberger Programm bejaht nicht die Wehrpflicht. Es spricht im Rahmen einer grundsätzlichen Bejahung der Landesverteidigung von deren Gestaltung nach Maßgabe der politischen und geographischen Verhältnisse Deutschlands. Im gespaltenen Deutschland verneint die SPD [...] jede Wehrpflicht. [...] Das Godesberger Programm unterstreicht nachträglich das Recht auf Kriegsdienstverweigerung, und zwar nicht nur im Rahmen des Wehrpflichtgesetzes, nämlich aus grundsätzlichem Pazifismus, sondern darüber hinaus auch in Hinblick auf den Dienst an Massenvernichtungsmitteln.«[174]

Letztlich signalisierte das Bekenntnis zur Landesverteidigung jedoch den Wendepunkt in der sozialdemokratischen Sicherheits- und Deutschlandpolitik. Noch deutlicher trat die außenpolitische Neuorientierung der SPD am 18. März 1960, dem Jahrestag der Verabschiedung des Deutschlandplans, in einem Artikel Herbert Wehners im ›Vorwärts‹ zu Tage. Der stellvertretende Vorsitzende der SPD erklärte darin, daß der Deutschlandplan nach nur einem Jahr überholt sei, da er der aktuellen weltpolitischen Situation nicht mehr entspreche.[175] Drei Monate später, am

30. Juni 1960 hielt Wehner schließlich vor dem Bundestag eine aufsehenerregende Rede, in der er angesichts der veränderten Weltlage eine grundlegende Revision der außen- und wehrpolitischen Haltung der SPD vornahm. Wehner erklärte darin, daß »eine von Regierung und Opposition gemeinsam getragene Außenpolitik für die Vertretung deutscher Interessen ein großer Gewinn« wäre. Letztlich, so betonte Wehner, komme es darauf an, die »Zeichen der Zeit so zu deuten: nicht Selbstzerfleischung, sondern Miteinanderwirken im Rahmen des demokratischen Ganzen, wenn auch in sachlicher innenpolitischer Gegnerschaft. [...] Das geteilte Deutschland [...] kann nicht unheilbar miteinander verfeindete christliche Demokraten und Sozialdemokraten ertragen.«

Des weiteren, so führte der stellvertretende Parteivorsitzende aus, gehe die SPD davon aus, »daß das europäische und atlantische Vertragssystem, dem die Bundesrepublik angehört, Grundlage und Rahmen der deutschen Außen- und Wiedervereinigungspolitik« sei. Seine Partei beabsichtige nicht, »das Ausscheiden der Bundesrepublik aus den Vertrags- und Bündnisverpflichtungen zu betreiben.«[176] Auch die frühere Haltung der SPD, westdeutsche Truppen abzulehnen, solange die deutsche Einheit nicht wieder hergestellt war, wurde durch Wehners programmatische Rede auf den Kopf gestellt. Statt dessen wurde nun proklamiert, daß deutschlandpolitische Forderungen nur noch im Rahmen von NATO-Verpflichtungen durchzusetzen seien. Diese Forderung wurde durch die Einsicht begründet, daß die verteidigungspolitische Integration der Bundesrepublik in den Westen ein auf unabsehbare Zeit nicht revidierbares, vielleicht sogar notwendiges Faktum geworden war.[177]

Die vorgenommene außenpolitische Kurskorrektur, die zunächst am 1. Juli 1960 vom Parteivorstand[178] und schließlich Ende November 1960 vom Parteitag in Hannover[179] gebilligt wurde, stieß bei Heinemann auf große Skepsis. Jedoch gestand auch er sich ein, daß das bisherige außenpolitische Konzept, das auf der Anerkennung des sowjetischen Sicherheitsbedürfnisses beruhte, angesichts der aggressiven sowjetischen Politik an der Realität gescheitert war: »Die Vorgänge um Berlin machen deutlich und werden in den kommenden Wochen noch deutlicher machen, daß jetzt von der östlichen Seite eine Politik der Stärke betrieben wird, gegen die wir uns wehrten, als sie in den Jahren 1950 bis 1956 oder 1957 von der westlichen Seite unter Mißachtung von Verständigungsmöglichkeiten betrieben wurde. Heute lassen sich die Vorschläge, die Frau Wessel und ich zur Zeit der GVP und später in der SPD betrieben haben, offensichtlich nicht anbringen.«[180] Außerdem, so betonte Heinemann, sei ihm nicht daran gelegen, »verlorene Schlachten ewig fortzuführen und nachträglich noch gewinnen zu wollen. Nachdem die Aufrüstung und die Eingliederung in die NATO da waren, konnte nur von diesen Gegebenheiten aus gehandelt werden.«[181]

Die Wehner-Rede hatte in der SPD ungeheure Spannungen ausgelöst. Zahlreiche empörte Parteimitglieder warfen der Parteiführung vor, die SPD durch die »gemeinsame Außenpolitik« zu einem billigen Abklatsch der Union gemacht zu haben. Heinemann, der darauf bedacht war, die aufgebrachten Gemüter zu beruhigen, hielt dagegen, daß die SPD keineswegs »einfach auf CDU-Kurs geschwenkt hat. Sie steht zu ihrer Kritik dessen, was die CDU getan bzw. unterlassen hat, kann aber die Versäumnisse dieser CDU-Politik nicht ungeschehen machen.«[182] Er stellte klar, die SPD sei nicht auf »die Außenpolitik der Bundesregierung umgeschwänkt [sic!], sondern hat von der Rede Wehners her die Forderung nach einer ›gemeinsamen Bestandsaufnahme‹ der Ergebnisse bisheriger deutscher Außenpolitik vertreten. [...] Gleichwohl stehen wir vollauf zu dem, was wir vertreten haben; es hat sich aber die Situation gewandelt. Aber auch heute widersteht die SPD atomarer Aufrüstung. Sie tritt weiterhin für Beziehungen zu den östlichen Nachbarstaaten ein, sie vertritt weiterhin, daß ein wiedervereinigtes Deutschland einer anderen Zuordnung zu den europäischen Nachbarn bedarf, als die Teilstücke gegenwärtig zugeordnet sind. Die SPD wird weiterhin alle Bemühungen um eine Entspannung fortsetzen und bestrebt sein, die CDU mit auf diese Linie zu bringen.«[183]

Immer wieder mußte Heinemann austrittwillige Genossen beschwichtigen: »Spielt doch nicht verrückt! Freilich ist die SPD kein Idealverein. Wenn es noch nicht einmal ideale christliche Gemeinden und/oder Kirche gibt, sollte man vollends weltliche politische Organisationen nicht überfordern. Entscheidend trotz aller Bemängelungen ist doch immer noch, daß endlich eine andere Mannschaft ans Werk kommt, sonst gibt es überhaupt keinen neuen Ansatz.«[184] Trotz mehrfacher Aufforderungen machte Heinemann jedoch auch deutlich, daß ein Parteiaustritt oder die Neugründung einer eigenen Partei für ihn nicht mehr in Frage kam: »Wo anders sollen wir denn noch das durchsetzen, was uns wichtig ist?«[185] Er argumentierte: »Im ersten Bundestag gab es zehn Parteien, im zweiten nur noch sechs und im dritten nur noch vier. Im nächstjährigen Bundestag werden höchstens drei Parteien verbleiben. Wir müssen also alle lernen, mit großen Parteien zu recht zu kommen.«[186] Letztlich, davon war Heinemann überzeugt, ließe sich »eine Kursänderung [...] nur mit der SPD erreichen.«[187] Daher erklärte er auch ehemaligen GVP-Mitgliedern: »Natürlich ist die SPD keine GVP. Aber nur dann, wenn die SPD sich in Richtung Volkspartei entwickelt, besteht eine Chance für die Wahlen. Es hat keinen Zweck, der GVP nachzutrauern, damit wären wir keinesfalls weitergekommen.«[188]

Heinemanns Bemühungen, die verärgerten Kritiker der neuen außenpolitischen Linie davon zu überzeugen, nicht aufgrund von Differenzen in Einzelfragen das übergeordnete Ziel des Regierungswechsels aus den Augen zu verlieren, dürfen nicht darüber hinweg täuschen, daß Heinemann alles andere als ein überzeugter Anhänger des neuen Kurses war. Auch wenn er nicht in direkten Konflikt mit der Parteiführung trat, stellte er doch klar, daß er nicht bereit war, sich in der Öffentlichkeit mit den neuen außenpolitischen Zielsetzungen seiner Partei identifizieren zu lassen. Als die SPD auf dem Parteitag in Hannover Ende 1960 die elfköpfige Regierungsmannschaft für die kommende Bundestagswahl nominierte,[189] fehlte überraschend Heinemanns Name. Obwohl er von großen Teilen der Partei und der Öffentlichkeit als wahrscheinlichster Kandidat für den Posten des Justiz- oder des Innenministers gehandelt wurde,[190] verzichtete Heinemann auf eine Berufung in die ›Mannschaft‹ der SPD. Auch der Versuch der Parteitagsdelegierten, Heinemann per Antrag in die Mannschaft mit einzubeziehen, scheiterte an dessen Widerstand. Heinemann war nicht willens, seine eigene Unabhängigkeit zugunsten der Parteilinie aufzugeben. »Entsprechend seines eigenen Verständnisses von politischen Parteien als Organisationen zur Verfolgung gemeinsamer Ziele war er zwar bereit, eigene Vorstellungen zu einzelnen Sachproblemen zurückzustellen. Eine von seiner persönlichen Auffassung abweichende Haltung wollte er jedoch weder aktiv vertreten müssen, noch wollte er in der Öffentlichkeit als ihr Repräsentant gelten.«[191]

Noch deutlicher wurde diese Haltung, als die SPD 1960 auch in der Frage der Atombewaffnung der Bundeswehr eine neue Position bezog.[192] Nachdem sich die SPD in Hannover nicht zu einem grundsätzlichen ›Nein‹ zur Atombewaffnung der Bundesrepublik durchringen konnte, sah sich Heinemann in seiner Entscheidung, sich der ›Mannschaft‹ versagt zu haben, bestätigt. Nur wenige Tage nach dem Parteitag schrieb er Erhard Eppler, daß er es bedaure, »daß die Partei dem Kanzlerkandidaten [Willy Brandt; J.T.] nicht die Hände auf ein absolutes Nein gebunden hat. [...] Das war ja auch ein Grund, weshalb ich das Meine dazu getan habe, nicht in die Mannschaft einbezogen zu werden.«[193]

Nur kurz darauf richtete sich Heinemann mit einem Brief an den Parteivorsitzenden Ollenhauer und bat ihn, nunmehr endgültig zu klären, inwieweit Heinemanns ethisch-moralisch begründete Ablehnung der atomaren Aufrüstung Platz in der SPD haben könne.[194] Heinemann argumentierte, daß in der SPD zwei Auffassungen vertreten würden. Zum einen werde die Frage der Atombewaffnung nach Gesichtspunkten politischer bzw. militärischer Zweckmäßigkeit und unter Nichtbeachtung moralischer Maßstäbe behandelt. Zum anderen werde zunächst die »Vorfrage der christlichen oder ethischen Verantwortbarkeit von Massenvernichtungswaffen« gestellt. Keineswegs, so betonte Heinemann, würde er erwarten, daß die gesamte Partei sich seiner Sicht anschließen würde; schließlich sei die SPD »keine Weltanschauungspartei, sondern eine politische Mannschaft von freiheitlich-demokratischer Struktur« und müsse daher grundsätzlich mehrere unterschiedliche Meinungen zulassen. Allerdings erwartete er, daß es auch weiterhin möglich sein müsse, die moralische Vorfrage stellen zu dürfen, auch wenn sie zu einer ablehnenden Haltung bezüglich der Atomfrage führen würde. Letztlich, so argumentierte er, sei es wahlkampftaktisch günstig, beide Auffassungen als Parteilinien herauszustellen, um so eine möglichst breite Wählerschicht ansprechen zu können.

Mit einiger Verzögerung antwortete Ollenhauer auf Heinemanns Brief und betonte, daß er den Vorstoß, zwei unterschiedliche Auffassung innerhalb der Partei nebeneinander gelten zu lassen, uneingeschränkt begrüße: »Lassen Sie mich, bitte, nochmals ausdrücklich bekräftigen, daß die von Ihnen eingenommene und dargestellte Haltung in der SPD vertreten werden kann.«[195]

Obwohl Heinemann das Zugeständnis Ollenhauers genügte, um sich auch weiterhin in der SPD zu engagieren, war es doch unverkennbar, daß er sich zunehmend aus der außenpolitischen Diskussion der sechziger Jahre zurückzog. Zwar hatte er deutlich gemacht, daß er die außenpolitische Linie der Partei nicht unterstützte und machte auch aus seiner Verbitterung über das ›Jein‹ seiner Partei zur Atombewaffnung keinen Hehl. Dennoch war auch er gezwungen, die durch die Adenauerregierung geschaffenen Tatsachen zu akzeptieren, gegen die er sich über zehn Jahre lang mit aller Kraft gestemmt hatte.[196]

Letztlich hatte Heinemann hinnehmen müssen, daß sich sein eigenes außenpolitisches Konzept als unrealistisch erwiesen hatte. Zudem hatte er sich mit seiner von der Parteilinie abweichenden Haltung bezüglich der Atombewaffnung erneut ins politische Abseits gestellt. Sein anfänglicher Elan als ›Jungsozialist‹ war einer gewissen Ernüchterung gewichen. Die SPD erschien ihm in der damaligen Konstellation plötzlich nur noch das »kleinere Übel« zu sein.[197] Wissend, daß er für seine Haltung keine Mehrheit in der SPD finden würde, erlegte Heinemann sich Anfang der sechziger Jahre eine ›Denkpause‹ auf.[198] Das »Kapitel ›Deutschland-Politik‹« war für ihn weitgehend »erledigt«.[199] So wie sich die SPD nach der Zäsur der Jahre 1959/60 neu erfinden mußte,[200] so war nun auch Heinemann auf der Suche nach einem neuen politischen Tätigkeitsgebiet. Er fand es in der Rechtspolitik.[201]

4. »Auf der Rosenburg« Heinemann als Bundesjustizminister 1966-1969

Zwar erzielten die Sozialdemokraten bei den Bundestagswahlen 1961 mit 36,2 Prozent ihr bis dahin bestes Ergebnis auf Bundesebene, jedoch konnte die SPD es erneut nicht verhindern, daß Adenauer seine Regierung mit den Liberalen fortsetzte. Auch während der vierten Wahlperiode blieb die SPD im Bundestag Oppositionspartei.[202] Die SPD-Führung war jedoch nun fest entschlossen, ihre »letzten Traditionsstränge«[203] zu zerschneiden und endgültig ihre Rolle als verstaubte und ohnmächtige Oppositionspartei abzustreifen. Stärker denn je drängte die SPD zur Macht. Während Mauerbau, Spiegelaffäre und Kuba-Krise die Bevölkerung in Atem hielten, hofften die Sozialdemokraten darauf, »einen Fuß in die Tür der Regierung« zu setzen.[204]

Die SPD nutzte die Oppositionsarbeit zunehmend, um sich als regierungsfähige, dynamische und reife Partei zu präsentieren. 1961 führte die Partei erste inoffizielle Gespräche, um die Möglichkeiten sowohl einer sozialliberalen als auch einer Großen Koalition auszuloten.[205] Zwar blieben diese Verhandlungen noch ohne konkrete Ergebnisse, sie demonstrierten aber erstmals, daß die SPD tatsächlich willens war, Regierungsverantwortung zu übernehmen: »Wenn wir einmal mit sechs oder acht Bundesministern vier Jahre lang in der Regierung in Bonn sind, wollen wir doch mal sehen, ob der ›Rote Bürgerschreck‹ noch in Deutschland sitzt und ob dann nicht eine neue Zeit begonnen hat. Wir müssen in die Regierung.«[206] Selbstbewußt formulierte auch Willy Brandt das Ziel für die Bundestagswahl 1965: »Die SPD wird die stärkste Partei werden. Sie ist die stärkste Mitgliederpartei in der Bundesrepublik. Sie wird die stärkste Wählerpartei in der Bundesrepublik werden. Die nächste Bundesregierung – auch das gehört zu dem Ziel – wird weder gegen noch ohne die deutschen Sozialdemokraten gebildet werden.«[207]

Zeitgleich begann die SPD damit, einzelne ›Fachleute‹ zu positionieren, die nach einer Regierungsübernahme den Kern der Regierungsmannschaft bilden würden. Für die Außen- und Deutschlandpolitik waren der neue Parteivorsitzende Willy Brandt[208] und sein Stellvertreter Herbert Wehner zuständig. Karl Schiller und Alex Möller[209] galten als die Experten für Haushalts-, Finanz- und Wirtschaftsfragen. Außerdem stand bereits ein neuer politischer Hoffnungsträger bereit, der als Hamburger Innensenator bei der Flutkatastrophe 1962 bundesweit großes Ansehen erworben hatte: Helmut Schmidt.

Der Ausgang der Bundestagswahl 1965 blieb dennoch hinter den Erwartungen zurück.[210] Zwar konnte die SPD erneut zulegen und kam nun auf 39,3 Prozent. Dennoch lag sie weiterhin deutlich hinter der Union zurück, die mit ihrer ›Wahlkampflokomotive‹ Ludwig Erhard, der 1963 Adenauer als Bundeskanzler abgelöst hatte, stolze 47,6 Prozent der Stimmen erringen konnte. Trotz des Wahlsiegs war die CDU jedoch angeschlagen. Erhard war innerparteilich umstritten.[211] Die Koalition war wackelig. Der uneindeutige außenpolitische Kurs, die rückläufige Konjunktur und das Haushaltsdefizit stürzten die CDU/FDP-Regierung schließlich im Herbst 1966 in eine Koalitionskrise, die letztlich im Rückzug der vier FDP-Minister aus der Regierungskoalition gipfelte. Das »langsame politische Dahinsiechen« Erhards und seiner Regierung hatte ein Ende gefunden.[212]

Da sich die Parteien gegen eine Neuwahl aussprachen, befürwortete Heinemann zunächst die Bildung einer Allparteienregierung.[213] Nachdem jedoch deutlich wurde, daß Heinemann hierfür keine Mehrheit in der SPD finden würde, rang er sich schweren Herzens zu einer Zustimmung zur Großen Koalition durch.[214] Kernpunkt war für ihn, daß »aus dem Bundestag heraus, so wie er ist, eine handlungsfähige Regierung gefunden werden« müsse. Es könne daher auch »nicht im Vordergrund stehen, daß eine zahlenmäßig starke Opposition da« wäre. So sehr dies grundsätzlich erwünscht sei, könne »sie aber in diesem Bundestag nicht zustande kommen, wenn das Schwergewicht notwendigerweise zunächst einmal darauf gelegt wird, eine zahlenmäßig starke Grundlage für eine neue Regierung zu finden.« [Hervorhebung im Original; J.T.] Da Heinemann zudem die Basis für eine Koalition zwischen SPD und FDP für »zu schmal« hielt und die Liberalen »ein strammes Durchhalten ihrer Mitglieder« nicht gewährleisten könnten, blieb für ihn »als praktikable Lösung gegenwärtig nur die sogenannte Große Koalition.« Alles übrige müsse »dann von Fall zu Fall nach gutem Ermessen getan werden.«[215]

Am 24. November 1966 begannen schließlich die Koalitionsverhandlungen zwischen CDU, CSU und SPD. Die Unionsparteien hatten sich bereits zwei Wochen zuvor auf einen Kandidaten für die Erhard-Nachfolge festgelegt. Mit deutlicher Mehrheit hatte sich der baden-württembergische Ministerpräsident Kurt Georg Kiesinger gegen den amtierenden Außenminister Gerhard Schröder und den Fraktionsvorsitzenden Rainer Barzel[216] durchgesetzt.[217] Zu einem Durchbruch bei den Beratungen kam es schnell.[218] Bereits am 26. November erklärte die Verhandlungskommission von CDU/CSU und SPD, daß grundsätzlich die Voraussetzungen für eine Große Koalition bestünden.[219] Nachdem auch die SPD-Bundestagsfraktion auf ihrer Sitzung vom 27. November grünes Licht für ein Regierungsbündnis mit der Union signalisierte,[220] stand dem erfolgreichen Abschluß der Verhandlungen nichts mehr im Weg. In einer letzten Sitzung der Kommission am 29. November blieb als letzte Aufgabe nur noch die Verhandlung über die personelle Zusammensetzung der neuen Regierung. Nach zähem Ringen einigten sich schließlich die Verhandlungsführer Kiesinger und Brandt in einem Vieraugengespräch auf eine Verteilung von elf zu neun Ministerien zu Gunsten der CDU.[221] Noch am selben Abend erhielt Gustav Heinemann einen Anruf des Parteivorsitzenden, der ihn mit dem Verhandlungsergebnis konfrontierte: »Auf uns entfällt unter anderem das Justizministerium. Bist du bereit, es zu übernehmen?«[222] Heinemann war bereit.

Auch wenn Heinemann 1965, anders als vier Jahre zuvor, Brandts Regierungsmannschaft angehört hatte,[223] tat er sich keineswegs leicht mit seiner Entscheidung, auf die Regierungsbank zurückzukehren. In der Fraktionssitzung vom 30. November führte er aus, »er habe Willy Brandt auf dessen Frage hin schweren Herzens erklärt, er sei bereit, das Justizministerium zu übernehmen. Er – Gustav Heinemann – habe in der Vergangenheit sehr viel getan, um den Weg der CDU/CSU zu hemmen [...]. Der Erfolg sei allerdings nicht groß gewesen. Wenn er nun in ein Kabinett eintrete, in dem [...] die CDU/CSU [...] sitze, so würden viele fragen, wo seine Grundsätze blieben. Er werde gefragt und müsse sich selber fragen, ob er noch glaubwürdig sei. Der Kern aller Glaubwürdigkeit sei jedoch die Bereitschaft, Verantwortung zu übernehmen. Die dringenden Fragen der Zukunft würden nicht dadurch gelöst, daß man die Übernahme von Verantwortung ablehne.«[224]

Bereits einen Tag später, am 1. Dezember 1966, wurde Kurt Georg Kiesinger mit den Stimmen der CDU/CSU und der SPD zum dritten Bundeskanzler der Bundesrepublik Deutschland gewählt. Noch am selben Tag überreichte Bundespräsident Heinrich Lübke[225] Heinemann seine Ernennungsurkunde zum Bundesminister der Justiz. Durchaus mit einer gewissen Genugtuung bemerkte der 67-Jährige über seine Rückkehr ins Kabinett: »Bei diesem Regierungswechsel verließen Prof. Erhard und Schönbohm [gemeint ist wohl Hans-Christoph Seebohm; J.T.][226] [...] als letzte der noch aus der Adenauer-Regierung von 1949 verbliebenen Minister die Regierungsbank, und ich, der ich die Adenauer-Regierung als erster verlassen hatte, nahm wieder darauf Platz.«[227]

Für die CDU war Heinemann eine »Kröte, die man schlucken mußte«[228]. Aber auch in der Öffentlichkeit war die Ernennung des als liberal geltenden Ministers nicht unumstritten. Vielerorts löste Heinemanns Name noch immer, wie Horst Ehmke es nannte, »Ausbrüche ›gesunden Volksempfindens‹ gegen die ›Humanitätsduselei‹«[229] aus. Auch die bundesdeutsche Justiz reagierte zunächst mit Skepsis auf den ersten sozialdemokratischen Justizminister seit Gustav Radbruch[230]. Am 2. Dezember vermeldete die Frankfurter Allgemeine Zeitung: »Die Ernennung Gustav Heinemanns zum Bundesjustizminister ist in Karlsruhe bei Bundesgerichten und Bundesanwaltschaft zwiespältig aufgenommen worden. Offizielle Äußerungen liegen naturgemäß nicht vor, aber gewöhnlich gut informierte Kreise wollen wissen, daß hauptsächlich Beamte der Bundesanwaltschaft mit gemischten Gefühlen die Ernennung aufnahmen.«[231]

Die Sorge, daß Heinemann einschneidende Justizreformen anstoßen würde, sollte sich alsbald bestätigen. Unmittelbar nachdem der Amtswechsel mit seinem Vorgänger, dem CSU-Politiker Richard Jaeger[232] vollzogen war, machte sich Heinemann gemeinsam mit seinem Staatssekretär Horst Ehmke[233] an eine grundlegende Reform des Strafgesetzbuches, dessen Bestimmungen in wesentlichen Teilen noch auf das Jahr 1871 zurückgingen. Heinemann ging es jedoch nicht nur darum, in das bestehende Strafgesetzbuch »einzuarbeiten, was Rechtsprechung und Rechtslehre bei seiner Anwendung an Erkenntnissen in langen Jahren gesammelt haben.« Für ihn war vielmehr entscheidend, daß mittlerweile »zwischen den gesellschaftlichen Verhältnissen von 1871 und dem Leben der Gegenwart [...] ein tiefgreifender Unterschied« bestand: »An die Stelle des klassenbewußten Obrigkeitsstaates von damals ist der freiheitliche, soziale und demokratische Rechtsstaat der Bundesrepublik mit ganz anderen Leitbildern und Wertvorstellungen getreten. Dieses Neue bricht sich in unserem gesamten staatlichen und gesellschaftlichen Leben Bahn. Es auch in jenem Rechtsgebiet, das am tiefsten in das Leben eines jeden Bürgers eingreifen kann, zur vollen Geltung zu bringen, ist der eigentliche Sinn der gegenwärtigen Bemühungen um die Strafrechtsreform.«[234]

Einer der Schwerpunkte der Reformen war die Revision des Sittlichkeitsstrafrechts. Als oberster Grundsatz der Reformen sollte gelten: Nicht alles was sittlich unerlaubt ist, muß in der freiheitlichen Demokratie auch bestraft werden. Seinen christlichen Kritikern hielt der Justizminister entgegen: »In welcher Bibel steht eigentlich, daß alles, was etwa in den zehn Geboten verboten ist, von Staats wegen strafrechtlich verfolgt werden soll? Wieso müssen sich die Grenze zwischen Erlaubtem und Unerlaubtem mit den Grenzen des Strafrechts decken?«[235] Für Heinemann bestand beispielsweise kein Bedürfnis mehr für den Straftatbestand des Ehebruchs. Dieser habe überhaupt immer erst dann eingesetzt, wenn die Ehe bereits geschieden war und habe darüber hinaus keinerlei sittenbildende Kraft. Die geringe Zahl der Verfahren, im Jahr 1964 gab es nur 123 Verurteilungen, ließ bei Heinemann keinen Zweifel aufkommen, daß »das Leben über diese Strafnorm längst hinweggegangen« sei.[236] Heinemann und sein Stab auf der Bonner Rosenburg, dem Amtssitz des Justizministers, betonten unentwegt, den Staat aus der Rolle des Tugendwächters befreien zu wollen:[237] »Der Staat hat in den Schlafzimmern seiner Bürger nichts zu suchen«[238]. Daher fielen den Reformen auch weitere Vorschriften, »die die Intimsphäre berühren«, zum Opfer. Um »Menschen, deren Anderssein keinen verderblichen Einfluß auf die Gesellschaft hat« das »Stigma des Verfemten« zu nehmen, sollte gleichgeschlechtlicher Umgang unter Erwachsenen im künftigen Recht straffrei bleiben.[239] Nur dort, wo Jugendliche zu homosexuellen Beziehungen verleitet werden würden, bestünde das Schutzbedürfnis des Staates auch weiterhin fort.[240]

Auch die teilweise bigotten Moralvorstellungen huldigenden Vorschriften über die Ungleichstellung von ehelichen und unehelichen Kindern,[241] den »Kuppeleitatbestand, die freiwillige Sterilisation, die künstliche Samenübertragung, die Publikationen über Geburtenregelung und empfängnisverhütende Mittel sowie die sogenannte unzüchtige Schaustellung (strip-tease)« wurden in dem neuen Gesetz einer Revision unterzogen. Heinemann betonte allerdings, daß es ein Irrtum sei, »zu glauben, daß alle diese Fragen befriedigend vom grünen Tisch aus gelöst werden könnten. Die Bemühungen des Gesetzgebers um eine Reform des Sittlichkeitsstrafrechts müssen mit der Wissenschaft abgestimmt und von der Bevölkerung in ihrer Bedeutung und Notwendigkeit verstanden werden. Eine breite öffentliche Diskussion über diese Fragen« hielt Heinemann für »unerläßlich«.[242]

Des weiteren trieb Heinemann die Revision des politischen Strafrechts voran.[243] Erst 1951 vor dem Hintergrund des Kalten Krieges und der Angst vor kommunistischer Infiltration geschaffen,[244] führte das politische Strafrecht letztlich dazu, daß jeder, der »sich als Kommunist bekannte oder [...] mit Kommunisten Kontakte unterhielt, [...] gewissermaßen mit einem Fuß im Gefängnis« stand.[245] Obwohl das Gesetz solch jungen Datums war, stellte Heinemann fest, daß die Bestimmungen schnell ein intensives und allgemeines Unbehagen ausgelöst hätten: »Dieses Unbehagen rührt nicht daher, daß es überhaupt einen strafrechtlichen Staats- und

Freiheitsschutz gibt. Der ist in gutem Rahmen notwendig und wird jederzeit auch unsere positive Mitarbeit finden. Das Unbehagen an dem Strafrecht, so wie es 1951 formuliert worden ist, liegt begründet in den Übertreibungen, in den ungeheuren Formulierungen und auch in der Handhabung.«[246] Für Heinemann, der als Anwalt in den fünfziger Jahren zahlreiche wegen politischer Straftaten angeklagte Personen verteidigt hatte,[247] war es ein besonderer Erfolg, daß bereits im Juni 1968 durch das 8. Strafänderungsgesetz eine Liberalisierung in diesem Bereich durchgesetzt werden konnte[248] und jene Straftäter, die aufgrund der aufgehobenen Bestimmungen verurteilt worden waren, durch eine Amnestie rehabilitiert wurden.

Ein weiterer Punkt der Strafrechtsreform betraf die Überholung des Strafensystems. Zum einen wurde die Zahl der strafbaren Tatbestände erheblich verringert, indem Bagatelldelikte fortan als Ordnungswidrigkeiten galten und durch die Verhängung eines Bußgeldes geahndet werden konnten. Zum anderen wurde die Differenzierung zwischen Zuchthaus, Gefängnis und Haft aufgehoben: »Es hat sich erwiesen, daß der Unterschied, den das geltende Recht zwischen Gefängnis und Zuchthaus macht, kein sinnvolles Kriterium für einen Differenzierung des Strafvollzugs ist.«[249] Statt dessen setzte Heinemann die Einführung einer einheitlichen Gefängnisstrafe durch.[250] Entscheidend für Heinemann war der Resozialisierungsgedanke, da »dem entlassenen Zuchthäusler« immer ein Makel angehaftet hätte, »der seine Eingliederung in das normale Leben erschwert«[251]. Heinemann betonte, daß eben auch die Würde des gefangenen Menschen unantastbar sei.[252] Sein Staatssekretär Horst Ehmke brachte Heinemanns Einstellung zu Strafe und Verbrechen auf den Punkt: »Jene pharisäerhafte Einstellung, die auf den Gestrauchelten herabsieht und ihm die Chance der Besserung verweigert, war dem Christen Heinemann zutiefst zuwider. Die Scheidelinie zwischen ›Gerechten‹ und ›Gerichteten‹ erschien ihm von Grund auf fragwürdig.«[253]

Dieser Einstellung entsprach auch Heinemanns Ablehnung der Todesstrafe. Der Justizminister warnte generell davor, in der Verbrechensverhütung Strafen als Allheilmittel zu betrachten. Vor allem dürfe die abschreckende Wirkung von Strafandrohungen nicht überschätzt werden.[254] Dies gelte eben insbesondere auch für die Todesstrafe, die »nachgewiesenermaßen keine stärkere abschreckende Wirkung als lebenslängliche Freiheitsstrafe« habe. Darüber hinaus betonte Heinemann, sei er ein Gegner der Todesstrafe, da sie schlichtweg nicht vereinbar mit christlichen Glaubensgrundsätzen« sei.[255]

Daher verurteilte er auch die populistischen Rufe nach immer drakonischeren Strafen, die angeblich Bürger und Gesellschaft vor Rechtsbrechern schützen könnten: »Wer immer glaubt, um vermeintlicher Popularität willen atavistischen Strömungen im Volksbewußtsein nachgeben zu müssen, dem sei eine Mahnung Gustav Radbruchs aus dem Jahre 1949 in die Erinnerung gerufen, die heute so zutreffend ist wie damals: ›Die Gegner der Todesstrafe müssen auch gegen zeitweilige gegnerische Volksstimmungen auf ihrem Standpunkt beharren, nicht schwach werden gegenüber dem Blutverlangen unbelehrter Massen, mehr noch: durch eine wirksame Volkspädagogik von vornherein dem Auftreten solcher Instinktforderungen entgegenwirken.‹«[256]

In einem anderen Punkt setzte sich Heinemann jedoch mit Nachdruck für eine Verschärfung des Strafensystems ein: der Verjährung von Mord und NS-Verbrechen.[257] 1965 war durch ein spezielles ›Berechnungsgesetz‹ festgestellt worden, daß die Verjährungsfrist für nationalsozialistische Mordtaten ab dem 1. Januar 1950 begann. Dies bedeutete, daß nach dem 31. Dezember 1969 diese Verbrechen praktisch nicht mehr geahndet werden konnten. Im Justizministerium war man sich schnell einig, daß man dies nicht hinnehmen wollte. Die Aufhebung der Verjährung für Mord und NS-Verbrechen erschien Heinemann nicht nur geboten, »sondern auch dringlich, weil die Aufklärung der unter dem NS-Regime begannen Mordtaten unzureichend geblieben« sei.[258] In einem Spiegel-Interview führte der Minister aus: »Aber wir Älteren sind doch jetzt noch einmal gefragt, ob wir das Ausmaß der in nationalsozialistischer Zeit von deutschen Menschen mit staatlichen Gewaltmitteln geplanten, befohlenen und unbeschreiblich grausam ausgeführten Massenverbrechen endlich zur Kenntnis nehmen und uns dieser Vergangenheit stellen wollen, statt die Erinnerung daran zu verdrängen und jede Mitverantwortung dafür zu leugnen. Begangenes Unrecht kommt dadurch nicht zur Ruhe. Man kann es nicht totschweigen.«[259]

Mit dem Vorstoß, die Verjährungsfristen aufzuheben, regte das Justizministerium eine der bis dahin lebhaftesten Debatten der deutschen Nachkriegsgeschichte an.[260] Auch in der Bonner Koalition war das Gesetzesvorhaben mehr als umstritten. Schließlich einigte sich das schwarz-rote Bündnis auf eine Verlängerung der Frist für die nicht verjährten NS-Mordtaten auf dreißig Jahre. Erst 1979, kurz bevor die Frist erneut abzulaufen drohte, wurde die Verjährung für Mord schließlich ganz aufgehoben.

Eine weitere leidenschaftlich geführte Debatte jener Jahre betraf die Notstandsgesetze.[261] Das 1949 als Provisorium geschaffene Grundgesetz kannte keine Bestimmungen »über die Voraussetzungen und Grenzen des staatlichen Handelns bei Krieg oder Kriegsgefahr«[262]. Statt dessen wären während eines nationalen Notstandes die entsprechenden Befugnisse an die westlichen Alliierten gefallen, die sich im Deutschlandvertrag von 1955 Vorbehaltsrechte gesichert hatten. Diese Vorbehaltsrechte der ehemaligen Besatzungsmächte sollten solange gelten, bis die Bundesrepublik eine eigene gesetzliche Regelung getroffen habe.

Für Heinemann ging es in der Debatte also nicht darum, »eine Notstandsordnung einzuführen, sondern eine bestehende abzulösen«[263]. Mittlerweile waren nämlich aufgrund einer alliierten Ermächtigung zahllose sogenannte ›Schubladengesetze‹ erstellt worden, die als geheime Verschlußsachen bei allen Dienststellen im Lande lagen. Heinemann kritisierte, daß nur wenige genau wüßten, was diese Schubladengesetze beinhalteten. Er selber habe die entsprechenden Verordnungen auf der Rosenburg angetroffen und »fand sie in ihren Ausmaßen, gelinde gesagt, deprimierend«[264]. Ihre Grundlage, so Heinemann, »war die Inanspruchnahme eines sogenannten übergesetzlichen Notstandsrechtes wie auch Vollmachten der Westmächte. Inhaltlich gingen sie außerordentlich weit – bis hin auch zur Suspendierung von Grundrechten. Am Tag X sollte alles, was die Schubladen enthielten, von hoher Hand in Kraft gesetzt werden.«[265] Daher bedeuteten die neuen Verordnungen auch keineswegs einen ›Abmarsch in die Diktatur‹, sondern vielmehr deren Verhinderung.[266]

Zwar hatte die neue Bundesregierung unter der Mitwirkung Heinemanns die geheimen Schubladengesetze aufgehoben; nun galt es aber dem negativen Akt eine positive Lösung folgen zu lassen.[267] Für Heinemann ging es also »vernünftigerweise nicht um das Ob, sondern um das Wie einer Notregelung«[268]. Kritikern, die mit der Parole ›Schütze Deine Freiheit gegen den Notstand‹ demonstrierten, hielt er entgegen: »Es geht um den Schutz der Freiheit auch und gerade im Notstand!« Auf die Parole ›Notstandsgesetze sind Kriegsrecht in Friedenszeiten‹ antwortete er »Es geht um Freiheitsrechte auch in einer Kriegszeit!«[269] Letztlich, so rief Heinemann allen Gegnern der Notstandsgesetze in Erinnerung, sei »die Waffe des Schwachen seit je das geschriebene Recht« gewesen.[270] Die neue Notstandsverfassung fand schließlich am 30. Mai 1968 durch die Stimmen von Union und SPD eine verfassungsändernde Mehrheit im Bundestag.[271] Die Alliierten verzichteten auf ihre alten Vorbehaltsrechte.

Für Sommer galt Heinemann »zweifellos als der ›produktivste‹ Justizminister [...], der in der Bundesrepublik bisher amtiert hat[te], und zwar nicht nur hinsichtlich der rein quantitativen Relation des Umfangs der unter seiner Amtsführung geleisteten Arbeit zur Dauer seiner Amtszeit, sondern auch in bezug auf die Vielzahl der dabei in Angriff genommen Themen aus unterschiedlichen Rechtsbereichen und die demokratische Substanz der im Laufe dieser Zeit neu erarbeiteten oder grundsätzlich revidierten gesetzlichen Bestimmungen«[272].

Heinemann hatte sich rasch zu einem der Aktivposten im Kabinett entwickelt. Sein Tatendrang und die Geschwindigkeit, mit der er die ehrgeizigen Reformen anging, beeindruckte alle Beteiligten. Seine Reformprojekte, die Liberalisierung des Sittlichkeits- und Sexualstrafrechts, des Familienrechts und des politischen Strafrechts, die Abschaffung der Verjährungsfristen und die Einführung der Einheitsstrafe, waren allesamt Meilensteine in der deutschen Rechtsgeschichte.[273] Von Beginn an wußte Heinemann, daß die ihm zur Verfügung stehende Zeit für »das große Aufräumen«[274] knapp werden würde. Über das Ende der Legislaturperiode im Sommer 1969 hinaus konnte er keine konkreten Pläne machen. Alles was ihm an Änderungen wichtig war, wollte er innerhalb der ihm verbleibenden zweieinhalb Jahre umsetzen oder zumindest soweit vorantreiben, daß eine Rücknahme seiner Vorarbeiten nicht mehr möglich war.[275] Heinemann war aber nicht nur der Motor der Rechtsreformen, er war vor allem auch Motor der Meinungsbildung in seiner Partei. Er setzte zahlreiche rechtspolitische Diskussionen in der SPD in Gang oder wirkte zumindest richtungsweisend auf sie ein. Heinemann hatte sich zur »stillen Schlüsselfigur in der Nachkriegsgeschichte der SPD« entwickelt.[276] Letztlich hatte der Justizminister sowohl mit seinem Arbeitseifer und seiner Zähigkeit als auch mit der Konsequenz und der moralischen Integrität, mit der er auch die schwierigsten Reformen anging, die letzten Skeptiker in seiner Partei zum Verstummen gebracht. Nicht wenige waren sogar der Meinung, Heinemann habe sich für höhere Weihen empfohlen.

5. »Die Kräfte konzentrieren« Das Verhältnis zu den anderen Parteien

Mit der Entscheidung, sich den Sozialdemokraten anzuschließen, hatte Heinemann sich nicht leicht getan. Letztlich gestand er sich jedoch ein, daß der politische Kampf gegen die Adenauer-Regierung einer geeinten Anstrengung der oppositionellen Kräfte bedurft hätte. Heinemanns Parteiwechsel war zu großen Teilen schlichtweg der Tatsache geschuldet, daß die SPD Mitte bzw. Ende der fünfziger Jahre als aussichtsreichste politische Kraft galt, die die CDU über kurz oder lang aus der Regierungsverantwortung verdrängen konnte: »Von der Opposition hat nur die SPD die Chance, an die Macht zu gelangen. Wer sie daran hindert oder darin beeinträchtigt, treibt Außenpolitik der Regierung, aber nicht der Opposition.«[277] Eine realistische Alternative zur SPD erkannte Heinemann nicht: »Wo anders sollen wir denn noch das durchsetzen, was uns wichtig ist?«[278]

Auch wenn Heinemann »niemandes Genosse«[279] sein wollte und in der Regel direkte Bekenntnisse zur SPD vermied, bedeutete dies nicht, daß sich Heinemann nicht trotzdem loyal zur SPD verhielt. Ganz im Gegenteil: Anders als zahlreiche Genossen, die aus dem klassischen sozialdemokratischen Milieu entstammten, war die SPD für Heinemann nicht eine politische Heimat oder Familie, sondern vielmehr ein Zweckinstrument zur Verwirklichung von bestimmten politischen Zielen. Daher klangen Heinemanns Aussagen über die Sozialdemokratie eher rational und zurückhaltend. Die ›Deutsche Zeitung‹ zitierte Heinemann im Juli 1963 mit einem bezeichnenden Satz: »Ich bin überzeugt, daß es neben der konservativen CDU einer solchen Partei bedarf«[280]. Liebesbezeugungen klingen anders.

Doch auch wenn Heinemann nie ein »eingeborener«[281] oder ein »in der Wolle gefärbter«[282] Sozialdemokrat wurde und auch wenn er auf viele eher wie einer wirkte, »den nur die unergründlichen Wechselfälle des Lebens in den Hafen dieser Partei verschlagen hätten«[283], kam es für ihn überhaupt nicht in Frage, sich »für irgendeine parteiliche Funktion außerhalb der SPD zur Verfügung« zu stellen. Vielmehr hielt er es für »sinnlos, neben der SPD neue Parteigruppen entwickeln zu wollen. Jede Kursänderung in Bonn hängt davon ab, daß die SPD groß genug wird, sie zu erzwingen.«[284] Heinemann war der Meinung, »daß gerade unsere früheren Erfahrungen uns gelehrt haben sollten, daß mit der Gründung neuer parteipolitischer Unternehmungen nichts auszurichten sein wird. Für meine Person lehne ich jedenfalls derartige Bemühungen vollkommen ab. Wir müssen uns daran gewöhnen, innerhalb der bestehenden Parteien mit unseren Anliegen zurechtzukommen.« Alles Übrige hielt er für »aussichtslos.« Statt dessen sei es notwendig »die Kräfte zu konzentrieren und nicht erneut zu zersplittern.«[285]

Ablehnend verhielt sich Heinemann daher auch gegenüber der im Dezember 1960 gegründeten Deutschen Friedenunion (DFU).[286] Die DFU, in Hinblick auf die Bundestagswahlen 1961 als Sammlung äußerst heterogener oppositioneller Kräfte gegründet, trat für eine allgemeine Entspannungspolitik zwischen Ost und West ein und forderte, die deutsche Frage durch Verständigung mit den östlichen Nachbarn zu lösen. Unter ihren Gründern fanden sich Kommunisten, Sozialisten, Neutralisten und Nationalisten.[287] U.a. waren auch die früheren GVP-Mitglieder Mochalski und Scholl, der ehemalige Vorsitzende des BdD Elfes sowie Heinemanns Studienfreund Viktor Agartz an der Gründung beteiligt. Nicht nur aufgrund der personellen Überschneidungen bestanden offensichtliche Traditionslinien zur ehemaligen Heinemann-Partei.[288] Auch in der Programmatik der beiden Parteien gab es unübersehbare Gemeinsamkeiten: Fokussierung auf die Deutschland- und Außenpolitik, Forderung einer Entspannungspolitik, Verzicht auf sozialpolitische

Forderungen, Ablehnung einer weltanschaulichen Fundierung. Bei den Bundestagwahlen 1961 blieb die DFU jedoch deutlich hinter ihren Erwartungen zurück. Nur 1,9 Prozent der Wähler entschieden sich für die neue Partei. 1965 sackte ihr Stimmenanteil sogar auf 1,3 Prozent ab. Seit der Gründung der Deutschen Kommunistischen Partei (DKP) im Jahr 1968, an der sich auch zahlreiche DFU-Mitglieder beteiligten, trat die DFU nicht mehr bei Wahlen an.

Heinemann stand der Gründung der DFU von Beginn an ablehnend gegenüber und enttäuschte damit die Hoffnungen zahlreicher früherer politischer Wegbegleiter, die hofften, den ehemaligen GVP-Mann von einem erneuten Parteiwechsel überzeugen zu können.[289] Heinemann stellte jedoch klar, daß er in der DFU »in der Tat keine wirksame Opposition gegen die CDU erblicken« könne, »weil diese neue Partei nicht die Aussicht hat, sich durchzusetzen. Wohl aber verbindet sich mit ihr das Risiko, daß Stimmen von der SPD abgezogen werden, so daß die SPD dann selber nicht mehr stark genug sein könnte, den Kurs der CDU zu stoppen und zu verändern. Alle derartigen Parteiunternehmungen haben sich in den letzten Jahren als unzulänglich erwiesen, zumal da die Wahlgesetze von 1949 an ständig im Sinne einer Konzentration auf wenige große Parteien verschärft worden sind. [...] Woher will die DFU die Aussicht nehmen, daß sie im 4. Bundestag die Zahl der Parteien wieder vergrößern könnte?«[290]

Anders als Wehner und andere Kritiker[291] unterstellte Heinemann der DFU zwar nicht, sie sei von Kommunisten unterwandert; schließlich war Heinemann aus eigener, leidvoller Erfahrung in der GVP in dieser Beziehung sehr vorsichtig.[292] Aber auch wenn er auf einer Sitzung des Parteivorstandes im Juni 1961 appellierte, man müsse versuchen, »die gutwilligen Kräfte [in der DFU; J.T.] zu überzeugen«[293], warnte er vor einer zu großen Annäherung an die Friedensunion. Eine Zusammenarbeit in Form einer diskutierten Listenverbindung hielt er für völlig ausgeschlossen.

Ähnlich zurückhaltend verhielt sich Heinemann gegenüber nationalorientierten Parteien wie der NDP: »Von einer Mitarbeit in oppositionellen Rechtsgruppen kann ich mir nichts versprechen.«[294] Darüber hinaus warf er Rechts- und Linksparteien gleichermaßen vor, gemeinsame Sache zu machen, indem sie sich gegen die freiheitliche Grundordnung des Staates wendeten. Auch in diversen SPD-Veröffentlichungen wurden DFU und NPD beschuldigt, sich hinter dem Rücken der demokratischen Parteien die Hände zu reichen: »Ähnlich wie in der Weimarer Republik haben sich die Matadoren der DFU und der NPD, die sich zum Teil aus ehemaligen Kommunisten und ehemaligen Nationalisten rekrutieren, ganz offensichtlich in der gemeinsamen Zielsetzung gefunden, die demokratische Substanz der Bundesrepublik wenigstens stimmungsgemäß zu unterminieren.« [295] Letztlich, so warfen die Sozialdemokraten den rechts- und linksradikalen Parteien vor, kämpften sie »auf einem Boden mit doppelter Moral. Sie wollen das Fundament des demokratischen Staates zerstören und das deutsche Volk politischen Abenteuern ausliefern. [...] Alle zusammen jedoch sind sie – ob sie es wahrhaben wollen oder nicht – Wegbereiter einer Diktatur.«[296]

Natürlich zählten Heinemann und die SPD auch die KPD zu diesen radikalen, die staatliche Ordnung negierenden Parteien.[297] Als Mitte der sechziger Jahre Stimmen laut wurden, die nach einer Wiederzulassung der 1956 verbotenen KPD[298] riefen, zählte Heinemann zunächst zu jenen Politikern, die an dem Verbot der kommunistischen Partei festhalten wollten. Zwar gestand Heinemann ein, daß man auch »Anhängern radikaler Absichten [...] Freiheit so weit wie irgend möglich« schuldig sei, allerdings hielt er eine »letzte Grenze von Toleranz« da erreicht, »wo man übergeht zu Gewalttat. Das wird kein Staat jemals zulassen können.«[299]

Befürwortern einer Wiederzulassung der KPD hielt Heinemann entgegen, daß die »Ansicht, daß in einer Demokratie jede Parteibildung zu erlauben sei«, von einem falschen Verständnis der Verfassung ausgehe. »Unsere Demokratie ist mehr als nur ein Vefahrensmechanismus. Sie ist auf positive Werte und Freiheitsprinzipien gegründet, die im Grundgesetz und ergänzend im Strafgesetzbuch (§ 88) dargestellt sind. Sie ist die Rahmenordnung, die zur Wahrung ihrer Werte und Prinzipien nur einen begrenzten Bewegungsspielraum der politischen Willensbildung zuläßt und solche Parteien vom politischen Mitspiel ausschließt, die die freiheitlich-demokratische Grundordnung als solche beeinträchtigen oder beseitigen wollen (Art. 21 II GG). Freiheitliche Demokratie heißt also nicht Freiheit für jede politische Zielsetzung, sondern Demokratie im Rahmen und unter Wahrung der Freiheitsprinzipien des Grundgesetzes.«[300]

Ebenso wie gegen die Wiederzulassung der KPD wandte sich Heinemann gegen die Schaffung einer kommunistischen Ersatzorganisation für die verbotene Partei. Heinemann war der Meinung, daß »das Verbot einer verfassungswidrigen Partei« auch das »Verbot ihrer Fortführung wie auch das Verbot, Ersatzorganisationen für sie zu schaffen«, mit einschließe. Zudem genüge es nicht, demokratische Wahlen und parlamentarische Spielregeln anzuerkennen. Entscheidend sei vielmehr »die Einordnung in den Rahmen der Grundwerte und der Freiheitsprinzipien des Grundgesetzes aus dem Überzeugtsein von ihrem Selbstwert«[301]. Ein Verbot jedoch, so betonte der Justizminister, könne immer nur ein letztes Mittel sein. Vorzuziehen sei – wann immer möglich – eine »politische Bekämpfung«[302].

Diese Meinung vertrat Heinemann im Jahr 1967. Ein Jahr später hatte er diesbezüglich seine Auffassung jedoch gründlich geändert. Die Befürworter einer kommunistischen Partei hatten – nicht zuletzt mit Unterstützung der SED – ihre Bemühungen um die Wiedergründung der KPD intensiviert. In der Folge wurden in der Bundesrepublik zunehmend Stimmen laut, die an dem Verbot der Partei nicht länger festhalten wollten. Mitte Juni 1968 schilderte »Kilian«, ein Kontaktmann der SED, in einem streng vertraulichen Bericht den Verlauf eines Gespräches mit einem bundesrepublikanischen Staatssekretär. Dieser Staatssekretär, der in dem Bericht ungenannt bleibt, habe »ausdrücklich darauf aufmerksam« gemacht, daß es im Bund und in den Ländern mittlerweile eine »einflußreiche Gruppe« gebe, die den Kommunisten »eine Eselsbrücke« bauen wolle. Momentan gebe es »keine Einwände gegen eine Wiedergrüdung« [sic!]. Es käme jedoch darauf an, so der Staatssekretär, daß die KPD jetzt handele, »da sich die Lage schnell verschärfen könnte.«[303]

Schließlich kam es am 4. Juli 1968 zum entscheidenden Gespräch im Bundesjustizministerium. Minister Heinemann und sein Staatssekretär Ehmke hatten sich zuvor bereit erklärt, mit zwei Vertretern der KPD-Verhandlungskommission über die Möglichkeit der Aufhebung des Parteiverbots zu sprechen. Die Kommunisten entsandten daraufhin den Gewerkschafter Max Schäfer[304] sowie die ehemalige KPD-Abgeordnete Grete Thiele. Mit Thiele nahm pikanterweise genau jene Person an den Verhandlungen teil, die ein Jahrzehnt zuvor, die geheimgehaltene Zuweisung der Ost-Gelder an Heinemanns GVP koordiniert hatte. Es bleibt Spekulation, ob und inwieweit diese Tatsache Auswirkungen auf das Ergebnis der Gespräche hatte. In einem internen Bericht Schäfers findet sich jedenfalls kein Hinweis hierauf. Schäfer schildert lediglich, daß das Gespräch durch eine »aufgelockerte Atmosphäre« gekennzeichnet gewesen wäre. Heinemann habe sich zu Beginn an »frühere Begegnungen mit Grete« erinnert. Anschließend zitiert Schäfer den Justizminister mit der Frage: »Wollt ihr wirklich die Legalität?« Heinemanns Eindruck sei nämlich gewesen, daß die Kommunisten die Legalität zuletzt gar nicht mehr gesucht hätten. Im Folgenden verwies Heinemann darauf, daß eine Änderung des Bundesverfassungsgerichtsgesetzes keine Aussicht auf Erfolg habe und daher der »einzige Weg die Gründung einer Kommunistischen Partei« sei. Der Justizminister erklärte, daß »die Gründung einer solchen Partei« frei sei und »unter dem Schutz von Art. 21« stünde. Jedoch, so warnte er, könne gegen diese Partei »jederzeit ein Antrag auf Verbot bzw. Feststellung der Verfassungswidrigkeit gestellt werden.«[305] Heinemann sprach sich nun also deutlich für die Gründung einer neuen kommunistischen Partei aus und empfahl die Legalisierung der politischen Arbeit der Kommunisten in der Bundesrepublik.[306] Von einer »politischen Bekämpfung«, wie noch ein Jahr zuvor, war nun keine Rede mehr.

Im Hinblick auf die CDU-Politik hielt Heinemann diese jedoch für mehr als geboten. Spätestens nach seiner markigen Bundestagsrede vom Januar 1958 schien die Kluft zwischen der Union und dem ›Jungsozialisten‹ Heinemann vollends unüberbrückbar geworden zu sein. Heinemanns Verachtung für die Politik der Adenauerpartei brach sich auch hernach immer wieder Bahn. Mittlerweile kritisierte Heinemann die CDU aber nicht mehr nur für die aus seiner Sicht fatale Deutschlandpolitik, die geplante Aufrüstung der Bundeswehr mit Atomwaffen oder die einseitige außenpolitische Ausrichtung nach Westen. Heinemann warf der Union ebenso einen »schmählichen Verrat« an ihren eigenen »sozialen Proklamationen« vor.[307] In Heinemanns Augen hatte die CDU beispielsweise »das Ahlener Programm von 1947 (›Entflechtung‹ der großen privaten Machtgebilde in der Wirtschaft, ›Gewinnbeteiligung‹ aller arbeitenden Menschen) nicht nur verraten, sondern geradezu ins Gegenteil verkehrt.« Als CDU-Mitglied der ersten Stunde erinnerte Heinemann daran, daß auch Bodenreform und Vergemeinschaftung der Grundstoffindustrien [...] einmal ein Programm der CDU« waren. Eigentlich sei es daher »durchaus die Frage, ob man der SPD oder der CDU vorhalten« könne, »es sei in der Abwehr des Bolschewismus etwas versäumt worden.«[308]

Schwerer als dieser ›soziale Verrat‹ wog für Heinemann jedoch der Mißbrauch des Christentums als Rechtfertigung für die Politik der Union. Für besonders verwerflich hielt er Adenauers Verkündigung einer »›christlichen Einheitsfront‹, zu der sich alle Christen beider Konfessionen zusammenschließen sollen, um die ›christliche‹ Sache groß und mächtig zu machen.« Der entscheidende Einwand gegen eine solche »Frontbildung« bestehe darin, »daß das Christliche von Grund auf verfälscht wird, wenn es zu einer politischen Waffe gegen irgendwen, und sei es gegen Gottlose und Antichristen, gemacht wird.« Das »Nein« gegenüber einem politischen Gegner könne »niemals ein Nein Jesu Christi sein, der für alle Menschen starb – auch für Marxisten und Kommunisten.«[309] Für Heinemann war es »ebenso unerträglich wie unverzeihlich«, daß das »politische Geschäft der Eindämmung,

Überrundung oder Zerschlagung des Bolschewismus mit den Mitteln dieser Welt christlich« verbrämt werde. Dies hielt er nicht nur für »unchristlich«, sondern für die »gefährlichste Form antichristlicher Politik«. Und genau diese antichristliche Politik – so meinte Heinemann – sei bei der CDU/CSU »im Schwange«.[310]

Auch nach der Bildung der Großen Koalition änderte sich an Heinemanns Haltung gegenüber der CDU nur wenig. Von der Aussicht, im Kabinett mit der Union an einem Tisch sitzen zu müssen, war Heinemann alles andere als angetan. Jedoch befürchtete er, daß in einer kleinen Koalition wirkliche Regierungsarbeit durch die knappe Mehrheit kaum möglich wäre.[311] Schweren Herzens stimmte er der Bildung einer Großen Koalition zu. Ein Problem hatte Heinemann jedoch damit, daß der designierte Koalitionspartner den CSU-Vorsitzenden Franz Josef Strauß als Finanzminister in das Kabinett berufen wollte. Der frühere Verteidigungsminister war 1962 über die Spiegelaffäre gestolpert[312] und versinnbildlichte für die SPD seither den Prototypen des selbstherrlichen, populistischen und undemokratischen Machtpolitikers.

Zahlreiche Mitglieder der SPD-Fraktion erklärten, lieber auf eine Regierungsbeteiligung verzichten zu wollen, als einen Bundesminister Franz Josef Strauß zu unterstützen. Helene Wessel warnte ihre Fraktionskollegen, daß mit dem CSU-Mann ein »Brutus«[313] im Kabinett sitzen werde. Befürworter der Großen Koalition hielten entgegen, daß Strauß in der Regierung durch Heinemann als »Gegenspieler«[314] neutralisiert werde.[315] Außerdem sei es nur zu begrüßen, wenn Strauß »in die ›Zucht‹ des Kabinetts komme; außerhalb des Kabinetts sei Strauß viel gefährlicher.«[316] Heinemann selber betonte, er »nehme das Problem Strauß todernst; es sei wahrlich eine Frage der Grundhaltung. Nicht richtig sei es aber, in diesem Problem nur ein Problem der Person des Franz Josef Strauß zu sehen. Es sei nicht damit getan, diese einzelne Person zu bekämpfen, sondern es gehe vor allem um die Personen im Umkreis von Franz Josef Strauß, um seine Partei und schließlich auch um seine Wählerschaft. Hier sei politisch anzusetzen, das sei aber nur so möglich, daß man selbst politische Verantwortung übernehme.«[317] Und darüber hinaus – das wußte auch Heinemann – war Strauß für die SPD doch eigentlich nichts anderes als er selber für die CDU: eine »Kröte, die man schlucken mußte«[318].

Letztlich war der designierte Justizminister bereit, mit dem CSU-Vorsitzenden im Kabinett zusammenzuarbeiten. Zu wichtig war es Heinemann, der SPD die Regierungsbeteiligung zu ermöglichen und nach 17 Jahren Opposition endlich gestalterischen Einfluß auf die Bundespolitik zu nehmen. Die Chance, politische Verantwortung zu übernehmen, war für ihn geradezu eine Verpflichtung, der die zu erwartenden Probleme mit dem Koalitionspartner untergeordnet werden mußten.

Außer der Regierungsbeteiligung der SPD war die Große Koalition in Heinemanns Augen aber noch aus einem anderen Grund erstrebenswert. Sie bedeutete die Ablösung der FDP als Regierungspartei. Zwar brachte Heinemann als »liberaler Bürger […] durchaus gewisse Sympathien«[319] für eine liberale Politik auf. Als Partei begegnete der Sozialdemokrat Heinemann den Liberalen jedoch mit kritischer Distanz. »Sie sind kein Liberaler«, resümierte folglich auch Dehler in einem Glückwunschschreiben an den gerade ernannten Justizminister. Jedoch fügte er hinzu, daß er dies für durchaus »schade« hielt: »Sie wissen […] von der Rechtsstaatlichkeit, von dem Wert der großen Grund- und Freiheitsrechte als den Elementen unseres geistigen, politischen und wirtschaftlichen Lebens.«[320] Auch der FDP-Vorsitzende Walter Scheel[321] attestierte Heinemann, daß dieser »sicherlich kein geborener Liberaler« sei, »aber eher ein Liberaler als ein Konservativer, obgleich er auch konservative Elemente hat und sie vertritt«[322].

Trotz seiner liberalen Einstellung betrachtete Heinemann die FDP jedoch mit großer Skepsis.[323] Heinemann mißfiel die Machtfülle, die den Liberalen in den letzten Koalitionsregierungen als dem ›Zünglein an der Waage‹ zugefallen war.[324] Er kritisierte, daß die Unionsparteien zunehmend in eine Abhängigkeit einer taktierenden FDP geraten seien und sich dadurch erpreßbar machten. Letztlich offenbarte die Regierungskrise von 1966, in welchem Maße die Liberalen tatsächlich die Geschicke der Regierung bestimmen konnten. Nach Heinemanns Auffassung bewies die FDP damit zugleich, daß sie der Vorwurf der opportunistischen »Umfaller-Partei«[325] zu Recht traf.

Nicht zuletzt aus diesem Grund unterstützte Heinemann die Initiative von CDU/CSU und SPD, durch eine Wahlrechtsreform die »Defekte der Verhältniswahl«[326] zu beseitigen. Die von den Koalitionspartnern vereinbarte Einführung eines relativen Mehrheitswahlrechts sollte für eindeutige Verhältnisse bei der Regierungsbildung sorgen und hätte damit über kurz oder lang den Untergang der FDP als Kleinpartei zwischen den beiden großen Blöcken bedeutet.[327]

Erst 1969 gab die SPD ihre Forderung nach der Abschaffung des Verhältniswahlrechts auf. Die Liberalen hatten inzwischen den »Wandel von der FDP zur F. D.P.«[328] vollzogen. Innerhalb kürzester Zeit hatte sich die FDP zu einer »mehr demokratischen, sozialen und innovativen Partei eines reformfreudigen Liberalismus«[329] gewandelt. Mit dem ›Hannoveraner Aktionsprogramm‹ von 1967 leitete die Partei einen ›neuen Kurs‹ ein, der vor allem »in deutschland- und ostpolitischen Fragen, aber auch in Fragen der Demokratisierung von Staat und Gesellschaft, in der Hochschul- und Bildungspolitik sowie der Wirtschafts- und Finanzpolitik« ein offensives Liberalismusverständnis formulierte.[330]

Als schließlich im Herbst 1968 die Spannungen in der Großen Koalition aufgrund von Differenzen in der Ost- und Deutschlandpolitik zunahmen,[331] rückte die Möglichkeit einer sozial-liberalen Koalition wieder verstärkt in den Fokus der Sozialdemokraten. Die Standpunkte von SPD und FDP hatten sich in der Zwischenzeit zunehmend angenähert.[332] Zudem hatte die FDP nicht nur programmatisch, sondern auch personell einen Wandel vollzogen. 1968 wurde der unionsnahe Erich Mende[333] durch den der Sozialdemokratie unvoreingenommen gegenüberstehenden Walter Scheel als Parteivorsitzender abgelöst. Eines letzten, dramatischen Schritts hin zur Realisierung eines rot-gelben Bündnisses sollte es jedoch noch bedürfen: der gemeinsamen Wahl Gustav Heinemanns zum Bundespräsidenten.

ACHTES KAPITEL

»Ein Radikaler im öffentlichen Dienst«

HEINEMANN ALS BUNDESPRÄSIDENT 1969-1974

Bereits im Sommer 1967 begannen in Bonn die Diskussionen darüber, wer dem 1969 aus dem Amt scheidenden Bundespräsidenten Lübke nachfolgen solle. In einem ›Spiegel‹-Gespräch im Juni 1967 meldete der SPD-Vorsitzende Brandt erstmals den Anspruch seiner Partei auf das höchste Staatsamt an.[1] Nach Beratungen der Spitzengremien der Partei richtete sich Brandt schließlich am 7. August 1967 mit einem Brief an Bundeskanzler Kiesinger: »In ihrer Eigenschaft als Vorsitzender der CDU möchte ich Sie davon unterrichten, daß das Präsidium meiner Partei meine Ankündigung bestätigt hat, daß die SPD in der nächsten Bundesversammlung die Wahl eines aus ihren Reihen kommenden Bundespräsidenten anstreben werde.«[2]

Nur kurz darauf präsentierte die SPD den amtierenden Bundesverkehrsminister Georg Leber[3] als möglichen Kandidaten für das Bundespräsidentenamt. Leber schien zunächst der ideale Kandidat zu sein. Er genoß hohes Ansehen – bei den Genossen, aber auch beim christlich-demokratischen Koalitionspartner. Als gelernter Maurer wäre Leber zudem der erste Arbeiter im höchsten Staatsamte gewesen; eine Vorstellung, die in der SPD ebenso wie bei der Union auf große Zustimmung traf.[4] Auf Seiten der CDU befürchtete man jedoch, daß die Wahl eines sozialdemokratischen Bundespräsidenten in der Öffentlichkeit als Prestigegewinn der SPD angesehen werden könnte und sie bei den Bundestagswahlen im Herbst 1969 Nutzen daraus ziehen würde. Darüber hinaus erfuhr eine Kandidatur Lebers selbst in der eigenen Partei nicht ungeteilte Unterstützung. Jene Genossen nämlich, die auf eine Ablösung der Großen Koalition durch ein sozialliberales Bündnis spekulierten, hofften, durch die Nominierung eines Kandidaten, der auch von den Liberalen mitgetragen werden könnte, vorzeitig die FDP an die Sozialdemokraten zu binden.

Als der nordrhein-westfälische Ministerpräsident Heinz Kühn[5], der seit 1966 in Düsseldorf eine sozialliberale Koalition leitete, im Herbst 1967 mit Hinweis auf die ungeheuren Herausforderungen seiner neuen Tätigkeit einer Nominierung eine deutliche Absage erteilte,[6] zeichnete sich langsam ein neuer Name ab, von dem man annahm, er werde sowohl in den Reihen der SPD als auch der FDP auf Zustimmung stoßen: Gustav Heinemann.

Nachdem der Justizminister in der Presse bereits eine ganze Weile als möglicher Kandidat der Sozialdemokraten gehandelt wurde, titelte die Welt schließlich am 1. September 1967: »Spitzenkandidat der SPD: Heinemann«. Des weiteren war dort zu lesen: »Die Sozialdemokraten beabsichtigen, Bundesjustizminister Gustav Heinemann als ihren Kandidaten für die Wahl des Bundespräsidenten im Jahre 1969 zu präsentieren. Dieser Plan, der am Freitag in Bonn bekannt wurde, ist im inneren Führungszirkel der SPD entstanden. Einen offiziellen Beschluß haben Gremien der Partei allerdings noch nicht gefaßt.«[7]

1. »Ein Stück Machtwechsel« Die Wahl zum Staatsoberhaupt

Im Oktober 1968 erklärte Bundespräsident Lübke anläßlich eines Empfangs zu seinem 74. Geburtstag, er beabsichtige knapp zweieinhalb Monate vor dem regulären Ende seiner Amtszeit, nämlich bereits am 30. Juni 1969, aus dem Amt zu scheiden.[8] Zwar begründete Lübke, der, wie sein Biograph Rudolf Morsey resümierte, das Amt seit 1959 »redlich, aber ohne Glanz«[9] ausgefüllt hatte, seinen Entschluß damit, daß er es für sinnvoll halte, auf diese Weise eine angemessene Zeitspanne zwischen die Wahl des Bundespräsidenten und die ebenfalls anstehende Bundestagswahl zu legen. In Wahrheit dürfte seine Entscheidung aber wohl eher durch seinen schlechten Gesundheitszustand[10] und die Nachwirkungen einer Verleumdungskampagne der SED, die den Bundespräsidenten mit Hilfe gefälschter Unterlagen beschuldigte, er habe während der Kriegszeit am Bau von Konzentrationslagern mitgewirkt,[11] beeinflußt worden sein.

Zum Zeitpunkt von Lübkes Ankündigung befand sich die Große Koalition in einer schweren Krise. Je näher der Termin der Bundestagswahl rückte, desto deutlicher wurden die Spannungen im schwarz-roten Bündnis, desto mehr schlugen die Koalitionsfraktionen einen Konfrontationskurs ein: »Die Grenzen der Gemeinsamkeit wurden nun auf praktisch allen Politikfeldern – von der Innen- und Sozialpolitik über die Wirtschafts- und Finanzpolitik bis zur Deutschland- und Ostpolitik – deutlich sichtbar, wobei sich mit dem Herannahen der Bundestagswahlen der Konkurrenzdruck zwischen CDU/CSU und SPD im Bundeskabinett wie im Bundestag ständig vergrößerte [...].«[12] In diesem Klima der Konfrontation und Feindseligkeit schien die Aussicht auf einen gemeinsamen Kandidaten gering zu sein. Erstaunlicherweise vermeldete die ›Rheinische Post‹ am 28. Oktober 1968, daß sich SPD und Union allem Anschein nach doch darauf geeinigt hätten, Georg Leber als gemeinsamen Kandidaten zu nominieren: »Wenige Tage vor der Entscheidung der sozialdemokratischen Führungsgremien über ihren Kandidaten für das Amt des Bundespräsidenten sind in den Koalitionsfraktionen offenbar Bemühungen im Gange, doch noch einen gemeinsamen Kandidaten als Nachfolger für Heinrich Lübke zu finden. Nachdem es bereits den Anschein hatte, daß die SPD am nächsten Wochenende in Berlin Bundesjustizminister Gustav Heinemann zum Präsidentschaftskandidaten nominieren würde, tauchte am Wochenende überraschend wieder der Name von Bundesverkehrsminister Georg Leber auf.«[13]

Nur wenige Tage später traf sich schließlich die Führungsspitze der SPD in Berlin, um über die Lübke-Nachfolge zu beraten.[14] Daß die Versuche der Koalitionspartner, in der Frage des Präsidentschaftskandidaten eine einvernehmliche Lösung zu erreichen, gescheitert waren, wurde klar, als Willy Brandt am 31. Oktober als

Vorsitzender der mit der Suche nach einem Kandidaten betrauten ›Siebener-Kommission‹[15] den Führungsgremien seiner Partei einen konkreten Vorschlag präsentierte: Einstimmig empfahl die Kommission die Nominierung Gustav Heinemanns. In seiner Begründung legte Brandt dar, daß »Heinemann [...] ein erfahrener, ein überzeugungstreuer und gerechter Mann« sei: »Ein Mann des Rechts und der Gerechtigkeit«, von dem gesagt würde, »er leuchte vor Integrität«. »Jedenfalls«, so Brandt weiter, »ist die Unbestechlichkeit des Urteils bei ihm in besonderen Maße [sic!] vereint mit liberaler Gesinnung und der Fähigkeit zur Toleranz. Dieser Mann – davon bin ich überzeugt – wird als Bundespräsident das politische Gewissen unseres Vaterlandes verkörpern [...]. Gustav Heinemann wird als Bundespräsident ein würdiger, überzeugender Repräsentant unseres Staates nach innen und außen sein. Aufgeschlossen für diese Zeit und Notwendigkeit.«[16] Mit großer Mehrheit schlossen sich schließlich die Spitzengremien der Partei der Empfehlung der Kommission an. Mit der Nominierung Heinemanns, des »besten Manns«, hatte sich die SPD als erste Partei auf einen Kandidaten festgelegt.[17] Zwei Wochen später, am 15. November 1968, erklärte schließlich die CDU Verteidigungsminister Gerhard Schröder, der sich in einer Kampfabstimmung gegen den Abgeordneten Richard von Weizsäcker[18] durchsetzen konnte, zu ihrem Kandidaten für das Präsidentenamt.[19]

Unmittelbar nachdem die SPD Heinemann zu ihrem Kandidaten gekürt hatte, begann die Union mit einer massiven Kampagne gegen den Justizminister. Die CSU erklärte, daß es »sicherlich kein Unglück« sei, »wenn ein Sozialdemokrat Bundespräsident würde. Man kann sich durchaus den einen oder anderen Vertreter dieser Partei als Oberhaupt des Staates vorstellen«. Die Benennung von Heinemann sei »jedoch eine Herausforderung« für die Union, »denn er hat diese Partei mitbegründet, später jedoch die Front gewechselt«[20]. Kurz zuvor hatte der CSU-Abgeordnete und Heinemanns Vorgänger als Justizminister Richard Jaeger dem SPD-Kandidaten in der ›Münchener Abendzeitung‹ vorgehalten, er habe Extremisten hofiert als er im Juli 1968 eine Delegation der verbotenen KDP empfing. Jaeger hielt es für einen »unerträglichen Gedanken«, daß der »vereidigte Vertreter der Legalität [...] die Delegierten einer illegalen Partei [empfange]. Der Hüter des Rechts empfängt diejenigen, die es mit Füßen treten.« Der Bayer forderte, es dürfe »unter Demokraten [...] keinen Zweifel geben: Wer die Feinde des Staates berät, darf nicht Oberhaupt des Staates werden.«[21] Nur wenige Tage später legte Jaeger noch einmal nach. Wie jeder in Bonn wüßte, sei »Heinemann weder ein ganzer noch ein halber Kommunist [...], wohl aber ein Mann, der auf dem linken Auge blind« sei.[22]

Jaegers Beschuldigungen blieben mitnichten die einzigen Angriffe gegen Heinemann. Weitere Unions-Politiker meldeten sich zu Wort. Der CSU-Abgeordnete Heinrich Aigner[23] beschuldigte Heinemann, er habe zum deutschen Staat »kein Verhältnis«. Insbesondere lastete er ihm an, daß er »in der Notzeit nicht zu unserem Staat gestanden hat«.[24] Landwirtschaftsminister Hermann Höcherl[25] stellte in Frage, »ob ein Mann, der schon drei Parteien passiert habe, für dieses hohe Amt besonders qualifiziert erscheine.« Des weiteren hielt er Heinemann vor, »daß die im Bundesjustizministerium vorhandenen Bestrebungen, in der kommenden Strafrechtsreform ›alle Schweinereien von Strafe freizuhalten‹, verständliche Kritik in weiten Kreisen auslösen« würden.[26] Auch der ›Bayern-Kurier‹ beschäftigte sich mit dem SPD-Kandidaten. Dort hieß es u.a.: »Heinemann möchte den Radaubrüdern helfen. Wenn seine neuesten Strafrechtsreformentwürfe geltendes Recht würden, so könnten die meisten APO-Randalierer, die Techniker der gewaltsamen oder gewalttätigen Go-ins, nur in den wenigsten Fällen überhaupt strafrechtlich zur Verantwortung gezogen werden.« Der »linkstendierende« Justizminister bereite gesetzlich die Maschen vor, durch welche die politischen Gesetzesbrecher schlüpfen sollen. »Dank Heinemann wird die permanente Revolution endlich Wirklichkeit.«[27]

Letztlich aber, darüber waren sich alle Beteiligten im Klaren, hing die Entscheidung in der Bundesversammlung von der FDP ab. Die Union konnte in der Bundesversammlung durch die angekündigte Unterstützung der 22 NPD-Wahlmänner[28] mit 504 Stimmen rechnen. Für eine absolute Mehrheit fehlten lediglich 15 Voten. Die Sozialdemokraten hingegen kamen nur auf 449 Stimmen und waren daher auf mindestens 70 Stimmen der insgesamt 83 Wahlmänner der FDP angewiesen.[29] Zugleich ließ die SPD durchblicken, daß Heinemann nur für den ersten Wahlgang wirklich nominiert sei.[30] In einem vertraulichen Brief an den Bundeskanzler ließ Brandt durch seinen Verbindungsmann Conrad Ahlers[31], den stellvertretenden Leiter des Bundespresseamtes, mitteilen, daß »die Fraktion der SPD in der Bundesversammlung [...] sich für weitere Wahlgänge freihalten [werde], auch einen anderen Kandidaten vorzuschlagen, falls sich herausstellen sollte, daß Minister Heinemann nicht gewählt werden kann.«[32] Dieser Hinweis zielte, so Ahlers, auf Georg Leber ab, »der von zahlreichen führenden Sozialdemokraten, darunter Herbert Wehner und Helmut Schmidt, als idealer Gemeinschaftskandidat der Koalitionsparteien angesehen wird«. Sollten die Freien Demokraten Heinemann im ersten Wahlgang ihre Unterstützung verwehren, würden folglich alle jene in der SPD bitter enttäuscht werden, die »seit der Bildung der Großen Koalition sich von der CDU ab- und der FDP zugewandt hätten.« Die Empörung über die Unzuverlässigkeit und Wankelmütigkeit der Freien Demokraten würde wiederum die Kräfte in der SPD stärken, die für ein Festhalten an der schwarz-roten Koalition plädierten.[33]

Unter diesen Voraussetzungen stand die FDP vor der Bundespräsidentenwahl gehörig unter Druck. Nicht nur, daß sich die FDP zwischen einer sozialliberalen Option ›Heinemann‹ und einer bürgerlichen Option ›Schröder‹ entscheiden mußte; sie mußte sich vielmehr auch zu einem möglichst eindeutigen Votum durchringen, um dadurch ihre Geschlossenheit und Handlungsfähigkeit als Partei unter Beweis zu stellen.[34] Scheel betonte, daß ein uneiniges Wahlverhalten die Öffentlichkeit »so wirkungsvoll wie nie« von der »Überflüssigkeit« der FDP überzeugen werde. Zudem verhelfe die Partei auf diese Weise der NPD zu einer wahlentscheidenden Schlüsselrolle als ›Königsmacher‹.[35]

Am 4. März 1969, einen Tag vor der entscheidenden Wahl, kamen schließlich die 82 Mitglieder der FDP-Fraktion der Bundesversammlung im Europäischen Hof in Berlin-Charlottenburg zusammen, um – hermetisch abgeschottet von der Außenwelt – über das Abstimmverhalten zu beraten.[36] Das Lager war gespalten. Die Gruppe um Erich Mende befürwortete den CDU-Kandidaten. Die Gruppe um Walter Scheel und Hans Dietrich Genscher[37] hingegen stellte sich hinter den Sozialdemokraten. Als Walter Scheel um kurz vor 16 Uhr die Sitzung eröffnete, legte er sogleich dar, warum sich die Freien Demokraten seiner Meinung nach für Heinemann entscheiden müßten: Zum ersten käme Heinemanns Staats- und Demokratieverständnis dem des politischen Liberalismus sehr nahe – näher zumindest als das des konservativen CDU-Kandidaten.[38] Zum zweiten sei der Sozialdemokrat aber auch der Kandidat, dem es am ehesten gelingen könnte, eine Brücke zwischen der älteren Generation und der rebellierenden Jugend zu schlagen. Außerdem, so gab Scheel zu bedenken, ginge es in der Wahl auch darum, zu beweisen, daß die FDP mehr sei als der ›Wurmfortsatz‹ der CDU.[39] Eine Unterstützung Schröders könne in Öffentlichkeit nur als eine Rückkehr zum alten Kurs – als eine Rückkehr in den Schoß der Union – verstanden werden. Und zu guter Letzt, so fuhr Scheel fort, müsse bedacht werden, daß ein Bundespräsident, der mit den Stimmen der NPD gewählt worden sei, notwendigerweise einen Schaden des internationalen Ansehens der Bundesrepublik bedeuten würde.[40]

Gegen 19 Uhr fand eine erste Probeabstimmung statt. 57 Stimmen entfielen auf Heinemann, 23 auf Schröder. Da der Unions-Mann nur 15 zusätzliche Stimmen aus dem Lager der FDP benötigte, bedeutete dies eine schwere Niederlage für das Heinemann-Lager. In der anschließenden Aussprache verkündete der nordrhein-westfälische Innenminister Willi Weyer[41] eine Nachricht, die innerhalb der Delegation einschlug »wie eine Bombe«[42]. Er sei, so Weyer, sowohl von Herbert Wehner als auch Heinz Kühn ermächtigt zu erklären: »Das Wahlgesetz ist ein für alle Mal vom Tisch, wenn morgen Gustav Heinemann mit Hilfe der FDP zum Bundespräsidenten gewählt wird.«[43]

Die Garantie des Verzichts auf die Einführung eines Mehrheitswahlrechts, welches über kurz oder lang das politische Ende der Freien Demokraten bedeutet hätte, mußte für die FDP-Fraktion ein mehr als reizvolles Angebot sein. Bei einer zweiten Abstimmung entfielen nur noch zehn Stimmen auf Schröder, hingegen 71 auf Heinemann. Zwar konnte dieses Ergebnis die Scheel-Gruppe zunächst ein wenig beruhigen. Da allerdings mittlerweile bekannt war, daß insgesamt sechs Delegierte der SPD und sieben der CDU aus Krankheitsgründen nicht an der Bundesversammlung teilnehmen würden, konnte von einer zuverlässigen Mehrheit für Heinemann noch keine Rede sein.[44] Noch einmal schworen Scheel und Genscher die FDP-Delegierten eindringlich auf die Notwendigkeit eines einheitlichen Abstimmverhaltens ein. Um 22:40 Uhr konnte der Parteivorsitzende schließlich den wartenden Journalisten das Ergebnis der letzten Abstimmung verkünden: Von den 83 Delegierten waren 78 entschlossen, für Heinemann zu stimmen, lediglich fünf hielten an Schröder fest.[45] Damit war für die FDP die Vorentscheidung gefallen.

Am Tag darauf, am 5. März 1969, kamen die 1023 Wahlmänner der Bundesversammlung zum vierten Mal in der Geschichte der Bundesrepublik in der alten Hauptstadt Berlin zusammen. Als Plenarsaal diente die Ostpreußenhalle in Charlottenburg. Nachdem der Sitzungspräsident Kai-Uwe von Hassel[46] die Einberufung der Bundesversammlung nach Berlin gegen die Kritiker aus der DDR verteidigt und Fragen der Geschäftsordnung und des Abstimmungsverfahrens geklärt hatte, erklärte er um 10:30 Uhr den ersten Wahlgang für eröffnet. Nachdem alle Delegierten einzeln zur Stimmabgabe gerufen wurden und die Wahlhelfer das Ergebnis ausgezählt hatten, verkündete von Hassel um 12:15 Uhr das Ergebnis des ersten Wahlgangs: »Insgesamt sind 1021 Stimmen abgegeben worden. Für den Kandidaten Dr. Heinemann sind 514 Stimmen, für den Kandidaten Dr. Schröder

499 Stimmen abgegeben worden. Enthalten haben sich sechs Mitglieder. Zwei Stimmen sind ungültig.«[47]

Keiner der Kandidaten hatte die erforderliche absolute Mehrheit von 519 Stimmen erreicht. Schnell breitete sich in der Ostpreußenhalle das Gerücht aus, die SPD werde eine Unterbrechung des Wahlvorganges beantragen, um darüber zu beraten, ob man sich nicht doch mit der Union auf einen gemeinsamen Kandidaten verständigen könne. Dem widersprach die SPD-Führung jedoch mit Bestimmtheit: »Unser Kandidat ist Gustav Heinemann. Eine Sitzungsunterbrechung ist überflüssig. Es gibt nichts zu beraten.«[48] Sitzungspräsident von Hassel konnte den zweiten Wahlgang ausrufen.

Kurz vor 16 Uhr wurde schließlich das Ergebnis verkündet: »Auf Herrn Dr. Heinemann entfielen 511 Stimmen, auf Herrn Dr. Schröder 507 Stimmen. Stimmenthaltungen fünf, ungültig keine Stimme.«[49] Wieder hatte keiner der Kandidaten die erforderliche Mehrheit erreicht. Ein dritter Wahlgang wurde notwendig, wobei nun eine einfache Mehrheit der Stimmen zur Wahl genügte. Allerdings keimte Hoffnung bei der Union auf. Drei Wahlmänner, die noch im ersten Wahlgang für den Sozialdemokraten stimmten, waren im zweiten Wahlgang in das Lager von Schröder abgewandert. Bei SPD und FDP machte sich die Sorge breit, der ohnehin knappe Vorsprung könne in einem dritten Wahlgang weiter bröckeln.[50] Erst um 18:30 Uhr herrschte schließlich Gewißheit. Der Vorsprung reichte. Für Heinemann stimmten 512 Delegierte, Schröder kam auf 506 Stimmen. Fünf Wahlmänner hatten sich ihrer Stimme enthalten.[51] Heinemann war somit mit den Stimmen von SPD und FDP zum dritten Bundespräsidenten der Bundesrepublik Deutschland gewählt.

Nach dem ersten Jubel und zahllosen Gratulationen wandte sich Heinemann in einer kurzen Ansprache an die Mitglieder der Bundesversammlung: »Ich möchte all denen, die mich gewählt haben, für das Vertrauen danken, das sie mir entgegenbringen. Denen, die eine andere Wahlentscheidung getroffen haben, bekunde ich meinen vollen Respekt. Ich hoffe, daß es auch mit ihnen zu einer gedeihlichen Zusammenarbeit bei der Gemeinsamkeit der Aufgaben, die uns allen gestellt sind, kommt. Gerne möchte ich zu diesem bewegenden, auch mich persönlich bewegenden Vorgang noch etliches sagen. Aber das ist jetzt nicht angebracht. Das muß auf den Zeitpunkt zurückgestellt werden, da der Amtswechsel stattfindet.«[52]

Schnell schossen erste Spekulationen über möglicherweise abweichendes Wahlverhalten einzelner Delegierter ins Kraut. Daß die verschiedenen Fraktionen nicht *en bloc* abgestimmt hatten, war offensichtlich. Doch nicht nur Abgeordneten der Freien Demokraten wurde unterstellt, sich nicht an die Absprache ihrer Fraktion gehalten zu haben. Auch unter den Unionsanhängern wurden ›Überläufer‹ vermutet. Ein Name der häufiger genannt wurde, war der von Ernst Lemmer. Zwar bestritt Lemmer bis zuletzt, seine Stimme für den alten Studienfreund abgegeben zu haben. Nachdem der Unionspolitiker jedoch im August 1970 gestorben war, veröffentlichte der FAZ-Korrespondent Walter Henkels[53] im Bonner Generalanzeiger unter der Überschrift »Das hohe Lied der Freundschaft« einen Artikel, in dem er die Behauptung aufstellte, Lemmer habe ihm vor seinem Tode anvertraut, er habe im entscheidenden dritten Wahlgang tatsächlich für seinen Freund Gustav Heinemann votiert.[54]

Unmittelbar nach der Veröffentlichung des Artikels erschien in zahlreichen Tageszeitungen ein offener Brief der Kinder Lemmers, die den Journalisten bezichtigten, er habe das ›Geständnis‹ bloß erfunden. Mit Vehemenz bestritten sie, daß ihr Vater in der Bundesversammlung für Heinemann gestimmt haben könnte.[55] Auch in einem persönlichen Schreiben an Henkels warfen Lemmers Kinder dem Journalisten vor, seine ›Enthüllung‹ entbehre jeden Beweises. Häufig sei im Kreise der Familie über die Wahl Heinemanns gesprochen worden. Stets habe Lemmer eine Stimmabgabe für seinen Studienfreund verneint: »Unser Vater hatte immer ein gutes menschliches Verhältnis zu Gustav Heinemann, hat aber seine politischen Ansichten, wie Sie selber wissen, nicht geteilt.«[56]

In seinem Antwortschreiben an die Familie begründete der FAZ-Korrespondent seine Behauptung damit, Lemmer habe ihn vor seinem Tod ermächtigt sein Wahlverhalten *posthum* öffentlich zu machen.[57] In einem weiteren Brief, wenige Tage später, wurde der Journalist konkreter: »Ich nehme an, daß Sie an der Richtigkeit dessen, was ich veröffentlichte, nicht mehr zweifeln. Inzwischen haben es mir ein SPD-Bundesminister und ein Abgeordneter von der Fraktion Ihres Vaters, denen er nahe stand, betätigt. Ihnen hatte er sich in vertrautem Gespräch eröffnet. Sein Hauptgrund für das Votum für Heinemann sei gewesen – so der SPD-Minister –, daß er einen mit 20 NPD-Stimmen gewählten Bundespräsidenten Schröder für eine Katastrophe für Deutschland gehalten habe.«[58] Wer der angesprochene Bundesminister und der Abgeordnete waren, bleibt unklar.

Wirklich Licht ins Dunkle bringen erst zwei weitere – bisher von der Zeitgeschichtsforschung nicht beachtete[59] – Schreiben Heinemanns, die sich im Nachlaß Lemmer befinden. Am 31. August 1970 wandte sich der Bundespräsident an Lemmers Schwiegersohn, den Moderator des ›ZDF-Magazins‹ Gerhard Löwenthal[60]. Nachdem Heinemann Löwenthal zunächst versicherte, daß er sich selbstverständlich jeder öffentlichen Äußerung enthalten werde, fügte er hinzu, »daß Herr Henkels mir schon vor dem Tode Ihres Herrn Schwiegervaters das erzählte, was er jetzt publiziert hat, und ich ihm damals sagte, daß ich von meinem Freunde Ernst Lemmer ebenfalls wisse, daß er beim dritten Wahlgang für mich gestimmt hätte«[61]. Vor diesem Hintergrund ist wiederum ein Brief Heinemanns vom 30. Juli 1969 – einen Monat nach seiner Amtsübernahme – zu verstehen, in dem der Bundespräsident seinem Studienfreund seinen »herzlichen Dank für den erneuten Beweis alter und unerschütterlicher Freundschaft« aussprach.[62] Ob letztlich mit oder ohne Unterstützung seines Freundes bei der CDU – Heinemann war am 5. März 1969 nicht nur als erster Sozialdemokrat seit Friedrich Ebert an die Spitze des deutschen Staates gewählt worden. Es vollzog sich auch »ein Stück Machtwechsel«[63]. Heinemanns Wahl hatte den Beginn einer neuen Ära, der sozial-liberalen Ära, eingeläutet.[64]

2. »Ich möchte Bürgerpräsident sein« Fünf Jahre in der Villa Hammerschmidt

Am 1. Juli 1969 wurde Heinemann als Bundespräsident vereidigt. In seiner Antrittsrede erklärte er: »Wir stehen erst am Anfang der ersten wirklich freiheitlichen Periode unserer Geschichte. Freiheitliche Demokratie muß endlich das Lebenselement unserer Gesellschaft werden. [...] Die Bundesrepublik Deutschland ist [...] bewußt als repräsentative Demokratie gestaltet. Ich halte ihre auf Menschenwürde und Menschenrechte begründete Ordnung als Grundlage und Rahmen für die beste in unserer bisherigen Geschichte. Diese Ordnung ist aber nicht fertig. Alle ihre Orientierungsmerkmale, als da sind: freiheitliche Demokratie, soziale Gerechtigkeit und Rechtsstaatlichkeit, bedürfen im Staat und in der Gesellschaft der fortwährenden Bemühung um täglich bessere Verwirklichung durch den mündig mitbestimmenden Bürger. [...] Nicht weniger, sondern mehr Demokratie – das ist die Forderung, das ist das große Ziel, dem wir uns alle und zumal die Jugend zu verschreiben haben. Es gibt schwierige Vaterländer. Eines davon ist Deutschland. Aber es ist unser Vaterland. [...] Darum wollen wir unseren Beitrag für die eine Menschheit mit diesem und durch dieses unser Land leisten.«[65]

Die Wahl zum Bundespräsidenten blieb für Heinemann »die große Unbegreiflichkeit« in seinem Leben: »Das hätte nach meinem politischen Konflikt 1950 mit Bundeskanzler Dr. Adenauer und den Auseinandersetzungen in den nachfolgenden Jahren schlechthin niemand auch nur zu denken gewagt.«[66] Sechs Jahre vor seiner Wahl hatte er noch gegenüber Fritz Erler erklärt, daß er, soweit sein Alter dies überhaupt noch zulasse, sich in Zukunft ausschließlich der Evangelischen Kirche und der Parteiarbeit widmen werde: »Ich suche keinerlei Funktion oder sonst etwas. Mir ist in der Wirtschaft, in der Politik, in der kirchlichen Arbeit, im freien Beruf alles zugefallen, was einen Menschen locken kann. Ich kann nur dankbar sein. Engste Freunde haben mir zuweilen vorgeworfen, daß ich nicht genug Ehrgeiz hätte. Das mag sein. Ich werde mich nicht mehr ändern können. Ich bleibe aber bereit zu helfen, wo mir eine Aufgabe gezeigt wird und wo ich sie mit Vertrauen der anderen Beteiligten u[nd] gemäß meiner eigenen Einsicht anfassen kann.«[67]

Daran, daß er eines Tages auf dem Stuhl des Bundespräsidenten sitzen werde, hatte Heinemann nicht einmal »im Traum« gedacht. Schließlich, so Heinemann, sei er ja eigentlich »immer ein Politiker der Auseinandersetzungen an den Fronten« gewesen, dessen Wesen die Tätigkeit eines Ministers mehr entsprochen habe als die eines Bundespräsidenten.[68] Dennoch trat Heinemann das neue Amt mit großer Vorfreude und dem für ihn üblichen Tatendrang an. An den verfassungsrechtlichen Beschränkungen des Präsidentenamtes wollte er jedoch nicht rütteln. Forderungen nach einer Ausweitung der Kompetenzen und Zuständigkeiten des Bundespräsidenten lehnte er rundweg ab: »Das Amt des Bundespräsidenten ist in unserer Grundordnung nach den Gesamtmaßstäben dieser Grundordnung bestimmt worden [...]. Ich möchte daran grundsätzlich nichts geändert wissen. Also auch nicht an den Zuständigkeiten, die man dem Bundespräsidenten zugewiesen hat. Würde man das tun, dann müßten ja die Zuständigkeiten anderer Organe beschnitten werden. Wir kämen also wieder unter Umständen in eine sehr wirbelige Auseinandersetzung um das Grundgesetz im ganzen. Das möchte ich keinesfalls anregen oder gar fordern.«[69] Ebenso wies Heinemann den Vorschlag zurück, die Amtszeit des Bundespräsidenten auf sieben Jahre zu verlängern, gleichzeitig aber eine Wiederwahl auszuschließen: »Ich halte nichts davon, daß wir an unserem Grundgesetz immer wieder etwas ändern wollen. Was dieser Anregung, das Amt auf sieben Jahre zu stellen und Wiederwahl auszuschließen, zugrunde liegt, ist doch dies, daß sich nicht die Tradition zweimaliger Wahl festigen soll. Meine beiden Amtsvorgänger sind zweimal auf je fünf Jahre gewählt worden; ich habe von vornherein erklärt [...], daß ich von keinem derer, die mich jetzt gewählt haben, erwarte, daß er mich nach fünf Jahren noch einmal wählen sollte. Es kann also diese Tradition auch wirklich einmal aufgebrochen werden.«[70] Auch in der Frage der direkten Volkswahl des Präsidenten verwies Heinemann auf die bestehenden Regelungen der Verfassung.[71] Aber auch sonst hielt er eine Volkswahl des Staatsoberhauptes für verfehlt, da »mit einer Volkswahl [...] verbunden« sei, »daß man an die Befugnisse des Bundespräsidenten abermals überhöhte Erwartungen stellte, die gerade nach unserer Verfassung nicht Platz greifen sollten und jedenfalls nicht Platz greifen können.« Es hätte daher »seinen guten Sinn, daß hier eine mittelbare Wahl« stattfinde.[72]

Nach seinem Amtverständnis gefragt antwortete Heinemann, er werde sich »bemühen, als Bundespräsident Repräsentant eines recht verstandenen Staates zu sein und nicht Teilhaber am innenpolitischen Machtkampf.«[73] Darüber hinaus, so betonte er, fühle er sich sowieso nicht »als künftiges Staatsoberhaupt oder als Staatspräsident«. Vielmehr wolle er ein »Bürgerpräsident« sein.[74] Für Heinemann bedeutete dies vor allem, das Amt »in einer weniger steif-zeremoniellen Weise wahrzunehmen«, um dadurch zu bewirken, »daß auch andere zu staatsbürgerlichem Selbstbewußtsein kommen«. Sein Ziel sei es daher, »das Autoritäre, das sich für manche mit der Vorstellung von diesem Amt« verbinde, »weg[zu]räumen«.[75] In einem Fernsehinterview gestand der Bundespräsident, daß er »Repräsentation als solche [...] gar nicht« liebe. Zwar akzeptierte er sie, da sie »in gewissem Maße« dazugehöre. Er kündigte aber an, alles zu unternehmen, um »unnütze Repräsentationsaufwendigkeiten« abzubauen.[76] Tatsächlich machte sich der »Bundespräsident in Einübung«[77] alsbald nach der Amtsübernahme daran, die Starrheit des Protokolls überall dort lockern, wo es ohne eine Verletzung der Regeln der diplomatischen Höflichkeit möglich erschien. Zum ›neuen Stil‹ in der Villa Hammerschmidt zählte beispielsweise, daß bei Empfängen kein roter Teppich mehr ausgerollt wurde, ein einfacher Straßenanzug den Smoking oder den Frack ersetzte, protokollarische Sitzordnungen gelockert wurden und aufwendige Polizeieskorten entfielen.[78]

Das Abschneiden der »Protokoll-Zöpfe«[79] entsprach Heinemanns Auffassung von einem Präsidentenamt, dem nur beschränkte politische Macht und Entscheidungsgewalt zufalle. Dies bedeutete für ihn aber nicht, daß der Bundespräsident überhaupt keine politische Wirkungsmöglichkeit habe. Der »Sinn des Grundgesetzes« sei zwar, »daß die Bundesregierung und in ihr der Bundeskanzler die Vorhand haben.« Was der Bundespräsident aber tun könne, sei »Gespräche zu führen, Gespräche mit politischen, wirtschaftlichen und kulturellen Vertretern, kurzum mit jedermann. Das ist eine der Hauptwirkungsmöglichkeiten.« Eine weitere Wirkungsmöglichkeit bestand für Heinemann darin, Reden zu gegebenen Anlässen zu halten. Dabei unterschied er zwischen »Reden zu historischen Ereignissen und Personen«, bei denen es darum geht, »Vorgänge oder Personen in unser Geschichtsbewußtsein nach einem heutigen zeitgemäßen Verständnis hineinzunehmen«, und Reden, die »auf aktuelle Gegebenheiten« abzielen, um »etwas bewußter zu machen, damit ein entsprechendes Handeln einsetzt«.[80]

Als eine der wichtigsten Aufgaben des Bundespräsidenten begriff Heinemann die Bereitschaft, »Interessen auszugleichen und bei der Suche nach vernünftigen Lösungen zu helfen.« Dabei sei es unerläßlich, mahnend den »Finger auf wunde Punkte zu legen«, um so »Anregungen zu geben zu neuen Entwicklungen« und »zum Umdenken in unserer Gesellschaft beizutragen«[81]. Aus diesem Grunde wehrte sich Heinemann auch dagegen, in der Person des Bundespräsidenten einen nur auf seine repräsentativen Aufgaben beschränkten Akteur zu sehen.[82] Natürlich unterscheide sich das Präsidenten- vom Ministeramt. Schließlich habe ein Minister »von Natur her die Möglichkeit zu eigenen Initiativen«, um »einen Verwirklichungsprozeß in Gang [zu] setzen, etwa durch Vorlagen an die Bundesregierung oder durch Teilnahme an den Parlamentsdebatten.« Dies alles, so bemerkte auch Heinemann, fehle dem Amt des Bundespräsidenten. Vielmehr sei es »ausgerichtet auf Teilhabe an der Bewußtseinsbildung: aufmerksam zu machen und damit das Bewußtsein zu wecken für Notwendigkeiten«[83]. Allerdings sei der Bundespräsident, so Heinemann, mehr als ein bloßer »Staatsschauspieler«[84]. In Heinemanns Augen schlossen nämlich die vermittelnden bzw. repräsentativen Aufgaben des Bundespräsidenten keineswegs aus, daß dem Amt auch eine politische Funktion zufalle. Ganz bewußt nahm er gerade auch diese politische Rolle für sich in Anspruch.[85] Deutlich wurde dies nicht zuletzt in dem ersten großen Zeitungsinterview des neuen Bundespräsidenten, das nur drei Tage nach seiner Wahl in der Stuttgarter Zeitung erschien.[86] Auf die Frage des Interviewers, ob die Wahl eines sozialdemokratischen Bundespräsidenten mit Hilfe der Stimmen der FDP als eine »Zäsur, wenn nicht gar als eine Wende in der Nachkriegsgeschichte der Bundesrepublik bewertet« werden könne, antwortete Heinemann: »Ich würde dieser Bewertung zustimmen. Es hat sich jetzt ein Stück Machtwechsel vollzogen, und zwar nach den Regeln einer parlamentarischen Demokratie. Man hat oft, und ich glaube mehr aus gutem Grund, gesagt, daß eine solche Demokratie ihre Bewährungsprobe erst dann bestanden habe, wenn eben nach ihren Regeln auch einmal ein Machtwechsel zustande gekommen sei. Das ist hier nicht in breiter Front der Fall, das wird sich erst bei der Bundestagwahl ergeben, aber immerhin doch in einem beachtlichen Stück.«[87]

Noch vor der offiziellen Amtseinführung des neuen Bundespräsidenten war damit der erste politische Skandal perfekt. Die Union faßte Heinemanns Äußerungen als direkte Provokation und Kampfansage auf. Einen Tag nach Erscheinen des Interviews nutzte der CSU-Vorsitzende Franz Josef Strauß einen Auftritt beim Landesparteitag der CDU in Niedersachsen, um seiner Empörung über die Äußerungen des Bundespräsidenten Luft zu machen: »Das Wort ›Machtwechsel‹ hören wir im Zusammenhang mit der Präsidentenwahl nicht gern. [...] Wir in Deutschland sind gegen die Worte wie Machtergreifung, Machtwechsel sehr empfindlich.«[88] Auf perfide Weise hatte der Bayer das von Heinemann gebrauchte Wort »Machtwechsel« in die Nähe nationalsozialistischen Sprachgebrauchs gerückt.[89] Von Seiten der CDU meldete sich Bruno Heck[90] zu Wort. Der Generalsekretär der Partei forderte den Bundespräsidenten dazu auf, in seinem künftigen Amt seine »Parteilichkeit aus der Vergangenheit in Zügel«[91] zu halten. Er schloß sich damit der Kritik des Bayernkuriers an, der sich über den »Politpräsidenten«[92] Heinemann echauffiert hatte. Selbst im eigenen, sozialdemokratischen Lager sorgte Heinemanns ›Machtwechsel‹-Interview für einen gewissen Unmut. Da das rot-gelbe Bündnis ein halbes Jahr vor den Bundestagswahlen alles andere als in trockenen Tüchern war, kritisierten nicht wenige Sozialdemokraten und Liberale die »fanfarenhafte Äußerung« des neuen Bundespräsidenten als »verfrüht und unzeitgemäß«[93].

Heinemann stand jedoch zu seiner Äußerung. Den Begriff ›Machtwechsel‹ hatte er keineswegs unbedacht gewählt.[94] Einige Tage nach seinem Interview verteidigte er gegenüber der ›Deutschen Presseagentur‹ seine Wortwahl: »Daß die CDU/CSU bei der Bundespräsidentenwahl in Berlin zum erstenmal seit 1949 in einer wichtigen politischen Entscheidung unterlegen ist, ist ein Zeichen für die Funktionsfähigkeit unserer parlamentarischen Demokratie, die auf Machtwechsel beruht. [...] Sie sollten sich eigentlich freuen, daß auch der zukünftige Bundespräsident einen Begriff von der Macht hat.« Macht, so Heinemann, sei schließlich »immer nur ein Mittel, um das Gute zu fördern und dem Bösen zu wehren«[95].

Daß er dennoch für seine Äußerungen kritisiert wurde, störte Heinemann nach eigener Aussage nicht sonderlich. Auf Kritik reagierte er generell gelassen: »Ich bin nicht zimperlich. Ich selbst habe in meinem Leben viel kritisiert und bin oft kritisiert worden. Kritik und Diskussion sind die Fettaugen auf der oft mageren politischen Suppe, womit über Wohlgeschmack und Bekömmlichkeit noch nichts ausgesagt ist.«[96] Er hatte kein Problem damit, wenn sich andere an ihm oder seinen Positionen rieben – er wollte ein ›unbequemer Präsident‹ sein.[97] Dazu gehörte für ihn auch, daß er das Präsidentenamt als ein durchaus politisches Amt verstand.[98] Nicht von ungefähr galt Heinemann als der »politischste Präsident, den die Bundesrepublik bisher gekannt hat«[99].

Ausdruck dieses politischen Amtsverständnisses war es, daß Heinemann durch das Mittel des Staatsbesuchs auch außenpolitisch Akzente setzen wollte.[100] In Absprache mit der neuen Bundesregierung,[101] deren außenpolitisches Interesse insbesondere der Aussöhnung mit den östlichen Nachbarländern galt, versuchte Heinemann verstärkt, die Beziehungen zu Deutschlands ehemaligen Kriegsgegnern im Westen Europas zu verbessern. Die Aussöhnung mit dem deutschen ›Erzfeind‹ Frankreich war bereits während der Adenauerjahre gelungen. In den Benelux-Staaten und den skandinavischen Ländern hingegen bestanden nach wie vor starke antideutsche Ressentiments.[102] Heinemann erklärte es zu einem der vordringlichen Ziele seiner Amtszeit, »die Verhaltenheiten uns Deutschen gegenüber aus den Erlebnissen dieser Länder im Zweiten Weltkrieg zu beheben, aufzulockern, also den Weg in die gemeinsame Zukunft zu festigen«[103] und somit einen aktiven Beitrag zur Entspannungspolitik der sozial-liberalen Koalition zu leisten.[104]

Das Arrangement eines Staatsbesuchs gestaltete sich zunächst jedoch als kompliziert. Anfragen, die noch während der Präsidentschaft Lübkes an die entsprechenden Regierungen gerichtet worden waren, wurden allesamt unter Hinweis auf die immer noch vorherrschenden Vorbehalte in der Bevölkerung ablehnend beantwortet.[105] Obwohl der Krieg seit nunmehr einem Vierteljahrhundert zu Ende war, klafften die alten Wunden noch immer. Die meisten Nachbarländer Deutschlands verhielten sich nach wie vor zurückhaltend. Erst die Wahl Gustav Heinemanns, der im Ausland hochgeschätzt und als »Antityp des deutschen Politikers«[106] bzw. als der »beste Mann aus der Firma Bonn«[107] gerühmt wurde, schien ein Umdenken bewirkt zu haben. Anfang August 1969 gab es schließlich aus den Niederlanden erste Anzeichen, daß es zu »Umschwung in der offiziellen Haltung« gekommen war. Noch im selben Monat sprach das holländische Königshaus dem deutschen Staatsoberhaupt eine offizielle Einladung aus.[108]

Doch obwohl politische Beobachter die holländische Einladung als diplomatischen ›Bannbruch‹ feierten,[109] verhielten sich die übrigen Nachbarländer, insbesondere die skandinavischen, auch weiterhin zurückhaltend. Erst nachdem sich durch die Bundestagswahlen 1969 auch nach außen ein politischer Umbruch in der Bundesrepublik manifestiert hatte und zudem der NPD der Einzug in den Bundestag mißlang, wurde die Zurückhaltung zunehmend aufgegeben.[110] Bis Ende des Jahres folgten schließlich Dänemark, Schweden und Norwegen dem holländischen Beispiel und sprachen eine offizielle Einladung an das deutsche Staatsoberhaupt aus.

Ende November 1969 reiste Heinemann, als erstes deutsches Staatsoberhaupt seit Wilhelm II. im Jahre 1891, nach Holland.[111] Die Resonanz der niederländischen Öffentlichkeit war entgegen aller Befürchtungen ausgesprochen positiv. Die holländische Presse pries den Bundespräsidenten als »einen Deutschen mit untadeliger Vergangenheit und Reputation«. Selbst die jüdische Wochenzeitung in Amsterdam konstatierte, Heinemann sei »ein Deutscher, der uns willkommen ist«[112].

Bereits bei seiner ersten kurzen Ansprache betonte Heinemann, daß der Besuch in dem Nachbarland mehr als nur die »Erfüllung einer protokollarischen Pflicht« sei. Vielmehr wolle er mit seiner Reise bekunden, »daß wir uns in Deutschland bewußt bleiben, welches Leid wir dem niederländischen Volk zufügten.« Insbesondere würdigte der Bundespräsident die Tatsache, »daß die Niederlande trotz der schweren Erlebnisse der Kriegs- und Besatzungszeit Vertrauen zur Bundesrepublik Deutschland gefaßt und sich entschlossen haben, gemeinsam mit uns an der Zukunft Europas zu bauen.«[113]

Bei seinem Besuch in Holland, aber auch bei seinen Versöhnungsreisen nach Dänemark und Schweden im Juni 1970 sowie nach Norwegen im September 1970 unterzog sich Heinemann »einem sorgfältig geplanten und mit den Gastgebern [...] abgestimmten Bußritual, um einer Versöhnung zwischen den Völkern den Weg zu bahnen.«[114] Der Bundespräsident suchte jeweils die Orte der Verbrechen und der Erinnerung auf. Dabei kam ihm zugute, daß er als glaubwürdiger Repräsentant eines neuen Deutschlands respektiert und akzeptiert wurde. Seine diversen Mitgliedschaften in NS-Organisationen und seine Tätigkeit als Vorstandsmitglied eines der bedeutendsten Rüstungsunternehmen des Reiches wurden dabei nie thematisiert.

Sein Versöhnungswille wirkte aufrichtig und überzeugend. Auch wenn es den besuchten Ländern zunächst nicht leicht fiel, sich auf einen Versöhnungsprozeß einzulassen, stieß sein öffentliches Schuldbekenntnis auf Erleichterung und Zustimmung: »Die Bitte Heinemanns um Vergebung wurde von allen Ländern angenommen, durch die Einladung symbolisch vollzogen und in Tischreden und Ansprachen bekräftigt.« Seine Versöhnungsreisen dürfen daher 25 Jahre nach Kriegsende »als ein klassisches Beispiel einer politischen Bußpraxis betrachtet werden«[115].

In der allgemeinen Wahrnehmung wurden Heinemanns Staatsbesuche als »überaus erfreulich«[116] wahrgenommen. Auch die Presse bewertete die Reisen im großen und ganzen als Erfolg und zollte Heinemann Respekt und Anerkennung für seine diplomatische Leistung.[117] Vereinzelt wurden jedoch auch Stimmen laut, die dem Bundespräsidenten vorwarfen, er sei in die Rolle eines »Sühnedeutschen« geschlüpft und sei mit seinem »Bekenntnis zu der Schuld, die wir [...] in der Vergangenheit auf uns geladen« haben »unnötig weit« gegangen.[118] Zudem wurde ihm vorgehalten, er habe während seiner Staatsvisiten zu viel über die Vergangenheit gesprochen.

Ein »Gang nach Canossa« sei nicht nötig gewesen,[119] schließlich handele es sich bei einem Staatsbesuch nicht um einen »Buß- sondern [um] einen Besuchsgang«.[120] Zwar habe Deutschland während des Krieges schreckliches Leid über die Nachbarländer gebracht. Einen »bestimmten Neigungswinkel« dürfe Deutschlands »Verbeugung« jedoch trotzdem nicht überschreiten.[121]

Trotz dieser Kritik wurden Heinemanns Besuche in den Niederlanden und den nordischen Staaten, aber auch seine Reisen nach Japan, Südamerika[122], Belgien, Luxemburg, Rumänien[123], Großbritannien, Italien, in die Schweiz und den Vatikan alles in allem als große Erfolge bewertet. Auch Heinemann selber zog eine positive Bilanz seiner Reisen, die für ihn den Sinn hatten, einen Beitrag »zu gegenseitigem Verständnis« zu leisten und für »Freundschaft und Vertrauen zueinander« zu werben, die nur »das Ergebnis eines ständigen Bemühens [...] um Verständnis für die Sorgen des Nachbarn, für seine Eigenarten und seine Hoffnungen« sein können.[124] Trotz starker Ressentiments und »vieler Erinnerungen an die Kriegszeit«[125] meinte Heinemann, er habe auf seinen Reisen die Bereitschaft zur »Überwindung von Zurückhaltung und neue Freundschaft gespürt«[126].

Trotz der zahlreichen Staatsvisiten und der großen diplomatischen Erfolge seiner Auslandsreisen wollte Heinemann nicht bloßer ›Repräsentations- und Reisepräsident‹ sein. Statt dessen wollte er insbesondere auch in der Innenpolitik als Bundespräsident Akzente setzen. Als dringlichste Aufgabe verstand er es, ein Ansprechpartner der Bürger zu sein – eine Art »Bundesklagemauer«, wie er es selbst nannte.[127] Ihm ging es vor allem darum, die »Fühlung« zu allen Gruppen im Lande zu halten und »zu ihrer Zusammenarbeit bei[zu]tragen«[128]. Aus diesem besonderen Verständnis heraus suchte der Bundespräsident insbesondere den Kontakt zu der jüngeren Generation, die seit Mitte der sechziger Jahre nach dem Vorbild der französischen Jugendbewegung und der US-amerikanischen Bürgerrechtsgruppen durch Demonstrationen und Protestaktionen auch in der Bundesrepublik für gesellschaftliche Unruhe sorgte. Hatte sich ihr Kampf zunächst nur gegen Mißstände an den Universitäten gerichtet, wandte sich die erstarkende Jugendbewegung nach der Bildung der Großen Koalition zunehmend auch gegen allgemein-gesellschaftliche und politische Mißstände, gegen scheinbar überkommene Konventionen, Normen und Werte.[129] Bei Demonstrationen, Protestaktionen und sogenannten ›Happenings‹ kritisierte die außerparlamentarische Opposition (APO) das Machtkartell der Großen Koalition, übte fundamentale System- und Kapitalismuskritik und protestierte gegen die Notstandsgesetze und den Vietnamkrieg.

Nachdem bei einer Demonstration in Berlin im Juni 1967 der Student Benno Ohnesorg[130] unter ungeklärten Umständen von einem Polizisten erschossen wurde, radikalisierten sich die Studentenproteste. Als schließlich am Gründonnerstag 1968 der Wortführer der APO, Rudi Dutschke[131], bei einem Mordanschlag schwer verletzt wurde, eskalierte die Gewalt. Die Wut der mehreren hunderttausend jugendlichen Demonstranten entlud sich in schweren gewaltsamen Ausschreitungen, deren Bilanz erschreckend war: Über fünfzig Innenstädte wurden verwüstet, Autos und Geschäfte brannten. 21.000 Polizisten waren im Einsatz. Es gab mehr als 400 Verletzte. Zwei Menschen starben.[132]

Angesichts der eskalierenden Gewalt hatte sich Heinemann bereits als Justizminister mit einer aufsehenerregenden Rundfunkansprache an die Bevölkerung gewandt: »Diese Tage erschütternder Vorgänge und gesteigerter Unruhe rufen uns alle zu einer Besinnung. Wer mit dem Zeigefinger allgemeiner Vorwürfe auf den oder die vermeintlichen Anstifter oder Drahtzieher zeigt, sollte daran denken, daß in der Hand mit dem ausgestreckten Zeigefinger zugleich drei andere Finger auf ihn selbst zurückweisen.« Anders als die übrigen Politiker verzichtete Heinemann auf eine pauschale Verurteilung der jugendlichen Demonstranten und hinterfragte statt dessen die Gründe für die eskalierende Jugendrevolte: »Heißt das nicht, daß wir Älteren den Kontakt mit Teilen der Jugend verloren haben oder ihnen unglaubwürdig wurden? Heißt das nicht, daß wir Kritik ernst nehmen müssen, auch wenn sie aus der jungen Generation laut wird?« Den Studenten gestand er zu, daß »zu den Grundrechten [...] auch das Recht zu demonstrieren« gehört. Schließlich habe »auch die junge Generation [...] einen Anspruch darauf, mit ihren Wünschen und Vorschlägen gehört und ernst genommen zu werden.« Allerdings wies er ausdrücklich darauf hin, daß eine »Gewalttat« ein »gemeines Unrecht und eine Dummheit obendrein« sei: »Es ist eine alte Erfahrung, daß Ausschreitungen und Gewalttaten genau die gegenteilige öffentliche Meinung schaffen, als ihre Urheber wünschen. Das sollten – so meine ich – gerade auch politisch bewegte Studenten begreifen und darum zur Selbstbeherrschung zurückfinden.« Versöhnend schloß Heinemann mit den Worten: »Unser Grundgesetz ist ein großes Angebot. Zum ersten Mal in unserer Geschichte will es in einem freiheitlich-demokratischen und sozialen Rechtsstaat der Würde des Menschen volle Geltung verschaffen. In ihm ist Platz für eine Vielfalt der Meinungen, die es in offener Diskussion zu klären gilt.«[133] Heinemanns Ansprache, die später als ›Bewerbungsrede‹ für das Präsidentenamt bezeichnet wurde,[134] hatte genau den richtigen Ton getroffen. Mit ihr hatte sich der Justizminister denkbar weit von der Selbstgefälligkeit anderer Politiker entfernt, die der aufbegehrenden Jugend Undankbarkeit und Ungehörigkeit vorwarfen.

Unmittelbar nach seiner Wahl zum Bundespräsidenten erklärte er die Versöhnung der Generationen[135] zu einer seiner vordringlichsten Aufgaben und lud die unruhige junge Generation zum Dialog ein.[136] Nicht zuletzt aufgrund seiner offenen und verständnisvollen Haltung, seiner eigenen politischen Vita sowie seiner moralischen Integrität und Lauterkeit nahm die rebellische Jugend die Einladung des ›APO-Opas‹ Heinemann an. Für zahlreiche unter ihnen wurde der Bundespräsident sogar zu einer Art Integrationsfigur, einem »Symbol eines neuen Konsenses«[137]. Bei dem ›politischen Rebellen‹ Heinemann, der nach eigenem Bekunden ja selber lange Jahre in der »außerparlamentarischen Opposition«[138] verbracht hatte, konnten die Jugendlichen hoffen, auf Verständnis für ihre Haltung zu stoßen. Tatsächlich begrüßte Heinemann die »heilsame und produktive Unruhe«[139] der jungen Generation. Ohne ihr Aufbegehren sei vieles noch immer nicht besser geworden.[140] Jede freiheitliche Gesellschaft, so betonte er, müsse geradezu »froh und dankbar« für »alle unruhigen Gemüter« sein.[141] Zudem sei er selber »zeitlebens [...] ein ungeduldiger Mensch gewesen« und verstehe in dieser Ungeduld »sogar die radikalen Gruppen« der Jugendbewegung.[142]

Zwar forderte Heinemann die jungen Leute ausdrücklich dazu auf, »zu neuen Ufern« vorzustoßen und sich zur Wehr zu setzen, »wo Unrecht geschieht«. Jedoch appellierte er zugleich, in diesem Kampf einander »an Fairneß und Toleranz« zu überbieten.[143] Die »unruhige Jugend« dürfe nur im Rahmen der »Spielregeln eines demokratisch-freiheitlichen Staates ihre Wege gehen«[144]. »Gewaltanwendung, das Werfen von Steinen und Farbbeuteln« seien keine »imponierenden und schon gar nicht demokratische Argumente«. Allerdings sei auch »das Verlangen nach Ruhe und Ordnung lediglich um der Ordnung willen, [...] nicht der Weisheit letzter Schluß.«[145] Aus diesem Grund forderte der Bundespräsident immer wieder Politiker aller Couleur dazu auf, sich der Dramatik der Situation bewußt zu werden. Die Ungeduld der jungen Generation sei »ungeheuer«. Sollten die Politiker die Entwicklungen auch weiterhin ignorieren, so warnte das Staatsoberhaupt, werde man schon »bald auf einem Vulkan sitzen.«[146]

Doch auch wenn Heinemann in der Öffentlichkeit vor allem durch seine Auslandsreisen und Reden wahrgenommen wurde, so darf nicht verkannt werden, daß er als Bundespräsident verfassungsrechtlich durchaus mit konkreten politischen Kompetenzen ausgestattet war. Insbesondere während Krisenzeiten des parlamentarischen Regierungssystems sollte dem Staatsoberhaupt laut Grundgesetz eine Reservefunktion zufallen. Daß diese Bestimmungen durchaus ihren Sinn haben, sollte sich erstmals im April 1972 zeigen.

Die Ostpolitik der sozialliberalen Koalition hatte Ende 1970 ihren ersten Höhepunkt durch den Abschluß des Warschauer Vertrags mit Polen sowie des Moskauer Vertrags mit der Sowjetunion erreicht. Beide Verträge hatten zum Ziel, die Beziehungen zu den entsprechenden Ländern zu verbessern bzw. zu normalisieren. Da insbesondere durch den Vertrag mit Polen die Oder-Neiße-Grenze erstmals seit 1945 faktisch anerkannt wurde, und die Bundesrepublik somit die ehemaligen deutschen Ostgebiete, die seit Kriegsende unter polnischer bzw. sowjetischer Verwaltung standen, endgültig verloren gab, stießen die Vertragswerke auf massiven Widerstand der CDU/CSU-Fraktion.[147] Doch auch im sozial-liberalen Lager war die Ostpolitik nicht unumstritten. Zwischen 1970 und 1972 verließen zahlreiche Abgeordnete der Regierungskoalition aus Protest gegen die Ostpolitik ihre Parteien und wechselten in das Lager der Union. Im Frühjahr 1972 schien es schließlich so, als hätten sich die Mehrheitsverhältnisse im Bundestag zugunsten der Opposition verschoben. Ein konstruktives Mißtrauensvotum des Fraktionsvorsitzenden der CDU/CSU-Fraktion Rainer Barzel scheiterte jedoch zunächst noch.[148]

Trotz Barzels Niederlage kam es im Bundestag bald zu einer Pattsituation zwischen Regierung und Opposition. Eine Abstimmung über den Haushalt 1973 endete 247:247. Da die Handlungsfähigkeit des Parlaments somit nicht länger gewährt war, im Grundgesetz aber auch kein Selbstauflösungsrecht des Bundestags vorgesehen war, stellte Brandt am 22. September 1972 eine ›unechte Vertrauensfrage‹. Indem sich die Mitglieder der Bundesregierung nicht an der Abstimmung beteiligten, wurde die Niederlage der Regierung bewußt herbeigeführt, um somit den Weg für eine Auflösung des Parlaments und anschließende Neuwahlen freizumachen.[149]

Nach der Verneinung der Vertrauensfrage schlug die Stunde des Bundespräsidenten.[150] Unmittelbar nach der Abstimmung hatte der Bundeskanzler Heinemann gebeten, den Bundestag aufzulösen und Neuwahlen auszurufen. Allerdings lag es allein im Ermessensspielraum des Bundespräsidenten, ob er dem Antrag des Kanzlers folgte oder aber die Regierung vorläufig im Amt beließ, bis das Parlament mit Mehrheit einen anderen Kanzler gewählt hätte.[151] Nachdem sich Heinemann jedoch am 22. September mit den Vorsitzenden der drei Fraktionen beraten hatte und er sicher war, daß alle Parteien Neuwahlen unterstützten,[152] entschloß er sich, das Parlament aufzulösen. In einer Hörfunk- und Fernsehansprache begründete er seine Entscheidung: »Zur parlamentarischen Demokratie gehört ein Gegenüber von Regierung und Opposition, ein Gegenüber von Regierungsmehrheit und Oppositionsminderheit. Dieses Gegenüber aus den Anfängen des heute aufgelösten Bundestages hat sich, aus welchen Gründen auch immer, in ein Stimmengleichgewicht von Regierung und Opposition verwandelt. Eine zielstrebige parlamentarische Arbeit ist dadurch nicht mehr gewährleistet.«[153]

Heinemanns Entscheidung lag die Überlegung zugrunde, daß es mittelfristig für eine größere Stabilität des Regierungssystems sorgen würde, das Parlament aufzulösen, als die unklaren und wechselnden Mehrheitsverhältnisse zu belassen. In Hinblick auf das politische Schicksal der Weimarer Republik wollte zwar auch Heinemann »Parlamentsauflöserei« möglichst verhindern und äußerte Verständnis dafür, daß der »Verfassungsgeber« der Bundesrepublik »besonders vorsichtig« gewesen sei und »entsprechende Vorkehrungen getroffen« habe. Allerdings, so fügte er hinzu, seien die verfassungsrechtlichen Regelungen »vielleicht ein bißchen zu arg« und hätten die Parlamentarier zu diesem »merkwürdigen Umweg« gezwungen.[154] Den künftigen Abgeordneten riet er, das Grundgesetz in diesem Punkt noch einmal zu überdenken, »um einen besseren Weg für eine in breiter Übereinstimmung erkannte Notwendigkeit der vorzeitigen Auflösung zu finden«[155]. Letztlich, so mußte Heinemann konstatieren, gehörte es nicht zu seinen »erfreulichen Erinnerungen«, daß er »als erster Bundespräsident eine Parlamentsauflösung mit dem Instrumentarium in Kraft setzen mußte, das zwar die Verfassung in ihrer jetzigen Form zur Verfügung stellt, das sich in der Praxis jedoch als sehr seltsam erweist«[156].

Anders als sein Vorgänger Heinrich Lübke vertrat Heinemann nicht die Auffassung, dem Bundespräsidenten stünde bei Personalfragen der Regierung ein Mitspracherecht zu. Nach Heinemanns Meinung entsprach es nicht den verfassungsrechtlichen Kompetenzen des Staatsoberhauptes, die Ernennung von Regierungsmitgliedern aus politischen oder fachlichen Gründen abzulehnen. Lediglich in einem Fall – der Ernennung eines Schwagers des Bundesministers Karl Schiller zum Präsidenten der Bundesanstalt für Bodenforschung – hielt Heinemann seine Unterschrift zunächst zurück. Erst nachdem das Kabinett bestätigte, daß kein Fall von Nepotismus vorläge und auch keine fachlichen Gründe gegen eine Ernennung sprächen, unterschrieb der Bundespräsident die Ernennungsurkunde.

In Fragen der Gesetzesausfertigung hingegen behielt sich Heinemann ein Prüfungsrecht vor. Im Fall des sogenannten Architektengesetzes, das den Schutz der Berufsbezeichnung ›Architekt‹ regeln sollte, führte dies sogar dazu, daß der Bundespräsident die Ausfertigung verweigerte.[157] Trotz der Möglichkeit eines Organstreitverfahrens wurde Heinemanns Entscheidung, der dem Bundesgesetzgeber vorgeworfen hatte, er habe durch die Verabschiedung des ›Architektengesetzes‹ seine Kompetenzen überschritten, respektiert: Das Gesetz trat nicht in Kraft. Anders verhielt es sich mit dem Vertrag zwischen der Bundesrepublik Deutschland und der Deutschen Demokratischen Republik vom 21. Dezember 1972. Der sogenannte Grundlagenvertrag wurde Heinemann 1973 zur Unterschrift vorgelegt. Wieder prüfte der Bundespräsident die Verfassungsmäßigkeit des Vertragwerks.

Obwohl die bayerische Staatsregierung, die die Auffassung vertrat, der Grundlagenvertrag verstoße gegen das Grundgesetz und Heinemanns Unterschrift sogar durch das Bundesverfassungsgericht auf dem Wege einer einstweiligen Anordnung untersagen lassen wollte, fertigte Heinemann das Gesetz nach eingehender Prüfung schließlich aus.

Bis zuletzt blieb Heinemann ein unbequemer Präsident, ein steter Mahner, einer der aneckte. Dennoch war die Resonanz auf Heinemanns Präsidentschaft weitgehend positiv. Durch seine kompromißlose und geradlinige Art, seine moralische Integrität und seine Aufrichtigkeit erwarb er sich die Zustimmung und die Sympathie der Bevölkerung und bisweilen sogar den Respekt seiner ehemaligen politischen Gegner.[158] Meinungsforschungsinstitute ermittelten, daß bereits ein halbes Jahr nach seinem Amtsantritt über 90 Prozent der Bundesbürger die Amtführung des Bundespräsidenten positiv beurteilten. 52 Prozent der Befragten gaben Heinemann die Note ›gut‹, 40 Prozent sogar die Note ›sehr gut‹. Lediglich ein Prozent bezeichnete seine Amtsführung als ›schlecht‹. Außergewöhnlich gute Noten erreichte Heinemann bei den 21- bis 24-Jährigen.[159] Die besondere Wertschätzung kam nicht zuletzt dadurch zum Ausdruck, daß 59 Prozent der Befragten Heinemann als den besten Bundespräsidenten bezeichneten. Lediglich zwölf Prozent äußerten, lieber jemand anderen an der Spitze des Staates zu sehen.[160]

Als Heinemann am 1. Juli 1974 offiziell aus dem Amt schied, zog er in seiner Abschiedsrede ein weitgehend positives Resümee seiner fünf Jahre in der Villa Hammerschmidt. Einen Bogen zu seiner Antrittsrede von 1969 schlagend, in der er erklärt hatte, er sehe »als erstes die Verpflichtung, dem Frieden zu dienen«, schließlich sei nicht der Krieg sondern der Frieden der Ernstfall,[161] stellte er seine Bemühungen um außenpolitische Entspannung und Verständigung mit den europäischen Nachbarn in den Vordergrund.[162] Um dem Frieden zu dienen, so Heinemann, sei es in jeder freiheitlichen Gesellschaft ein unbedingtes Erfordernis, auch die wissenschaftliche Friedensforschung zu fördern. Dies war schließlich für ihn der Grund während seiner fünfjährigen Amtszeit die Gründung der Deutschen Gesellschaft für Friedens- und Konfliktforschung (DGFK) zu veranlassen.[163]

Als einen weiteren Schwerpunkt bezeichnete Heinemann den Versuch, die Freiheitsbewegungen und die demokratischen Traditionen der deutschen Geschichte wieder in die allgemeine Erinnerung zurückzurufen.[164] Heinemann ging es dabei vor allem um die Festigung der demokratischen Ordnung in der Bundesrepublik durch den Verweis auf ihre eigenständigen Wurzeln in der deutschen Vergangenheit: »Es ist Zeit, daß ein freiheitlich-demokratisches Deutschland unsere Geschichte bis in die Schulbücher anders schreibt.«[165] Um »Untertanengesinnung und Unterwürfigkeit in staatsbürgerliches Selbstbewußtsein und Mitverantwortung zu verwandeln«[166] war es ihm ein besonderes Anliegen, das Erbe der Freiheitsbewegung von 1848/49, nicht zuletzt auch das Erbe seiner eigenen Familie, lebendig zu halten. Dieses Bemühen gipfelte schließlich in der Gründung der ›Erinnerungsstätte für die Freiheitsbewegungen in der deutschen Geschichte‹ in Rastatt, die der Bundespräsident am 26. Juni 1974 als eine seiner letzten Amtshandlungen feierlich eröffnen konnte.

Daneben galt Heinemanns besondere Aufmerksamkeit, nicht zuletzt aber auch die seiner Frau Hilda, den verschiedenen Randgruppen in der deutschen Gesellschaft.[167] In seiner Abschiedsrede betonte er, »die großen und an Zahl leider zunehmenden Gruppen der körperlich und geistig Behinderten« seien eine »Aufgabe für alle, die über gesunde Glieder verfügen«. Eine »auf Leistung und Wettbewerb ausgerichtete Gesellschaft« sei schließlich nur dann eine »menschliche Ordnung, wenn sie behinderten Minderheiten volle Achtung, volle Gemeinschaft und ein Höchstmaß an Eingliederung gewährt«[168].

Als Fazit seiner Amtszeit resümierte das scheidende Staatsoberhaupt, daß es ihm in alledem ausschließlich darum gegangen sei, »einen Beitrag zu leisten für ein Leben unserer Bürger in Frieden und Freiheit, für die Verankerung der Demokratie, für die Festigung und Humanisierung des Rechtsstaates und für eine Entwicklung zu einer sozialen Demokratie«[169]. In Hinblick auf die Zeit nach einer Präsidentschaft versprach er, solange ihm Gott noch die Kraft dazu schenke, auf seine »Weise an unseren gemeinsamen Aufgaben weiterhin beteiligt« zu bleiben.[170] Passend antwortete Heinemann daher auf die Frage eines Journalisten, was er denn in den Ruhestand mitnehmen werde: »Unruhe – Unruhe, daß Dinge, die gemacht werden müssen, nicht rechtzeitig gemacht werden.«[171]

3. »Ein unbequemer Pensionär« Als Altbundespräsident im ›Unruhestand‹

In den fünf Jahren seiner Präsidentschaft war es Heinemann gelungen, viele seiner Kritiker zum Verstummen zu bringen. In annähernd allen politischen Lagern hatte seine Amtsführung Anklang gefunden. Er hatte sich Respekt erarbeitet. Trotz einiger Vorbehalte hätte er bei einer erneuten Kandidatur vermutlich sogar mit den Stimmen der CDU rechnen können.[172] Dementsprechend groß war die Enttäuschung, als Heinemann Ende 1973 erklärte, er stünde definitiv nicht für eine Wiederwahl zur Verfügung. Stellvertretend für viele in der Bundesrepublik äußerte Heinrich Böll in einem Beitrag für die ›Süddeutsche Zeitung‹ sein Bedauern über die Entscheidung des Bundespräsidenten: »Wieder ein Radikaler im öffentlichen Dienst weniger; denn was haben Sie anderes getan, als das deutsche Geschichtsverständnis, das deutsche Bewußtsein, die deutsche Selbstgefälligkeit, wie sie gelegentlich auftritt, bis auf die Wurzeln bloßzulegen?«[173]

Letztendlich waren es zwei Dinge, die seinen Entschluß beeinflußten. Zum einen fühlte sich der 74-Jährige bereits seit längerer Zeit krank und erschöpft:[174] im September 1971 erlitt er bei einer Veranstaltung in Karlsruhe einen Kreislaufkollaps. Gegenüber einem Vertrauten äußerte er, er fühle, daß er sich allmählich in der ersten Phase der Senilität befinde.[175] Letztlich fürchtete er sich davor ein ähnliches Schicksal wie sein Vorgänger Heinrich Lübke zu erleiden.[176] Zum anderen war es die Haltung seiner eigenen Partei, insbesondere die des Bundeskanzlers Willy Brandt, die Heinemann in seiner Entscheidung bestärkte. Obwohl Wehner den Kanzler seit 1972 unentwegt dazu drängte, das Thema der Wiederwahl mit dem Präsidenten zu besprechen, verhielt sich dieser abwartend und ausweichend.[177] Einem Gespräch mit Heinemann ging Brandt wann immer möglich aus dem Weg – er hielt ihn schlichtweg für »mühsam«[178]. Das distanzierte und unterkühlte Verhältnis zwischen Präsident und Kanzler thematisiert Brandt sogar in seinen Memoiren: »Meine Zusammenarbeit mit Bundespräsident Heinemann in den folgenden Jahren war gut und von Vertrauen getragen. Allerdings mußte ich ihm mehr als einmal die Antwort schuldig bleiben, wenn er mich drängend und ungeduldig fragte, was er über die Wahrnehmung seiner überwiegend repräsentativen Pflichten hinaus tun könne.«[179] Das ausweichende Verhalten Brandts, aber auch die Distanz, die sich zur SPD entwickelt hatte, bedrückten Heinemann. Die Beiläufigkeit, mit der man ihm begegnete, kränkte ihn regelrecht: »Seine eigenen Leute enttäuschten ihn. Er fand, daß sie seine Integrationsleistung als Präsident unterschätzten, seine Lebensarbeit verkannten, indem sie seine Rolle als die eines Wegbereiters der sozialliberalen Koalition und ihrer Ostpolitik nicht hinreichend würdigten. Nie hatten sie Zeit für ihn, suchten bei ihm weder Rat noch Hilfe, ließen ihn links liegen.«[180]

Im Laufe der Zeit festigte sich daher bei Heinemann die Überzeugung, als erster Bundespräsident auf eine Wiederwahl zu verzichten und bereits nach fünf Jahren aus dem Amt zu scheiden. Als er schließlich am 8. Oktober 1973 in einer Besprechung mit Wehner endgültig seinen Verzicht erklärte,[181] machte er jedoch auch deutlich, daß er keineswegs beabsichtige, sich aus der Politik zurückzuziehen.[182] Wenn auch nicht als Parteipolitiker, so wollte er doch zumindest als »aktiver Neutraler«[183], zumindest soweit es sein gesundheitlicher Zustand zuließe, am politischen Geschehen beteiligt bleiben. Niemand, der Heinemann kannte, stellte dies in Frage. Und keiner, der den »unbequemen Präsidenten« kannte, zweifelte daran, daß er auch »ein unbequemer Pensionär werden« würde.[184]

Wie ›unbequem‹ Heinemann als Bundespräsident a.D. tatsächlich sein würde, wurde bereits wenige Monate nach der Amtsübergabe an den Nachfolger Walter Scheel deutlich. Ende des Jahres 1974 waren zahlreiche inhaftierte Anhänger der linksextremistischen Roten Armee Fraktion (RAF) in der Justizvollzugsanstalt Stuttgart-Stammheim aus Protest gegen die Haftbedingungen in einen Hungerstreik getreten.[185] Nachdem der erste Gefangene bereits gestorben war,[186] stand zu befürchten, daß sich weitere Häftlinge, unter ihnen Ulrike Meinhof[187], ebenfalls zu Tode hungern würden. In dieser Situation schaltete sich der Altbundespräsident ein und richtete einen öffentlichen Brief an die Streikende, um sie von ihrer lebensbedrohlichen Aktion abzubringen.[188]

Heinemann kannte Meinhof gut. 1961 hatte er die damalige Journalistin erfolgreich in einem Gerichtsverfahren als Verteidiger vertreten, nachdem sie Franz Josef Strauß in einem Zeitungsartikel mit Adolf Hitler verglichen hatte.[189] Auf diese Begegnung nahm Heinemann zu Beginn seines Briefs vom 11. Dezember 1974 Bezug, indem er schrieb:[190] »Sehr geehrte Frau Meinhof! Es ist viele Jahre her, daß Sie mich einmal als Anwalt in einer Beleidigungssache in Anspruch nahmen. Heute melde ich mich von mir aus und bitte Sie um Gehör.« Heinemann ging im Folgenden auf Meinhofs Beschwerden über die Haftbedingungen ein und garantierte ihr, daß diese »jedenfalls heute« gegenstandslos geworden seien. Da sie zudem nicht erwarten könne, daß sie sich durch die Fortführung des Hungerstreiks dem bevorstehenden Prozeß entziehen könne, bat er die Inhaftierte, nicht länger ihre »Gesundheit oder gar ihr Leben« aufs Spiel zu setzen. »Bei allem Respekt vor der Selbstbestimmung, die einem Menschen hinsichtlich seiner Lebensgestaltung« gebühre, bat Heinemann die RAF-Terroristin, sie solle ihren Hungerstreik beenden: »Nehmen Sie sich selbst diese Freiheit und geben Sie damit Ihren Freunden eine gleiche Freiheit. [...] Ob Sie mich verstehen?«[191]

Heinemann wurde nicht verstanden. In ihrem Antwortschreiben stellte Meinhof klar, daß die Vorstellung, nach der jahrelangen Isolationshaft »mit irgendeiner modifikation von sonderbehandlung noch abgespeist« zu werden, sowohl »ein hohn« sei als auch »zynisch und ausgeschlossen«. Die »spekulation der justiz, der hungerstreik würde noch abbröckeln, auseinanderfallen ist falsch, übersieht, unterschlägt die tatsache, daß unsere identität die einer revolutionären guerilla, antiimperialistischer kampf ist [sic!]«[192]. Ein Besuch des Altbundespräsidenten in Stammheim, den Meinhof in ihrem Brief abschließend vorschlug, kam nicht zustande.

In Bezug auf den Hungerstreik der Inhaftierten blieb Heinemanns Vorstoß, der im übrigen mit dem Bundesminister der Justiz, Hans-Jochen Vogel[193], abgestimmt war,[194] folgenlos. In der Öffentlichkeit brach hingegen unmittelbar nach der Veröffentlichung seines Briefes ein Sturm der Entrüstung los. Allein die Tatsache, daß Heinemann als ehemaliges Staatsoberhaupt der Bundesrepublik, offenkundigen Staatsfeinden die Anrede »Sehr geehrt« zukommen ließ, sorgte für eine Welle der Empörung.[195] In zahllosen Leserbriefen bzw. Schreiben an den Altbundespräsidenten machten aufgebrachte Bürger ihrer Empörung Luft. Die CDU äußerte sich »mit Bestürzung« über die angebliche »Einseitigkeit« Heinemanns, der mit keinem Wort die terroristischen Verbrechen von Ulrike Meinhof angesprochen habe. Sein Brief zeuge von politischer Instinktlosigkeit und habe zudem eine Aufwertung der Baader-Meinhof-Gruppe zur Folge. Die bayerische Schwesterpartei schloß sich der Kritik an und bezeichnete den Brief des Altbundespräsidenten als »fast unerträgliche Peinlichkeit«[196]. Der Gedanke, daß sich ein ehemaliges Staatsoberhaupt an eine ›Mörderbande‹ wandte, erschien für viele unerträglich.[197] Heinemann hingegen verteidigte sein Vorgehen und betonte, daß sein Brief »eindeutig darauf gerichtet« gewesen sei, »Frau Meinhof und ihre Mithäftlinge von dem Hungerstreik abzubringen«. Zudem sei es »einfach ein Gebot des normalen Umgangs«, den Adressaten eines Briefes so anzureden, »wie es sich gehört«[198].

Auch nachdem sich die allgemeine Aufregung über den Briefwechsel mit Ulrike Meinhof gelegt hatte, kam der Altbundespräsident nicht aus den Schlagzeilen. Anfang Januar 1975 wandte sich der CDU-Abgeordnete Gerhard Pfeffermann[199] an die Medien und erklärte, ihm lägen Informationen vor, aus denen hervorgehe, daß Heinemann während seiner Amtszeit dem Studentenführer Rudi Dutschke eine finanzielle Unterstützung aus Mitteln des Bundespräsidialamtes habe zukommen lassen. Nachdem Pfeffermann schließlich sogar eine offizielle Anfrage an die Bundesregierung richtete,[200] sah sich Heinemann zu einem Dementi veranlaßt und garantierte, daß »kein Pfennig aus öffentlichen Mitteln« an Dutschke gezahlt worden sein. Es war jedoch bereits zu spät. Der Vorwurf der Veruntreuung stand im Raum – die Medien nahmen Heinemann erneut ins Visier.[201]

Heinemann wehrte sich. Erbost über das Vorgehen des CDU-Abgeordneten, wandte er sich direkt an den Vorsitzenden der Unions-Fraktion, Karl Carstens, und nahm zu den Vorwürfen Stellung: »Mir steht aus meiner über 20jährigen Tätigkeit bei den Rheinischen Stahlwerken in Essen eine monatliche Pension von

3.740,- DM zu. Auf diese Pension habe ich während meiner Amtszeit als Bundespräsident [...] mit der Maßgabe verzichtet, daß sie an das Bundespräsidialamt zur Verfügung für soziale Zwecke gezahlt würde. [...] Aus diesem Fonds wurden [...] Zahlungen in solchen Fällen geleistet, die in dem amtlichen, d.h. im Bundeshaushalt ausgewiesenen Sozialfonds nicht unterzubringen waren, aber doch einer Hilfe bedürftig erschienen. Aus den aus meiner Pension herrührenden Mitteln, also nicht aus öffentlichen Mitteln, wurden Umzugskosten an Rudi Dutschke mit Familie in Höhe von 3.000,- DM [...] gezahlt.« In schroffem Ton fuhr er fort: »Ich halte es offen gestanden für eine miese Sache, mich heute für eine etliche Jahre zurückliegende einwandfreie Sache ohne jede vorherige Fühlungnahme mit mir öffentlich anprangern zu wollen!«[202]

Der Kampfgeist des politischen Pensionärs hatte anscheinend noch nicht gelitten. Und auch in der Folgezeit strafte er all jene Lügen, die nach seinem Verzicht auf eine zweite Amtszeit gemutmaßt hatten, Heinemann sei der Politik überdrüssig, müde und geistig matt. Vielmehr dachte er gar nicht daran, sich aus der Politik zurückzuziehen. Er wollte auch weiterhin mitmischen, auf politische und soziale Mißstände hinweisen, den Finger auf wunde Punkte legen. Besonders deutlich wurde dies in der Diskussion um den sogenannten ›Radikalenerlaß‹. Die »Grundsätze zu Fragen der verfassungsfeindlichen Kräfte im öffentlichen Dienst«, so der offizielle Titel des Erlasses, waren bereits im Januar 1972 als Reaktion auf den linksradikalen Terror der Baader-Meinhof-Gruppe durch einen gemeinsamen Beschluß des Bundeskanzlers und der Regierungschefs der Länder in Kraft getreten. Ziel des Beschlusses war es, verfassungsfeindliche Personen und Extremisten grundsätzlich von Beamtenstellungen ausschließen zu können.[203]

Heinemann lehnte die Regelungen des Radikalenerlasses vehement ab und stellte sich damit auch gegen seine eigene Partei, die den Beschluß mittrug.[204] Zwar gelobte er, die freiheitliche Ordnung »gegenüber Gegnern mit Zähnen und Klauen [zu] verteidigen.« Zugleich gab er aber zu bedenken, daß »wir [...] uns vor übereifrigem und übersteigertem Schutz zu hüten haben, der das, was wir schützen wollen, erstickt und unansehnlich macht. Freiheit muß auch die Freiheit für Andersdenkende bleiben, und der Preis für die Freiheit steigt, wenn die Nachfrage sinkt«[205].

Im Mai 1976 faßte Heinemann seine Kritik an dem Erlaß schließlich in einem Aufsatz mit dem Titel »Freimütige Kritik und der demokratische Rechtsstaat« zusammen. Der Bundespräsident a.D. argumentierte darin, daß es zwar zum Schutz unserer Verfassung gehöre, »ihre Feinde vom Staatsdienst fernzuhalten. Aber auch dieses Bemühen muß im Einklang mit der Verfassung stehen. Es muß darauf geachtet werden, daß das Grundgesetz nicht mit Methoden geschützt wird, die seinem Ziel und seinem Geist zuwider sind.« Der Bundespräsident a.D. forderte dazu auf, deutlich daran festzuhalten, daß »eine freiheitliche Gesellschaft auch bei uns eine Gesellschaft in Bewegung ist. Sie kann kein fertiger und ein für allemal bleibender Zustand sein. Ihre Weiterentwicklung muß bewußt betrieben werden, damit es nicht zu Rückfällen kommt.« Heinemann warnte im Weiteren davor, daß »gegenwärtig eine sich verstärkende Gleichsetzung der Strukturen unserer Gesellschaft mit der Verfassung selbst« stattfinden würde: »Der Staat soll wieder einmal als das hohe, über uns schwebende Etwas verstanden werden, das unabhängig von Parlamenten, Parteien und Volkssouveränität als ein Inbegriff von ausübender Gewalt besteht. Deshalb werden radikale Verfechter von Freiheit und Demokratie auch da in den Verdacht von Verfassungsfeindlichkeit gerückt, wo sie mit und aus der Verfassung heraus für bessere Freiheit und Demokratie eintreten. [...] Ich meine, wir sollten dem nachdrücklich widerstehen.«

Heinemann fuhr mit seiner Abrechnung fort, indem er daran erinnerte, daß in einer demokratischen Gesellschaft »Grundwerte wie Freiheit, soziale Gerechtigkeit und Solidarität [...] alle Bereiche unseres öffentlichen Lebens durchdringen« müßten. Vielfach müßten »dabei aber Verkrustungen aufgebrochen werden. Dazu bedarf es auch radikaler, in die Tiefe der Probleme dringender Kritik. Solche Kritik muß nicht nur geduldet werden, sie soll auch erwünscht sein.« Sobald aber die »radikale Kritik an der Verfassungswirklichkeit mit verfassungsfeindlichem Extremismus bewußt verwechselt« werde, gelte es, so der Altbundespräsident, »Alarm zu schlagen«. Wenn der »radikale Verfassungsfreund« nicht mehr vom »Verfassungsfeind« unterschieden werde, bleibe oft nur »die Wahl zwischen Resignation und Abmarsch ins Lager der wirklichen Feinde einer sich ständig erneuernden und weiterentwickelnden freien und solidarischen Gesellschaft«. Heinemann unterstrich, daß radikale Kritik eines »freien Marktes der Meinungen und Gegenmeinungen« bedürfe, »um fruchtbar zu bleiben.« Dazu gehöre aber eben auch, »daß man sich politisch irren oder gar verirren kann, ohne dafür nach Jahren zur Rechenschaft gezogen zu werden, zumal, wenn inzwischen die Irrtümer eingesehen und überwunden sind.«[206] Hier sprach einer, der sich zeitlebens selbst als radikaler Kritiker verstanden hatte – einer, der bis zuletzt ein politischer »Grenzgänger«[207] blieb und durchaus auch zum Widerspruch anregte – einer, der im wahrsten Sinne des Wortes ›eigensinnig‹ blieb, weil er nicht den leichten und bequemen Weg ging, sondern den, den er für den richtigen hielt.

Seit dem Frühjahr 1976 hatte sich Heinemanns Gesundheitszustand – er litt unter zu hohem Blutdruck und Durchblutungsstörungen – rapide verschlechtert.[208] Am 7. Juli 1976 starb er in seiner Heimatstadt Essen. Methoden künstlicher Lebensverlängerung hatte er abgelehnt. Stellvertretend für die zahllosen Nachrufe, seien an dieser Stelle nur die Abschiedsworte von Erhard Eppler, einem seiner engsten politischen Wegbegleiter wiedergegeben: »Ein solches Leben ist also auch in diesem Jahrhundert möglich. Es ist also nicht wahr, daß Politik nur aus taktischen Winkelzügen bestehen muß. Es ist nicht wahr, daß Macht korrumpieren muß. Es ist nicht wahr, daß Redlichkeit die Sache der Toren ist. Es ist vor allem nicht wahr, daß die Menschen in unserem Lande nicht bemerken würden, wo ihnen ein Mensch begegnet.«[209]

4. »Unparteilich, nicht überparteilich!« Das Verhältnis zu den Parteien

Die Übernahme des höchsten Amtes im Staate bedeutete für Heinemann zugleich das Ende seiner parteipolitischen Karriere. Seine Mitgliedschaft bei der Sozialdemokratischen Partei, in die er zwölf Jahre zuvor eingetreten war, ließ er unmittelbar nach der Bundespräsidentenwahl ruhen. Darüber hinaus legte er sowohl seine Ämter in der Partei als auch sein Bundestagsmandat nieder.[210] Eine Präsidentschaft, so bezeichnete er es augenzwinkernd in einem Interview mit der Welt, sei nun mal das politische »Fortleben nach dem Tode als aktiver Politiker«.[211]

Der Bundespräsident gestand jedoch, daß das allgemeine Spannungsfeld zwischen politischer Neutralität und politischer Aktivität bei ihm einen gewissen »Temperamentskonflikt« zur Folge hätte: »Ich würde ja manchmal gerne noch bei den Debatten im Bundestag mit dabei sein können und etwas sagen können.«[212] Doch auch wenn Heinemann die Vorgaben seines Amtes nicht als Zwang zur vollständigen politischen Abstinenz verstand, bemühte er sich dennoch, das Gebot der parteipolitischen Neutralität zu beachten.[213] Seine Amtsführung wollte er unparteilich gestalten, indem er sich nicht einseitig exponierte und »Gerechtigkeit gegenüber jedermann« übte.[214] Bewußt sprach Heinemann dabei von präsidialer »Unparteilichkeit«. Die sonst übliche Bezeichnung ›überparteilich‹ wollte er vermieden wissen, weil dies seiner Meinung nach den »alten Soupçon gegen die Parteiendemokratie« enthalte und weil es »nach Erhabenheit und Selbsterhöhung des Staates über seine Träger« klinge.[215] Eine solche Auffassung, so betonte Heinemann, widerspreche aber in eklatanter Weise der Aufgabe des Bundespräsidenten, »fern aller parteipolitischen Darstellungen seiner eigenen Überzeugungen dafür [zu] sorgen [...], Überbrückungen zu schaffen zwischen den Streitern in der unmittelbaren politischen Arena« und sich dem Volk als einer darzustellen, »der gewillt ist [...] über die Parteigrenzen hinweg irgendwie doch eine Aussage zu machen, zu dem, was die Menschen bewegt.«[216]

Die Bedeutung des Bundespräsidenten als Vermittler und Brückenbauer zwischen den politischen Akteuren hob Heinemann besonders hervor. Zwar gestand er den Parteien durchaus zu, miteinander unversöhnliche politische Positionen zu vertreten und ermutigte sie sogar dazu, Wahlkämpfe »hart« zu führen, »um dem Bürger die Standpunkte und Ziele deutlich erkennbar zu machen.«[217] Zugleich mahnte er aber auch, daß es zur Demokratie gehöre, »daß Verfeindungen [...] überwunden werden müssen«[218]. Diesen Gedanken griff er auch am 1. Juli 1974 in seiner Rede anläßlich seines Ausscheidens aus dem Präsidentenamt auf und wünschte »allen Verantwortlichen in den Parlamenten wie außerhalb der Parlamente, daß sie näher zusammenrücken möchten und daß jede unserer Regierungen, wie immer sie aussieht, Mut und Tatkraft finde, ohne Rücksicht auf Wählerstimmen offen auszusprechen, was vor uns steht und wie sie dem begegnen will. Ist das ganze Haus bedroht, verzankt sich die Familie nicht um Haushaltsgeld oder Küchenzettel. Sie wird sich im Not-Wendenden zusammenfinden.«[219]

Heinemanns parteipolitische Neutralität hatte allerdings auch ihre Grenzen. Bereits kurz nach seinem Amtsantritt verlieh Heinemann in einem Interview mit dem Südwestfunk seiner Hoffnung Ausdruck, daß die Wähler den radikalen Parteien bei den bevorstehenden Bundestagswahlen eine klare Absage erteilen werden und insbesondere den »nationalistischen Kräften« der »Zugang in das Parlament versperrt bleibt«. Das Abschneiden der extremen Parteien müsse, so der Bundespräsident, »Gegenstand der Sorge für uns alle sein.«[220] Die Reaktionen folgten auf dem Fuß. Während die etablierten Parteien Heinemanns Appell durchaus unterstützten, sorgten die Äußerungen bei den angesprochenen, insbesondere bei den rechten Parteien für Empörung. Heinemanns Warnung vor bestimmten Parteien, so ihre Kritik, widerspreche dem neutralen Anspruch des Präsidentenamtes. Der Vorsitzende der NPD, Adolf von Thadden[221], warf dem Bundespräsidenten vor, er habe durch seine Stellungnahme unbefugt und pflichtwidrig in den Wahlkampf eingegriffen und somit die Befugnisse seines Amtes übertreten.[222]

Der Vorfall blieb kein Einzelfall. Wiederholt wurde Heinemann während seiner Amtszeit mit dem Vorwurf konfrontiert, er habe sich nicht an die von Amts wegen gebotene parteipolitische Neutralität gehalten. Im Spätherbst 1970 kam es sogar zu einer kleineren Affäre, als der Bundespräsident in einem vermeintlich vertraulichen Gespräch mit Abgeordneten der CDU/CSU-Fraktion[223] die FDP als einen »politischen Leichnam« bezeichnete und der Opposition davon abriet, sich mit ihrem »Leichengift« zu infizieren.[224] Durch eine – vermutlich gezielte – Indiskretion gelangte das verfängliche Zitat schließlich an die Presse. Heinemann stand erneut am politischen Pranger. Als erste druckte die Zeitschrift ›Christ und Welt‹ die Äußerungen Heinemanns ab. Zwar hielten sie dem Bundespräsidenten zugute, daß er »die politischen Spielregeln nicht öffentlich verletzt« habe. Allerdings kritisierten sie ihn dafür, daß man von einem Staatsoberhaupt erwarten müsse, »daß er auch hinter verschlossenen Türen unparteiisch bleibt und seine Überzeugungen unaufdringlich vertritt.« Seit seiner Wahl zum Bundespräsidenten habe Heinemann »kein Recht mehr, solche Urteile abzugeben«[225]. Auch die zahlreichen Richtigstellungen des Bundespräsidialamtes, Heinemanns Äußerungen hätten sich nicht auf die FDP an sich, sondern lediglich auf bestimmte FDP-Abgeordnete bezogen, die willens seien, zur CDU ›überzulaufen‹[226], verhallten ungehört und konnten die Situation kaum entschärfen.[227]

Nach Meinung der CDU/CSU ließen die Äußerungen Heinemanns keineswegs das erste Mal Zweifel an dessen Unparteilichkeit aufkommen. In Unionskreisen war man vor allem darüber verärgert, daß der Bundespräsident am Abend der nordrhein-westfälischen Landtagswahl am 14. Juni 1970 den sozialdemokratischen Ministerpräsidenten Heinz Kühn in dessen Düsseldorfer Amtssitz aufgesucht hatte, um dort gemeinsam mit anderen Parteigenossen den Ausgang der Wahl zu verfolgen.[228] Empört über diesen Besuch forderte die CDU den Bundespräsidenten auf, bestimmte Spielregeln einzuhalten, wenn er sich als Mann, der das ganze Volk repräsentieren will, vor dem Eindruck der Parteilichkeit schützen wolle. Schließlich sei es »eine schlimme Sache«, wenn das Staatsoberhaupt durch eine »Unachtsamkeit« in die Gefahr geriete, von einem Teil des Volkes nicht als Bundespräsident, sondern als »Präsident einer bestimmten Partei« betrachtet zu werden.[229]

Auf noch drastischere Art und Weise attackierte die CSU den Bundespräsidenten, indem sie ihm unterstellte, in Wahrheit ein »Koalitionspräsident« zu sein.[230] Besorgt »registrierte« man in Bayern, daß Heinemann durch seinen Besuch bei Kühn »bei der Führung seines zu strikter Unparteilichkeit verpflichteten Amtes den Weg zu verlassen droht, der vom ersten Bundespräsidenten Theodor Heuss in so vorbildlicher Weise begonnen wurde«. Der Vorsitzende der CSU-Landesgruppe im Bundestag Richard Stücklen[231] drohte sogar damit, daß sich das Parlament mit dem Verhalten des Staatsoberhauptes befassen werde, sollten erneut Zweifel an Heinemanns »parteipolitischer Enthaltsamkeit« aufkommen. Heinemanns Erklärung, es habe sich um einen Besuch rein privater Natur gehandelt, wollte man von Seiten der CSU »auf keinen Fall« akzeptieren:[232] »Das höchste Amt im Staat verbiete seinem Träger, auch nur den Schein zu erwecken, eine bestimmte politische Richtung zu unterstützen.«[233]

Das Verhältnis zwischen der Union und Gustav Heinemann blieb frostig.[234] Auf der einen Seite hatte die CDU Heinemann seinen Parteiaustritt, der von vielen nach wie vor als politischer ›Dolchstoß‹ empfunden wurde, sowie seine langjährige Oppositionsarbeit noch nicht verziehen. Auf der anderen Seite trug Heinemann den Christdemokraten noch immer ihre polemischen Schmähungen und Beleidigungen aus Zeiten der GVP nach. Zudem mißbilligte Heinemann nach wie vor den Gebrauch des »Christlichen als Propagandainstrument«, mit dem die CDU seines Erachtens bereits »in den fünfziger Jahren viel Ungutes getan und sich viel Ungutes geleistet« hatte.[235] Obwohl eine Versöhnung auch zwanzig Jahre nach dem Parteiaustritt in weiter Ferne schien, bemühte sich Heinemann als Bundespräsident, für alle Seiten ansprechbar zu sein. Dabei betonte er, daß sich sein »Kontakt zur Opposition« genauso vollziehe »wie der Kontakt mit anderen politischen Gruppen, sei es der Regierung oder sonstwem, einmal durch die Einladung von Bundestagsausschüssen«, zum anderen durch die »vielen Gespräche mit einzelnen Abgeordneten auch von der Opposition«[236]. Um dem Ansinnen der unparteilichen Amtsführung besonderen Ausdruck zu verleihen, bemühte sich Heinemann nach seinem Amtsantritt sogar darum, einen Unionsmann zum Staatssekretär und Chef des Bundespräsidialamtes zu machen. Allerdings lehnten sowohl Paul Mikat[237], vormaliger Kultusminister von Nordrhein-Westfalen und enger, langjähriger Freund Heinemanns, als auch der parlamentarische Staatssekretär im Innenministerium Heinrich Köppler[238] das Angebot des Bundespräsidenten ab. Beide befürchteten, daß sie als CDU-Mitglieder durch eine Tätigkeit im Präsidialamt in einen Loyalitätskonflikt geraten könnten.[239] Letztlich bestellte Heinemann den Sozialdemokraten und ehemaligen Chef der Berliner Staatskanzlei Dietrich Spangenberg[240] zu seinem Staatssekretär.

Daß Heinemann offenkundig kein Problem damit gehabt hätte, mit einem Staatssekretär zusammenzuarbeiten, der nicht aus seiner eigenen Partei kam, lag nicht zuletzt auch daran, daß Heinemann eben nie ein »in der Wolle gefärbter Sozialdemokrat« geworden war.[241] Bis zuletzt wahrte Heinemann eine gewisse Distanz zur SPD. Nicht selten fühlte er sich von seiner Partei mißverstanden und verkannt. Der Parteiführung warf er vor, sie ließe ihn bei politischen Entscheidungen zu häufig schlichtweg links liegen. Und auch wenn Heinemann nicht müde wurde, in der Öffentlichkeit zu verkünden, daß sich die Bedenken, die er früher gegenüber der Sozialdemokratie gehabt hätte, »im Verlauf der weiteren Entwicklung [...] völlig verloren und völlig behoben« worden seien und er »mit den meisten anderen Punkten der politischen Haltung der SPD [...] sowieso einverstanden«[242] gewesen sei, so änderte dies doch nichts daran, daß Heinemann »niemandes Genosse« geworden war und auch nicht werden wollte.[243]

Allerdings beruhte das distanzierte und unterkühlte Verhältnis zwischen Heinemann und der SPD durchaus auf Gegenseitigkeit. Gegenüber der Illustrierten ›Stern‹ beklagten sich im August 1971 Bundeskanzler Brandt und weitere führende SPD-Mitglieder über die »sauertöpfische und eigenbrötlerische« Art des Bundespräsidenten und drohten sogar damit, Heinemann, der sichtbar »alt geworden« sei, eine eventuelle Wiederwahl zu verwehren. Es gab schlichtweg nichts daran zu deuteln, daß die Sozialdemokratie allmählich ein wenig »Heinemann-müde« geworden sei.[244]

NEUNTES KAPITEL

»Zuspruch und Anspruch!«

HEINEMANNS POLITIKVERSTÄNDNIS

»Politik«, so schreibt Thomas Meyer, »kann wie alles, was der Erfahrung zugänglich ist, aus höchst unterschiedlichen Beobachtungsperspektiven und Verwendungsinteressen heraus beschrieben, verstanden, erklärt und dargestellt werden.«[1] Insofern ist es bei der Untersuchung des politischen Wirkens eines Menschen von besonderem Interesse, auch nach dem individuellen ›Politikverständnis‹ zu fragen, d.h. zu fragen, was aus der Sicht dieser Person Politik ist, was sie leisten kann bzw. normativ leisten soll, wie sie funktioniert, was ihr zugehört, wo ihre Grenzen liegen, vor allem aber, welche praktischen Handlungsmöglichkeiten sie bietet. Die Frage nach dem Politikverständnis eines Menschen ist also immer auch die Frage nach einer geistigen Strömung, nach politischer Tradition, nach ideologischen Ordnungsbildern und nach philosophisch-theologischen Leitvorstellungen.[2]

Aus diesem Grund wird der Begriff ›Politikverständnis‹ in dieser Arbeit auch als Überbegriff für das individuelle Menschenbild, das Staats-, Demokratie-, Parteien- und Amtsverständnis einer Person – in diesem Falle das Gustav Heinemanns – verwandt.[3] Um ein möglichst konkretes und umfassendes Bild von Heinemanns Politikverständnis zu zeichnen, wird im Folgenden jede dieser ›Unterkategorien‹ im einzelnen analysiert werden.

1. »Das gefallene Geschöpf Gottes« Menschenbild

Das individuelle Menschenbild dient dem Einzelnen als grundsätzliche und maßgebliche Handlungs- und Urteilsorientierung, und zwar sowohl in der persönlichen Begegnung mit anderen Menschen als auch in der Organisation der Gesellschaft und des Staatswesens.[4] Die anthropologische Grundannahme, die dem Menschen nicht *a priori* eingegeben ist, sondern vielmehr *a posteriori* durch weltanschauliche Prägung, historische Umstände, persönliche Intention oder individuelle Wahrnehmung erworben wird, bestimmt in entscheidendem Maße den Rahmen einer politischen Gesamtkonzeption. Dabei wird sowohl der Ausgangspunkt als auch das Ziel des Konzeptes durch das Menschenbild festgelegt. Das Menschenbild entscheidet aber nicht nur darüber, wo ein Weg beginnt und wo er enden soll. Es beeinflußt sogar, welcher Pfad überhaupt zum Ziel führt, wie genau er beschritten werden kann und welche Ausstattung und welche Mittel zur Verfügung stehen, um den Weg zurückzulegen.[5]

Für die Formulierung eines politischen Konzeptes ist es daher unerläßlich, eine gewisse »Vorstellung vom Menschen« zu haben, d.h. sich ein Bild seiner Bedürfnisse und Ziele, seines Vermögens und Unvermögens, seiner Wünsche und Ängste zu machen, kurz: sich damit auseinanderzusetzen »was der Mensch ist und was er nicht ist.«[6] Hingegen ist es nicht von Belang, ob diese »Vorstellung vom Menschen« explizit dargestellt oder nur implizit formuliert wird. Einer politischen Anthropologie kommt selbst dann eine handlungsleitende Funktion zu, wenn sie dem Handelnden nicht, oder nicht vollständig, bewußt ist.

Das Menschenbild Heinemanns orientierte sich – zumindest seit seiner Konversion zum Protestantismus – an der christlich-theologischen Anthropologie. Eine Antwort auf die Frage, wer der Mensch sei, fand Heinemann vor allem in der Bibel: »Er ist das gefallene Geschöpf Gottes, nicht fähig sich selbst zu erlösen, aber der Verheißung teilhaftig, durch Jesus Christus erlöst zu werden.«[7] Dadurch bleibe der Mensch zum einen davor verschont, »im Staat oder in ethischen oder technischen Entwicklungen die Wegbereiter zu einem Paradies der Gerechtigkeit oder des ewigen Friedens zu sehen.« Zum anderen sei er davor bewahrt, »einen Mitmenschen abzuschreiben. Es gibt kein lebensunwertes Menschenleben, das wir auslöschen dürften. Es gibt keinen Leugner Christi, dem wir, etwa aus politischer Gegnerschaft, die Bezeugung Jesu Christi versagen dürften. Christus ist auch nicht gegen Karl Marx oder gegen die Bolschewisten, sondern für sie wie für uns alle gestorben.«[8]

Erhard Eppler charakterisierte Heinemanns Vorstellung vom Menschen wie folgt: »Heinemann hatte ein lutherisches Menschenbild. Er erwartete nie zuviel von seinen Mitmenschen, er hat sie nie mit allzu strengem Maßstab gemessen. Er freute sich, wenn Menschen gut miteinander zurecht kamen. Er, der durchaus Uneitle, rechnete mit ihren Eitelkeiten, ohne sie dafür zu verachten.«[9] Entsprechend der christlichen Lehre war Heinemann davon überzeugt, daß sich der Mensch nicht grundsätzlich ändern könne: »Wir sind verwoben in diese Schöpfung einschließlich ihrer Gefallenheit, um es biblisch auszudrücken.«[10] Stets betonte er, daß er »an die endgültige Veränderung des Menschen oder an eine absolut ideale Welt« nicht glaube.[11] Statt dessen werde es immer nur »relative Fortschritte« geben.[12] Auf die Frage, ob er den Menschen grundsätzlich für besserungsfähig halte, ob er beispielsweise in der Lage sei »atavistische Vorstellungen« wie Rache und Vergeltung »durch Erziehung, Bildung und Bewußtseinsanhebung« überwinden zu können, antwortete Heinemann: »In diesem allerletzten Sinne, daß er also fähig wäre, sich zu einem besseren oder höheren Wesen zu entwickeln, würde ich das nicht bejahen können. Ich meine, daß wir vom Evangelium her zu einer sehr realistischen Beurteilung des Menschen angehalten sind. Wir wissen um seine Gefangenheit, Befangenheit und daß es ihm nicht verheißen ist, da völlig herauszutreten.«[13]

Obwohl Heinemann von der ›Gefallenheit‹ und der ›Sündhaftigkeit‹ des Menschen ausging, war sein Menschenbild jedoch frei von jeglichem Zynismus.[14] Ein Punkt, in dem er sich – nach eigener Einschätzung – fundamental von Konrad Adenauer unterschied. Dessen Menschenbild hielt Heinemann aus christlicher Sicht für verwerflich und aus politischer Sicht für fatal. 1959 thematisierte er das zynische Menschenbild des Kanzlers in einem Brief an den Theologen Helmut Thielecke[15]: »Ich halte seine [Adenauers; J.T.] Politik sachlich für falsch und seine

Menschenverachtung für verhängnisvoll. Was das letztere anlangt, so mag ihn seine Lebenserfahrung gelehrt haben, daß nahezu alle Menschen im weitesten Sinne gekauft oder erpreßt werden können. Eine solche Erfahrung aber mit noch soviel Meisterschaft zu bestätigen, ist im Rahmen einer christlichen Partei noch verderblicher als es ohnehin ist.«[16]

Heinemann glaubte statt dessen an die Einsichts- und Lernfähigkeit des Menschen und leitete daraus die Forderung ab, daß niemand aus der Zumutung entlassen werden dürfe, für die Konsequenzen seines eigenen Handelns geradezustehen.[17] Daß die »Erfahrung nicht gerade sehr viele Beispiele für den Erfolg solcher Zumutungen bringt«, gestand Heinemann ein. Dennoch wollte er dies nicht gleich »als ein falsches Menschenbild interpretieren, sondern dann eher doch aus der Mitverantwortung für das, was der andere tut«[18]. Heinemann hielt daran fest, daß der Mensch nicht nur – im Gegensatz zu den Tieren – »vernunftbegabt« sei, sondern, daß er sich auch als einziges Wesen »verantwortungsbewußt fühlen« bzw. zumindest »verantwortlich gemacht werden« könne.[19]

Entsprechend war Heinemann von der menschlichen Fähigkeit zum ›freien Willen‹ überzeugt, wissend, daß dieser in letzter Konsequenz auch zu Katastrophen wie Auschwitz führen kann. Jedoch seien die Menschen nun mal nicht »Gottes Marionetten«. Gott lasse jedem »eine eigene Entscheidung offen.« Daher sei Auschwitz eben auch keine »Tat Gottes, sondern eine Tat von Menschen, die aus eigener Entscheidung handelten.« Trotz allem, so war sich Heinemann sicher, bleibe »Gottes Weltregiment [...], auch wenn Mitspieler ausscheren.«[20]

Letztendlich, so Heinemann, habe sich der Mensch vor dem ewigen Weltenrichter zu verantworten. Dieser sei eine Realität »in dem Sinne, daß er als Person uns fordert und die Mißachtung seiner Forderung auch und gerade Folgen auslöst, die wir zu verantworten haben.«[21] Gott, so mahnte er, ließe sich nun mal »nicht spotten«[22]. Der Glaube daran war für Heinemann nicht zuletzt der Grund seines »verantwortungsethischen (nicht gesinnungsethischen) Handelns im Dritten Reich. Es konnte nicht gut gehen, wie Hitler und Konsorten sich benahmen, weil sie Gott verspotteten.«[23] Heinemanns Meinung nach entband die »Gefangenheit« und »Befangenheit« des Menschen bzw. sein Wissen, »daß es ihm nicht verheißen ist, da völlig herauszutreten«, keinesfalls seiner Verantwortung vor Gott.

Für Heinemann stand fest, daß, so sehr es auch zutreffe, »daß diese Welt vergeht«, der Mensch doch darin mitzuwirken habe, »solange sie besteht« – »freilich nicht in der Meinung, aus ihr das Paradies zu entwickeln, wohl aber, um sie in Ordnung zu halten und das Leben der Menschen mit den Mitteln der Natur und des menschlichen Verstandes zu verbessern. Insbesondere gehört der Kampf gegen Hunger und Krieg dazu, und das gerade aus der Verbundenheit mit dem einzigen Herrn der Welt, der einmal alle Herren ablösen wird!«[24]

Zugleich forderte Heinemann, daß man an die Erziehung des Menschen, der seiner Meinung nach zum freien Willen und zum Lernen befähigt sei, »eine große Mühe wenden«[25] sollte. »Jahrhundertelang«, so Heinemann, sei »unsere Geschichte von [...] einer Erziehung des Volkes zur Untertänigkeit geprägt worden, sowohl von Staats wegen wie von der Kirche her, und in der Schule hat es jeweils angefangen.« Aber auch wenn sich inzwischen einiges verändert bzw. verbessert habe, verlangte Heinemann, daß dies »aber doch endlich einmal ganz überwunden werden« müsse. Schließlich brauche man »Menschen mit Selbstbewußtsein, mit bürgerlichem Handeln und Verhalten«[26]. Heinemann für seinen Teil versprach als Bundespräsident, soviel er nur könne, »zu diesem Prozeß beizutragen«[27].

2. »Die Obrigkeit ist nicht mehr unser Herr, sondern soll unser Diener sein« Staatsverständnis

Wenige Wochen vor seiner Amtseinführung als Bundespräsident sorgte Heinemann in einem Zeitungsinterview wieder einmal mit einer gewagten Formulierung für Aufsehen. Auf die Frage eines Journalisten, ob er eigentlich den Staat liebe, antwortete das designierte Staatsoberhaupt keck: »Ich liebe nicht den Staat. Ich liebe meine Frau.«[28] Diese für Heinemann so typische Antwort veranlaßte den Schriftsteller Günther Grass[29] zu einem ganz besonderen Lob: »Ich wüßte niemanden, der befugter wäre, das verkrampfte Verhältnis der Deutschen zum Staat zu lockern. Ich wüßte niemanden, der geeigneter wäre, die überlieferte Staatsgläubigkeit durch immer noch mangelnden *Common sense* zu ersetzen. Der schon sprichwörtliche Satz Gustav Heinemanns ›Ich liebe nicht den Staat, ich liebe meine Frau‹ – ist mehr als die unumwundene Antwort eines Mannes, dem, mit Hilfe von Fangfragen, immer wieder ein gebrochenes Verhältnis zum Staat unterstellt werden sollte; Gustav Heinemann hat mit diesem Satz Tausende von Amtsstuben gelüftet, in denen unbedingte Staatsloyalität Religionsersatzdienste leisten mußte, in denen der Staat als Fetisch galt und die Demokratie als notwendiges Übel.«[30]

Für Heinemann war staatliche Ordnung nicht mehr als »eine Notwendigkeit«[31], ein zumindest »unentbehrliches Instrument für das menschliche Zusammenleben«[32]. Ein »Gegenstand von Liebe« war der Staat für ihn jedoch »nie und nimmer.«[33] Entschieden sprach er dem Staat eine »metaphysische Bedeutung« ab. Vielmehr charakterisierte er sein Staatsverständnis als rein »rational«. Auch wenn er, wie er pflichtbewußt betonte, »den Staat selbstverständlich respektiere«, bewirke er bei ihm keine »Gemütsbewegtheit«, wie das »von manchen – zumal früher – gefordert oder für selbstverständlich gehalten wurde«[34].

Den Vorwurf, er habe kein oder zumindest ein ungeklärtes Verhältnis zum Staat,[35] wollte er nicht gelten lassen: »Da kann ich nur lachen über soviel Torheit. [...] Ich habe den Staat in meinen eigenen nunmehr fast siebzig Jahren in fünf verschiedenen Gewandungen erlebt. Ich war Soldat unter dem König von Preußen bis zum Ende des Ersten Weltkrieges. Ich war Student, ich habe meine Familie gegründet, mein Berufsleben angefangen in der Weimarer Zeit [...]. Ich habe das ›Dritte Reich‹ erlebt, kontra oder abseits. Ich habe das Besatzungsregime erlebt, wo mir zum Beispiel in meinem Kampf als Essener Oberbürgermeister gegen die Demontagen der englische Hochkommissar gesagt hat: Es gibt keine andere rechtliche Grenze dessen, was wir tun dürfen, als die, die wir uns selber setzen. War das ein Rechtsstaat? Und jetzt erleben wir die Bundesrepublik mit ihrer wirklich freiheitlichen demokratischen Ordnung. Die möchte ich erhalten wissen. Der Staat an sich ist mir nicht der Kern, sondern das Gewand. Der Staat kann ja ein Verbrecherstaat sein, das haben wir doch auch erlebt. Der Staat kann verrückt sein in seiner Großsprecherei, wie wir es unter Kaiser Wilhelm erlebt haben. Also: Mir kommt es auf das Gewand dieses Staates an. Im Grunde genommen hat er doch nichts anderes zu tun, als das Gute zu fördern und das Böse abzuwehren.«[36]

Die Aufgaben des Staates hatte Heinemann 1949 in einem Vortrag auf der evangelisch-sozialen Woche des evangelischen Männerwerks in Essen wie folgt umschrieben: »Über *die Aufgabe des Staates* sagt das Neue Testament, daß der Staat ein Doppeltes tun soll. Er soll dem Chaos wehren, das der Mensch immer wieder heraufzuführen bestrebt ist, und er soll das Gute fördern und der Gemeinschaft dienen. Er ist gesetzt ›zur Rache über die Übeltäter und zu Lobe den Frommen‹ (1. Petr. 2, 14). Dem Chaos wehren heißt: öffentliche Ordnung halten, Übeltäter strafen, Angreifer zurückschlagen, kurzum den Bürger in seiner Existenz und Lebensgebarung schützen. Die Gemeinschaft fördern heißt: für Gerechtigkeit sorgen, das Schöne und Gute entfalten helfen und es stärken, der Jugend eine Bahn öffnen, den Hilflosen helfen und manches Ähnliche.«[37]

Als vornehmstes Mittel, mit dem der Staat seine Aufgabe durchzuführen habe, benannte Heinemann die Schwertgewalt. Sie »steht hinter allem, was der Staat tut. Der Staat befiehlt und erzwingt Gehorsam. Kein Bürger darf dem anderen etwas nehmen; kein Bürger darf den anderen seiner Freiheit berauben; kein Bürger darf den anderen töten, – aber der Staat darf es und er tut alles solches im Namen des Rechtes. Nur er tut solches recht; deshalb sagen wir: Der Staat hat das Monopol der legitimen Gewalt. In dieser Schwertgewalt liegen Hoheit und Würde des Staates begründet. Sie macht alle Obrigkeit zu dem Stück Gottesordnung, der wir nach neutestamentalischer Lehre Ehrerbietung, Fürbitte und tätige Mitverantwortung nach dem Maße unserer persönlichen Gaben schuldig sind: ›Fürchtet Gott, ehret den König!‹ (1. Petr. 2, 17.).«[38]

Damit trat der Staat jedoch, zumindest für Heinemann, bereits an seine Grenzen heran. Letztlich sei der Staat eben bloßes Menschenwerk. Auch er stehe, wie der Mensch, in der gefallenen Schöpfung.[39] Daher sei er auch lediglich »eine Notordnung Gottes«[40]. Allerdings folgerte Heinemann daraus nicht, daß der Mensch den Staat »verludern lassen« dürfe. Im Gegenteil: Als von Gott gesetztes Ordnungsinstrument habe der Mensch den Staat zu respektieren und zu würdigen. Dies dürfe aber nicht zu einer Vergötterung des Staates führen, da der Staat weder »die Erlösung sein wird« noch die »Schwertgewalt« das »Paradies« aufschließen werde:[41] »So gehen wir mitten hindurch zwischen dem Anarchismus auf der einen Seite und der Staatsvergötterung auf der anderen Seite. Wenn doch das die Menschheit nur immer in Erinnerung halten wollte! Es ist unsere Aufgabe als Christenheit, der Welt immer wieder zu sagen, welches die Aufgaben und welches die Grenzen des Staates sind.«[42]

Mit Entschiedenheit wies Heinemann daher auch die wirkungsmächtige Staatslehre Georg Wilhelm Friedrich Hegels[43] zurück, der im 19. Jahrhundert den Staat als eine Realität beschrieben hatte, die unabhängig von den Individuen existiere. Heinemann verwarf insbesondere Hegels Ansatz, wonach der Staat keineswegs auf einer freien Übereinkunft seiner Bürger beruhe, sondern statt dessen vor und über den Bürgern rangiere, die nur, indem sie den staatlichen Gesetzen gehorchten ›bei sich selbst und also frei‹ sein könnten.[44]

Nachdrücklich verurteilte Heinemann den Hegelschen Versuch, obrigkeitsstaatliche Ordnung philosophisch legitimieren zu wollen, und widersprach sowohl der »falschen Lehre, als solle und könne der Staat über seinen besonderen Auftrag hinaus die einzige und totale Ordnung menschlichen Lebens werden«[45] als auch dem passiven, autoritätshörigen Untertanendasein, das seines Erachtens nicht der Menschenwürde entsprach.[46] Darüber hinaus, so Heinemann, gebe es solange »keinen Ansatz für Demokratie, wie »der Staat in dem Sinne als Stiftung Gottes verstanden wird, daß sie zu Händen der monarchischen oder ständischen Obrigkeit mit der Maßgabe erfolgt, daß dieser Obrigkeit Autorität und Macht zukomme und Gehorsam geschuldet werde«[47]. Heinemann forderte statt dessen eine aktivere Einordnung jedes Einzelnen in die Gemeinschaft des freiheitlichen Rechtsstaates, der von allen durch staatsbürgerliche Mitverantwortung getragen werden müsse. Heinemann, so faßt es Vögele zusammen, gab damit die traditionell positive Bewertung des Staates auf. An ihre Stelle trat dagegen eine ambivalente Haltung: »Es ist möglich, daß der Staat seiner Aufgabe, für Recht und Frieden zu sorgen, gerecht wird, ebenso ist es möglich, daß der Staat – wie im Nationalsozialismus – diese Aufgabe verfehlt und sich gegen diejenigen wendet, die er eigentlich schützen sollte. Der unbedingte Obrigkeitsgehorsam verwandelt sich in eine reflektierte Loyalität gegenüber dem demokratischen Rechtsstaat, die auf der Einsicht des mündigen Bürgers beruht.«[48]

Für Heinemann sollten also der mündige Bürger und die mündige Bürgerin an die Stelle der Untertanen treten. Damit übte er unverkennbar Kritik an der in Deutschland tief verwurzelten »Untertanenmentalität«, die nicht zuletzt auch von einer autoritätsgläubigen konservativen Theologie inspiriert worden sei.[49] Ganz bewußt stand Heinemanns Neubewertung des Staates in deutlichem Widerspruch zum patriarchalischen Staatsverständnis der älteren lutherischen Lehre. Bezugnehmend auf den Paulusbrief ›Römer 13‹ hatte sie den Staat stets als Stiftung Gottes verstanden, dem von seinen Untertanen unbedingter Gehorsam zu leisten sei. Heinemann interpretierte Römer 13 hingegen im Sinne Karl Barths nicht als Aufforderung, »der Obrigkeit eine Unterordnung« zu schulden, sondern »im Sinne einer tätigen Mitverantwortung, im Sinne einer aktiven Einordnung in das öffentliche Leben.«[50] Trotz der notwendigen Abkehr vom ›Bündnis von Thron und Altar‹[51], welches in Heinemanns Augen bisher die Entwicklung der demokratischen Freiheit und des eigenständigen staatsbürgerlichen Handelns verhinderte, sollte der Staat nicht als Gegenüber verstanden werden, sondern müsse vielmehr von der demokratischen Verantwortungsbereitschaft und der Mitarbeit seiner Bürger leben.[52] Der Ruf zur öffentlichen Verantwortung verdichte sich geradezu zu einem »Ruf auch in die politische Verantwortung des Christen, d.h. zur Mitarbeit in Betriebsräten, Gewerkschaften, Parteien, Parlamenten und Regierungen.«[53]

Entscheidend war für Heinemann, daß der Staat »keine heilige Kuh war«[54], daß er nicht als ein »höheres Wesen mit Anspruch auf unterwürfigem Gehorsam« angesehen werde, sondern vielmehr als ein »Helfer zu einem geordneten gemeinschaftlichen Leben freier Bürger.«[55] In seinen ›Gedanken zur politischen Ethik‹ faßte er diese Auffassung in einem Satz zusammen: »Die Obrigkeit ist nicht mehr unser Herr, sondern soll unser Diener sein.«[56] Zugleich bedeute dies aber auch, daß nun alle »mit verantwortlich für ihre Art und für ihre Entscheidungen« seien: »Wir alle haben sie zu wählen und viele von uns sind gerufen, selber in öffentlicher Verantwortung – in einer Selbstverwaltung, einer Partei, der Regierung oder als Amtsträger verschiedener Art – zu stehen.«[57] Letztlich leitete Heinemann aus dem Postulat »Christus ist der Herr der ganzen Welt, nicht nur seiner Gemeinde – Er ist der König aller Könige und Herr aller Obrigkeiten«[58] den Zusammenhang zwischen dem christlichen Glaubensbekenntnis und der Verpflichtung zu politischer Partizipation im Staat her.[59]

Mit Bestimmtheit wies Heinemann darauf hin, daß das Leben in einer freiheitlichen Gesellschaft und die Entscheidung gegen den Staatsdirigismus auch eine Verpflichtung für den Bürger nach sich ziehe – und zwar die »Verantwortung des einzelnen und der Gruppen gegenüber der Gesellschaft. Denn der Staat sind wir alle und der Staat kann nur das leisten, wozu wir ihn durch unseren Beitrag in die Lage versetzen. Wir können nicht immer fordern, daß der andere zahlen soll, etwa nach dem Motto: Hannemann, geh du voran.«[60] Nach diesem Verständnis ist der Staat »der Staat aller Bürger« und steht daher auch »nicht im Gegensatz zur Gesellschaft, sondern ist deren organisierte Daseinsform, um die von der Gesellschaft gewollten Gemeinschaftsaufgaben zu erfüllen und bei allem die Freiheit der Staatsbürger zu gewährleisten.«[61]

3. »Die Demokratie muss unser Lebenselement werden« Demokratieverständnis

Zeitgenossen charakterisierten Heinemanns Wesensart im allgemeinen als spröde, bisweilen als sauertöpfisch.[62] Sein Auftreten wurde wie auch seine Sprache von vielen als sachlich-nüchtern und karg empfunden.[63] Nur bei wenigen Themen ließ Heinemann ein gewisses Pathos für die Sache durchblicken. Grundsätzlich geschah dies, wenn er über ›Demokratie‹ sprach. Gerne und leidenschaftlich appellierte er daran, sich bewußt zu machen, daß Deutschland »erst am Anfang der ersten wirklich freiheitlichen Periode unserer Geschichte« stehe und nun endlich die »freiheitliche Demokratie« zum »Lebenselement unserer Gesellschaft werden«[64] müsse. Zugleich entschuldigte er sich meist augenzwinkernd für seinen schwärmerischen Exkurs mit dem Hinweis, er sei nun einmal ein »oft ungestümer Befürworter demokratischer Lebensform«[65].

Seine Begeisterung für den demokratischen Gedanken war vor allem ein Vermächtnis seiner Vorfahren. Die Tradition der 48er-Revolution spielte in der Familie Heinemann stets eine besondere Rolle. Auch Heinemann ließ diese Prägung früh erkennen. In Gedenken an seine Vorfahren, die 1848 auf den Barrikaden gekämpft hatten, notierte er 1919 in seinem Tagebuch: »Für Frieden und Freiheit, für Republik und Demokratie! Ich werde an Euch denken!«[66] In einem Artikel für die Hessische Landeszeitung im selben Jahr schrieb er: »Wir Demokraten haben die Pflicht, das Letzte zu versuchen, daß die Brücke zwischen den beiden Lagern [zwischen dem linken und dem rechten Lager; J.T.] nicht abreißt. [...] Nur rückhaltlose Anerkennung der Demokratie und des Parlamentarismus [...] können die große Spaltung und den rücksichtslosen Kampf der beiden Lager verhindern. Es ist die Pflicht eines jeden Demokraten, sich in Erkenntnis dieser Sachlage für die allgemeine Anerkennung dieser Notwendigkeiten, nachdrücklich einzusetzen. Die Demokratie steht auf dem Spiele, wenn es zum Äußersten kommt.«[67] Für den Studenten Heinemann gab es keine Alternative: »Wir müssen die Demokratie und die Republik aufnehmen in unser Fühlen und Denken; wir müssen Demokraten und Republikaner sein, oder wir werden nicht mehr sein!«[68]

Auch nach dem Scheitern der Weimarer Demokratie und der Katastrophe des ›Dritten Reichs‹ war es vor allem diese »48er-Haltung«[69], die sein Demokratieverständnis prägen sollte und somit durchaus wesensverwandt mit den entsprechenden Auffassungen des politischen Liberalismus war.[70] Fundament der bundesrepublikanischen Demokratie war für Heinemann immer das Grundgesetz gewesen, dessen Inkrafttreten er zu den »Sternstunden« der deutschen Geschichte zählte, da es den Bürgern zum ersten Mal »das große Angebot« unterbreitete, »eine freiheitlich-rechtstaatliche und soziale Demokratie zu verwirklichen«.[71] Heinemann hob vor allem hervor, daß das Grundgesetz den mündigen Bürger in den Mittelpunkt seines Ordnungsgefüges stellt: »Er soll mitverantwortliches und in freier Selbstbestimmung mitwirkendes Glied einer nicht von oben geformten und genormten Gesellschaft sein. Ihm ist das Recht zugesprochen, aber auch die staatsbürgerliches Verpflichtung zugedacht, unseren Staat als seine eigene Angelegenheit anzunehmen und im Rahmen der verfassungsrechtlichen Grundsätze mitzugestalten.«[72]

Inbrünstig appellierte Heinemann in seiner Antrittsrede als Bundespräsident am 1. Juli 1969, »daß wir uns unendlich in die Demokratie wirklich hineinleben müssen, daß wir das große Angebot unserer derzeitigen Verfassung ernstnehmen müssen. Die Schwierigkeit, daß das hier auf eine ganz natürliche, eine ganz selbstverständliche Weise geschieht, liegt doch wohl darin, daß wir jahrhundertelang zu einer Untertänigkeit gegenüber den Obrigkeiten erzogen worden sind und eben nicht zu einem freiheitlich-demokratischen Verhalten.«[73]

Für Heinemann war der kritische, verantwortungsbewußte und letztlich auch opferbereite Aktivbürger die wichtigste Voraussetzung für eine lebendige Demokratie.[74] Da sich »demokratisches Bewußtsein« aber nicht einfach verordnen lasse und unsere Demokratie als ein »großartiges Angebot« freiwillig angenommen werden müsse,[75] hielt es Heinemann für »das höchste Ziel aller Bildungsarbeit«, einen verantwortungsbewußten Aktivbürger »heranzuziehen und auszubilden«[76]. Nur so meinte er verhindern zu können, daß der Staatsbürger zu einem »Objekt eines Parlamentswillens« verkomme, anstatt der »höchste Souverän« des Staates zu werden.[77] Nur so hielt er es für möglich, daß das verfassungsmäßige Angebot der »Mitverantwortung und der Mitarbeit des Bürgers [...] voll genutzt und ausgeschöpft werden« könne.[78]

Gegenüber Gegnern bzw. Feinden der demokratischen Ordnung nahm Heinemann eine unversöhnliche Haltung ein. Für ihn mußte sich eine »freiheitliche Demokratie [...] freilich auch wehren« dürfen. Heinemann betrachtete es geradezu als Verpflichtung, »im Vertrauen auf die Überlegenheit unserer Ordnung, die jedem Bürger ein selbstverantwortliches Leben sichern will«, den »auf Vergewaltigung bedachten Gegnern entschlossen zu widerstehen«[79]. Entscheidend für ihn war dabei, daß diese Wehrhaftigkeit nicht eine Aufgabe von einigen wenigen Politikern oder Staatsbediensteten sein dürfe, sondern daß diese Verantwortung von allen Bürgern geteilt werden müsse. Heinemann brachte diesen besonderen Anspruch an die Bürger in einem griffigen Satz auf den Punkt: »Der Bürger, der nur resigniert, muß dulden, was man ihm diktiert.«[80]

Nach der Erfahrung der nationalsozialistischen ›Machtergreifung‹ war es für Heinemann unerläßlich, daß der demokratische Staat mit allen Mitteln dazu in die Lage versetzt werden müsse, sich vor seinen Feinden zu schützen. Dies bedeutete für ihn in letzter Konsequenz beispielsweise auch, daß der derjenige, der »die Meinungsfreiheit zum Kampf gegen die Grundordnung, d.h. zum Kampf gegen die Freiheiten seiner Mitbürger oder gegen das Gefüge unserer Verfassung mißbraucht«, sie genau damit verwirkt.[81]

Doch auch wenn Heinemann bereit war, die demokratische Ordnung gegenüber ihren Gegnern »mit Zähnen und Klauen« zu verteidigen, so warnte er dennoch vor einem »übereifrigem und übersteigertem Schutz [...], der das, was wir schützen wollen, erstickt oder unansehnlich« mache. »Freiheit«, so Heinemann, müsse immer auch »die Freiheit für Andersdenkende bleiben«.[82] Wenn dies berücksichtigt werde und es zudem gelänge, »Rechtsstaat, Sozialstaat, staatsbürgerliches Bewußtsein und Demokratie in ihrem Zusammenspiel zur Geltung zu bringen«, brauchte sich um die Zukunft der grundgesetzlichen Ordnung weniger gesorgt werden: »Alsdann dürfen wir es auch im Vertrauen in die Überlegenheit dieser Ordnung wagen, ihren Gegnern nicht nur entschlossen, sondern auch mit gelassener Souveränität zu begegnen.«[83]

So kompromißlos Heinemann den Feinden der Demokratie begegnete, so bereitwillig und langmütig setzte er sich mit Kritik am demokratischen System auseinander und zeigte sich bemüht, Skeptiker und Zweifler von der Alternativlosigkeit der Demokratie zu überzeugen. Zwar stimmte er zu, daß das System nicht perfekt sei und beispielsweise die Selbstherrlichkeit der Parteien oder die mangelnde Verbindung der Abgeordneten mit den Bürgern zu Recht kritisiert werden können. Jedoch berechtigten diese Mängel in seinen Augen nicht dazu, das gesamte demokratische System in Frage zu stellen.[84] Ebenso verwahrte sich Heinemann dagegen, die repräsentative Demokratie nach dem Vorbild des Rätesystems in eine ›direkte Demokratie‹ umzuwandeln. Für ihn blieb die »repräsentative Demokratie, d.h. jeweils zeitbegrenzte Übertragung staatlicher Macht auf Abgeordnete, die einzig praktikable Form von Demokratie«[85].

Mit Nachdruck wies er die Kritiker des demokratischen Staates darauf hin, daß es doch gerade der »entscheidende Vorzug der Demokratie« sei, »daß sie die Möglichkeit offenhält, unterschiedliche Auffassungen zu Worte kommen zu lassen, und dem Ringen um politische Alternativen Raum gibt.«[86] Jedoch sei in der repräsentativen Demokratie der Ort, wo dies zu geschehen habe, das Parlament. Kritiker, »die auf sachlich, aber mit Leidenschaft geführte Parlamentsdebatten mit dem abwertenden Urteil« reagierten: ›Die da oben streiten sich wieder einmal‹, hielt Heinemann vor, sie hätten den Vorzug der Demokratie nicht begriffen.[87]

Auch wenn Heinemann dem Parlament die alleinige Entscheidungskompetenz zuschrieb, hielt er den Bürger dennoch weiterhin für den wahren Souverän. »Rechte Demokratie« konnte für ihn nur durch das »Zusammenspiel von Parlament und öffentlicher Meinung« zustande kommen. Daher sollte eben jene öffentliche Meinung, d.h. der Willen des Bürgers, immer »Quelle und Grundlage« des Handelns eines jeden Parlaments sein.[88] Heinemann verwies darauf, daß aus diesem Grunde der »Weg der Demokratisierung«, auf den die Deutschen durch das Grundgesetz gebracht worden seien, im »Staat, aber auch in Bereichen der Gesellschaft auf mehr Freiheit und mehr Mitbestimmung der Bürger« ziele. Befürwortern einer direkten Demokratie hielt er entgegen, daß es eben nicht darum ginge, »den Bürger allerwärts in Abstimmungen über Sachfragen einzubeziehen, für deren Entscheidung bestimmte Zuständigkeiten bestehen. Diese Zuständigkeiten sind nicht angemaßt, sondern auf demokratische Weise gesetzt worden und sollen nicht überrollt werden. Ihre Amtsträger haben die Verantwortung für die Entscheidung.«[89] Wohl aber, so fügte Heinemann hinzu, gehe es darum, »den Bürgern Entscheidungen zu ihren Interessen und Bedürfnissen verständlich und einsichtig zu machen und ihnen Rechenschaft abzulegen.«[90]

Vor allem in Anbetracht der Tatsache, daß das politische und gesellschaftliche System zunehmend an Komplexität gewinne und sich somit die »Möglichkeiten einer Mitverantwortung der einzelnen für das große Ganze« immer mehr verengten, plädierte Heinemann dafür, »durch Mittelsmänner, durch Repräsentanten [den] Willen da geltend zu machen, wo letzte Entscheidungen fallen.« Heinemann gestand zwar ein, daß dies schwierig sei, er letztlich aber »keinen anderen Weg« wüßte: »Ich sehe keine Möglichkeit, die parlamentarische Demokratie abzulösen«[91].

Dem Einwand, daß das System, so komplex wie es geworden sei, eigentlich kaum noch funktionsfähig sei, begegnete er kämpferisch: »Ich glaube, daß es funktionsfähig bleiben muß, weil keine andere Lösung da ist. Die Demokratie ist ganz gewiß ein außerordentlich schwieriges Geschäft, nicht nur in einem Bundestag oder in einer Regierung, sondern überhaupt in der Bemühung, Willenkontakt zu halten mit den Menschen draußen im Lande, um deren Schicksal es hier immer wieder geht. Es ist schwierig, aber bitte, ich weiß nichts anderes.«[92]

Auch wenn Heinemann »der festen Überzeugung [war], daß es für die in absoluter Form unlösbare Aufgabe einer guten Zuordnung von Regierenden und Regierten relativ nichts Besseres gibt als parlamentarische Demokratie«[93], so warnte er dennoch vor einer trügerischen Selbstzufriedenheit: »Diese Ordnung ist kein Heilsplan, sondern wie alles irdische Tun nur unvollkommenes Menschenwerk. Ihre Würdigung kann auch nicht verschweigen, daß außerdem zwischen Verfassungsaussage und Verfassungswirklichkeit ein Graben klafft. Es gehört sogar zum Wesen freiheitlich-demokratischer Ordnung, daß sie von keinem Zustand behauptet, er stimme mit dem Ideal überein, daß sie vielmehr die jeweiligen Verhältnisse für ständig verbesserungswürdig hält und uns damit die nie zu Ende kommende Aufgabe stellt, die Wirklichkeit in beharrlicher Annäherung auf das Leitbild der Verfassung hin fortzuentwickeln. Es wäre das Ende aller Politik, wenn Bestehendes nur noch verwaltet, aber nicht mehr verbessert würde. Die Einheit von Demokratie, Rechtsstaat und Sozialstaat bedarf ständiger Bemühung.«[94] Aus diesem Grunde machte sich Heinemann die ständige Fortentwicklung der demokratischen Ordnung zum Auftrag seines politischen Lebens. Um die »Demokratie auf allen Ebenen selbstverständlicher zu machen« verpflichtete er allen voran sich selbst dazu, «selbstkritisch zu sein« und »unermüdlich Beispiele zu setzen«.[95]

4. »Eine Partei ist doch nicht eine Heimat« Parteienverständnis

In einem Rundfunkinterview anläßlich des Todes von Gustav Heinemann rechtfertigte dessen Biograph, Helmut Lindemann, die wechselvolle parteipolitische Karriere des Altbundespräsidenten. Er sagte: »Diese Parteiwechsel sind Heinemann nur von solchen Leuten verübelt worden, die nie begriffen haben, daß er in Wahrheit ein Unabhängiger war, der sich jeweils dort betätigte, wo er für die Verwirklichung seiner unveränderlichen politischen Ziele die besten Aussichten sah.« Für Lindemann war dies »nicht opportunistisch, sondern konsequent«[96]. War es das wirklich?

Tatsächlich ist Parteipolitik für Heinemann immer etwas Vordergründiges gewesen – nie etwas Letztliches. Folglich fühlte er sich auch nie in irgendeiner Art und Weise »weltanschaulich fixiert«[97]. Statt dessen war sein politisches Denken und damit auch sein Parteienverständnis durch einen gewissen Pragmatismus bestimmt, der bedeutende Teile seines politischen Lebens kennzeichnen sollte, und den er auch selber für einen »wesentlichen Zug« seines »politischen Handelns« hielt.[98] Allerdings zweifelte er nie daran, daß politische Parteien für das Gelingen der demokratischen Ordnung von essentieller Bedeutung sind. Politik ohne Parteien hielt er sogar für verhängnisvoll: »Politik ohne Parteien haben wir gerade gehabt. Sie hieß Hitler. Ihre Ergebnisse liegen noch allenthalben vor unseren Füßen. Indem Hitler mit den Parteien Schluß machte und das deutsche Volk damit aller Ausdrucksmittel eines freien Wollens beraubte, legte er den Weg der Katastrophenpolitik frei. Politik ohne Parteien haben wir heute noch – in der sowjetischen Zone. Sie heißt: Blockpolitik der ›nationalen‹ Einheitsfront. Wer also aus wirklicher Überlegung Politik ohne Parteien haben will, möge entweder in die Sowjetunion gehen und sich zur Nationalen Front melden, oder aber er möge sich offen sagen lassen, daß er hier im Westen offenbar die Geschäfte von fernen Drahtziehern betreibt. [...] Politik ohne Parteien können wir morgen auch hier haben, wenn wir diesem Gerede der Torheit oder des verkappten Totalitarismus nicht bündig entgegensetzen.« Nur eine Politik mit Parteien sei die Gewähr unserer staatsbürgerlichen Freiheit, nur Politik mit Parteien heiße, »die Regierung unter ständiger legaler Kritik« zu halten, heiße, »der regierenden Gruppe eine opponierende entgegenzustellen«, heiße »eine Möglichkeit des Regierungswechsels zu haben«, heiße, »so wählen zu können, daß Auswahl besteht«, heiße »kurzum Freiheit«.[99]

Politische Parteien hielt Heinemann zwar für unerläßlich, »damit der Wille der Bürger zu gemeinsamer Aktion führt und damit der Wähler zwischen konkurrierenden Alternativen entscheiden« könne. Allerdings schränkte er zugleich ein, daß es nicht Aufgabe der Parteien sei, etwas über die »letzten Wahrheitsfragen der Menschen« auszusagen. Das könne immer nur eine sehr persönliche Entscheidung des Einzelnen sein.[100] Deshalb seien Parteien eben auch »keine Weltanschauungsgemeinschaften, sondern Zweckbündnisse zur Durchsetzung politischer Ziele«[101], ein Instrument, dessen »der Bürger sich bedienen kann, um seine politischen Absichten zu verwirklichen.«[102]

Worauf es Heinemann bei allem parteipolitischen Engagement ankam, war, daß man »sich selbst« auch innerhalb einer Partei »treu« blieb: »Das scheint mir eine gebotene Linie des Verhaltens zu sein. Jedermann sollte sich engagieren, aber er sollte sich in diesem Engagement nicht verlieren, sondern eben der bleiben, der er selber ist.«[103] Für ihn zählte in der Politik nur die gewissenhafte Überzeugung des Einzelnen. Wichtig war ihm allein das, was der Einzelne mit sich und seinem Gewissen ausmachte.[104] Derjenige, der politisch handelte, sollte dies nach Heinemanns Überzeugung »aus seiner Fundierung heraus [tun], aus seiner letzten Verwurzelung, aus seiner letzten gewissenhaften Überzeugung.«[105]

Dieser Betonung des Individuums und der individuellen Gewissensentscheidung entsprach auch, daß Heinemann vehement das Recht des Abgeordneten verteidigte, nach einem Parteiaustritt das entsprechende Mandat zur neuen Partei mitzunehmen. Heinemann verwies darauf, daß nach der »eindeutigen Vorschrift des Art. 38 GG und der entsprechenden Artikel der Länderverfassungen [...] der Abgeordnete Vertreter des ganzen Volkes, an Aufträge und Weisungen nicht gebunden und nur seinem Gewissen unterworfen [sei].« Damit schloß Heinemann auch das imperative Mandat, »d.h. die Bindung des Abgeordneten an gewisse Voraussetzungen und Bedingungen, z.B. Beibehaltung seiner Parteizugehörigkeit« als ungültig aus. Heinemann verwies zwar darauf, daß der Abgeordnete in der Verfassungswirklichkeit sein Mandat nur über eine Partei erlangen könne. Dies bedeute jedoch nicht, so Heinemann weiter, »daß er das Mandat bei einem Parteiwechsel abgeben muß. Eine entsprechende Bindung des Abgeordneten würde vielmehr gegen Art. 38 GG verstoßen.« Heinemann warnte weiter davor, daß eine »Aushöhlung der durch Art. 38 GG gewährleisteten Freiheit des Abgeordneten [...] die Abgeordneten in eine noch größere Abhängigkeit zu ihren Parteien bringen [würde], als es schon jetzt der Fall ist.« Gerade im Hinblick auf eine demokratische Meinungs- und Willensbildung im Parlament und für die Verwirklichung des Prinzips der innerparteilichen Demokratie hielt Heinemann daher Art. 38 GG für besonders wichtig: »Wenn der Abgeordnete auch nur über eine Partei sein Mandat erlangen kann, so bleibt er doch Repräsentant des ganzen Volkes. Müßte er sein Mandat bei einem Parteiwechsel aufgeben, so würde das einer Verlagerung der Staatsgewalt, die gemäß Art. 20 GG dem Volk übergeben ist, auf die Parteien gleichkommen.«[106]

Die Auffassung, daß eine Partei ein Selbstzweck, eine Glaubensgemeinschaft oder gar ein Orden sei, dem man unverbrüchliche Treue schwören müsse, war ihm ohnehin wesensfremd.[107] Eine weltanschauliche oder gar eine religiöse Grundhaltung hielt er bei Parteien für völlig fehl am Platze. Die einzige gemeinsame Grundhaltung, die Heinemann im Rahmen einer Partei akzeptieren wollte, waren die politisch-pragmatischen Ziele einer Partei, die auf einem entsprechenden Parteiprogramm basierten: »Das ist eine Grundhaltung, von der aus sich Menschen verschiedener Herkunft, verschiedener weltanschaulicher und religiöser Verwurzelung, zu gemeinsamem Handeln finden.«[108] Für Heinemann genügte es, »daß man, aus welchen Ansätzen, aus welchen Motivierungen auch immer, gleiche Ziele verfolgt, um darüber nun eben diese Kameradschaft eingehen zu können und durchzuhalten, solange es eben geht.«[109] Geht es aber eben nicht mehr, weil die Partei entweder ihr ursprüngliches Programm verleugnet oder in ihrer Politik nicht mehr den eigenen Anschauungen entspricht, dann war es für Heinemann eine fast selbstverständliche Konsequenz, daß man nicht mehr länger »gehorsam der durch Parteidogma festgelegten Marschroute«[110] folgt, sondern statt dessen die Partei verlässt und notfalls in eine andere eintritt.[111]

Bereits als Student in der Weimarer Republik hatte sich Heinemann an den »fürchterlich verbohrten Parteimeinungen« der Menschen gestört. Er wollte den Bürgern klar machen, daß »die Wahrheit [...] nicht nach Parteien verschieden« ist und es vor allem nicht heiße, »so oder so« sondern »sowohl als auch!«: »Alle haben Recht und Unrecht.«[112] Dieser Auffassung blieb Heinemann zeitlebens treu. Auch in den ersten Jahren der Bundesrepublik kritisierte Heinemann die »Starrheit der Parteigehäuse« und plädierte für eine offenere und flexiblere Haltung gegenüber den Parteien: »Machen wir uns aber unsere Parteigebundenheit nicht selber zu schwer, wenn es auch für besondere Situationen nicht möglich sein soll, einmal im Querverbund zu handeln? [...] Ein Beispiel der an einem gemeinsamen sachlichen Ziel orientierten Gemeinschaft über Parteilager hinweg würde viele [...] Menschen aufhorchen lassen und aufschließen.«[113] Dieses sachlich-praktische Parteienverständnis prägte vor allem auch Heinemann Arbeit als Essener Oberbürgermeister in den ersten Nachkriegsjahren. In Hinblick auf die gewaltigen politischen Herausforderungen der damaligen Situation empfand der Kommunalpolitiker eine ideologiefreie und praktische Zusammenarbeit zwischen Christdemokraten, Sozialdemokraten, Liberalen und Kommunisten[114] geradezu als demokratische Verpflichtung.

Nicht zuletzt aus dieser Erfahrung heraus trat Heinemann für eine Abrüstung der Parteiideologien und eine engere, sachorientierte Zusammenarbeit der einzelnen Parteien ein. Zudem wies er die Idee zurück, parteipolitisches Engagement bedürfe einer durchgängigen, gemeinsamen Grundhaltung »von der Wiege bis zur Bahre«[115]. Für Heinemann war eine Partei nun einmal nicht eine Heimat.[116] Und auch »Nestwärme«, so unterstrich er, dürfe man überall suchen, »aber nicht in einer politischen Partei.«[117] Daher riet er als Bundespräsident auch jungen Menschen, die einen Eintritt in eine Partei in Erwägung zogen, nicht den Ehrgeiz zu haben, als 20-Jährige in einer Partei Mitglied zu werden und schließlich als »70- oder 80jährige mit derselben Parteifahne beerdigt« zu werden: »Das mag sich finden, Schritt für Schritt, ob ihr darin verbleibt oder, je nach dem, bitte, es ist ja nicht für alle Ewigkeit festgelegt, einmal überwechselt.«[118]

Dieses besondere Parteienverständnis hatte natürlich eine gewisse Distanzierung vom politischen Betrieb zur Folge. Dies bedeutete aber keineswegs, daß Heinemann sich nicht gegenüber einer Partei zu Loyalität verpflichtet fühlte.[119] Ganz im Gegenteil: Heinemann wußte, daß Parteipolitik immer auch der »Solidarität mit den politischen Kampfgefährten«[120] bedurfte. Jungen Abgeordneten empfahl er deshalb, wo es nur gehe, »im Verbund« zu arbeiten.[121] Politik war für ihn vor allem »Mannschaftskampf« – und dieser verpflichte dazu, daß man »Kameradschaftlichkeit wahrt«[122]. Als »politischer Einzelkämpfer«[123], so war sich Heinemann sicher, könne man nicht erfolgreich sein: »Ich habe oft gesagt, daß ein politischer Einzelgänger letzten Endes eine kabarettistische Figur sein würde. Alles öffentliche Handeln muß sich in Zusammenarbeit mit anderen Menschen vollziehen; insbesondere ist das der Zwang zur Mitarbeit in einer politischen Partei.«[124]

Diese Mitarbeit sollte sich aber an der Gewissensentscheidung des Einzelnen orientieren und nicht an Vorgaben irgendeiner Parteiideologie. Mit Blick auf das politische Geschäft im allgemeinen, insbesondere aber mit Blick auf den Bundestag bemängelte Heinemann, daß es zu selten »zu Gruppierungen aus persönlicher Gewissensentscheidung, sondern im wesentlichen [...] nur zu Gruppierungen nach Fraktionen ohne Rücksicht auf Einzelüberzeugungen« käme. Heinemann rief Politiker dazu auf, mehr Mut zur persönlichen Entscheidung zu haben und sich von den »Bindungen an die Parteimaschine« freizumachen. Sachentscheidungen, so Heinemann, müßten »undogmatisch« getroffen werden und dürften sich nicht »im Parteihader« verlieren.[125]

Stellte eine Partei aber eine spezielle Weltanschauung über die freie Gewissensentscheidung ihrer Mitglieder, war – zumindest für Heinemann – die Grundlage für eine Mitarbeit nicht mehr gegeben. Dies war beispielsweise der Fall, als sich Heinemann Anfang der fünfziger Jahre zu dem Austritt aus der CDU entschloß. Der parteipolitische ›Dissident‹ begründete seinen Schritt vor allem mit der »klaren Ideologisierung der politischen Frage nach dem richtigen Weg.« Er warf der CDU vor, daß sie »keine persönliche Entscheidung mehr dulden« wolle und statt dessen »Linientreue im Namen einer Weltanschauung« verlange, indem schlichtweg dem zugestimmt werde, »was die Parteiführung aus der Weltanschauung herleitet oder richtiger gesagt an konkreten politischen Maßnahmen mit Weltanschauungsgründen zu umkleiden beliebt.«[126] Zudem störte er sich an der Parteipraxis der Union, aber auch der anderer Parteien, wonach nur der, der treu zur Parteiführung stehe, »an Ämterpatronage, Auftragserteilungen, Subventionen pp. für sich und seine Klientel beteiligt« sei und letztlich »Wohlverhalten und Linientreue« die politische Zukunft eines Politikers bestimmten: »Wer brav ist, wird gefördert, wer wider den Stachel löckt, wird ausgeschaltet.«[127]

Auch wenn aus diesen Worten eine grundsätzliche und ausgeprägte Abneigung gegen parteitaktische Ränkespiele und die Finessen der Machttechnik spricht, blieb Heinemann dennoch ein politischer Realist. Deshalb verwehrte er sich auch einer grundsätzlichen Kritik am Fraktionszwang. Zwar forderte er, daß sich der Einzelne bei jeder Abstimmung aufs Neue der Frage zu stellen habe, ob er sich der von der Fraktion vorgeschlagenen Richtung fügen wolle. Allerdings wies Heinemann auch darauf hin, daß dieser dabei zu bedenken habe, daß eine »Fraktion eine Mannschaft [ist], und es entspricht schon dem Mannschaftsgeist, daß man mit der Mannschaft geht.« Als Einzelgänger, so erinnerte Heinemann, könne man auf der politischen Bühne eben nichts ausrichten. Deshalb dürfe man auch nicht allenthalben mit dem Gewissen kokettieren. Eigentlich ginge es schließlich nur bei den »großen Fragen: Atombewaffnung, Todesstrafe oder dergleichen« um das Gewissen.[128]

Letztlich stimmt vielleicht die Einschätzung eines Journalisten der Frankfurter Rundschau, der in einem Nachruf auf den verstorbenen Altbundespräsidenten schrieb, Heinemann sei grundsatztreuer gewesen, als es sich Parteien leisten können.[129] Auch Carola Stern attestierte dem Fünf-Parteien-Politiker Heinemann, er sei »nie hinterhergelaufen, sondern er hat immer nur das getan, was er für richtig hielt«[130]. Auch in dieser Beziehung war Heinemann ein »radikaler Demokrat« [131]. Überhaupt war Heinemann wohl am allerwenigsten ein typischer Parteipolitiker,[132] was letztlich wohl auch dazu führte, daß Heinemann, wie Baring richtig feststellt, in jeder Partei in gewisser Hinsicht ein Fremdling blieb. Letzten Endes war Heinemann ein »Widerspruchsgeist, weil er ein Mann innerer Widersprüche war: in sich Establishment und Außenseiter. Der Individualist als Bürger und Rebell. Ein Eigenbrötler, der wirken wollte.«[133]

5. »Politik aus persönlicher Verantwortung« Amtsverständnis

Gustav Heinemann war ein »radikaler Demokrat«, er war aber auch ein »radikaler Christ«[134] – und als solcher war es sein fester Glaube, daß Jesus Christus sowohl »Zuspruch der Vergebung aller unserer Sünden ist« als auch »mit gleichem Ernst [...] Gottes kräftiger Anspruch auf unser ganzes Leben.«[135] Dieser ›Zuspruch‹ und ›Anspruch‹ waren zentrale Motive für Heinemanns Handeln – im Privaten, aber auch im Politischen. Für den Politiker Heinemann richtete sich Christi Anspruch nämlich auch auf »unser Leben und Handeln als Staatsbürger in öffentlicher Verantwortung«.[136] Heinemann verwies dafür auf die ›Barmer Erklärung‹, in der die »falsche Lehre« angeprangert wurde, nach der es »Bereiche unseres Lebens« gebe, »in denen wir nicht Jesus Christus, sondern anderen Herren zu eigen wären.«[137] Politik konnte für ihn kein »Feld eigener Gesetze oder selbstherrlicher Interessen« sein. Für ihn unterstand alles Irdische, also auch die Politik, »dem Herrschaftsanspruch Jesu Christi«[138]. Diese tiefe Überzeugung bildete die Grundlage für Heinemanns Amtsverständnis und sein Selbstverständnis als Politiker.

»Der Christ muß politisch handeln. Es kann ihm nicht gleichgültig sein, wie das Gemeinschaftsleben gestaltet wird. [...] Politische Passivität ist Verleugnung Christi und seiner Gebote«[139] – diese Auffassung, formuliert in einem Positionspapier der Essener CDU von 1946, entsprach exakt Heinemanns Vorstellung von einer ›Politik aus christlicher Verantwortung‹. Ebenso wie der Verfasser dieser politisch-ethischen Leitlinien, der Sprecher der evangelischen Christen in der Essener CDU Hans Spiecker, vertrat auch Heinemann die Meinung, daß der Christ überall, »wo er handelt, als Christ handeln [müsse], auch in der Politik.« Für ihn war entscheidend, daß der Christ, den Blick auf die Sache habe, »nicht auf den Ruhm, auf die Verantwortung, nicht auf die Macht, auf den Dienst, nicht auf das Pöstchen, auf das Ganze, nicht auf sich selbst und seine Partei.«[140]

Für Heinemann war ein »Christenstand ohne Dienst [...] wie ein Baum ohne Frucht.« Darum gehörte seiner Ansicht nach die »Mitverantwortung für die bürgerliche Gemeinde und ihre Gemeinschaften in Dorf, Stadt und Staat, Parteien, Betrieben und Berufsverbänden zum Dienstbereich des Christen.«[141] Alle Bürger waren Heinemanns Ansicht nach verantwortlich für Art und Ausgestaltung des Staates, also auch für die Entscheidungen der Obrigkeit: »Wir alle haben sie zu wählen und viele von uns sind gerufen, selber in öffentlicher Verantwortung [...] zu stehen.«[142] Eine Ausrede »gegenüber dem Ruf zur Verantwortung und Betätigung auch im öffentlichen Leben« wollte Heinemann aus diesem Grunde nicht gelten lassen:[143] Politik sollte jedermanns Sache werden.[144] Allerdings, so fügte er hinzu, hätten nicht alle Menschen das Gleiche zu tun. Welche Aufgabe jemand zu erfüllen habe, habe alleine Gott durch die Gaben festgelegt, »welche er jedem bereitet« hat. Diese Gaben hielt Heinemann für Gottes »Platzanweisung für unseren Dienst«[145], die in seinem Fall direkt in die Villa Hammerschmidt führte.

Seine Aufgabe als Bundespräsident sah Heinemann vor allem darin, »Überbrükkungen zu schaffen zwischen den Streitern in der unmittelbaren politischen Arena« und sich dem Volk als jemand darzustellen, »der gewillt ist, [...] über die Parteigrenzen hinweg [...] eine Aussage zu machen zu dem, was die Menschen bewegt.«[146] Auch wenn er sich selber eher für einen »Politiker der Auseinandersetzungen an den Fronten« hielt, dessen Wesen der Tätigkeit eines Ministers mehr entspreche als der eines Bundespräsidenten, war er dennoch gewiß, daß auch dieses Amt Wirkung ausüben kann, und zwar durch Gespräche, Beratungen und [...] öffentliche Reden«[147]. Indem er auf diese Weise »auf notwendige Bewußtseinsveränderungen in unserer Gesellschaft hinwirken«[148] konnte, war er sich sicher, trotz der relativen Machtlosigkeit des Präsidentenamtes, mehr als ein bloßer »Staatsschauspieler«[149] zu sein.

Heinemann stellte an sich selber, aber auch an alle anderen Politiker, den Anspruch, entschlossen zu sein, »von Fall zu Fall in jeder einzelnen Frage das jeweils Richtige, Gerechte, Gute, Zweckmäßige und Fortschrittliche« tun zu wollen, »ohne Rücksicht darauf, ob oder welcher Partei es dient.« Ein solches Amtsverständnis, das den »Kontakt nach unten anstelle des Befehlsempfangs von oben« voraussetzte, war für ihn »Politik aus persönlicher Verantwortung«[150]. Hatte ein Politiker diese Haltung verinnerlicht, zählte dies für Heinemann wesentlich mehr, als daß er sämtliche Probleme des politischen Tagesgeschäfts überblicken konnte.[151]

Zugleich forderte Heinemann, daß ein Politiker »immer wahrhaftig« zu handeln habe. Insbesondere betreffe dies die Vermeidung »persönlicher Polemik«, die grundsätzlich »die Atmosphäre der politischen Auseinandersetzung« vergifte. Einer solchen »Vergiftung des politischen Kampfes« dürfe sich kein Christ schuldig machen: »Er muß immer Brücken zu schlagen versuchen.«[152] Aus diesem Grunde konnte Heinemann sich auch nichts Tieferes denken als das, was im sogenannten Königsgesetz des Moses (5. Buch Mose, Kap. 17) zu lesen ist: *»Er«* (nämlich der König) *»soll sein Herz nicht erheben über seine Brüder und soll nicht weichen von dem Gebot, weder zur Rechten noch zur Linken.«* Für Heinemann war in diesen wenigen Worten alles enthalten, »was die christliche Kirche den Regierenden immer wieder zu sagen« habe.[153]

»Niemand von uns ist der Staat!«[154] – Diese eindringliche Ermahnung gab Heinemann 1969 der neuen sozial-liberalen Regierung mit auf den Weg. Der Bundespräsident verband mit diesem Satz die Aufforderung zur ständigen Vergegenwärtigung, daß allen, die in politischer Verantwortung stehen, »nicht mehr als kontrollierte Macht auf Zeit anvertraut« worden sei.[155] Gerade diese innere Unabhängigkeit von politischen Ämtern und somit natürlich auch Distanz zur eigenen politischen Karriere war für Heinemann ein wesentlicher Bestandteil des Konzepts einer Politik aus christlicher bzw. persönlicher Verantwortung. Sein Rücktritt vom Amt des Bundesinnenministers, von Peter Rühmkorf als »Sesselverweigerung aus Gewissensgründen«[156] bezeichnet, kann durchaus als Ausdruck dieser Haltung verstanden werden.[157] »Er war ein ungebundener Geist, niemand hörig, keinem untertan, ein Knecht allein der Freiheit. Diese Ungebundenheit aber war keine Unverbindlichkeit.«[158] – Mit diesen Worten beschrieb Heinemann 1972 den großen deutschen Dichter Heinrich Heine.[159] Es scheint, als habe Heinemann damit sich selbst porträtieren wollen.

ZUSAMMENFASSUNG UND SCHLUSSBETRACHTUNG

»RENEGAT AUS VERANLAGUNG?«

»In einem parlamentarisch regierten Staat ist die Heimat eines Politikers seine Partei. In ihr lebt er, in ihr muß er sich durchsetzen und sich bewähren, sie trägt ihn und schirmt ihn, ohne sie ist er nichts, ›ein schwankendes Rohr, das jeder Sturm zerknickt‹. Die Partei zu wechseln [...] ist für einen Politiker so etwas wie Emigration – mehr: wie Desertation vor dem Feind. Wer es tut, lädt sich ein kaum tragbares politisches Handicap auf: Seiner alten Partei gilt er als Verräter, der neuen als ein verdächtiger Fremder.«[1] Diese Sätze stammen von Sebastian Haffner[2]. Er beschreibt damit in seiner großartigen Biographie über Winston Churchill[3] jenen Zustand, in dem sich der englische Premier befand, nachdem er zweimal die Partei gewechselt hatte – von den konservativen Torys zu den Liberalen und zwanzig Jahre später wieder von den Liberalen zu den Konservativen.

Mit diesen Worten hätte Haffner aber genauso gut auch Heinemanns Situation beschreiben können. Ebenso wie Churchill galt auch er nach seinen zahlreichen Parteiwechseln vielen als »ein Judas, ein Renegat, ein Klassenverräter«[4]. Für lange Zeit war der eine wie der andere eine politische »Unperson«[5]. Zu Recht? War Heinemann mit seinem vierfachen Parteiwechsel tatsächlich ein rückgratloser Wendehals, ein opportunistischer Politiker, der sein Fähnlein nach dem Wind hing?

Heinemanns politische Gegner behaupteten dies zumindest gerne. Insbesondere Heinemanns Abwendung von der CDU wurde von vielen als schmerzhafter Dolchstoß empfunden, der dem ersten Innenminister der Bundesrepublik nicht verziehen werden sollte. Heinemanns untypischem parteipolitischen Lebenslauf haftete zeitlebens etwas von dem an, was die Schwaben ›Geschmäckle‹ nennen. Der Parteiwechsel erschien in der restaurativen Adenauerära als ein Zeichen von Unseriosität und Unbeständigkeit. »Man tritt aus der Kirche aus, man läßt sich scheiden, man wechselt den Arbeitgeber, nur seine Partei, die verläßt der Deutsche selten.«[6] Grundsätzlich haben es Parteiwechsler im politischen System der Bundesrepublik schwer.[7] Ihnen fehlt schlichtweg der Stallgeruch. Nur in den seltensten Fällen gelingt ihnen noch die große politische Karriere. Bei Heinemann sollte dies anders sein. Es lohnt daher, einen Blick auf die Besonderheit seines Falls zu werfen.

Im politischen Betrieb galt Heinemann nie als jemand, dem man nach bisherigen parteipolitischen Maßstäben bedingungslos vertrauen konnte – eben weil Heinemann selber bedingungslos war. Wenn es etwas gibt, was sich wie ein roter Faden durch Heinemanns gesamtes parteipolitisches Leben zog, dann war es eben diese Bedingungslosigkeit – die Bedingungslosigkeit, mit der Heinemann die Demokratie und die Republik verteidigte, die Bedingungslosigkeit, mit der Heinemann Christ wurde, die Bedingungslosigkeit, mit der er für die Wiedervereinigung stritt, die Bedingungslosigkeit, mit der er Parteien den Rang von Weltanschauungsgemeinschaften absprach.

Heinemanns Leben war gekennzeichnet durch eklatante Einschnitte und Brüche. Zu nennen ist hier natürlich an erster Stelle Heinemanns Konversion vom atheistischen Monismus hin zum protestantischen Christentum. Da Heinemann wenig in seinem Leben halbherzig tat, vollzog er auch diesen Schritt mit beeindruckender

Konsequenz und Drastigkeit. Das Christentum wurde zur bestimmenden Größe und wichtigsten Kontinuitätslinie seiner Politik – »moralische Rigorosität«[8] wurde zu Heinemanns Markenzeichen. Heinemann betrieb von nun an »Politik aus christlicher Verantwortung«. Es wäre jedoch falsch zu behaupten, Heinemann habe Politik ausschließlich aus dieser Motivation heraus betrieben. Seit Jugendtagen war Heinemann ein *political animal.*

Trotz seiner Affinität zur Politik, blieben Parteien für Heinemann immer nur ein Vehikel, um die Politik zu transportieren. Als sakrosankt galt für ihn immer nur das übergeordnete Ziel der Politik – Demokratie, das Wohl der Bürger, die Wiedervereinigung – niemals aber die politischen Parteien. Sie blieben Mittel zum Zweck und somit austauschbar, sobald sie sich in den Augen des politisch Handelnden nicht mehr als tauglich bzw. als förderlich erwiesen.

Vor diesem Hintergrund sind auch Heinemanns Parteiwechsel zu betrachten. Bei genauer Analyse stellt sich sogar heraus, daß lediglich der Wechsel von der CDU zur GVP ein klassischer Parteiwechsel war, der aufgrund politischer bzw. programmatischer Differenzen vollzogen wurde. So kann beispielsweise der Wechsel von der DDP zum CSVD kaum als Parteiwechsel im eigentlichen Sinne bezeichnet werden. Die linksliberale Partei war zum Zeitpunkt von Heinemanns Einritt in den Volksdienst praktisch nicht mehr existent. Bei den Reichstagswahlen im September 1930 erreichte die DDP gerade einmal noch 3,8 Prozent der Stimmen. Heinemann hatte sich schon lange von ihr losgesagt.

Auch der ›Wechsel‹ vom CSVD zur CDU war kein klassischer Parteiwechsel. Der Volksdienst hatte sich 1933 selber aufgelöst bzw. war in der NSDAP aufgegangen. Heinemann verzichtete für zwölf Jahre auf jegliches parteipolitisches Engagement. Auch wenn Heinemann sich durchaus in nationalsozialistischen Organisationen wie dem BNSDJ, der NSV oder dem RLB betätigte und teilweise sogar Ämter übernahm, so blieb er dennoch stets auf Distanz zur NSDAP. Zum Widerständler machte ihn dies jedoch nicht. Daran änderte auch seine Mitgliedschaft in der Bekennenden Kirche nichts. Seine Kritik am Regime galt ausschließlich der Kirchenpolitik. Ausschlaggebend hierfür war nicht zuletzt Heinemanns Staatsverständnis, das sich vor allem an ›Römer 13‹ orientierte und eine fundamentaloppositionelle Haltung gegen Staat und Regierung ausschloß.

An den politischen Verhältnissen übte er folglich keine Kritik. Ebenso gibt es keine Hinweise darauf, daß Heinemann Stellung gegen die Rüstungspolitik Adolf Hitlers bezog. Es ist davon auszugehen, daß Heinemann als stellvertretendes Vorstandsmitglied der Rheinischen Stahlwerke, einem der bedeutendsten Rüstungsunternehmen des ›Dritten Reichs‹, bereits frühzeitig detaillierte Kenntnis von den deutschen Kriegsplänen hatte. Vor diesem Hintergrund muß der allgemeinen Auffassung entschieden widersprochen werden, Heinemann habe dem Hitler-Regime bedeutenden Widerstand geleistet. Wie viele andere, paßte sich auch Heinemann während der dunkelsten Jahre der deutschen Geschichten – nicht zuletzt auch mit Blick auf seine berufliche Karriere – den politischen Gegebenheiten geschickt an und verhielt sich dem Hitler-Regime gegenüber loyal.

Jedoch kam für ihn erst nach dem Sturz des Hitler-Regimes wieder die Zeit, sich parteipolitisch zu engagieren. Nach den Erfahrungen der Weimarer Republik und den Problemen der Parteienzersplitterung sprach sich Heinemann für die Gründung einer interkonfessionellen christlichen Sammlungsbewegung aus, die als Massen- bzw. Arbeiterpartei im Stande war, den christlichen Dialog zu fördern und seinen Anspruch der Politik aus christlicher Verantwortung verwirklichen konnte. Die Wiederbelebung einer evangelischen Partei, die erneut in Konkurrenz zu einer katholischen Partei getreten wäre, hielt er für eine fahrlässige Schwächung des christlich-bürgerlichen Lagers.

Heinemann machte schnell Karriere in der neuen, überkonfessionellen Partei, an deren Gründung er in Essen an zentraler Stelle mitwirkte. 1946 wählte man ihn in Essen zum Oberbürgermeister. Nur kurz darauf wurde er nordrhein-westfälischer Justizminister und 1949 schließlich Bundesinnenminister im ersten Kabinett Adenauer. Jedoch fühlte sich Heinemann in der Landes- und vor allem in der Bundespolitik zunächst nicht wirklich wohl. Sein Herz schlug auch weiterhin für die Kommunalpolitik.

Die konkrete Arbeit für den Wiederaufbau der zerstörten Rheinmetropole Essen entsprach ganz seiner Auffassung von Politik. Sie orientierte sich daran, was machbar war. Parteiprogramme, politische Kompromisse und innerparteiliche Revierkämpfe hatten hier nur untergeordnete Bedeutung. Heinemann kannte daher auch keine Berührungsängste mit anderen demokratischen Parteien; ihm kam es auf eine pragmatisch-sachliche Politik an. Er stellte die Idee des Ausgleichs in den Mittelpunkt seines politischen Handelns. Ideologisierende Parteipolitik erachtete er angesichts der anstehenden Probleme eher als hinderlich.

Darüber hinaus entwickelte er keinerlei macht- bzw. karrierepolitische Ambitionen. Nach seiner Berufung in das Landeskabinett setzte er als ›Minister wider Willen‹ sogar alles daran, so bald wie möglich seinen Ministerposten räumen zu können, um sich wieder voll und ganz dem Essener Oberbürgermeisteramt zu widmen. Unter Berufung auf seine Tätigkeit in Essen und seine kirchlichen Ämter lehnte Heinemann zudem eine Mitwirkung an der Arbeit des Parlamentarischen Rates und eine Kandidatur für den Deutschen Bundestag ab.

Als Heinemann schließlich doch in die Bundespolitik wechselte und Innenminister unter Adenauer wurde, änderte sich nicht nur die politische Aufgabe, sondern auch der Politikstil. In Bonn ging es nicht mehr um praxisorientierte Kommunalpolitik, sondern vielmehr um machtorientierte Interessenpolitik. Der Konflikt mit Adenauer, den Heinemann für die Manifestation dieses politischen Stils hielt, war vorprogrammiert, als Heinemann sich weigerte, seine Politik des Ausgleichs, der der Konfrontation und des Kräftemessens zu opfern.

Nach zahlreichen kleineren Scharmützeln gipfelte der Streit mit dem ›Alten aus Rhöndorf‹ schließlich in der Auseinandersetzung über das Sicherheitsmemorandum des Bundeskanzlers vom August 1950. Heinemann zog für sich die Konsequenzen und trat nach nur einem Jahr Amtszeit von seinem Ministerposten zurück. Er bewies damit, daß er es ernst meinte, als er Anfang des Jahres an seine Schwägerin Gertrud Staeven[9] über seine Tätigkeit in Bonn schrieb: »Ich sitze locker genug im Sattel, um heruntersteigen zu können; denn der Ehrgeiz packt mich nicht.«[10]

Rasch wurde der als »Ghandi-Apostel«[11] und »Kommunisten-Freund«[12] diffamierte Heinemann ein Außenseiter in seiner eigenen Partei. Als Störenfried und Quertreiber in den eigenen Reihen gebranntmarkt, begann er zunächst die Opposition gegen den Adenauer-Kurs in der überparteilichen Notgemeinschaft für den

Frieden Europas zu formieren. Als der Druck auf ihn jedoch zunahm, verließ er 1952 die CDU und gründete seine eigene Partei: die GVP.

Der Wechsel von der CDU zur GVP blieb Heinemanns einziger eigentlicher Parteiwechsel. Er hatte sich von den Positionen der CDU zusehends entfernt – oder wie Heinemann es sah: die CDU hatte sich zusehends von seinen Positionen entfernt. Von der Gründung einer neuen Partei erhoffte er sich die Etablierung einer politischen Alternative zu der aus seiner Sicht einseitig westlich orientierten CDU. Folglich legte die GVP ihren Fokus vornehmlich auf die Außenpolitik. Zu einem halbherzigen innen- bzw. wirtschaftspolitischen Programm rang sie sich nur widerstrebend und aus wahltaktischem Kalkül durch.

Zwar wurde die GVP in der Öffentlichkeit stets als Heinemann-Partei bezeichnet. Die tatsächliche Initiative zur Gründung der Partei ging jedoch nicht von Heinemann aus. Die eigentlichen Initiatoren um den Industrieberater Adolf Scheu mußten Heinemann anfangs sogar regelrecht zu einer Unterstützung des Gründungsvorhabens überreden. Die Übernahme des Parteivorsitzes lehnte Heinemann rigoros ab. Zwar ließ er sich in ein vierköpfiges Präsidium wählen, er gehörte jedoch nie zu den treibenden Kräften in seiner Partei. Parteiarbeit und administrative Aufgaben überließ er anderen. »Heinemann selber ging es immer mehr um die Sache als um die Partei.«[13]

Der GVP war nur eine kurze Lebensdauer beschieden. Bei der Bundestagswahl 1953 kam sie lediglich auf 1,16 Prozent – ein katastrophales Ergebnis, das weit hinter den Erwartungen zurück blieb. In erster Linie war der GVP ihre abenteuerliche Bündnispolitik zum Verhängnis geworden. Vor allem das Wahlbündnis mit dem Bund der Deutschen, der in der Öffentlichkeit zu Recht als kommunistische Tarnorganisation galt, wurde der Heinemann-Partei übel genommen.

Nach dem Scheitern bei den Wahlen geriet die GVP zusehends in Bedrängnis. Der Organisationsgrad war gering, Mitglieder fehlten ebenso wie das für weitere Kampagnen dringend benötigte Geld. Dies war vermutlich auch der Grund dafür, daß hohe GVP-Funktionäre spätestens ab 1953 Kontakt zur Ost-CDU suchten und um finanzielle Zuwendungen und eine bessere »politische Anleitung« aus Ostberlin baten. Durch Unterlagen und Archivmaterial der Ost-CDU konnte nachgewiesen werden, daß wohl zumindest geheime Zahlungen durch die westdeutsche KPD vorgenommen wurden. Inwieweit darüber hinaus auch Gelder direkt von der SED bzw. der Ost-CDU flossen, konnte nicht rekonstruiert werden. Letztlich dürfte jedoch feststehen, daß Heinemann in diese zweifelhaften Aktivitäten eingeweiht war bzw. sie sogar maßgeblich mit vorantrieb.

Es dauerte noch bis 1957 bis sich Heinemann das Scheitern des Projekts GVP endgültig eingestand. Zu diesem Zeitpunkt hatte bereits ein allmählicher Annäherungsprozeß an die SPD eingesetzt. Aus Heinemanns Sicht war die deutsche Sozialdemokratie in einem Wandel begriffen. Eine ›Ahnung von Godesberg‹ veranlaßte ihn schließlich dazu, den Mitgliedern der GVP die Auflösung der Partei und einen Übertritt zur SPD zu empfehlen.

Heinemanns Aufstieg in der SPD ging ähnlich schnell vonstatten wie ehemals in der CDU. Nur kurz nach seinem Eintritt wurde er in den Fraktionsvorstand und den Parteivorstand gewählt. Inhaltlich beschäftigte er sich nach wie vor mit außenpolitischen Fragen. Erst nachdem Wehner im Juni 1960 in einer programmatischen

Rede vor dem Bundestag eine grundlegende Revision der außen- und wehrpolitischen Haltung der SPD sowie eine »gemeinsame Außenpolitik« mit der CDU ankündigte, wandte sich Heinemann frustriert vom Feld der Außenpolitik ab und widmete sich seitdem vor allem innen- und justizpolitischen Fragen.

1966 wurde er schließlich Justizminister im Kabinett Kiesinger. Hier empfahl er sich hauptsächlich durch die Justizreform für höhere Aufgaben. Bereits 1967 wurde Heinemann als potentieller Nachfolger von Bundespräsident Heinrich Lübke gehandelt. Tatsächlich wurde Heinemann am 5. März 1969 durch die Bundesversammlung zum ersten sozialdemokratischen Bundespräsidenten gewählt. Die Tatsache, daß Heinemann unter anderem mit den Stimmen der FDP gewählt wurde, wertete er als ein »Stück Machtwechsel«[14].

Die Wahl zum Bundespräsidenten krönte Heinemanns untypische parteipolitische Karriere. Das Amt entsprach ganz seiner Vorstellung von ideologiefreier und versöhnender Politik. Als Bundespräsident wollte er helfen, »Überbrückungen zu schaffen zwischen den Streitern in der unmittelbaren politischen Arena.«[15] Heinemann galt zwar immer als politischer und beizeiten auch »unbequemer« Präsident.[16] Es gelang ihm jedoch, von einigen wenigen Ausnahmen abgesehen, stets parteipolitische Neutralität zu wahren. Die hohen Sympathiewerte, die dem Bundespräsidenten Heinemann während seiner Amtszeit entgegengebracht wurden, bestärkten ihn in seinem Kurs.

Es bleibt die Frage, ob Heinemanns politisches Leben nun einen Zickzackkurs beschrieb oder durch besondere Gradlinigkeit geprägt war. Sein politischer Weggefährte Erhard Eppler attestierte Heinemann, daß dieser immer den Parteiwechsel dem Überzeugungswechsel vorgezogen habe.[17] Auch der Heinemann-Biograph Helmut Lindemann rechtfertigt die wechselvolle parteipolitische Vita: »Diese Parteiwechsel sind Heinemann nur von solchen Leuten verübelt worden, die nie begriffen haben, daß er in Wahrheit ein Unabhängiger war, der sich jeweils dort betätigte, wo er für die Verwirklichung seiner unveränderlichen politischen Ziele die besten Aussichten sah. Das war nicht opportunistisch, sondern konsequent. Da Heinemann in seinem christlichen Glauben fest verwurzelt war, bedurfte er keiner politischen Ideologie.«[18]

Heinemann weigerte sich zwar dagegen als politische Ich-AG zu gelten und betonte stets die Notwendigkeit des mannschaftlichen Zusammenspiels in den Parteien. Seine Kompromißlosigkeit und Diszipliniertheit, seine Konsequenz und Sturheit, bisweilen auch seine Aufmüpfigkeit machten ihn jedoch zu einem komplizierten Mitspieler: »Rein äußerlich ist er das Gegenteil eines Rebellen: gelassen, unauffällig, nüchtern – der Typ des gediegenen Bürgers. Aber der Eindruck täuscht. Denn in Gustav Heinemann lebt der Geist des Widerspruchs. Für ihn gibt es keine Tabus. Was er sagt, ist zwar manchmal umstritten oder sogar gefährlich, aber es trägt immer den unverkennbaren Stempel seiner eigenwilligen Persönlichkeit.«[19] Im tiefsten Innern blieb Heinemann ein Unabhängiger und ein politischer Solist.

Daher waren seine Parteiwechsel auch weniger Ausdruck von Flucht oder Kapitulation. Vielmehr entsprachen sie Heinemanns Auffassung von einer entideologisierten Politik. Nicht ohne Grund hatte Heinemann einmal erklärt, daß er »im Politischen gar keine metaphysische Leidenschaft« empfinde und stattdessen alles »rein sachlich« betrachte.[20] Dies erklärt auch Heinemanns vagabundierendes Umherstreifen in den unterschiedlichsten Ideenkreisen. Egal ob sozialistisch oder christlich-sozial, egal ob liberal oder konservativ – Heinemann bediente sich dort, wo er es für zweckmäßig empfand.

Emotionsloser Pragmatismus stand stets im Vordergrund. Er war der festen Meinung, daß sich eine »Bündelung des konstruktiven Potentials der Parteien« nur erreichen lasse, wenn »die demokratischen Kräfte in Deutschland zusammenstehen«[21]. Trotz allem tat er sich mit den Parteiwechseln nie leicht. Er zögerte Entscheidungen immer weit hinaus und überstürzte nichts. Trotz der schnellen Karrieren, die er in den jeweiligen Parteien machte, war Heinemann innerparteilich nie ein Alphatier oder ein Machtmensch. Dafür hing er auch zuwenig an politischen Ämtern, die er häufig sogar nur widerwillig annahm. Im Herzen blieb er ein kühl berechnender Jurist, ein Verwaltungsmensch, der Vorschriften brauchte. Seilschaften waren ihm stets zuwider. Er war nie jemand, der Erfüllung darin fand, im Hintergrund die Strippen zu ziehen.

Dies bedeutet jedoch nicht, daß Heinemann nicht in politischen Kategorien dachte. Er war durch und durch Realist und erkannte durchaus die Notwendigkeit, Koalitionen zu schmieden um Mehrheiten herzustellen. Zur Not war er sogar bereit, mit eher umstrittenen Organisationen wie dem BdD ein Bündnis einzugehen, wenn er sich hiervon einen politischen Vorteil erhoffen konnte. Dieser Bündnispragmatismus war vor allem Ausdruck der Auffassung, daß Politik kein Selbstzweck ist. Für Heinemann diente sie stets einer höheren Aufgabe – der Freiheit und der Demokratie. Bereits als Student forderte er daher Politik »nicht mit dem Vergrößerungsglas [zu] treiben«[22]. Heinemann war ein politisch Steter und parteipolitisch Unsteter. Für ihn schloß sich das nicht aus. Er wollte Politik treiben, nicht Parteipolitik. Als politischer Konvertit wurde er damit zu einem »Grenzgänger«[23] und einem Wanderer zwischen den Parteien.

ANMERKUNGEN

Einleitung

1 Vgl. Joachim Braun: Der unbequeme Präsident. Mit einem Vorwort v. Siegfried Lenz, Karlsruhe 1972.

2 Die Welt v. 27. April 1994.

3 Konrad Adenauer (1876-1967), Jurist, 1917-1933 u. 1945 Oberbürgermeister von Köln, 1920-1933 Präsident des Preußischen Staatsrates (Zentrum), 1945 Gründung der CDP bzw. CDU, 1948/49 Präsident des Parlamentarischen Rates, 1949-1966 MdB, 1949-1963 Bundeskanzler, 1950-1966 Bundesvorsitzender der CDU, 1951-1955 Bundesaußenminister. Siehe vor allem Hans Peter Schwarz: Adenauer. Der Aufstieg 1876-1952, Stuttgart 1986 u. Ders.: Adenauer. Der Staatsmann 1952-1967, Stuttgart 1991.

4 Felix von Eckardt (1903-1979), Publizist, Diplomat, 1945-1952 Chefredakteur des Weser-Kuriers, 1952-1955 u. 1956-1962 Bundespressechef, 1955/56 UNO-Botschafter, 1965-1969 MdB (CDU). Siehe auch Felix von Eckardt: Ein unordentliches Leben. Lebenserinnerungen, Düsseldorf/Wien 1967.

5 »Ich bin ja in fünf Parteien im Laufe meines Lebens gewesen. Ich habe einmal angefangen, als junger Student, in einer Deutsch-Demokratischen Studentengruppe, war dann Ende der 20er Jahre in der Christlich-Sozialen Volkspartei [...]. Dann bin ich 1945 in die CDU gegangen, habe sie in Essen [...] mitbegründet, ihren Weg begleitet bis 1952, dann kam ein Zeitraum, wo eine Gesamtdeutsche Volkspartei.« [sic!], Gustav Heinemann im Interview mit Günter Gaus v. 3. November 1968, in: Gustav Heinemann: Plädoyer für den Rechtsstaat. Rechtspolitische Reden und Aufsätze. Mit einem Vorwort v. Rolf Zundel und einem Protokoll von Günter Gaus, Karlsruhe 1969, S. 81-100, S. 84.

6 Vgl. Hamburger Abendblatt v. 8. Juli 1976.

7 Kölner Stadt-Anzeiger v. 9. Juli 1976.

8 So der Landesvorsitzende der nordwürttembergischen CDU Simpfendörfer in der Stuttgarter Zeitung v. 2. Februar 1952.

9 Westfälische Zeitung v. 6. März 1952.

10 Kölner Stadt-Anzeiger v. 8. Juli 1976.

11 Peter Rühmkorf: Ein Rücktritt als Auftakt, in: Hans Werner Richter (Hg.): Plädoyer für eine neue Regierung oder Keine Alternative, Hamburg 1965, S. 23-34, S. 34.

12 Nürnberger Nachrichten v. 9. Juli 1976.

13 Heinemann bekleidete das Amt des Bundespräsidenten vom 1. Juli 1969 bis zum 30. Juni 1974.

14 Heinemann bekleidete das Amt des Bundesinnenministers vom 20. September 1949 bis zum 11. Oktober 1950 und das Amt des Bundesjustizministers vom 1. Dezember 1966 bis zum 26. März 1969.

15 Erhard Eppler: Parteiwechsel statt Überzeugungswechsel, in: Jörg Thierfelder/Matthias Riemenschneider (Hg.): Gustav Heinemann. Christ und Politiker. Mit einem Geleitwort v. Manfred Kock, Karlsruhe 1999, S. 196-207.

16 Der Begriff ›Politikverständnis‹ wird im Folgenden im Sinne einer grundsätzlichen Einstellung einer Person zur Politik, ihren Institutionen und den politisch Handelnden bzw. Behandelten benutzt. ›Politikverständnis‹ bildet somit einen Überbegriff, unter den sowohl das Menschenbild als auch das Staats-, Demokratie-, Parteien- und Amtsverständnis einer Person fällt.

17 Ernst Lemmer (1898-1970), Mitbegründer der CDU in der sowjetisch besetzten Zone, 1952-1970 Mitglied des Bundestages, 1956-1957 Bundesminister für das Post- und Fernmeldewesen, 1957-1962 Bundesminister für Gesamtdeutsche Fragen, 1964-1965 Bundesminister für Vertriebene, Flüchtlinge und Kriegsgeschädigte. Siehe Ernst Lemmer: Manches war doch anders. Erinnerungen eines deutschen Demokraten, Frankfurt a.M. 1968 und Tilman Mayer: Ernst Lemmer, in: Udo Kempf/Hans-Georg Merz (Hg.): Kanzler und Minister 1949-1998. Biographisches Lexikon der deutschen Bundesregierungen, Wiesbaden 2001, S. 424-428.

18 Viktor Agartz (1897-1964), 1949-1955 Leiter des Wirtschaftswissenschaftlichen Instituts des Deutschen Gewerkschaftsbundes. Zu Agartz' Vita siehe vor allem Jürgen Treulieb: Ein Schick-

sal im Kalten Krieg. Viktor Agartz, in: Peter Grafe/Bodo Hombach/Reinhard Grätz (Hg.): Der Lokomotive in voller Fahrt die Räder wechseln. Geschichte und Geschichten aus Nordrhein-Westfalen, Berlin/Bonn 1987, S. 76-85; Susanne Krämer: Viktor Agartz. Vom Cheftheoretiker zur ›Persona non grata‹, in: Gewerkschaftliche Monatshefte, 46. Jg., 1995, Heft 5, S. 310-316; Viktor Agartz (Pseudonym: Hans-Georg Hermann): Verraten und Verkauft. Eine Abrechnung, Frankfurt 1983.

19 Wilhelm Röpke (1899-1966), Nationalökonom, Professor für Wirtschaftswissenschaften in Jena, Marburg, Istanbul und Genf, gilt als einer der geistigen Väter der sozialen Marktwirtschaft. Siehe Hans Jörg Hennecke: Wilhelm Röpke. Ein Leben in der Brandung, Stuttgart 2005.

20 Gerhard Schröder (1910-1989), Jurist, 1949-1980 MdB (CDU), 1953-1961 Bundesinnenminister, 1961-1966 Bundesaußenminister, 1966-1969 Bundesverteidigungsminister, 1955-1978 Leiter des Ev. Arbeitskreises der CDU. Siehe vor allem Torsten Oppelland: Gerhard Schröder (1910–1989). Politik zwischen Staat, Partei und Konfession, Düsseldorf 2002.

21 Erhard Eppler (1926), Lehrer, 1952-1955 Bundesvorstand der GVP, seit 1956 SPD-Mitglied, 1961-1976 MdB, 1968-1974 Bundesminister für wirtschaftliche Zusammenarbeit.

22 Helene Wessel (1898-1969), Diplom-Wohlfahrtspflegerin, 1928-1933 MdL Preußen (Zentrum), 1945 Mitbegründerin der Deutschen Zentrumspartei, 1946-1950 MdL NRW, 1949-1952 Bundesvorsitzende, 1953-1957 Mitglied im Bundesvorstand der GVP, 1957-1969 MdB (SPD). Siehe vor allem Elisabeth Friese: Helene Wessel 1898-1969. Von der Zentrumspartei zur Sozialdemokratie, Essen 1993 u. Dies.: Helene Wessel, eine unbequeme Christin, in: Grafe/Hombach/Grätz: Lokomotive, S. 120-125.

23 Adolf Scheu (1907-1978), Industrie-Kaufmann, 1929-1933 Mitglied des CSVD, 1953 Mitbegründer der GVP, 1957 Übertritt zur SPD, 1969-1978 MdB.

24 Heinrich Rau (1899-1961), Metallpresser, 1928-1933 MdL Preußen (KPD), 1946-1948 MdL Brandenburg (SED), 1946-1948 Minister für Wirtschaftsplanung, 1949 Mitglied des Volksrates, 1949/50 Minister für Planung, 1949-1961 Mitglied der Volkskammer, 1949-1961 Mitglied des Parteivorstandes, bzw. des Zentralkomitees der SED, 1950-1961 Mitglied des Politbüros, 1950-1961 stv. Ministerpräsident, 1953-1955 Minister für Maschinenbau, 1955-1961 Minister für Außenhandel und Innerdeutschen Handel.

25 Wilhelm Pieck (1876-1960), Tischler, 1928-1933 MdR KPD, 1932-1933 MdL Preußen, 1946-1954 Vorsitzender der SED (mit Otto Grotewohl), 1946-1949 MdL Brandenburg, 1949-1960 Präsident der DDR.

26 Otto Grotewohl (1894-1964), Buchdrucker, 1920-1930 MdL Braunschweig (SPD), 1925-1933 MdR, 1946-1960 Vorsitzender der SED (mit Wilhelm Pieck), 1949-1960 Ministerpräsident der DDR.

27 Walter Ulbricht (1893-1973), Tischler, 1926-1929 MdL Sachsen (KPD), 1928-1933 MdR, 1950 Generalsekretär des ZK der SED, später Erster Sekretär des ZK, 1960-1973 Vorsitzender des Staatsrates. Siehe vor allem Mario Frank: Walter Ulbricht. Eine deutsche Biographie, Berlin 2000.

28 Bei der Bundesbeauftragen für die Unterlagen des Staatssicherheitsdienstes der ehemaligen Deutschen Demokratischen Republik (BstU), sog. ›Birthler-Behörde‹.

29 Erich Ollenhauer (1901-1963), Kaufmann, 1949-1963 MdB (SPD), 1952-1963 SPD-Bundesvorsitzender und Fraktionsvorsitzender.

30 Fritz Erler (1913-1967): Verwaltungsbeamter, 1947 MdL Württemberg-Hohenzollern (SPD), 1949-1966 MdB, 1951-1964 Mitgl. des Fraktionsvorstandes, 1956-1966 Mitgl. des Parteivorstandes, 1958-1966 Mitgl. des Parteipräsidiums, 1964-1966 Fraktionsvorsitzender. Siehe Hartmut Soell: Fritz Erler. Eine politische Biographie, Bonn 1976.

31 Kurt Schumacher (1895-1952), Jurist, 1949-1952 MdB (SPD), 1946-1952 SPD-Parteivorsitzender und Fraktionsvorsitzender. Siehe Peter Merseburger: Der schwierige Deutsche. Kurt Schumacher. Eine Biographie, Stuttgart 1995; Volker Schober: Der junge Kurt Schumacher 1895-1933, Bonn 2000.

32 Martin Lotz (Bearb.): Gustav W. Heinemann. Bibliographie, hrsg. v. Archiv für soziale Demokratie, Bonn 1976.

33 Gustav Heinemann: Der Frieden ist der Ernstfall, hrsg. und eingeleitet v. Martin Lotz, München 1981; Ders.: Deutsche Friedenspolitik. Reden und Aufsätze, Darmstadt 1952; Ders.: Im Schnittpunkt der Zeit. Reden und Aufsätze. Mit einem Vorwort von Prof. Helmut Gollwitzer, Darm-

stadt 1957; Ders.: Plädoyer, Ders.: Reden und Schriften, Bd. 1: Allen Bürgern verpflichtet. Reden des Bundespräsidenten 1969-1974, Frankfurt a.M. 1975; Ders.: Reden und Schriften, Bd. 2: Glaubensfreiheit – Bürgerfreiheit. Reden und Aufsätze zu Kirche – Staat – Gesellschaft 1945-1975, hrsg. v. Diether Koch, Frankfurt a.M. 1976; Ders.: Reden und Schriften, Bd. 3: Es gibt schwierige Vaterländer. Aufsätze und Reden 1919 bis 1969, hrsg. v. Helmut Lindemann, Frankfurt a.M. 1976; Ders.: Unser Grundgesetz ist ein großes Angebot. Rechtspolitische Schriften, hrsg. v. Jürgen Schmude, München 1989; Ders.: Verfehlte Deutschlandpolitik. Irreführung und Selbsttäuschung. Artikel und Reden, 2. Aufl., Frankfurt a.M. 1969; Ders.: Präsidiale Reden. Mit einer Einleitung v. Theodor Eschenburg, 2. Aufl., Frankfurt a.M. 1977; Ders.: Gustav W. Heinemann. Reden und Interviews, Bd. I-V, hrsg. v. Presse- und Informationsamt der Bundesregierung, Bonn 1969-1974; Ders.: Einspruch. Ermutigung für entschiedene Demokraten, hrsg. v. Diether Koch in Verbindung mit der Gustav-Heinemann-Initiative, Bonn 1999.

34 Gustav Heinemann: Wir müssen Demokraten sein. Tagebuch der Studienjahre 1919-1922, hrsg. v. Brigitte Gollwitzer u. Helmut Gollwitzer, mit einer Einführung v. Eberhard Jäckel, München 1980.

35 Auftakt zur Ära Adenauer. Koalitionsverhandlungen und Regierungsbildung 1949, bearb. v. Udo Wengst, hrsg. v. der Kommission für die Geschichte des Parlamentarismus und der politischen Parteien sowie dem ACDP der Konrad-Adenauer-Stiftung, Düsseldorf 1985; Die Kabinettsprotokolle der Bundesregierung, Bd. 1 (1949), Bd. 2 (1950), Bd. 3 (1950), bearb. v. Ulrich Enders und Konrad Reiser, hrsg. für das Bundesarchiv v. Hans Booms, Boppard a.R., 1982, 1984, 1986; Die CDU/CSU-Fraktion im Deutschen Bundestag. Sitzungsprotokolle 1949-1953, bearb. v. Helge Heidemeyer, Düsseldorf 1998; Die SPD-Fraktion im Deutschen Bundestag. Sitzungsprotokolle 1949-1966, bearb. v. Wolfgang Hölscher/Heinrich Potthoff/Petra Weber, Düsseldorf 1993.

36 Stenographische Berichte des Bundestages bzw. Stenographische Berichte des nordrhein-westfälischen Landtages.

37 Peter Heinemann (1936), Sohn von Gustav Heinemann.

38 Barbara Wichelhaus (1933), Tochter von Gustav Heinemann.

39 Manfred Wichelhaus, Schwiegersohn von Gustav Heinemann.

40 Jürgen Schmude (1936), Jurist, 1969-1994 MdB (SPD), 1978-1981 Bundesminister für Bildung und Wissenschaft, 1981-1982 Bundesminister der Justiz, 1982 Bundesminister des Innern.

41 Geert Müller-Gerbes (1937), Journalist, 1969-1974 Pressereferent des Bundespräsidenten, 1974 Sprecher des Ministeriums für Jugend, Familie und Gesundheit, ab 1984 Chefkorrespondent für den RTL-Hörfunk, später auch für RTL-Fernsehen, 1992-1999 Moderator der TV-Sendung »Wie bitte!?«.

42 Helmut Lindemann: Gustav Heinemann. Ein Leben für die Demokratie, München 1978.

43 Hermann Schreiber/Frank Sommer: Gustav Heinemann. Bundespräsident. Mit einem Vorwort v. Günter Grass, Frankfurt a.M. 1969.

44 Erich Hauer: Bürgerpräsident Gustav Heinemann, Freudenstadt 1969.

45 Braun: Der unbequeme Präsident. In einem Schreiben an Trude Arnz v. 6. Dezember 1972 bemerkte Heinemann zu diesem Buch: »Es ist flott geschrieben und wird Sie interessieren«, AdsD, NL Heinemann, Teil II, 061.

46 Werner Koch: Heinemann im Dritten Reich. Ein Christ lebt für Morgen, 3. Aufl., Wuppertal 1974.

47 Lindemann: Leben.

48 Wilhelm Niemöller: Gustav Heinemann. Bekenner der Kirche, Gütersloh 1970.

49 Hermann Vinke: Gustav Heinemann, hrsg. v. der Gustav-Heinemann-Initiative, Bornheim 1986.

50 Diether Koch: Heinemann und die Deutschlandfrage, mit einem Vorwort von Eugen Kogon, München 1972.

51 Vgl. Josef Müller: Die Gesamtdeutsche Volkspartei. Entstehung und Politik unter dem Primat nationaler Wiedervereinigung 1950-1957, Düsseldorf 1990, S. 17.

52 Vgl. Diether Koch: Zur Einführung, in: Heinemann: Einspruch, S. 9-13, S. 9.

53 Thierfelder/Riemenschneider: Christ und Politiker; Diether Posser: Erinnerungen an Gustav W. Heinemann. Vortrag einer Veranstaltung der Friedrich-Ebert-Stiftung und des Bundesarchivs am 25. Februar 1999 im Schloß Rastatt anläßlich der Eröffnung der Ausstellung »Gustav

Heinemann und Rastatt« und der Präsentation des Buches »Gustav W. Heinemann: Einspruch. Ermutigung für entschiedene Demokraten«, hrsg. v. Dieter Dowe, Bonn 1999; Dieter Dowe/ Dieter Wunder (Hg.): Verhandlungen über eine Wiedervereinigung statt Aufrüstung! Gustav Heinemann und die Eingliederung der Bundesrepublik in das westliche Militärbündnis. Vorträge einer Veranstaltung der Gustav-Heinemann-Initiative und des Gesprächskreis Geschichte der Friedrich-Ebert-Stiftung e.V. in Berlin am 18. Oktober 2000, Bonn 2000; Gustav Heinemann und seine Politik. Wissenschaftliches Symposium am 10. Mai 1999 aus Anlaß des 100. Geburtstags von Dr. Dr. Gustav W. Heinemann, hrsg. v. Haus der Geschichte der Bundesrepublik Deutschland, Bonn 1999; Heinemann: Einspruch.

54 Heinemann: Einspruch, S. 9.

55 Uwe Schütz: Gustav Heinemann und das Problem des Friedens im Nachkriegsdeutschland, Münster 1993.

56 Müller: GVP. Zur Geschichte der GVP sind noch zwei weitere, wenn auch leicht veraltete Dissertationen zu nennen: Peter Molt: Die neutralistische Opposition. Bedingungen und Voraussetzungen der neutralistischen Opposition in der Bundesrepublik Deutschland, vor allem der Gesamtdeutschen Volkspartei, 1949-1954, Diss. Heidelberg 1955; Barbara Jobke: Aufstieg und Verfall einer wertorientierten Bewegung. Dargestellt am Beispiel der Gesamtdeutschen Volkspartei, Diss. Tübingen 1974.

57 Karl-Ludwig Sommer: Gustav Heinemann und die SPD in den sechziger Jahren. Die Entwicklungen politischer Zielsetzungen in der SPD in den Jahren 1960 bis 1969, dargestellt am Beispiel der politischen Vorstellungen Gustav Heinemanns, München 1980.

58 Hans Erich Volkmann: Gustav W. Heinemann und Konrad Adenauer. Anatomie und politische Dimension eines Zerwürfnisses, in: GWU, Jg. 38, (1987), Heft 1, S. 10-32; Rainer Zitelmann: Gustav W. Heinemann. Wenn ich nach Berlin will, steige ich nicht in den Zug nach Paris ein, in: Ders.: Demokraten für Deutschland. Adenauers Gegner. Streiter für Deutschland, mit einem Vorwort v. Erhard Eppler, Neuausg., Frankfurt a.M./Berlin 1993, S. 87-115; Andreas Hillgruber: Heinemanns evangelisch-christlich begründete Opposition gegen Adenauers Politik 1950-1952, in: Dieter Albrecht/Hans Günter Hockerts/Paul Mikat/Rudolf Morsey (Hg.): Politik und Konfession. Festschrift für Konrad Repgen zum 60. Geburtstag, Berlin 1983, S. 503-517; Torsten Oppelland: Adenauers Kritiker aus dem Protestantismus, in: Ulrich von Hehl (Hg.): Adenauer und die Kirchen, Bonn 1999, S. 116-148; Diether Koch: Heinemanns Kritik an Adenauers Deutschlandpolitik, in: Josef Foschepoth (Hg.): Adenauer und die Deutsche Frage, Göttingen 1988, S. 207-234.

59 Einen guten Überblick über die Geschichte und die Methoden der biographischen Forschung gewähren Werner Fuchs-Heinritz: Biographische Forschung. Eine Einführung in Praxis und Methoden, 3. überarb. Aufl., Wiesbaden 2005; Olaf Hähner: Historische Biographik. Die Entwicklung einer geschichtswissenschaftlichen Darstellungsform von der Antike bis ins 20. Jahrhundert, Frankfurt a.M. 1999; Thomas Winkelbauer (Hg.): Vom Lebenslauf zur Biographie. Geschichte, Quellen und Probleme der historischen Biographik, Horn-Waidhofen an der Thaya 2000 sowie Christian Klein: Grundlagen der Biographik. Theorie und Praxis des biographischen Schreibens, Stuttgart/Weimar 2002.

60 Thomas Carlyle: Über Helden, Heldenverehrung und das Heldentümliche in der Geschichte, Halle 1912, S. 1.

61 Heinrich von Treitschke: Deutsche Geschichte im 19. Jahrhundert, Bd. 1, Leipzig 1913, S. 28.

62 Theodor Lessing: Geschichte als Sinngebung des Sinnlosen, Hamburg 1962, S. 188.

63 Vgl. auch Jan Eckel: Hans Rothfels. Eine intellektuelle Biographie im 20. Jahrhundert, Göttingen 2005.

64 Vgl. z.B. Jürgen Kocka: Persönlichkeit und Struktur als methodologisches Problem der Geschichtswissenschaft, in: Manfred Bosch (Hg.): Persönlichkeit und Struktur in der Geschichte. Historische Bestandsaufnahme und didaktische Implikationen, Düsseldorf 1977, S. 152-169, S. 167.

65 Begründet wurde diese Schule durch John Crow Ransom: The new Criticism (reprint, orig. 1941), Westport 1979.

66 Vgl. z.B. Alexander Gallus: Biographik und Zeitgeschichte, in: APUZ, Heft 1-2, (2005), S. 40-46, S. 40.

67 Jacques Le Goff (1924), französischer Historiker.

68 Jacques Le Goff: Wie schreibt man eine Biographie?, in: Fernand Braudel: Der Historiker als Menschenfresser. Über den Beruf des Geschichtsschreibers, Berlin 1990, S. 103-112, S. 105. Vgl. auch die Ausführungen über biographisches Arbeiten bei Rainer Nicolaysen: Siegfried Landshut. Die Wiederentdeckung der Politik. Eine Biographie, Frankfurt a.M. 1997, S. 16 und Hedwig Röckelein: Der Beitrag der psychohistorischen Methode zur ›neuen historischen Biographie‹, in: Dies. (Hg.): Biographie als Geschichte, Tübingen 1993, S. 17-38, S. 17f.

69 Marc Bloch (1886-1944), französischer Historiker. Siehe Carole Fink: Marc Bloch. A Life in History, Cambridge 1989 und Peter Schöttler (Hg.): Marc Bloch. Historiker und Widerstandskämpfer, Frankfurt am Main/New York 1999.

70 Marc Bloch: Apologie der Geschichtswissenschaft oder Der Beruf des Historikers, Stuttgart 2002, S. 30. Vgl. auch Margit Szöllösi-Janze: Fritz Haber 1868-1934. Eine Biographie, München 1998, S. 12.

71 Ebd., S. 10.

72 Gallus: Biographik, S. 40.

73 Vgl. Szöllösi-Janze: Fritz Haber, S. 10.

74 Gallus: Biographik, S. 40.

75 Vgl. Szöllösi-Janze: Fritz Haber, S. 11.

76 Vgl. Daniela Gniss: Der Politiker Eugen Gerstenmaier 1906-1986. Eine Biographie, Düsseldorf 2005.

77 Hagen Schulze: Die Biographie in der ›Krise der Geschichtswissenschaft‹, in: GWU, Jg. 29, Heft 8, (1978), S. 508-518, S. 516.

78 Vgl. Hans Günter Hockerts: Zeitgeschichte in Deutschland. Begriffe, Methoden, Themenfelder, in: APUZ, Heft 29-30, (1993), S. 3-19, S. 19.

Erstes Kapitel

1 Zit. nach Schreiber/Sommer: Bundespräsident, S. 67.

2 Zit. nach Hauer: Bürgerpräsident, S. 58.

3 Zit. nach Heli Ihlefeld: Gustav Heinemann. Anekdotisch, mit einem Vorwort v. Willy Brandt, München/Esslingen 1969, S. 12.

4 Vgl. Ulrich Borsdorf (Hg.): Essen. Geschichte einer Stadt, Bottrop/Essen 2002, S. 556f.

5 Zur Umweltbelastung der Essener Industrie siehe Franz-Josef Brüggemeier/Thomas Rommelspacher: Blauer Himmel über der Ruhr. Geschichte der Umwelt im Ruhrgebiet 1840-1990, Essen 1992, S. 21.

6 Siehe Borsdorf: Essen, S. 341-345 und S. 568-575.

7 Frank Bajohr: Zwischen Krupp und Kommune. Sozialdemokratie, Arbeiterschaft und Stadtverwaltung in Essen vor dem Ersten Weltkrieg, Essen 1988, S. 13.

8 Vgl. auch Otto Heinemann: Kronenorden Vierter Klasse. Das Leben des Prokuristen Heinemann (1864-1944), hrsg. und mit einem Vorwort versehen v. Walter Henkels, Düsseldorf und Wien 1969, S. 245. Zum Begriff ›Kruppianer‹ siehe auch Klaus Tenfelde: Krupp in Krieg und Krisen. Unternehmensgeschichte der Fried. Krupp AG, 1914 bis 1924/25, in: Lothar Gall (Hg.): Krupp im 20. Jahrhundert. Die Geschichte des Unternehmens vom Ersten Weltkrieg bis zur Gründung der Stiftung, Berlin 2002, S. 15-165, S. 56f.

9 Otto Heinemann (1864-1944), Sparkassenkontrolleur, 1913-1923 Leiter des Büros für Arbeiterangelegenheiten der Firma Fried. Krupp in Essen, 1923-1931 Prokurist, ab 1905 Stadtverordneter in Essen (Nationaler Verein).

10 Heinemann äußerte sich in einem Brief an seine Eltern während der Kriegsjahre über den traditionellen Beruf seiner Vorfahren: »Mit Graeber war ich drei Tage in Lippe, habe Bäume gepflanzt und Schweine geschlachtet. Das ist ja das alte Handwerk der Heinemänner. Aber wie dumm ist doch das Gerede, daß der Mensch in seinen Nachkommen fortlebt! Ich verstehe rein gar nichts von diesem Handwerk und konnte den amtierenden Metzger in seiner fixen Geschicklichkeit nur bewundern. Einleuchtend ist nur die fette Nahrhaftigkeit dieses Gewerbes.«, Schreiben Heinemanns an seine Eltern v. 27. November 1941, AdsD, NL Heinemann, Teil II, 046.

11 »Meine Vorfahren väterlicherseits, wie auch mein Vater, betrieben das Metzgerhandwerk. [...] Das Geschäft meines Vaters war allerkleinsten Umfanges und beschränkte sich im wesentlichen

auf das Schlachten von Kühen und Rindern und den Kleinverkauf des Fleisches.«, Otto Heinemann: Kronenorden, S. 24.

12 In seinen Lebenserinnerungen hielt Otto Heinemann fest: »Gegen die Berufstätigkeit meines Vaters hatte ich eine starke Abneigung, für andere Handwerke besaß ich auch keine Neigung, auch zu wenig handwerkliche Geschicklichkeit. Ich wollte aber etwas ›Besseres‹ werden und aus der wirtschaftlichen Enge und Ärmlichkeit des Elternhauses heraus.«, ebd., S. 47.

13 Johanna Walter, Hausfrau.

14 Gustav Walter (1841-1913), Dachdeckermeister, 1887-1913 Stadtrat in Barmen (Freisinnige Fortschrittspartei). Zur Vita Gustav Walters siehe vor allem Kurt Schnöring: Gustav Walter, 1841-1913, in: Wuppertaler Biographien, Folge 12, Beiträge zu Geschichte und Heimatkunde des Wuppertales, Bd. 22, Wuppertal 1974, S. 85-90.

15 »Meine Mutter ist eine geborene Walter. Ihr Vater hatte sechs Töchter, keinen Sohn. Ich war der erste Enkel und habe von daher den Namen Walter als zweiten Vornamen«, zit. nach Schreiber/ Sommer: Bundespräsident, S. 69. Daher ist die Behauptung von Günther Scholz falsch, Gustav Heinemann habe mit zweitem Vornamen ›Wilhelm‹ geheißen. Vgl. Günther Scholz: Die Bundespräsidenten. Biographien eines Amtes, Bonn 1997, S. 196.

16 Zur Hundertjahrfeier von Krupp siehe Klaus Tenfelde: ›Krupp bleibt doch Krupp‹. Ein Jahrhundertfest – Das Jubiläum der Firma Fried. Krupp AG in Essen 1912, Essen 2005.

17 Wilhelm II. (1859-1941), Hohenzoller, 1888-1918 deutscher Kaiser und König von Preußen, ab 1918 im Exil. Siehe vor allem Golo Mann: Wilhelm II., München 1964 und John C. G. Röhl: Wilhelm II., Bd. 1: Die Jugend des Kaisers 1859–1888, München 1993, Bd. 2: Der Aufbau der Persönlichen Monarchie 1888–1900, München 2001, Bd. 3: Der Weg in den Abgrund 1900–1941, München 2008 sowie Christopher Clark: Wilhelm II. Die Herrschaft des letzten deutschen Kaisers, München 2008.

18 Vgl. Walter Henkels: Vorwort, in: Otto Heinemann: Kronenorden, S. 7-14, S. 12.

19 Über die Karriere seines Vaters berichtete Heinemann: »Er ist nie in die eigentliche Leitung reingekommen. […] Mein Vater war Volksschüler. Mein Vater mußte drei Jahre aktiv dienen. Er war also kein Akademiker, kein Reserveoffizier. Der kam doch nicht ins Direktorium. Seiner Begabung nach hätte er da hineingepaßt. Aber das gab's einfach nicht.« Zit. nach: Menschen unserer Zeit. Persönlichkeiten des öffentlichen Lebens, der Kirche, Wirtschaft und der Politik. Gustav Heinemann, hrsg. v. der Akademie Kontakte der Kontinente, Luzern 1970, S. 10. Widersprochen werden muß daher auch der falschen Angabe bei Ingelore Winter, daß Otto Heinemann »bis zu einem der vielen Direktoren bei Krupp aufgestiegen« sei. Siehe Ingelore Winter: Unsere Bundespräsidenten. Von Theodor Heuss bis Roman Herzog. Sieben Porträts, 3. erg. und erw. Aufl., Düsseldorf 1994, S. 92.

20 Die monatliche Pension Otto Heinemanns belief sich trotz der schlechten wirtschaftlichen Lage Anfang der dreißiger Jahre auf immerhin 705,90 Mark, vgl. Otto Heinemann: Kronenorden, S. 246.

21 Zit. nach: Menschen unserer Zeit, S. 10.

22 Zit. nach Hauer: Bürgerpräsident, S. 18.

23 Vgl. Otto Heinemann: Kronenorden, S. 123 und Heinemann im Gespräch mit Helmut Gollwitzer, Transkription von Tonbandaufzeichnungen von 1974/75, AdsD, NL Heinemann, Teil II, 037b.

24 Zeugnis von Gustav Heinemann v. 1. Oktober 1907, AdsD, NL Heinemann, Teil II, 024.

25 Heinemann: »Warum werde ich Jurist«, handschriftliche Aufzeichnungen, o.D. (vermutlich 1925/26), AdsD, NL Heinemann, Teil I, 108.

26 Zit. nach Lindemann: Leben, S. 27.

27 Heinemann: »Warum werde ich Jurist«, handschriftliche Aufzeichnungen, o.D. (vermutlich 1925/26), AdsD, NL Heinemann, Teil I, 108.

28 Ebd.

29 Zit. nach Lindemann: Leben, S. 27.

30 Siehe auch: Vinke: Sohn, S. 57.

31 Heinemann: »Warum werde ich Jurist«, handschriftliche Aufzeichnungen, o.D. (vermutlich 1925/26), AdsD, NL Heinemann, Teil I, 108.

32 Zit. nach Lindemann: Leben, S. 27.

33 Heinemann im Interview Gaus, in: Plädoyer, S. 93.

34 Otto Heinemann: Kronenorden, S. 93.

35 Die Splitterpartei blieb in Essen jedoch ohne besondere politische Bedeutung. Bei den Reichstagswahlen 1907 errang die Freisinnige Volkspartei im Wahlkreis Essen lediglich 1,1 Prozent der Stimmen, vgl. Borsdorf: Essen, S. 568.

36 Emmi Goltz, die vierte von sechs Töchtern Gustav Walters, beschrieb das politische Wesen ihres Vaters in ihren bislang unveröffentlichten Aufzeichnungen ›Das Elternhaus‹ wie folgt: »Am politischen Geschehen wurde lebhaft Anteil genommen von Vaters Seite. Er sprach gern darüber im Familienkreise, besonders als später die Schwiegersöhne die Familie vergrößerten. Er war ein ausgesprochener Demokrat, sozial eingestellt, um seine Wähler und Arbeiter wärmstens besorgt [...]. Freiheit und Brüderlichkeit waren selbstverständliche Lebensprinzipien bei ihm [...].« Zit. nach Schnöring: Walter, S. 89f.

37 Otto Heinemann war dort Vertreter des ›Nationalen Vereins‹, »in dem Mitglieder aller Parteien, ausgenommen der des Zentrums und der sozialistischen Parteien, vereinigt waren.« Dominiert wurde dieser überparteiliche Verein hauptsächlich von der Nationalliberalen Partei. Folglich trat man dort für »eine stramme nationale Politik« ein, Otto Heinemann: Kronenorden, S. 130f.

38 Heinemann im Gespräch mit Helmut Gollwitzer, Transkription von Tonbandaufzeichnungen von 1974/75, AdsD, NL Heinemann, Teil II, 037b.

39 Über seinen Schwiegervater schrieb Otto Heinemann in seinen Memoiren: »Ich stand mit ihm auf einem sehr vertrauten Fuße. Wir standen uns auch politisch sehr nahe.«, Otto Heinemann: Kronenorden, S. 86.

40 Zit. nach Schreiber/Sommer: Bundespräsident, S. 69. Vgl. auch Heinemann im Gespräch mit Helmut Gollwitzer, Transkription von Tonbandaufzeichnungen von 1974/75, AdsD, NL Heinemann, Teil II, 037b.

41 Otto Heinemann: Kronenorden, S. 91f.

42 Heinemann im Interview mit Günter Gaus, in: Plädoyer, S. 94.

43 Zit. nach Lindemann: Leben, S. 23.

44 Otto Heinemann: Kronenorden, S. 94.

45 Ebd., S. 270f.

46 Adolf Hitler (1889-1945), ab 1921 Parteichef der NSDAP, ab 1933 Reichskanzler, ab 1934 Führer und Staatsoberhaupt, 1945 Suizid. Siehe vor allem Joachim C. Fest: Hitler. Eine Biographie, 7. Aufl., Berlin 2004 sowie Ian Kershaw: Hitler 1889–1936, Stuttgart 1998 und Ders.: Hitler 1936–1945, Stuttgart 2000.

47 Heinemann: »Warum werde ich Jurist?«, handschriftliche Aufzeichnungen o.D. (vermutlich 1925/26), AdsD, NL Heinemann, Teil I, 108.

48 Heinemann im Interview mit Günter Gaus, in: Plädoyer, S. 89. Diese Einstellung, so fährt Heinemann augenzwinkernd fort, habe ihn »schließlich in der Politik mehr verwurzelt«, als er es je wollte.

49 Heinemann: »Warum werde ich Jurist?«, handschriftliche Aufzeichnungen o.D. (vermutlich 1925/26), AdsD, NL Heinemann, Teil I, 108.

50 Karl I. von Anjou (1227-1285), König von Sizilien und Neapel, Stammvater des Hauses von Anjou.

51 Heinemann: Konradin, der letzte Hohenstaufe. Trauerspiel in fünf Aufzügen, handschriftlicher Entwurf v. Januar 1916, AdsD, NL Heinemann, Teil II, 024. Das Stück wurde anläßlich des Geburtstags des Bundespräsidenten Heinemann von Berliner Studenten im Jahr 1971 uraufgeführt.

52 Siehe Schreiber/Sommer: Bundespräsident, S. 69.

53 Vgl. die Darstellung bei Lindemann: Leben, S. 24.

54 Otto Heinemann: Kronenorden, S. 20.

55 Vgl. Vinke: Heinemann, S. 13 und Lindemann: Leben, S. 24. Siehe auch Karlwilli Damm: Die hessischen Ahnen des Bundespräsidenten Gustav Heinemann, in: Hessische Familienkunde, Bd. 10, Heft 3, Juli-September 1970, S. 81-88.

56 Ansprache aus Anlaß der Eröffnung der Erinnerungsstätte in Rastatt v. 26. Juni 1974, in: Heinemann: Allen Bürgern verpflichtet, S. 36-44, S. 40.

57 Jakob Walter (1811-1890), Schieferdecker.

58 Heinemann im Interview mit Günter Gaus, in: Plädoyer, S. 93.

59 Friedrich Hecker (1811-1881), Politiker und Anführer der badischen Revolte von 1849. Siehe auch Sabine Freitag: Friedrich Hecker. Biographie eines Republikaners, Stuttgart 1998.

60 Zum badischen Aufstand siehe vor allem Alfred Georg Frei u. Kurt Peter: Wegbereiter der Demokratie. Die badische Revolution 1848/1849. Der Traum von der Freiheit, Karlsruhe 1997.

61 Vgl. auch Heinemanns Bericht in seinen Tagebuchaufzeichnungen: »Auch habe ich von Großmutter Walter einige Briefe von zwei Brüdern meines Urgroßvaters Walter bekommen. Der eine, Karl Walter, schreibt verwundet aus dem Lazarett; im Gefecht bei Waghäusel bekam er einen Beinschuß und starb alsbald danach. Der andere, Friedrich Walter, berichtet von seiner Auswanderung nach Amerika – er fühlte sich nicht mehr sicher in seinem Vaterland – und erzählt, wie ihn deutsche Landsleute unterstützt hätten, ›weil er für die Freiheit gefochten hätte‹.« Tagebucheintrag v. 30. Dezember 1919, S. 36. Im AdsD finden sich insgesamt sieben Briefe der Brüder Walter, AdsD, NL Heinemann, Teil II, 024.

62 Heinemann im Interview mit Günter Gaus, in: Plädoyer, S. 93.

63 Zit. nach Schnöring: Walter, S. 87.

64 Giuseppe Garibaldi (1807-1882), italienischer Freiheitskämpfer und Revolutionär. Siehe Friederike Hausmann: Garibaldi, Berlin 1999.

65 Vgl. Schnöring: Walter, S. 88.

66 Siehe Heinemann im Interview mit Günter Gaus, in: Plädoyer, S. 93f.

67 Tagebucheintrag v. 30. Dezember 1919, S. 36.

68 Ansprache bei der Schaffermahlzeit im Bremer Rathaus v. 13. Februar 1970, in: Heinemann: Allen Bürgern verpflichtet, S. 30-35, S. 33. Heinemann führte im Folgenden aus, daß ihn neben den Ereignissen von 1848/49 auch deutsche Freiheitskämpfe aus anderen Zeiten und Regionen interessierten.

69 Ansprache aus Anlaß der Eröffnung der Erinnerungsstätte in Rastatt v. 26. Juni 1974, in: Heinemann: Allen Bürgern verpflichtet, S. 36-44, S. 37.

70 Tagebucheintrag v. 30. Dezember 1919, S. 36.

71 Heinemann im Interview mit Günter Gaus, in: Plädoyer, S. 94.

72 Bezeichnenderweise behandelte sein letzter Brief, den er am Morgen seines Todes diktierte, die räumliche Ausweitung der 1848er-Ausstellung in der Erinnerungsstätte für die Freiheitsbewegungen in der deutschen Geschichte in Rastatt. Heinemann verstarb, bevor er den Brief unterschreiben konnte, vgl. Posser: Heinemann, S. 505.

73 Vgl. Niemöller: Bekenner, S. 60.

74 Geleitwort von Präses Manfred Kock: Im Dienst der Kirche, in: Thierfelder/Riemenschneider: Christ und Politiker, S. 8-13, S. 8.

75 Ebd. S. 9.

76 Siehe z.B. Niemöller: Heinemann. Bekenner der Kirche; Thierfelder/Riemenschneider: Heinemann. Christ und Politiker; Carola Stern: Zwei Christen in der Politik. Gustav Heinemann und Helmut Gollwitzer, München 1979; Koch: Heinemann im Dritten Reich. Ein Christ lebt für morgen.

77 Otto Heinemann: Kronenorden, S. 274.

78 Ebd., S. 274.

79 Die ›Gesellschaft für ethische Kultur‹ wurde 1892 als pazifistischer und lebensreformerischer Freidenkerverein gegründet. Vorläufer waren ›Ethische Gesellschaften‹, die seit den siebziger Jahren des 19. Jahrhunderts in allen großen Städten der USA entstanden. Die deutsche und österreichische ›Gesellschaft‹ orientierte sich maßgeblich an den Lehren von Friedrich Jodl (1849-1914).

80 Ernst Haeckel (1834-1919), Zoologe, 1906 Begründer des Deutschen Monistenbundes. Siehe auch Erika Krause: Ernst Haeckel, Leipzig 1984 und Georg Uschmann: Ernst Haeckel. Biographie in Briefen mit Erläuterungen, Leipzig 1984.

81 Siehe Konrad Algermissen: Monistenbund, in: Lexikon für Theologie und Kirche, Bd. VII, Sp. 555.

82 Die spätere Hinwendung Heinemanns zum Christentum betrübte den Vater sehr: »Was ich sehr bedauere ist, daß wir beide, Vater und Sohn, gerade in den wichtigsten Fragen des Lebens und der Gemeinschaft, in religiöser Beziehung so vollständig über Kreuz stehen. In dieser Hinsicht ändern wir beide uns nicht.« Schreiben Otto Heinemanns an Gustav Heinemann v. 22. Juli 1942, AdsD, NL Heinemann, Teil II, 043.

83 Otto Heinemann: Kronenorden, S. 275f.

84 Ebd., S. 276.
85 Ebd., S. 276.
86 Ebd., S. 277.
87 Schnöring: Walter, S. 90.
88 Ernst Schwartner: Der letzte Gruß am Sarge von Gustav Walter v. 30. Juli 1913, AdsD, NL Heinemann, Teil II, 024.
89 Vgl. Heinemann im Gespräch mit Helmut Gollwitzer, Transkription von Tonbandaufzeichnungen von 1974/75, AdsD, NL Heinemann, Teil II, 037b.
90 Vgl. Jörg Ettemeyer: Gustav W. Heinemanns Weg im evangelischen Kirchenkampf 1933-1945, Heidelberg 1993, S. 20f.
91 Heinemann im Gespräch mit Helmut Gollwitzer, Transkription von Tonbandaufzeichnungen von 1974/75, AdsD, NL Heinemann, Teil II, 037b.
92 Bei der Eheschließung 1926 mußte Gustav Heinemann seinem Schwiegervater sogar versprechen, seine Frau Hilda nicht am Kirchgang zu hindern. Natürlich konnte Hilda sonntags in den Gottesdienst gehen. Jedoch begleitete er sie nie, so daß die älteste Tochter Uta eine Tages fragte: »Gehen nur Mütter in die Kirche?«, vgl. Lindemann: Leben, S. 41.
93 Heinemann im Gespräch mit Helmut Gollwitzer, Transkription von Tonbandaufzeichnungen von 1974/75, AdsD, NL Heinemann, Teil II, 037b.
94 Ebd.
95 Ebd.
96 Ebd.
97 Tagebucheintrag v. 27. Januar 1922, S. 163.
98 Ernst Haeckel: Der Monismus als Band zwischen Religion und Wissenschaft. Glaubensbekenntnis eines Naturforschers, Vortrag v. 9. Oktober 1892, 6. Aufl., Bonn 1893.
99 Tagebucheintrag v. 2. Februar 1922, S. 165.
100 Ernst Haeckel: Gott-Natur. Theophysis. Studien über die monistische Religion, 2. Aufl., Leipzig 1914.
101 Tagebucheintrag v. 3. Februar 1922, S. 165.
102 Ebd., S. 166.
103 Tagebucheintrag v. 4. März 1922, S. 172.
104 Schreiben Heinemanns an Röpke v. 28. Juni 1922, abgedruckt in: Heinemann: Tagebuch, S. 236-238.
105 Tagebucheintrag v. 11. Juni 1922, S. 190f.
106 Tagebucheintrag v. 12. Januar 1920, S. 40.
107 Tagebucheintrag v. 3. März 1922, S. 172.
108 Tagebucheintrag v. 5. September 1922, S. 204.
109 Zit. nach Koch: Christ, S. 20.
110 Tagebucheintrag v. 5. März 1922, S. 173.
111 Vgl. Ettemeyer: Weg, S. 22.
112 Tagebucheintrag v. 8. Januar 1922, S. 160.
113 Tagebucheintrag v. 21. Februar 1922, S. 168.
114 Lindemann: Leben, S. 41.
115 Schreiben Heinemanns an Röpke v. 28. Juni 1922, abgedruckt in: Heinemann: Tagebuch, S. 236-238.
116 Otto Heinemann: Kronenorden, S. 275.
117 Zur Julikrise siehe vor allem Winfried Baumgart (Bearb.): Die Julikrise und der Ausbruch des Ersten Weltkrieges 1914. Auf der Grundlage von Erwin Hölzle herausgegebenen ›Quellen zur Entstehung des Ersten Weltkrieges. Internationale Dokumente 1901-1914‹, Darmstadt 1983; Klaus Hildebrand: Julikrise 1914. Das europäische Sicherheitsdilemma. Betrachtungen über den Ausbruch des Ersten Weltkrieges, in: GWU, Jg. 36, (1985), S. 469-502; Sönke Neitzel: Kriegsausbruch. Deutschlands Weg in die Katastrophe 1900-1914, München 2002; David Fromkin: Europas letzter Sommer. Die scheinbar friedlichen Wochen vor dem Ersten Weltkrieg, München 2005; Imanuel Geiss (Bearb.): Julikrise und Kriegsausbruch 1914. Eine Dokumentensammlung, Bd. I und II, Hannover 1963/64; Wolfgang Schieder (Hg.): Erster Weltkrieg. Ursachen, Entstehung und Kriegsziele, Köln/Berlin 1972 und Lüder Meyer-Arndt: Die Julikrise 1914. Wie Deutschland in den Ersten Weltkrieg stolperte, Köln 2006.

118 Sergei Sasonow (1860-1927), Diplomat, 1910-1916 russischer Außenminister, 1917 russischer Botschafter in London.

119 Otto Heinemann: Kronenorden, S. 149.

120 Ebd., S. 149.

121 Thomas Nipperdey schreibt in seiner ›Deutschen Geschichte‹ über das ›Augusterlebnis‹: »Im August 1914 ergriff eine gewaltige Woge der Kriegsbegeisterung die Deutschen. Für sie war der Krieg ein Verteidigungskrieg. Das Vaterland war in Gefahr, man mußte es schützen. [...] Die nationale Zusammengehörigkeit im Moment von Bedrohung und Krise war ein Urerlebnis. [...] Kaum jemand konnte sich dieser Stimmung, diesem ›Erlebnis‹ des August 1914 entziehen.«, Thomas Nipperdey: Deutsche Geschichte 1866-1918, Bd. II, Machtstaat vor der Demokratie, München 1992, S. 778f. Neuere Studien sind eher darum bemüht, den Mythos »Augusterlebnis« als einheitliches nationales Gemeinschaftsgefühl bzw. als kriegseuphorische und patriotische Hochstimmung in Frage zu stellen und vom Sockel der Geschichtswissenschaft zu stoßen. Vgl. dazu z.B. Jeffrey T. Verhey: The ‘Spirit of 1914‹. The Myth and the Rhetoric of Unity in World War I, Berkeley 1991; Michael Stöcker: Augusterlebnis 1914 in Darmstadt. Legende und Wirklichkeit, Darmstadt 1994, S. 9; Volker Ullrich: Vom Augusterlebnis zur Novemberevolution. Beiträge zur Sozialgeschichte Hamburgs und Norddeutschlands im Ersten Weltkrieg 1914-1918, Bremen 1999, S. 9; Jost Dülffer: Einleitung: Dispositionen zum Krieg im wilhelminischen Deutschland, in: Jost Dülffer/Karl Holl (Hg.): Bereit zum Krieg. Kriegsmentalität im wilhelminischen Deutschland 1890-1914, Göttingen 1986, S. 9-19, S. 12; Peter März: Der Erste Weltkrieg. Deutschland zwischen dem langen 19. Jahrhundert und dem kurzen 20. Jahrhundert, München 2004, S. 54f. Wolfgang J. Mommsen versucht beide Seiten miteinander zu versöhnen: »Die nationale Euphorie des ›August 1914‹ war kein Mythos in dem Sinne, daß zahlreiche Gruppen der deutschen Gesellschaft in unterschiedlichem Maße und unterschiedlicher Intensität erfaßte und zudem durchweg mit tiefer Sorge und Beklommenheit vor dem, was noch kommen werde, verbunden war, oder doch ein Mythos in dem Sinne, daß zahlreiche Gruppen der Gesellschaft, die solchen Stimmungen fern gestanden hatten, von der Idee der nationalen Einheit mitgerissen wurden.« Wolfgang J. Mommsen: Der Erste Weltkrieg. Anfang vom Ende des bürgerlichen Zeitalters, Frankfurt a.M. 2004, S. 39.

122 Otto Heinemann: Kronenorden, S. 149f. Otto Heinemann zitiert hier das Lied ›Die Wacht am Rhein‹.

123 Gedicht »Heldentod eines Jünglings« v. 22. März 1916, AdsD, NL Heinemann, Teil II, 024.

124 Ebenso in dem Gedicht »Deutscher Mut« v. 12. November 1914, AdsD, NL Heinemann, Teil II, 024. »Und jeder denkt: Wenn ich einst falle, ich sterb den Heldentod.«

125 Gedicht »Soldatenabschied« vom 2. Dezember 1914, AdsD, NL Heinemann, Teil II, 024.

126 Heinemann im Gespräch mit Helmut Gollwitzer, Transkription von Tonbandaufzeichnungen von 1974/75, AdsD, NL Heinemann, Teil II, 037b.

127 Ebd.

128 Otto von Bismarck (1815-1898), 1867-1871 preußischer Kanzler, 1871-1890 Reichskanzler. Siehe vor allem Lothar Gall: Bismarck. Der weiße Revolutionär, 2. Aufl., Berlin 2002; Ernst Engelberg: Bismarck. Urpreuße und Reichsgründer, Berlin 1998; Otto Pflanze: Bismarck. Der Reichskanzler, München 1998; Rudolf Augstein: Otto von Bismarck, Frankfurt am Main 1990. Für Heinemanns Verhältnis zu Bismarck siehe auch Schütz: Problem, S. 31.

129 Gedicht »Bismarck (Zum 1. April 1915)« v. 26. März 1915, AdsD, NL Heinemann, Teil II, 024.

130 Die Schlacht vom 30. August 1914 fand allerdings nicht in Tannenberg. sondern im nahe gelegenen Dorf Frögenau statt. Die Kriegspropaganda erklärte die Kämpfe jedoch bald zur »Schlacht von Tannenberg« und begründete damit die »Tannenberg-Legende« bzw. den »Mythos Tannenberg«. Vgl. Holger Herwig: Von Menschen und Mythen – Gebrauch und Mißbrauch der Geschichte und des Ersten Weltkrieges, in: Jay Winter/Geoffrey Parker/Mary R. Habeck (Hg.): Der Erste Weltkrieg und das 20. Jahrhundert, Hamburg 2002, S. 298-328, S. 310-315.

131 Die Schlacht fand am 5. Juli 1410 in Tannenberg statt.

132 Gedicht »Tannenberg« v. 30. Oktober 1914, AdsD, NL Heinemann, Teil II, 024.

133 Otto Heinemann: Kronenorden, S. 150.

134 Gedicht »Laß auch mich zum Mann geraten« v. 11. Januar 1915, AdsD, NL Heinemann, Teil II, 024.

135 Vgl. auch Vinke: Sohn, S. 58.
136 Hausaufsatz »Warum ist unser Haß gegen England begründet?« v. 28. Januar 1915, AdsD, NL Heinemann, Teil II, 024. Der Aufsatz wurde von seinem Lehrer mit der Note »Sehr gut« bewertet.
137 Ebd.
138 ›John Bull‹ ist die symbolhafte Personifikation Großbritanniens. Zumeist dargestellt als korpulenter Mann mit Zylinder, Union Jack-Weste und Frack. Häufig begleitet durch eine Bulldogge. ›John Bull‹ gilt als englisches Pendant zum amerikanischen ›Uncle Sam‹.
139 Gedicht »An England« v. 14. Februar 1915, AdsD, NL Heinemann, Teil II, 024.
140 Siehe Bescheinigung der Landwehr-Inspektion Essen v. 30. Juni 1917, AdsD, NL Heinemann, Teil II, 025.
141 Gestellungsbescheid zum 20. Juni 1917 des Königlichen Bezirkskommandos I, Essen v. 7. Juni 1917, AdsD, NL Heinemann, Teil II, 025.
142 Vgl. hierzu den Lebenslauf Heinemanns (Anlage zum Schreiben der Universität Köln an das Ministerium für Wissenschaft, Kunst und Volksbildung v. 3. August 1933), Universitätsarchiv Köln, Zug 42, 3976.
143 Vgl. Heinemann im Gespräch mit Helmut Gollwitzer, Transkription von Tonbandaufzeichnungen von 1974/75, AdsD, NL Heinemann, Teil II, 037b.
144 Postkarte Heinemanns an seine Mutter v. 22. Juni 1917, AdsD, NL Heinemann, Teil II, 043.
145 Vgl. auch Schütz: Problem, S. 29.
146 Schreiben Heinemanns an die Eltern v. 25. Juni 1917, AdsD, NL Heinemann, Teil II, 043.
147 Heinemann im Gespräch mit Helmut Gollwitzer, Transkription von Tonbandaufzeichnungen von 1974/75, AdsD, NL Heinemann, Teil II, 037b.
148 Vgl. Postkarte Heinemanns an die Mutter v. 9. August 1917, AdsD, NL Heinemann, Teil II, 043.
149 Siehe Postkarten Heinemanns an seine Schwester Lore v. 17. Mai 1918 und 31. Mai 1918, AdsD, NL Heinemann, Teil I, 1.
150 Heinemann im Gespräch mit Helmut Gollwitzer, Transkription von Tonbandaufzeichnungen von 1974/75, AdsD, NL Heinemann, Teil II, 037b.
151 Vgl. Otto Heinemann, Kronenorden, S. 162 und Heinemann im Gespräch mit Helmut Gollwitzer, Transkription von Tonbandaufzeichnungen von 1974/75, AdsD, NL Heinemann, Teil II, 037b.
152 Schreiben Heinemanns an seine Großmutter v. 3. Dezember 1918, AdsD, NL Heinemann, Teil II, 043.
153 Heinemann im Gespräch mit Helmut Gollwitzer, Transkription von Tonbandaufzeichnungen von 1974/75, AdsD, NL Heinemann, Teil II, 037b.
154 Ebd.
155 Siehe z.B. Mommsen: Der Erste Weltkrieg, S. 137-154.
156 Vgl. Schütz: Problem, S. 30.
157 Schütz verweist hier auf das niedrige Alter Heinemanns, Problem, S. 30.

Zweites Kapitel

1 Matthias Erzberger (1875-1921), Journalist, 1903-1918 MdR (Zentrum), 1918 Unterzeichner des Waffenstillstandsabkommens, 1919-1920 Reichsfinanzminister. Siehe auch Wolfgang Michalka (Hg.): Matthias Erzberger. Reichsminister in Deutschlands schwerster Zeit, Potsdam 2002; Christoph E. Palmer/Thomas Schnabel: Matthias Erzberger 1875–1921. Patriot und Visionär, Stuttgart 2006.
2 Philipp Scheidemann (1865-1939), Schriftsetzer, 1903-1933 MdR (SPD), 1919 Reichsministerpräsident, 1920-1925 Oberbürgermeister v. Kassel. Siehe Christian Gellinek: Philipp Scheidemann. Gedächtnis und Erinnerung, Münster 2006; Helmut Schmersal: Philipp Scheidemann 1865-1939. Ein vergessener Sozialdemokrat, Frankfurt a.M. 1999.
3 Karl Liebknecht (1871-1919), Jurist, 1912-1919 MdR (SPD), 1918/19 Mitbegründer der KPD.
4 Friedrich Ebert (1871-1925), Sattler, 1912-1918 MdR (SPD), 1913-1919 Parteivorsitzender, 1919-1925 Reichspräsident. Siehe Walter Mülhausen: Friedrich Ebert 1871-1925. Reichspräsident der Weimarer Republik, Bonn 2006.

[5] Vgl. Eberhard Kolb: Die Weimarer Republik, 6. überarb. und erw. Aufl., München 2002, S. 6.

[6] Das sogenannte ›Bündnis Ebert-Groener‹. General Wilhelm Groener war der Nachfolger Erich Ludendorffs in der OHL, siehe auch Johannes Hürter: Wilhelm Groener. Reichswehrminister am Ende der Weimarer Republik, München 1993 und Klaus Hornung: Alternativen zu Hitler. Wilhelm Groener. Soldat und Politiker in der Weimarer Republik, Graz 2008.

[7] Vgl. Andreas Wirsching: Die Weimarer Republik. Politik und Gesellschaft, München 2000, S. 8f.

[8] Vgl. Kolb: Republik, S. 1.

[9] Anfänglich neigte Heinemann jedoch eher der Deutschen Volkspartei Stresemanns zu. Gegenüber der DDP blieb er zunächst skeptisch, vgl. Schreiben Heinemanns an seine Mutter v. 17. Januar 1919, AdsD, NL Heinemann, Teil II, 043.

[10] Schreiben Heinemanns an seinen Vater v. 4. Dezember 1918, AdsD, NL Heinemann, Teil II, 043.

[11] Ebd.

[12] Tagebucheintrag v. 30. Dezember 1919, S. 36.

[13] Hermann Emil Kromberg: Politische Strömungen und Wahlen im Stadt- und Landkreis Essen von der Novemberrevolution 1918 bis zur Reichstagswahl 1924, Diss. Essen 1968, S. 26f.

[14] Gustav Heinemann im Gespräch mit Helmut Gollwitzer, Transkription von Tonbandaufzeichnungen von 1974/75, AdsD, NL Heinemann, Teil II, 037b.

[15] Heinemann: Zwei Welten, Artikel in der Hessischen Landeszeitung v. 8. Oktober 1919, in: Ders.: Vaterländer, S. 10-12, S. 12.

[16] Heinemann: Unsere Pflicht, Artikel in der Hessischen Landeszeitung v. 27. November 1919, in: Ders.: Vaterländer, S. 13-16, S. 16.

[17] Zur Dolchstoß-Legende siehe u.a. Friedrich Freiherr Hiller von Gaetringen: »Dolchstoß«-Diskussion und »Dolchstoßlegende« im Wandel von vier Jahrzehnten, in: Waldemar Besson/ Friedrich Freiherr Hiller von Gaetringen (Hg.): Geschichte und Gegenwartsbewußtsein. Historische Betrachtungen und Untersuchungen. Festschrift für Hans Rothfels zum 70. Geburtstag, Göttingen 1963, S. 122-160; Boris Barth: Dolchstoßlegenden und politische Desintegration. Das Trauma der deutschen Niederlage im Ersten Weltkrieg 1914–1933, Düsseldorf 2003; Rainer Sammet: ›Dolchstoß‹. Deutschland und die Auseinandersetzung mit der Niederlage im Ersten Weltkrieg (1918–1933), Berlin 2003.

[18] Heinemann: Unsere Pflicht, S. 13f. Zur ›Dolchstoß-Legende‹ vgl. auch Tagebucheintrag v. 28. Dezember 1919, S. 35.

[19] Heinemann: Unsere Pflicht, S. 14.

[20] Gedicht »Bismarck (Zum 1. April 1915)« v. 26. März 1915, AdsD, NL Heinemann, Teil II, 024.

[21] Kolb: Republik, S. 4.

[22] Tagebucheintrag v. 3. Januar 1920, S. 39.

[23] Ebd., S. 39.

[24] Vgl. Schütz: Problem, S. 31.

[25] Vgl. ebd., S. 41.

[26] Heinemann: Unsere Pflicht, S. 16.

[27] Ebd., S. 14.

[28] Vgl. Gedicht »Bismarck (Zum 1. April 1915)« v. 26. März 1915, AdsD, NL Heinemann, Teil II, 024.

[29] Heinemann: Zwei Welten, S. 11.

[30] Vgl. Tagebucheintrag v. 16. November 1919, S. 27: »Bis dann eines Tages der große Krach kommt: der Strick reißt durch und beide Teile sitzen auf dem Hintern. So wirds kommen müssen, wenn die Extreme weiter auf Kosten der Mitte anschwellen, wie es sich heute überall zeigt. Dann vollends: Wehe dir, armes Deutschland!«

[31] Heinemann: Unsere Pflicht, S. 15.

[32] Ebd., S. 15f.

[33] Peter Rühmkorf: Gustav Heinemann, in: Frankfurter Hefte, 20. Jg., (1965), Heft 5, S. 325-335, S. 335

[34] Tagebucheintrag v. 27. November 1919, S. 31.

[35] Vgl. Tagebucheintrag v. 9. Mai 1920, S. 59.

36 Tagebucheintrag v. 27. November 1919, S. 31.

37 Tagebucheintrag v. 16. Dezember 1919, S. 34. Heinemann zitierte hier aus Walther Schücking: Neue Ziele der staatlichen Entwicklung. Eine politische Studie, Marburg 1913.

38 Vgl. Tagebucheintrag v. 13. November 1919, S. 26 und v. 20. Dezember 1919, S. 35.

39 Vgl. ebd.

40 Tagebucheintrag v. 18. März 1920, S. 49.

41 Ebd.

42 Tagebucheintrag v. 8. März 1920, S. 46.

43 Tagebucheintrag v. 8. April 1920, S. 55.

44 Tagebucheintrag v. 17. März 1920, S. 49.

45 Tagebucheintrag v. 9. Mai 1920, S. 58.

46 Postkarte Heinemanns an seine Mutter v. 1. August 1917: »Bin seit heute Student, hatte heute morgen Stadturlaub zur Immatrikulation«, AdsD, NL Heinemann, Teil II, 043.

47 Vgl. Gustav Heinemann im Gespräch mit Helmut Gollwitzer, Transkription von Tonbandaufzeichnungen von 1974/75, AdsD, NL Heinemann, Teil II, 037b.

48 Schreiben Heinemanns an seine Großmutter v. 3. Dezember 1918: »Seit 14 Tagen habe ich mich nun als Student der Rechts- und Staatswissenschaften in Münster eingerichtet.«, AdsD, NL Heinemann, Teil II, 043.

49 Siehe auch den Gründungsaufruf vom 8. November 1918, abgedruckt in: Eduard Schulte (Hg.): Münstersche Chronik zu Novemberrevolte und Separatismus 1918, Münster 1936, S. 31.

50 Schreiben Heinemanns an seine Eltern v. 11. Januar 1919, AdsD, NL Heinemann, Teil II, 043.

51 Ebd.

52 Schreiben Heinemanns an seine Eltern v. 12. Februar 1919, AdsD, NL Heinemann, Teil II, 043.

53 Vgl. Schreiben Heinemanns an seinen Vater v. 5. März 1919, AdsD, NL Heinemann, Teil II, 043.

54 Ebd.

55 Vgl. Schreiben Heinemanns an seine Eltern v. 11. März 1919, AdsD, NL Heinemann, Teil II, 043.

56 Schreiben Heinemanns an seinen Vater v. 14. März 1919, AdsD, NL Heinemann, Teil II, 043.

57 Vgl. Hugo Elkemann/Wolfgang Götz/Brigitte Kranz: Die Universität in der Weimarer Republik 1918-1920. Die Münsteraner Studentenschaft in der Novemberrevolution, in: Lothar Kurz (Hg.): 200 Jahre zwischen Dom und Schloß. Ein Lesebuch zur Vergangenheit und Gegenwart der Westfälischen Wilhelms-Universität Münster, Münster 1980, S. 47-63, S. 49.

58 Schreiben Heinemanns an seine Eltern v. 11. Januar 1919, AdsD, NL Heinemann, Teil II, 043.

59 Zum Kapp-Putsch siehe vor allem Erwin Könnemann/Gerhard Schulze (Hg.): Der Kapp-Lüttwitz-Ludendorff-Putsch. Dokumente, München 2002 sowie James Cavallie: Ludendorff und Kapp in Schweden, Frankfurt a.M. 1995.

60 Tagebucheintrag v. 13. März 1920, S. 46.

61 Wolfgang Kapp (1858-1922), Jurist, 1907-1920 Generallandschaftsdirektor von Königsberg, 1920 Putschversuch.

62 Walther Freiherr von Lüttwitz (1859-1942), Soldat, 1918-1920 Oberbefehlshaber der Reichswehr in Berlin, 1920 Putschversuch, anschließend Emigration nach Ungarn.

63 Proklamierung des Staatsstreichs durch Kapp und Lüttwitz v. 13. März 1920, abgedruckt in: Könnemann/ Schulze: Kapp-Lüttwitz-Ludendorff-Putsch, S. 142.

64 ›Regierungsprogramm‹ Kapps v. 13. März 1920, abgedruckt in: Könnemann/Schulze: Kapp-Lüttwitz-Ludendorff-Putsch, S. 142f.

65 Schreiben Heinemanns an seine Eltern v. 22. März 1920, AdsD, NL Heinemann, Teil II, 044.

66 Lemmer: Manches war doch anders, S. 68.

67 Zwei Jahre später, als sich Heinemann anläßlich des Demokratischen Reichsjugendtages einem Fackelumzug durch die Stadt Kassel anschloß, erinnerte er sich noch einmal an seine ›Sicherheitsverwahrung‹: »[Ich] rief ein Hoch auf die Republik, als wir an der Kaserne vorüberkamen, in der ich vor 2 Jahren in Haft saß!«, Schreiben Heinemanns an seine Eltern v. 8. Juni 1922, AdsD, NL Heinemann, Teil II, 044. Vgl. auch den Tagebucheintrag v. 4. Juni 1922, S. 188. Zum Reichsjugendtag siehe auch Casseler Tageblatt v. 6. Juni 1922, Berliner Tageblatt v. 4. Juni 1922, Vossische Zeitung v. 6. Juni 1922.

68 Vgl. die Darstellung dieses Tages in Heinemanns Tagebuch; Tagebucheintrag v. 14. März 1920, S. 46-48.

69 Karl Brammer: Fünf Tage Militärdiktatur. Dokumente zur Gegenrevolution. Unter Verwendung amtlichen Materials bearb., Berlin 1920.

70 Schreiben Heinemanns an die Eltern v. 22. März 1920, AdsD, NL Heinemann, Teil II, 044.

71 Tagebucheintrag v. 18. März 1920, S. 49.

72 Tagebucheintrag v. 17. März 1920, S. 49.

73 Der Gründungsaufruf v. 19. März 1920 lautete: »Arbeiter, Bürger, Bauern, Studenten! Zum Schutz der deutschen Republik und ihrer Verfassung, zur Aufrechterhaltung von Ruhe und Ordnung fordern wir alle Gesinnungsgenossen, die gewillt sind, für die demokratische Republik einzustehen, auf, sich der hier neugebildeten Zeitfreiwilligen-Truppe sofort anzuschließen«, zit. nach Lemmer: Manches, S. 66f.

74 Tagebucheintrag v. 19. März 1920, S. 49.

75 Erklärung der »Volkskompagnie Marburg«, o.D., in: NL Lemmer, ACDP, I-280-041/6, vgl. auch den Gründungsaufruf.

76 Erklärung der »Volkskompagnie Marburg«, o.D., in: NL Lemmer, ACDP, I-280-041/6.

77 Duderstedt: Denkschrift über die Volkskompagnie Marburg v. 8. April 1920, NL Lemmer, ACDP, I-280-041/6.

78 Schreiben Heinemanns an seine Eltern v. 26.März1920. AdsD, NL Heinemann, Teil II, 044.

79 Tagebucheintrag v. 21. März 1920, S. 51.

80 Ebd.

81 Gründungsaufruf der DDP, in: Berliner Zeitung v. 16. November 1918. Abgedruckt u.a. in Ernst Rudolf Huber (Hg.): Dokumente zur deutschen Verfassungsgeschichte, Bd. 3, Stuttgart u.a. 1966, S. 174.

82 Gründungsaufruf der DDP

83 Theodor Wolff (1868-1943), Publizist, Schriftsteller, 1906-1933 Chefredakteur des Berliner Tageblatts. Siehe vor allem Bernd Sösemann: Theodor Wolff. Ein Leben mit der Zeitung, München 2001 und Wolfram Köhler: Der Chefredakteur Theodor Wolff. Ein Leben in Europa 1868–1943, Düsseldorf 1978.

84 Die linksliberale Fortschrittliche Volkspartei entstand im März 1910 durch eine Fusion der Freisinnigen Volkspartei, der Freisinnigen Vereinigung und der Deutschen Volkspartei. Siehe auch Rainer Koch: Fortschrittliche Volkspartei (FoVP), in: Frank Wende: Lexikon zur Geschichte der Parteien in Europa, Stuttgart 1981, S. 101ff.

85 Die Nationalliberale Partei war die größte deutsche liberale Partei im 19. Jahrhundert. Sie wurde bereits 1867 nach einer Abspaltung des rechten Flügels der Deutschen Fortschrittspartei gegründet. Siehe auch Rainer Koch: Nationalliberale Partei (NLP), in: Lexikon zur Geschichte der Parteien, S. 114ff.

86 Albert Einstein (1879-1955), Physiker, 1921 Auszeichnung mit dem Nobelpreis für Physik.

87 Max Weber (1864-1920), Soziologe, Jurist, Nationalökonom. Siehe vor allem Joachim Radkau: Max Weber. Die Leidenschaft des Denkens, München 2005.

88 Hjalmar Schacht (1877-1970), Bankier, 1923-1930 und 1933-1939 Reichsbankpräsident, 1934-1937 Reichswirtschaftsminister, 1937-1943 Reichsminister ohne Geschäftsbereich. Siehe vor allem Christopher Kopper: Hjalmar Schacht. Aufstieg und Fall von Hitlers mächtigstem Bankier, München 2006 und Joachim Scholtyseck: Hjalmar Schacht. Opportunistischer Weltgänger zwischen Nationalsozialismus und Widerstand, in: Bankhistorisches Archiv, Jg. 33, (1999), S. 38-46.

89 Franz von Liszt (1851-1919), Jurist, 1898-1917 Professor für Strafrecht und Völkerrecht in Berlin, 1912-1919 MdR (FoVP).

90 Zu den Sammlungsversuchen der Liberalen siehe auch Joachim Stang: Die Deutsche Demokratische Partei in Preußen 1918-1933, Düsseldorf 1994, S. 17ff.

91 Gustav Stresemann (1878-1929), Nationalökonom, 1910-1912 und 1914-1929 MdR (NLP bzw. DVP), 1923 Reichskanzler, 1923-1929 Außenminister, 1926 Auszeichnung mit dem Friedensnobelpreis. Siehe vor allem Manfred Berg: Gustav Stresemann. Eine politische Karriere zwischen Reich und Republik, Göttingen/Zürich 1992; Eberhard Kolb: Gustav Stresemann, München 2003; Jonathan Wright: Gustav Stresemann 1878–1929. Weimars größter Staatsmann, München 2006,

92 Verschärft wurden die Spannungen dadurch, daß Stresemann während des Ersten Weltkrieges erbitterter Vertreter eines annexionistischen Siegfriedens war. Wolff hatte sich hingegen gegen jegliche Annexion gewandt, vgl. Robert Hofmann: Geschichte der deutschen Parteien. Von der Kaiserzeit bis zur Gegenwart, München 1993, S. 118.

93 Robert Friedberg (1851-1920), Nationalökonom, 1893-1898 MdR (NLP), ab 1919 Mitglied der DDP.

94 Zur Gründungsgeschichte der DDP siehe vor allem: Ludwig Luckemeyer: Die Deutsche Demokratische Partei von der Revolution bis zur Nationalversammlung 1918-1919, Diss. Gießen 1975 und Werner Stephan: Aufstieg und Verfall des Linksliberalismus 1918-1933. Geschichte der Deutschen Demokratischen Partei, Göttingen 1973. Zum Verhältnis von DDP und DVP siehe vor allem Lothar Albertin: Liberalismus und Demokratie am Anfang der Weimarer Republik. Eine vergleichende Analyse der Deutschen Demokratischen Partei und der Deutschen Volkspartei, Düsseldorf 1972.

95 Parteiprogramm der Deutschen Demokratischen Partei v. Dezember 1919, in: Wilhelm Mommsen (Hg.): Deutsche Parteiprogramme, München 1960, S. 508-514.

96 Rainer Koch: Deutsche Demokratische Partei (DDP), in: Lexikon zur Geschichte der Parteien, S. 85-88, S. 85.

97 Friedrich Naumann (1860-1919), evangelischer Theologe, 1907-1910 MdR (Nationalsozialer Verein), 1910-1918 MdR (FoVP), 1919 Vorsitzender der DDP.

98 Friedrich Naumann: Demokratie als Staatsgrundlage, Berlin 1919, S. 7.

99 Gründungsaufruf der DDP, in: Berliner Zeitung v. 16. November 1918.

100 Parteiprogramm v. Dezember 1919, S. 509.

101 Zwar arbeitete die Partei während der Revolution auch in den Räteorganisationen mit, jedoch einzig mit dem Ziel, sich »dem Bolschewismus« zu widersetzen, siehe Hofmann: Geschichte, S. 118.

102 Ludwig Haas: Der Kampf um die Demokratie, in: Die Hilfe, (1922), 28, S. 115.

103 Jürgen C. Heß: Überlegungen zum Demokratie- und Staatsverständnis des Weimarer Linksliberalismus, in: Hartmut Boockmann/Kurt Jürgensen/Gerhard Stoltenberg (Hg.): Geschichte und Gegenwart. Festschrift für Karl Dietrich Erdmann, Neumünster 1980, S. 289-311, S. 289.

104 Vgl. auch Jürgen C. Heß: »Das ganze Deutschland soll es sein«. Demokratischer Nationalismus in der Weimarer Republik am Beispiel der Deutschen Demokratischen Partei, Stuttgart 1978, S. 15f.

105 Parteiprogramm der DDP, S. 510.

106 Ebd., S. 510.

107 Ebd., S. 510.

108 Ebd., S. 510.

109 Ebd., S. 511f.

110 Ebd., S. 512.

111 Siehe auch Lothar Döhn: Wirtschafts- und Sozialpolitik der Deutschen Demokratischen Partei und der Deutschen Volkspartei, in: Karl Holl/Günter Trautmann/Hans Vorländer (Hg.): Sozialer Liberalismus, Göttingen 1986, S. 84-107.

112 Parteiprogramm der DDP, S. 512.

113 Gründungsaufruf der DDP.

114 Parteiprogramm der DDP, S. 513.

115 Gründungsaufruf der DDP.

116 Parteiprogramm der DDP, S. 514.

117 Koch: Deutsche Demokratische Partei, S. 86.

118 Parteiprogramm der DDP, S. 514.

119 Vgl. Sigmund Neumann: Die Parteien der Weimarer Republik. Mit einer Einführung von Karl Dietrich Bracher, 3. Aufl., Stuttgart/Berlin/Köln/Mainz 1973, S. 54.

120 Zum Verhältnis der DDP zur SPD siehe vor allem: Hartmut Schustereit: Linksliberalismus und Sozialdemokratie in der Weimarer Republik. Eine vergleichende Betrachtung der Politik von DDP und SPD 1919-1930, Düsseldorf 1975.

121 Zur Rolle der DDP in der Weimarer Koalition siehe vor allem: Regina Gottschalk: Die Linksliberalen zwischen Kaiserreich und Weimarer Republik. Von der Julikrise 1917 bis zum Bruch der Weimarer Koalition im Juni 1919, Diss. Tübingen 1969.

122 Stephan: Aufstieg und Verfall, S. 173.

123 Vgl. Koch: Deutsche Demokratische Partei, S. 86.

124 Vgl. Walter Tormin: Geschichte der deutschen Parteien seit 1848, 3. Aufl., Stuttgart/Berlin/Köln/Mainz 1968, S. 143.

125 Auch für den Studenten Heinemann war der DDP-Vorsitzende als vorbildhafte Gestalt von großer Bedeutung. In seinem Tagebuch vermerkte er über den Linksliberalen: »Ich habe Friedrich Naumanns Buch ›Von Vaterland und Freiheit‹ dieser Tage gelesen. Warum hat man nicht auf ihn gehört? Es wäre uns vieles erspart geblieben!«, Tagebucheintrag v. 13. November 1919, S. 26. An anderer Stelle berichtete er über Naumanns Buch ›Gestalten und Gestalter‹. Begeistert schrieb Heinemann: »In uns jüngere legt er ein Stück Vergangenheit hinein und gibt uns, die wir noch vergangenheitslos sind und unsere Spannkraft auf Gegenwart und Zukunft konzentrieren, den Anschluß an die Gedankenwelt und den Lebensinhalt unserer Vormänner im Kampf um gleiche Ziele«, Tagebucheintrag v. 26. September 1920, S. 86.

126 Heß: Das ganze Deutschland, S. 13.

127 Heß: Überlegungen, S. 303.

128 Siehe auch Lothar Albertin: Einleitung, in: Linksliberalismus in der Weimarer Republik. Die Führungsgremien der Deutschen Demokratischen Partei und der Deutschen Staatspartei 1918-1933, eingel. v. Lothar Albertin, bearb. v. Konstanze Wegner in Verbindung mit Lothar Albertin, Düsseldorf 1980, S. IX-IL, S. IL. Ebenso Karlheinz Reich: Die liberalen Parteien in Deutschland, 1918-1933, Osnabrück 1979, S. 54ff.

129 Zu den Wahlergebnissen der DDP/DStP vgl. die Tabellen in: Wegner: Linksliberalismus, S. 821ff.

130 Zur Geschichte der DDP/DStP vor allem auch: Werner Schneider: Die Deutsche Demokratische Partei in der Weimarer Republik 1924-1930, München 1978 und Bruce B. Frye: Liberal Democrats in the Weimar Republic. The History of the German Democratic Party and the German State Party, Carbondale/Edwardsville 1985.

131 Schreiben Heinemanns an seine Großmutter v. 3. Dezember 1918, AdsD, NL Heinemann, Teil II, 043.

132 Schreiben Heinemanns an seinen Vater v. 10. Dezember 1918, AdsD, NL Heinemann, Teil II, 043.

133 Schreiben Heinemanns an seine Mutter v. 2. Dezember 1918, AdsD, NL Heinemann, Teil II, 043.

134 Ebd..

135 »Wir anderen bürgerlich gesinnten werden heute abend ebenfalls eine Vereinigung bilden.« Schreiben Heinemanns an seine Großmutter v. 3. Dezember 1918, AdsD, NL Heinemann, Teil II, 043.

136 Schreiben Heinemanns an seinen Vater v. 4. Dezember 1918, AdsD, NL Heinemann, Teil II, 043.

137 Schreiben Heinemanns an seine Mutter v. 17. Januar 1919, AdsD, NL Heinemann, Teil II, 043.

138 Siehe auch Heinemanns Stammblatt im ›Verzeichnis der Studierenden der Universität Marburg und der von ihnen belegten Vorlesungen‹, Sommersemester 1919, G-K, Staatsarchiv Marburg, Bestand 305a, Acc. 1963/13, Nr. 10.

139 Vgl. Schreiben Heinemanns an seine Eltern v. 3. Juli 1919 und v. 5. Juli 1919, AdsD, NL Heinemann, Teil II, 044. Ein genaues Datum seines Beitritts ist nicht zu ermitteln. Vgl. auch Schütz: Problem, S. 292, FN 63.

140 Heinemann wird auf einem Aushang v. 11. November 1919 als Schriftführer der Deutsch-Demokratischen Studentengruppe der Universität Marburg geführt, AdsD, NL Heinemann, Teil I, 105.

141 Persönliche Aufzeichnungen Heinemanns, o.J., abgedruckt in: Heinemann: Tagebuch, S. 207-210, S. 207.

142 »Auch habe ich jetzt den 1. Vorsitz in der hiesigen demokratischen Jugendgruppe übernommen.«, Schreiben Heinemanns an seine Eltern v. 12. November1919, AdsD, NL Heinemann, Teil II, 044. Vgl. auch den Tagebucheintrag v. 17. November 1919, S. 27.

143 Schreiben Heinemanns an seine Mutter v. 20. Januar 1920, AdsD, NL Heinemann, Teil II, 044. Zur studentischen Ortsgruppe der deutschnationalen Volkspartei siehe auch Staatsarchiv Mar-

burg, Bestand 305a, Acc. 1950/9, 210. Im Folgenden: Persönliche Aufzeichnungen Heinemanns, o.J., abgedruckt in: Heinemann: Tagebuch, S. 207-210, S. 207.

144 Lemmer: Manches, S. 57.

145 Schreiben Lemmers an Heinemann v. 4. Mai 1920, AdsD, NL Heinemann, Teil II, 044.

146 Lemmer: Manches, S. 57.

147 Zu diesen »gefährlichen Situationen« ist wohl auch die Reise nach Kassel zu rechnen, die Heinemann gemeinsam mit Lemmer antrat. Siehe das Schreiben des Leiters der Landesabteilung Cassel, Passierschein für Ernst Lemmer v. 15. März 1920, ACDP, NL Lemmer, 037/4.

148 Lemmer: Manches, S. 57.

149 Schreiben Lemmers an Heinemann v. 27. September 1921, AdsD, NL Heinemann, Teil II, 044.

150 Schreiben Lemmers an Heinemann v. 4. Mai 1920, AdsD, NL Heinemann, Teil II, 044.

151 »Mit Herrn Lemmer war ich 51 Jahre, d.h. seit unserer gemeinsamen Studentenzeit, befreundet. Herr Lemmer hat sich in der Zeit der Weimarer Republik sowohl an der Universität wie auch als damaliger jüngster Reichstagsabgeordneter und als einer der Vorsitzenden des Reichsbanner Schwarz-Rot-Gold mit aller Kraft für eine demokratische Entwicklung unseres Volkes eingesetzt. Beim Kapp-Putsch (1920) und gegen die reaktionären Umtriebe an der Universität Marburg gehörte er zu den Organisatoren des Widerstandes [...]«, Schreiben Heinemanns an Kurt Kaiser-Blüth v. 2. September 1970, AdsD, NL Heinemann, Teil II, 059.

152 Schreiben Lemmers an Heinemann v. 4. Mai 1920, AdsD, NL Heinemann, Teil II, 044.

153 Dies bestätigte auch Peter Heinemann, der von zahlreichen persönlichen Treffen seines Vaters mit Lemmer berichtet, Interview mit Peter Heinemann v. 24. Februar 2006. Zahllose Male kreuzten sich die Wege der Studienfreunde. Als Anfang 1947 von der Berliner SPD-Zeitung ›Telegraf‹ Vorwürfe gegen Lemmer erhoben werden, er habe während des ›Dritten Reichs‹ als Spezialkorrespondent in diversen ausländischen Zeitungen NS-Propaganda betrieben, stellte ihm Gustav Heinemann als Essener Oberbürgermeister ein Leumundszeugnis aus: »Aus Anlaß der gegen Herrn Ernst Lemmer – Berlin gerichteten Angriffe im ›Telegraf‹ erkläre ich Folgendes: Herr Lemmer ist mir seit 1919 bekannt. Wir studierten zusammen in Marburg an der Lahn und waren Vorsitzende der dortigen Demokratischen Studentengruppe. Wir hatten ständig schwere Auseinandersetzungen mit der nationalistischen Studentenschaft zu bestehen. [...] In der Zeit von 1933 bis 1945 habe ich Herrn Lemmer in unregelmäßigen Zeitabständen gelegentlich eigener Aufenthalte in Berlin gesehen und gesprochen. Herr Lemmer war damals Korrespondent für eine Reihe ausländischer Zeitungen. Er legte Wert darauf, von mir jeweils über die wirklichen wirtschaftlichen Verhältnisse im Ruhrgebiet, und vor allem über Vorgänge in der Bekennenden Kirche und deren Auseinandersetzungen mit dem nationalsozialistischen Staat zu erfahren. Auf Grund meiner eigenen Tätigkeit im Informationsdienst der Bekennenden Kirche konnte ich ihn zuverlässig unterrichten. [...] Während des Krieges war Herr Lemmer ständig an der Vorbereitung einer den nationalsozialistischen Staat ablösenden Regierung beteiligt. Schreiben Heinemanns v. 1. Februar 1947, ACDP, NL Lemmer, 041/4. Zu den Hintergründen der Vorwürfe vgl. Spiegel v. 11. Januar 1947, S. 15.

154 Näheres dazu vor allem in Kapitel 8.1.

155 Lemmer: Manches, S. 57.

156 Gustav Heinemann im Gespräch mit Helmut Gollwitzer, Transkription von Tonbandaufzeichnungen von 1974/75, AdsD, NL Heinemann, Teil II, 037b

157 Persönliche Aufzeichnungen Heinemanns, o.J., abgedruckt in: Heinemann: Tagebuch, S. 207-210, S. 208.

158 Satzung der Sozialistischen Studentengruppe Marburg v. April 1919, Staatsarchiv Marburg, Bestand 305a, Acc. 1950/9, 212.

159 Gustav Heinemann im Gespräch mit Helmut Gollwitzer, Transkription von Tonbandaufzeichnungen von 1974/75, AdsD, NL Heinemann, Teil II, 037b.

160 Die Korrespondenz zwischen Heinemann und Agartz befindet sich im NL Agartz, BArch, NY 4104/4, Bl. 101-154. Zum Prozeß siehe auch die Darstellung bei Heinemanns Sozius Diether Posser: Anwalt im Kalten Krieg. Ein Stück deutscher Geschichte in politischen Prozessen 1951-1968, 2. Aufl., München 1991, S. 195-212. Die Plädoyers von Heinemann und Posser sind u.a. abgedruckt in Agartz: Verraten, S. 229-271.

161 Bei der Abstimmung über Agartz´ Ausschluß aus der SPD enthielt sich Heinemann im Parteivorstand als einziger der Stimme.

[162] Persönliche Aufzeichnungen Heinemanns, o.J., abgedruckt in: Heinemann: Tagebuch, S. 207-210, S. 207.

[163] Röpke betonte jedoch, daß Heinemanns Freundschaft zu Agartz für ihn »unverträglich, unverdaulich« gewesen sei, Gustav Heinemann im Gespräch mit Helmut Gollwitzer, Transkription von Tonbandaufzeichnungen von 1974/75, AdsD, NL Heinemann, Teil II, 037b.

[164] Agartz in der Frankfurter Rundschau v. 16. Februar 1955.

[165] Vgl. Gustav Heinemann im Gespräch mit Helmut Gollwitzer, Transkription von Tonbandaufzeichnungen von 1974/75, AdsD, NL Heinemann, Teil II, 037b.

[166] Schreiben Röpkes an Heinemann v. 30. April 1922, AdsD, NL Heinemann, Teil II, 044.

[167] Schreiben Röpkes an Heinemann v. 22. September 1921, AdsD, NL Heinemann, Teil II, 044.

[168] Ebd.

[169] Heinemann berichtete über seinen alten Freund Röpke: »Er ging [...] an ein sehr bekanntes weltwirtschaftliches Institut und hat von da aus literarisch erheblich sich bemerkbar gemacht, immer auch im Sinne der Freiburger Schule, d.h. praktisch im Sinne von Erhard – Marktwirtschaft und um Himmelswillen nichts Sozialistisches. Das führte dann im Verlauf, wie ich zur SPD ging dazu, daß wir auseinandergerieten. [...] Röpke hielt auch in der Bundesrepublik Vorträge über seine wirtschaftspolitischen Auffassungen. Bei solchen Vorträgen sind wir uns da und dort auch mal begegnet, aber wir waren ja dann schon auf sehr unterschiedlichen Wegen. Ich bin ja zwar marktwirtschaftlich völlig auf Erhardscher Linie gewesen, aber die anderen Dinge, die ich betrieb, daß ich also gegen den Westabmarsch der Bundesrepublik opponierte, das war Röpke sehr zuwider.« Gustav Heinemann im Gespräch mit Helmut Gollwitzer, Transkription von Tonbandaufzeichnungen von 1974/75, AdsD, NL Heinemann, Teil II, 037b. Diese Ansicht bestätigte auch von Hans Willgerodt, ein Neffe Wilhelm Röpkes, Interview v. 31. Januar 2006.

[170] Schreiben Heinemanns an seine Eltern v. 16. Mai 1919, AdsD, NL Heinemann, Teil II, 044.

[171] Postkarte Heinemanns an seine Eltern v. 20. Juni 1919, AdsD, NL Heinemann, Teil II, 044.

[172] Vgl. Schütz: Problem, S. 44.

[173] Schreiben Heinemanns an seine Eltern v. 26. Juni 1919, AdsD, NL Heinemann, Teil II, 044.

[174] Tagebucheintrag v. 1. Januar 1921, S. 115.

[175] Postkarte Heinemanns an seine Eltern v. 20. Juni 1919, AdsD, NL Heinemann, Teil II, 044.

[176] Schreiben Heinemanns an seine Eltern v. 26. Januar 1922, AdsD, NL Heinemann, Teil II, 044.

[177] Ebd. Die Akten des AStAs der Universität Marburg befinden sich im Staatsarchiv Marburg, Bestand 305a, Acc. 1950/9, 635.

[178] Tagebucheintrag v. 24. Februar 1922, S. 168.

[179] Schreiben Heinemanns an seine Eltern v. 15. Juni 1921, AdsD, NL Heinemann, Teil II, 044. Siehe auch Heinemanns Presseausweis für die Hessische Landeszeitung v. 20. Januar 1921, AdsD, NL Heinemann, Teil II, 025.

[180] Gustav Heinemann im Gespräch mit Helmut Gollwitzer, Transkription von Tonbandaufzeichnungen von 1974/75, AdsD, NL Heinemann, Teil II, 037b. Vgl. beispielsweise die Hessische Landeszeitung v. 7. November 1919, 10. November 1919, 20. November 1919.

[181] Vgl. Heinemann: Zwei Welten, Artikel in der Hessischen Landeszeitung v. 8. Oktober 1919, in: Heinemann: Vaterländer, S. 10-12, S. 12, Unsere Pflicht, Artikel in der Hessischen Landeszeitung v. 27. November 1919, in: Heinemann: Vaterländer, S. 13-16, S. 16.

[182] Gustav Heinemann im Gespräch mit Helmut Gollwitzer, Transkription von Tonbandaufzeichnungen von 1974/75, AdsD, NL Heinemann, Teil II, 037b.

[183] Tagebucheintrag v. 28. Januar 1920, S. 41.

[184] Gustav Heinemann im Gespräch mit Helmut Gollwitzer, Transkription von Tonbandaufzeichnungen von 1974/75, AdsD, NL Heinemann, Teil II, 037b. Vgl. auch Hennecke: Röpke, S. 24f.

[185] Marburger Stadtbrille v. 11. Februar 1920.

[186] Marburger Stadtbrille v. 28. Januar 1920.

[187] Marburger Stadtbrille v. 28. Januar 1920.

[188] Tagebucheintrag v. 28. Januar 1920, S. 41.

[189] Gustav Heinemann im Gespräch mit Helmut Gollwitzer, Transkription von Tonbandaufzeichnungen von 1974/75, AdsD, NL Heinemann, Teil II, 037b. Die Stadtbrille sorgte für einen so großen Wirbel, daß sich die Hessische Landeszeitung zu einer kurzen Mitteilung genötigt sah:

»Leser der Stadtbrille: Die Schriftleitung der Hessischen Landeszeitung hat mit dem Blatt nicht das geringste zu tun. Es handelt sich unseres Wissens um einen Studentenscherz. Von ›Reaktionärem Hetzblatt‹ kann aber keine Rede sein. Nach dem Motto: ›Angehörige aller Parteien veräppelt Euch‹ sind alle Parteirichtungen ›durchgehechelt‹ worden. Zum Schluß aber nochmals, es handelt sich um einen Studentenulk.«, Hessische Landeszeitung v. 31. Januar 1920. Anläßlich einer Rede vor dem deutschen Journalistenverband 1970 erinnerte der Bundespräsident noch einmal an seine journalistischen Anfänge: »Die ›Marburger Stadtbrille‹ hatte einen zwar nur kurzlebigen, aber doch bedeutenden Erfolg, was ganz sicher – und das stimmt natürlich nachdenklich – darauf zurückzuführen war, daß das Blatt so gut wie nichts enthielt, was nicht erfunden war. Als es sein Erscheinen einstellte, vertranken wir den Überschuß«, Rede Heinemanns zum zwanzigjährigen Bestehen des deutschen Journalistenverbandes v. 6. April 1970, in: Ders.: Einspruch, S. 212-214, S. 214.

190 Tagebucheintrag v. 28. Februar 1920, S. 41f.

191 Schreiben Heinemanns an seine Eltern v. 10. Februar 1921, AdsD, NL Heinemann, Teil II, 044.

192 Schreiben Heinemanns an Lemmer v. 1. September 1921, abgedruckt in: Heinemann: Tagebuch, S. 219f, S. 219.

193 Vor allem der Streit um die ›Göttinger Notverfassung‹ ließ programmatische Differenzen zu Tage treten, siehe z.B. Tagebucheintrag v. 24. Februar 1922, S. 168-170. Vgl. auch die Stellungnahme der Marburger Studentenschaft zur Notverfassung v. 2. Februar 1922, AdsD, NL Heinemann, Teil I, 105. Zur Göttinger Notverfassung siehe auch Holger Zinn: Die studentische Selbstverwaltung in Deutschland bis 1945, Wiesbaden 2005, S. 14-16. Die Debatte über die Notverfassung thematisierte Heinemann auch in einer Ansprache anläßlich seines Goldenen Doktorjubiläums am 17. Mai 1972 in Marburg, Heinemann: Reden und Interviews, Bd. III, S. 127-131, S. 129.

194 Schreiben Heinemanns an Anna Margarete Kiessner v. 24. August 1922, abgedruckt in: Heinemann: Tagebuch, S. 239-242, S. 239.

195 Tagebucheintrag v. 29. Oktober 1921, S. 148.

196 Ebd.

197 Tagebucheintrag v. 12. April 1922, S. 180.

198 Ebd.

199 Tagebucheintrag v. 28. Februar 1920, S. 41f.

200 Vgl. beispielsweise den Tagebucheintrag v. 9. Mai 1920: »Wir müssen u[nd] werden wieder ein einheitliches deutsches Volk werden!«, S. 59.

201 Tagebucheintrag v. 18. Mai 1920, S. 61.

202 Schütz: Problem, S. 42.

203 Vgl. den Vortrag v. 27. Mai 1920 (›Zum 6. Juni 1920‹), den Heinemann vor einer Gruppe junger DDP-Mitglieder hielt. Heinemann forderte darin »ein einheitliches Volk gleichberechtigter Bürger. [...] Wir müssen endlich und endgültig die Übergänge der Klassengegensätze finden und zur Aufhebung der Klassengegensätze gelangen.«, AdsD, NL Heinemann, Teil I, 105. Vgl. auch den Tagebucheintrag v. 9. Mai 1920: »Sozialismus muß sein, oder wir werden gar nicht sein!«, S. 58.

204 Tagebucheintrag v. 10. Juli 1922, S. 196.

205 Schreiben Heinemanns an seinen Vater v. 15. Januar 1919, AdsD, NL Heinemann, Teil II, 043.

206 Tagebucheintrag v. 18. Mai 1920, S. 61.

207 Schreiben Heinemanns an seine Eltern v. 20. Januar 1919, AdsD, NL Heinemann, Teil II, 043.

208 »Die Demokraten sind über Erwarten stark geworden. Sie haben auch dem Zentrum viel abgenommen.«, Postkarte Heinemanns an seine Mutter v. 22. Januar 1919, AdsD, NL Heinemann, Teil II, 043.

209 Tagebucheintrag v. 18. Mai 1920, S. 61.

210 »Der Riß im Zentrum scheint unheilbar zu sein.«, Tagebucheintrag v. 18. Mai 1920, S. 61.

211 Tagebucheintrag v. 27. Januar 1920, S. 41.

212 Vgl. Neumann: Parteien, S. 29.

213 Tagebucheintrag v. 20. Mai 1920, S. 62.

214 Tagebucheintrag v. 20. Mai 1920, S. 62f.

215 Schütz: Problem, S. 42.

216 Vgl. auch Stern: Zwei Christen, S. 34. Auch in Carola Stern: Woher sie kamen, woher wir kommen, in: L76, Nr. 2, 1976, S. 151-173, S. 171.

217 Schreiben Heinemanns an seinen Vater v. 15. Oktober 1919, AdsD, NL Heinemann, Teil II, 044.

218 Tagebucheintrag v. 18. Mai 1920, S. 61f.

219 Tagebucheintrag v. 19. Mai 1920, S. 62.

220 Zit. nach Lindemann: Leben, S. 32.

221 Tagebucheintrag v. 19. Mai 1920, S. 62.

222 Ebd.

Drittes Kapitel

1 Victor Niemeyer (1862-1949), Rechtsanwalt und Notar, 1898-1929 Stadtverordneter in Essen (NLP, DDP), ab 1946 Ratsmitglied (FDP).

2 Siehe Heinemann im Gespräch mit Helmut Gollwitzer, Transkription von Tonbandaufzeichnungen von 1974/75, AdsD, NL Heinemann, Teil II, 037b. Ebenso die Ausführungen bei Lindemann: Leben, S. 33.

3 Ebd.

4 Biographische Aufzeichnungen Heinemanns, o.D., AdsD, NL Heinemann, Teil II, 037b.

5 Schreiben Heinemanns an Karl Mockewitz v. März 1928, Archiv der ThyssenKrupp AG, RSW/6856, vgl. hierzu vor allem die biographischen Aufzeichnungen Heinemanns, o.D., AdsD, NL Heinemann, Teil II, 037b.

6 Schreiben Röpkes an Heinemann v. 28. Juni 1926, AdsD, NL Heinemann, Teil II, 045.

7 Hilda Heinemann, geb. Ordemann (1896-1979), Studienrätin.

8 In einem Gespräch mit Gollwitzer kommt Heinemann nur am Rande auf die politische Abstinenz jener Jahre zu sprechen. Auf Gollwitzers Frage, ob wirklich gar nichts »Politisches« in dieser Zeit gewesen sei, antwortet Heinemann lakonisch »War nicht!«, Transkription von Tonbandaufzeichnungen von 1974/75, AdsD, NL Heinemann, Teil II, 037b.

9 Über seine ›Bekehrung‹ äußerte sich Heinemann in einer Ansprache zur Essener Jugendwoche am 17. April 1948 wie folgt: »Lassen Sie mich [...] mit einem ganz persönlichen Bekenntnis beginnen, um Ihnen deutlich zu machen, von welchem Fundament her ich rede. Dieses Fundament ist das Evangelium von Jesus Christus. Ich habe es nicht ererbt oder erworben, so wenig wie irgend ein anderer Mensch es ererben und vererben oder erwerben kann. Es ist mir nach vielen Jahren völliger Entfremdung und des Verhaftetseins in sogenannten modernen Ideen der Aufklärung und allerlei Vernunft von dem geschenkt worden, der allein darüber verfügt.«, zit. nach Koch: Deutschlandfrage, S. 48, FN 12.

10 So auch die Meinung von Heinemanns Tochter Barbara, Interview mit Barbara und Manfred Wichelhaus v. 22. März 2006. Heinemann stand zwar bereits als Student in Marburg in Kontakt zu dem evangelischen Theologieprofessor Martin Rade. Dieser, wie Heinemann ein überzeugter Anhänger der Republik und des Linksliberalismus, vermochte es jedoch noch nicht, den jungen Studenten zum Protestantismus zu bekehren. Über ein Treffen mit der Familie Rade berichtete Heinemann beispielsweise in seinem Tagebuch: »Es war recht langweilig; Frau Prof. Rade las Missionsgeschichten aus dem Urwald vor.«, Tagebucheintrag v. 24. Juli 1921, S. 131. Zu Rades Einfluß auf Heinemann siehe auch Ettemeyer: Weg, S. 20f. Siehe auch Manfred Wichelhaus: Politischer Protestantismus nach dem Krieg im Urteil Gustav Heinemanns, in: Titus Häussermann/Horst Krautter: Die Bundesrepublik und die deutsche Geschichte, Stuttgart 1987, S. 100-120, S. 105.

11 Friedrich Graeber (1884-1953), evangelisch-pietistischer Pastor, seit 1927 Pfarrer der Gemeinde Essen-Altstadt. Für biographische Angaben siehe vor allem Koch: Heinemann im Dritten Reich, S. 25-28.

12 Zit. nach Ursula Salentin: Acht Wege in die Präsidentenvilla. Von Elly Heuss-Knapp bis Christina Rau, 6. Aufl., Freiburg 2000, S. 85.

13 Karl Barth (1886-1968), evangelisch-reformierter Theologe, Begründer der dialektischen Theologie, gilt wegen seiner einflußreichen Lehren als evangelischer ›Kirchenvater des 20. Jahrhunderts‹, siehe auch Gerhard Wehr: Karl Barth. Theologe und Gottes fröhlicher Partisan, Gütersloh 1985 oder Henri Bouillard: Karl Barth, in: LThK, Bd. 2, Sp. 5-8.

14 Rudolf Bultmann (1884-1976), evangelischer Theologe, Anhänger einer Entmythologisierung des Christentums durch die Anwendung der historisch-kritischen Methode auf der Grundlage der Rezeption von Martin Heideggers Existentialismus. Siehe z.B. Werner Raupp: Rudolf Bultmann, in: BBKL, XXI (2003), Sp. 174-233 und Hermann Dembowski: Barth – Bultmann – Bonhoeffer. Eine Einführung in ihr Lebenswerk und ihre Bedeutung für die gegenwärtige Theologie, 2. Aufl., Rheinbach-Merzbach 2004.

15 Salentin: Wege; S. 83.

16 Vgl. Vinke: Sohn, S. 69.

17 Vgl. Schütz: Problem, S. 46.

18 Vgl. hierzu Lindemann: Leben, S. 42.

19 Heinemann im Interview mit Günther Klempnauer: Über Lebenschancen. Prominenteninterviews, 3. Aufl., Wuppertal 1971, S. 8.

20 Ebd., S. 8.

21 Vgl. ebd., S. 8.

22 Koch: Christ, S. 25.

23 Vgl. Vinke: Sohn, S. 70f.

24 Zit. nach Vinke: Sohn, S. 71.

25 Interview mit Klempnauer, S. 8.

26 Vgl. Vinke: Sohn, S. 71.

27 Vgl. Koch: Christ, S. 26.

28 Vgl. Interview mit Klempnauer, S. 11. Vgl. auch Schütz: Problem, S. 47. Der Ausdruck »Gott sitzt im Regimente« stammt aus einem evangelischen Kirchenlied von Paul Gerhard: »Bist Du doch nicht Regente, der alles führen soll, Gott sitzt im Regimente und führet alles wohl!«.

29 Vgl. z.B. Schütz: Problem, S. 47.

30 Vgl. Interview mit Klempnauer, S. 10f.

31 Heinemann: Thesen für die Zeitschrift Junge Kirche zum Bundestagswahlkampf, Juli 1957, in: Glaubensfreiheit, S. 148-152, S. 152.

32 Vgl. Koch: Christ, S. 28.

33 Vgl. Vinke: Sohn, S. 71.

34 Vgl. Salentin: Wege, S. 92.

35 Polizeibericht über Graebers Aktivitäten während des ›Dritten Reiches‹ v. 12. Mai 1939, AdsD, NL Heinemann, Teil II, 0486.

36 Graeber engagierte sich in solchem Maße für den Volksdienst, daß dies zu Protesten von DNVP-Funktionären führte. Der Geschäftsführer der Essener Deutschnationalen richtete im September 1930 einen Protestbrief an den Vorsitzenden des Presbyteriums von Essen-Altstadt, in dem er sich über Graebers parteipolitisches Engagement beschwerte. Mit Blick auf die Reichstagswahlen warf er Graeber vor, »fast täglich Wahlreden für die Partei des Christlich-Sozialen Volksdienstes gehalten« zu haben. »Er hat dabei in schärfster Weise besonders gegen die Deutschnationale Volkspartei und ihren Führer Hugenberg agitiert. Man kann ruhig Herrn Pfarrer Graeber als den örtlichen geistigen Leiter des Christlich-Sozialen Volksdienstes hinstellen. Er ist soweit gegangen, das ihm von der Gemeinde zu Amts- und Wohnzwecken eingeräumte Pfarrhaus Henriettenstraße 6 zum Wahlbüro einer Partei zu machen.«, zit. nach Ettemeyer: Weg, S. 27, vgl. auch Koch: Christ, S. 28.

37 Zeitgenössische Quellen geben kaum Auskunft über Heinemanns Mitgliedschaft im CSVD. In seinem Lebenslauf für die Entnazifizierungsakte stellt Heinemann jedoch fest: »Politisch war ich [...] seit 1930 im Christlichen Volksdienst tätig«, HStA Düsseldorf, NW 1005, G. 40/71. In einem Interview mit Günter Gaus führt er aus: Ich »[...] war dann Ende der 20er Jahre in der Christlich-Sozialen Volkspartei [...]«, vgl. Gaus: »Zu Protokoll«, S. 84.

38 Vgl. Karsten Ruppert: Der Einfluß christlich-demokratischer wie christlich-sozialer Ideen und Parteien auf Geist und Politik in der Weimarer Zeit, in: Winfried Becker/Rudolf Morsey (Hg.): Christliche Demokratie in Europa. Grundlagen und Entwicklungen seit dem 19. Jahrhundert, Köln/Wien 1988, S. 129-152, S. 130.

39 Über das christlich-soziale Verständnis dieser Gruppe siehe beispielsweise Reinhard Mumm: Der christlich-soziale Gedanke. Bericht über eine Lebensarbeit in schwerer Zeit, Berlin 1933.

40 Siehe u.a. Thomas Mergel: Das Scheitern des deutschen Tory-Konservatismus. Die Umformung der DNVP zu einer rechtsradikalen Partei, 1928-1932, in: HZ (2003), 276, S. 323-368.

41 Siehe dazu auch: Um die neue Front. Die Vereinigung der Stöckerschen Christlich-Sozialen (Christlich-Soziale Reichsvereinigung) mit dem Christlichen Volksdienst. Ein Rückblick auf die Berliner Verhandlungen v. 27./28. Dezember 1929, Schriften des CSVD, Nr. 5.

42 Alfred Hugenberg (1865-1951), Inhaber eines Presse- und Medienkonzerns (UFA, Scherl-Verlag, VERA-Verlagsanstalt, ALA Anzeigen AG, Telegraphen-Union, etc.), 1928-1933 Vorsitzender der DNVP, 1933 Reichminister für Wirtschaft, Ernährung und Landwirtschaft. Siehe vor allem Denis Paul Walker: Alfred Hugenberg and the Deutschnationale Volkspartei 1918 to 1930, Cambridge 1976 und Wolfgang Benz: Alfred Hugenberg, in: Herman Weiß (Hg.): Biographisches Lexikon zum Dritten Reich, Frankfurt a.M. 1998, S. 235-237.

43 Zit. nach Kurt Nowak: Evangelische Kirche und Weimarer Republik. Zum politischen Weg des deutschen Protestantismus zwischen 1918 und 1932, Göttingen 1981, S. 262.

44 Vor allem in den Auseinandersetzungen um das Volksbegehren gegen den Youngplan arbeiteten die beiden Parteien eng zusammen, vgl. Elisabeth Friedenthal: Volksbegehren und Volksentscheid über den Young-Plan und die deutsch-nationale Sezession, Diss. Tübingen 1957, S. 185ff.

45 Leitsätze des Christlich-Sozialen Volksdienstes, Leitsatz Nr. 1, abgedruckt in: Günter Opitz: Der Christlich-soziale Volksdienst. Versuch einer protestantischen Partei in der Weimarer Republik, Düsseldorf 1969, S. 331ff, S. 331.

46 Opitz: CSVD, S. 316f.

47 Heinz-Dietrich Wendland: Die evangelische Staatsanschauung, Nachschrift eines am 3. Juli 1932 auf der badischen Landestagung des Evangelischen (christlich-sozialen) Volksdienstes gehaltenen Vortrages, Schriften des Evangelischen Volksdienstes in Baden, Nr. 1, Durlach 1932, S. 15.

48 Wahlanzeige v. 30. August 1930, abgedruckt in: Günter Buchstab/Brigitte Kaff/Hans-Otto Kleinmann (Hg.): Keine Stimme dem Radikalismus. Christliche, liberale und konservative Parteien in den Wahlen 1930-1933, Berlin 1984, S. 50.

49 Vgl. Rainer Prätorius: Christlich-Sozialer Volksdienst, in: Wende: Lexikon, S. 84f, S. 84.

50 Wahlaufruf v. 5. November 1932, in: Buchstab: Keine Stimme, S. 100.

51 Wahlaufruf, in: Opitz: CSVD, S. 333. Zum Staatsverständnis des CSVD siehe vor allem Wendland: Staatsanschauung.

52 Vgl. Prätorius: CSVD, S. 84; Karl Buchheim: Geschichte der christlichen Parteien in Deutschland, München 1953, S. 400.

53 Wahlaufruf des Christlich-sozialen Volksdienstes zur Reichstagswahl am 14. September 1930, abgedruckt in: Opitz: Volksdienst, S. 333-334, S. 333.

54 Leitsatz Nr. 6, in: Opitz: Volksdienst, S. 332.

55 Reichssatzung des Christlich-sozialen Volksdienstes v. 18. September 1931, abgedruckt in: Opitz: Volksdienst, S. 335-339, S. 335.

56 Leitsatz Nr. 4, in: Opitz: Volksdienst, S. 332.

57 Flugblatt des CSVD: Wo steht der Volksdienst?, v. Albert Schmidt, o.D., AdsD, NL Scheu, 481.

58 Albert Schmidt: Der Christlich-Soziale Volksdienst. Eine Antwort auf besorgliche Fragen, Hamburg 1932, NL Bausch, ACDP, I-059-002/2. Siehe auch das Flugblatt des CSVD: Wo steht der Volksdienst?, v. Albert Schmidt, o.D., AdsD, NL Scheu, 481.

59 Leitsatz Nr. 8, in: Opitz: Volksdienst, S. 332.

60 Wahlaufruf, abgedruckt in: Opitz: Volksdienst, S. 333.

61 Leitsatz Nr. 8, in: Opitz: Volksdienst, S. 332.

62 Rede Simpfendörfers v. 18. Oktober 1930 vor dem Reichstag, abgedruckt in: Mommsen: Parteiprogramme, S. 545-547, S. 547.

63 Vgl. Neumann: Parteien, S. 71.

64 Wilhelm Simpfendörfer (1888-1973), Lehrer, 1929-1933 Vorsitzender des CSVD, 1930-1933 MdR, 1946-1952 MdL (CDU) in Baden-Württemberg, vgl. Frank Raberg: Wilhelm Simpfendörfer, in: Winfried Becker/Günter Buchstab/Anselm Doering-Manteuffel/Rudolf Morsey (Hg.): Lexikon der Christlichen Demokratie, Paderborn/München/Wien/Zürich 2002, S. 369.

65 Rede Simpfendörfers v. 18. Oktober 1930, in: Mommsen: Parteiprogramme, S. 547.

66 Ebd., S. 547.

67 Siehe Wilhelm Simpfendörfer: Der Christlich-Soziale Volksdienst im Revisionskampf, in: Schriften des CSVD, Nr. 14.

68 Flugblatt des CSVD: Dienst an Volk und Staat in deutscher Notzeit, o.D., AdsD, NL Scheu, 481.

69 Vgl. Frank Müller: Christlich-Sozialer Volksdienst, in: Becker: Lexikon, S. 468-469, S. 468.

70 Vgl. Walter Tormin: Geschichte der deutschen Parteien seit 1848, 3. Aufl., Stuttgart u.a. 1968, S. 196.

71 Wahlaufruf, S. 334.

72 Vgl. Prätorius: CSVD, S. 84. Siehe auch das Flugblatt des CSVD: Dienst an Volk und Staat in deutscher Notzeit, o.D., AdsD, NL Scheu, 481.

73 Vgl. Opitz: Volksdienst, S. 317.

74 Vgl. Tormin: Geschichte, S. 196.

75 Zit. nach Opitz: Volksdienst, S. 318.

76 Opitz: Volksdienst, S. 317.

77 Neumann: Parteien, S. 72.

78 Ebd., S. 72.

79 Vgl. Prätorius: Christlichsoziale Partei, in: Wende: Lexikon, S. 81-82.

80 Vgl. Nowak: Evangelische Kirche, S. 265.

81 Vgl. Opitz: Volksdienst, S. 184f.

82 Vgl. Frank Müller: CSVD, S. 468.

83 Vgl. Opitz: Volksdienst, S. 188 und Nowak: Evangelische Kirche, S. 266.

84 Christlicher Volksdienst v. 5. April 1930, Jg. 6, Nr. 14.

85 Wendland: Staatsanschauung, S. 9.

86 Paul Bausch (1895-1981), Rechnungsrat, Mitgründer des CSVD, Mitglied der Reichsleitung, 1930-33 MdR, 1949-1965 MdB (CDU), Rede vor dem Reichstag v. 18. Oktober 1930, Sten. Ber. über die Verhandlungen des Reichstages, V. Wahlperiode, 1930, Bd. 444, S. 175ff. Zur Person siehe vor allem Paul Bausch: Lebenserinnerungen und Erkenntnisse eines schwäbischen Abgeordneten, Korntal 1969.

87 Tägliche Rundschau v. 10. März 1932. Bei der Reichspräsidentenwahl 1932 schlug sich der Volksdienst mit dem Argument der Kontinuität auf die Seite Hindenburgs. In einem Wahlaufruf forderte der CSVD seine Mitglieder auf: »Hindenburg ruft! Der Stürmer von Königgrätz, der Sieger von Tannenberg, der ragende Held inmitten des Zusammenbruchs, der Zeuge der Reichsgründung und Kaiserproklamation von Versailles, der Heros des Weltkrieges, der Vater des Vaterlandes in dem Unglück der Nachkriegszeit ruft zu erneuter Gefolgschaft, ruft zum Bekenntnis unwandelbarer deutscher Treue. Wir hören den Ruf, wir folgen dem Ruf.« Wahlzeitung des CSVD »Die nationale und staatspolitische Einstellung des Volksdienstes, Feb. 1932, AdsD, NL Scheu, 483.

88 Opitz: Volksdienst, S. 202ff.

89 Vgl. auch Herbert Kühr: Parteien und Wahlen im Stadt- und Landkreis Essen in der Zeit der Weimarer Republik. Unter besonderer Berücksichtigung der Verhältnisses von Sozialstruktur und politischen Wahlen, Düsseldorf 1973, S. 282.

90 »Wir wollen Volksgemeinschaft und Volkstum«, Wahlzeitung des CSVD »Wille und Weg des Volksdienstes« o.D., NL Paul Bausch, ACDP, I-059-001/1. Siehe auch Theodor Haug: »Volkstum und Ehe«, Schriften in zwangloser Folge im Auftrag des Christlich-sozialen Volksdienstes, Nr. 2, o.D., NL Paul Bausch, ACDP, I-059-002/2.

91 Wahlaufruf v. 30. Juni 1932, in: Buchstab: Keine Stimme, S. 86.

92 Siehe die Erklärung Simpfendörfers zum ›Ermächtigungsgesetz‹, Sten. Ber. über die Verhandlungen des Reichstages, VIII. Wahlperiode, 1933, Bd. 457, S. 38.

93 Vgl. Opitz: Volksdienst, S. 311 und Prätorius: CSVD, S. 81f.

94 Christlich-sozialer Volksdienst v. 15. Juli 1933, Jg. 9, Nr. 29.

95 Gerhard Schäfer: Die evangelische Landeskirche in Württemberg und der Nationalsozialismus. Eine Dokumentation zum Kirchenkampf. Bd. I: Um das politische Engagement der Kirche 1932-1933, Stuttgart 1971, S. 115f.

96 Vgl. auch Nowak: Evangelische Kirche, S. 270f. Heinemann warf vor allem den evangelischen Landeskirchen vor, den Volksdienst im Stich gelassen zu haben. Mit dem Argument, »daß das Christentum nichts mit politischer Verantwortung zu tun habe«, ein Irrtum der »tief in der deutschen Reformation geborenen landesherrlichen Gebundenheit der protestantischen Kirche« begründet sei, habe die Kirche dem CSVD schwer geschadet. Demokratie und christliche

Kirche. Ein Beitrag zu einer ›deutschen Demokratie‹. Vortrag in verschiedenen Städten des Ruhrgebiets 1945/46 (Druckfassung), in: Heinemann: Glaubensfreiheit, S. 11-21, S. 18.

97 Vgl. Ruppert: Ideen, S. 130.

98 Heinemann: Demokratie und christliche Kirche, S. 11-21, S. 18.

99 Heinemanns Entnazifizierungsakte, HStA Düsseldorf, NW 1005, G. 40/71.

100 Vgl. Gaus: »Zu Protokoll«, S. 84. Ein so frühes Engagement für den Volksdienst scheint jedoch ausgeschlossen, da die Partei erst am 28. Dezember 1929 gegründet wurde.

101 Auch die Befragung von Zeitzeugen konnte nur wenig neue Erkenntnisse über Heinemanns CSVD-Mitgliedschaft liefern.

102 In einem Gespräch mit Gollwitzer gab Heinemann an, den Volksdienst lediglich gewählt zu haben: Frage Gollwitzer: »Hast Du Dich für den christlichen Volksdienst betätigt oder nur gewählt?«, Antwort Heinemann: »Gewählt.«, Heinemann im Gespräch mit Helmut Gollwitzer, Transkription von Tonbandaufzeichnungen von 1974/75, AdsD, NL Heinemann, Teil II, 037b. In biographischen Angaben aus dem Jahr 1965 schreibt Heinemann jedoch von »politischer Arbeit« im Christlichen Volksdienst, Schreiben Heinemanns an Rühmkorf v. 21. Februar 1965, AdsD, NL Heinemann, Teil I, 087.

103 Beispielsweise ein Vortrag über »Brennende Fragen in der Sozialversicherung« auf der Vertrauensmännerversammlung des CSVD von Groß-Essen, vgl. den Eintrag in Heinemanns Taschenkalender v. 3. November 1930; siehe auch den Essener Anzeiger v. 5. Dezember 1930 oder ein »Volksdienst-Vortrag über reformierte Kirchenordnung«, Eintrag in Heinemanns Taschenkalender v. 10. Juni 1933, AdsD, NL Heinemann, Teil II, 026.

104 Vgl. z.B. auch Schütz: Problem, S. 47.

105 Heinemann: Gedanken zur politischen Ethik. Thesen für die Zeitschrift Junge Kirche zum Bundestagswahlkampf, Juli 1957, in: Heinemann: Glaubensfreiheit, 148-152, S. 148.

106 Wahlaufruf »Volksdienstfreunde!« in: Christlicher Volksdienst v. 5. November 1932, abgedruckt bei Buchstab: Keine Stimme, S. 100.

107 Heinrich Mosel: Christen an die Front!, Berlin 1928.

108 Leitsatz Nr. 2, in: Opitz: Volksdienst, S. 331.

109 Zu Mumm siehe auch Norbert Friedrich: »Die christlich-soziale Fahne empor!«. Reinhard Mumm und die christlich-soziale Bewegung, Stuttgart/Berlin/Köln 1997.

110 Rednerskizze v. Mumm: Der Christ und die Politik, in: Materialdienst des CSVD, Nr. 3, 20. Januar 1932.

111 Flugblatt des CSVD: Der Christ und seine politische Entscheidung bei der Wahl, o.D., AdsD, NL Scheu, 481.

112 Wilhelm Simpfendörfer: Politik aus Glauben und Gehorsam. Vortrag über die grundsätzliche Einstellung des Christlich-Sozialen Volksdienstes auf der Reichsvertreterversammlung in Kassel zu Ostern 1930, in: Schriften des CSVD, Nr. 6, S. 11f, u.a. in NL Bausch, ACDP, I-059-002/2.

113 Schütz zitiert einen angeblichen Brief Heinemanns an den Gewerkschaftsfunktionär Karl Dudey v. 6. November 1931, AdsD, NL Heinemann, Teil I, 002, in dem Heinemann vermeintlich die Notwendigkeit betont, der CSVD müsse sich einer größeren Zahl von potentiellen Wählern, insbesondere der Arbeiterschaft öffnen, Schütz: Probleme, S. 48. Es ist allerdings anzuzweifeln, ob dieser Brief tatsächlich aus der Feder Heinemanns stammt. Die Autorschaft des Briefes kann nicht zweifelsfrei festgestellt werden, da zum einen Briefkopf und Unterschrift fehlen und zum anderen der Inhalt und die untypische äußere Gestaltung des Textes gegen Heinemann als Autor sprechen.

114 Flugblatt des CSVD: Dienst an Volk und Staat in deutscher Notzeit, o.D., AdsD, NL Scheu, 481.

115 Manfred Funke: Republik im Untergang. Die Zerstörung des Parlamentarismus als Vorbereitung der Diktatur, in: Karl Dietrich Bracher/Manfred Funke/Hans-Adolf Jacobsen: Die Weimarer Republik 1918-1933. Politik – Wirtschaft – Gesellschaft, 3. Aufl., Bonn 1998, S. 505-531, S. 505.

116 Hermann Müller (1876-1932), Politiker, 1919-1920 Reichsaußenminister (SPD), 1920 und 1928-1930 Reichskanzler. Siehe auch Andrea Hoffend: Mut zur Verantwortung. Hermann Müller. Parteivorsitzender und Reichskanzler aus Mannheim, mit einem Vorw. v. Ulrich Nieß, Mannheim 2001.

117 Vgl. Klaus Schwabe: Der Weg der Republik vom Kapp-Putsch 1920 bis zum Scheitern des Kabinetts Müller 1930, in: Bracher/Funke/Jacobsen: Die Weimarer Republik, S. 95-133, S. 126ff.
118 Vgl. Andreas Wirsching: Die Weimarer Republik in ihrer inneren Entwicklung. Politik und Gesellschaft, München 2000, S. 33.
119 Wahlaufruf zur Reichstagswahl am 14. September 1930, abgedruckt in: Opitz: Volksdienst, S. 333.
120 Simpfendörfer: Unsere Stellung, AdsD, NL Scheu, 481.
121 Politik aus Glauben und Gehorsam, Schriften des CSVD, Nr. 6, S. 15.
122 Leitsatz Nr. 8, in: Opitz: Volksdienst, S. 332.
123 Leitsatz Nr. 9, in: Ebd, S. 332.
124 Politik aus Glauben und Gehorsam, Schriften des CSVD, Nr. 6, S. 15.
125 Vgl. Albert Schmidt: Wider die Schwarmgeister der Gewalt und der Schwäche. Religiöse und politische Grundfragen der Volksdienstbewegung, in: Schriften des CSVD, Nr. 19, S. 8.
126 Licht und Leben v. 10. Juli 1932, Nr. 28.
127 Vgl. Opitz: Volksdienst, S. 258f.
128 Gustav Hülfer: Der Christlich-Soziale Volksdienst und die Parteien, in: Schriften des CSVD, Nr. 15, S. 13f.
129 Siehe hierzu z.B. Paul Bausch: Die politischen Gegenwartsaufgaben des Christlich-Sozialen Volksdienstes. Vortrag gehalten auf der Reichsvertreterversammlung des Christlich-Sozialen Volksdienstes in Kassel zu Ostern 1930, in: Schriften des CSVD, Nr. 8, S. 17ff.
130 Vgl. Opitz: Volksdienst, S. 260, besonders FN 17.
131 Hülfer: CSVD und die Parteien, S. 14.
132 Opitz: Volksdienst, S. 261.
133 Grundsätzlich zum Verhältnis CSVD-SPD siehe Paul Bausch: Anhaltspunkte und Material für die Auseinandersetzung mit der Sozialdemokratie. Theorie und Praxis, Worte und Taten der SPD, Materialdienst des CSVD, Nr. 17, August 1930.
134 Bausch: Anhaltspunkte, S. 2.
135 Siehe z.B. Wilhelm Simpfendörfer: Zur Regierungsbildung im Reich, in: Christlicher Volksdienst v. 7. Juli 1928, Nr. 27.
136 Hülfer: CSVD und die Parteien, S. 9.
137 Siehe auch Karl Veidt: Der Marxismus als Weltanschauung, Wirtschaftslehre und politische Bewegung, Schriften des Christlich-sozialen Volksdienstes, Nr. 20, o.D., u.a. im NL Bausch, ACDP, I-059-002/2.
138 Der CSVD-Abgeordnete Otto Rippel in seiner Rede vor dem Reichstag v. 16. Oktober 1931, Sten. Ber. über die Verhandlungen des Reichstages, V. Wahlperiode, 1931, Bd. 446, S. 2181.
139 Vgl. Opitz: Volksdienst, S. 262.
140 Wilhelm Simpfendörfer: Unsere Stellung zu den Parteien, Entwurf für den Materialdienst des CSVD, Nr. 10, AdsD, NL Scheu, 481.
141 Die politischen Gegenwartsaufgaben des Christlich-Sozialen Volksdienstes, Schriften, Nr. 8, S. 25f.
142 Simpfendörfer: Unsere Stellung, AdsD, NL Scheu, 481.
143 Christlich-Sozialer Volksdienst v. 15. Juli 1933, Nr. 29, S. 1.
144 Vgl. Opitz: Volksdienst, S. 262ff.
145 Simpfendörfer: Unsere Stellung, AdsD, NL Scheu, 481.
146 Flugblatt des CSVD: Der CSVD und die Deutschnationale Partei, o.D., AdsD, NL Scheu, 481.
147 Opitz: Volksdienst, S. 255.
148 Simpfendörfer: Unsere Stellung, AdsD, NL Scheu, 481.
149 Ebd.
150 Opitz: Volksdienst, S. 255.
151 Ebd., S. 256.
152 Vgl. Mergel: Scheitern, S. 323-368.
153 Vgl. Opitz: Volksdienst, S. 256.
154 Nowak: Evangelische Kirche, S. 268.
155 Ebd., S. 268.

156 Friedrich Wilhelm Hennes: Die Notwendigkeit des Christlich-Sozialen Volksdienstes, Materialdienst des Christlich-Sozialen Volksdienstes, Nr. 2, 20. Januar 1932.

157 Christlich-Sozialer Volksdienst v. 21. Februar 1931, Nr. 8.

158 Georg Kliesch (1896-1959), Pfarrer, MdL in Preußen, 1930-1931 Vorsitzender des Landesverbandes Schlesien.

159 Zit. nach Lutz Fahlbusch/Werner Methfessel: Christlich-Sozialer Volksdienst, 1929-1933, in: Dieter Fricke u.a. (Hg.): Lexikon zur Parteiengeschichte. Die bürgerlichen und kleinbürgerlichen Parteien und Verbände in Deutschland (1789-1945), Bd. 1., Köln 1983, S. 464-470, S. 469.

160 So Simpfendörfer in einem »streng vertraulichen Bericht über die Besprechung mit Adolf Hitler am 22. März 1932 (Nur zur Information von Herrn Mumm, M.d.R. bestimmt. Bekanntgabe, auch nur im engsten Kreise, nicht gestattet)«, abgedruckt in VfZ, 37. Jg., (1989), Heft 1, S. 145-155, S. 150.

161 »Schon jetzt könnte ich aber sagen, daß wir [der Volksdienst, J.T.] mehr Möglichkeiten sehen würden, mit den Nationalsozialisten zusammenzuarbeiten als mit den Deutschnationalen. Hitler: ›Wie meinen Sie das?‹ Wir erklärten ihm dann, daß wir die Deutschnationalen für eine reaktionäre und liberalistische Partei hielten.«, Simpfendörfer: Vertraulicher Bericht für Mumm, S. 153.

162 Siehe auch Gustav Hülser: Desillusionierung des Hitlerismus, in: Tägliche Rundschau v. 30. April 1932, Nr. 101. Vgl. Nowak: Evangelische Kirche, S. 268.

163 Opitz: Volksdienst, S. 258. Siehe auch Wilhelm Simpfendörfer: Nationalsozialisten gegen Christlich-Sozialen Volksdienst, in: Christlicher Volksdienst v. 24. Mai 1930, Nr. 21.

164 Von einer Unterredung mit Hitler berichtete Simpfendörfer beispielsweise: »Mein Gesamteindruck: Hitler hat sich bei dieser Unterredung, abgesehen von einer gewissen Pose, die er zuweilen einnahm, in menschlich sympathischer Weise gezeigt. Hitler als Politiker hat auf mich einen ganz niederschmetternden Eindruck gemacht: Verschwommen, unklar, ohne realpolitische Einsicht und ohne fest umrissenes Ziel. Er fühlt sich als politischer Prophet, der in schwärmerischer Verzückung gewisse Zukunftsbilder ausmalt. Würde Hitler zur Macht kommen, so könnte das nur mit einer Katastrophe enden.« Simpfendörfer: Vertraulicher Bericht für Mumm, S. 153.

165 Vgl. Nowak: Evangelische Kirche, S. 268.

166 Gustav Hülser: Der Christlich-Soziale Volksdienst und die Parteien, Schriften des CSVD, Nr. 15.

167 Opitz: Volksdienst, S. 299.

168 Sten. Ber. über die Verhandlungen des Reichstages, VIII. Wahlperiode, 1933, Bd. 457, S. 38.

169 Vgl. Opitz: Volksdienst, S. 311 und Prätorius: CSVD, S. 84f.

Viertes Kapitel

1 Gesetz zur Behebung der Not von Volk und Reich, abgedruckt in: Herbert Michaelis/Ernst Schraepler (Hg.): Ursachen und Folgen. Vom deutschen Zusammenbruch 1918 und 1945 bis zur staatlichen Neuordnung Deutschlands in der Gegenwart. Eine Urkunden- und Dokumentensammlung zur Zeitgeschichte, Bd. 9.: Das Dritte Reich. Die Zertrümmerung des Parteienstaates und die Grundlegung der Diktatur, Berlin o.J., S. 156f.

2 Wilhelm Frick (1877-1946), 1933-1943 Reichsinnenminister, 1943-1945 Reichsminister ohne Geschäftsbereich, ab 1943 Reichsprotektor von Böhmen und Mähren, 1946 Hinrichtung in Nürnberg. Siehe Günter Neliba: Wilhelm Frick. Der Legalist des Unrechtsstaates. Eine politische Biographie, Paderborn 1992.

3 Hermann Göring (1893-1946), ab 1933 preußischer Ministerpräsident und Reichsminister für Luftfahrt, 1940 Ernennung zum Reichsmarschall, 1946 Suizid in Nürnberg. Siehe vor allem Joachim C. Fest: Hermann Göring. Der zweite Mann, in: Ders.: Das Gesicht des Dritten Reiches. Profile einer totalitären Herrschaft, 11. Aufl., München/Zürich 1993, S. 103-119 und Stefan Martens: Hermann Göring. ›Erster Paladin des Führers‹ und ›Zweiter Mann im Reich‹, Paderborn 1985.

4 Vgl. Gotthard Jasper: Die gescheiterte Zähmung. Wege zur Machtergreifung Hitlers 1930-1934, Frankfurt a.M. 1986. Zum Prozeß der Machtübertragung und Machtsicherung siehe auch Ulrich

von Hehl: Nationalsozialistische Herrschaft, 2. Aufl., München 2001, S. 1-10 und Karl Dietrich Bracher: Die deutsche Diktatur. Entstehung, Struktur, Folgen des Nationalsozialismus, 7. Aufl., Köln 1993, S. 218ff.

5 Vgl. Uwe Backes u.a.: Reichstagsbrand. Aufklärung einer historischen Legende, 2. Aufl., München/Zürich 1987 und Hans Mommsen: Der Reichstagsbrand und seine politischen Folgen, in: VfZ 14 (1965), S. 351-413, S. 352ff.

6 Amtliche Mitteilung vom 22. Juni 1933 über die Verbotsmaßnahmen gegen die Sozialdemokratie, in: Michaelis/Schraepler: Ursachen und Folgen, Bd. 9, S. 189. Siehe auch Erich Matthias/ Rudolf Morsey: Das Ende der Parteien 1933. Darstellungen und Dokumente, 2. Aufl., Düsseldorf 1979.

7 Siehe Hans-Gerd Schumann: Nationalsozialismus und Gewerkschaftsbewegung. Die Vernichtung der deutschen Gewerkschaften und der Aufbau der ›Deutschen Arbeitsfront‹, Hannover/ Frankfurt a.M. 1958, Michael Schneider: Kleine Geschichte der Gewerkschaften. Ihre Entwicklung in Deutschland von den Anfängen bis heute, 2. überarb. und aktual. Aufl., Bonn 2000, Karl Heinz Roth: Facetten des Terrors. Der Geheimdienst der ›Deutschen Arbeitsfront‹ und die Zerstörung der Arbeiterbewegung 1933-1938, Bremen 2000 und Gunther Mai: ›Warum steht der deutsche Arbeiter zu Hitler?‹ Zur Rolle der Deutschen Arbeitsfront im Herrschaftssystem des Dritten Reiches, in: Geschichte und Gesellschaft, Jg. 12, (1986), S. 212-234.

8 Von Hehl: Herrschaft, S. 1. Zum Begriff der ›nationalsozialistischen Revolution« siehe auch David Schoenbaum: Die braune Revolution. Eine Sozialgeschichte des Dritten Reiches, Köln/ Berlin 1968, S. 15ff, insb. S. 26.

9 Taschenkalender 1933, Eintrag v. 30. Januar 1933, AdsD, NL Heinemann, Teil II, 026.

10 Klaus Hildebrand: Das Dritte Reich, 6. neubearb. Aufl., München 2003, S. 1.

11 Gustav Heinemann im Gespräch mit Helmut Gollwitzer, Transkription von Tonbandaufzeichnungen von 1974/75, AdsD, NL Heinemann, Teil II, 037b.

12 Siehe vor allem Christine Fraser: Der Austritt Deutschlands aus dem Völkerbund, seine Vorgeschichte und seine Nachwirkungen, Diss. Bonn 1969. Siehe auch Otmar Jung: Plebiszit und Diktatur: die Volksabstimmungen der Nationalsozialisten. Die Fälle ›Austritt aus dem Völkerbund‹ (1933), ›Staatsoberhaupt‹ (1934) und ›Anschluß Österreichs‹ (1938), Tübingen 1985. Amtliches Wahlergebnis der Volksabstimmung und der Reichstagswahl v. 12. November 1933, in: Michaelis/Schraepler: Ursachen und Folgen, Bd. 10: Das Dritte Reich. Die Errichtung des Führerstaates. Die Abwendung von dem System kollektiver Sicherheit, S. 56.

13 Schreiben Heinemann an Adolf Hitler v. 29. November 1933, abgedruckt in: Koch: Drittes Reich, S. 47f, S. 47. Vgl. auch Schütz: Problem, S. 49 und S. 52.

14 Tagebucheintrag v. 13. November 1919, S. 26.

15 Hans Heinrich Lammers (1879-1962), Staatssekretär, 1933-1945 Chef der Staatskanzlei, ab 1937 Reichsminister ohne Geschäftsbereich, engster juristischer Berater Adolf Hitlers, siehe Robert Wistrich: Wer war wer im Dritten Reich? Ein biographisches Lexikon. Anhänger, Mitläufer, Gegner aus Politik, Wirtschaft und Militär, Kunst und Wissenschaft, Frankfurt a.M. 1987, S. 216.

16 Schreiben Heinemanns an Lammers v. 31. August 1936, AdsD, NL Heinemann, Teil I, 005.

17 Wobei bereits hier eine gewisse Übereinstimmung mit den außenpolitischen Zielen der Nationalsozialisten deutlich wird: »Das einzig schöne ist ein scharfer Kampf gegen übertriebenen Internationalismus, gegen den Versailler Frieden.« Tagebucheintrag v. 19. Mai 1920, S. 62.

18 Vgl. Heinemanns Äußerungen über persönliche Freundschaften mit Juden, Heinemann im Gespräch mit Gollwitzer, Transkription von Tonbandaufzeichnungen von 1974/75, AdsD, NL Heinemann, Teil II, 037b.

19 Gustav Heinemann im Gespräch mit Helmut Gollwitzer, Transkription von Tonbandaufzeichnungen von 1974/75, AdsD, NL Heinemann, Teil II, 037b.

20 Heinemann im Interview mit Gaus, in: Plädoyer, S. 84. Vgl. auch Ettemeyer: Weg, S. 28.

21 Zit. nach Vinke: Heinemann, S. 40.

22 Zit. nach Lindemann: Leben, S. 61.

23 Ebd., S. 61.

24 Helmut Gollwitzer über seinen Freund Heinemann, zit. nach Lindemann: Leben, S. 61.

25 Siehe beispielsweise eine Notiz Heinemanns von dieser Sitzung: »21. 4. 1933. Zusammenkunft von ca. 30 Kollegen im ›Verein‹. Beschlüsse gegen Juden. Um 23 Uhr hingerufen (Schürenberg)

gegen Maßnahmen gestimmt, welche dem Reichsgesetz nicht entsprechen.« Handschriftliche Aufzeichnungen o.D., AdsD, NL Heinemann, Teil II, 01998.

26 Erinnerungen, Manuskript v. 1962/63, AdsD, NL Heinemann, Teil II, 052. Abgedruckt in Heinemann: Einspruch, S. 16. Auch in einem Taschenkalender findet sich eine knappe Notiz von dieser Sitzung: »AV [Anwaltsverein; J.T.] Gesetzl. Regelung, 43-5-7=55«, Taschenkalender 1933, Eintrag v. 2. Mai 1933, AdsD, NL Heinemann, Teil II, 026. Notiz auch in AdsD, NL Heinemann, Teil II, 01998.

27 Taschenkalender 1933, Eintrag v. 21. Dezember 1933, »Anwaltsverein (Auflösung)«, AdsD, NL Heinemann, Teil II, 026.

28 Zeitungsartikel v. 24. Dezember 1933, AdsD, NL Heinemann, Teil II, 01998.

29 Zur Gleichschaltung der Anwaltsvereine siehe auch Horst Göppinger: Juristen jüdischer Abstammung im ›Dritten Reich‹. Entrechtung und Verfolgung, 2. völlig neubearb. Aufl., München 1990, S. 112ff.

30 Hans Frank (1900-1946), Reichsrechtsführer, 1928 Gründer des BNSDJ, 1930-1942 MdR, 1934-1945 Reichsminister ohne Geschäftsbereich, 1946 Hinrichtung in Nürnberg. Siehe vor allem Dieter Schenk: Hans Frank. Hitlers Kronjurist und Generalgouverneur, Frankfurt a.M. 2006. Heuber: BNSDJ, S. 1561.

31 Wilhelm Heuber: Der Bund Nationalsozialistischer Deutscher Juristen und die Deutsche Rechtsfront, in: Hans Frank: Nationalsozialistisches Handbuch für Recht und Gesetzgebung, 2. Aufl., München 1935, S. 1561-1566, S. 1562. Wilhelm Heuber (1898-1957), 1932-1942 Reichsgeschäftsführer des BNSDJ, seit 1933 MdR.

32 Heuber: BNSDJ, S. 1561.

33 Ebd., S. 1564f.

34 Vgl. Lothar Gruchmann: Justiz im Dritten Reich 1933-1940, München 2001, S. 125 und Heinrich Wieneke: Union in Essen. Einblicke in Vorgeschichte, Geschichte und Strukturen einer Großstadtpartei, Essen 2005, S. 33.

35 Vgl. Michael Sunnus: Der NS-Rechtswahrerbund, 1928-1945. Zur Geschichte der nationalsozialistischen Juristenorganisation, Frankfurt a.M. 1990, S. 23.

36 Heuber: BNSDJ, S. 1563.

37 Sunnus: NS-Rechtswahrerbund, S. 25f. Sunnus belegt seine Thesen mit Beispielen von Anwälten, die nicht Mitglied im NSRB wurden. Darüber hinaus führt er Schriftstücke des Reichsführers des NSRB an, der sich über die mangelnde Bereitschaft bei jüngeren Anwälten beklagt, Mitglied im Juristenbund zu werden.

38 Heinemann gibt dies auch wahrheitsgemäß in seinem Entnazifizierungsfragebogen v. 24. Mai 1946 an, HStA Düsseldorf, NW 1005, G 40/71 (auch NW 1035-8023). Bereits ab Januar 1934 wird sein Name im Mitgliederverzeichnis der Reichsfachgruppe Rechtsanwälte des BNSDJ geführt, Mitgliederverzeichnis der Reichsfachgruppe Rechtsanwälte des Bundes Nationalsozialistischer Deutscher Juristen (Stand: 10. Januar 1934)«, Universitäts- und Landesbibliothek Münster (Auskunft v. Dr. Bertram Haller, Universitäts- und Landesbibliothek Münster). Sein Mitgliedsausweis datiert auf den 12. März 1934, Ausweis BNSDJ e.V., Nr. 67765, AdsD, NL Heinemann, Teil II, 027.

39 Essener Allgemeine Zeitung v. 24. Dezember 1933.

40 Darauf lassen Eintragungen in seinen Terminkalendern schließen. Vgl. Taschenkalender 1934, Einträge v. 19. September 1934 und 7. Dezember 1934, AdsD, NL Heinemann, Teil II, 026.

41 Taschenkalender 1935, Eintrag v. 30. April 1935, AdsD, NL Heinemann, Teil II, 026.

42 Entnazifizierungsfragebogen v. 24. Mai 1946, HStA Düsseldorf, NW 1005, G 40/71.

43 Anerkennungsurkunde der NSV v. 3. Mai 1933, in: Verfügungen, Anordnungen, Bekanntgaben, Bd. II, hrsg. v. der Partei-Kanzlei, München o.J., S. 21 und in: Zehn Jahre NSV, hrsg. v. der NSDAP, Gau Hamburg, Hauptamt für Volkswohlfahrt, Hamburg 1943, S. 11.

44 Satzung der NS-Volkswohlfahrt v. 14. August 1933, §2, abgedruckt in: Herwart Vorländer: Die NSV. Darstellung und Dokumentation einer nationalsozialistischen Organisation, Boppard 1988, S. 201-203, S. 202.

45 Rede v. Joseph Goebbels anläßlich einer NSV-Tagung 1938, in: Vorländer: NSV, S. 369.

46 Vgl. Peter Hammerschmidt: Wohlfahrtsverbände im NS-Staat. Die NSV und die konfessionellen Verbände Caritas und Innere Mission im Gefüge der Wohlfahrtspflege des Nationalsozialismus, Diss. Marburg 1997, S. 236.

47 Vgl. beispielsweise Tabelle der verteilten Spenden der Winterhilfswerke 1933-1943, in: Eckhard Hansen: Wohlfahrtspolitik im NS-Staat. Motivationen, Konflikte und Machtstrukturen im ›Sozialismus der Tat‹ des Dritten Reiches, Augsburg 1991, S. 45.

48 Hermann Althaus: Nationalsozialistische Volkswohlfahrt. Wesen, Aufgaben und Aufbau, 4. Aufl., Berlin 1939, S. 15.

49 Vgl. Hans Booms: Geleitwort, in: Vorländer: NSV, S. VII

50 Vgl. Hansen: Wohlfahrtspolitik, S. 36 und Hammerschmidt: NSV, S. 253.

51 Vorländer: NSV, S. 179.

52 Schreiben des Reviergruppenführers des Reichsluftschutzbundes Bezirksgruppe Essen an Heinemann v. 17. September 1935, Archiv der ThyssenKrupp AG, RSW/6736. Siehe auch den Entnazifizierungsfragebogen v. 24. Mai 1946, HStA Düsseldorf, NW 1005, G 40/71 (auch NW 1035-8023).

53 Hermann Göring: Görings Bekenntnis zum Reichsluftschutzbund. Rede v. 14. November 1935 vor Amtsträgern des RLB in Berlin, hrsg. v. Präsidium des Reichsluftschutzbundes, Berlin 1935, S. 9.

54 Erste Durchführungsverordnung zum Luftschutzgesetz in der Fassung v. 1. September 1939, Teil I, §1, abgedruckt in: Luftschutz-Taschenkalender 1940, hrsg. v. Präsidium des Reichsluftschutzbundes, Berlin 1939, S. 23-40, S. 23.

55 Die Luftschutz-Fibel, hrsg. v. der Landesgruppe Ostpreußen des Reichsluftschutzbundes e.V., Berlin o.J., S. 55.

56 Z.B. Taschenkalender 1935, diverse Eintragungen, AdsD, NL Heinemann, Teil II, 026.

57 Schreiben des Reichsluftschutzbundes Bezirksgruppe Essen an Heinemann v. 17. September 1935 und Personalkarte Heinemanns v. 21. September 1935, Archiv der ThyssenKrupp AG, RSW/6736. Bereits nach einem Jahr bittet Heinemann die örtliche Führung des RLB darum, von seinem Posten wieder zurücktreten zu dürfen, da er durch einen Umzug einem anderen Verwaltungsbezirk zugeordnet wurde und außerdem durch seine neue Tätigkeit als stellvertretendes Vorstandsmitglied der Rheinischen Stahlwerke nicht mehr die erforderliche Zeit für die »Aufgaben einen Luftschutzblockwalters« aufbringen könnte, Schreiben Heinemanns an Haellmigk v. 6. Oktober 1936, Archiv der ThyssenKrupp AG, RSW/6736.

58 Schreiben des Oberluftschutzführers an Heinemann v. 30. Juni 1942, Archiv der ThyssenKrupp AG, RSW/6736.

59 Verfügung des Präsidiums des RLB v. 19. Oktober 1938, abgedruckt in: Luftschutz-Taschenkalender 1940, S. 209-211, S. 210.

60 Ebd., S. 210f.

61 Göring: Görings Bekenntnis, S. 5f.

62 Heinemann hatte ursprünglich bei der rechtswissenschaftlichen Fakultät angefragt, ob eine »Habilitation für die Fächer: Bürgerliches Recht, Handelsrecht und Bergrecht in Köln möglich sein würde«, Schreiben Heinemanns an Nipperdey v. 19. Juni 1933, Universitätsarchiv, Zug 42/3976. Die Antwort auf Heinemann Anfrage fiel jedoch negativ aus. Der Dekan schrieb ihm: »Meine Fakultät hat sich in der letzten Sitzung mit ihrer inoffiziellen Anfrage betreffend Habilitation [...] befaßt. Die Fakultät trägt in ihrer Mehrheit Bedenken, einen auswärtigen Anwalt, der durch seinen Hauptberuf voll ausgefüllt ist, hier zu habilitieren. [...] Dabei erklärt die Fakultät ausdrücklich, daß ihre wissenschaftlichen Leistungen volle Anerkennung finden. Andererseits erkennt die Fakultät ein besonderes Lehrbedürfnis für Bergrecht an und würde es begrüßen, wenn Sie diese Materie vielleicht jeweils in einer 1-2 stündigen Vorlesung vertreten würden, Schreiben des Dekans der rechtswissenschaftlichen Fakultät an Heinemann v. 1. August 1933, Universitätsarchiv Köln, Zug 42/3976. Vgl. auch den Vermerk über die 104. Fakultätssitzung v. 20. Juli 1933, Universitätsarchiv Köln, Zug 42/3976.

63 Schreiben Heinemanns an den Vorstand der Rheinischen Stahlwerke v. 22. August 1933, Archiv der ThyssenKrupp AG, RSW/6856, vgl. auch Vinke: Heinemann, S. 51. Im ersten Semester besuchten jedoch gerade einmal acht Studenten seine Vorlesung, vgl. die Aufstellung der Hörerzahlen von Heinemanns Vorlesungen, Universitätsarchiv Köln, Zug. 27/79.

64 Heinemanns Lehrauftrag wurde seit 1933/34 regelmäßig durch das Preußische Ministerium für Wissenschaft, Kunst und Volksbildung erneuert, vgl. die diversen Schreiben an Heinemann im Universitätsarchiv Köln, Zug 17/2096.

65 Heinemanns Dozententätigkeit wurde von der rechtwissenschaftlichen Fakultät durchgehend positiv bewertet. In einem Schreiben des Kuratoriums der Universität an den Reichsminister

für Wissenschaft, Erziehung und Volksbildung v. 7. Februar 1939 heißt es beispielsweise: »Der Rechtsanwalt Dr. Dr. Heinemann, stellvertretendes Vorstandsmitglied der Rheinischen Stahlwerke Essen, liest zufolge eines Lehrauftrags der Herrn Ministers seit 1933 in jedem Semester über Wirtschaftsrecht und Bergrecht. Dr. Heinemann hat diese Vorlesungstätigkeit zur vollsten Zufriedenheit der Fakultät ausgeübt. Er ist eine ernste, reife und wissenschaftlich durchaus qualifizierte Persönlichkeit, die durch einen ausgezeichneten Vortrag, die außerordentlich klare Art der Darstellung und ihren wissenschaftlichen Inhalt die Hörer fesselt.«, Universitätsarchiv Köln, Zug. 42/3976.

66 Niederschrift über die Sitzung des Aufsichtsrates v. 14. August 1936, Archiv der ThyssenKrupp AG, RSW/6860. Siehe auch Ernennungsurkunde v. August 1936, Archiv der ThyssenKrupp AG, RSW/4651.

67 Vgl. Vinke: Heinemann, S. 40.

68 Siehe auch den – allerdings recht polemischen – Artikel in der rechtsorientierten Deutschen National-Zeitung v. 4. Juni 1971: »Heinemanns steile Karriere im Dritten Reich«.

69 Siehe Gustav Hempel: Die deutsche Montanindustrie. Ihre Entwicklung und Gestaltung, Essen 1969.

70 Vgl. auch Gertrud Milkereit: Gustav Walter Heinemann, in: Dies.: Lebensbilder aus dem Rheinisch-Westfälischen Industriegebiet, Baden-Baden 1984, S. 46-49.

71 Vgl. Borsdorf: Essen, S. 438.

72 Siehe z.B. Bescheinigung auf Grund der Anordnung v. 9. Januar 1943, in der Heinemann bescheinigt wird, »in der Hauptverwaltung unserer kriegswichtigen Betriebe beschäftigt« zu sein, Archiv der ThyssenKrupp AG, RSW/6856.

73 Als Hitler 1936 einen Vierjahresplan vorlegte, nach dem das Deutsche Reich binnen vier Jahren kriegsfähig sein müsse, betonte Heinemann die Wichtigkeit dieser Pläne, vgl. Schütz: Problem, S. 53.

74 Vgl. Lindemann: Leben, S. 63.

75 Kurt Georg Kiesinger (1904-1988), Jurist, 1949-1959 und 1969-1980 MdB (CDU), 1958-1966 baden-württembergischer Ministerpräsident, 1960-1966 MdL Baden-Württemberg, 1966-1969 Bundeskanzler, 1967-1971 Parteivorsitzender. Siehe vor allem Philipp Gassert: Kurt Georg Kiesinger 1904-1988. Kanzler zwischen den Zeiten, München 2006 und Otto Rundel: Kurt Georg Kiesinger. Sein Leben und sein politisches Wirken, Stuttgart 2006.

76 Hans Globke (1898-1973), Jurist, 1953-1963 Staatssekretär im Kanzleramt.

77 Hans Filbinger (1913-2007), Jurist, 1937-1945 NSDAP, Marinerichter, 1960-1980 MdL Baden-Württemberg (CDU), 1966-1978 baden-württembergischer Ministerpräsident.

78 Karl Carstens (1914-1992), Jurist, Diplomat, 1940-1945 NSDAP, 1954-1966 Auswärtiger Dienst, 1966-1968 Staatssekretär im Verteidigungsministerium, 1968-1969 Chef des Bundeskanzleramtes, 1972-1979 MdB (CDU), 1973-1976 Fraktionsvorsitzender, 1976-1979 Bundestagspräsident, 1979-1984 Bundespräsident. Siehe vor allem Karl Carstens: Erinnerungen und Erfahrungen, hrsg. v. Kai von Jena/Reinhard Schmoeckel, Boppard a.R. 1993. Siehe auch Wolfgang Wiedemeyer: Karl Carstens. Im Dienste unseres Staates, Bonn 1980.

79 Zit. nach Ulrich von Hehl: Die Kirchen in der NS-Diktatur. Zwischen Anpassung, Selbstbehauptung und Widerstand, in: Karl-Dietrich Bracher/Manfred Funke/Hans-Adolf Jacobsen (Hg.): Deutschland 1933-1945. Neue Studien zur nationalsozialistischen Herrschaft, Bonn 1992, S. 153-181, S. 164f.

80 Otto Dibelius (1880-1967), Generalsuperintendent der Kurmark, 1945 Bischof von Berlin, 1949 Vorsitzender des Rates der EKD. Siehe vor allem Hartmut Fritz: Otto Dibelius. Ein Kirchenmann in der Zeit zwischen Monarchie und Diktatur, Göttingen 1998 und Rüdiger Weyer: Kirche-Staat-Gesellschaft in Autobiographien des Kirchenkampfes, Waltrop 1997, S. 100-113.

81 Zit. nach Günther van Norden: Der deutsche Protestantismus im Jahr der nationalsozialistischen Machtergreifung, Köln 1979, S. 54.

82 Richtlinien der Glaubensbewegung »Deutscher Christen« vom Mai 1932, abgedruckt in: Eberhard Röhm/Jörg Thierfelder: Evangelische Kirche zwischen Kreuz und Hakenkreuz. Bilder und Texte einer Ausstellung, Stuttgart 1981, S. 25.

83 Zur Geschichte der Deutschen Christen siehe vor allem Kurt Meier: Die Deutschen Christen, Halle 1964 und Ders.: Kreuz und Hakenkreuz. Die evangelische Kirche im Dritten Reich, München 2001.

84 Einladung zum Dankgottesdienst der Glaubensbewegung ›Deutsche Christen‹ v. 3. Februar 1933: »Jawohl, wir glaubten an den Sieg, wir kämpften um den Sieg und unser Herrgott gab uns den Sieg. Heute steht unser Führer Adolf Hitler als Reichskanzler an der Spitze des Deutschen Reiches. [...] Alle Nationalsozialisten und Deutsche Christen, die mit uns Gott danken wollen für den Sieg des 30. Januar 1933, nehmen an diesem Gottesdienst teil.«, in: Röhm/Thierfelder: Kirche, S. 24.

85 Vgl. Schreiben der Propagandaleitung der NSDAP an alle Gauleiter v. 14. Juli 1933: »Aus Prestigegründen muß der Wahlkampf von den ›Deutschen Christen‹ siegreich durchgeführt werden. Wir müssen ihnen daher alle Unterstützungen, wie Organisation von Massenveranstaltungen, Plakatierung, Flugzettel- und Pressewerbung zuteil werden lassen. Presse und Rundfunk werden auch vom Ministerium für Volksaufklärung und Propaganda eingesetzt.« in: Röhm/Thierfelder: Kirche, S. 32.

86 Vgl. Hans-Josef Steinberg: Widerstand und Verfolgung in Essen 1933-1945, Hannover 1969, S. 156.

87 Günther van Norden: Der Kirchenkampf im Rheinland 1933-1939, in: GWU, 11. Jg., (1960), S. 725-743, S. 729.

88 Schreiben Heinemanns an seine Mutter v. Anfang Januar 1934, AdsD, NL Heinemann, Teil II, 046, Unterstreichungen im Original.

89 Schreiben Heinemanns an Hitler v. 29. November 1933, AdsD, NL Heinemann, Teil II, 0486.

90 Resolution der Deutschen Christen v. 13. November 1933, in: Röhm/Thierfelder, S. 40.

91 Telegramm der Pfarrer Held und Graeber an Reichsbischof Müller v. 24. November 1933, in: Röhm/Thierfelder: Kirche, S. 41.

92 Erlaß v. 4. Januar 1934, abgedruckt in: Johannes Beckmann (Hg.): Kirchliches Jahrbuch für die Evangelische Kirche in Deutschland 1933-1944, 60.-71. Jg., Gütersloh 1948, S. 36f.

93 Vgl. Friedrich Zipfel: Kirchenkampf in Deutschland 1933-1945. Religionsverfolgung und Selbstbehauptung der Kirchen in der nationalsozialistischen Zeit, Berlin 1965, S. 46.

94 Ebd., S. 46.

95 Zu Heinemanns Rolle während der Bekenntnissynode siehe Manfred Wichelhaus: Gustav Heinemann. Als Christ Politik gestalten, in: Menschenrechte – keine Altlasten sondern Zukunftsperspektive, hrsg. v. der Gustav Heinemann-Initiative, Stuttgart 2000, S. 127-130.

96 Zu den sechs Thesen siehe vor allem van Norden: Kirchenkampf, S. 195ff.

97 ›Barmer‹ Theologische Erklärung zur gegenwärtigen Lage der Deutschen Evangelischen Kirche v. 31. Mai 1934, abgedruckt in: Günther van Norden/Paul Gerhard Schoenborn/Volkmar Wittmütz (Hg.): Barmer Theologische Erklärung. Kirchenkampf. Eine Sammlung ausgewählter Dokumente, Wuppertal-Barmen 1984. Vgl. auch Johannes Petrus Michael: Bekennende Kirche, in: LThK, Bd. 2., S. 138-142.

98 Siehe Werner Koch: Der Kampf der Bekennenden Kirche im Dritten Reich, 5. Aufl., Berlin 1988, sowie Gerhard Ringshausen: Widerstand und christlicher Glaube angesichts des Nationalsozialismus, Berlin 2007.

99 Vgl. Wilhelm Niemöller: Die Evangelische Kirche im Dritten Reich. Handbuch des Kirchenkampfes, Bielefeld 1956, S. 396.

100 Zit. nach: Hans Prolingheuer: Der Fall Karl Barth 1934-1935. Chronologie einer Vertreibung, 2. Aufl., Köln 1984, S. 86.

101 Auch Heinemann unterzeichnete eine solche Verpflichtungserklärung. Vgl. Koch: Heinemann im Dritten Reich, S. 64, siehe auch: Hans Prolingheuer: Kleine politische Kirchengeschichte. Fünfzig Jahre Evangelischer Kirchenkampf von 1919 bis 1969, Köln 1984, S. 78.

102 Prolingheuer: Kirchengeschichte, S. 80.

103 Dietrich Bonhoeffer (1906-1945), evangelischer Theologe, Hinrichtung im Konzentrationslager Flossenbürg. Siehe vor allem Eberhard Bethge: Dietrich Bonhoeffer. Eine Biographie, 9. Aufl., Gütersloh 2005 sowie Ferdinand Schlingensiepen: Dietrich Bonhoeffer 1906–1945. Eine Biographie, München 2005 und Sabine Dramm: V-Mann Gottes und der Abwehr? Dietrich Bonhoeffer und der Widerstand, Gütersloh 2005.

104 Vgl. Prolingheuer: Kirchengeschichte, S. 80.

105 Zipfel: Kirchenkampf, S. 50.

106 Heinrich Held (1897-1957), evangelischer Pfarrer, Mitgründer der Bekennenden Kirche, 1947 Vorsitzender des Bruderrates der EKD, 1949-1954 Mitglied des Rates der EKD.

107 Zit. nach Ettemeyer: Weg, S. 182. Vgl. auch Barbara Beuys: Vergeßt uns nicht. Menschen im Widerstand 1933-1945, Reinbek 1987, S. 363 oder Steinberg: Widerstand, S. 156. Siehe auch die Anlage IV zum Personalfragebogen der Entnazifizierungsakte Heinemanns, HStA Düsseldorf, NW 1005, G. 40/71 (auch NW 1035-8023).

108 Martin Niemöller (1892-1984), evangelischer Pfarrer und Theologe, 1938-1945 inhaftiert in den Konzentrationslagern Sachsenhausen und Dachau, 1947-1964 Kirchenpräsident der Landeskirche Hessen und Nassau. Niemöller gründete 1933 als Reaktion auf die Umsetzung des Arierparagraphen in der Evangelischen Kirche den sogenannten ›Pfarrernotbund‹. Diesem Bund schlossen sich innerhalb kürzester Zeit knapp 7.000 Pfarrer, d.h. mehr als ein Drittel der gesamten evangelischen Pfarrerschaft, an. Alle Mitglieder unterschrieben zuvor eine Erklärung, in der sie sich für das Bekenntnis der Kirche und gegen den Arierparagraphen aussprachen. Der Pfarrernotbund wurde 1934 zu einem der Fundamente der Bekennenden Kirche. Siehe auch Dietmar Schmidt: Martin Niemöller. Eine Biographie, Stuttgart 1983 oder Gerald Götting: Pastor Martin Niemöller. Kämpfer gegen den Faschismus – Kämpfer für den Frieden, Berlin 1984.

109 Heinemann notiert im Februar 1936 in seinem Tagebuch: »Zusage, wenn freie Bewegung in puncto Kirche«, zit. nach Koch: Drittes Reich, S. 83.

110 Schreiben Heinemanns an den Generaldirektor des Kohlensyndikats Janus v. 11. Februar 1936, AdsD, NL Heinemann, Teil II, 01998.

111 Vgl. auch Anlagen III und V zum Entnazifizierungsbogen v. 24. Mai 1946, HStA Düsseldorf, Bestand NW 1005, G. 40-71.

112 Schreiben des Vorstandes des Rheinisch-Westfälischen Kohlensyndikats an Heinemann v. 21. März 1936, AdsD, NL Heinemann, Teil II, 01998.

113 Niederschrift über die Sitzung des Aufsichtsrates v. 14. August 1936, Archiv der ThyssenKrupp AG, RSW/6860.

114 Vgl. Schütz: Problem, S. 55.

115 Heinemann: Denkschrift zum Rücktritt, endgültige Fassung v. April 1939, AdsD, NL Heinemann, Teil I, 276. Abgedruckt auch bei Koch: Drittes Reich, S. 205-211.

116 Ebd.

117 Vgl. Koch: Drittes Reich, S. 155f. Heinemann betätigte sich jedoch auch weiterhin für die Bekennende Kirche. Nach Kriegsende stellte der Superintendent des Evangelischen Kirchenkreises Essen Heinrich Held Heinemann eine Bestätigung über dessen Tätigkeit in der Bekennenden Kirche aus: »Er hat von 1933 bis zur Gegenwart im Nachrichtendienst der Bekennenden Kirche gearbeitet, stand jederzeit für Rechtsfragen bei Konflikten mit staatlichen, polizeilichen oder parteiamtlichen Stellen zur Verfügung und war an der Finanzierung der Ausgaben der Bekennenden Kirche für Pfarrbesoldung und dergleichen durch Aufbringung privater Mittel beteiligt.« Bestätigung des Superintendenten Pfarrer Held v. 28. Mai 1945, AdsD, NL Heinemann, Teil II, 028.

118 Heinemann war erst wenige Tage zuvor als ›T.M.‹ (Tätiges Mitglied) in den CVJM aufgenommen worden, vgl. Koch: Drittes Reich, S. 184-192. Genaueres auch bei Ettemeyer: Weg, S. 199-211.

119 Siehe Hitlers Befehl zum Angriff auf Polen v. 31. August 1939, abgedruckt in: Johannes Hohlfeld (Hg.): Dokumente der Deutschen Politik und Geschichte von 1848 bis zur Gegenwart. Ein Quellenwerk für die politische Bildung und staatsbürgerliche Erziehung, Bd. 5.: Die Zeit der nationalsozialistischen Diktatur 1933-1945. Deutschland im zweiten Weltkrieg 1939-1945, Berlin o.J., S. 113f. Siehe auch den ersten Bericht des Oberkommandos der Wehrmacht v. 1. September 1939: »In Erfüllung ihres Auftrages, der polnischen Gewalt Einhalt zu gebieten, sind Truppen des deutschen Heeres heute früh über alle deutsch-polnischen Grenzen zum Gegenangriff angetreten«, in: Michaelis/Schraepler: Ursachen und Folgen, Bd. 14: Das Dritte Reich. Der Angriff auf Polen. Die Ereignisse im Winter 1939-1940, S. 8f.

120 Allerdings befürchtete Heinemann zu einem späteren Zeitpunkt des Krieges, doch noch als Soldat eingezogen zu werden, vgl. Schreiben Heinemanns an seine Mutter v. 27. März 1943, AdsD, NL Heinemann, Teil II, 047. In den letzten Kriegswochen stellte Rheinstahl Heinemann eine Bescheinigung aus, wonach er nicht für den Volkssturm einberufen werden dürfe, Kriegstagebuch, Eintrag v. 31. März 1945, AdsD, NL Heinemann, Teil II, 028. Bereits im Januar 1945 verwehrte sich das Generalsekretariat der Stahlwerke gegen einen Einberufungsbefehl für Heinemann. Zum einen sei Heinemann bei der letzten wehrärztlichen Untersuchung als lediglich

»arbeitsverwendungsfähig« befunden worden, zum anderen könne er nicht entbehrt werden, »weil er nach dem Ausfall von 4 Unterschriftenträgern in seiner Eigenschaft als stellvertretendes Mitglied des Vorstandes unserer Gesellschaft bei unserer Hauptverwaltung nur noch der einzigste [sic!] Unterschriftsträger ist, der zusammen mit dem Vorsitzer des Vorstandes unserer Gesellschaft gesetzlich vertreten kann«, Archiv der ThyssenKrupp AG, RSW/6856.

121 Schreiben Heinemanns an seine Kinder v. 26. Januar 1945, abgedruckt in Heinemann: Einspruch, S. 194-196, S. 196.

122 Siehe das Ultimatum v. 3. September 1933, in: Hohlfeld: Dokumente der Deutschen Politik, Bd. 5, S. 123f.

123 Schreiben Heinemanns an seinen Vater v. 5. Juli 1940, AdsD, NL Heinemann, Teil II, 046.

124 Schreiben Heinemanns an seine Mutter v. 30. August 1940, AdsD, NL Heinemann, Teil II, 046.

125 Schreiben Heinemanns an seine Eltern v. 9. März 1942, AdsD, NL Heinemann, Teil II, 046.

126 Vgl. Helga Mohaupt: Kleine Geschichte Essens. Von den Anfängen bis zur Gegenwart, Essen 2002, S. 209.

127 Bescheinigung des Ortsgruppenleiters der NSDAP v. 6. März 1943, AdsD, NL Heinemann, Teil II, 027.

128 Auch Heinemann führte eine genaue Statistik über die Anzahl der Fliegeralarme und Luftangriffe auf Essen, AdsD, NL Heinemann, Teil II, 028.

129 Schreiben Heinemanns an seine Eltern v. 4. April 1943, AdsD, NL Heinemann, Teil II, 047.

130 Schreiben Heinemanns an seinen Vater v. 13. August 1943, AdsD, NL Heinemann, Teil II, 047.

131 Schreiben Heinemanns an seine Eltern v. 11. März 1943, AdsD, NL Heinemann, Teil II, 047.

132 Schreiben Heinemanns an seine Eltern v. 16. November 1943, AdsD, NL Heinemann, Teil II, 047.

133 Schreiben Heinemanns an seine Mutter v. 27. April 1944, AdsD, NL Heinemann, Teil II, 047.

134 Schreiben Heinemanns an seine Mutter v. 14. November 1944, AdsD, NL Heinemann, Teil II, 047.

135 Schreiben Heinemanns an seine Mutter v. 26. Januar 1945, AdsD; NL Heinemann, Teil II, 047.

136 Schreiben Heinemanns an seine Kinder v. 26. Januar 1945, in: Heinemann: Einspruch, S. 194-196, S. 195f.

137 Schreiben Heinemanns an seine Frau v. 28. Februar 1945, in: Heinemann: Einspruch, S. 196-198, S. 198.

138 Schreiben Heinemanns an seine Mutter v. 12. März 1945, AdsD, NL Heinemann, Teil II, 047.

139 Vgl. auch das Kriegstagebuch, Eintrag v. 1. April 1945: »Einkreisung Ruhrgebiet fertig.«

140 Schreiben Heinemanns an seine Mutter v. 26. März 1945, AdsD, NL Heinemann, Teil II, 047.

141 Kriegstagebuch, Eintrag v. 10. April 1945.

142 Kriegstagebuch, Eintrag v. 16. April 1945.

143 Siehe beispielsweise Hauer: Bürgerpräsident, S. 23 oder Vinke: Heinemann, S. 39-51.

144 Claus Graf Schenk von Stauffenberg (1907-1944), Oberst, Widerständler, verübte am 20. Juli 1944 ein Attentat auf Adolf Hitler. Nach dem Scheitern des Umsturzversuchs wurde er noch in derselben Nacht standrechtlich im Hof des Berliner Bendlerblocks erschossen. Siehe vor allem Peter Hoffmann: Claus Graf Schenk von Stauffenberg und seine Brüder, Stuttgart 2004; Joachim Scholtyseck: Claus Schenk Graf von Stauffenberg (1907 – 1944), in: Reinhold Weber/ Ines Mayer (Hg.): Politische Köpfe aus Südwestdeutschland, Stuttgart 2005, S. 204-214 und Gerd R. Ueberschär: Stauffenberg und das Attentat vom 20. Juli 1944. Darstellung, Biographien, Dokumente, Frankfurt a.M. 2006. Allgemein zum Attentatsversuch vom 20. Juli siehe vor allem Joachim Fest: Staatsstreich. Der lange Weg zum 20. Juli, Berlin 1994; Hans Mommsen: Alternative zu Hitler. Studien zur Geschichte des deutschen Widerstands, München 2000 sowie Tilman Mayer: Die geschichtspolitische Verortung des 20. Juli 1944, in: APUZ, Heft 27, (2004), S. 11-14.

145 Henning von Tresckow (1901-1944), Generalmajor, Widerständler, war organisatorisch am Attentat auf Hitler beteiligt, entging der Hinrichtung durch Selbstmord. Siehe vor allem Bodo Scheurig: Henning von Tresckow. Ein Preuße gegen Hitler, Berlin 2004.

146 Hauer: Bürgerpräsident, S. 23.

147 Zur Problematik einer Definition des Begriffs ›Widerstand‹ siehe auch von Hehl: Herrschaft, S. 40ff. Siehe auch Ringshausen: Widerstand.

148 Schreiben Heinemanns an seine Mutter v. Anfang Januar 1934, AdsD, NL Heinemann, Teil II, 046, Unterstreichungen im Original.

149 Zipfel: Kirchenkampf, S. 50.

150 Norden: Kirchenkampf, S. 729.

151 »Treues Dienen im gottgegebenen beruflichen Stand, Gehorsam gegenüber der Obrigkeit – das sind die besonderen Akzente lutherischer Predigt.«, Heinemann: Erbe und Auftrag. Geschichtliche Betrachtung zum Thema Kirche und Demokratie, in: Heinemann: Schnittpunkt, S. 8-23, S. 21. Vgl. auch Georg Denzler/Volker Fabricius: Die Kirchen im Dritten Reich. Christen und Nazis Hand in Hand?, Bd. 1., Frankfurt a.M. 1984, S. 99.

152 Brief des Apostels Paulus an die Römer, 13, 1-7 (Übersetzung der Lutherbibel).

153 Vgl. auch Heinemann: Die öffentliche Verantwortung des evangelischen Christen. Vortrag auf der Deutschen Evangelischen Woche in Hannover v. 29. Juli 1949, in: Heinemann: Glaubensfreiheit, S. 48-51, S. 48 und Heinemann: Gedanken zur politischen Ethik. Thesen für die Zeitschrift Junge Kirche zum Bundestagswahlkampf v. Juli 1957, in: Heinemann: Glaubensfreiheit, S. 148-152, S. 249f.

154 Heinemann: Die Verantwortung des Christen im politischen Leben, Vortrag in der Evangelischen Akademie Bad Boll v. 25. Juli 1951, in: Heinemann: Einspruch, S. 63-65, S. 63.

155 Zur Haltung der evangelischen Kirche gegenüber der nationalsozialistischen Judenpolitik siehe Kurt Meier: Kirche und Judentum. Die Haltung der evangelischen Kirche zur Judenpolitik des Dritten Reiches, Göttingen 1968; Marikje Smid: Deutscher Protestantismus und Judentum 1932-33, München 1990.

156 Rede Heinemanns im Deutschen Bundestag v. 18. Februar 1960, in: Heinemann: Glaubensfreiheit, S. 153-158, S. 154. Nach dem Ende des Krieges schrieb Heinemann dem Vorsitzenden der Jüdischen Gemeinde in Essen: »Ich [bin] zu keiner Zeit meines Lebens Antisemit gewesen, vielmehr [habe ich] in den bösen Jahren manchem ihrer Gemeindemitglieder, insbesondere auch solchen, die zum Schluß der Nazizeit unterirdisch und illegal hier in Essen gelebt haben, mannigfach geholfen.«, Schreiben Heinemanns an Siegfried Levy v. 30. April 1949, AdsD, NL Heinemann, Teil I, 018. Über Heinemanns praktische Hilfe für verfolgte Juden siehe vor allem auch Inge Deutschkron: Gustav Heinemann. Logik eines Lebens, in: Vorgänge, (2005), Heft 1, S. 108-125, S. 114ff. Siehe außerdem Ettemeyer: Weg, S. 285-290.

157 Vgl. auch Lindemann: Leben, S. 61.

158 In seinem Lebenslauf für die alliierten Besatzungsbehörden verschweigt Heinemann seine Mitgliedschaft in diesen NS-Organisationen: »Der NSDAP oder einer ihrer Gliederungen habe ich nicht angehört.«, Heinemanns Lebenslauf v. 23. Januar 1946, AdsD, NL Heinemann, Teil II, 028. Sowohl die NSV als auch der NSRB waren jedoch der Partei angeschlossene Verbände.

159 Vgl. Schütz: Problem, S. 52.

160 Zit. nach Lindemann: Leben, S. 55 und Vinke: Heinemann, S. 52.

161 Heinemann: Tagebuchnotizen, Eintrag v. 18. April 1945, AdsD, NL Heinemann, Teil II, 028.

162 Entnazifizierungsfragebogen Gustav Heinemanns, HStA Düsseldorf, Bestand NW 1005, G. 40/71 (auch NW 1035-8023). In der Anlage zur Entlastungsbescheinigung Hilda Heinemanns findet sich sogar die Bemerkung: »Es ist hier bekannt, daß die Familie Heinemann dem nationalsozialistischen Geiste von Anfang an bedeutenden Widerstand entgegengesetzt hat.«, Bescheinigung der Spruchkammer des Entnazifizierungs-Hauptausschusses des Stadtkreises Essen v. 22. April 1948 zum Entlastungszeugnis Hilda Heinemanns v. 21. April 1948, HStA Düsseldorf, NW 1005, G. 42-1448.

163 Zit. nach Lindemann: Leben, S. 67.

164 Ansprache Heinemanns v. 19. Juli 1969 zum 25. Gedenktag des 20. Juli, in: Heinemann: Reden und Interviews, Bd. I, S. 18-26, S. 20.

165 Vortrag Heinemanns in Bern v. 1. Dezember 1950, zit. nach: Koch: Drittes Reich, S. 196. Siehe auch Riemenschneider: »Wir leben von Gott, nicht von den Menschen«, Gustav Heinemann in der Bekennenden Kirche des Dritten Reiches, in: Thierfelder/Riemenschneider: Heinemann, S. 74-117, S. 114.

166 Ansprache Heinemanns v. 19. Juli 1969, in: Heinemann: Reden und Interviews, S. 25.

167 Zum Stuttgarter Schuldbekenntnis siehe Armin Boyens: Das Stuttgarter Schuldbekenntnis vom 19. Oktober 1945. Entstehung und Bedeutung, in: VfZ, Bd. 19, (1971), S. 374-197. Siehe außer-

dem: Martin Greschat (Hg.): Die Schuld der Kirche. Dokumente und Reflexionen zur Stuttgarter Schulderklärung vom 18./19. Oktober 1945, München 1982.

168 Diether Koch: Einführende Bemerkungen zu »Die Stuttgarter Schulderklärung bleibt Anstoß zur Umkehr«. Vortrag Heinemanns in der Johanneskirche in Bern v. 1. Dezember 1950, in: Heinemann: Einspruch, S. 58f., S. 58.

169 Stuttgarter Erklärung des Rates der Evangelischen Kirche in Deutschland v. 18./19. Oktober 1945, im Wortlaut abgedruckt bei: Riemenschneider: Wir leben von Gott, S. 116f. Siehe auch Günter Heidtmann: Hat die Kirche geschwiegen? Das öffentliche Wort der evangelischen Kirchen aus den Jahren 1945-1957, 3. Aufl., Berlin 1958, S. 20.

170 Handschriftliche Aufzeichnungen zur Situation im Jahr 1945, AdsD, NL Heinemann, Teil II, 181.

171 Schütz: Frieden, S. 67.

Fünftes Kapitel

1 Zur Geschichte des Neuanfangs nach 1945 siehe vor allem Theodor Eschenburg: Jahre der Besatzung 1945-1949. Mit einem einleitenden Essay v. Eberhard Jäckel, Stuttgart 1983 und Wolfgang Benz (Hg.): Deutschland unter alliierter Besatzung 1945-1949/55. Ein Handbuch, Berlin 1999.

2 Borsdorf: Essen, S. 438.

3 Vgl. Wolf Schneider: Essen. Abenteuer einer Stadt, Düsseldorf/Wien/New York 1991, S. 271.

4 Josef Aust: Zehn Jahre CDU Essen. Werden und Wirken einer Kreispartei 1946-1956, Essen 1956, S. 13.

5 Kriegstagebuch, Eintrag v. 18. April 1945, AdsD, NL Heinemann, Teil II, 028.

6 Hugo Rosendahl (1884-1964), Politiker, 1945-1946 Oberbürgermeister der Stadt Essen, 1946-1950 Oberstadtdirektor. Zur Ernennung Rosendahls zum Essener Oberbürgermeister durch die Militärregierung vgl. Hartmut Pietsch: Militärregierung, Bürokratie und Sozialisierung. Zur Entwicklung des politischen Systems in den Städten des Ruhrgebietes 1945-1948, Duisburg 1978, S. 63f.

7 Schreiben des Oberbürgermeisters Rosendahl an Heinemann v. 25. Juni 1945, AdsD, NL Heinemann, Teil I, 005. Die erste Sitzung dieses Ausschusses fand am 29. Juni 1945 statt. Vgl. Heinemann: Tagebuchnotizen, Eintrag v. 29. Juni 1945, AdsD, NL Heinemann, Teil II, 028.

8 Zudem wurde Heinemann im Juli 1945 zum ordentlichen Mitglied des Vorstandes der Rheinischen Stahlwerke bestimmt, siehe Niederschrift über die Sitzung des Aufsichtsrates v. 30. Juli 1945, Archiv der ThyssenKrupp AG, RSW/6860.

9 Heinemann: Demokratie und christliche Kirche. Ein Beitrag zu einer ›deutschen Demokratie‹. Vortrag in verschiedenen Städten des Ruhrgebietes 1945/46 (Druckfassung), in: Ders.: Glaubensfreiheit, S. 11-21, S. 19.

10 Der ›Wattenscheider Kreis‹, eine Gruppe interkonfessioneller Politiker und Gewerkschafter um den früheren preußischen Staatsratsabgeordneten Anton Gilsing und den Verleger der Zentrumszeitung ›Tremonia‹ Lambert Lensing, trat für eine große Partei beider christlichen Bekenntnisse ein. Der örtliche Schwerpunkt war auf Wattenscheid gerichtet, von wo aus versucht wurde, Kontakt zu anderen politischen Gruppen aufzunehmen. Vgl. Hans-Otto Kleinmann: Geschichte der CDU, hrsg. v. Günter Buchstab, Stuttgart 1993, S. 29 und Peter Hüttenberger: Nordrhein-Westfalen und die Entstehung seiner parlamentarischen Demokratie, hrsg. v. Hauptstaatsarchiv Düsseldorf, Siegburg 1973, S. 55 und Friedrich Brickwedde: Die Frühgeschichte der westfälischen CDU, unveröff. Magisterarbeit, Münster 1978, S. 17-27. Siehe auch Michael Klein: Westdeutscher Protestantismus und politische Parteien. Anti-Parteien-Mentalität und partei-politisches Engagement von 1945 bis 1963, Tübingen 2005.

11 Heinrich Strunk (1883-1952), Gewerkschafter, 1920-1933 Mitglied des Preußischen Staatsrates (Zentrum), 1945 Gründungsvorsitzender der Essener CDU, 1946-1947 MdL NRW.

12 Aust: Zehn Jahre, S. 14.

13 Aust: Stunde Null, S. 2.

14 Der »Fünfzigerkreis« tagte darüber hinaus noch am 16. August 1945, 26. September 1945 und am 15. und 28. November 1945. Vgl. Wieneke: Union in Essen, S. 40.

15 Darunter auch die Zentrumspolitiker Heinrich Steffensmeier und Richard Muckermann, vgl. Pietsch: Militärregierung, S. 178 und Josef Aust: In der Stunde Null war alles anders, in: Dreißig Jahre CDU in Essen, Essen 1976, S. 3-15, S. 7.

16 Heinemann: Der Christ in der Union. Rede auf einer Wahlkundgebung in Heidelberg v. 21. September 1949, in: Ders: Vaterländer, S. 74-84, S. 76.

17 Zit. nach Norbert Solberg: Chronik der CDU Essen, Essen 1996, S. 7.

18 Aust: Zehn Jahre, S. 15.

19 Zit. nach Aust: Stunde Null, S. 7.

20 Vgl. ebd., S. 15.

21 Aust: Zehn Jahre, S. 15.

22 Heinemann: Der Christ in der Union. Rede auf einer Wahlkundgebung in Heidelberg v. 21. September 1949, in: Ders.: Vaterländer, S. 74-84, S. 76.

23 Vgl. Heinemann: Demokratie und christliche Kirche. Ein Beitrag zu einer »deutschen Demokratie«. Vortrag in verschiedenen Städten des Ruhrgebietes 1945/46 (Druckfassung), in: Ders.: Glaubensfreiheit, S. 11-21, S. 21.

24 Vgl. Wieneke: Union in Essen, S. 37. Zum konfessionellen Brückenschlag der CDU siehe auch Tilman Mayer/Paul-Ludwig Weinacht: Ursprung und Entfaltung christlicher Demokratie in Südbaden. Eine Chronik 1945-1981, Freiburg i. Br. 1982, S. 21.

25 Zit. nach Wieneke: Union in Essen, S. 38. Vgl. auch Rheinische Post v. 9. März 1946. Die politische Zusammenarbeit der beiden Konfessionen in der Union befürwortete er jedoch nur »bei unerschütterlicher Bewußtheit des kirchlich-theologischen Gegensatzes«, zit. nach Lindemann: Leben, S. 93.

26 Zit. nach Wieck: Entstehung der CDU, S. 37.

27 Schreiben an das Hauptquartier der Militärregierung, Stadtkreis Essen v. 13. Oktober 1945, AdsD, NL Heinemann, Teil I, 005.

28 Aust irrt hier in seinen Erinnerungen. Er zählt zu den Unterzeichnern Heinrich Strunk, Robert Hülsdele, Wilhelm Lösing und Julius Baniseth. Vgl. Aust: Zehn Jahre, S. 20. Tatsächlich haben allerdings Heinrich Strunk, Hans Toussaint, Wilhelm Lösing, Gustav Heinemann, Heinrich Scheppmann und Julius Banisett den Gründungsantrag unterschrieben. Vgl. Schreiben an das Hauptquartier der Militärregierung, Stadtkreis Essen v. 13. Oktober 1945, AdsD, NL Heinemann, Teil I, 005.

29 Anlage zum Gründungsantrag, Satzung der Ortsgruppe Essen der Christlich-Demokratischen Partei, §2, Satz a).

30 Das Dokument datiert jedoch auf den 21. Dezember 1945; HStA Düsseldorf, RWV 33, Nr. 16. U.a. auch abgedruckt in: Chronik der CDU Essen, Essen 1996, S. 29.

31 Nur zwei Tage nach der Gründung der CDP des Rheinlandes erhielt Heinemann die Einladung von Leo Schwering, dem Geschäftsführenden Vorsitzenden, an einer Arbeitstagung in Köln teilzunehmen, die sich mit der Frage auseinandersetzte, wie eine Christlich-Demokratische Partei organisiert werden soll. Schreiben Leo Schewerings an Heinemann v. 4. September 1945, AdsD, NL Heinemann, Teil I, 005. Die Arbeitstagung fand am 9. September 1945 im Kölner Kolpinghaus statt.

32 Vgl. dazu auch Hans-Georg Wieck: Die Entstehung der Christlich-Demokratischen Union in der britischen Besatzungszone und in Berlin und die Wiederbegründung der Deutschen Zentrumspartei in Westdeutschland im Jahre 1945, Hamburg 1952, S. 118-121.

33 Erst seit dem Reichstreffen in Bad Godesberg führte die Partei einheitlich den Namen »Christlich-Demokratische Union«. Siehe auch Leo Schwering: Frühgeschichte der Christlich-Demokratischen Union, Recklinghausen/Gelsenkirchen 1963, S. 150ff.

34 Vgl. Pietsch: Militärregierung, S. 178. Siehe auch das Einladungsschreiben der Essener CDU, HStA Düsseldorf, RWV 33, Nr. 16.

35 Vgl. Schriftwechsel im HStA Düsseldorf, RWV 26, Nr. 314/315 und 1019. Zu den Differenzen während der Gründungsphase vgl. auch Horstwalter Heitzer: Die CDU in der britischen Zone 1945-1949. Gründung, Organisation, Programm und Politik, hrsg. v. Klaus Gotto/Hans Günter Hockerts/Rudolf Morsey/Hans-Peter Schwarz, Düsseldorf 1988, S. 137f.

36 Vgl. Erklärungen v. 12. September 1945, 15. September 1945, 3. Oktober 1945, HStA Düsseldorf RWV 26, Nr. 1019.

37 So z.B. Johannes Albers in seiner Rede vor der Gründungsversammlung der CDU Essen v. 27. Januar 1946, zit. nach Wieneke: Union in Essen, S. 96.

38 Hans Spiecker (1891-1968), Oberstudiendirektor, 1929-1933 Essener Stadtverordneter des CSVD, 1945 Mitbegründer der CDU, 1950-1962 MdL NRW.

39 Tatsächlich jedoch beteiligten sich vor allem ehemalige Anhänger aus den konfessionellen Parteien wie dem Zentrum, des CSVD und der Bayerischen Volkspartei, den liberalen Parteien wie der DDP und der DVP und den konservativen Parteien wie der DNVP an der Gründung der CDU.

40 Vgl. Ruhrzeitung v. 2. Februar 1946.

41 Vorläufiges Programm der Christlich-Demokratischen Partei Essen, abgedruckt bei Solberg: Chronik, S. 30f.

42 Leo Schwering (1883-1971), Historiker, Mitbegründer der CDU, 1921-1932 MdL Preußen, 1946-1958 MdL NRW.

43 Vorläufiges Programm der Christlich-Demokratischen Partei Essen, Punkt 1.

44 Ebd., Punkt 3.

45 Ebd., Punkt 2.

46 Ebd., Punkt 4.

47 Ebd., Punkt 5.

48 Vgl. Günter Buchstab: 1945-1949, in: Winfried Becker u.a. (Hg.): Lexikon der christlichen Demokratie in Deutschland, Paderborn/München/Wien/Zürich 2002, S. 53-64, S. 54.

49 Grundsatzrede des 1. Vorsitzenden der Christlich-Demokratischen Union für die Britische Zone in der Aula der Kölner Universität v. 24. März 1946, in: Konrad Adenauer: Reden 1917-1967. Eine Auswahl, hrsg. v. Hans-Peter Schwarz, Stuttgart 1975, S. 82-106, S. 87.

50 Vgl. Buchstab: 1945-1949, S. 54.

51 Vorläufiges Programm der Christlich-Demokratischen Partei Essen, Punkt 20.

52 Aufruf der CDU an das Deutsche Volk v. 26. Juni 1945, abgedruckt in: Flechtheim: Dokumente, S. 27-30, S. 29. Eine erste konkrete außenpolitische Zielvorstellung formulierte die CDU erst 1947/48, indem die europäische Integration und die Schaffung eines vereinigten Europas, dessen ›Herzstück‹ die Aussöhnung zwischen Deutschland und Frankreich sein sollte, als programmatische Leitidee ausgegeben wurde. Vgl. Felix Becker: Kleine Geschichte der CDU, Stuttgart 1995, S. 40f.

53 Präambel der ›Kölner Leitsätze‹ von 1945, abgedruckt in Ossip Flechtheim (Hg.): Dokumente zur parteipolitischen Entwicklung in Deutschland seit 1945, Bd. 2, Berlin 1968, S. 30f, S. 31. Siehe auch Rudolf Uertz: Christentum und Sozialismus in der frühen CDU. Grundlagen und Wirkungen der christlich-sozialen Idee in der Union 1945-1949, Stuttgart 1981, S. 29.

54 Zum Begriff ›Christlicher Sozialismus‹ siehe vor allem Uertz: Christentum und Sozialismus, Bernd Uhl: Die Idee des christlichen Sozialismus in Deutschland 1945-1947, Mainz 1975 sowie Stefan Noethen: Christlicher Sozialismus im Nachkriegsdeutschland? Die vom Kloster Walberberg ausgehenden Neuordnungskonzeptionen und der Versuch ihrer politischen Umsetzung, unveröff. Magisterarbeit, Köln 1994. Siehe auch Frank Bösch: Macht und Machtverlust. Die Geschichte der CDU, München 2002, S. 10ff.

55 Jakob Kaiser (1888-1961), Buchbinder, Gewerkschafter, 1949 Vorsitzender der Sozialausschüsse der CDU/CSU, 1950 Mitbegründer der Exil-CDU, 1949-1957 Bundesminister für gesamtdeutsche Fragen, siehe vor allem Tilman Mayer (Hg.): Jakob Kaiser. Gewerkschafter und Patriot. Eine Werkauswahl, Köln 1988; Christian Hacke (Hg.): Jakob Kaiser. Wir haben Brücke zu sein. Reden, Äußerungen und Aufsätze zur Deutschlandpolitik, Köln 1988; Elfriede Nebgen: Jakob Kaiser. Der Widerstandskämpfer, Stuttgart u.a. 1967.

56 Jakob Kaiser zur Tagung der CDUD in Berlin v. 16. Juni 1946, in: Mayer: Jakob Kaiser, S. 250-265, S. 256f.

57 Vorläufiges Programm der Christlich-Demokratischen Partei Essen, Punkt 9.

58 Ebd., Punkt 10.

59 Ebd., Punkt 11.

60 ›Frankfurter Leitsätze‹ v. September 1945, abgedruckt in: Flechtheim: Dokumente, S. 36-45, S. 42.

61 Vgl. Helmut Pütz: Konrad Adenauer und die CDU der britischen Besatzungszone 1946-1949, Dokumente zur Gründungsgeschichte der CDU Deutschlands, Bonn 1975, S. 149.

62 Aufruf und Parteiprogramm von Neheim-Hüsten v. 1. März 1946, Punkt 8, abgedruckt in: Flechtheim: Dokumente, S. 48-53, S. 51.

[63] Ebd., Punkt 7.

[64] Zu den sogenannten ›Essener Leitsätzen‹ v. August 1946 siehe auch Uertz: Christentum und Sozialismus, S. 89-97.

[65] ›Ahlener Programm‹ v. 3. Februar 1947, abgedruckt in: Flechtheim: Dokumente, S. 53-58.

[66] Schwarz: Aufstieg, S. 539.

[67] Alle Zitate aus dem ›Ahlener Programm‹, in: Flechtheim: Dokumente, S. 53-58.

[68] ›Düsseldorfer Leitsätze‹ v. 15. Juli 1949, abgedruckt in: Flechtheim: Dokumente, S. 58-76.

[69] »Neuen Ufern zu – mit der CDU«, Plakat zur Landtagswahl in Schleswig-Holstein v. 20. April 1947, abgedruckt in: Gerd Langguth (Hg.): Politik und Plakat. 50 Jahre Plakatgeschichte am Beispiel der CDU, Bonn 1995, S. 26.

[70] Ludwig Erhard (1897-1977), Nationalökonom, 1945/46 Staatsminister für Wirtschaft in Bayern, 1948/49 Direktor der Verwaltung für Wirtschaft des Vereinigten Wirtschaftsgebiets der amerikanischen und britischen Besatzungszone, 1949-1977 MdB (CDU), 1949-1963 Bundeswirtschaftsminister, 1957-1963 stv. Bundeskanzler, 1963-1966 Bundeskanzler, 1966/67 Parteivorsitzender. Siehe vor allem Alfred C. Mierzejewski: Ludwig Erhard. Der Wegbereiter der Sozialen Marktwirtschaft, Berlin 2005.

[71] Johannes Albers auf einer Sitzung des Zonenausschusses der CDU der britischen Zone am 24. und 25. Februar 1949 in Königswinter, in: Konrad Adenauer und die CDU der britischen Besatzungszone 1946-1949. Dokumente zur Gründungsgeschichte der CDU Deutschlands, bearb. v. Helmuth Pütz, S. 775-866, S. 857.

[72] Adenauer auf einer Sitzung des Zonenausschusses der CDU der britischen Zone am 24./25. Februar 1949 in Königswinter, in: Adenauer und CDU. Dokumente, S. 858.

[73] Karl Zimmermann (Hg.): Die erste Reichstagung der Christlich-Demokratischen Union in Godesberg am 14.-16. Dezember 1945, Köln o.J., S. 13.

[74] Zu Heinemanns Einstellung zur Marktwirtschaft vgl. Volkmann: Anatomie, S. 13 und Schreiber/Sommer: Bundespräsident, S. 90.

[75] Heinemann: Persönlicher Aufruf zur Landtagswahl. Gedrucktes Flugblatt v. April 1947, in: Ders.: Vaterländer, S. 50-51, S. 51.

[76] Lindemann: Leben, S. 78.

[77] Heinemann: Wahlrede zur Landtagswahl 1947, April 1947, in: Ders.: Vaterländer, S. 52-69, S. 68.

[78] Die folgenden Ausführungen stützen sich u.a. auf Jörg Treffke: Gustav W. Heinemann und die CDU, 1945-1952, unveröffentl. Magisterarbeit, Bonn 2003.

[79] Heinz Renner (1892-1964), Journalist, 1946-1949 MdL NRW (KPD), 1946 Essener Oberbürgermeister, 1946 Sozialminister, 1947-1948 Verkehrsminister in NRW, 1949-1953 MdB. Siehe vor allem Günter Gleising: Heinz Renner. Eine politische Biographie, Bochum 2000.

[80] Hermann Schröter: Essener Nachkriegsjahre und Oberbürgermeister Dr. Dr. Gustav W. Heinemann, in: Das Münster am Hellweg. Mitteilungsblatt des Vereins für die Erhaltung des Essener Münsters (Münsterbauverein e.V.), Jg. 28, (1969), Heft 3, S. 25-51, S. 31.

[81] Zum Wahlergebnis siehe Schröter: Nachkriegsjahre, S. 35. Vgl. auch Chronik der Stadt Essen für das Jahr 1946, Stadtarchiv Essen, S. 43.

[82] Chronik der Stadt Essen für das Jahr 1946, Stadtarchiv Essen, S. 46.

[83] Heinemann: Antrittsrede als Oberbürgermeister v. 30. Oktober 1946, in: Ders.: Vaterländer, S. 27-31, S.30.

[84] Chronik der Stadt Essen für das Jahr 1947, Stadtarchiv Essen, S. 30.

[85] Vgl. auch die zahlreichen Bürgerbriefe an den Oberbürgermeister Heinemann, Stadtarchiv Essen, Bestand: Oberbürgermeister, 1000/2 und 1000/3.

[86] Die britische Militärregierung plante im Sommer 1947 die Stillegung bzw. Zerstörung weiter Teile des Essener Krupp-Konzerns, vgl. Schütz: Frieden, S. 69-73.

[87] Die Welt v. 17. November 1947.

[88] Heinemann: Antrittsrede als Oberbürgermeister v. 30. Oktober 1946, in: Ders.: Vaterländer, S. 27-31, S. 29.

[89] Heinemann: Rechenschaftsbericht des Oberbürgermeisters über den Wiederaufbau der Stadt v. 9. Oktober 1948, in: Ders.: Vaterländer, S. 34-38, S. 37.

[90] Heinemann: Antrittsrede als Oberbürgermeister v. 30. Oktober 1946, in: Ders.: Vaterländer, S. 27-31, S. 30.

91 Zit. nach Chronik der Stadt Essen für das Jahr 1948, Stadtarchiv Essen, S. 56.

92 Heinemann: Antrittsrede als Oberbürgermeister. Ansprache vor dem Gemeinderat der Stadt Essen v. 30. Oktober 1946, in: Ders.: Vaterländer, S. 27-31, S. 30.

93 Ansprache Heinemanns an den Stadtrat v. 8. November 1948, in: Chronik der Stadt Essen für das Jahr 1948, Stadtarchiv Essen, S. 56f.

94 Schreiben Heinemanns an Niemeyer v. 13. November 1946, AdsD, NL Heinemann, Teil I, 013.

95 Heinemann war bereits zuvor von der Militärregierung zum Mitglied des nicht-exekutiven Rheinischen Provinzialrates ernannt worden. Siehe auch die Berufung Heinemanns zum Mitglied des nicht-exekutiven Provinzialrats der Nord-Rheinprovinz v. 14. Dezember 1945, AdsD, NL Heinemann, Teil II, 028 und Westfalen 1945/46. Siehe ebenso die Niederschrift über die 1. Sitzung des Beratenden Provinzial-Rates v. 30. April 1946.

96 Heinemann: Persönlicher Aufruf zur Landtagswahl. Gedrucktes Flugblatt v. April 1947, in: Ders.: Vaterländer, S. 50-51, S. 51.

97 Chronik der Stadt Essen für das Jahr 1947, Stadtarchiv Essen, S. 33.

98 Karl Arnold (1901-1958), Schuhmacher, 1946 Oberbürgermeister von Düsseldorf, 1946-1958 MdL NRW (CDU), 1947-1956 Ministerpräsident von NRW. Siehe auch Detlev Hüwel: Karl Arnold. Eine politische Biographie, Wuppertal 1980.

99 Franz Blücher (1896-1959), Bankdirektor, Mitbegründer der FDP, 1947-1949 MdL NRW (FDP), 1947 Finanzminister, 1949-1958 MdB, 1949-1953 Bundesminister für Angelegenheiten des Marshall-Plans, 1953-1957 Bundesminister für wirtschaftliche Zusammenarbeit, 1949-1954 Bundesvorsitzender der FDP, 1956 Gründung der Freien Volkspartei (FVP), später Mitglied der DP.

100 Vgl. Hüttenberger: NRW, S. 240.

101 Artur Sträter (1902-1977), Rechtsanwalt, 1946-1947 und 1950-1970 MdL NRW (CDU), 1946/47, 1948-1950 und 1962-1966 Justizminister, 1950-1954 Verkehrsminister, 1954-1956 und 1960-1962 Minister für Bundesangelegenheiten, 1958-1960 Finanzminister.

102 Schreiben Heinemanns an den Parteivorstand der Essener CDU v. 21. Juni 1947, AdsD, NL Heinemann, Teil I, 014.

103 Heinrich Weitz (1890-1962), Verwaltungsfachmann, 1945-1947 Oberbürgermeister von Duisburg, 1946-1950 MdL NRW (CDU), 1947-1951 Finanzminister, siehe Michael Kanther: Das Portrait. Heinrich Weitz (1890-1962), in: Geschichte im Westen, Jg. 4, (1990), Heft 2, S. 198-215.

104 Vgl. Aktennotiz v. 25. Juli 1947, Archiv der ThyssenKrupp AG, RSW/6856. Erst im Juni 1948 konnte Heinemann seine Tätigkeit bei Rheinstahl wieder aufnehmen, Aktennotiz v. 28. Juni 1948, Archiv der ThyssenKrupp AG, RSW/6856.

105 Zit. nach Lindemann: Leben, S. 74.

106 Koch: Deutschlandfrage, S. 74.

107 Schreiben Heinemanns an den Parteivorstand der Essener CDU v. 21. Juni 1947, AdsD, NL Heinemann, Teil I, 014.

108 Zit. nach Koch: Deutschlandfrage, S. 74.

109 Heinemann bemühte sich zuvor unentwegt um eine Nachwahl Sträters. Vgl. z.B. das Schreiben Heinemanns an Gronowski v. 25. Juni 1947, AdsD, NL Heinemann, Teil. I, 014.

110 Schreiben Heinemanns an Arnold v. 18. Mai 1948, AdsD, NL Heinemann, Teil I, 017.

111 Sein Abgeordnetenmandat behielt Heinemann bis 1950. Zu Heinemanns Ausscheiden aus der Landesregierung und dem Streit um seine Nachfolge vgl. Ludger Gruber: Die CDU-Landtagsfraktion in Nordrhein-Westfalen 1946-1980. Eine parlamentshistorische Untersuchung, Düsseldorf 1998, S. 304f.

112 Karl Arnold am 2. Juni 1948 vor dem nordrhein-westfälischen Landtag, Stenographischer Bericht über die 45.-46. Sitzung, S. 491. Folglich muß der Aussage von Hans-Peter Schwarz widersprochen werden, wonach Adenauer dem Ministerpräsidenten »Arnold in erbittertem Ringen [...] seinen Parteigänger Sträter als Justizminister« aufgedrängt und damit zugleich Heinemann dazu gezwungen haben solle »seinen Sessel [zu] räumen, was die Sympathie zwischen diesem und Adenauer nicht gerade vertieft« haben dürfte, Schwarz: Aufstieg, S. 543. Auch Heitzer greift diese Argumentation auf und attestiert Adenauer, er habe es bei der Kabinettsumbildung verstanden, geschickt »eigene Vorstellungen mit Forderungen der Partei zu verknüpfen

und durchzusetzen«, Heitzer: CDU in der britischen Zone, S. 239. Zwar drängte Adenauer tatsächlich beständig auf einer raschen Ablösung Heinemanns: »Er [Heinemann; J.T.] müßte m.E. sobald wie möglich durch einen anderen Herrn ersetzt werden. Er kann nicht gleichzeitig Minister, Oberbürgermeister, Direktor einer Bergwerksgesellschaft und Mitglied des Bruderrates der Bekennenden Kirche sein. Kein Mensch kann diese Aufgaben gleichzeitig erfüllen.«, Schreiben Adenauers an Flecken v. 24. April 1948, StBkAH, NL Adenauer, I.07.18. Letztlich war es jedoch Heinemanns eigener Wille, aus dem Kabinett auszuscheiden und nicht, wie von Schwarz angeführt, der fortwährende Druck des Fraktionsvorsitzenden.

113 Zur Arbeit des Parlamentarischen Rates siehe vor allem Jörg D. Krämer: Die Zusammensetzung des Parlamentarischen Rates, Berlin 2008 und Michael F. Feldkamp: Der Parlamentarische Rat 1948–1949. Die Entstehung des Grundgesetzes, überarb. Neuausg., Göttingen 2008.

114 Schreiben Adenauers an Heinemann v. 29. Juni 1949, AdsD, NL Heinemann, Teil I, 018.

115 Daneben hoffte Adenauer auch auf eine von Heinemann ausgehende Integrationskraft für die Arbeiterschaft. Vgl. Adenauer auf der Sitzung der CDU/CSU-Bundestagsfraktion v. 17. September 1949, Stenographische Niederschrift, in: Auftakt, S. 442-452, S. 446: »[...] Heinemann ist aber besonders beliebt, gerade auch in Arbeiterkreisen«.

116 Schreiben Heinemanns an Adenauer v. 7. Juli 1949, AdsD, NL Heinemann, Teil I, 018.

117 Daß die Ursprünge des Konflikts Heinemann-Adenauer bis in die Jahre 1947/48 zurückreichen, beweisen zahlreiche Aussagen der beiden aus dieser Zeit. Rückblickend auf die »Unmöglichkeit einer vertrauensvollen Zusammenarbeit« mit Adenauer schrieb Heinemann in einem Brief an Coerper: »Ich hatte meine Erfahrungen schon als Justizminister in Düsseldorf gemacht [...].«, Schreiben Heinemanns an Coerper v. 20. Oktober 1950, AdsD, NL Heinemann, Teil I, 034. Wie sehr die gegenseitige Beziehung durch Reserviertheit geprägt war, macht auch ein Brief des Fraktionsvorsitzenden vom April 1948 deutlich: »Auf der Sitzung in Hohensyburg benehmen sich Arnold und Heinemann mir gegenüber betont zurückhaltend, wenn nicht direkt unfreundlich.« Zu den frühen Auseinandersetzungen siehe auch Lindemann: Leben, S. 96. Zu Heinemanns Entscheidung, auf eine Bundestagskandidatur zu verzichten vgl. Müller: GVP, S. 32.

118 Rudolf Amelunxen (1888-1969), Jurist, 1946-1958 MdL NRW (CDU), 1946/47 Ministerpräsident. Siehe auch Clemens Amelunxen: Vierzig Jahre Dienst am sozialen Rechtsstaat. Rudolf Amelunxen zum 100. Geburtstag. Portrait eines Demokraten, erweiterte Fassung eines Vortrags gehalten vor der Juristischen Gesellschaft zu Berlin am 20. April 1988, Berlin/New York 1988.

119 »Bezeichnenderweise hatte Adenauer [...] Albers, Heinemann und Jöstingmeier zu den Verhandlungen mitgenommen«, Hüwel: Arnold, S. 105. Vgl. auch Volkmann: Anatomie, S. 11.

120 Vgl. Walter Först: Kleine Geschichte Nordrhein-Westfalens, Düsseldorf 1986, S. 45.

121 Schreiben Heinemanns an Adenauer v. 3. September 1949, AdsD, NL Heinemann, Teil I, 019.

122 Vgl. Müller: GVP, S. 32.

123 Vgl. Schreiben Heinemanns an Graeber v. 22. September 1949, AdsD, NL Heinemann, Teil I, 020; Schreiben Heinemanns an Major-General Bishop v. 27. September 1949, AdsD, NL Heinemann, Teil I, 020.

124 Zur »katholischen Personalpolitik« in der Ära Adenauer siehe vor allem auch Frank Bösch: Die Adenauer-CDU. Gründung, Aufstieg und Krise einer Erfolgspartei 1945-1969, München 2001, S. 110ff. Siehe auch Karl Forster: Der Katholizismus der Adenauer-Ära, in: Dieter Blumenwitz u.a. (Hg.): Konrad Adenauer und seine Zeit. Politik und Persönlichkeit des ersten Bundeskanzlers, Bd. 2, Stuttgart 1976, S. 488-520.

125 Hermann Ehlers (1904-1954), Jurist, 1949-1954 MdB (CDU), 1950-1954 Bundestagspräsident, Mitbegründer des Evangelischen Arbeitskreises der CDU/CSU. Siehe auch Andreas Meier: Hermann Ehlers. Leben in Kirche und Politik, Bonn 1991.

126 Eugen Gerstenmaier (1906-1986), Theologe, 1949-1969 MdB (CDU), 1954-1969 Bundestagspräsident. Siehe vor allem Gniss: Gerstenmaier sowie Eugen Gerstenmaier (1906-1986). Kirche-Widerstand-Politik, Sankt Augustin 2006.

127 Gerd Bucerius (1906-1995), Verleger, Publizist, 1949-1962 MdB (CDU), 1953-1957 Bundesbeauftragter für die Förderung der Berliner Wirtschaft. Siehe vor allem Ralf Dahrendorf: Liberal und unabhängig. Gerd Bucerius und seine Zeit, München 2000.

128 Hermann Ehlers auf der Sitzung der CDU/CSU-Bundestagsfraktion v. 14. September 1949, Stenographische Niederschrift, in: Auftakt, S. 356-407, S. 393.

129 »Die Frage, ob ich s. Zt. in die Bundesregierung eintreten wollte, hat Herr Dr. Adenauer mir durch einen Beauftragten, nämlich den [...] Bundestagsabgeordneten Kunze-Bethel, stellen lassen, der zu solchem Zweck nach Essen herüberkam«, Schreiben Heinemanns an Alt v. 4. Januar 1966, AdsD, NL Heinemann, Teil II, 055.

130 Herbert Blankenhorn (1904-1991), Diplomat, seit 1949 Persönlicher Referent des Bundeskanzlers, seit 1951 Leiter der Politischen Abteilung des Auswärtigen Amtes, 1960-1063 deutscher Botschafter in Paris, 1965-1970 deutscher Botschafter in London. Siehe vor allem Birgit Ramscheid: Herbert Blankenhorn (1904 – 1991). Adenauers außenpolitischer Berater, Düsseldorf 2006.

131 Herbert Blankenhorn: Verständnis und Verständigung. Blätter eines politischen Tagebuchs 1949 bis 1979, Frankfurt a.M./Berlin/Wien 1980, Eintrag v. 14. September 1949, S. 58.

132 Adenauer auf der Sitzung der CDU/CSU-Bundestagsfraktion v. 14. September 1949, Stenographische Niederschrift, in: Auftakt, S. 394.

133 Ebd., S. 394.

134 Ebd., S. 395.

135 Aufzeichnungen Heinemanns über eine Gespräch mit Adenauer v. 15. September 1949, AdsD, NL Heinemann, Teil I, 254.

136 Stenographische Niederschrift über die Sitzung der Bundestagsfraktion der CDU/CSU v. 17. September 1949, in: Auftakt, S. 442-452.

137 Im Folgenden: Aufzeichnungen Heinemanns über ein Gespräch mit Adenauer v. 15. September 1949, AdsD, NL Heinemann, Teil I, 254.

138 Vgl. dazu das Schreiben Heinemanns an Wilm v. 23. September 1949, AdsD, NL Heinemann, Teil I, 020.

139 Heinemann stellte im September 1949 seine Tätigkeit für Rheinstahl ein. Jedoch wurde von seiten des Vorstandes des Unternehmens großer Wert darauf gelegt, daß Heinemann nach der Entlassung aus dem Ministeramt seine Tätigkeit wieder aufnehmen könnte, Schreiben des Vorstandes der Rheinischen Stahlwerke an Heinemann v. 23. September 1949, Archiv der ThyssenKrupp AG, RSW/6856.

140 Werner Jacobi (1907-1970), Jurist, 1946-1950 MdL NRW (SPD), 1949-1970 MdB.

141 Im Folgenden: Stenographische Niederschrift über die Sitzung der Bundestagsfraktion der CDU/CSU v. 17. September 1949, in: Auftakt, S. 442-452.

142 Robert Lehr (1883-1956), Jurist, 1924-1933 Oberbürgermeister von Düsseldorf, 1946-1950 MdL NRW (CDU), 1949-1953 MdB, 1950-1953 Bundesinnenminister.

143 Stenographische Niederschrift über die Sitzung der Bundestagsfraktion der CDU/CSU v. 17. September 1949, in: Auftakt, S. 442-452, S. 446.

144 Vgl. dazu auch Müller: GVP, S. 33f.

145 Von den Fraktionssitzungen vom 18. und 19. September 1949 sind keine Protokolle überliefert. Blankenhorn berichtet jedoch von der Sitzung am 19. September: »Nun hat sich die Fraktion doch einmütig für Heinemann als Innenminister erklärt. Adenauer möchte diese Entscheidung zugunsten Lehrs rückgängig machen. Vergeblich«, Verständnis, Eintrag v. 19. September 1949, S. 60.

146 Theodor Heuss (1884-1963), Journalist, 1924-1928 und 1930-1933 MdR (DDP), 1948 Vorsitzender der FDP, 1949-1959 Bundespräsident. Siehe vor allem Karl Dietrich Bracher: Theodor Heuss und die Wiederbegründung der Demokratie in Deutschland, Tübingen 1965; Horst Möller: Theodor Heuss. Staatsmann und Schriftsteller, Bonn 1990, Reinhard Tschapke: Theodor Heuss, Berlin 1997.

147 Schreiben Adenauers an Heuss v. 19. September 1949, StBkAH, NL Adenauer, III.47.

148 Eugen Kogon: Zwei Arten realistischer Politik, in: Koch: Deutschlandfrage, S. 5-8, S. 7.

149 Zit. nach Lindemann: Leben, S. 96

150 Schreiben Heinemanns an Gertrud Staeven v. 20. Januar 1950, AdsD, NL Heinemann, Teil I, 024.

151 Martin Niemöller (1892-1984), evangelischer Pfarrer, Mitglied der Bekennenden Kirche, 1937-1945 Inhaftierung (KZ Sachsenhausen und KZ Dachau), 1947-1964 Kirchenpräsident der Landeskirche Hessen und Nassau.

152 Interview im New York Herald Tribune von Marguerite Higgins mit Martin Niemöller v. 11. Dezember 1949. Veröffentlicht und übersetzt im Wiesbadener Tageblatt v. 16. Dezember. Ein-

gehend siehe dazu auch Michael Schumann: Die Entstehung des politischen Ansatzes bei Martin Niemöller unter dem Faschismus und seine Entfaltung in den Jahren 1945-1953 im Rahmen einer Bewegung kleinbürgerlicher Opposition. Versuch einer historisch materialistischen Fragestellung, Diss. Berlin 1974, S. 203-206.

153 Protokoll der Fraktionssitzung v. 31. Januar 1950, in: CDU/CSU-Fraktion, S. 181-190, S. 188f.

154 Schreiben Heinemanns an die Redaktion der Zeitschrift »Mann in der Zeit« v. 22. Dezember 1949, AdsD, NL Heinemann, Teil I, 023.

155 Schreiben Heinemanns an die Schriftleitung des Münchener Merkurs v. 27. Februar 1950, AdsD, NL Heinemann, Teil I, 025.

156 Zit. nach Lindemann: Leben, S. 97. Eine Einigung zwischen Adenauer und Niemöller wurde erst bei einem Gespräch zwischen Vertretern des Rates der EKD und der CDU am 21. März 1950 in Königswinter erreicht. Vgl. Protokoll der 34. Kabinettssitzung v. 10. Januar 1950, in: Kabinettsprotokolle, S. 113-122, S. 118.

157 Schreiben Heinemanns an Niemöller v. 27. Februar 1950, AdsD, NL Heinemann, Teil I, 025.

158 Siehe auch Berlin-Weißensee 1950. Bericht über die zweite Tagung der ersten Synode der Evangelischen Kirche in Deutschland v. 23. bis 27. April 1950.

159 Ernst Reuter (1889-1953), Lehrer, 1931-1933 Oberbürgermeister von Magdeburg (SPD), 1948-1953 Regierender Bürgermeister von Berlin. Siehe vor allem David E. Barclay: Schaut auf diese Stadt. Der unbekannte Ernst Reuter, Berlin 2000.

160 Protokoll der 58. Kabinettssitzung v. 13. April 1950, in: Kabinettsprotokolle, S. 309-324, S. 322-323. Bei dieser Sitzung waren jedoch weder Heinemann noch Adenauer anwesend.

161 Vgl. Schreiben Adenauers an Heinemann v. 14. April 1950, StBkAH, NL Adenauer, III.21.

162 Protokoll der 59. Kabinettssitzung v. 21. April 1950, S. 325-337, S. 335-336.

163 Aktennotiz zur Rücktrittserklärung vom 31. August 1950, AdsD, NL Heinemann, Teil I, 254. Vgl. aber auch Heinemann: Was Dr. Adenauer vergißt. Notizen zu einer Biographie, in: Ders.: Schnittpunkt, S. 89-114, S. 97.

164 Müller: GVP, S. 35.

165 Jakob Kaiser fehlte bei der Sitzung am 21. April 1950.

166 Anselm Doering-Manteuffel: Konrad Adenauer – Jakob Kaiser – Gustav Heinemann. Deutschlandpolitische Positionen in der CDU, in: Jürgen Weber (Hg.): Die Republik der fünfziger Jahre. Adenauers Deutschlandpolitik auf dem Prüfstand, München 1989, S. 18-46, S. 24.

167 Vgl. Schreiben Adenauers an die drei Hohen Kommissare v. 23. März 1950, abgedruckt bei: Konrad Adenauer: Erinnerungen 1945-1963, Bd. II, 1950-1953, Augsburg 1996, S. 40f.

168 Protokoll der 56. Kabinettssitzung v. 28. März 1950, in: Kabinettsprotokolle, S. 292-302, S. 300.

169 Adenauer verschweigt indes in seinen Erinnerungen die Bedenken Kaisers: »Meine Handlungsweise fand die volle Billigung des Kabinetts«, Adenauer: Erinnerungen, Bd. II, S. 42. Vgl. auch die Erklärung Jakob Kaisers zum Europaratsbeitritt, in: Kaiser: Gewerkschafter, S. 490-491.

170 Protokoll der 64. Kabinettssitzung v. 9. Mai 1950, in: Kabinettsprotokolle, S. 368-371, S. 370.

171 Koch: Deutschlandfrage, S. 135.

172 U.a. abgedruckt bei Heinemann: Was Dr. Adenauer vergißt. Notizen zu einer Biographie, in: Ders.: Schnittpunkt, S. 89-114, S. 98. Vgl. ebenso den Beschluß v. 9. Mai 1950, AdsD, NL Heinemann, Teil I, 212. Zu beachten ist, daß Volkmann diesen Beschluß falsch zitiert: »Der Zusammenschluß Europas [...] wird als notwendiger *Schritt* [Kursivierung nicht im Original; J.T.] [...] angesehen.«, Heinemann und Adenauer, S. 14.

173 U.a. abgedruckt bei Heinemann: Was Dr. Adenauer vergißt. Notizen zu einer Biographie, in: Ders.: Schnittpunkt, S. 89-114, S. 99.

174 Schreiben Heinemanns an Adenauer v. 26. Mai 1950, AdsD, NL Heinemann, Teil I, 028.

175 Schreiben Adenauers an Heinemann v. 10. Juni 1950, StBkAH, NL Adenauer, I.02.21.

176 Ulrich Noack (1899-1974), Historiker, 1946-1951 Mitglied der CDU bzw. CSU, 1948 Gründer des Nauheimer Kreises, der für ein neutralisiertes, wiedervereinigtes Deutschland eintrat, 1956-1960 Mitglied der FDP.

177 Handschriftliche Notizen Heinemanns über die Kabinettssitzung v. 9. Mai 1950, AdsD, NL Heinemann, Teil I, 212.

178 Aufzeichnungen Heinemanns v. 11. September 1950, AdsD, NL Heinemann, Teil I, 254. Später als Exposé an den Bundeskanzler überreicht, vgl. Heinemann: Was Dr. Adenauer vergißt. Notizen zu einer Biographie, in: Ders.: Schnittpunkt, S. 89-114, S. 100.

179 Siehe z.B. Neue Ruhr Zeitung v. 14. Mai 1950; Westdeutsche Allgemeine Zeitung v. 15. Mai 1950; Neues Vorwärts v. 18. Mai 1950; Die Welt v. 22. Mai 1950; FAZ v. 26. Mai 1950.

180 Zit. nach Erich Kosthorst: Jakob Kaiser. Bundesminister für gesamtdeutsche Fragen 1949-1957, Stuttgart/Berlin/Köln/Mainz 1972, S. 133.

181 Cleveland Plain Dealer v. 3. Dezember 1950.

182 Unveröffentlichtes Tagebuch Blankenhorns (1949-1952), Einträge v. 6., 7. und 8. Juni 1950, vgl. Schwarz: Adenauer, S. 741.

183 Vgl. dazu die ausführlichen Angaben bei Schwarz: Adenauer, S. 727 und 741. Zur Reaktion auf den Ausbruch des Koreakonfliktes siehe Gerhard Wettig: Entmilitarisierung und Wiederbewaffnung in Deutschland 1943-1955. Internationale Auseinandersetzungen um die Rolle der Deutschen in Europa, München 1967, S. 306ff.

184 André François-Poncet (1887-1978), französischer Diplomat, 1949-1953 Hoher Kommissar in Deutschland.

185 Vgl. Adenauer: Erinnerungen, Bd. II, S. 71.

186 Erstmals abgedruckt bei Schubert: Sicherheitspolitik, Bd. I, S. 83.

187 Adenauer: Erinnerungen, S. 73.

188 Da der TOP 15: ›Sicherheitsfragen‹ in geheimer Sitzung behandelt wurde, liegen keine offiziellen Protokolle vor. Vgl. Protokoll der 91. Kabinettssitzung v. 25. August 1950, in: Kabinettsprotokolle, S. 633-641, S. 639.

189 Aktennotiz Heinemanns zur Rücktrittserklärung v. 31. August 1950, AdsD, NL Heinemann, Teil I, 254.

190 Protokoll der 92. Kabinettssitzung v. 29. August 1950, in: Kabinettsprotokolle, S. 642-662.

191 Vgl. Aktennotiz Heinemanns zur Rücktrittserklärung v. 31. August 1950, AdsD, NL Heinemann, Teil I, 254.

192 Blankenhorn bestätigte, daß Adenauer sein Kabinett wiederholt über wichtige außenpolitische Verhandlungen mit den alliierten Kommissaren nur spärlich informierte und die zuständigen Minister an bedeutenden Entscheidungen nicht teilhaben ließ. Jedoch bewertete der außenpolitische Berater Adenauers dies als eine sich »aus der Situation ergebende Notwendigkeit.« Darüber hinaus sei das Kabinett »gottfroh« gewesen, den zähen Verhandlungen nicht beiwohnen zu müssen. Die Minister »seien zufriedengestellt gewesen, wenn der Kanzler ihnen das dortige Geschehen schilderte, wobei nicht immer das Wichtigste zur Sprache gekommen sei.« Interview Blankenhorn mit Jost Küpper, in: Jost Küpper: Die Kanzlerdemokratie. Voraussetzungen, Strukturen und Änderungen des Regierungsstils in der Ära Adenauer, Frankfurt a.M. 1985, S. 57f. Ramscheid führt zu Recht an, daß Heinemann diese Auffassung wohl kaum geteilt haben dürfte; Ramscheid: Blankenhorn, S. 135.

193 Vgl. die Welt v. 31. August 1950.

194 Heinemann: Was Dr. Adenauer vergißt. Notizen zu einer Biographie, in: Ders.: Schnittpunkt, S. 89-114, S. 99.

195 Aufgrund der generell schlechten Quellenlage und da die Sitzung nur unvollständig protokolliert wurde, kann der genaue Ablauf der Kabinettssitzung vom 31. August 1950 nur unvollständig rekonstruiert werden. Vgl. Protokoll der 93. Kabinettssitzung v. 31. August 1950, in: Kabinettsprotokolle, S. 663-671, außerdem Kabinettsprotokolle, S. 23f. und Schwarz: Adenauer, S. 762f. Folgendes scheint sich – und das wird auch von Schwarz` Untersuchungen gestützt – ereignet zu haben, vgl. Schwarz: Adenauer, S. 762-767.

196 Unveröffentlichtes Tagebuch Blankenhorns (1949-1952), Eintrag v. 31. August 1950, zit. nach Schwarz: Adenauer, S. 766.

197 Erst am 17. Oktober 1950, nach Heinemanns Ausscheiden aus der Bundesregierung, erklärte sich Adenauer bereit, den entscheidenden Passus im Kabinett vorzulesen. Auf die Nachfrage, warum es nicht möglich gewesen sei, daß die Regierungsmitglieder eine Abschrift erhalten, erklärte Adenauer mit ›gewohnter Unverfrorenheit‹ (Schwarz): »Ich selbst besitze keine Abschrift. Es gibt nur ein Exemplar, das liegt im Geldschrank bei Herrn Blankenhorn.«, zit. nach Schwarz: Adenauer, S. 767.

198 Heinemann: Was Dr. Adenauer vergißt. Notizen zu einer Biographie, in: Ders.: Schnittpunkt, S. 89-114, S. 99. Vgl. dazu die Darstellung bei Blankenhorn: »Zwischenfall mit Minister Heinemann, der sich über mangelnde Orientierung durch den Bundeskanzler beklagt und die Befreiung von seinen Verantwortungen erbittet«, zit. nach Schwarz: Adenauer, S. 767. Ob Adenauers

Sicherheitsmemorandum, wie Metterhausen es behauptet, sich »explizite [sic!] gegen Heinemann gerichtet« habe, um somit geradezu seinen Rücktritt zu provozieren, erscheint jedoch mehr als fraglich, Metterhausen: CDU, S. 81.

199 Auch Schütz verweist auf die konzeptionelle Einheit dieser beiden Komponenten in Heinemanns Deutschlandpolitik und stellt völlig zu recht Geiss‹ Aussage in Frage, die Erhaltung des Friedens und der Verzicht auf die Wiederbewaffnung hätte in Heinemanns Konzeption Vorrang vor der Wiedervereinigung gehabt, vgl. Schütz: Frieden, S. 105 und S. 311 bzw. Imanuel Geiss: Geschichte bis in die Schulbücher, in: Heinrich Böll/Helmut Gollwitzer/Carlo Schmid (Hg.): Anstoß und Ermutigung. Gustav W. Heinemann Bundespräsident 1969-1974, Frankfurt 1974, S. 37-56, S. 44.

200 Vgl. Kosthorst: Jakob Kaiser, S. 153.

201 Thomas Dehler (1897-1967), Jurist, 1920-1933 Mitglied der DDP, 1945/46 Mitbegründer der FDP, 1946-1949 MdL Bayern, 1949-1967 MdB, 1949-1953 Bundesjustizminister, 1953-1957 Fraktionsvorsitzender, 1954-1957 Bundesvorsitzender. Siehe vor allem Udo Wengst: Thomas Dehler 1897-1967. Eine politische Biographie, München 1997.

202 Hermann-Eberhard Wildermuth (1890-1952), Jurist, 1947-1950 MdL Württemberg-Hohenzollern (DVP/FDP), 1949-1952 MdB (FDP), 1949-1952 Bundesminister für Wiederaufbau/Wohnungsbau.

203 Handschriftliche Notizen Heinemanns zur Kabinettssitzung v. 31. August 1950, AdsD, NL Heinemann, Teil I, 255.

204 Schreiben Heinemanns an Jaene v. 24. April 1956, AdsD, NL Heinemann, Teil II, 502.

205 Heinrich von Brentano di Trimezzo (1904-1964), Jurist, 1946-1949 MdL Hessen (CDU), 1949-1964 MdB, 1949-1955 und 1961-1964 Fraktionsvorsitzender der CDU/CSU-Fraktion, 1955-1961 Bundesminister des Auswärtigen. Siehe auch Roland Koch (Hg.): Heinrich von Brentano. Ein Wegbereiter der europäischen Integration, Oldenburg 2004.

206 Vgl. auch Heinemann: Der soziale Verrat der CDU, in: Ders.: Vaterländer, S. 228-230, S. 230.

207 Fritz Schäffer (1888-1967), Jurist, 1945 bayerischer Ministerpräsident, 1949-1961 MdB (CSU), 1949-1957 Bundesfinanzminister, 1957-1961 Bundesjustizminister. Siehe vor allem Christoph Henzler: Fritz Schäffer 1945-1967. Eine biographische Studie zum ersten bayerischen Nachkriegs-Ministerpräsidenten und ersten Finanzminister der Bundesrepublik Deutschland, München 1994.

208 Heinemann: Was Dr. Adenauer vergißt. Notizen zu einer Biographie, in: Ders.: Schnittpunkt, S. 89-114, S. 100.

209 Aktennotiz Heinemanns v. 1. September 1950, AdsD, NL Heinemann, Teil I, 254.

210 Handschriftliche Vermerke zur Aktennotiz v. 1. September 1950, AdsD, NL Heinemann, Teil I, 254.

211 Vgl. Meldung des Evangelischen Pressedienstes v. 4. September 1950, in: Kabinettsprotokolle, S. 108-109, S. 109; siehe auch StBkAH, NL Adenauer, I.04.01.

212 Vgl. Heinemann: Was Dr. Adenauer vergißt. Notizen zu einer Biographie, in: Ders.: Schnittpunkt, S. 89-114, S. 100.

213 Exposé Heinemanns v. 11. September 1950, StBkAH, NL Adenauer, III.115.

214 Heinemann: Was Dr. Adenauer vergißt. Notizen zu einer Biographie, in: Ders.: Schnittpunkt, S. 89-114, S. 101.

215 Vgl. ebd., S. 102.

216 Schreiben Heinemanns an Adenauer v. 16. September 1950, AdsD, NL Heinemann, Teil I, 032 und Schreiben Adenauers an Brentano v. 21. September 1950, StBkAH, NL Adenauer, III.115. Die persönliche Unterredung verzögerte sich jedoch, vgl. Notiz von Heinemanns Sekretärin Matysik v. 21. September 1950, AdsD, NL Heinemann, Teil I, 254. Adenauer erachtete es als notwendig, sich zunächst mit Eugen Gerstenmaier, Hermann Ehlers, Johannes Kunze (1892-1959, Diplom-Handelslehrer, 1949-1959 MdB CDU), Robert Tillmanns (1896-1955, Volkswirt, 1946/47 MdL Sachsen CDU, 1949-1955 MdB, 1953-1955 Bundesminister für besondere Aufgaben) und Heinrich von Brentano (da Brentano verhindert war, wurde er durch Heinrich Höfler [1897-1963, Redakteur, 1949-1963 MdB CDU] vertreten, vgl. Kabinettsprotokolle, S. 177.) zu beraten, bevor eine weitere Unterredung zwischen Kanzler und Innenminister stattfinden könne. Vgl. handschriftliche Notizen Heinemanns v. 21. September 1950, AdsD, NL Heinemann, Teil I, 254 und Schreiben Adenauers an Heinemann v. 23. September 1950, StBkAH, NL Adenauer, I.11.02.

217 Schwarz: Adenauer, S. 767.

218 Schreiben Adenauers an Heinemann v. 28. September 1950, AdsD, NL Heinemann, Teil I, 032.

219 Schreiben Heinemanns an Thielicke v. 28. September 1959, AdsD, NL Heinemann, Teil I, 076.

220 Exposé Heinemanns v. 9. Oktober 1950, AdsD, NL Heinemann, Teil I, 033. Heinemann übergab das überarbeitete Exposé am 12. Oktober 1950 als Memorandum mit dem Titel »Deutsche Sicherheit. Warum ich zurückgetreten bin« an die Presse, vgl. Heinemann: Deutsche Friedenspolitik, S. 5-12, abgedruckt auch bei: Heinemann: Vaterländer, S. 97-107. Da es lediglich in der Stuttgarter Zeitung v. 18. Oktober 1950 veröffentlicht wurde, bzw. von anderen Zeitungen nur in Auszügen gedruckt wurde, veröffentlichte Heinemann es kurze Zeit später als Flugblatt mit dem Titel: »Warum ich zurücktrat«, abgedruckt bei Heinemann: Einspruch, S. 110-111.

221 Nach der schriftlichen Wiederholung des Rücktrittsangebots muß der Ansicht widersprochen werden, daß Heinemann seinen Rücktritt lediglich im Affekt angeboten habe und danach diesen Schritt bereut habe. Diese Interpretation geht auf eine 1971 mündlich geäußerte Erinnerung Hans Globkes zurück, der behauptete Heinemann habe ihm gegenüber beim Empfang der Entlassungspapiere geäußert: »Muß man denn alles gleich so ernst nehmen«, erstmals zit. bei Conze/Kosthorst/Nebgen: Kaiser, S. 155. Auch Doering-Manteuffel und Morsey stützen sich auf Globkes Aussage und gehen von einem ›ungewollten Rücktritt‹ Heinemanns aus, vgl. Doering-Manteuffel: Die Kirchen und die EVG. Zu den Rückwirkungen der Wehrdebatte im westdeutschen Protestantismus und Katholizismus auf die politische Zusammenarbeit der Konfession, in: Hans Erich Volkmann/Walter Schwengler (Hg.): Die Europäische Verteidigungsgemeinschaft. Stand und Probleme der Forschung, Boppard a.R. 1985, S. 317-336, S. 326 und Ders.: Katholizismus und Wiederbewaffnung. Die Haltung der deutschen Katholiken gegenüber der Wehrfrage 1948-1955, Mainz 1981, S. 105 und Rudolf Morsey: Die Bundesrepublik Deutschland. Entstehung und Entwicklung bis 1969, München 1987, S. 29. Ein entsprechender schriftlicher Vermerk ist im Nachlaß Globkes nicht vorhanden (Schriftliche Auskunft von Angela Keller-Kühne [ACDP] v. 4. Juni 2003).

222 Schreiben Adenauers an Heinemann v. 9. Oktober 1950, AdsD, NL Heinemann, Teil I, 033.

223 Volkmann: Anatomie, S. 19.

224 Vgl. Eugen Gerstenmaier. Streit und Friede hat seine Zeit. Ein Lebensbericht, Frankfurt a.M./ Berlin/Wien 1981, S. 329-331.

225 Protokoll der Fraktionssitzung v. 6. September 1950, in: CDU/CSU-Fraktion, S. 300-302, S. 302.

226 Entschließung der Evangelischen Tagung der CDU in Nordrhein-Westfalen vom 14. Oktober und 4. November 1950, ACDP, NL Schröder 01-483, 060/3.

227 Parlamentarisch-Politischer Pressedienst v. 29. September 1950.

228 Heinrich Grüber (1891-1975), evangelischer Theologe und Pfarrer, Probst in Berlin, 1949-1958 Generalbevollmächtigter des Rates der EKD bei der Regierung der DDR. Siehe vor allem Heinrich Grüber: Erinnerungen aus sieben Jahrzehnten, Köln/Berlin 1968.

229 Schreiben Heinemanns an Niemöller v. 23. Oktober 1950, zit. nach Schütz: Frieden, S. 109.

230 Pressedienst o.D., StBKAH, NL Adenauer, III.115.

231 Schreiben Niemöllers an Heinemann v. 21. November 1950, AdsD, NL Heinemann, Teil II, 639.

232 Schreiben Heinemanns an Kling v. 4. November 1950, AdsD, NL Heinemann, Teil II, 639.

233 Heinemann in der Aktuellen Stunde des Deutschen Bundestages v. 10. Mai 1968, Rede abgedruckt in: Heinemann: Plädoyer, S. 57-61, S. 60.

234 Vgl. FAZ v. 5. Dezember 1950 und Schütz: Frieden, S. 111.

235 Vgl. Die Welt v. 2. Februar 1951.

236 Schreiben Heinemanns an Meurer v. 6. Februar 1951, HStA Düsseldorf, RWV 33, Nr. 27.

237 Ebd.

238 Informations-Dienst der CDU, Nr. 87/88 v. 23. Dezember 1950.

239 Albert Meurer (1878-1957), Nationalökonom, 1920-1933 Beigeordneter der Stadtverordnetenversammlung von Essen (Zentrum), 1945-1947 Beigeordneter (CDU), 1950-1953 Kreisvorsitzender der CDU Essen.

240 Schreiben Heinemanns an Meurer v. 16. Januar 1951, HStA Düsseldorf, RWV 33, Nr. 27.

241 Vgl. das Protokoll der Kreisvorstandssitzung der Essener CDU v. 13. Februar 1951, HStA Düsseldorf, RWV 33, Nr. 27.
242 Ausführlicher bei Treffke: Heinemann und die CDU, S. 61-63.
243 Zu Heinemanns Konzept eines ›realistischen Pazifismus‹ siehe auch Treffke: Heinemann und die CDU, S. 63-66.
244 Emil Brunner (1889-1966), Schweizer reformierter Theologe, Professor für systematische und praktische Theologie an der Universität Zürich. Siehe vor allem Emil Brunner: Das Gebot und die Ordnungen, Tübingen 1932.
245 »Dagegen habe ich immer gesagt, daß ich nicht aus der Weltanschauung prinzipieller Einstellung gegen Aufrüstung sei, sondern aus realistischen Gründen, bis hinein in den realistischen Pazifismus wie ihn Emil Brunner [...] vertrat«, Schreiben Heinemanns an Casalis v. 2. Mai 1952, AdsD, NL Heinemann, Teil II, 048.
246 Zu Heinemanns Konzept der ›Ausklammerung‹ siehe auch Alexander Gallus: Die Neutralisten. Verfechter eines vereinten Deutschland zwischen Ost und West 1945-1990, Düsseldorf 2001, S. 76ff. Siehe auch Treffke: Heinemann und die CDU, S. 66-70.
247 Vgl. Koch: Deutschlandfrage, S. 267.
248 Wulf Schönbohm: Die CDU wird moderne Volkspartei. Selbstverständnis, Mitglieder, Organisation und Apparat 1950-1980, Stuttgart 1985, S. 31.
249 Vgl. Der Spiegel v. 27. März 1951.
250 Zit. nach Koch: Deutschlandfrage, S. 269.
251 Zit. nach Schreiben Kochs an Heinemann v. 28. August 1951, AdsD, NL Heinemann, Teil I, 039.
252 Zum Pleven-Plan siehe Wettig: Entmilitarisierung und Wiederbewaffnung, S. 363ff.
253 Helene Wessel (1898-1969), Diplom-Wohlfahrtspflegerin, 1928-1933 MdL Preußen (Zentrum), 1945 Mitbegründerin der Deutschen Zentrumspartei, 1946-1950 MdL NRW, 1949-1952 Bundesvorsitzende, 1953-1957 Mitglied im Bundesvorstand der GVP, 1957-1969 MdB (SPD). Siehe vor allem Friese: Wessel und Dies.: Wessel: Christin.
254 Vgl. Schreiben Heinemanns an Wessel v. 28. Dezember 1950, AdsD, NL Heinemann, Teil I, 036 bzw. Schreiben Wessels an Heinemann v. 2. Januar 1951, AdsD, NL Heinemann, Teil I, 037.
255 Schreiben Heinemanns an Rietz v. 22. Dezember 1951, AdsD, NL Heinemann, Teil I, 041.
256 Siehe Rundbrief des Arbeitsringes für den Frieden Europas v. 4. Oktober 1951, AdsD, NL Heinemann, Teil II, 640.
257 Vgl. Schütz, S. 125.
258 Siehe Rundbrief des Arbeitsringes für den Frieden Europas v. 4. Oktober 1951, AdsD, NL Heinemann, Teil II, 640.
259 Aachener Zeitung v. 2. Februar 1952 und Westdeutsche Neue Presse v. 1. Februar 1952.
260 Vgl. Wilhelm Grewe: Der Deutschland-Vertrag nach zwanzig Jahren, in: Blumenwitz: Adenauer und seine Zeit, S. 698ff.
261 Die Welt v. 23. November 1951. Artikel 2 der Satzung der Notgemeinschaft weist den Verein explizit als »parteipolitisch und religiös neutral« aus; Satzung der Notgemeinschaft für den Frieden Europas v. 27. Februar 1952, AdsD, NL Heinemann, Teil I, 358.
262 Heinemann: Notgemeinschaft – Bundeskongreß, Manuskript der Rede v. 8. Juni 1952, AdsD, NL Heinemann, Teil I, 131.
263 FAZ v. 23. November 1951.
264 Molt: Neutralistische Opposition, 72.
265 Nachrichten der Notgemeinschaft für den Frieden Europas, Nr. 2, April 1952, AdsD, NL Heinemann, Teil II, 725.
266 Vgl. u.a. Müller: GVP, S. 135.
267 Heinemann: Rede auf der ersten öffentlichen Kundgebung der »Notgemeinschaft für den Frieden Europas« in Düsseldorf am 21. November 1951, in: Ders: Vaterländer, S. 115-123, S. 118f. Siehe auch: Wessel/Heinemann/Stommel: Aufruf zur Notgemeinschaft für den Frieden Europas v. 21. November 1951, AdsD, NL Heinemann, Teil II, 640.
268 Ebd., S. 120.
269 Ebd., S. 119-120.
270 Ebd., S. 121.
271 Heinemann: Düsseldorfer Rede v. 21. November 1951, S. 123.

272 Ebd., S. 123.
273 Kasseler Zeitung v. 22. Februar 1952.
274 Schreiben Heinemanns an Hertel v. 7. Februar 1952, AdsD, NL Heinemann, Teil I, 042.
275 FAZ v. 26. November 1951; Die Welt v. 26. November 1951.
276 Heinemann konnte kein einziges CDU-Mitglied dazu bewegen, der Notgemeinschaft beizutreten. Lediglich sein alter Studienfreund Ernst Lemmer soll angeblich ein grundsätzliches Interesse an der Notgemeinschaft gezeigt haben, vgl. Schreiben Kochs an Heinemann v. 6. November 1951, AdsD, NL Heinemann, Teil I, 041.
277 Vgl. dazu Rainer Dohse: Der Dritte Weg. Neutralitätsbestrebungen in Westdeutschland zwischen 1945 und 1955, Hamburg 1974, S. 154.
278 Müller: GVP, S. 137.
279 Westfälische Nachrichten v. 15. Februar 1952.
280 Vgl. Union in Deutschland v. 28. November 1951.
281 Union in Deutschland v. 9. Februar 1952.
282 So der württembergische CDU-Politiker Simpfendörfer in: Stuttgarter Zeitung v. 2. Februar 1952.
283 Westfälische Zeitung v. 6. März 1952.
284 Badische Neueste Nachrichten v. 7. März 1952. Permien attestiert Heinemann hingegen, »daß der rheinisch-westfälische Protestant Heinemann durchaus nüchtern-realistisch in außenpolitischen Fragen argumentierte, indem er die Interessenlage bei den Westmächten wie bei der Sowjetunion gegeneinander anwog. Er verlor sich dabei keineswegs in weltfremd-schwärmerischen Spekulationen, wie es die konservative Front von lutherischen VELKD-Kirchen und CDU immer wieder darstellen wollte«, vgl. Andreas Permien: Protestantismus und Wiederbewaffnung 1950-1955. Die Kritik der Evangelischen Kirche im Rheinland und der Evangelischen Kirche von Westfalen an Adenauers Wiederbewaffnungspolitik – zwei regionale Fallstudien, Köln 1994, S. 15.
285 DUD v. 26. November 1951.
286 Zit. nach Koch: Deutschlandfrage, S. 282.
287 Ludwigsburger Kreiszeitung v. 2. Februar 1952. Daniela Gniss zitiert aus einem Schreiben Gerstenmaiers an Brentano v. 31. Januar 1952, in dem die Gründer der Notgemeinschaft als die »wirkungsvollsten Wühlmäuse und Ratten des Kreml« bezeichnet werden; Gniss: Gerstenmaier, S. 263.
288 Aachener Nachrichten v. 26. November 1951.
289 Aachener Volkszeitung v. 26. November 1951.
290 Vgl. Torsten Oppelland: »Politik aus christlicher Verantwortung«. Der Evangelische Arbeitskreis der CDU/CSU in der Ära Adenauer, in: Thomas Sauer (Hg.): Katholiken und Protestanten in den Aufbaujahren der Bundesrepublik, Stuttgart 2000, S. 35-64, S. 38f. Siehe auch Gerhard Besier: ›Christliche Parteipolitik‹ und Konfession. Zur Entstehung des Evangelischen Arbeitskreises der CDU/CSU, in: Ders. (Hg.): Die evangelische Kirche in den Umbrüchen des 20. Jahrhunderts. Gesammelte Aufsätze, Bd. 2, Neukirchen-Vluyn 1994, S. 108-130, sowie Peter Egen: Die Entstehung des Evangelischen Arbeitskreises der CDU/CSU, Diss. Bochum 1971.
291 Zit. nach Koch: Deutschlandfrage, S. 321.
292 Vgl. Gottfried Mehnert: Von Siegen nach Wittenbergen. Werden, Wirken und Wollen des Evangelischen Arbeitskreises der CDU/CSU 1952-1992, o.O. 1992, S. 13.
293 Aachener Zeitung v. 19. Februar 1952.
294 Franz Josef Strauß (1915-1988), Landrat, 1949-1978 MdB (CSU), 1953-1955 Bundesminister für besondere Aufgaben, 1955/56 Bundesminister für Atomfragen, 1956-1962 Bundesverteidigungsminister, 1966-1969 Bundesfinanzminister, 1961-1988 Vorsitzender der CSU, 1978-1988 Ministerpräsident von Bayern. Siehe vor allem Thomas Schuler: Strauß. Die Biographie einer Familie, Frankfurt a.M. 2006; Werner Biermann: Strauß. Aufstieg und Fall einer Familie, Berlin 2006; Stefan Finger: Franz Josef Strauß. Ein politisches Leben, München Verlag 2005; Wolfram Bickerich: Franz Josef Strauß. Die Biographie, München 1998.
295 Sten. Ber. des Dt. Bundestages v. 7. Februar 1952, S. 8125.
296 Vgl. Stuttgarter Nachrichten v. 27. November 1951.
297 FAZ v. 4. Februar 1952; Schwäbische Landeszeitung v. 4. Februar 1952.
298 Gerhard Ritter (1888-1967), Historiker, Professor an den Universitäten Heidelberg, Hamburg und Freiburg i.Br. Siehe vor allem Christoph Cornelißen: Gerhard Ritter. Geschichtswissenschaft und Politik im 20. Jahrhundert, Düsseldorf 2001.

[299] Stuttgarter Zeitung v. 4. Februar 1952.

[300] Protokoll der Sitzung des CDU-Bundesvorstandes v. 29. Oktober 1951, in: Adenauer: »Es mußte alles neu gemacht werden.« Die Protokolle des CDU-Bundesvorstandes 1950-1953, bearb. v. Günter Buchstab, Stuttgart 1986, S. 86-93, S. 89.

[301] Otto Lenz: Im Zentrum der Macht. Das Tagebuch von Staatssekretär Lenz 1951-1953, bearb. v. Klaus Gotto/Hans-Otto Kleinmann/Reinhard Schreiner, Düsseldorf 1989, S. 228.

[302] Vgl. Heinemanns Darstellung in: Gesamtdeutsche Rundschau v. 10. Juni 1955.

[303] Generalanzeiger v. 24./25. November 1951.

[304] Die Welt v. 10. Januar 1952, Tagesspiegel v. 10. Januar 1952. Die CDU veröffentlichte noch am selben Tag ein Dementi dieser Bestrebungen, DUD v. 10. Januar 1952. Was die Gründe dafür waren, daß die CDU letztendlich von einem Parteiausschluß Heinemanns absah, bleibt unklar. Daß auf die zahlreichen evangelischen Freunde Heinemanns in der Union Rücksicht genommen worden wäre, wie Molt spekuliert (auch wenn er sich auf eine mündliche Auskunft Possers beruft), ist allerdings als unwahrscheinlich zurückzuweisen. Anfang 1952 waren Heinemanns politische Freunde in der CDU wohl weder zahlreich noch einflußreich. Vgl. Molt: Neutralistische Opposition, S. 77. Auch Koch übernimmt Molts Interpretation, Koch: Deutschlandfrage, S. 285-286.

[305] »Wir gehen auch daran, die NG [Notgemeinschaft; J.T.] Hessen oder Aktionsgruppe Hessen mit Dr. Eisenberg auf die Beine zu stellen, um unter Umständen schon in die Kommunalwahl einsteigen zu können.« Schreiben Mochalskis an Heinemann v. 25. Januar 1952, AdsD, NL Heinemann, Teil II, 641.

[306] Zit. nach Schütz: Frieden, S. 139. Vgl. auch Heinemanns Aussage bei der Vorstandssitzung der Essener CDU, Protokoll des geschäftsführenden und erweiterten Vorstandes der CDU-Essen v. 24. März 1952, HStA Düsseldorf, RWV 33, Nr. 28.

[307] Vgl. z.B. Schreiben Heinemanns an Röpke v. 11. Mai 1950, AdsD, NL Heinemann, Teil I, 028: »Ich lese Deine Artikel immer wieder in verschiedenen Blättern oder Zeitschriften mit großem Interesse und hoffe, daß der hier eingeschlagene wirtschaftspolitische Kurs wirklich eingehalten wird.«

[308] Zit. nach Lindemann: Leben, S. 124.

[309] Heinemann: Die christliche Sache. Ein Wort zum Parteitag der CDU, Artikel v. 4. April 1953, in: Ders.: Vaterländer, S. 194-200, S. 197.

[310] Heinemann: Abschied von der CDU, Artikel v. 15. November 1952, in: Ders.: Vaterländer, S. 190-194, S. 191.

[311] Ebd., S. 190.

[312] Ebd., S. 191.

[313] Zit. nach Schreiber/Sommer: Bundespräsident, S. 115.

[314] Lindemann: Leben, S. 124.

[315] Entwurf eines Schreibens Heinemanns an Aust v. Juli 1952, AdsD, NL Heinemann, Teil I, 043.

[316] In einem Schreiben an den Essener Kreisvorstand wies Heinemann diese Forderung damit zurück, daß sie nicht den Grundsätzen entsprechen würden, »auf die hin die CDU gegründet wurde«. Eine solche »Schweigeverpflichtung« bedeute eine Einschränkung der »politischen Handlungsfreiheit, wie ich sie gewissenhafterweise nicht übernehmen kann«, Entwurf eines Schreibens Heinemanns an Aust v. Juli 1952, AdsD, NL Heinemann, Teil I, 043.

[317] Schreiben Heinemanns an Simpfendörfer v. 13. Oktober 1952, AdsD, NL Heinemann, Teil I, 044.

[318] Entwurf eines Schreibens Heinemanns an Aust v. Juli 1952, AdsD, NL Heinemann, Teil I, 043.

[319] Schreiben Heinemanns an Simpfendörfer v. 13. Oktober 1952, AdsD, NL Heinemann, Teil I, 044. Handschriftlich protokollierte Heinemann die vergeblichen Bemühungen führender CDU-Politiker, ein Gespräch mit Adenauer zu vermitteln: »1) Gespräch Kaiser und Ehlers am 7. Sept. in Bonn (man will baldigst mit K[onrad] A[denauer] reden); 2) Gespräch Kaiser, Toussaint, Aust am 28. Sept.: Kaiser sagt, er habe mit K[onrad] A[denauer] geredet. Keine Stellungnahme – [...]. Kaiser und Toussaint wollen [...] mit K[onrad] A[denauer] reden [...]. K[aiser]: Am 30.9. Kabinett[ssitzung], dann Frage an K[onrad] A[denauer]. 3) 23. Okt. Toussaint sagt, daß Adenauer erst nach Ratifizierung [gemeint ist die Ratifizierung des EVG-Vertrags; J.T.] bereit ist«,

Notizen Heinemanns auf einem Schreibens Simpfendörfers an Heinemann v. 17. September 1952, AdsD, NL Heinemann, Teil I, 044.

320 Hans Toussaint (1899-1971), 1949-1956 Oberbürgermeister von Essen.

321 Schreiben Heinemanns an Simpfendörfer v. 30. Oktober 1952, AdsD, NL Heinemann, Teil I, 044.

322 Siehe handschriftliche Notiz auf diesem Schreiben: »Essen, 29. Okt. 1952 (Abgesandt am 9. XI.)«, Schreiben Heinemanns an Meurer v. 29. Oktober 1952, AdsD, NL Heinemann, Teil I, 044.

323 Schreiben Heinemanns an Meurer v. 29. Oktober 1952, AdsD, NL Heinemann, Teil I, 044. Das Schreiben findet sich auch im HStA Düsseldorf, RWV 33, Nr. 28.

324 Aachener Tageszeitung v. 19. Februar 1952.

325 Vgl. Dietrich Wagner: FDP und Wiederbewaffnung. Die wehrpolitische Orientierung der Liberalen in der Bundesrepublik Deutschland 1949-1955, Boppard a.R. 1987, S. 155ff.

326 Heinrich Fassbender (1899-1971), Unternehmer, 1949-1955 MdB (FDP), 1955 Übertritt zur DP, 1962 Neugründung der DNVP, 1964 Gründung der NPD, 1966-1969 MdL Hessen (NPD), 1970 Austritt aus der NPD.

327 Fuldaer Volkszeitung v. 12. Februar 1952.

328 Beschluß des Hauptausschusses der FDP v. 17. Mai 1952. Vgl. Wagner: FDP, S. 110.

329 Heinemann: Der Christ in der Union. Rede auf einer Wahlkundgebung in Heidelberg v. 21. September 1949, in: Ders.: Vaterländer, S. 74-84, S. 79.

330 Heinemann: Keine kirchliche Fusion, in: Reicht euch die Hände. Arbeitsgemeinschaft für politische Verständigung und Zusammenarbeit, Essen, 10. April 1949, S. 18.

331 Heinemann: Der Christ in der Union. Rede auf einer Wahlkundgebung in Heidelberg v. 21. September 1949, in: Ders.: Vaterländer, S. 74-84, S. 79.

332 Zit. nach Schreiber/Sommer: Heinemann, S. 90.

333 Ebd., S. 90.

334 Ebd., S. 90.

335 Heinemann: Sozialisierung, Manuskript aus dem Jahr 1947, NL Heinemann, Teil II, 120.

336 Carlo Schmid (1896-1979), Jurist, 1949-1972 MdB (SPD), 1949-1966 und 1969-1972 Mitglied im Fraktionsvorstand, 1949-1966 und 1969-1972 Bundestagsvizepräsident, 1966-1969 Bundesminister für Angelegenheiten des Bundesrates und der Länder, 1969-1979 Koordinator für die deutsch-französische Zusammenarbeit. Siehe Gerhard Hirscher: Carlo Schmid und die Gründung der Bundesrepublik. Eine politische Biographie, Bochum 1986 und Petra Weber: Carlo Schmid 1896 1979. Eine Biographie, München 1996.

337 Ollenhauer in der Rheinischen Zeitung v. 10. Oktober 1950; Schmid in der Welt v. 11. September 1950, in der SZ v. 12. September 1950 und in der FAZ v. 13. September 1950.

338 Vgl. Rede Schumachers in Hamburg v. 9. Oktober 1951, in: Willy Albrecht (Hg.): Kurt Schumacher: Reden, Schriften, Korrespondenzen, Bonn 1985, S. 942f.

339 Zit. nach Schreiber/Sommer: Heinemann, S. 90.

340 Vgl. die Erwähnung dieses Treffens im Schreiben Heinemanns an Schumacher v. 11. Dezember 1951, AdsD, NL Heinemann, Teil I, 041.

341 Ebd.

342 Handschriftliche Notiz Schumachers auf der Rückseite des Schreibens Heinemanns an Schumacher v. 11. Dezember 1951, AdsD, Bestand Schumacher, 075.

343 Schreiben Kochs an Heinemann v. 17. November 1951, AdsD, NL Heinemann, Teil II, 640.

344 Vgl. Satzung der Notgemeinschaft für den Frieden Europas v. 27. Februar 1952, AdsD, NL Heinemann, Teil I, 358.

345 Zit. nach Schütz: Frieden, S. 315.

346 Schreiben Heinemanns an Ollenhauer v. 27. Dezember 1951, AdsD, Bestand Ollenhauer, 189.

347 Schreiben Heinemanns an Niemöller v. 28. Dezember 1951, AdsD, NL Heinemann, Teil I, 041.

348 Schreiben Ollenhauers an Heinemann v. 10. Januar 1952, in Auszügen abgedruckt bei: Carlo Schmid: Erinnerungen, Bern/München/Wien 1979, S. 497f.

349 Flensburger Tageblatt v. 22. Februar 1952.

350 Vgl. ebd. und Essener Tageblatt v. 22. Februar 1952. Das Essener Tageblatt wurde von Heinemann an anderer Stelle als »CDU-Käseblatt« bezeichnet, Schreiben Heinemanns an Stammler

v. 19. Mai 1952, AdsD, NL Heinemann, Teil I, 043. Die Berichterstattung dieser Zeitung erachtete er als »einfach infam«, Schreiben Heinemanns an die Schriftleitung des Essener Tageblatts v. 9. Juli 1952, AdsD, NL Heinemann, Teil I, 043.

351 Vgl. Protokoll der Sitzung der SPD-Bundestagsfraktion v. 19. Februar 1952, in: Die SPD-Fraktion im Deutschen Bundestag. Sitzungsprotokolle 1949-1957, bearb. v. Petra Weber, hrsg. v. Karl Dietrich Bracher/Rudolf Morsey/Hans-Peter Schwarz, 1. Halbbd., Düsseldorf 1993, S. 339-341, S. 340f.

352 Rundschreiben des SPD-Parteivorstandes v. 29. Februar 1952, AdsD, NL Heinemann, Teil I, 042.

353 Vgl. z.B. Schreiben des SPD-Landesverbandes Groß-Berlin an Lindig v. 30. Juli 1952, AdsD, NL Heinemann, Teil I, 043. Vgl. auch Schreiber/Sommer: Bundespräsident, S. 108; Schütz: Frieden, S. 136.

354 Vgl. FAZ v. 23. November 1951. Vgl. auch Koch: Deutschlandfrage, S. 279f.

355 Vgl. Schütz: Frieden, S. 136.

356 Hamburger Abendblatt v. 8. Juli 1976.

Sechstes Kapitel

1 Karl-Ludwig Sommer: Adenauers Konzeption, Heinemanns Alternative und die Nachwirkungen der gefällten Entscheidungen bis zum heutigen Verhältnis zwischen Ost- und Westdeutschen, in: Dowe/Wunder (Hg.): Verhandlungen, S. 27-48, S. 35.

2 Zur Stalin-Note v. 10. März 1952 siehe vor allem Jürgen Zarusky (Hg.): Die Stalin-Note vom 10. März 1952. Neue Quellen und Analysen, München 2002. Heute geht die historische Forschung davon aus, daß die Stalin-Noten tatsächlich als Störfeuer gedacht waren, um die Verhandlungen um den Deutschlandvertrag zu beeinflussen; siehe vor allem Peter Ruggenthaler (Hg.): Stalins großer Bluff. Die Geschichte der Stalin-Note in Dokumenten der sowjetischen Führung, München 2007. Ebenso Hans-Peter Schwarz (Hg.): Die Legende von der verpaßten Gelegenheit, Die Stalin-Note v. 10. März 1952, Stuttgart/Zürich 1982. Nach wie vor vertreten aber noch immer einige Historiker die Meinung, das Moskauer Angebot sei ernst gemeint gewesen; sieh vor allem Wilfried Loth: Stalins ungeliebtes Kind. Warum Moskau die DDR nicht wollte, München 1996 und Rolf Steininger: Eine Chance zur Wiedervereinigung? Die Stalin-Note v. 10. März 1952, Bonn 1985.

3 Zur Reaktion auf die Stalin-Note siehe Wettig: Entmilitarisierung und Wiederbewaffnung, S. 510ff.

4 Heinemann: Der weitere Weg, in: Stimme der Gemeinde v. Juni 1952.

5 Vgl. Heinemann: Rede in der Frankfurter Paulskirche v. 8. Juni 1952, abgedruckt in: Ders.: Verfehlte Deutschlandpolitik, Frankfurt a.M. 1966, S. 27-35, S. 32f.

6 Vertrag über die Beziehungen der Bundesrepublik Deutschland und den Drei Mächten (auch: Generalvertrag), veröffentlicht in: Bundesgesetzblatt, 1955 II, S. 306ff.

7 Vertrag über die Gründung der Europäischen Verteidigungsgemeinschaft, veröffentlicht in: Bundesgesetzblatt, 1954 II, S. 343ff. Zum Ringen um die Ratifikation des EVG-Vertrags siehe auch Wettig: Entmilitarisierung und Wiederbewaffnung, S. 523ff.

8 Protokoll einer Versammlung der Notgemeinschaft v. 6. und 7. September 1952, AdsD, NL Scheu, 001.

9 Schreiben Göckeritz' an Scheu v. 11. Februar 1952 und an Heinemann v. 8. März 1952, AdsD, NL Scheu, 360.

10 Schreiben Karrenbergs an Heinemann v. 12. April 1952, AdsD, NL Heinemann, Teil I, 043.

11 Vgl. Müller: GVP, S. 224.

12 Vgl. die beiden Schreiben Scheus an Heinemann v. 24. Juni 1952, AdsD, NL Heinemann, Teil I, 043 und das Schreiben Scheus an Arndt v. 11. Juli 1952, AdsD, NL Heinemann, Teil I, 043. Vgl. auch Müller: GVP, S. 226.

13 Rundschreiben Scheus v. 10. Juli 1952, AdsD, NL Scheu, 352.

14 Soweit nicht anders angegeben: Im Folgenden zitiert aus der Niederschrift über die Tagung in Mülheim v. 18. und 19. Oktober 1952, AdsD, NL Scheu, 352.

15 Scheu: Wie man eine Partei gründet, in: Adolf Scheu (Hg.): Aus vergangenen Tagen. Unserem langjährigen verehrten Freund Gustav W. Heinemann zu seinem 70. Geburtstag, unveröff. Privatdruck 1969, o.S., AdsD, NL Scheu, 474.

16 Vgl. Müller: GVP, S. 233.

17 Vgl. auch Molt: Neutralistische Opposition, S. 88.

18 Niederschrift über die Tagung in Mülheim v. 18. und 19. Oktober 1952, AdsD, NL Scheu, 352.

19 Lediglich die Teilnehmer Neckel und Böhnke lehnten eine Neugründung ab. Die Teilnehmer Friede und Jungnickel enthielten sich der Stimme. Niederschrift über die Tagung in Mülheim v. 18. und 19. Oktober 1952, AdsD, NL Scheu, 352.

20 Niederschrift über die Tagung in Mülheim v. 18. und 19. Oktober 1952, AdsD, NL Scheu, 352.

21 Vgl. auch Molt: Neutralistische Opposition, S. 101f.

22 Hans Bodensteiner (1912-1995), Diplomvolkswirt, 1949-1953 MdB (bis 1952 CSU), 1953 Generalsekretär der GVP.

23 Diether Posser (1922), Rechtsanwalt, Sozius in Heinemanns Kanzlei, 1952-1957 Bundesvorstand der GVP, seit 1957 SPD, 1966-1990 MdL NRW, 1968-1988 Minister für Bundesangelegenheiten, Justizminister, Finanzminister.

24 Vgl. Niederschrift über die Tagung in Mülheim v. 18. und 19. Oktober 1952, AdsD, NL Scheu, 352.

25 Niederschrift über die Tagung in Mülheim v. 18. und 19. Oktober 1952, AdsD, NL Scheu, 352.

26 Pressemeldung über die Tagung v. 18. und 19. Oktober 1952, verfaßt v. Gustav Heinemann, AdsD, NL Scheu, 352.

27 Niederschrift über die Tagung in Mülheim v. 18. und 19. Oktober 1952, AdsD, NL Scheu, 352.

28 Ebd.

29 Rundschreiben Scheus v. 10. November 1952, AdsD, NL Scheu, 352.

30 Zuvor war es am 3. November 1952 in Darmstadt noch einmal zu einem vertraulichen Treffen gekommen. Elf Teilnehmer, unter ihnen Heinemann, Wessel, Scheu, Mochalski und Bodensteiner trafen sich, um über Fragen des Wahlrechts, eventuelle Bündnispartner, Personalbesetzungen und programmatische Grundsatzfragen zu beraten. Am Ende der Tagung einigte man sich auf einen vorläufigen Namen: »Gesamtdeutsche Volkspartei. Block der Unabhängigen«, Niederschrift über eine Besprechung in Darmstadt v. 3. November 1952, AdsD, NL Wessel, 226 II. Zu einer ähnlichen Versammlung kam es zudem am 12. November in Neu-Isenburg, Niederschrift über einen Besprechung in Neu-Isenburg v. 12. November 1952, AdsD, NL Wessel, 226 II.

31 Lübecker Nachrichten v. 28. November 1952.

32 Abendpost v. 24. November 1952.

33 Kölnische Rundschau v. 1. Dezember 1952.

34 Die Welt v. 1. Dezember 1952.

35 Protokoll über die Gründungsversammlung der Gesamtdeutschen Volkspartei in Frankfurt a.M. v. 29. November 1952, AdsD, NL Scheu, 352.

36 SZ v. 1. Dezember 1952. Vgl. auch Müller: GVP, S. 241. Zu den Überwachungstätigkeiten des Bundesamtes für Verfassungsschutz im Umfeld Heinemanns siehe vor allem das Kapitel »Des Kanzlers Munitionsanstalt – Gustav Heinemann und sein Umfeld im Visier der Dienste« in Erich Schmidt-Eenboom: Geheimdienst, Politik und Medien. Meinungsmache Undercover, Berlin 2004, S. 244-258.

37 Protokoll der Gründungsversammlung, AdsD, NL Scheu, 352.

38 Ebd.

39 Vgl. Rheinische Post v. 1. Dezember 1952 und Kölnische Rundschau v. 1. Dezember 1952.

40 Heinemann verwahrte sich gegen den Namen Friedenspartei: »Wir wollen sauber denken und handeln und uns nicht etwa durch den Namen ›Friedenspartei‹ den Vorwurf zuziehen, wir hätten die Friedensliebe allein gepachtet«, zit. nach SZ v. 1. Dezember 1952.

41 Soweit nicht anders angegeben: Im Folgenden zit. aus dem Protokoll der Gründungsversammlung, AdsD, NL Scheu, 352.

42 Niederschrift über eine Besprechung in Darmstadt v. 3. November 1952, AdsD, NL Wessel, 226 II.

43 Robert Scholl (1891-1973), Jurist, Vater der im ›Dritten Reich‹ hingerichteten Geschwister Scholl, 1945-1948 Oberbürgermeister von Ulm, 1952-1957 Mitglied des Präsidiums der GVP, Mitherausgeber der ›Blätter für deutsche und internationale Politik‹, 1960 Mitbegründer der Deutschen Friedensunion.

44 Vgl. auch Scheu: Wie man eine Partei gründet, AdsD, NL Scheu, 474 und Müller: GVP, S. 245f.

45 Werner Reinecke, Landwirt, Oberst a.D., 1951-1955 MdL Niedersachsen (bis 1952 SPD), 1952-1957 Bundesvorstand der GVP und niedersächsischer GVP-Landesvorsitzender.

46 Wilhelm Hermes (1910-1981), Kaufmann, 1945 Generalsekretär der FDP in der britischen Besatzungszone, 1946 Austritt aus der FDP und Gründung der Europa-Union, 1947 Präsident der Europa-Union, 1952-1953 Bundesvorstand der GVP.

47 Zu einem späteren Zeitpunkt wechselte Hermann Etzel von der Bayernpartei (BP) ins GVP-Lager. Wessel konnte zudem ihre Zentrumskollegin Thea Arnold für einen Parteiwechsel gewinnen.

48 Kölnische Rundschau v. 1. Dezember 1952. Vgl. auch Stuttgarter Zeitung v. 1. Dezember 1952 und Schütz: Frieden, S. 152.

49 FAZ v. 2. Dezember 1952. Vgl. auch Christine Simon: Erhard Epplers Deutschland- und Ostpolitik, Diss. Bonn 2004, S. 42f.

50 Heinemann, in: Proklamation der Gesamtdeutschen Volkspartei, AdsD, NL Heinemann, Teil II, 0666.

51 Manifest der GVP, Abschn. II. Siehe auch Manfred Rowold: Im Schatten der Macht. Zur Oppositionsrolle der nicht-etablierten Parteien in der Bundesrepublik, mit einem Vorwort von Karl Dietrich Bracher, Düsseldorf 1974, S. 31f.

52 Gesamtdeutsche Rundschau v. 4. Dezember 1953, Nr. 44/45, abgedruckt bei Markus Saga: Deutschlandpolitische Vorstellungen Gustav Heinemanns im Spiegel der Periodika der ›Notgemeinschaft für den Frieden Europas‹ und der ›Gesamtdeutschen Volkspartei‹ der Jahre 1952-1955, unveröff. Hausarbeit, Bonn 1991, Anhang.

53 Broschüre der Gesamtdeutschen Volkspartei, Manifest und Gründungskundgebung, Essen 1953.

54 Protokoll der Gründungsversammlung, AdsD, NL Scheu, 352.

55 Diskussionsbeitrag zur Frage der Grundkonzeption der Partei v. Hermann Göckeritz, AdsD, NL Heinemann, Teil II, 366.

56 Robert Scholl auf der Gründungsversammlung v. 29. November 1952, Protokoll der Gründungsversammlung, AdsD, NL Scheu, 352.

57 Ebd.

58 »Wir wollen eine neue Form der politischen Auseinandersetzung. Das Einzelgewissen muß bei politischen Entscheidungen über die Disziplin der Partei gehen«, Entwurf eines Flugblatts »Was wir wollen«, AdsD, NL Scheu, 354.

59 Protokoll der Gründungsversammlung, AdsD, NL Scheu, 352.

60 Artikel ›Zweckpartei – nicht Gesinnungspartei‹ in: Gesamtdeutsche Rundschau, 1. Jg., Nr. 25 v. 17. Juli 1953, S. 7

61 Heinz Krämer: Die junge Generation, Rede auf der Gründungskundgebung der GVP v. 30. November 1952, in: Manifest der GVP, S. 25f, S. 25.

62 Manuskript Scheus, o.D., AdsD, NL Scheu, 044.

63 Manifest der GVP, Abschn. I, S. 3.

64 Gesamtdeutsche Rundschau v. 17. Juli 1953, Nr. 25, 1. Jg., S. 7.

65 Ebd.

66 Vgl. den Entwurf eines Flugblatts »Was wir wollen«, AdsD, NL Scheu, 354 und Wessels Entwurf eines ›Manifests der GDF‹ [sic!], o.D., AdsD, NL Scheu 091.

67 Manifest der GVP, Abschn. II.

68 Vgl. auch Müller: GVP, S. 251.

69 Diskussionsbeitrag zur Frage der Grundkonzeption der Partei v. Hermann Göckeritz, AdsD, NL Heinemann, Teil II, 366.

70 Manifest der GVP, Abschn. II.

71 Entwurf zu einem Leitprogramm der GVP, Artikel 14 v. Juni 1955, AdsD, Sammlung Willems, 17.
72 Zit. nach: Der Bundespräsident, hrsg. v. Presse- und Informationsamt der Bundesregierung, Essen o.J.
73 Robert Scholl: Wieder eine neue Partei, Rede auf der Gründungskundgebung der GVP v. 30. November 1952, in: Manifest der GVP, S. 24f, S. 25.
74 Heimann: GVP, S. 1490.
75 Protokoll über die Gründungsversammlung der Gesamtdeutschen Volkspartei in Frankfurt a.M. v. 29. November 1952, AdsD, NL Scheu, 352. Siehe auch Erhard Eppler: Komplettes Stückwerk. Erfahrungen aus fünfzig Jahren Politik, 2. Aufl., Frankfurt a.M./Leipzig 1996, S. 33.
76 Schreiben Epplers und Ostertags an das Präsidium der GVP v. 26. März 1956, AdsD, NL Wessel, 239 I, auch AdsD, NL Scheu, 357.
77 Mahatma Gandhi (1869-1948), indischer Rechtsanwalt, Menschenrechtler, politischer und geistiger Führer der indischen Unabhängigkeitsbewegung.
78 Gesamtdeutsche Rundschau v. 30. Oktober 1953, Nr. 40. Ein Entwurf dieses Artikels befindet sich auch im AdsD, NL Wessel, 226 I.
79 Heinemann: Die christliche Sache. Ein Wort zum Parteitag der CDU, in: Stimme der Gemeinde v. April 1953, Nr. 4, 5. Jg., S. 99.
80 Helmut Gollwitzer (1908-1993), Theologe, Professor für Systematische Theologie in Bonn und Berlin.
81 Ernst Wilm (1901-1989), evangelischer Pfarrer, 1948-1969 Präses der Evangelischen Kirche von Westfalen, seit 1982 SPD-Mitglied.
82 Vgl. Heimann: GVP, S. 1491.
83 Adolf Scheu: Eröffnungsrede der Gründungskundgebung der GVP v. 30. November 1952, in: Manifest der GVP, S. 8f, S. 8.
84 Manifest der GVP, Abschn. III.
85 Ebd.
86 Helene Wessel: Zur Außenpolitik, Rede auf der Gründungskundgebung der GVP v. 30. November 1952, in: Manifest der GVP, S. 9-15, S. 11.
87 Heimann: GVP, S. 1488
88 Diether Posser: Rapallo, nicht Tauroggen, in: Stimme der Gemeinde v. 15. Februar 1954, Nr. 4., S. 87f.
89 Manifest der GVP, Abschn. III.
90 Ebd.
91 Ebd.
92 Wessel: Zur Außenpolitik, S. 12.
93 Schreiben Heinemanns an Karl Bruchhäuser v. 23. Juni 1953, AdsD, NL Heinemann, Teil II, 0663: »Diese Behandlung der kulturpolitischen Fragen bedeutet in keiner Weise eine Geringschätzung. Wenn die GVP ihren Schwerpunkt in der Deutschlandpolitik sucht und diese Deutschlandpolitik zum hauptsächlichen Inhalt der Bundestagswahlentscheidung macht, so können die kulturpolitischen Fragen der Landes- und Kommunalebene nur hemmen.«
94 Zit. nach Jobke: Aufstieg, S. 138.
95 Adolf Scheu im Interview mit Barbara Jobke v. 17. Oktober 1968, Jobke: Aufstieg, S. 138, FN 46.
96 Schreiben Heinemanns an Merten v. 20. Februar 1953, AdsD, NL Wessel, 226. Eppler beschrieb Heinemanns Verhalten in der Diskussion über das Wirtschafts- und Sozialprogramm wie folgt: »Heinemann war bisher derjenige, der den stark sozialen Kräften nicht mit Abneigung, wohl aber mit Reserve gegenüberstand. Als guter Lutheraner wittert er in allen Reformplänen die Hybris, auch da, wo sie aus ganz anderem Geist entstanden sind«, Schreiben Epplers an Lindemann v. 22. Mai 1953, AdsD, Dep. Eppler, 6.
97 Bereits in einer vertraulichen Vorbesprechung am 3. November 1952 in Darmstadt betonte Scheu, daß »auf ein Wirtschafts- und Sozialprogramm [...] eine Einigung nicht möglich und auch im Augenblick gar nicht notwendig« sei, Niederschrift über eine Besprechung in Darmstadt v. 3. November 1952, AdsD, NL Wessel, 226 II.
98 Adolf Scheu im Interview mit Barbara Jobke v. 17. Oktober 1968, Jobke: Aufstieg, S. 138.
99 Vgl. Adolf Scheu: Gedanken für eine Gesamtdeutsche Wirtschafts- und Sozialpolitik v. 10. April 1953, AdsD, Sammlung Willems, 2: »Es ist ein offenes Geheimnis, daß die Gesamtdeutsche

Volkspartei aus einer außenpolitischen Konzeption zu ihrem Kampf angetreten ist. Da es um die Lebensfrage Deutschlands: ›Krieg oder Frieden‹, ›Spaltung oder Wiedervereinigung‹ geht, wird die Außenpolitik zunächst auch Schwerpunkt bleiben müssen. Gründer und Mitglieder, kaum nach ihrer wirtschafts- und sozialpolitischen Einstellung gefragt, waren sich von vornherein klar, daß auf diesem Gebiet sehr verschiedene Meinungen beieinander sein würden.«

100 Zit. nach Jobke: Aufstieg, S. 137. Vgl. auch das Schreiben Epplers an Bodensteiner v. 16. März 1953, AdsD, Dep. Eppler, 2: »Was uns nach wie vor fehlt, ist das Wirtschaftsprogramm.«

101 Vgl. Schreiben Epplers an Lindemann v. 22. Mai 1953, AdsD, Dep. Eppler, 6.

102 Bei lediglich fünf Gegenstimmen und drei Enthaltungen.

103 Vgl. Protokoll der Plenarsitzungen des Bundesparteitags der GVP in Essen v. 6./7. Juni 1953, AdsD, NL Wessel, 239 I.

104 Vgl. Molt: Neutralistische Opposition, S. 107. Um »auf keinen Fall hinter den guten Programmsätzen des CDU-Programmes« zurückzubleiben, dienten die wirtschaftspolitischen Grundsätze der ›Düsseldorfer Leitsätze‹ dem Wirtschaftsausschuß der GVP auf einer Tagung v. 7. und 8. Februar 1953 in Königswinter als »Arbeitsgrundlage«, Schreiben Bodensteiners an die Mitglieder des Wirtschaftsauschusses v. 7. Februar 1953, AdsD, NL Wessel, 223.

105 Wirtschafts- und Sozialprogramm der GVP, abgedruckt u.a. in: Gesamtdeutsche Rundschau v. 28. August 1953, Nr. 31. Ähnlich hieß es dazu bereits im Manifest der GVP, Abschn. III: »Unsere Außen- und Innenpolitik muß durch eine Wirtschaftspolitik unterbaut werden, die das heutige Gegeneinander der einzelnen Gruppen durch ein solidarisches Miteinander ersetzt. Der Ausgleich der widerstrebenden Interessen soll durch einen neue Wirtschafts- und Sozialordnung erfolgen.« Ein Entwurf des Programms findet sich im AdsD, NL Scheu, 366.

106 Manifest der GVP, Abschn. III. Molt charakterisiert die ideologische Grundlage der GVP als einen »ethischen Solidarismus«, Molt: Neutralistische Opposition, S. 99.

107 Wirtschafts- und Sozialprogramm der GVP.

108 Bodensteiner: Zur wirtschafts- und sozialpolitischen Zielsetzung, Rede auf der Gründungskundgebung der GVP v. 30. November 1952, in: Manifest der GVP, S. 15-20, S. 18.

109 Epplers Entwurf eines Flugblatts für die GVP v. 1. Juli 1953, u.a. abgedruckt in: Erhard Eppler: Einsprüche. Zeugnisse einer politischen Biographie, Freiburg i. Br. 1986, S. 51f, S. 52.

110 Gesamtdeutsche Rundschau v. 9. Juli 1954, Nr. 28.

111 Bodensteiner: Zur wirtschafts- und sozialpolitischen Zielsetzung, Rede auf der Gründungskundgebung der GVP v. 30. November 1952, in: Manifest der GVP, S. 15-20, S. 18.

112 Jobke: Aufstieg, S. 141.

113 Vgl. Müller: GVP, S. 257.

114 Protokoll der Sitzung des Bundesvorstandes v. 4. Juni 1953.

115 Vgl. Jobke: Aufstieg, S. 141.

116 Vgl. Westdeutsche Allgemeine Zeitung v. 5. November 1952.

117 Vgl. auch Adolf Scheu: Eröffnungsansprache, S. 8.: »Vieles ist uns vorgeworfen worden, vor allem, daß uns, die wir aus verschiedenen Lagern kommen, nur ein negatives Moment einige.«

118 Adolf Scheu im Interview mit Barbara Jobke v. 17. Oktober 1968, Jobke: Aufstieg, S. 138.

119 Bodensteiner: Die GVP im Aufbau, in: GVP-Nachrichten v. 12. Juni 1953, Nr. 20, S. 5.

120 Vgl. Müller: GVP, S. 271.

121 Genauere Angaben zu den Mitgliedszahlen der GVP liegen nicht vor, vgl. Heimann: GVP, S. 1499.

122 Eckhard Jesse: Wahlrecht zwischen Kontinuität und Reform. Eine Analyse der Wahlsystemdiskussion und der Wahlrechtsänderungen in der Bundesrepublik Deutschland 1949-1963, Düsseldorf 1985, S. 224f.

123 »Dieses Gesetz bedeutet die Entrechtung der Wähler und die Entmündigung des Volkes. Es schafft zweierlei Recht und zerstört die Grundlagen jeder Demokratie«, GVP-Nachrichten v. 12. Juni 1953, Nr. 20, S. 4.

124 Die GVP hatte einstimmig eine Verfassungsklage auf dem Bundesparteitag v. 6./7. Juni 1953 beschlossen: »Die GVP wird Klage beim Bundesverfassungsgericht anstrengen, wenn ein [...] Wahlgesetz angenommen wird, welches darauf abzielt, neue Parteien von der Bundestagswahl auszuschließen und die Bildung von Parteien, die gegen die Wiederaufrüstung sind, zu sabotieren«, Protokoll der Plenarsitzungen des Bundesparteitags der GVP in Essen v. 6./7. Juni 1953, AdsD, NL Wessel, 239 I. Die Verfassungsbeschwerde im Wortlaut in AdsD, NL Heinemann,

Teil II, 0664. Vgl. auch SZ v. 13. Juli 1953, FAZ v. 13. Juli 1953 und Frankfurter Rundschau v. 13. Juli 1953.

125 Das neue Bundeswahlgesetz wurde am 25. Juni 1953 im Bundestag verabschiedet und trat am 8. Juli 1953 in Kraft. Das Bundesverfassungsgericht bestätigte die Fünf-Prozent-Klausel, Bundesgesetzblatt 1953 I, S. 470.

126 Heinemann hatte bereits auf der Besprechung in Neu-Isenburg v. 12. November 1952 auf die Notwendigkeit von Bündnisgenossen hingewiesen und potentielle Partner aufgezählt: »1. Sofort Ansatzpunkte schaffen ohne etwas zu verbauen (schwankende Bundestagsabgeordnete), 2. Zentrum auffangen! [...], 3. Christlich Sozialer Volksdienst, 4. FSU – Block der Mitte, kein Partner, aber Wähler, 5. Bayern-Partei Kreis Etzel, 6. FDP, DVP, Emser Parteitag, 7. 10 Landtagsabgeordnete Schleswig-Holstein, 8. CDU – Evangelische Wähler abspalten, katholische Opposition, 9. Bekennende Kirche«, Niederschrift über die Besprechung in Neu-Isenburg v. 12. November 1952, AdsD, NL Scheu, 374.

127 Vgl. Müller: GVP, S. 272.

128 Vgl. Koch: Deutschlandfrage, S. 384.

129 Noack hatte die Freie Mitte erst kurz zuvor gegründet, nachdem sein Nauheimer Kreis »sang- und klanglos eingeschlafen« war, Müller: GVP, S. 272.

130 »In den außenpolitischen Zielen stimmen wir mit der FM/FSU fast völlig überein«, Schreiben Scholls an Heinemann v. 1. April 1953, AdsD, NL Heinemann, Teil II, 660.

131 Vgl. Schreiben Heinemanns an den Zentralvorstand des Blocks der Mitte/FSU v. 22. November 1952, AdsD, NL Heinemann, Teil I, 044.

132 Vgl. Müller: GVP, S. 272.

133 Bevor die Parteien den positiven Ausgang der Verhandlungen verkünden konnten, wurde in der Presse bereits über das »Wahlbündnis GVP/FSU«, in: Die Welt v. 11. April 1953 und über die »geplante Wahlfusion zwischen FSU und GVP«, in: Abendblatt v. 10. April 1953 berichtet.

134 Schreiben Scholls an Heinemann v. 1. April 1953, AdsD, NL Heinemann, Teil II, 660.

135 Vgl. Niederschrift über die Besprechung zwischen Noack, Bodensteiner und Scheu v. 23. März 1953, AdsD, NL Heinemann, Teil II, 660.

136 Schreiben Heinemanns an die Mitglieder des Bundesvorstands v. 13. April 1953, AdsD, Sammlung Willems, 2.

137 Ebd.

138 Essener Vereinbarung der GVP und des Blocks der Mitte/FSU v. 12. April 1953, AdsD, NL Heinemann, Teil II, 0661. Siehe auch das Protokoll zur Besprechung der GVP, des Blocks der Mitte und der FSU v. 12. April 1953, AdsD, NL Heinemann, Teil II, 0661 und GVP-Nachrichten v. 8. Mai 1953, Nr. 15.

139 Das freie Wort v. 2. Mai 1953.

140 Vgl. Schreiben Heinemanns an Friedrich Maier v. 4. April 1953, AdsD, NL Heinemann, Teil II, 0661.

141 Heinemann berichtete gar, daß die Zentrumsfraktion auf das Angebot einer Zusammenarbeit »sehr sauer« reagiert habe, Schreiben Heinemanns an Meyer zu Schwabedissen v. 17. April 1953, AdsD, NL Heinemann, Teil II, 0661.Vgl. Bremer Nachrichten v. 15 und 16. April 1953; Bonner Rundschau v. 17. April 1953. Siehe auch AdsD, NL Scheu, 382.

142 Koch: Deutschlandfrage, S. 384.

143 Heinemann ging bereits im Februar 1953 auf vorsichtige Fühlungnahme mit Fritz Erler, Schreiben Heinemanns an Erler v. 3. Februar 1953, AdsD, NL Heinemann, Teil II, 659. Vgl. außerdem FAZ v. 9. Juli 1953, Weser-Kurier v. 8. Juli 1953 und Neue Presse v. 8. Juli 1953.

144 Vgl. Schreiben Meyer zu Schwabedissens an Heinemann v. 24. Januar 1953, AdsD, NL Heinemann, Teil II, 658.

145 Vereinbarung zwischen dem EVD und der GVP v. 15. Juni 1953, AdsD, NL Wessel, 226 I. Ein erster Entwurf dieser Vereinbarung v. 3. Juni 1953 befindet sich auch im AdsD, NL Scheu, 379. Die Wahlabsprache wurde jedoch bereits vor den Bundestagswahlen aufgekündigt, vgl. Schreiben Julius Zirkelbachs an Scheu v. 23. Juli 1953, AdsD, NL Scheu, 379.

146 Der FDP-Kreisverband Viersen schloß sich am 12. Januar 1953 der GVP an, vgl. Abschrift eines Schreibens van Kranenbrocks an die FDP Viersen v. 1. Juli 1953, AdsD, NL Heinemann, Teil II, 0664

147 Vgl. Schreiben Scheus an Hans Dülfer v. 27. Mai 1953, AdsD, NL Heinemann, Teil II, 0662: »Es wäre wohl zweckmäßigerweise anzustreben, daß ihre Freunde [von der NPD; J.T.] für den

Wahlkampf sich örtlich mit unseren Freunden zusammenschließen würden. Das braucht die Selbständigkeit und Weiterarbeit unter eigener Flagge ja in keiner Weise zu behindern.« Vgl. auch Schreiben Dülfers an Scheu v. 17. April 1953, AdsD, NL Scheu, 380.

148 Vgl. Hamburger Echo v. 13. Juni 1953. Siehe auch GVP-Nachrichten v. 6. März 1953, Nr. 5. Ebenso Molt: Neutralistische Opposition, S. 110 und Heimann: GVP, S. 1492.

149 Nach ›Der Informationsdienst‹ v. 18. Juni 1952, Nr. 182, AdsD, Dep. Eppler, 7.

150 Thea Arnold (1882-1966), Schulrektorin, 1949-1953 MdB (Zentrum), 1952-1954 GVP, 1953/54 Bundesvorstand.

151 Hermann Etzel (1882-1978), Syndikus, 1949-1953 MdB (BP), 1950-1951 MdL Bayern, ab 1953 GVP, kooptiert in den Bundesvorstand. Vgl. Schreiben Heinemanns an Etzel v. 16. Juni 1953: »Kommt nun nicht gerade die Zeit, wo der Entschluß zur Mitarbeit in der GVP reif wird?«, AdsD, NL Heinemann, Teil II, 0663. Siehe auch das Schreiben Etzels an Heinemann v. 26. Juni 1953, AdsD, NL Heinemann, Teil II, 0663.

152 Schreiben Jan Brügelmanns an das Präsidium der GVP v. 20. Februar 1957, AdsD, NL Wessel, 240.

153 Joseph Wirth (1879-1956), Gymnasialprofessor, Zentrumsabgeordneter, 1920-1921 Reichsfinanzminister, 1921-1922 Reichskanzler, 1929-1930 Reichsminister für die besetzten Gebiete, 1930-1931, Reichsinnenminister, 1953 Mitbegründer des BdD. Siehe vor allem Ulrike Hörster-Philipps: Joseph Wirth 1879-1956. Eine politische Biographie, Paderborn u.a. 1998 und Heinrich Küppers: Joseph Wirth. Parlamentarier, Minister und Kanzler der Weimarer Republik, Stuttgart 1997.

154 Wilhelm Elfes (1884-1969), Journalist, ab 1905 Zentrum, 1945 Mitbegründer der CDU, 1945 und 1946-1948 Oberbürgermeister von Mönchengladbach, 1951 Ausschluß aus der CDU, 1953 Mitbegründer des BdD, 1960 Mitbegründer der Deutschen Friedensunion. Siehe vor allem Albert Eßer: Wilhelm Elfes 1884-1969. Arbeiterführer und Politiker, Mainz 1990.

155 Vgl. Müller: GVP, S. 283.

156 Zit. nach ebd., S. 285.

157 Nach ›Der Informationsdienst‹ v. 18. Juni 1952, Nr. 182, AdsD, Dep. Eppler, 7. Vgl. auch Friese: Wessel, S. 238.

158 Vgl. Michael Richter: Die Ost-CDU 1948-1952. Zwischen Widerstand und Gleichschaltung, Düsseldorf 1990, S. 344. Vgl. auch Christoph Stamm: Der Bund der Deutschen – Partei für Einheit, Frieden und Freiheit (BdD). Entstehung und Entwicklung einer ›bürgerlich-neutralistischen‹ Oppositionsbewegung, unveröff. Magisterarbeit, Bonn 1999, S. 61ff. Siehe auch SZ v. 12. Juli 1953.

159 Die Freiheit v. 20. März 1952.

160 Sächsische Zeitung v. 24. März 1953.

161 Ebd.

162 Neues Deutschland v. 22. März 1953.

163 Schreiben Scheus an Adam-Lassahn v. 20. Januar 1953, AdsD, NL Scheu, 358.

164 Hörster-Philipps: Wirth, S. 805.

165 Vgl. Koch: Deutschlandfrage, S. 400f.

166 FAZ v. 12. Mai 1953.

167 GVP-Nachrichten v. 15. Mai 1953, Nr. 16, S. 1f.

168 »Eine Verbindung mit der Deutschen Sammlung entfällt schon deshalb, weil diese sich nicht als Partei an der Bundestagswahl beteiligt. Im übrigen aber kann sie auch sachlich nicht als Partner in Betracht kommen«, Schreiben Heinemanns an Meyer zu Schwabedissen v. 17. April 1953, AdsD, NL Heinemann, Teil II, 0661.

169 Vgl. Stamm: BdD, S. 60f. und S. 141.

170 Neue Presse v. 21. April 1953.

171 Protokoll der Sitzung des Bundesvorstandes der GVP v. 7. Juni 1953, AdsD, NL Heinemann, Teil I, 375.

172 Schreiben Debes und Kochs an Heinemann v. 5. Mai 1953, AdsD; NL Scheu, 375.

173 Posser: Anwalt, S. 91.

174 Schreiben Achelis-Bezzels an den Bundesvorstand v. 20. Mai 1953, AdsD, NL Scheu, 375.

175 Siehe handschriftliche Notizen Scheus über die Unterredung mit Elfes v. 16. Mai 1953, AdsD, NL Scheu, 375.

176 Schreiben Sieberts an Scheu v. 15. Mai 1953, AdsD, NL Scheu, 375.
177 Siehe handschriftliche Notizen Scheus über die Unterredung mit Elfes v. 16. Mai 1953, AdsD, NL Scheu, 375.
178 GVP-Nachrichten v. 12. Juni 1953, Nr. 20, S. 4.
179 Bericht Respondeks an das Präsidium der GVP v. 12. Juni 1953 über eine Besprechung zwischen Vertretern der GVP und des BdD v. 11. Juni 1953 in Berlin, AdsD, NL Wessel, 230 I.
180 Stenographisches Protokoll des 1. Parteitages des BdD, BA Koblenz, N 1434/vorl. 38a, S. 27f.; zit. nach Stamm: BdD, S. 73.
181 Proklamation des Bundes der Deutschen v. 10. Mai 1953, BA Koblenz, N 1434/vorl. 42., zit. nach Stamm: BdD, S. 72.
182 Zit. nach Stamm: BdD, S. 72.
183 Schreiben Elfes' an Scheu v. 1. Juli 1953, AdsD, NL Scheu, 375.
184 Schreiben des Landesverbandes NRW des BdD an den Vorstand der GVP NRW v. 8. Juli 1953, AdsD, NL Scheu, 375.
185 Schreiben Elfes' an Scheu v. 1. Juli 1953, AdsD, NL Scheu, 375.
186 Protokoll Nr. 42/53 der Sitzung des Politbüros des ZK v. 27. Juni 1953, SAPMO-BArch, Bestand SED, DY 30 JIV 2/2/296.
187 Heinz Krüger spricht von einem »alten persönlichen Bekannten«, Schreiben Krügers an Wessel v. 11. Juli 1953, AdsD, NL Wessel, 230 I.
188 Heinz Krüger, Journalist, 1945 Redakteur des Berliner ›Sozialdemokraten‹, 1952-1955 Bundesvorstand der GVP.
189 Schreiben Krügers an Wessel v. 11. Juli 1953, AdsD, NL Wessel, 230 I.
190 Müller: GVP, S. 291.
191 Herbert Mochalski (1910-1993), evangelischer Pfarrer, 1947-1852 Geschäftsführer des Bruderrates der EKD, 1949-1974 Herausgeber der ›Stimme der Gemeinde‹, 1951 Begründer der ›Darmstädter Aktionsgruppen‹, 1953-1957 Bundesvorstand der GVP, 1960 Mitbegründer der Deutschen Friedensunion.
192 Protokoll über die gemeinsame Sitzung zwischen Vertretern des BdD und der GVP v. 8. Juli 1953 in Darmstadt, AdsD, NL Heinemann, Teil II, 0664.
193 Vgl. Schütz: Problem, S. 157.
194 Schreiben Possers an Elfes v. 11. Juli 1953, AdsD, NL Scheu, 375.
195 Müller: GVP, S. 292.
196 Vgl. Schreiben Respondeks an Heinemann u.a. v. 12. Juni 1953, AdsD, NL Wessel, 230. So auch Posser im Interview mit Schütz v. 22. April 1991, vgl. Schütz: Problem, S. 159, FN 64.
197 Vgl. Heinemann im Gespräch mit Gollwitzer, Transkription von Tonbandaufzeichnungen von 1974/75, AdsD, NL Heinemann, Teil II, 037b.
198 Schreiben Possers an Mochalski v. 11. Juli 1953, AdsD, NL Wessel, 226.
199 »Der Bundesvorstand [der GVP, J.T.] verhandelte am 18. Juli unter Hinzuziehung von Vertretern der Landesverbände in eingehender Aussprache eine [sic!] Zusammengehen mit dem ›Bund der Deutschen‹ und bestimmte am 19. Juli vormittags eine Kommission [...] zur Verhandlung mit einer entsprechenden Kommission des ›Bundes der Deutschen‹. Das Ergebnis der Kommissionsverhandlung wurde dem Bundesvorstand am 19. Juli abends vorgelegt und nach Aussprache von den noch anwesenden 25 Vorstandsmitgliedern einstimmig gutgeheißen.« Protokoll über die Sitzung des Bundesvorstandes v. 18. und 19. Juli in Mannheim, AdsD, NL Wessel, 232.
200 Tatsächlich stellte der BdD aber nur etwa ein Viertel bis ein Drittel der Kandidaten auf den Landeslisten, vgl. Georg Herbstritt: Ein Weg der Verständigung? Die umstrittene Deutschland- und Ostpolitik des Reichskanzlers a.D. Dr. Joseph Wirth in der Zeit des Kalten Krieges (1945/51-1955), Frankfurt a.M. u.a. 1993, S. 146.
201 Vereinbarung zwischen dem BdD und der GVP v. 19. Juli 1953, AdsD, NL Heinemann, Teil II, 0665. Vgl. auch Heinemann/Wessel: ›Mit verstärkter Kraft‹ – Erklärung zur Vereinbarung mit dem BdD v. 21. Juli 1953, AdsD, NL Heinemann, Teil II, 0665.
202 »Wesentlich ist: 1. Nur GVP und ohne Namensänderung, 2. Keine Hereinnahme von BdD-Personen in unsere Organe (etwa Bundesvorstand oder Präsidium), 3. Entscheidender Einfluß unsererseits auf alle Kandidaten, 4. Unter Berücksichtigung von FSU – Noack und etwaigen weiteren Partnern nur eine Minderheit von BdD-Abgeordneten auch in der Fraktion.«, Schreiben Heinemanns an Schenke v. 20. Juli 1953, AdsD, NL Heinemann, Teil II, 0665.

203 Dohse: Dritter Weg, S. 158.

204 Eppler: Parteiwechsel, S. 205f. Vgl. hierzu auch Simon: Eppler, S. 50. Auch in seinen Memoiren berichtet Eppler über den Verlauf der Verhandlungen: »So wagte ich in Mannheim, manches zu verlangen, was, so meinte ich, der anderen Seite kaum zumutbar erschien. Aber dann machte ich die Erfahrungen, die ich nie wieder vergaß: Zum einen, daß die BdD-Delegation, die offenbar das Wahlbündnis um beinahe jeden Preis brauchte, schließlich fast allem zustimmte, zum anderen, daß, wenn eine schwierige Entscheidung fällig war, die Blicke der BdD-Oberen sich nicht auf ihren Vorsitzenden Wilhelm Elfes richteten, sondern auf einen Mann, den ich bis dahin nicht gekannt hatte. Es war der Oberst a.D. Josef Weber. Wenn er nickte, so bedeutete dies Zustimmung. Keiner widersprach. Weber, das wurde mir rasch klar, war der Verbindungsmann nach ›drüben‹. Und als solcher hat sich Weber dann noch mehr als dreißig Jahre lang betätigt.«, Eppler: Stückwerk, S. 37.

205 Michael Lemke: Die infiltrierte Sammlung. Ziele, Methoden und Instrumente der SED zur Formierung einer bürgerlichen Opposition in der Bundesrepublik 1949-1957, in: Tilman Mayer (Hg.): Macht das Tor auf. Jakob-Kaiser-Studien, Berlin 1996, S. 171-234, S. 219.

206 Vgl. Protokoll des außerordentlichen Parteitages des BdD am 25. Juli 1953 in Frankfurt a.M., Bundesarchiv Koblenz, N 1434/vorl. 38a.

207 Gesamtdeutsche Rundschau v. 31. Juli 1953, Nr. 27, S. 10.

208 Hessische Nachrichten v. 17. Juli 1953, vgl. auch Bonner Rundschau v. 22. Juli 1953 und Nordwest-Zeitung v. 18. Juli 1953. Siehe auch Schütz: Problem, S. 161.

209 Zit. nach Jobke: Aufstieg, S. 150.

210 Eppler im Interview v. 10. Januar 2007.

211 Johannes Rau (1931-2006), Verlagsbuchhändler, 1952-1957 Mitglied der GVP, 1958-1999 MdL NRW (SPD), 1969/70 Oberbürgermeister v. Wuppertal, 1978-1998 nordrhein-westfälischer Ministerpräsident, 1999-2004 Bundespräsident. Siehe auch Uwe Birnstein: Johannes Rau. Der Versöhner, Berlin 2006.

212 Rau auf dem Landesparteitag der GVP-NRW v. 2. August 1953 in Herne, GVP-Parteitag – Einige Diskussionsbeiträge, AdsD, Sammlung Willems, 11.

213 Eppler: Stückwerk, S. 36.

214 Zit. nach Stamm: BdD, S. 76.

215 Vgl. Rede Scheus auf dem Landesparteitag der GVP-NRW v. 2. August 1953 in Herne, Protokoll, AdsD, Sammlung Willems, 11.

216 Vgl. Müller: GVP, S. 297.

217 Vgl. Lüneburger Landeszeitung v. 28. Juli 1953.

218 Posser im Interview mit Schütz, vgl. Schütz: Problem, S. 166, FN 109.

219 Heinemann im Interview mit Gaus, Plädoyer, S. 87.

220 Walter Henkels über Heinemann, in: Scheu: Aus vergangenen Tagen.

221 Gesamtdeutsche Rundschau v. 31. August 1953, Nr. 27, S. 1.

222 Vgl. Elisabeth Noelle/Erich Peter Neumann: Jahrbuch der öffentlichen Meinung 1947-1955, Allensbach 1956, S. 271.

223 Vgl. Heimann: GVP, S. 1505.

224 Heimann führt einen weiteren Punkt an: »Die GVP (vor allem Heinemann) sah erst die ›militärpolitischen Vorstöße Adenauers im Spätsommer 1950 als kritischen Wendepunkt in der deutschen Nachkriegsgeschichte an […].‹ Für den Zeitgenossen, der die Bildung der Bi-Zone, die Währungsreform, die Gründung der Bundesrepublik und der DDR und damit die Spaltung Deutschlands miterlebt hatte, konnte diese Datierung in der Tat wenig überzeugen. Hier aber liegt die eigentliche Problematik der außen- und deutschlandpolitischen Beschränkung von Theorie und Praxis der GVP. Die isolierte Betrachtung des sicherheitspolitischen Moments und ihrer Konsequenz versperrte den Blick auf die Abhängigkeit der militärpolitischen Entscheidungen, die zu den Pariser Verträgen führten, von der gesellschaftspolitischen Entwicklung in den Westzonen nach 1945. Die Festschreibung der privatkapitalistischen ökonomischen und sozialen Struktur der Westzonen und der Bundesrepublik hatte die Westintegration und das Angebot einer Wiederbewaffnung zur logischen Konsequenz. So war das Adenauersche Angebot nicht nur ein Mittel, die staatliche Souveränität zurückzugewinnen, sondern zugleich auch Ausdruck des Interesses, die Stabilität dieser erreichten gesellschaftlichen Ordnung nicht zu gefährden«, Heimann: GVP, S. 1505.

225 Für Hörster-Philipps war das Bündnis mit dem BdD verantwortlich für die Wahlniederlage der GVP, Hörster-Philipps: Wirth, S. 824f.
226 Zit. nach Müller: GVP, S. 298.
227 Vgl. auch Schütz: Problem, S. 166.
228 Vgl. vor allem Hörster-Philipps: Wirth, S. 820f. Vgl. auch SZ, FAZ, Rheinische Post, Münchner Merkur, Allgemeine Zeitung, etc. v. 28. August 1953, Der Morgen v. 2. September 1953. Elfes hingegen betonte immer, daß es »nicht wahr« sei, daß seine Partei Geld »von der KPD oder von der SED« bekäme. Eine Formulierung, die eine Finanzierung durch die Ost-CDU nicht ausschloß, vgl. Eßer: Elfes, S. 255.
229 Neue Zeitung v. 28. August 1953. Vgl. auch Hörster-Philipps: Wirth, S. 823.
230 Westfalenblatt v. 28. August 1953.
231 Offenbach Post v. 21. Juli 1953.
232 Rundschreiben Nr. 13 an alle Kreisverbände des Landesverbandes NRW v. Adolf Scheu v. 14. Dezember 1952, AdsD, Sammlung Willems, 1.
233 »Die Erfahrungen haben gezeigt, daß bei dem BdD nichts zu holen ist, weil fragliche Leute dahinter stehen«, zit. nach Spiegel v. 9. Dezember 1953, 7. Jg., Nr. 50, S. 8.
234 Interview mit Erhard Eppler v. 11. Januar 2007.
235 Zit. nach Spiegel v. 9. Dezember 1953, 7. Jg., Nr. 50, S. 8.
236 Protokoll der Bundesvorstandssitzung v. 30. Oktober 1953, AdsD, Sammlung Willems, 5.
237 Entwurf eines Rundschreibens des Präsidiums an die Landes- und Kreisverbände v. Juni 1954, AdsD, Wessel 226 I.
238 Ebd.
239 Zit. nach Eßer: Elfes, S. 256.
240 Vgl. z.B. die FAZ v. 17. Juli 1953.
241 Zit. nach Gesamtdeutsche Rundschau v. 18. September 1953, Nr. 34.
242 Zit. nach ebd.
243 Die Zeit v. 3. September 1953.
244 Zit. nach Müller: GVP, S. 323.
245 Vgl. auch Heimann: GVP; S. 1485.
246 Die Enquete-Kommission des Bundestages zur ›Aufarbeitung von Geschichte und Folgen der SED-Diktatur in Deutschland‹ definierte in ihrem Abschlußbericht den Begriff ›Westarbeit‹ wie folgt: »Mit dem Begriff ›Westarbeit‹ ist die allgemeine Agitation und Propaganda in der Bundesrepublik Deutschland und in Westberlin sowie die gezielte Anknüpfung zu Politikern, Gewerkschaftsfunktionären, Journalisten, Wissenschaftlern und anderen Personen des öffentlichen politischen Lebens umschrieben.«, Materialien der Enquete-Kommission ›Aufarbeitung von Geschichte und Folgen der SED-Diktatur in Deutschland‹, hrsg. v. Dt. Bundestag, Bd. I, Baden-Baden 1995, S. 484.
247 Lindemann: Leben, S. 128.
248 Koch: Deutschlandfrage, S. 385.
249 Gallus: Neutralisten, S. 83.
250 Vgl. Schütz: Problem, S. 160f., Koch: Deutschlandfrage, S. 410f.
251 Vgl. Müller: GVP, S. 291.
252 Schreiber/Sommer: Bundespräsident, S. 116. Auch Hauer berichtet, daß Heinemann sich erst nach der »ehrenwörtlichen Versicherung, daß es sich nicht um Ost-Geld handele« zu einem Bündnis mit dem BdD habe durchringen können, Hauer: Bürgerpräsident, S. 36.
253 Eßer: Elfes, S. 258.
254 Siehe hierzu vor allem Karl-Heinz Schmidt: Die Deutschlandpolitik der SED, in: Materialien der Enquete-Kommission ›Aufarbeitung von Geschichte und Folgen der SED-Diktatur in Deutschland‹, hrsg. v. Dt. Bundestag, Bd. Deutschlandpolitik, innerdeutsche Beziehungen und internationale Rahmenbedingungen, Bd. V/3, Baden-Baden 1995, S. 2114-2293. Siehe auch Heike Amos: Die Westarbeit der SED 1948/49-1961. ›Arbeit nach Westdeutschland‹ durch die Nationale Front, das Ministerium für Auswärtige Angelegenheiten und das Ministerium für Staatssicherheit, Berlin 1999, S. 107ff.
255 Heinemann traf bereits am 10. Januar 1951 auf Vermittlung des KPD-Abgeordneten Heinz Renner mit zwei SED-Spitzenfunktionären (Franz Dahlem und Hermann Axen) in Berlin zusammen, um über die am Tag darauf in Potsdam stattfindende gesamtdeutsche Tagung der

evangelischen Kirche zu beraten. Vgl. die Aktennotiz über die Unterredung v. 10. Januar 1951, SAPMO-BArch, NL Pieck, NY 4036/649. Im Nachlaß Walter Ulbrichts findet sich darüber hinaus ein Nachtrag Dahlems zu dieser Besprechung, SAPMO-BArch, NL Ulbricht, NY-4182/1097. Zudem kam es am 10. Januar zu einer Besprechung zwischen Heinemann, Nuschke, Niemöller und (»höchstwahrscheinlich«) Dibelius, die die Möglichkeit der »Schaffung einer gesamtdeutschen Partei« unter der Führung der Ost-CDU erörterten, Aktennotiz v. 11. Januar 1951, SAPMO-BArch, NL Grotewohl, NY 4090/453. Am 12. März 1952 traf Heinemann dann nochmals mit Nuschke zu einem »Informationsaustausch« zusammen, Streng vertraulicher Bericht v. 14. März 1952, ACDP, Ost-CDU, VII 013/3309. Zu einem weiteren Zusammentreffen der beiden, wenn auch spontanerer Art, kam es zudem am 10. Juli 1954 in Leipzig, Aktennotiz v. 14. September 1954, ACDP, Ost-CDU, VII 013/3309. Über Heinemanns Reisen in die UdSSR liegen keine näheren Informationen über Gesprächspartner oder -inhalte vor, vgl. Protokoll der Vorstandssitzung v. 25. September 1954 bzw. Protokoll der Präsidiumssitzung v. 14. Juli 1954, AdsD, Wessel, 226 I.

256 Als Heinemanns Verbindungsmann zur Ost-CDU fungierte offensichtlich ein junger Student, der auf Ulbrichts Veranlassung hin seit Dezember 1953 durch das MfS überwacht wurde, Schreiben Ulbrichts an Wollweber (Chef der Staatssicherheit) v. 16. Dezember 1953, SAPMO-BArch, ZPA-NL 182/1096. Bei diesem Studenten könnte es sich um Arnold Haumann gehandelt haben. Bis 1952 diente der KPD-Funktionär Max Reimann als Vermittler zwischen Heinemann und der DDR-Regierung, vgl. Reimanns Bericht v. 21. November 1951, SAPMO-BArch, NL Grotewohl, NY 4090/665 und v. 24. Oktober 1952, SAPMO-BArch, NL Pieck, NY 4036/751. Siehe auch Amos: Westarbeit, S. 111.

257 Bericht über den Besuch Bodensteiners v. 14. bis zum 20. September 1953, ACDP, Ost-CDU, VII 012/495.

258 Erklärung Günther Wirths v. 17. September 1953, ACDP, Ost-CDU, VII 012/495.

259 Wilhelm Karl Gerst (1887-1968), Journalist, 1949 erfolglose Bundestagskandidatur (KPD), ab 1949 Bonner Korrespondent der DDR-Nachrichtenagentur ADN, 1954 Entzug der Akkreditierung. Siehe auch Wilhelm Karl Gerst: Bundesrepublik Deutschland unter Adenauer, Berlin 1957.

260 Bericht über den Besuch Bodensteiners v. 14. bis zum 20. September 1953, ACDP, Ost-CDU, VII 012/495.

261 Aktenvermerk Günter Wirths v. 15. September 1953, ACDP, Ost-CDU, VII 012/495.

262 Otto Nuschke (1883-1957), Buchdrucker, Journalist, 1918 Mitbegründer der DDP, 1921-1933 Mitglied des Preußischen Landtags, 1945 Mitbegründer der CDU, 1946-1952 MdL (Brandenburg), ab 1948 Vorsitzender der Ost-CDU, ab 1949 Abgeordneter der Volkskammer, 1949-1957 stv. Ministerpräsident und stv. Vorsitzender des Ministerrates.

263 Zur Westarbeit der DDR und der Rolle der Ost-CDU siehe vor allem Michael Richter/Martin Rißmann (Hg.): Die Ost-CDU. Entstehung und Entwicklung, Weimar/Köln/Wien/Böhlau 1995; Richter: Ost-CDU; Wolfgang Buschfort: Parteien im Kalten Krieg. Die Ostbüros von SPD, CDU und FDP, Berlin 2000. Grundsätzliches zur Westarbeit der DDR bei Hubertus Knabe: Westarbeit des MfS. Das Zusammenspiel von ›Aufklärung‹ und ›Abwehr‹, 2. Aufl., Berlin 2000 und Hubertus Knabe: Die unterwanderte Republik. Stasi im Westen, Berlin 1999.

264 Bericht über den Besuch Bodensteiners v. 14. bis zum 20. September 1953, ACDP, Ost-CDU, VII 012/495. Siehe auch die Abschrift einer Aktennotiz Bodensteiners an Nuschke v. 16. September 1953, ACDP, Ost-CDU, VII 012/495.

265 Bericht über den Besuch Bodensteiners v. 14. bis zum 20. September 1953, ACDP, Ost-CDU, VII 012/495.

266 Aktennotiz Heinz-Wolfram Maschers v. 16. September 1953, ACDP, Ost-CDU, VII 012/495.

267 Abschrift einer Aktennotiz Bodensteiners an Nuschke v. 16. September 1953, ACDP, Ost-CDU, VII 012/495.

268 Erich Glückauf (1903-1977), Journalist, 1946-1950 MdL Mecklenburg-Vorpommern (SED), seit 1952 Leiter des Arbeitsbüros für Gesamtdeutsche Fragen des ZK der SED, 1961-1969 Mitglied im Politbüro des ZK der illegalen KPD (Bundesrepublik) und Paul Verner (1911-1986), Maschinenschlosser, seit 1950 Mitglied im ZK der SED, 1953-1958 Leiter der Abteilung für Gesamtdeutsche Fragen, seit 1963 Mitglied im Politbüro des ZK der SED, seit 1971 Mitglied des Staatsrates.

269 Wladimir S. Semjonow (1911-1992), sowjetischer Diplomat, 1953 Ernennung zum Hohen Kommissar in Ostberlin und Einsetzung als sowjetischer Botschafter für die DDR, 1954 stv. Außenminister der UdSSR, 1978-1986 sowjetischer Botschafter für die Bundesrepublik Deutschland.

270 Grete Thiele (1913-1993), Journalistin, 1947-1949 MdL NRW (KPD), 1949-1953 MdB, 1968 Mitbegründerin der Deutschen Kommunistischen Partei (DKP).

271 Bericht über den Besuch Bodensteiners v. 14. bis zum 20. September 1953, ACDP, Ost-CDU, VII 012/495.

272 Ebd.

273 Arnold Haumann (1923), evangelischer Theologe und Pfarrer in Wiesbaden. Haumann war zudem enger Mitarbeiter Mochalskis und später Bundessekretär der GVP. Siehe auch Arnold Haumann: Gott mit uns? Zwischen Weltkrieg und Wende. Widerspruch eines politisch engagierten Theologen, Bonn 1993.

274 Aktenvermerk über ein Gespräch mit Haumann v. 13. Oktober 1953, ACDP, Ost-CDU, VII 013/3309.

275 Ebd.

276 Bericht über den Besuch Mochalskis v. 1. Juli 1954, ACDP, Ost-CDU, VII 012/475. In einem Aktenvermerk der Ost-CDU v. 20. Januar 1955 wird von einem weiteren Gespräch mit einem GVP-Mitglied berichtet. Ein Frankfurter GVP-Aktivist namens Priebe bemängelte in einer Unterredung, daß die »Wirkungsmöglichkeiten der GVP vor allem durch das Fehlen einer gesicherten materiellen Grundlage äußerst eingeengt seien. Es ging ihm vor allem darum, einmal festzustellen, inwieweit er, bzw. seine Partei mit materieller Unterstützung von hier aus [von der Ost-CDU; J.T.] rechnen kann. [...] Es müsse doch ein Weg gefunden werden, um evtl. über sogenannte Provisionen bei der Vermittlung und Durchführung von Ost-West-Geschäften der GVP einige Mittel zufließen zu lassen.«, Aktenvermerk Niggemeiers v. 20. Januar 1955, ACDP, Ost-CDU, VII 013-3309.

277 Bericht über den Besuch Mochalskis v. 1. Juli 1954, ACDP, Ost-CDU, VII 012/475.

278 Ebd.

279 Ebd.

280 Bericht über den Besuch Mochalskis v. 1. Juli 1954, ACDP, Ost-CDU, VII 012/475.

281 Ruth Achelis-Bezzel, Hausfrau, 1952-1955 Bundesvorstand der GVP, Landesvorstand der Berliner GVP.

282 Robert Havemann (1910-1982), Physikochemiker, 1949-1963 Mitglied der Volkskammer, 1950 Übersiedlung in die DDR, 1956-1963 Tätigkeit als Informeller Mitarbeiter (IM) ›Leitz‹ beim Ministerium für Staatssicherheit, 1964 Ausschluß aus der SED wegen systemkritischer Äußerungen, Berufsverbot, 1976-1978 Hausarrest. Siehe auch Arno Polzin: Der Wandel Robert Havemanns vom Inoffiziellen Mitarbeiter zum Dissidenten im Spiegel der MfS-Akten, Berlin 2005. Robert Havemann: Ein deutscher Kommunist. Rückblicke und Perspektiven aus der Isolation, Hamburg 1978 und Robert Havemann: Fragen-Antworten-Fragen. Aus der Biographie eines deutschen Marxisten. Mit einer erstmals veröffentlichten Ballade von Wolf Biermann, München 1970.

283 Bericht Havemanns über eine Besprechung mit Frau Achelis-Bezzel v. 4. Dezember 1952, SAPMO-BA BPA, IV L 2/10/361. Achelis-Bezzel trat innerhalb der GVP jedoch wohl kaum in Erscheinung. Dies bestätigten sowohl Jürgen Schmude im Interview v. 15. November 2006 als auch Erhard Eppler im Interview v. 10. Januar 2007. Allerdings schaltete sie sich ein, als die Verhandlungen mit dem BdD zu scheitern drohten. In einem Schreiben an Heinemann führte sie beispielsweise an, sie hätten bei einem Zusammengehen mit dem BdD »am wenigsten die Elemente gestört, die als Kommunisten erkennbar sind. Reine Farben sind sauber.«, Schreiben Achelis-Bezzels an Heinemann v. 4. September 1953, AdsD, Sammlung Willems, 7. Vgl. auch das Schreiben Achelis-Bezzels an den Bundesvorstand v. 20. Mai 1953, AdsD, NL Scheu, 375.

284 Bericht Havemanns über eine Besprechung mit Achelis-Bezzel v. 4. Dezember 1952, SAPMO-BA BPA, IV L 2/10/361.

285 Lemke: Sammlung, S. 193.

286 FAZ v. 21. März 1994. Siehe auch Welt am Sonntag v. 3. April 1994.

287 FAZ v. 6. April 1994.

288 IdeaSpektrum, Nr. 18, 1994, S. 33.

[289] Heinemann bestritt stets Berichte, wonach die GVP 1953 50.000 DM wöchentlich vom BdD erhalten habe, vgl. Kölnische Rundschau v. 26. Mai 1955.

[290] Schreiben Webers an Scheu v. 1. Februar 1954 und Schreiben Scheus an Weber v. 19. Februar 1954, AdsD, NL Scheu, 376. In der Gewinn- und Verlustrechnung der GVP für den Zeitraum v. 1. Juli 1953 bis zum 19. Oktober 1953 sind 400.000 DM als Spendeneinnahmen ausgewiesen, AdsD, NL Scheu, 376. Vgl. Hörster-Philipps: Wirth, S. 826f.

[291] Vgl. z.B. das Schreiben Wessels an Scheu v. 27. Januar 1954, AdsD, NL Scheu, 376.

[292] Zur Finanzierung der GVP durch den BdD siehe auch Lemke: Sammlung, S. 219, FN 165. Ebenso Eßer: Elfes, S. 253f.

[293] Protokoll der Sitzung des Landesvorstandes der GVP-NRW v. 6. September 1953, AdsD, Sammlung Willems, 11. Vgl. auch Hörster-Philipps: Wirth, S. 826.

[294] Vgl. Eßer: Elfes, S. 254.

[295] Vgl. Lemke: Sammlung, S. 219.

[296] Eppler hält es hingegen für vorstellbar, daß Heinemann in diesen Fragen von Mochalski bewußt übergangen wurde. Der politische Weggefährte Heinemanns vermutet, daß Mochalski in Wirklichkeit sogar ein »Stasi-Spitzel« gewesen sei, so Eppler im Interview v. 10. Januar 2007.

[297] Vgl. Müller: GVP, S. 251.

[298] Müller: GVP, S. 251.

[299] Diskussionsbeitrag zur Frage der Grundkonzeption der Partei v. Hermann Göckeritz, AdsD, NL Heinemann, Teil II, 366.

[300] Heinemann: Rede vor der Landesversammlung der GVP in NRW v. 13. Dezember 1953, AdsD, NL Heinemann, Teil I, 132.

[301] Vgl. Müller: GVP, S. 251.

[302] Gesamtdeutsche Rundschau v. 21. Januar 1955, Nr. 3-4.

[303] Manifest der GVP, S. 6.

[304] Heinemann: GVP, in: Manifest, S. 22.

[305] Interner Bericht der SPD »Abkehr von der CDU« v. 1. Dezember 1952, verantw. Peter Raunau, AdsD, Sammlung Organisationen, GVP.

[306] Zit. nach Koch: Deutschlandfrage, S. 425f.

[307] Heinemann: GVP, in: Manifest, S. 22.

[308] Helmut Simon (1922), Jurist, 1970-1987 Richter am Bundesverfassungsgericht.

[309] Interview mit Helmut Simon, in: Thierfelder/Riemenschneider: Heinemann, S. 208-225, S. 209.

[310] Vgl. Abschrift eines Schreibens van Kranenbrocks an die FDP Viersen v. 1. Juli 1953, AdsD, NL Heinemann, Teil II, 0664.

[311] Karl Georg Pfleiderer (1899-1957), Diplomat, 1949-1955 MdB (FDP/DVP), 1955-1957 Botschafter in Jugoslawien. Siehe auch Jörg Brehmer: Was wird aus Deutschland? Zum Leben und Denken des liberalen Landrates Karl Georg Pfleiderer, Stuttgart 2004.

[312] Vgl. Internen Bericht des SPD-Vorstandes »Politik und Wirtschaft – Sondermaterial Gesamtdeutsche Volkspartei«, AdsD, Sammlung Organisationen, GVP. Vgl. auch Heinemann: GVP, in: Manifest, S. 23. Vgl. auch Stuttgarter Zeitung v. 2. Dezember 1952.

[313] Reinhold Maier (1889-1971), Jurist, 1932-1933 MdR (DDP), 1945-1952 bestellter Ministerpräsident von Württemberg-Baden, 1952-1953 Ministerpräsident von Baden-Württemberg, 1952-1964 MdL Baden-Württemberg (FDP), 1953-1956 und 1957-1959 MdB, 1957-1960 Bundesvorsitzender der FDP. Siehe auch Klaus-Jürgen Matz: Reinhold Maier (1889-1971). Eine politische Biographie, Düsseldorf 1989 und Reinhold Maier: Erinnerungen 1948-1953, Tübingen 1966.

[314] Ebenso erfolglos blieben Heinemanns Bestrebungen, 1955 ein Wahlbündnis mit der FDP einzugehen, vgl. Heimann: GVP, S. 1494.

[315] Vgl. Müller: GVP, S. 270.

[316] Sten. Ber. des Dt. Bundestages v. 5. Dezember 1952, S. 11469C.

[317] Sten. Ber. des Dt. Bundestages v. 4. Dezember 1952, S. 11362C.

[318] Henry Morgenthau (1891-1967), US-amerikanischer Politiker, 1934-1945 Finanzminister der USA.

[319] Sten. Ber. des Dt. Bundestages v. 3. Dezember 1952, S. 11131B/C. Zum Morgenthauplan siehe vor allem Wilfried Mausbach: Zwischen Morgenthau und Marshall. Das wirtschaftspolitische Deutschlandkonzept der USA 1944–1947, Düsseldorf 1996, Bernd Greiner: Die Morgenthau-

Legende. Zur Geschichte eines umstrittenen Plans, Hamburg 1995 und John Morton Blum: Deutschland ein Ackerland? Morgenthau und die amerikanische Kriegspolitik 1941-1945. Aus den Morgenthau-Tagebüchern, Düsseldorf 1968.

320 Baring erwähnt ein Treffen von Heinemann und Willi Weyer, dem Vorsitzenden der FDP in NRW, in dem 1956 die Möglichkeit von Heinemanns Parteiwechsels zu den Liberalen erörtert wurde. Laut Baring scheiterte das Vorhaben jedoch an der ablehnenden Haltung Dehlers. Eine Quellenangabe für dieses Treffen findet sich bei Baring jedoch nicht, Arnulf Baring: Machtwechsel. Die Ära Brandt-Scheel, Berlin 1998, S. 69. Erhard Eppler betonte im Interview v. 10. Januar 2007, die FDP sei »nie eine Versuchung« für Heinemann gewesen. Dies bestätigte auch Peter Heinemann im Interview v. 24. Februar 2006.

321 Vgl. Schreiben Heinemanns an Friedrich Maier v. 4. April 1953, AdsD, NL Heinemann, Teil II, 0661. Vgl. Bonner Rundschau v. 17. April 1953, Bremer Nachrichten v. 15 und 16. April 1953.

322 Schreiben Heinemanns an Meyer zu Schwabedissen v. 17. April 1953, AdsD, NL Heinemann, Teil II, 0661.

323 Heinemann: Die christliche Sache. Ein Wort zum Parteitag der CDU, in: Stimme der Gemeinde v. April 1953, Nr. 4, 5. Jg., S. 99.

324 Manifest, S. 22.

325 Vgl. Müller: GVP, S. 279 und Koch: Deutschlandfrage, S. 383.

326 Vgl. Koch: Deutschlandfrage, S. 383.

327 Vgl. Schreiben Scheus an Hans Dülfer v. 27. Mai 1953, AdsD, NL Heinemann, Teil II, 0662.

328 Vgl. Koch: Deutschlandfrage, S. 409.

329 Vgl. Schreiben Epplers an Scheu v. 30. Juli 1952, AdsD, Dep. Eppler, 06.

330 Bericht der SPD v. 10. Dezember 1952 über eine Zusammenkunft v. Helene Wessel und Vertretern der SPD v. 1. November 1952, AdsD, Sammlung Organisationen, GVP.

331 Vgl. Schreiben Epplers an Scheu v. 30. Juli 1952, AdsD, Dep. Eppler, 06.

332 Vgl. Koch: Deutschlandfrage, S. 379.

333 SZ v. 4. November 1952.

334 Stimme der Zeit v. 2. Dezember 1952.

335 Heinemanns Rede im Bayerischen Rundfunk v. 15. Mai 1953, abgedruckt in: SZ v. 16. Mai 1953. Vgl. auch Heinemann: Der Kampf geht weiter, in: GVP-Nachrichten, S. 2-3, S. 2.

336 Rundschreiben Nr. 13 an alle Kreisverbände des Landesverbandes NRW v. Adolf Scheu v. 14. Dezember 1952, AdsD, Sammlung Willems, 1.

337 Heinemann: »Gestalt und Wandel der SPD«, in: Stimme der Gemeinde, v. 1. Februar 1954, Nr. 3, S. 49-56. Vgl. auch Heimann: GVP, S. 1486f.

338 Vertraulicher Bericht der SPD über die GVP v. 9. Januar 1953, AdsD, Sammlung Organisationen, GVP.

339 Vgl. Internen Bericht des SPD-Parteivorstandes »Politik und Wirtschaft – Sondermaterial Gesamtdeutsche Volkspartei«, AdsD, Sammlung Organisationen, GVP. Vgl. auch Schreiben Meyer zu Schwabedissens an Heinemann v. 24. Januar 1953, AdsD, NL Heinemann, Teil II, 658.

340 Interner Bericht der SPD »Abkehr von der CDU« v. 1. Dezember 1952, verantw. Peter Raunau, AdsD, Sammlung Organisationen, GVP.

341 Als Heinemann Ollenhauer in einem Gespräch v. 9. Juni 1953 um die Bereitstellung zumindest eines Direktmandats für einen GVP-Kandidaten bat, ließ Ollenhauer keinen Zweifel daran aufkommen, daß der Parteivorstand dieses Anliegen ablehnen werde; Schreiben Heinemanns an Meyer zu Schwabedissen v. 10. Juni 1953, AdsD, NL Heinemann, Teil II, 0663.

Siebtes Kapitel

1 Müller: GVP, S. 379.

2 Vgl. Koch: Deutschlandfrage, S. 455f und Müller: GVP, S. 533f.

3 Rolf Steininger: Deutsche Geschichte. Darstellung und Dokumente in vier Bänden, Bd. 3: 1955-1974, Frankfurt a.M. 2002, S. 16.

4 Insgesamt konnten 9.626 Kriegsgefangene und über 20.000 Zivilinternierte ›heimgeführt‹ werden. Siehe vor allem Werner Kilian: Adenauers Reise nach Moskau, Freiburg 2005. Siehe auch

Günter Bischof/Stefan Karner/Barbara Stelzl-Marx (Hg.): Kriegsgefangene des Zweiten Weltkriegs. Gefangennahme, Lagerleben, Rückkehr, München 2005 und Rüdiger Overmans: Soldaten hinter Stacheldraht. Deutsche Kriegsgefangene des Zweiten Weltkriegs, Berlin 2002.

5 Vgl. auch Friese: Wessel, S. 251.

6 Regierungserklärung Adenauers v. 22. September 1955, Sten. Ber., 2. WP, 101. Sitzung, S. 5647. Siehe auch Werner Kilian: Die Hallstein-Doktrin. Der diplomatische Krieg zwischen der BRD und der DDR 1955-1973. Aus den Akten der beiden deutschen Außenministerien, Berlin 2001 und Rüdiger Booz: Hallsteinzeit. Deutsche Außenpolitik 1955-1972, Bonn 1995.

7 Siehe Detlef Bald: Die Bundeswehr. Eine kritische Geschichte 1955-2005, München 2005.

8 Schreiben Wessels an Pfeiffer v. 14. April 1957, AdsD, NL Wessel, 239.

9 Walter Henkels über Heinemann, in: Scheu: Aus vergangenen Tagen.

10 Exposé zur Bundestagswahl v. 16. Oktober 1956, AdsD, NL Scheu, 387.

11 Bund der Heimatlosen und Entrechteten, 1950 gegründet, 1961 mit der Deutschen Partei (DP) zur Gesamtdeutschen Partei (GDP) fusioniert, erzielte bei den Bundestagswahlen 1957 4,6 Prozent der Stimmen.

12 Abgedruckt in: Scheu: Aus vergangenen Tagen.

13 Protokoll über das Gespräch zwischen Wessel und Eichler v. 20. November 1956, in: Scheu: Aus vergangenen Tagen.

14 Erler hatte bereits 1954 Kontakt zu Heinemann aufgenommen, um den GVP-Mann nach der mißglückten Bundestagswahl von einem Übertritt in die SPD zu überzeugen, Schreiben Erlers an Heinemann v. 26. Februar 1954, AdsD, NL Heinemann, Teil I, 047.

15 Vgl. Interview mit Scheu in der Westdeutschen Rundschau v. 27. Mai 1957.

16 Vgl. auch Protokolle über diese Sitzungen im AdsD, NL Wessel, 240.

17 Vgl. Interview mit Scheu in der Westdeutschen Rundschau v. 27. Mai 1957.

18 Protokolle über die offiziellen Besprechungen zwischen SPD- und GVP-Vertretern v. 14. Januar 1957, 28. Januar 1957 und 11. Februar 1957, in: Scheu: Aus vergangenen Tagen.

19 Über die Frage der Listenunterstützung der GVP durch die SPD erklärte Ollenhauer in einer gemeinsamen Sitzung von Parteivorstand, Parteiausschuß und Kontrollkommission v. 24. Januar 1957: »Wir halten das für unmöglich, nicht für tragbar, nicht für realisierbar. [...] Es wird also auch hier zu keiner zentralen Absprache, zu keiner Vereinbarung fester Art kommen. Damit sind schon die Möglichkeiten, die sich ergeben könnten, erschöpft.«, AdsD, Protokolle des SPD-Parteivorstandes, 16, 1. Teil.

20 Protokolle über die offiziellen Besprechungen zwischen SPD- und GVP-Vertretern v. 14. Januar 1957, 28. Januar 1957 und 11. Februar 1957, in: Scheu: Aus vergangenen Tagen.

21 Protokoll über die Sitzung des Bundesvorstandes v. 22./23. Februar 1957, in: Scheu: Aus vergangenen Tagen.

22 Ebd.

23 Protokoll über eine Besprechung zwischen Scheu und Mellies v. 27. Februar 1957, in: Scheu: Aus vergangenen Tagen.

24 Protokoll über die Sitzung des Bundesvorstandes v. 22./23. Februar 1957, in: Scheu: Aus vergangenen Tagen.

25 Ollenhauer hatte Heinemann zuvor in einem Fernschreiben mitgeteilt, daß der SPD-Parteivorstand gegen den vermeintlichen Vorschlag, führenden GVP-Mitgliedern sichere Plätze auf SPD-Landeslisten einzuräumen »erhebliche Bedenken geltend gemacht« habe, Schreiben Ollenhauers an Heinemann v. 14. März 1957, in: Scheu: Aus vergangenen Tagen. Vgl. auch Sitzung des Parteivorstandes v. 7./8. März 1957, AdsD, Protokolle des SPD-Parteivorstandes, 16, 1. Teil. Auf der Parteivorstandssitzung v. 29. März 1957 wurde deutlich gemacht, daß die SPD im Fall von Heinemanns Übertritt »eine Quelle ständigen Ärgers erhalte.« AdsD, Protokolle des SPD-Parteivorstandes, 16, 1. Teil.

26 Vgl. Protokoll über eine Besprechung zwischen Scheu und Erler v. 23. Juli 1956, in: Scheu: Aus vergangenen Tagen. Erler hatte in dem Gespräch mit Scheu angedeutet, daß, je mehr sich die GVP bemühe, zu einem Arrangement mit der SPD zu kommen, um so mehr Stimmen sich bei den Sozialdemokraten erheben würden, die befürchteten, daß es der GVP vor allem »um Ministersessel ginge«.

27 Schreiben des GVP-Präsidiums (Diktat Heinemanns) an Ollenhauer v. 14. März 1957, in: Scheu: Aus vergangenen Tagen. In einem undatierten Entwurf betonte Heinemann, daß »die Frage der

Mandate [...] nur als Mittel zu diesem Zweck [Stärkung der Oppositionsarbeit; J.T.]« gesehen worden sei. Nach dem Scheitern der Verhandlungen bestünde natürlich »von keinem unserer Freunde die Absicht, von Ihrer Partei ein Bundestagsmandat zu erlangen.«, Schreiben Heinemanns an Ollenhauer, o.D., AdsD, NL Scheu, 387.

28 Schreiben Scheus an Erler v. 16. März 1957, in: Scheu: Aus vergangenen Tagen, vgl. auch Jobke: Aufstieg, S. 190.

29 Schreiben Scheus an Erler v. 16. März 1957, in: Scheu: Aus vergangenen Tagen. Auf einer Sitzung des SPD-Parteivorstandes v. 7./8. März 1957 hatte Ollenhauer festgestellt, daß in dem Gremium »keine Neigung für eine Verfolgung der Idee der Aufstellung von GVP-Kandidaten« bestünde, AdsD, Protokolle des SPD-Parteivorstandes, 16, 1. Teil. Vgl. auch das Antwortschreiben Mellies an Scheu v. 20. März 1957, AdsD, NL Heinemann, Teil I, 058.

30 Auch der Württemberger GVP-Politiker Frieder Kleinknecht vermutete, daß Heinemann »Rücksicht auf die Menschen nehmen« mußte und wollte, »die ihm bisher geholfen hatten und zur Seite gestanden waren.«, Kleinknecht: Was sollen wir tun?, in: Scheu: Aus vergangenen Tagen.

31 Scheu: Aus vergangenen Tagen.

32 Schreiben Scheus an Wessel v. 5. April 1957, AdsD, NL Scheu, 13.

33 United Press – Agenturmeldung v. 4. April 1957. Vgl. auch die entsprechenden Artikel in der Westdeutschen Rundschau v. 5. April 1957, FAZ v. 6. April 1957, Rheinischer Merkur v. 12. April 1957.

34 Vgl. Müller: GVP, S. 391f.

35 Zit. nach ebd., S. 392.

36 Wilhelm Mellies (1899-1958): Lehrer, 1925-1933 und 1946/47 MdL Lippe (SPD), 1949-1958 MdB, 1952-1957 stv. Fraktionsvorsitzender.

37 Protokoll der Besprechung v. 9. Mai 1957, in: Scheu: Aus vergangenen Tagen.

38 Später sollte Heinemann auf der Landesliste von Niedersachsen und Wessel auf der Landesliste von NRW kandidieren, vgl. Interview mit Scheu in der Westdeutschen Rundschau v. 27. Mai 1957. Auf der Sitzung des Parteivorstandes der SPD v. 10./11. Mai 1957 wurden die Verhandlungsergebnisse nochmals in Frage gestellt. Mehrere Vorstandsmitglieder sprachen sich gegen die Aufnahme der GVP-Mitglieder aus. Eine »Aufnahme dieser Leute auf die Landeslisten« wurde als nicht möglich erachtet. Mellies drängte dennoch darauf, »daß man einen ernsthaften Versuch für eine Heinemann-Kandidatur in Hamburg oder Niedersachsen unternehmen sollte. Für Helene Wessel sollte nochmals die Möglichkeit einer Kandidatur in Westfalen geprüft werden«, AdsD, Protokolle des SPD-Parteivorstandes, 16, 1. Teil.

39 Vgl. Protokoll der Besprechung v. 9. Mai 1957, in: Scheu: Aus vergangenen Tagen.

40 Scheu faßte die Vorgänge, die schließlich zur Auflösung der GVP führten, in einer ironischen ›Gebrauchsanweisung‹ unter dem Titel »Wie man eine Partei auflöst« zusammen: »Man gestehe sich zunächst ein, daß doch nicht alles so eingetroffen sei, wie man es vorher erwartet habe. Arge Schwierigkeiten mit Finanzen, mit einer 5-Prozent-Klausel seien schuld an der Misere. Die Partei sei schon recht und sie habe auch Recht, aber die Wähler seien eben blöde – und so müsse man eben einsehen, daß eine Elite ohne Mannschaft halt doch nicht zum Ziel komme. Dann deute man leise an, daß es nötig sei, aus der Misere ein ›politisches Ereignis‹ zu machen und die fehlenden Massen für die eigene Elite da zu suchen, wo sie seien – zum Beispiel bei der SPD. Sobald die Ersten begriffen haben, daß die vorgeschlagene Auflösungsrichtung gut ist, muß man Verschwörerzirkel bilden und diese darauf trainieren, Postenfesthalter zu überfahren und Bosse, die aus lauter Treue zu ihrer lieben Gefolgschaft und aus lauter Bescheidenheit zusammengesetzt sind, in den Urlaub zu schicken. Gut ist, immer zum richtigen Zeitpunkt Meldungen in die Presse zu geben, wonach die Auflösung eigentlich längst beschlossen sei – und dann führe man mit denen aus der Massenpartei so lange und so intensive Verhandlungen bis schließlich alle Welt des Glaubens ist, daß alle Beteiligten das beste politische Geschäft machen und mit dem Zugang der verkrachten kleinen Partei zur Massenpartei das Vaterland zu retten sei. Dann ist alles gut! Einzelheiten dieses schwierigen Unterfangens, eine Partei aufzulösen sind dokumentarisch für die Nachwelt festzuhalten, als Warnung für künftige Generationen, nicht leichtfertig eine politische Partei zu gründen!«, Scheu: Aus vergangenen Tagen.

41 Auf der Sitzung des SPD-Parteivorstandes v. 30. Mai 1957 berichtete Ollenhauer über die Auflösung der GVP und den Eintritt von GVP-Vorstandsmitgliedern in die SPD: »Die Bezirke sind

vom PV-Büro zu wohlwollender Behandlung der Aufnahmeanträge aufgefordert worden. Heinemann wird voraussichtlich in Niedersachsen auf der Landesliste aufgestellt werden, für Helene Wessel gibt es eine Möglichkeit in Nordrhein-Westfalen. In Baden-Württemberg erhält ebenfalls ein GVP-Mitglied einen Platz auf der Landesliste. Die Reaktion in der Partei und in der Öffentlichkeit war positiv.«, AdsD, Protokolle des SPD-Parteivorstandes, 16, 1. Teil.

42 dpa – Agenturmeldung v. 19. Mai 1957.

43 Die Welt v. 29. Mai 1957, vgl. auch Westdeutsche Rundschau v. 29. Mai 1957, Generalanzeiger v. 29. Mai 1957.

44 Die Welt v. 29. Mai 1957

45 Frankfurter Rundschau v. 25. Mai 1957.

46 Schreiben Wessels an Theurer v. 17. Juni 1957, AdsD, NL Wessel, 256.

47 Zum Sozialistengesetz siehe Rainald Maaß: Entstehung, Hintergrund und Wirkung des Sozialistengesetzes, in: Juristische Schulung (JuS), 9 (1990), S. 702-706. Siehe auch Karl-Alexander Hellfaier: Die deutsche Sozialdemokratie während des Sozialistengesetzes 1878-1890. Ein Beitrag zur Geschichte ihrer illegalen Organisations- und Agitationsformen, Berlin 1958.

48 Siehe Erich Matthias/Rudolf Morsey (Hg.): Das Ende der Parteien 1933, Düsseldorf 1979; Georg Fülberth/Jürgen Harrer: Die deutsche Sozialdemokratie 1890-1933, Darmstadt/Neuwied 1974 und Heinrich-August Winkler: Der Weg in die Katastrophe. Arbeiter und Arbeiterbewegung in der Weimarer Republik 1930-1933, 2. Aufl., Berlin/Bonn 1990.

49 Zur Geschichte der SPD siehe vor allem Heinrich Potthoff/Susanne Miller: Kleine Geschichte der SPD, 1848-2002, 8. aktual. und erw. Aufl., Bonn 2002; Franz Walter: Die SPD. Vom Proletariat zur Neuen Mitte, Berlin 2002; Jutta von Freyberg: Geschichte der deutschen Sozialdemokratie, 1863-1975, Köln 1975 und Siegfried Heimann: Die Sozialdemokratische Partei Deutschlands, in: Richard Stöss (Hg.): Parteien-Handbuch. Die Parteien der Bundesrepublik Deutschland 1945-1980, Bd. 2, Opladen 1984, S. 2025-2216.

50 Politische Richtlinien für die SPD in ihrem Verhältnis zu den anderen politischen Faktoren v. August 1945, abgedruckt in: Dieter Dowe/Kurt Klotzbach (Hg.): Programmatische Dokumente der deutschen Sozialdemokratie, 3. überarb. und aktual. Aufl., Bonn 1990, S. 249-282, S. 250. Siehe auch Albrecht: Schumacher, S. 256.

51 Kurt Klotzbach: Die moderne SPD. Entwicklungslinien und Hauptprobleme von 1945 bis zur Gegenwart, in: Dieter Dowe/Kurt Klotzbach (Hg.): Kämpfe-Krisen-Kompromisse. Kritische Beiträge zum 125jährigen Jubiläum der SPD, Bonn 1989, S. 103-122, S. 104.

52 Ebd., S. 104.

53 Vgl. Sommer: Heinemann und die SPD, S. 41.

54 Zum Verhältnis der SPD zum Kommunismus siehe vor allem: Peter Lübbe: Kommunismus und Sozialdemokratie. Eine Streitschrift, Bonn 1978.

55 Politische Richtlinien, S. 250.

56 Kurt Schumacher: Karl Marx und die Deutschen, in: Arno Scholz/Walther Oschilewski: Turmwächter der Demokratie. Ein Lebensbild von Kurt Schumacher, Bd. II, Reden und Schriften, Berlin 1954, S. 298-300, S. 300.

57 Rede Schumachers in Kiel v. 27. Oktober 1945, in: Potthoff/Miller: SPD, S. 482-485, S. 482.

58 Politische Richtlinien, S. 250.

59 Vgl. Sommer: Heinemann und die SPD, S. 42.

60 Schumacher: Konsequenzen deutscher Politik, Aufruf im Sommer 1945, in: Scholz/Oschilewski: Turmwächter, Bd. II, S. 25-50, S. 34f.

61 Dürkheimer 16 Punkte des Parteivorstandes v. 29. und 30. August 1949, Punkt 16, in: Franz Osterroth/Dieter Schuster: Chronik der deutschen Sozialdemokratie. Daten – Fakten – Hintergründe, Bd. 2: 1945 bis 1974, Bonn 2005, S. 81f.

62 Heimann: SPD, S. 2030.

63 Wolf-Dieter Narr: CDU-SPD. Programm und Praxis seit 1945, Stuttgart u.a. 1966, S. 233.

64 Rede Schumachers vor sozialdemokratischen Funktionären in Hannover v. 6. Mai 1945, in: Albrecht: Schumacher, S. 203-236, S. 219.

65 Heimann: SPD, S. 2048.

66 Dürkheimer 16 Punkte, Punkt 13. Vgl. auch das Dortmunder Aktionsprogramm v. 1952, in: Dowe/Klotzbach: Dokumente, S. 299-347, S. 300.

67 Ebd., S. 311f.

68 Politische Richtlinien, S. 254.
69 Vgl. Heimann: SPD, S. 2049.
70 Zur Wiederbegründung der SPD siehe vor allem Albrecht Kaden: Einheit oder Freiheit. Die Wiedergründung der SPD 1945/46. Mit einem Vorwort v. Fritz Sänger, 3. Aufl., Bonn 1990.
71 Narr: CDU-SPD, S. 105.
72 Helga Grebing: Geschichte der deutschen Arbeiterbewegung. Ein Überblick, 9. Aufl., München 1979, S. 240.
73 Heimann: SPD, S. 2029.
74 Vgl. Heimann: SPD, S. 2209.
75 Wolfgang Abendroth: Aufstieg und Krise der deutschen Sozialdemokratie. Das Problem der Zweckentfremdung einer politischen Partei durch die Anpassungstendenz von Institutionen an vorgegebene Machtverhältnisse, Frankfurt a.M. 1964, S. 44.
76 Vgl. Sommer: Heinemann und die SPD, S. 40.
77 Vgl. Heimann: SPD, S. 2031.
78 Vgl. Potthoff/Miller: Geschichte der SPD, S. 190f.
79 Stefan Appelius: Heine. Die SPD und der lange Weg zur Macht, Essen 1999, S. 268.
80 Vgl. Potthoff/Miller: Geschichte der SPD, S. 192.
81 Dürkheimer 16 Punkte, Punkt 8.
82 Ebd., Punkt 2.
83 Fritz Erler: Das ganze Deutschland soll es sein, in: Berliner Stimme v. 4. Dezember 1954. Vgl. auch Soell: Erler, S. 177.
84 Carlo Schmid: Die SPD vor der geistigen Situation dieser Zeit, Referat auf dem Hamburger Parteitag der SPD v. 21. bis zum 25. Mai 1950, in: Protokoll der Verhandlungen des Parteitages der SPD, Frankfurt a.M. 1950, S. 225-241, 237.
85 Vgl. auch Klotzbach: Die moderne SPD, S. 105.
86 Schmid: Die SPD vor der geistigen Situation, 239f. Vgl. auch Kurt Klotzbach: Die Programmdiskussion in der deutschen Sozialdemokratie 1945-1959, in: Archiv für Sozialgeschichte, Bd. 16 (1976), S. 469-483, S. 476.
87 Vgl. Chronik der SPD, Bd. II, S. 116.
88 Vgl. Heimann: SPD, S. 2030.
89 Karl Schiller (1911-1994), Volkswirt, 1949-1957 Mitglied der Hamburger Bürgerschaft (SPD), 1948-1953 Senator für Wirtschaft und Verkehr in Hamburg, 1961-1965 Senator für Wirtschaft in Berlin, 1965-1972 MdB, 1966-1972 Bundesminister für Wirtschaft, 1964-1972 Mitglied im Parteivorstand, 1972 Austritt aus der SPD, 1982 Wiedereintritt.
90 Chronik der SPD, S. 134f.
91 Vgl. Heimann: SPD, S. 2028 und S. 2049.
92 Vgl. ebd., S. 2032.
93 Vgl. ebd., S. 2031.
94 Vgl. Klotzbach: Die moderne SPD, S. 108.
95 Vgl. Detlef Lehnert: Sozialdemokratie zwischen Protestbewegung und Regierungspartei 1848-1983, Frankfurt a.M. 1983, S. 184.
96 Vgl. Klotzbach: Die moderne SPD, S. 110.
97 Chronik der SPD, S. 168.
98 Godesberger Grundsatzprogramm der SPD v. November 1959, abgedruckt in: Dowe/Klotzbach: Programmatische Dokumente, S. 325-345, S. 327.
99 Vgl. Otten: Transformation, S. 118f.
100 Zit. nach Lindemann: Leben, S. 186.
101 Heinemann: Der Weg der Sozialdemokratie, in: Ders: Vaterländer, S. 242-254, S. 243.
102 Ebd., S. 247f.
103 Ebd., S. 248.
104 Ebd., S. 249.
105 Ebd., S. 249.
106 Ebd., S. 252.
107 Vgl. Die Welt v. 29. Mai 1957
108 Vgl. Vinke: Heinemann, S. 96.
109 Vgl. auch Lindemann: Leben, S. 168.

110 Die Welt v. 29. Mai 1957, vgl. auch Westdeutsche Rundschau v. 29. Mai 1957, Generalanzeiger v. 29. Mai 1957.

111 Doering-Manteuffel: Adenauer – Kaiser – Heinemann, S. 44.

112 Herbert Wehner (1906-1990), Kontorist, bis 1942 KPD, 1949-1983 MdB (SPD), 1958-1973 stv. Parteivorsitzender, 1966-1969 Bundesminister für gesamtdeutsche Fragen, 1969-1983 Fraktionsvorsitzender. Siehe vor allem August Leugers-Scherzberg: Die Wandlungen des Herbert Wehner. Von der Volksfront zur Großen Koalition, Berlin 2002; Christoph Meyer: Herbert Wehner. Biographie, München 2006; Hartmut Soell: Der junge Wehner. Zwischen revolutionärem Mythos und praktischer Vernunft, Stuttgart 1991.

113 Vgl. Protokoll der Sitzung der SPD-Fraktion v. 30. Oktober 1957, in: Wolfgang Hölscher (Bearb.): Die SPD-Fraktion im Deutschen Bundestag. Sitzungsprotokolle 1957-1961, Düsseldorf 1993, S. 8f, S. 8, FN 1.

114 Vgl. Protokoll der Sitzung der SPD-Fraktion v. 23. Oktober 1957, S. 6f, S. 6, FN 3.

115 Willy Brandt, eigentlich Herbert Frahm (1913-1992), Journalist, 1949-1957, 1961, 1969-1992 MdB (SPD), 1957-1966 Regierender Bürgermeister von Berlin, 1966-1969 Außenminister, 1969-1974 Bundeskanzler, 1964-1987 SPD-Vorsitzender; siehe Peter Merseburger: Willy Brandt, 1913-1992. Visionär und Realist, Stuttgart 2002 und Gregor Schöllgen: Willy Brandt. Die Biographie, Berlin 2001.

116 »Daß man, wenn man nun schon längere Zeit in einer Gemeinschaft gewirkt hat, allmählich übergeht zum ›Du‹, oder daß man vielleicht schon dann, wenn man in solch eine Gemeinschaft eintritt, zum ›Du‹ kommt, ist selbstverständlich. Aber die Anrede ›Genosse‹, die praktiziere ich meinerseits nicht, weil ich meine, die Sozialdemokratische Partei hat sich mindestens seit dem Godesberger Programm zu einer allgemeinen Volkspartei entwickelt und will noch ganz andere Schichten für sich gewinnen, als sie im Ursprung der SPD, also als sie vor 100 Jahren einmal anfing, darin zu Hause waren. Ich erachte es, mindestens, wenn man es in einer öffentlichen Versammlung tut, für eine Barriere gegenüber manchen, die man gewinnen will, wenn da von Genossen gesprochen wird.«, Heinemann im Interview mit Gaus, Ders: Plädoyer, S. 85. Vgl. auch Schreiben Scheus an Heinemann v. 22. Juli 1957, AdsD, NL Heinemann, Teil II, 0699. Vgl. auch Vinke: Heinemann, S. 98. Heinemanns Verzicht auf die Anrede ›Genosse‹ bestätigten auch Erhard Eppler im Interview v. 10. Januar 2007 und Jürgen Schmude im Interview v. 15. November 2006.

117 Schreiben Heinemanns an Könen v. 28. Oktober 1961, AdsD, NL Heinemann, Teil I, 082.

118 Zusammenkünfte der ehemaligen GVP-Parteifreunde sind bis mindestens 1962 nachweisbar. Siehe AdsD, Sammlung Willems, 12 und Sammlung Organisationen des SPD-PV, 2.

119 Schreiben Scheus an »einige Freunde der GVP in den ehemaligen Landesverbänden« v. 28. Oktober 1958, AdsD, Sammlung Willems, 12.

120 Diverse Schreiben Willems, AdsD, Sammlung Willems, 12.

121 So auch Erhard Eppler im Interview v. 10. Januar 2007 und Jürgen Schmude im Interview v. 15. November 2006.

122 Vgl. die Beurteilung dieser Rede beispielsweise bei Hans Karl Rupp: Außerparlamentarische Opposition in der Ära Adenauer. Der Kampf gegen die Atombewaffnung in den fünfziger Jahren. Eine Studie zur innenpolitischen Entwicklung der BRD, 2. Aufl., Köln 1980, S. 123.

123 Theodor Heuss: Tagebuchbriefe 1955-1963. Eine Auswahl aus Briefen an Toni Stolper, hrsg. und eingel. v. Eberhard Pikart, Tübingen/Stuttgart 1970, Brief v. 26. Januar 1958. S. 305.

124 Rede Dehlers v. 23. Januar 1958, Sten. Ber., 3. WP, 9. Sitzung, S. 384ff.

125 Neue Züricher Zeitung v. 25. Januar 1958.

126 Rede Heinemanns v. 23. Januar 1958, Sten. Ber., 3. WP, 9. Sitzung, S. 297-419.

127 Schwarz: Adenauer, Bd. II: Der Staatsmann, S. 407.

128 Bei der Frage »Können Sie mir sagen, welche Partei Ihren Ansichten am nächsten steht?« verlor die CDU zwischen Januar und April 1958 acht Prozentpunkte und fiel von 50 auf 42 Prozent ab. Die SPD steigerte sich im selben Zeitraum von 34 Prozent um sechs Punkte auf 40 Prozent, Neumann/Noelle: Jahrbuch der öffentlichen Meinung 1958-1964, Allensbach 1965, S. 422. Vgl. Emnid-Informationen, Nr. 5/1958 und 12/1958.

129 Emnid-Informationen, Nr. 12/1958. Vgl. auch Rupp: Opposition, S. 124.

130 Zit. nach Lindemann: Leben, S. 182.

131 Ebd., S. 181f.

132 »Die Grundzüge des Plans stammen von einem siebenköpfigen Unterausschuß, der vom Arbeitskreis für Auswärtiges der SPD-Bundestagsfraktion und vom Auswärtigen Ausschuß beim SPD-Vorstand bestimmt worden war. Diesem Ausschuß gehörten an: Herbert Wehner, Fritz Erler, Prof. Meyer, Ernst Paul, Kurt Mattick, Dr. Heinemann, Helmut Schmidt. Die Arbeitsergebnisse dieses Unterausschusses wurden den beiden obengenannten Ausschüssen in einer gemeinsamen Sitzung am 3. März vorgelegt und einstimmig gebilligt. Danach haben in gemeinsamer Sitzung die Vorstände der Partei und der Bundestagsfraktion den Deutschlandplan einstimmig beschlossen.«, Deutschlandplan der SPD. Kommentare, Argumente, Begründungen, hrsg. v. Vorstand der SPD, Bonn 1959, S. 46f.

133 Chruschtschow hatte am 27. November 1958 im Namen der Sowjetunion den Viermächtestatus von Berlin aufgekündigt und verlangte innerhalb von sechs Monaten Verhandlungen über eine »entmilitarisierte Freie Stadt Westberlin«, andernfalls würden die Berlin-Rechte der DDR übertragen: »Kein anderer Staat, auch keiner der beiden deutschen Staaten, soll sich in die inneren Angelegenheiten Westberlins einmischen dürfen.« Vgl. dazu Chronik der SPD, S. 181.

134 George F. Kennan (1904-2005), Historiker, Diplomat, 1926-1961 im US-amerikanischen diplomatischen Dienst. John Lukacs: George Kennan. A Study of Character, New Haven 2007.

135 Vgl. Maria Meyer zu Natrup: Der Wandel der deutschlandpolitischen Vorstellung der SPD seit dem Berlin-Ultimatum bis zum Mauerbau, unveröff. Examensarbeit, Köln 1979, S. 64.

136 Lothar Wilker: Die Sicherheitspolitik der SPD 1956-1966. Zwischen Wiedervereinigungs- und Bündnisorientierung, Bonn 1977, S. 49ff.; siehe Deutschlandplan der SPD v. 18. März 1959.

137 Fritz Erler: Disengagement und die Wiedervereinigung Deutschlands, in: EA, Heft 9-10 (1959), S. 291-300, S. 299.

138 Schreiben Heinemanns an Sefrin v. 1. April 1959, AdsD, NL Heinemann, Teil II, 0746.

139 Potthoff/Miller: Geschichte der SPD, S. 207.

140 Vgl. Doering-Manteuffel: Bundesrepublik, S. 109 und 119. Vgl. zudem Schütz: Problem, S. 205.

141 Ollenhauer: Vorwort, in: Jahrbuch der SPD 1958/1959, Bonn o.J., S. 7.

142 Godesberger Grundsatzprogramm der SPD, verabschiedet auf dem außerordentlichen Parteitag in Bad Godesberg v. 13. bis zum 15. November 1959, abgedruckt in: Dowe/Klotzbach: Programmatische Dokumente, S. 324-345.

143 Heimann: SPD, S. 2034.

144 Schreiben Scheus an Erler v. 16. März 1957, in: Scheu: Aus vergangenen Tagen, vgl. auch Jobke: Aufstieg, S. 190.

145 Dieter Otten: Gustav W. Heinemann und die Transformation der SPD in eine bundesrepublikanische Partei, in: Grafe/Hombach/Grätz: Lokomotive, S. 112-119, S. 115.

146 Walter: SPD, S. 147.

147 Godesberger Grundsatzprogramm, S. 327.

148 Vgl. Potthoff/Miller: Geschichte der SPD, S. 211.

149 Schreiben Heinemanns an Erler v. 22. Dezember 1963, AdsD, NL Erler, 059a. Vgl. auch Schütz: Problem, S. 218.

150 Vgl. Horst Dähn/Wolfgang Schmierer: SPD, in: Lexikon zur Parteiengeschichte, S. 121-127, S. 123.

151 »Die Sozialdemokratische Partei [bejaht] den freien Markt, wo immer wirklich Wettbewerb herrscht. Wo aber Märkte unter die Vorherrschaft von einzelnen oder von Gruppen geraten, bedarf es vielfältiger Maßnahmen, um die Freiheit in der Wirtschaft zu erhalten.«, Godesberger Grundsatzprogramm, S. 332.

152 Vgl. Godesberger Grundsatzprogramm, S. 336.

153 Schreiben Heinemanns an Eckmann v. 20. Juli 1962, AdsD, NL Heinemann, Teil I, 082.

154 Schreiben Heinemanns an Schobert v. 18. Juli 1959, AdsD, NL Heinemann, Teil I, 075.

155 Heinemann: Die politische Entwicklung der Sozialdemokratischen Partei, in: Ders.: Vaterländer, S. 265-272, S. 267f.

156 Zum Verhältnis der Sozialdemokratie zur Kirche bzw. zur christlichen Sozialethik vgl. Rudolf Uertz: Anmerkungen: Christliche Sozialethik und SPD. in: HPM, 13. Jg., (2006), S. 93-120, S. 111.

157 Godesberger Grundsatzprogramm, S. 326.

158 Vgl. Potthoff/Miller: Geschichte der SPD, S. 211.

[159] Vgl. Stellungnahme Heinemanns auf dem Godesberger Parteitag, Protokoll der Verhandlungen des Außerordentlichen Parteitages der SPD vom 13. bis 15. November 1959 in Bad Godesberg, Bonn 1959, S. 278f.
[160] Vgl. Klaus Günther: Sozialdemokratie und Demokratie 1946-1966. Die SPD und das Problem der Verschränkung innerparteilicher und bundesrepublikanischer Demokratie, Bonn 1979, S. 63, S. 260ff. Vgl. auch Heimann: SPD, S. 2061.
[161] Schreiben Heinemanns an Eckmann v. 20. Juli 1962, AdsD, NL Heinemann, Teil I, 082.
[162] Schreiben Heinemanns an Mertens v. 21. Februar 1958, AdsD, NL Heinemann, Teil I, 067.
[163] Schreiben Heinemanns an Schobert v. 18. Juli 1959, AdsD, NL Heinemann, Teil I, 075.
[164] Stellungnahme Heinemanns auf dem Godesberger Parteitag, Protokoll des Godesberger Parteitags, S. 277.
[165] Stellungnahme Heinemanns für den Kölner Stadt-Anzeiger v. 3. April 1962, AdsD, NL Heinemann, Teil I, 082.
[166] Schreiben Heinemanns an Schobert v. 18. Juli 1959, AdsD, NL Heinemann, Teil I, 075.
[167] Ebd. Zum Bild der ›Mannschaft‹ siehe auch Heinemann im Interview mit Gaus: »Ich meine, daß man Politik sinnvollerweise überhaupt nur in Mannschaften, also in Parteien treiben kann. [...] Politik ist Mannschaftskampf und von daher gehört es sich, daß man sich in eine Partei eingliedert, auch die Kameradschaftlichkeit wahrt, die mit einer Partei verbunden ist. Aber ich bin der Meinung, daß eine Partei darüber hinaus, d.h. über die Ziele, die man gemeinsam erreichen will, nicht eine Weltanschauungsgemeinschaft sein kann oder sein sollte. Es genügt, daß man, aus welchen Ansätzen, aus welchen Motiven auch immer, gleiche Ziele verfolgt, um darüber nun eben diese Kameradschaft eingehen zu können und durchzuhalten, solange es eben geht«, Ders.: Plädoyer, S. 82.
[168] Vgl. Sommer: Heinemann und die SPD, S. 72.
[169] Vgl. Schütz: Problem, S. 205.
[170] Vgl. Godesberger Grundsatzprogramm, S. 330.
[171] Godesberger Grundsatzprogramm, S. 330.
[172] Vgl. Joachim Hütter: SPD und nationale Sicherheit. Internationale und innenpolitische Determinanten des Wandels der sozialdemokratischen Sicherheitspolitik 1959-1961, Meisenheim/Glan 1975, S. 75. Vgl. auch Schütz: Problem, S. 205.
[173] Godesberger Grundsatzprogramm, S. 331.
[174] Schreiben Heinemanns an Hinrichs v. 25. November 1959, AdsD, NL Heinemann, Teil II, 0747.
[175] Vorwärts v. 18. März 1960. Vgl. auch Chronik der SPD, S. 198.
[176] Sten. Ber. des Dt. Bundestages v. 30. Juni 1960, S. 7056.
[177] Vgl. Kurt Klotzbach: Der Weg zur Staatspartei. Programmatik, praktische Politik und Organisation der deutschen Sozialdemokratie 1945 bis 1965, Berlin/Bonn 1982, S. 553.
[178] Vgl. Chronik der SPD, S. 200.
[179] Vgl. ebd., S. 202ff. Vgl. auch Dieter Groh/Peter Brandt: ›Vaterlandslose Gesellen‹. Sozialdemokratie und Nation 1860-1990, München 1992, S. 274.
[180] Schreiben Heinemanns an Korsch v. 23. September 1960, AdsD, NL Heinemann, Teil I, 079.
[181] Schreiben Heinemanns an Enaux v. 4. Februar 1976, AdsD, NL Heinemann, Teil II.
[182] Schreiben Heinemanns an Brand v. 20. August 1960, AdsD, NL Heinemann, Teil I, 078.
[183] Schreiben Heinemanns an Korsch v. 23. September 1960, AdsD, NL Heinemann, Teil I, 079.
[184] Schreiben Heinemanns an Röhrig v. 24. August 1961, AdsD; NL Heinemann, Teil I, 081.
[185] Schreiben Heinemanns an Rink v. 16. Januar 1961, AdsD, NL Heinemann, Teil I, 080.
[186] Schreiben Heinemanns an Quistorp v. 16. August 1960, AdsD, NL Heinemann, Teil I, 078. Siehe auch Schreiben Heinemanns an Imker v. 16. August 1960, AdsD, NL Heinemann, Teil I, 078.
[187] Schreiben Heinemanns an Schwöbel v. 16. Januar 1961, AdsD, NL Heinemann, Teil I, 080.
[188] Schreiben Heinemanns an Arnz v. 28. Januar 1960, AdsD, NL Heinemann, Teil I, 078.
[189] Vgl. Protokoll der Verhandlungen und Anträge vom Parteitag der SPD in Hannover v. 21. bis zum 25. November 1960, Bonn 1960, S. 649f. Vgl. auch Chronik der SPD, S. 205.
[190] Vgl. Lindemann: Leben, S. 187.
[191] Sommer: Heinemann und die SPD, S. 78.
[192] Nach den großen Bundestagsdebatten Anfang 1958 hatte die SPD den Versuch gestartet, die Opposition gegen eine deutsche Atombewaffnung in einer außerparlamentarischen Protestbewegung

zu bündeln. Unter Mitwirkung Heinemanns wurde im März 1958 schließlich die überparteiliche Initiative ›Kampf dem Atomtod‹ (KdA) gegründet, die sich zum Ziel setzte, niemals Ruhe zu geben, »solange der Atomtod unser Volk bedroht.« Nach dem Ausgang der Landtagswahlen in Nordrhein-Westfalen, bei denen die CDU 50,5 Prozent der Stimmen erringen konnte, ließ bei der SPD aber zunehmend die Bereitschaft nach, außerparlamentarische Arbeit zu unterstützen. Da die Initiative KdA in der Bevölkerung kaum auf Rückhalt stieß und zudem befürchtet werden mußte, daß die Initiative zunehmend von kommunistischen Anti-Atomgruppen infiltriert würde, beschloß der SPD-Parteivorstand gegen den Widerstand Heinemanns die außerparlamentarische Aktion zu verwerfen und sich aus der KdA zurückzuziehen. Siehe vor allem Rupp: Außerparlamentarische Opposition; Klotzbach: Staatspartei, S. 470ff und Schütz: Problem, S. 197ff. Siehe aber auch Annemarie Renger: ›Kampf dem Atomtod‹, ›Friedensbewegung‹, SPD – Ein Lehrstück, in: Neue Gesellschaft, 28. Jg., (1981), S. 704-709 und Rupp: ›Kampf dem Atomtod‹ und SPD. Eine Erwiderung auf Annemarie Renger, in: Neue Gesellschaft, 29. Jg., (1982), S. 52-55.

193 Schreiben Heinemanns an Eppler v. 28. November 1960, AdsD, NL Heinemann, Teil I, 079.

194 Schreiben Heinemanns an Ollenhauer v. 12. Dezember 1960, AdsD, NL Heinemann, Teil II, 0749.

195 Schreiben Ollenhauers an Heinemann v. 30. Januar 1960, AdsD, NL Heinemann, Teil II, 0750.

196 Vgl. Vinke: Heinemann, S. 106.

197 Schreiben Heinemanns an Geisser v. 13. März 1961, AdsD, NL Heinemann, Teil I, 081.

198 Vgl. auch Hauer: Bürgerpräsident, S. 48.

199 Vinke: Heinemann, S. 106.

200 »Die Jahre nach der Verabschiedung des Godesberger Programms bis zum Beginn der Großen Koalition können […] nicht nur als die langweiligsten, die der Bundestag bis dahin erlebt hatte, gelten, auch ›der Aktivität der SPD zwischen den Bundestagswahlen 1961 und 1965 fehlt es an dramatischen Akzenten und spektakulären Höhepunkten‹. Für die Entwicklung politischer Zielsetzungen in der Partei bedeutet dies, daß nach den Kraftanstrengungen der programmatischen Festlegung eines neuen Selbstverständnisses und langfristiger Zielsetzungen und der Revision des außen-, wehr- und deutschlandpolitischen Kurses wohl eine Art ›Verschnaufpause‹ nötig war […].« Sommer: Heinemann und die SPD, S. 86.

201 Vgl. auch Karl-Ludwig Sommer: Der Übertritt Gustav Heinemanns zur SPD und die Folgen seiner Integration in diese Partei für das Parteiensystem der Bundesrepublik Deutschland, unveröff. Examensarbeit, o.O. 1975, S. 47.

202 Heinemann kandidierte 1961 nicht mehr auf einer Landesliste der Partei. Vielmehr wurde ihm durch die Parteispitze der Wahlkreis Nienburg/Schaumburg-Lippe zugewiesen. Heinemann betonte, daß er diese Regelung »weder angeregt noch gar betrieben« habe. Vielmehr sei ihm »durchaus das gleiche Arrangement wie 1957 recht gewesen, nämlich eine Placierung auf der Landesliste. Es war aber der betonte Wunsch der Parteiführung«, daß er einen »Wahlkreis übernehmen möchte«. Schreiben Heinemanns an Greve v. 7. Juni 1961, AdsD, NL Heinemann, Teil II, 0750. Zudem fürchtete Heinemann, daß er seinen Wahlkreis aufgrund der Entfernung nicht optimal betreuen könnte: »Ich möchte nur nicht späterhin Vorwürfe erleben, wenn es mit dem Wahlkreis nicht klappt, d.h. wenn ich mich nicht gehörig um ihn kümmern kann.« Schreiben Heinemanns an Franke v. 2. Mai 1961, AdsD, NL Heinemann, Teil II, 0750.

203 Walter: SPD, S. 159.

204 Potthoff/Miller: Geschichte der SPD, S. 220.

205 Vgl. Klaus Schönhoven: Wendejahre. Die Sozialdemokratie in der Zeit der Großen Koalition 1966-1969, Bonn 2004, S. 40f.

206 Rede Wehners v. 24. September 1961 in Nürnberg, zit. nach: Schönhoven: Wendejahre, S. 40.

207 Rede Brandts auf dem Godesberger Parteitag am 15. und 16. Februar 1964, Chronik der SPD, S. 245.

208 Nachdem Ollenhauer am 14. Dezember 1963 gestorben war, wählte ein außerordentlicher Parteitag der SPD am 15. und 16. Februar 1964 in Bad Godesberg Brandt zum neuen Vorsitzenden, vgl. Chronik der SPD, S. 243 und S. 245.

209 Alexander Möller (1903-1985), Bahnbeamter, 1946-1952 MdL Baden-Württemberg (SPD), 1958-1973 Parteivorstand, 1961-1976 MdB, 1964/65 und 1972/73 stv. Fraktionsvorsitzender, 1969-1971 Bundesfinanzminister.

210 Heinemann war bei der Bundestagswahl 1965 als Direktkandidat im Wahlkreis Bochum/Witten angetreten: »Als vor der Bundestagswahl 1965 das Land Niedersachsen Wahlkreise an das Land Nordrhein-Westfalen abgeben mußte und mein seit 1961 innegehabter Wahlkreis Nienburg/Schaumburg-Lippe aufgeteilt wurde, bin ich mit Deiner [Herbert Wehners; J.T.] Hilfe im Wahlkreis Bochum II (Witten-Langendreer) etabliert worden.«, Schreiben Heinemanns an Wehner v. 17. September 1968, AdsD, NL Heinemann, Teil II, 0764. Vgl. Schreiben des SPD-Unterbezirks Bochum an Heinemann v. 3. März 1965: »Ich kann Dir die Mitteilung machen, daß Du am Sonnabend, 27. Februar ds. Jrs., einstimmig als Kandidat für den Wahlkreis Bochum/Witten gewählt worden bist.« Vgl. auch das Schreiben des SPD-Kreisverbandes Groß-Bochum an Heinemann v. 5. Januar 1965, AdsD, NL Heinemann, Teil II, 0757.

211 Vgl. Reinhard Schmoeckel/Bruno Kaiser: Die vergessene Regierung. Die große Koalition 1966 bis 1969 und ihre langfristigen Wirkungen, Bonn 1991, S. 24f. Vgl. auch Schönhoven: Wendejahre, S. 46f.

212 Paul Noack: Ludwig Erhard, in: Wilhelm von Sternburg (Hg.): Die deutschen Kanzler, Königstein 1985, S. 393-406, S. 403.

213 Vgl. Sommer: Heinemann und SPD, S. 152.

214 Vgl. ebd., S. 154.

215 Schreiben Heinemanns an Mäussnest v. 29. November 1966, AdsD, NL Heinemann, Teil II, 0763.

216 Rainer Barzel (1924-2006), Jurist, 1957-1987 MdB (CDU), 1962/63 Bundesminister für gesamtdeutsche Fragen, 1964-1973 Fraktionsvorsitzender, 1971-1973 Bundesvorsitzender, 1982/1983 Bundesminister für innerdeutsche Beziehungen, 1983/84 Bundestagspräsident. Vgl. auch Rainer Barzel: Die Tür blieb offen. Mein persönlicher Bericht über Ostverträge, Mißtrauensvotum, Kanzlersturz, Bonn 1998.

217 Vgl. Rudolf Morsey: Die Große Koalition – Vorgeschichte und Nachwirkungen, in: Günter Buchstab/Philipp Gassert/Peter Thaddäus Lang (Hg.): Kurt Georg Kiesinger 1904-1988. Von Ebingen ins Kanzleramt, Freiburg 2005, S. 393-419, S. 406.

218 Vgl. Christoph Beckmann: Der Weg der SPD in die Große Koalition 1966, unveröff. Diplomarbeit, Mainz 1995, S. 56.

219 Vgl. Chronik der SPD, S. 295.

220 »Die Fraktion der SPD im Deutschen Bundestag stimmt zu, daß die Kommission über die Bildung einer von CDU/CSU und SPD gemeinsam getragenen Regierung abschließend verhandelt.«, Protokoll der Fraktionssitzung v. 26. und 27. November 1966, in: Heinrich Potthoff: Die SPD-Fraktion im Deutschen Bundestag. Sitzungsprotokolle 1961-1966, 2. Halbbd. (1964-1966), Düsseldorf 1993, S. 1029-1070, S. 1059 und 1070.

221 Vgl. Heribert Knorr: Der parlamentarische Entscheidungsprozeß während der Großen Koalition 1966-1969. Struktur und Einfluß der Koalitionsfraktionen und ihr Verhältnis zur Regierung der Großen Koalition, Meisenheim am Glan 1975, S. 98. Vgl. auch Beckmann: Weg, S. 60.

222 Zit. nach Vinke: Heinemann, S. 112.

223 Liste der Regierungsmannschaft v. 15. Januar 1965, AdsD, NL Heinemann, Teil II, 0757. Vgl. auch Beatrix Bouvier: Zwischen Godesberg und Großer Koalition. Der Weg der SPD in die Regierungsverantwortung, Bonn 1990, S. 257.

224 Protokoll der Fraktionssitzung v. 30. November und 1. Dezember 1966, S. 1070-1090, S. 1084.

225 Heinrich Lübke (1894-1972), Vermessungsingenieur, 1932/33 MdL Preußen (Zentrum), 1946/1954 MdL NRW (CDU), 1947-1952 Landesminister für Ernährung, Landwirtschaft und Forsten, 1949-1959 MdB, 1953-1959 Bundesminister für Ernährung, Landwirtschaft und Forsten, 1959-1969 Bundespräsident. Siehe Rudolf Morsey: Heinrich Lübke. Eine politische Biographie, Paderborn/München/Wien/Zürich 1996.

226 Hans-Christoph Seebohm (1903-1967), Ingenieur, 1946-1948 MdL Niedersachsen (DP), 1946-1948 Landesminister für Aufbau, Arbeit und Gesundheitswesen, 1947-1955 stv. DP-Vorsitzender, 1949-1967 MdB (DP/CDU), 1949-1966 Bundesverkehrsminister, 1960 Übertritt von der DP zur CDU, 1967 CDU-Schatzmeister.

227 Zit. nach Vinke: Heinemann, S. 112.

228 Schmoeckel/Kaiser: Die vergessene Regierung, S. 66.

229 Horst Ehmke: Mittendrin. Von der Großen Koalition zur Deutschen Einheit, Berlin 1994, S. 56.

230 Gustav Radbruch (1878-1949), Jurist, 1920-1924 MdR (SPD), 1921/22 und 1923 Reichsjustizminister. Siehe vor allem Martin D. Klein: Demokratisches Denken bei Gustav Radbruch, Berlin 2007 und Armin Schlechter: Gustav Radbruch 1878-1949. Zeitzeuge des 20. Jahrhunderts zwischen Rechtswissenschaft und Politik, Ubstadt-Weiher 2002.

231 FAZ v. 2. Dezember 1966. Heinemann wiederum hielt dem Justizapparat seine vermeintlich abwehrende Haltung gegen jegliche Art von Erneuerung vor: »Als Hindernis für eine konsequente Reformpolitik erweist sich mitunter die konservative Haltung, die den Juristen der Gegenwart im ganzen nicht zu Unrecht nachgesagt wird. Nicht wenige Richter, Rechtsanwälte, Staatsanwälte und auch Verwaltungsbeamte huldigen der Auffassung, ihre Rolle im Ordnungsgefüge schriebe ihnen vor, stets für Beharren und Bleiben einzutreten.«, Heinemann: Für eine ständige Weiterentwicklung des Rechts, in: Ders.: Einspruch, S. 152f., S. 153.

232 Richard Jaeger (1913-1998), Jurist, 1948/49 Oberbürgermeister v. Eichstätt, 1949-1980 MdB (CSU), 1953-1965 und 1967-1976 Bundestagsvizepräsident, 1965/66 Bundesjustizminister.

233 Horst Ehmke (1927), Jurist, 1967-1969 Staatssekretär im Bundesjustizministerium, 1969-1994 MdB (SPD), 1969 Bundesjustizminister, 1969-1972 Bundesminister für besondere Aufgaben und Chef des Kanzleramtes, 1972-1974 Bundesminister für Forschung und Technologie sowie für das Post- und Fernmeldewesen, 1973-1991 SPD-Parteivorstand, 1977-1990 stv. Fraktionsvorsitzender. Siehe auch Karlheinz Bentele u.a. (Hg.): Metamorphosen. Annäherungen an einen vielseitigen Freund. Für Horst Ehmke zum Achtzigsten, Bonn 2007.

234 Heinemann: Grundgesetz und Strafrechtsreform, Bonn 1968, S. 3.

235 Schreiben Heinemanns an Hägele v. 24. Februar 1966, AdsD, NL Heinemann, Teil I, 090.

236 Heinemann: Grundgesetz und Strafrechtsreform, S. 4f. Vgl. auch Heinemann: Strafe kann die Ehe nicht schützen – Gott richtet selbst, in: Ders.: Unser Grundgesetz, S. 234-236.

237 Vgl. Robert Kuhn: Deutsche Justizminister 1877-1977, Köln 1977, S. 105.

238 Ehmke: Mittendrin, S. 57.

239 Vgl. Manfred Worm: SPD und Strafrechtsreform. Die Stellung der Sozialdemokratischen Partei Deutschlands zur Strafrechtsreform unter Berücksichtigung ihrer Wandlung von einer Klassenkampfpartei zur Volkspartei, München 1968, S. 143ff.

240 Heinemann: Grundgesetz und Strafrechtsreform, S. 5.

241 Vgl. Rudolf Wassermann: Sechzehn Jahre Rechtspolitik unter sozialdemokratischer Verantwortung. Was haben die SPD-Minister im Bundesjustizministerium bewirkt?, in: RuP, 18. Jg., (1982), S. 165-173, S. 166. Siehe auch Heinemann: So will ich den unehelichen Kindern helfen, in: Ders.: Unser Grundgesetz, S. 224-228.

242 Heinemann: Grundgesetz und Strafrechtsreform, S. 5.

243 Siehe Heinemann: Landesverrat. Reformbedürftiges politisches Strafrecht, in: SPD-Pressedienst v. 19. Mai 1965.

244 Vgl. Worm: SPD und Strafrechtsreform, S. 116ff.

245 Ehmke: Mittendrin, S. 58.

246 Rede Heinemanns v. 13. Januar 1966, in: Ders: Unser Grundgesetz, S. 200-210, S. 201.

247 Vgl. Heinemann: Das Unbehagen an der politischen Strafrechtssprechung, in: Ders.: Unser Grundgesetz, S. 172-186.

248 Vgl. Rede Heinemanns v. 29. Mai 1968, in: Ders.: Unser Grundgesetz, S. 211-213.

249 Heinemann: Grundgesetz und Strafrechtsreform, S. 8.

250 Vgl. auch Worm: SPD und Strafrechtsreform, S. 111ff.

251 Heinemann: Grundgesetz und Strafrechtsreform, S. 8.

252 Vgl. Wolfgang Vögele: Christus und die Menschenwürde. Eckpfeiler der politischen Ethik des Justizministers und Bundespräsidenten Gustav Heinemann, in: Thierfelder/Riemenschneider: Christ und Politiker, S. 150-169, S. 158.

253 Zit. nach Vinke: Heinemann, S. 117.

254 Vgl. Artikel Heinemanns im Hamburger Abendblatt v. 14. Oktober 1967.

255 Schreiben Heinemanns an Pohl v. 15. Dezember 1964, AdsD, NL Heinemann, Teil II, 053.

256 Artikel Heinemanns im Vorwärts v. 12. Oktober 1967.

257 Heinemann: Die Verjährung von Mord und Völkermord. Der Bundestag kann einer Entscheidung nicht ausweichen, in: SPD-Pressedienst v. 9. August 1968.

258 Heinemann: Der Gerechtigkeit Genüge tun, in: Ders.: Unser Grundgesetz, S. 259-262, S. 261.

259 Spiegel v. 2. September 1967.

260 Vgl. dazu Ehmke: Mittendrin, S. 60ff.
261 Zur innerparteilichen Diskussion über die Notstandsgesetze in den frühen sechziger Jahren siehe Klotzbach: Weg, S. 545ff.
262 Heinemann: Vorsorge für den Notfall, in: Ders.: Plädoyer, S. 57-61, S. 58.
263 Schreiben Heinemanns an Koch v. 4. Oktober 1967, AdsD, NL Heinemann, Teil II, 055.
264 Heinemann: Vorsorge, S. 58. Ehmke schreibt: »Als Gustav Heinemann und ich auf der Rosenburg Einblick in die geheimen ›Schubladen‹-Gesetze nahmen, waren wir über ihre Reichweite und ihren realitätsfernen Perfektionismus empört«, Ehmke: Mittendrin, S. 67.
265 Heinemann: Vorsorge, S. 58.
266 Vgl. Thomas Blanke: Gustav W. Heinemann. Republikaner und Bürgerpräsident, in: Streitbare Juristen. Eine andere Tradition. Jürgen Seifert zum 60. Geburtstag, hrsg. v. Kritische Justiz, Baden-Baden 1988, S. 461-475, S. 472.
267 Vgl. Heinemann: Vorsorge, S. 59.
268 Ebd., S. 60.
269 Ebd., S. 59.
270 Ebd., S. 61.
271 Siebzehntes Gesetz zur Ergänzung des Grundgesetzes v. 30. Mai 1968.
272 Sommer: Heinemann und SPD, S. 222.
273 Vgl. dazu auch Vinke: Heinemann, S. 113. In der Rede »Was heißt Reformpolitik« v. 8. Juni 1975 bilanzierte Heinemann seine Jahre als Justizminister: »Es war nicht mein Verdienst, daß ich als Bundesminister der Justiz von Ende 1966 bis März 1969 in eine glückliche Zeit hineinkam, in der eine breite Übereinstimmung darüber bestand, daß nun viele längst fällige Rechtsreformen geschehen und letzte Widerstände beiseite gerückt werden konnten. Diese Chance galt es zu nutzen. [...] Reformen haben ihre Stunde und ihre sachlichen Voraussetzungen. Das richtig zu bedenken, ist wesentlich für den Erfolg oder Fehlschlag«, zit. nach Diether Posser: Gustav Heinemann (1899-1976). Ein Lebensbild, in: Ders.: Reden und Aufsätze 1978-1988. Eine Auswahl, Düsseldorf o.J., S. 499-505, S. 504.
274 Vinke: Heinemann, S. 114.
275 Vinke berichtet, Heinemann habe sich »gleich zu Beginn seiner Amtszeit [...] einen kleinen Zettel gemacht, auf dem alle Gesetze verzeichnet waren, die er in den folgenden zwei Jahren unbedingt durchsetzen wollte. Den Zettel trug er immer in seiner Brieftasche, um Punkt für Punkt abhaken zu können, wenn er wieder ein Stück vorangekommen war. Die meisten Punkte wurden noch während seiner Amtszeit beziehungsweise einige Monate danach abgehakt.«, Vinke: Heinemann, S. 114. Dies bestätigte auch Eppler im Interview v. 10. Januar 2007.
276 Die Zeit v. 8. September 1978.
277 Schreiben Heinemanns an Zeller v. 28. Juli 1961, AdsD, NL Heinemann, Teil II, 0750.
278 Schreiben Heinemanns an Rink v. 16. Januar 1961, AdsD, NL Heinemann, Teil I, 080.
279 Baring: Machtwechsel, S. 69.
280 Zit. nach Lindemann: Leben, S. 186f.
281 Frankfurter Rundschau v. 9. Juli 1976.
282 Baring: Machtwechsel, S. 69.
283 Ebd., S. 70.
284 Schreiben Heinemanns an Merk v. 28. Januar 1961, AdsD, NL Heinemann, Teil II, 0750.
285 Schreiben Heinemanns an Grumme v. 20. Januar 1964, AdsD, NL Heinemann, Teil II, 053.
286 Zur DFU siehe vor allem Rolf Schönfeldt: Deutsche Friedens-Union, in: Stöss: Parteienhandbuch, Bd. 1, S. 848-876. Siehe auch Rolf Schönfeldt: Die Deutsche Friedens-Union (DFU) in Niedersachsen, unveröff. Diplomarbeit, Berlin 1977. Die DFU wurde über Jahrzehnte durch beträchtliche Geldsummen aus der DDR unterstützt, vgl. Hubertus Knabe: Honeckers Millionen für ein Trojanisches Pferd, in: FAZ v. 9. Oktober 2008.
287 Vgl. auch die Rheinische Post v. 19. Dezember 1960: »Das Gefährliche der neuen Partei besteht darin, daß sich intellektuelle Illusionäre, Linksradikale und eindeutige Kommunisten – beabsichtigt oder nicht – zusammengefunden haben. Der kommunistischen Unterwanderung in der Bundesrepublik ist damit ein neues Tor geöffnet worden. Die Agitatoren Pankows pflegen schon recht lange gute Verbindung mit den Agitatoren der neuen Partei.«
288 Vgl. Schütz: Problem, S. 215.
289 Vgl. Schreiben Heinemanns an Stroh v. 27. Juni 1961, AdsD, NL Heinemann, Teil II, 750.

290 Schreiben Heinemanns an Fischer v. 1. Februar 1961, AdsD, NL Heinemann, Teil II, 0750. Vgl. auch das Schreiben Heinemanns an Riemeck v. 21. August 1961, AdsD, NL Heinemann, Teil I, 081: »Ich möchte [...] noch einmal meine feste Überzeugung bekräftigen, daß ich mir nur von einem Wahlerfolg der SPD eine bessere Deutschlandpolitik versprechen kann und eben deshalb bedaure, daß die DFU diesen Erfolg zu beeinträchtigen geeignet erscheint, weil die DFU ja in ganz anderer Weise als seiner Zeit die GVP ihre Wähler nicht oder nur spärlich von der CDU/CSU, sondern von der SPD holen wird [...].«

291 Siehe beispielsweise Heinz Schwarz: DFU – Die Freunde Ulbrichts, Koblenz o.J.

292 Parteivorstandssitzung v. 2. Juni 1961, PV-Protokolle, April-Dezember 1961.

293 Ebd.

294 Schreiben Heinemanns an Engel v. 21. September 1960, AdsD, NL Heinemann, Teil I, 079.

295 SPD-Pressedienst v. 10. September 1965.

296 SPD-Pressedienst v. 13. September 1961.

297 Zur Geschichte der KPD siehe vor allem Dietrich Staritz: Kommunistische Partei Deutschlands, in: Stöss: Parteienhandbuch, Bd. 2, S. 1663-1809 und Hans Kluth: Die KPD in der Bundesrepublik. Ihre politische Tätigkeit und Organisation 1945-1956, Köln 1959.

298 Die KPD wurde am 17. August 1956 vom Bundesverfassungsgericht als verfassungswidrig verboten und aufgelöst.

299 Heinemann im Interview mit dem Süddeutschen Rundfunk v. 11. Januar 1969, in: Heinemann: Vaterländer, S. 342-349, S. 344.

300 Heinemann: Wiederzulassung der KPD?, in: Ders.: Unser Grundgesetz, S. 124-129, S. 125.

301 Ebd., S. 127.

302 Heinemann im Interview mit dem Süddeutschen Rundfunk v. 11. Januar 1969, in: Heinemann: Vaterländer, S. 342-349, S. 344.

303 Streng vertraulicher Bericht von »Kilian« an »Arnold«, »Albert« und »Ronald« v. 12. Juni 1968, SAPMO-BArch, Bestand KPD West, BY 1/4350.

304 Max Schäfer (1910-1986), Elektroschweißer, 1929 KPD, 1951-1960 Vorsitzender der IG Post und Transport.

305 Bericht von Max Schäfer v. 10. Juli 1968, SAPMO-BArch, Bestand KPD West, BY 1/3753.

306 Vgl. Helmut Bilstein, Sepp Binder, Manfred Elsner: Organisierter Kommunismus in der Bundesrepublik Deutschland. DKP, SDAJ, MSB Spartakus, KPD/KPD(ML), KBW/KB, Opladen 1977, S. 16.

307 Heinemann: Der soziale Verrat der CDU v. 7. Januar 1959, in: Ders.: Vaterländer, S. 228-230, S. 230.

308 Schreiben Heinemanns an Eckmann v. 20. Juli 1962, AdsD, NL Heinemann, Teil I, 082.

309 Heinemann: Der ›christliche Politiker‹ und die christlichen Parteien, in: Vorwärts v. 3. Juli 1959. Vgl. auch Schreiben Heinemanns an Küneth v. 16. Juni 1958, AdsD, NL Heinemann, Teil I, 074.

310 Heinemann: Antichristliche Politik v. März 1960, in: Ders.: Vaterländer, S. 238-242, S. 238.

311 Vgl. Schreiben Heinemanns an Mäussnest v. 29. November 1966, AdsD, NL Heinemann, Teil II, 0763.

312 Vgl. Manfred Behrend: Franz Josef Strauß. Eine politische Biographie, Köln 1995, S. 50ff., Bickerich: Strauß, S. 163ff., Wolfgang Krieger: Franz Josef Strauß. Der barocke Demokrat aus Bayern, Göttingen/Zürich 1995, S. 53ff., Finger: Strauß. Zur Spiegelaffäre siehe vor allem Christian Søe: Politische Kontrolle und Verantwortlichkeit in der Bundesrepublik Deutschland am Ende der Adenauer-Ära. Eine Verlaufsanalyse der Spiegel-Affäre, Diss. Berlin 1972; Jürgen Seifert (Hg.): Die Spiegel-Affäre, Bd. 1: Die Staatsmacht und ihre Kontrolle und Bd. 2: Die Reaktion der Öffentlichkeit, Olten 1966, David Schoenbaum: Ein Abgrund von Landesverrat. Die Affäre um den ›Spiegel‹, Wien/München/Zürich 1968 und Dorothee Liehr: Von der Aktion gegen den Spiegel zur Spiegel-Affäre. Zur gesellschaftspolitischen Rolle der Intellektuellen, Frankfurt a.M. 2002.

313 Protokoll der Fraktionssitzung v. 30. November und 1. Dezember 1966, S. 1070-1090, S. 1076.

314 Ebd., S. 1077.

315 Ebd., S. 1081.

316 Ebd., S. 1081.

317 Ebd., S. 1084.
318 Schmoeckel/Kaiser: Die vergessene Regierung, S. 66.
319 Interview mit Helmut Simon, in: Thierfelder/Riemenschneider: Heinemann, S. 208-225, S. 209.
320 Zit. nach Lindemann: Leben, S. 200f.
321 Walter Scheel (1919), Geschäftsführer, 1950-1953 MdL NRW (FDP), 1953-1974 MdB, 1958-1961 MdEP, 1961-1966 Bundesminister für wirtschaftliche Zusammenarbeit, 1967-1969 Bundestagsvizepräsident, 1968-1974 Parteivorsitzender, 1969-1974 Außenminister, 1974-1979 Bundespräsident.
322 Scheel: Erinnerungen und Einsichten, S. 64.
323 Vgl. auch Rudolf Wassermann: Gustav Heinemann, in: Claus Hinrich Casdorff (Hg.): Demokraten. Profile unserer Republik, Königstein/Ts. 1983, S. 143-152, S. 149. Eppler betont, daß die FDP nie »eine Versuchung« für Heinemann gewesen sei, Eppler im Interview v. 10. Januar 2007.
324 So auch Geert Müller-Gerbes im Gespräch v. 8. Februar 2006, Peter Heinemann im Gespräch v. 24. Februar 2006 und Erhard Eppler im Gespräch v. 10. Januar 2007.
325 Walter Scheel im Gespräch mit Jürgen Engert: Erinnerungen und Einsichten, Stuttgart/Leipzig 2004, S. 66. Vgl. auch Erich Mende: Die FDP. Daten – Fakten – Hintergründe, Stuttgart 1972, S. 215.
326 Ferdinand Hermens/Helmut Unkelbach: Die Wissenschaft und das Wahlrecht, in: PVS, Jg. 8, (1967), S. 2-22, S. 8.
327 Vgl. auch Schönhoven: Wendejahre, S. 235ff. und Baring: Machtwechsel, S. 127.
328 Rüdiger Zülch: Von der FDP zur F.D.P. Die dritte Kraft im deutschen Parteiensystem, Bonn 1972. Die Punkte im Parteinamen sollten auch nach Außen einen Neuanfang symbolisieren und für eine bessere Unterscheidbarkeit von den anderen Parteien sorgen.
329 Jürgen Dittberner: Die FDP – Partei der zweiten Wahl. Ein Beitrag zur Geschichte der liberalen Partei und ihrer Funktionen im Parteiensystem der Bundesrepublik, Opladen 1987, S. 41f.
330 Dittberner: FDP, S. 42.
331 Vgl. Schönhoven: Wendejahre, S. 405f.
332 Vgl. ebd., S. 406.
333 Erich Mende (1916-1998), Jurist, 1949-1970 MdB (FDP), 1970-1980 MdB (CDU), 1957-1963 Fraktionsvorsitzender, 1960-1968 Parteivorsitzender, 1963-1966 Bundesminister für gesamtdeutsche Fragen, 1970 Übertritt zur CDU.

Achtes Kapitel

1 Spiegel v. 19. Juni 1967.
2 Schreiben Brandts an Kiesinger v. 7. August 1967, abgedruckt in: Schreiber/Sommer: Bundespräsident, S. 13.
3 Georg Leber (1920), Maurer, Gewerkschafter, 1957-1966 Vorsitzender der IG Bau-Steine-Erden, 1957-1983 MdB (SPD), 1966-1972 Bundesminister für Verkehr bzw. seit 1969 für Verkehr und das Post- und Fernmeldewesen, 1972-1978 Bundesminister der Verteidigung, 1979-1983 Bundestagsvizepräsident.
4 Arnulf Baring: Gustav Heinemann und der Machtwechsel, in: Gustav Heinemann und seine Politik, S. 41-53, S. 41.
5 Heinz Kühn (1912-1992), Journalist, 1948-1954 und 1962-1980 MdL (SPD), 1953-1963 MdB, 1962-1967 Vorsitzender der Landtagsfraktion, 1966-1978 Ministerpräsident von NRW, 1979-1984 MdEP. Siehe vor allem: Dieter Düding: Heinz Kühn 1912-1992. Eine politische Biographie, Essen 2002.
6 Vgl. Baring: Machtwechsel, S. 60.
7 Die Welt v. 1. September 1967.
8 Vgl. Morsey: Lübke, S. 566ff.
9 Ebd., S. 408.
10 Lübke litt seit dem Herbst 1966 unter einer sich rasch verschlechternden zerebralen Sklerose, vgl. ebd., S. 416.

11 Vgl. ›Bundespräsident Lübke baute Konzentrationslager‹ – Internationale Pressekonferenz am 24. Januar 1966 in Berlin, hrsg. v. Nationalrat der Nationalen Front des demokratischen Deutschland, Berlin (Ost) 1966. Siehe vor allem Morsey: Lübke, S. 508ff. Siehe vor allem den Aufsatz von Jochen Staadt: Einverstanden Mielke, in: FAZ v. 9. Mai 2007, S. 1 und S. 9-10. Auch für Jens-Christian Wagner war Lübke mit Sicherheit »kein Kriegsverbrecher«. Vor dem Hintergrund seiner beruflichen Tätigkeit erscheint ihm der Bundespräsident jedoch »als einer der vielen vermeintlich technokratischen Ingenieure und Verwaltungsfachleute, die ihre Kenntnisse in den Dienst des Systems gestellt und dabei die dehnbare Trennlinie zwischen Mitwisser- und Mittäterschaft überschritten haben, ohne selbst überzeugte Nationalsozialisten gewesen zu sein«, Jens-Christian Wagner: Der Fall Lübke, in: Die Zeit v. 19. Juli 2007, S. 74.

12 Schönhoven: Wendejahre, S. 429.

13 Rheinische Post v. 28. Oktober 1968.

14 Heinemann hatte zuvor den Parteivorsitzenden um Verständnis gebeten, daß er, da es in den Beratungen voraussichtlich um seine Person gehen werde, nicht nach Berlin kommen werde: »Am 1./2. November d.J. werden die nach Berlin eingeladenen Parteigremien sich u.a. mit der Frage zu befassen haben, wen die SPD als Kandidaten für das Amt des Bundespräsidenten vorschlagen will. Es wird in der Aussprache darüber wahrscheinlich u.a. um mich gehen. Aus diesem Grunde gedenke ich, an den Berliner Sitzungen nicht teilzunehmen. Mir liegt daran, daß die Entscheidung in Berlin trotz der mittlerweile vielfältigen öffentlichen Erörterung der Personenfrage ohne jegliche Rücksichtnahme auf mich getroffen wird. Ich wünsche der SPD, daß sie die Lösung finden möge, die ihr als die aussichtsvollste erscheint«, Schreiben Heinemanns an Brandt v. 24. Oktober 1968, AdsD, NL Heinemann, Teil II, 764.

15 Die Kommission bestand aus Willy Brandt, Herbert Wehner, Helmut Schmidt, Alfred Nau, Alex Möller, Johannes Rau und Volkmar Gabert.

16 Protokoll der Gemeinsamen Sitzung von Parteivorstand, Parteirat und Kontrollkommission v. 1. und 2. November 1968 in Berlin, AdsD, Protokolle des Parteivorstandes, September bis November 1968.

17 SPD-Pressedienst v. 4. November 1968: »Als erste Partei hat die Sozialdemokratie nun den ihr am besten erscheinenden Mann präsentiert. Bei der Wahl Heinemanns spielten keine anderen Überlegungen eine Rolle als diese: Die Bundesrepublik Deutschland braucht an ihrer Spitze einen unbeugsamen Demokraten, dessen innere Ausgeglichenheit und souveräne Geisteshaltung in allen schwierigen Lagen den demokratischen Staat nach innen und außen würdig repräsentieren kann. Sie braucht an ihrer Spitze einen Mann mit tiefem Rechtsempfinden und mit der Gabe, allen politischen und gesellschaftlichen Gruppen unseres Volkes ein Vorbild zu sein.«

18 Richard von Weizsäcker (1920), Jurist, 1969-1981 MdB (CDU), 1973-1979 stv. Fraktionsvorsitzender, 1979-1981 Bundestagsvizepräsident, 1981-1984 Reg. Bürgermeister v. Berlin, 1984-1994 Bundespräsident. Siehe vor allem Richard von Weizsäcker: Vier Zeiten. Erinnerungen, Berlin 1999.

19 Vor diesem Hintergrund muß sowohl Lebers als auch Brandts Darstellung widersprochen werden, wonach die Nominierung Heinemanns lediglich eine Reaktion auf die vorzeitige Festlegung der CDU auf Schröder gewesen sei. Vgl. Willy Brandt: Erinnerungen. Mit den ›Notizen zum Fall G‹, Berlin/Frankfurt a.M. 1994, S. 265f. und Georg Leber: Vom Frieden, Stuttgart 1979, S. 182f. Leber weiß sogar von einem Gespräch mit Kiesinger zu berichten, das »ein paar Tage vor Weihnachten 1968« geführt worden sei – d.h. mindestens einen Monat nach der Nominierung von Schröder – und in dem der Kanzler ihm eröffnet haben soll, daß der Verteidigungsminister »darauf dränge, als Kandidat von der CDU nominiert zu werden«. Nur deshalb sei es schließlich zu einer Kandidatur Heinemanns gekommen, Leber: Frieden, S. 182.

20 CSU-Correspondenz v. 28. November 1968.

21 Abendzeitung v. 28. November 1968. Die Presse beschäftigte sich ausgiebig mit Jaegers Vorwürfen, vgl. »CSU-Jaeger will Gustav Heinemann ›abschießen‹«, 5Uhr Blatt v. 29. November 1968; »Jaegersüppchen«, Öffentlicher Anzeiger v. 29. November 1968; »Jaegers Giftpfeil«, Cannstatter Zeitung v. 29. November 1968; »Jaegers ›Schuß‹ auf Heinemann«, Iserlohner Kreisanzeiger v. 30. November 1968; »Heckenschützen – gestern und heute«, Wetzlarer Neue Zeitung v. 30. November 1968; »Perfider Kopf-›Jaeger‹«, Fuldaer Volkszeitung v. 30. November 1968.

22 Bayernkurier v. 2. Dezember 1968.

23 Heinrich Aigner (1924-1988), Jurist, 1957-1980 MdB (CSU), 1961-1988 MdEP.

24 Amberger Volksblatt v. 11. November 1968.

25 Hermann Höcherl (1912-1989), Jurist, 1953-1976 MdB (CSU), 1957-1961 Vorsitzender der CSU-Landesgruppe und stv. Fraktionsvorsitzender, 1961-1965 Bundesminister des Inneren, 1965-1968 Bundesminister für Ernährung, Landwirtschaft und Forsten. Siehe auch Reiner Vogel: Hermann Höcherl. Annäherung an einen politischen Menschen, Regensburg 1988.

26 Donau-Post v. 12. November 1968.

27 Bayernkurier v. 4. März 1969.

28 Zur Geschichte der NPD in den Sechziger Jahren siehe Harald Schmid: ›Man kann wieder wählen!‹ Aufstieg und Fall der NPD 1964-1969, in: Deutschland Archiv, 40. Jg., (2007), Heft 1, S. 122-130.

29 Vgl. Die Bundesversammlungen 1949-1994. Eine Dokumentation aus Anlaß der Wahl des Bundespräsidenten am 23. Mai 1999, Bonn 1999, S. 154.

30 Vgl. auch die SZ v. 4. März 1969.

31 Conrad Ahlers (1922-1980), Journalist, 1962 stv. Chefredakteur des Spiegels, Autor des Spiegel-Artikels ›Bedingt abwehrbereit‹, der die sogenannte Spiegelaffäre auslöste, 1966-1969 stv. Leiter des Bundespresseamtes, 1969-1972 Staatssekretär und Leiter des Presse- und Informationsamtes der Bundesregierung, 1972-1980 MdB (SPD), 1978/79 Chefredakteur der Hamburger Morgenpost, 1980 Intendant der Deutschen Welle.

32 Zit. nach Gassert: Kiesinger, S. 689. Vgl. auch Schönhoven: Wendejahre, S. 440. Heinemann war über diese Strategie offensichtlich informiert und hatte kein Problem damit. Vinke zitiert ein Gespräch zwischen Heinemann und Rau, das vor der offiziellen Nominierung im November 1968 stattgefunden haben soll: »Du willst wissen, ob ich mich sperren würde, wenn im Verlauf der Wahlgänge in der Bundesversammlung meine Kandidatur zugunsten einer anderen zurückgezogen werden würde. Antwort: Nein.«, Vinke: Heinemann, S. 130.

33 Gassert: Kiesinger, S. 689f.

34 Vgl. Baring: Machtwechsel, S. 119f.

35 Ebd., S. 120f.

36 Zum Verlauf der Sitzung siehe auch Klaus Hildebrand: Von Erhard zur Großen Koalition 1963-1969. Mit einem einleitenden Essay von Karl Dietrich Bracher, Stuttgart/Wiesbaden 1984, S. 394-396.

37 Hans-Dietrich Genscher (1927), Jurist, 1962-1964 Bundesgeschäftsführer der FDP, 1965-1998 MdB, 1965-1969 parlamentarischer Fraktionsgeschäftsführer, 1969-1974 Bundesinnenminister, 1974-1992 Bundesaußenminister, 1974-1985 Parteivorsitzender. Hans-Dietrich Genscher: Erinnerungen, Berlin 1995.

38 Vgl. auch Sommer: Heinemann und die SPD, S. 164.

39 Vgl. Schreiber/Sommer: Bundespräsident, S. 31.

40 Vgl. Mende: FDP, S. 228.

41 Willi Weyer (1917-1987), Jurist, 1950-1954 und 1958-1975 MdL NRW (FDP), 1953/54 MdB, 1954-1956 Minister für Wiederaufbau, 1956-1958 Finanzminister, 1956-1972 Vorsitzender der FDP-NRW, 1958-1962 Fraktionsvorsitzender, 1962-1975 Innenminister, 1963-1968 stv. Parteivorsitzender.

42 Mende: FDP, S. 228.

43 Ebd., S. 228. Vgl. auch Stefan Marx: Franz Meyers 1908-2002. Eine politische Biographie, Essen 2003, S. 447f. Es sei jedoch darauf hingewiesen, daß Scheel die Existenz eines solchen Angebots immer bestritt. Auf die Frage, ob die FDP damals eine Zusicherung von der SPD gehabt hätte, daß »die Einführung des Mehrheitswahlrechts vom Tisch sein würde«, antwortete Scheel noch 2004: »Nein, bei meinen Bemühungen in der Politik habe ich nie Geschäfte gemacht [...]. Es gab keine Abmachung ein halbes Jahr vor der Bundestagswahl: Ihr wählt Heinemann mit, dafür gibt´s eine sozial-liberale Bundesregierung, das war nicht so.«, Scheel: Erinnerungen und Einsichten, S. 65. Auch in der Rekonstruktion der Ereignisse bei Baring findet die SPD-Offerte keine Erwähnung. Brandt hatte bereits anläßlich der Nominierung Heinemanns erklärt, daß es keine Absprachen geben werde: »Es bleibt noch hinzuzufügen, daß Gerüchte über Verhandlungen mit anderen Parteien nicht der Wahrheit entsprechen. Es bleibt auch dabei, daß wir nicht gewillt sind, die Wahl des Bundespräsidenten mit anderen Fragen zu koppeln oder gar zum Gegenstand eines Kuhhandels machen zu lassen.«, Protokoll der Gemeinsamen Sitzung von

Parteivorstand, Parteirat und Kontrollkommission v. 1. und 2. November 1968 in Berlin, AdsD, Protokolle des Parteivorstandes, September bis November 1968.

44 Vgl. Baring: Machtwechsel, S. 139.

45 Vgl. Schreiber/Sommer: Bundespräsident, S. 32.

46 Kai-Uwe von Hassel (1913-1997), Kaufmann, 1947 Bürgermeister v. Glücksburg, 1950-1965 MdL Schleswig-Holstein (CDU), 1953/54 und 1965-1980 MdB, 1954-1963 Ministerpräsident v. Schleswig-Holstein, 1963-1966 Bundesminister der Verteidigung, 1966-1969 Bundesminister für Vertriebene, Flüchtlinge und Kriegsgeschädigte, 1969-1972 Bundestagspräsident, 1972-1976 Bundestagsvizepräsident, 1979-1984 MdEP. Siehe vor allem Volker Koop: Kai-Uwe von Hassel. Eine politische Biographie, Köln/Weimar/Wien 2007.

47 Protokoll der Bundesversammlung v. 5. März 1969, abgedruckt in: Bundesversammlungen 1949-1994, S. 169. Später mußte von Hassel das Ergebnis berichtigen. Bei einer Nachzählung ergab sich, daß auf Schröder 501 statt 499 Stimmen entfallen waren, ebd., S. 171.

48 Zit. nach Schreiber/Sommer: Bundespräsident, S. 41.

49 Protokoll der Bundesversammlung v. 5. März 1969, S. 171.

50 Vgl. Baring: Heinemann, S. 50 und Schreiber/Sommer: Bundespräsident, S. 41f.

51 Vgl. Protokoll der Bundesversammlung v. 5. März 1969, S. 172.

52 Protokoll der Bundesversammlung v. 5. März 1969, S. 173.

53 Walter Henkels (1906-1987), Journalist und Buchautor, 1946-1949 Spiegel-Korrespondent, 1949-1977 Bonner Korrespondent der FAZ.

54 Vgl. Generalanzeiger v. 26. August 1970 und Darmstädter Echo v. 26. August 1970: »Nachdem im zweiten Wahlgang Schröder so dicht aufgerückt war, [...] habe er es mit der Angst zu tun bekommen und im dritten Wahlgang für seinen Freund Heinemann gestimmt. [...] Lemmer hat seine Entscheidung weder als Mogelei gegenüber seiner Fraktion noch gegenüber seinem Gewissen angesehen. Er brauche keinen Katzenjammer und keinen Gewissensskrupel wegen seiner Wahl zu haben, sagte er; es gäbe niemand unter den Politikern, der Heinemann besser kenne als er.«

55 Beispielsweise im Abend v. 29. August 1970. Mit einem Leserbrief in der Berliner Morgenpost v. 28. August 1970 wandte sich auch der ehemalige Berliner Bezirksbürgermeister Hans Bruhn gegen Henkels Behauptung: »Ich war über zwanzig Jahre mit Ernst Lemmer befreundet, wir haben über die intimsten Dinge gesprochen. Nach der Wahl des Bundespräsidenten bestätigte er mir, daß er in allen Wahlgängen für Gerhard Schröder gestimmt habe, in solch wichtigen Entscheidungen sei Fraktionsdisziplin für ihn eine Ehrensache gewesen.«

56 Schreiben Henning Lemmers und Ingeborg Löwenthals an Henkels v. 26. August 1970, ACDP, NL Lemmer, 156/5.

57 Schreiben Henkels an Ingeborg Löwenthal v. 28. August 1970, ACDP, NL Lemmer, 146/5.

58 Schreiben Henkels an Ingeborg Löwenthal v. 3. September 1970, ACDP, NL Lemmer, 146/5.

59 Vgl. beispielsweise Baring: Machtwechsel, S. 67; Schütz: Problem, S. 245.

60 Gerhard Löwenthal (1922-2002), Journalist, 1969-1988 Moderator des ZDF-Magazins. Siehe Andreas Laux: Kalter Krieg im deutschen Fernsehen. Gerhard Löwenthal und das ZDF-Magazin, unveröff. Magisterarbeit, Bonn 2005. Siehe auch Gerhard Löwenthal: Ich bin geblieben. Erinnerungen, 3. Aufl., Berlin 2006.

61 Schreiben Heinemanns an Gerhard Löwenthal v. 31. August 1970, ACDP, NL Lemmer, 146/5.

62 Schreiben Heinemanns an Lemmer v. 30. Juli 1969, ACDP, NL Lemmer, 146/5.

63 Heinemann im Interview mit der Stuttgarter Zeitung v. 8. März 1969.

64 Vgl. auch Andreas Grau: Hinterherlaufen, »hinauskatapultieren« oder spalten? Zum Verhältnis von Union und FDP nach der Bundestagswahl 1969, in: HPM, 13. Jg., (2006), S. 77-92, S. 77.

65 Heinemann: Ansprache vor dem Deutschen Bundestag und dem Bundesrat v. 1. Juli 1969, in: Ders.: Präsidiale Reden, S. 25ff.

66 Heinemann: Für den Fall des plötzlichen Todes, in: Ders.: Einspruch, S. 215.

67 Schreiben Heinemanns an Erler v. 22. Dezember 1963, AdsD, NL Erler, 059a.

68 Heinemann im Interview mit dem Kölner Stadtanzeiger v. 1. September 1971.

69 Heinemann im Interview mit dem Süddeutschen Rundfunk v. 11. Januar 1969, in: Ders.: Vaterländer, S. 342-349, S. 348.

70 Heinemann im Interview mit der Stuttgarter Zeitung v. 8. März 1969. Zum Ende seiner Amtszeit änderte Heinemann seine Meinung und plädierte für die Einführung einer siebenjährigen Amts-

zeit ohne die Möglichkeit der Wiederwahl, vgl. Heinemann: Ansprache auf der Gemeinsamen Sitzung des Deutschen Bundestages und des Bundesrates v. 1. Juli 1974, in: Ders.: Allen Bürgern, S. 335-340, 336; Frankfurter Neue Presse v. 30. April 1974; Kölner Stadtanzeiger v. 30. April 1974; SZ v. 30. April 1974; Ruhr-Nachrichten v. 30. April 1974. Diese Meinungsänderung bestätigten auch Barbara und Manfred Wichelhaus im Interview v. 22. März 2006.

71 Vgl. auch die Welt v. 30. Juni 1969.

72 Heinemann im Interview mit der SZ v. 2. Juli 1971.

73 Heinemann im Interview mit dpa v. 10. März 1969, abgedruckt in: Ders: Vaterländer, S. 357-359, S. 359.

74 Gespräch mit Gustav Heinemann, in: Neue Gesellschaft, 16. Jg., Mai 1969 (Sonderheft), S. 5-11, S. 11. Vgl. Generalanzeiger v. 1. Juli 1969

75 Heinemann im Interview mit dem Spiegel v. 29. Juni 1970.

76 Beobachtungsvermerk v. 18. November 1969 über die Sendung »Gustav Heinemann und sein schwieriges Vaterland« der niederländischen Sendegesellschaft KRO, AdsD, NL Heinemann, Teil II, 0299.

77 Heinemann: Pressefreiheit ist ein Verfassungsauftrag. Ansprache zum 20. Bestehen des Deutschen Journalistenverbandes v. 6. April 1979, in: Ders.: Reden und Interviews, Bd. 1, S. 100-105, S. 100.

78 Vgl. z.B. die Pirmasenser Zeitung v. 26. September 1969; Abendzeitung v. 26. September 1969; Schwäbische Zeitung v. 26. September 1969; Stuttgarter Zeitung v. 27. September 1969.

79 Fränkischer Tag v. 26. September 1969.

80 Heinemann im Interview mit der SZ v. 2. Juli 1971. Kritik an der Kompetenzarmut des Präsidentenamtes entgegnete er, auch der Bundespräsident könne »Wirkung ausüben [...], und zwar durch Gespräche, Beratungen und meine öffentlichen Reden. Als Bundespräsident kann man insbesondere auf notwendige Bewußtseinsveränderungen in unserer Gesellschaft hinwirken«, Heinemann im Interview mit dem Kölner Stadtanzeiger v. 1. September 1971. Zu der Wirkung von Heinemanns Reden vgl. auch Posser: Gustav Heinemann. Ein Lebensbild, in: Ders.: Reden und Aufsätze 1978-1988. Eine Auswahl, Düsseldorf o.J., S. 497-506, S. 505. Siehe auch Matthias Rensing: Geschichte und Politik in den Reden der deutschen Bundespräsidenten 1949-1984, Münster 1996.

81 Heinemann im Interview mit dem Göttinger Tageblatt v. 20. Juli 1971.

82 Vgl. Heinemann im Interview mit der SZ v. 2. Juli 1971.

83 Heinemann im Interview mit dem Spiegel v. 29. Juni 1970.

84 Heinemann im Interview mit der Zeit v. 11. September 1970.

85 Vgl. Frankfurter Neue Presse v. 30. April 1974.

86 Heinemann im Interview mit der Stuttgarter Zeitung v. 8. März 1969.

87 Ebd.

88 Zit. nach Schreiber/Sommer: Bundespräsident, S. 53. Vgl. die Welt v. 10. März 1969.

89 Vgl. auch Vinke: Heinemann, S. 142.

90 Bruno Heck (1917-1989), Philologe, 1952-1958 Bundesgeschäftsführer der CDU, 1957-1972 MdB, 1961-1962 Parl. Geschäftsführer der CDU-Fraktion, 1962-1968 Bundesminister für Familie und Jugend, 1966-1971 Generalsekretär der CDU, 1968-1989 Vorstandsvorsitzender der Konrad-Adenauer-Stiftung.

91 Zit. nach Schreiber/Sommer: Bundespräsident, S. 53. Vgl. die Welt v. 10. März 1969.

92 Zit. nach Hauer: Bürgerpräsident, S. 68.

93 Baring: Heinemann und der Machtwechsel, S. 53 und Baring: Machtwechsel, S. 145. Eine Dokumentation der Auseinandersetzungen findet sich in: Dr. Dr. Heinemann antwortet. Ein Interview und seine Folgen, Bonn 1969.

94 So auch Eppler im Interview v. 10. Januar 2007 und Schmude im Interview v. 15. November 2006. Müller-Gerbes hob hervor, Heinemann habe die Aussage zwar nicht gezielt plaziert, sie habe aber »die erhoffte Wirkung« gehabt, Interview v. 8. Februar 2006.

95 Zit. nach: Kristian Frigelj: Gustav W. Heinemann. ›Bürgerpräsident‹ im Zeitenwechsel, in: Vier Bundespräsidenten aus Nordrhein-Westfalen, Düsseldorf 2004, S. 103-147, S. 133.

96 Heinemann: Pressefreiheit ist ein Verfassungsauftrag. Ansprache zum 20. Bestehen des Deutschen Journalistenverbandes v. 6. April 1979, in: Ders.: Reden und Interviews, Bd. 1, S. 100-105, S. 101.

97 Auf die Frage, ob er ein unbequemer oder ein bequemer Präsident sein wolle, antwortete Heinemann: »Bequem oder nicht bequem – das ist ein etwas eigenartiger Maßstab. Ich beteilige mich nicht an den aktuellen politischen Streitfragen; insofern lasse ich also die, die es angeht, in Ruhe und bin ihnen sehr bequem. Aber manchmal sage ich dann vielleicht etwas, was über diesen Streit hinausgreift, dann stutzig macht – vielleicht wird das dann als unbequem empfunden. Vielleicht auch, wenn irgendwo jemand in seinem Schlaf gestört wird.«, Beobachtungsvermerk v. 18. November 1969 über die Sendung »Gustav Heinemann und sein schwieriges Vaterland« der niederländischen Sendegesellschaft KRO, AdsD, NL Heinemann, Teil II, 0299. Vgl. auch Braun: Der unbequeme Präsident.

98 »Natürlich soll der Bundespräsident unparteiisch sein, er soll also vor allen Dingen in politische Streitigkeiten nicht eingreifen. Ich habe insbesondere auch amtlich von mir aus nicht zu äußern, ob mir das eine oder andere Gesetz, das ich letztgültig unterschreibe, seinem Inhalt nach gefällt oder nicht. Ich habe die Gesetze so auszufertigen, wie sie von den Parlamenten verfassungsgemäß beschlossen worden sind. Partei ergreifen könnte der Bundespräsident, wenn es um die Betonung von Interessen der Allgemeinheit gegenüber Sonderinteressen geht.«, Heinemann im Interview mit der SZ v. 2. Juli 1971.Vgl. auch Heinemann im Interview mit dem Spiegel v. 29. Juni 1970.

99 Bracher u.a.: Geschichte, Bd. V/1.: Karl Dietrich Bracher/Wolfgang Jäger/Werner Link: Republik im Wandel 1969-1974. Die Ära Brandt, Stuttgart 1986, S. 159.

100 »Staatsbesuche führen dazu, daß durch die Berichterstattung darüber die beiden jeweils beteiligten Länder oder die Bevölkerung viel mehr voneinander hören als es sonst üblich ist. Man lernt also einander besser kennen. Es ist auch gut, daß die verantwortlich handelnden Politiker einander persönlich kennenlernen, um sich besser zu verstehen, um einmal unmittelbar zu hören, was sie bewegt und wie sie denken.«, Heinemann im Interview mit der SZ v. 2. Juli 1971.

101 »Es wird sich hier und dann auch für den neuen Bundespräsidenten die Aufgabe ergeben, die Bundesrepublik durch eine Reise ins Ausland politisch zu repräsentieren. Es drängt mich nicht danach, das in irgendeinem gesteigerten Maße zu tun, sondern nur im Einvernehmen mit der Bundesregierung unter Überlegung des politischen Sinns solcher Reisen. Es sollten ja keine Vergnügungsreisen sein, sondern sie sollen einen politischen Auftrag erfüllen.«, Abschrift von Heinemanns Interview mit dem ZDF v. 5. März 1969, AdsD, NL Heinemann, Teil II, 0430.

102 Vgl. Friso Wielenga: Vom Feind zum Partner. Die Niederlande und Deutschland seit 1945, Münster 2000; Ders.: Niederländische Deutschlandbilder seit 1945, in: Hans Süssmuth (Hg.): Deutschlandbilder in Dänemark und England, in Frankreich und den Niederlanden, Baden-Baden 1996, S. 401-415; Uffe Østergård: Das Deutschlandbild in Dänemark: in: Süssmuth: Deutschlandbilder, S. 170-193; Bernd Henningsen: Das dänisch-deutsche Verhältnis in politischer Perspektive: Desinteresse, Projektionen, Ängste, Wiederholungszwänge, in: Süssmuth: Deutschlandbilder, S. 141-155.

103 Heinemann im Interview mit der SZ v. 2. Juli 1971.

104 Vgl. auch Thomas Sirges/Ingeborg Sanner/Henrik Pedersen: Gustav Heinemanns Versöhnungsreisen in die Niederlande und nach Dänemark und Norwegen, in: Steinar Nybøle/Frode Lundemo/Heinz-Peter Prell: Papir vnde black – bläk och papper. Kontakte im deutsch-skandinavischen Sprachraum. Kurt Erich Schöndorf zum 70. Geburtstag, Frankfurt a.M. 2004, S. 205-250, S. 208f.

105 Vgl. Wielenga: Feind, S. 270f.

106 Vgl. Hessische Allgemeine Zeitung v. 20. August 1969; Generalanzeiger v. 20. August 1969.

107 Vgl. Rheinische Post v. 10. Juni 1970.

108 Vgl. Frankfurter Rundschau v. 19. August 1969; Handelsblatt v. 20. August 1969.

109 Vgl. Augsburger Allgemeine Zeitung v. 21. August 1969.

110 Vgl. Sirges/Sanner/Pedersen: Versöhnungsreisen, S. 211.

111 Vgl. Hetty Hessels: Heinemann in Holland, in: Neue Gesellschaft, 41. Jg., (1994), Heft 4, S. 331-336.

112 Zit. nach Hessels: Holland, S. 332.

113 Heinemann: Ansprache beim Galadiner der Königin v. 24. November 1969, in: Ders.: Reden und Interviews, Bd. 1, S. 62-64, S. 62f.

114 Sirges/Sanner/Pedersen: Versöhnungsreisen, S. 248.

115 Ebd., S. 248. Siehe auch Hermann Lübbe: ›Ich entschuldige mich‹. Das neue politische Bußritual, Berlin 2003.

116 FAZ v. 28. November 1969.

117 Vgl. Kölner Stadtanzeiger v. 25. November 1969; FAZ v. 28. November 1969; Telegraf v. 28. November 1969.

118 Heinemann im Interview mit dem Spiegel v. 29. Juni 1970.

119 Wiesbadener Kurier v. 26. November 1969.

120 Stuttgarter Nachrichten v. 28. November 1969.

121 Welt v. 11. Juni 1970. Siehe auch die Deutschen Nachrichten v. 17. Juli 1970: »Bei jeder passenden und unpassenden Gelegenheit entfernt er [Gustav Heinemann; J.T.] das Gras, das in 25 Jahren über Verbrechen gewachsen ist, die im deutschen Namen begangen wurden und verbaut damit den Weg zu einem neuen Anfang, bei dem Deutschland auch moralisch gleichberechtigt sein muß.«

122 Heinemann reiste im März 1971 nach Venezuela, Kolumbien und Ecuador.

123 »Die Reise nach Rumänien ging in ein Land, das sich um gute Beziehungen zu uns bemüht. Es liegt im Sinne unserer Politik, auch mit den östlichen Nachbarvölkern in eine bessere Verbundenheit zu kommen.«, Heinemann im Interview mit der SZ v. 2. Juli 1971.

124 Bulletin v. 15. September 1970, S. 1275.

125 Kölner Stadtanzeiger v. 12. Juni 1970.

126 SZ v. 14. September 1970, FAZ v. 14. September 1970, Generalanzeiger v. 14. September 1970.

127 Heinemann: Abschied vom Amt als Bundespräsident 1974, in: Ders.: Einspruch, S. 215-220, S. 218.

128 Ebd. S. 218.

129 Zu den Ursachen und der Ideologie der Studentenrevolte siehe vor allem Christina von Hodenberg/Detlef Siegfried (Hg.): Wo ›1968‹ liegt. Reform und Revolte in der Geschichte der Bundesrepublik Deutschland, Göttingen 2006; Gerd Langguth: Mythos `68. Die Gewaltphilosophie von Rudi Dutschke. Ursachen und Folgen der Studentenbewegung, München 2001; Gerhard Fels: Der Aufruhr der 68er. Zu den geistigen Grundlagen der Studentenbewegung und der RAF, Bonn 1998; Gerd Koenen: Das rote Jahrzehnt. Unsere kleine Kulturrevolution 1967-1977, Köln 2001; Wolfgang Kraushaar: 1968 als Mythos, Chiffre und Zäsur, Hamburg 2000; Christiane Landgrebe/Jörg Plath (Hg.): `68 und die Folgen. Ein unvollständiges Lexikon, Berlin 1998.

130 Benno Ohnesorg (1940-1967), Student.

131 Rudi Dutschke (1940-1979), Soziologe, Marxist, seit 1964 Mitglied im Sozialistischen Deutschen Studentenbund, ›Sprecher‹ der deutschen Studentenbewegung. Siehe auch Ulrich Chaussy: Die drei Leben des Rudi Dutschke. Eine Biographie, Zürich 1999.

132 Vgl. Baring: Machtwechsel, S. 81.

133 Heinemann: Appell nach dem Attentat auf Rudi Dutschke. Erklärung des Bundesjustizministers v. 14. April 1968, in: Ders.: Vaterländer, S. 334-336, S. 334f.

134 Vgl. Eberhard Jäckel: Gustav Heinemann als Bundespräsident, in: Gustav Heinemann und seine Politik, S. 54-60, S. 56.

135 Heinemann mahnte, die Jugendlichen sollen sich bewußt machen, daß auch sie »einmal die Alten sein« werden. Daher sei es auch in ihrem Interesse »keine Gräben aufkommen« zu lassen, sondern »miteinander, ob jung oder alt, den gemeinsamen Weg in die Zukunft [zu] finden«, Heinemann im Interview mit der SZ v. 2. Juli 1971. Vgl. auch Braun: Der unbequeme Präsident, S. 227.

136 »Zeitlebens war ich gern mit jungen Menschen zusammen – erst recht seit dem Studentenprotest der 60er Jahre. In welche Zukunft gingen sie hinein? Sie sahen eine Welt voller Ungereimtheiten und Ungerechtigkeiten vor sich und waren oft geneigt, diese radikal anzugehen. Die sich darin abzeichnende Kluft zwischen den Generationen hatte mich schon als Bundesminister der Justiz im April 1968 nach dem Attentat auf Dutschke zu einer Mahnung nach beiden Seiten veranlaßt. Von daher richteten sich jetzt Erwartungen an mich als Bundespräsident. Ich nutzte deshalb schon die Antrittsbesuche bei den Bundesländern zu Gruppengesprächen mit unruhiger Jugend, wobei die Beteiligung mancher Geladenen an einer Begegnung mit dem Bundespräsidenten als dem obersten Vertreter des Establishments keineswegs selbstverständlich war. [...] Einige radikale Studenten haben mir erklärt, daß meine Haltung, so wie sie ihnen in den Unterredungen bekanntgeworden sei, mitgewirkt habe, sie auf dem langen Weg reformerischer Bemühungen

festzuhalten und vor dem Irrweg des Terrorismus zu bewahren.«, Heinemann: Einleitung, in: Ders.: Allen Bürgern verpflichtet, S. 5-10, S. 6f.

137 Baring: Machtwechsel, S. 109.

138 Heinemanns Rede im Deutschen Bundestag v. 10. Mai 1968, in: Ders.: Vaterländer, S. 337-342, S. 341.

139 Heinemanns Rede beim Besuch in Berlin im Rathaus Schöneberg v. 18. Juli 1969, in: Ders.: Allen Bürgern verpflichtet, S. 78-81, S. 81.

140 Heinemanns Ansprache auf der 8. Bundesjugendkonferenz des Deutschen Gewerkschaftsbundes v. 18. November 1971, in: Ders.: Reden und Interviews, Bd. 3, S. 57-67, S. 60.

141 Heinemann im Interview mit dem Südwestfunk v. 14. September 1969.

142 Heinemanns Ansprache vor dem Deutschen Bundestag und dem Bundesrat anläßlich der Amtsübernahme v. 1. Juli 1969, in: Ders.: Präsidiale Reden, S. 25-32, S. 30.

143 Heinemanns Ansprache auf der 8. Bundesjugendkonferenz des Deutschen Gewerkschaftsbundes v. 18. November 1971, in: Ders.: Reden und Interviews, Bd. 3, S. 57-67, S. 67.

144 Heinemann im Interview mit der SZ v. 2. Juli 1971. Vgl. auch Braun: Der unbequeme Präsident, S. 227.

145 Heinemanns Rede beim Besuch in Berlin im Rathaus Schöneberg v. 18. Juli 1969, in: Ders.: Allen Bürgern verpflichtet, S. 78-81, S. 81. Darüber hinaus betonte Heinemann, daß es schlechterdings nicht wahr sei, »daß die heutige Jugend nur aus Rabauken bestünde oder aus Zweifel an der Gesellschaft süchtig geworden wäre.«, Heinemanns Ansprache auf der 8. Bundesjugendkonferenz des Deutschen Gewerkschaftsbundes v. 18. November 1971, in: Ders.: Reden und Interviews, Bd. 3, S. 57-67, S. 61.

146 Vermerk über ein Abendessen für Abgeordnete der FDP-Fraktion v. 20. Februar 1973, BA Koblenz, Bestand Bundespräsidialamt, B 122/7185.

147 Vgl. auch Andreas Grau: Gegen den Strom. Die Reaktion der CDU/CSU-Opposition auf die Ost- und Deutschlandpolitik der sozialliberalen Koalition 1969-1973, Düsseldorf 2005.

148 Siehe vor allem Martin Müller: Das konstruktive Mißtrauensvotum. Chronik und Anmerkungen zum ersten Anwendungsfall des Art. 67 GG, in: ZParl, 3. Jg., (1972), Heft 3, S. 273-291. Siehe auch Baring: Machtwechsel, S. 502ff. Für Barzel stimmten 247 Abgeordneten. Für eine absolute Mehrheit hätte er jedoch 249 Stimmen benötigt. 1973 gestand der CDU-Abgeordnete Julius Steiner, er habe sich bei der Abstimmung enthalten, da er von Karl Wienand, dem Parlamentarischen Geschäftsführer der SPD-Fraktion, bestochen worden sei. Ein Untersuchungsausschuß konnte der SPD jedoch keine Schuld nachweisen. Mittlerweile scheint festzustehen, daß die Stasi an der Bestechung von Steiner und mindestens einem weiteren Abgeordneten beteiligt war. Neueste Erkenntnisse belasten besonders den ehemaligen CSU-Abgeordneten Leo Wagner, der ebenfalls Bestechungsgeld von der Stasi erhalten haben soll; vgl. Hamburger Abendblatt v. 23. Dezember 2005. Vgl. auch Knabe: West-Arbeit, S. 161 und Gerd Lotze: Karl Wienand. Der Drahtzieher, Köln 1995, S. 142ff.

149 Siehe Eckart Busch: Die Parlamentsauflösung 1972. Verfassungsgeschichtliche und verfassungsrechtliche Würdigung, in: ZParl, 4. Jg., (1974), S. 213-246; Richard Ley: Die Auflösung der Parlamente im deutschen Verfassungsrecht, in: ZParl, Jg. 12, (1981), S. 367-377; Dieter Umbach: Parlamentsauflösung in Deutschland: Verfassungsgeschichte und Verfassungsprozeß, Berlin 1989; Wolfgang Zeh: Bundestagsauflösung über die Vertrauensfrage. Möglichkeiten und Grenzen der Verfassung, in: ZParl, Jg. 14, (1983), S. 119-127.

150 Vgl. dazu auch Adolf M. Birke: Präsidiales Entscheidungshandeln in politischen Krisensituationen, in: Eberhard Jäckel (Hg.): Von Heuss bis Herzog. Die Bundespräsidenten im politischen System der Bundesrepublik, Stuttgart 1999, S. 87-99, S. 91.

151 Vgl. auch Lindemann: Leben, S. 259.

152 Vermerk für das Tagebuch des Bundespräsidialamtes: »Der Bundespräsident fragte die Herren, ob sie eine andere Möglichkeit als die jetzt sich abzeichnende zur Auflösung des Bundestage sähen. Herr Barzel erwiderte, die CDU/CSU sähe zwar noch eine andere Möglichkeit als die der negativ beantworteten Vertrauensfrage des Bundeskanzlers, habe sich aber für die Auflösung des 6. Deutschen Bundestages und für die alsbaldige Verkündung des Wahltermins zur Wahl des 7. Deutschen Bundestages ausgesprochen. Die Herren Wehner und Mischnick betonten, die von ihnen vertretenen Fraktionen seien für die Auflösung des Bundestages und für die Ausschreibung von Neuwahlen.«, zit. nach Baring: Machtwechsel, S. 586f.

153 Heinemann: Ansprache des Bundespräsidenten über alle Hörfunk- und Fernsehsender v. 22. September 1972, in: Ders.: Reden und Interviews, Bd. IV, S. 38f, S. 38.

154 Heinemann im Interview mit dem Rheinischen Merkur v. 24. November 1972.

155 Ebd.

156 Ebd.

157 Heinemann argumentierte, das Bundesverfassungsgericht habe in einem ähnlichen Fall (Ingenieurgesetz v. 25. Juni 1969) entschieden, daß der Bund keine Gesetzgebungszuständigkeit für die bloße Regelung der Befugnis zum Führen einer Berufsbezeichnung habe, vgl. FAZ v. 2. und 5. Mai 1970; Tagesspiegel v. 1. Mai 1970; Mannheimer Morgen v. 2. Mai 1970; Handelsblatt v. 14. Mai 1970.

158 Vgl. auch Berliner Morgenpost v. 22. Juni 1974.

159 Vgl. Augsburger Allgemeine v. 6. Februar 1970.

160 Vgl. Generalanzeiger v. 6. Februar 1970; Neue Osnabrücker Zeitung v. 6. Februar 1970.

161 Heinemann: Ansprache auf der Gemeinsamen Sitzung des Deutschen Bundestages und des Bundesrates v. 1. Juli 1969, in: Ders.: Einspruch, S. 131-133, S. 132.

162 Heinemann: Ansprache auf der Gemeinsamen Sitzung des Deutschen Bundestages und des Bundesrates v. 1. Juli 1974, in: Ders.: Allen Bürgern, S. 335-340, S. 336.

163 »Unendlicher Fleiß ist seit erdenklichen Zeiten von Geschichtsschreibern darauf verwandt worden, den Verlauf von Schlachten und Kriegen darzustellen. Auch den vordergründigen Ursachen von Kriegen wurde nachgespürt. Aber nur wenig Kraft, Energie und Mühe wurden in aller Regel darauf verwandt, sich darüber Gedanken zu machen, wie man sie hätte vermeiden können.«, Heinemann: Rede zur Gründungversammlung der DGFK v. 28. Oktober 1970, in: Ders.: Einspruch, S. 134-137, S. 136f. Siehe auch Deutsche Gesellschaft für Friedens- und Konfliktforschung. Satzungsdokumente, Richtlinien, Schwerpunktprogramme, Bonn 1976. Vgl. auch Schütz: Problem, S. 261ff.

164 Vgl. auch Jäckel: Heinemann als Bundespräsident, S. 57.

165 Heinemann: Ansprache bei der Schaffermahlzeit im Bremer Rathaus v. 13. Februar 1970, in: Ders.: Präsidiale Reden, S. 127-132, S. 131.

166 Heinemann: Ansprache auf der Gemeinsamen Sitzung des Deutschen Bundestages und des Bundesrates v. 1. Juli 1974, in: Ders.: Allen Bürgern, S. 335-340, S. 337.

167 Vgl. auch SZ v. 28. Juni 1974.

168 Heinemann: Ansprache auf der Gemeinsamen Sitzung des Deutschen Bundestages und des Bundesrates v. 1. Juli 1974, in: Ders.: Allen Bürgern, S. 335-340, S. 338.

169 Ebd., S. 338.

170 Ebd., S. 340.

171 Stuttgarter Zeitung v. 22. Juni 1974.

172 Vgl. Baring: Machtwechsel, S. 754.

173 SZ v. 30. Juni 1974.

174 Dies bestätigten auch Barbara und Manfred Wichelhaus im Interview v. 22. März 2006 und Jürgen Schmude im Interview v. 15. November 2006. Peter Heinemann hielt den Verzicht seines Vaters aus gesundheitlichen Gründen für nicht wahrscheinlich. Vielmehr sei es seinem Vater darum gegangen, die Wiederwahl des Staatsoberhauptes nicht zu einer Gewohnheit werden zu lassen, Interview v. 24. Februar 2006.

175 Vgl. Baring: Machtwechsel, S. 755.

176 So Erhard Eppler im Interview v. 10. Januar 2007.

177 Vgl. Baring: Machtwechsel, S. 753ff.

178 Ebd., S. 753.

179 Willy Brandt: Begegnungen und Einsichten. Die Jahre 1960-1975, Hamburg 1976, S. 300.

180 Baring: Machtwechsel, S. 753.

181 Vgl. ebd., S. 756.

182 Tatsächlich traten unmittelbar nach Heinemanns Ausscheiden aus dem Präsidentenamt Gerüchte auf, der Altbundespräsident spiele mit dem Gedanken, wieder aktiv an der Parteipolitik teilzunehmen. Anläßlich des 75. Geburtstages von Heinemann forderte Brandt das ehemalige Staatsoberhaupt sogar öffentlich dazu auf, »wieder aktiv in die Partei zurück[zu]kehren«, Kölner Stadtanzeiger v. 23. Juli 1974. Vgl. auch SZ v. 24. Juli 1974 und WAZ v. 24. Juli 1974.

183 SZ v. 4. Juli 1971.

184 Vgl. Stuttgarter Zeitung v. 22. Juni 1974.

185 Zur Geschichte der RAF siehe vor allem Willi Winkler: Die Geschichte der RAF, Berlin 2005; Butz Peters: Tödlicher Irrtum. Die Geschichte der RAF, Berlin 2004; Wolfgang Kraushaar (Hg.): Die RAF und der linke Terrorismus, 2 Bde., Hamburg 2006 und Stefan Aust: Der Baader-Meinhof-Komplex, erw. und aktual. Ausg., Hamburg 2007. Siehe auch Martin Hoffmann (Hg.): Rote Armee Fraktion. Texte und Materialien zur Geschichte der RAF, Berlin 1997.

186 Das RAF-Mitglied Holger Klaus Meins war am 9. November 1974 in der Justizvollzugsanstalt Wittlich an den Folgen eines Hungerstreiks gestorben, vgl. Aust: Baader-Meinhof, S. 303ff.

187 Ulrike Meinhof (1934-1976), Journalistin, 1962-1964 Chefredakteurin der Zeitschrift ›konkret‹, Mitbegründerin der RAF, 1972 inhaftiert, 1976 Selbstmord in der Justizvollzugsanstalt Stammheim. Siehe Peter Brückner: Ulrike Marie Meinhof und die deutschen Verhältnisse, Neuausg., Berlin 1995; Mario Krebs: Ulrike Meinhof. Ein Leben im Widerspruch, Hamburg 1988; Jürgen Seifert: Ulrike Meinhof, in: Kraushaar: RAF, S. 350-371.

188 Vgl. Martin Lotz: Gustav Heinmann als Altbundespräsident, in: Thierfelder/Riemenschneider: Christ und Politiker, S. 234-239, S. 237.

189 Ulrike Meinhof: Hitler in Euch, in: Konkret v. Mai 1961: »Wie wir unsere Eltern nach Hitler fragen, werden wir eines Tages nach Herrn Strauß gefragt werden.« Durch Heinemanns Widerspruch wurde erwirkt, daß das Hamburger Landgericht die Eröffnung des Verfahrens ablehnte. Vgl. Aust: Baader-Meinhof, S. 52.

190 Schreiben Heinemanns an Meinhof v. 11. Dezember 1974, AdsD, NL Heinemann, Teil II, 0569.

191 Der Brief ging als Durchschlag an alle Häftlinge, die sich an dem Hungerstreik beteiligten. Zudem wurde er von zahlreichen Tageszeitungen abgedruckt, u.a. Kieler Nachrichten v. 17. Dezember 1974 oder Frankfurter Rundschau v. 17. Dezember 1974.

192 Schreiben Meinhofs an Heinemann v. 17. Dezember 1974, AdsD, NL Heinemann, Teil II, 0569. Meinhof verfaßte den gesamten Brief in Kleinschreibung.

193 Hans-Jochen Vogel (1926), Jurist, 1960-1972 Oberbürgermeister von München, 1972-1981 und 1983-1994 MdB (SPD), 1983-1991 Fraktionsvorsitzender, 1972-1974 Bundesminister für Raumordnung, Bauwesen und Städtebau, 1974-1981 Bundesjustizminister, 1981 Regierender Bürgermeister von Berlin, 1987-1991 Parteivorsitzender.

194 Vgl. Schreiben Heinemanns an Vogel v. 7. Dezember 1974, AdsD, NL Heinemann, Teil II, 0569 und Schreiben Vogels an Heinemann v. 10. Dezember 1974, AdsD, NL Heinemann, Teil II, 0569. In einem Schreiben v. 5. Dezember 1974 hatte Vogel Heinemann in seinem Vorhaben ausdrücklich bestärkt: »Meines Erachtens sind Sie der einzige, der in dieser Situation über die persönliche Autorität verfügt, um noch einmal ein entsprechendes Wort an die Häftlinge zu richten. Dies könnte sowohl in der Form einer persönlichen Botschaft, als auch in der Form einer öffentlichen Äußerung geschehen.«, AdsD, NL Heinemann, Teil II, 0569. Vgl. auch Lotz: Altbundespräsident, S. 237.

195 Vgl. die zahlreichen Protestschreiben im AdsD, NL Heinemann, Teil II, 0569 und 0570.

196 NRZ v. 17. Dezember 1974. Vgl. auch Stuttgarter Zeitung v. 17. Dezember 1974.

197 Vgl. Welt v. 17. Dezember 1974.

198 Schreiben Heinemanns an Mühlenegger v. 21. Dezember 1974, AdsD, NL Heinemann, Teil II, 0570.

199 Gerhard Pfeffermann (1936), Ingenieur, 1972-1993 MdB (CDU), 1993-1997 Staatssekretär im Bundesministerium für Post und Telekommunikation.

200 Vgl. Kölnische Rundschau v. 9. Januar 1975.

201 Vgl. beispielsweise Bonner Rundschau v. 9. Januar 1975.

202 Schreiben Heinemanns an Carstens v. 10. Januar 1975, AdsD, NL Heinemann, Teil II, 0596. Über lange Zeit bestand ein enger und persönlicher Kontakt zwischen Heinemann und Gretchen Dutschke, so Barbara und Manfred Wichelhaus im Interview v. 22. März 2006.

203 »Nach den Beamtengesetzen in Bund und Ländern darf in das Beamtenverhältnis nur berufen werden, wer die Gewähr dafür bietet, daß er jederzeit für die freiheitlich-demokratische Grundordnung im Sinne des Grundgesetzes eintritt. Beamte sind verpflichtet, sich aktiv innerhalb und außerhalb des Dienstes für die Erhaltung dieser Grundordnung einzusetzen«, Grundsätze zu Fragen der verfassungsfeindlichen Kräfte im öffentlichen Dienst v. Januar 1972.

204 Heinemann hatte bereits während seiner Amtszeit die Praxis des Radikalenerlasses kritisiert. Um Extremisten aus dem Staatsdienst fernzuhalten, bedurfte es seiner Meinung nach keines

Ministerpräsidentenerlasses, sondern lediglich einer strikteren Anwendung des Beamtenrechts. Bei einem Abendessen für Abgeordnete der FDP-Fraktion im Deutschen Bundestag im Jahr 1973 befürwortete der Bundespräsident zwar, »das Bestreben des demokratischen Staates, sich nicht von radikalen Elementen im Staatsdienst unterminieren zu lassen«. Er hielt es aber für falsch, »junge Menschen für immer von einer Berufsausübung im Staatsdienst fernzuhalten. Ein junger Mensch könne sich auch ändern.«, Vermerk über ein Abendessen für Abgeordnete der FDP-Fraktion am 20. Februar 1973, BA Koblenz, B 122 / 7185.

205 Heinemann: Das Grundgesetz – ein großes Angebot. Ansprache beim Festakt ›25 Jahre Grundgesetz‹ am 24. Mai 1974, in: Ders.: Einspruch, S. 31-36, S. 35.

206 Heinemann: Freimütige Kritik und demokratischer Rechtsstaat, in: APUZ, Heft 20-21, (1976), S. 3-7.

207 Taschenkalender Nr. 6, AdsD, NL Heinemann, Teil II, 027.

208 Vgl. auch Posser: Heinemann, S. 505.

209 Allgemeines deutsches Sonntagsblatt v. 18. Juli 1976. Siehe auch die Ansprache Helmut Gollwitzers bei der Beerdingung von Gustav Heinemann am 12. Juli 1976 in der Neuen Paulus-Kirche/Essen, in: Gollwitzer/Heinemann: Erbauliche Reden, Neukirchen 1976, S. 25-30.

210 Vgl. auch die Welt v. 30. Juni 1969: »Ich bin aus allen Funktionen der Sozialdemokratischen Partei Deutschlands ausgeschieden, wie ich vor dem letzten Parteitag der SPD in Bad Godesberg öffentlich erklärt habe. Meine Parteimitgliedschaft in der SPD ruht«. Vgl. auch Vinke: Heinemann, S. 143 und Lindemann: Leben, S. 241.

211 Die Welt v. 29. März 1970.

212 Heinemann im Interview mit der SZ v. 2. Juli 1971.

213 Vgl. Braun: Präsident, S. 231. »Es gibt genügend Gegenstände der Politik, die auf einer Ebene oberhalb des Tageskampfes angesiedelt sind. Wo es um die kritische Auseinandersetzung mit der Geschichte, den Ausbau der sozialen Demokratie, die bessere Beteiligung des Bürgers an den politischen Entscheidungen oder um die Neubewertung der Gemeinschaftsaufgaben geht, da kann der Bundespräsident Stellung nehmen, ohne in die Rechte von Regierung und Opposition einzugreifen. In diesen Stellungnahmen vor allem liegt die politische Wirkung begründet, die Heinemann im Amt des Bundespräsidenten erzielt.«

214 Die Welt v. 30. Juni 1969.

215 Ebd.

216 Heinemann im Interview mit Gaus v. 3. November 1968, in: Ders.: Plädoyer, S. 99.

217 Heinemann im Interview mit dem Rheinischen Merkur v. 24. November 1972.

218 Ebd.

219 Heinemann: Abschied vom Amt als Bundespräsident 1974, in: Ders.: Einspruch, S. 215-220, S. 219.

220 Heinemann im Interview mit dem Südwestfunk v. 14. September 1969, in: Ders.: Reden und Interviews, Bd. 1, S. 139-153, S. 153. Vgl. auch Stuttgarter Zeitung v. 15. September 1969, Generalanzeiger v. 15. September 1969, SZ v. 15. September 1969, Rheinzeitung v. 15. September 1969, FAZ v. 17. September 1969.

221 Adolf von Thadden (1921-1996), Journalist, Landwirt, 1949-1953 MdB (Deutsche Rechtspartei), 1955-1959 MdL Niedersachsen, 1967-1970 MdL Niedersachsen (NPD), 1967-1971 NPD-Vorsitzender, 1975 Austritt.

222 Vgl. die Welt v. 16. September 1969.

223 Laut Stuttgarter Zeitung v. 24. Oktober 1970 handelte es sich um zwei Abgeordnete der CDU/CSU-Fraktion.

224 Vgl. Christ und Welt v. 23. Oktober 1970. Vgl. auch Baring: Machtwechsel, S. 69. Peter Heinemann bestätigte im Interview v. 24. Februar 2006, daß sein Vater dazu neigte, im privaten Kreise eher »despektierlich« über die FDP zu sprechen, deren Rolle als opportunistisches »Zünglein an der Waage« er für problematisch hielt.

225 Christ und Welt v. 23. Oktober 1970.

226 Gemeint waren die FDP-Abgeordneten Erich Mende, Siegfried Zoglmann und Heinz Starke, die zur Unionsfraktion übergetreten waren, vgl. auch Augsburger Allgemeine v. 24. Oktober 1970.

227 Vgl. Rheinische Post v. 24. Oktober 1970; Siegener Zeitung v. 24. Oktober 1970; Welt v. 24. Oktober 1970; Bild v. 24. Oktober 1970.

228 Bereits im Oktober 1969 war Heinemann dafür kritisiert worden, daß er ›protokollwidrig‹ Willy Brandt in Bad Münstereifel einen Besuch abgestattet hatte, vgl. SZ v. 17. Oktober 1969; Fränkischer Tag v. 17. Oktober 1969; Düsseldorfer Nachrichten v. 17. Oktober 1969; Augsburger Allgemeine v. 17. Oktober 1969.

229 Berliner Morgenpost v. 17. Juni 1970. Vgl. auch Frankfurter Rundschau v. 17. Juni 1970; Badische Neueste Nachrichten v. 18. Juni 1970.

230 Bonner Kontakt – Informationen der CSU-Landesgruppe im Deutschen Bundestag v. 18. Juni 1970.

231 Richard Stücklen (1916-2002), Ingenieur, 1949-1990 MdB (CSU), 1950-1991 Mitglied des CSU-Landesvorstandes, 1957-1966 Bundesminister für das Post- und Fernmeldewesen, 1967-1976 Vorsitzender der CSU-Landesgruppe, stv. Fraktionsvorsitzender, 1976-1979 und 1983-1990 Bundestagsvizepräsident, 1979-1983 Bundestagspräsident.

232 In einem Interview mit dem Spiegel v. 29. Juni 1970 hatte Heinemann erklärt: »Ich habe auf der Rückfahrt von Essen nach Bonn in Düsseldorf in der Dienstwohnung von Ministerpräsident Kühn Station gemacht. Dort habe ich mit vielen anderen, durchaus nicht nur Politikern, am Fernsehschirm sowohl das Fußballspiel gegen England als auch die Ergebnisse der Landtagswahlen verfolgt. Politische Gespräche habe ich an diesem Abend mit niemandem geführt.«

233 Bonner Kontakt – Informationen der CSU-Landesgruppe im Deutschen Bundestag v. 18. Juni 1970.

234 Vgl. auch Baring: Machtwechsel, S. 66.

235 Gespräch mit Gustav Heinemann, in: Neue Gesellschaft, 16. Jg., Mai 1969 (Sonderheft), S. 5-11, S. 7.

236 Heinemann im Interview mit der SZ v. 2. Juli 1971.

237 Paul Mikat (1924), Jurist, 1962-1966 Kultusminister in NRW, 1969-1987 MdB (CDU).

238 Heinrich Köppler (1925-1980), Jurist, 1965-1970 MdB (CDU), 1968-1969 Parlamentarischer Staatssekretär im Bundesministerium des Inneren. Siehe vor allem Stefan Marx: Heinrich Köppler. Politik aus christlicher Verantwortung, Düsseldorf 2006.

239 Vgl. auch Baring: Machtwechsel, S. 66.

240 Dietrich Spangenberg (1922-1990), Staatssekretär, 1961-1967 Chef der Berliner Staatskanzlei, 1967-1969 Senator für Bundesangelegenheiten in Berlin, 1969-1974 Staatssekretär im Bundespräsidialamt, 1974-1982 Staatssekretär im Bundeskanzleramt, 1977-1982 Staatssekretär im Bundesministerium für innerdeutsche Beziehungen.

241 Baring: Machtwechsel, S. 69.

242 Gespräch mit Gustav Heinemann, in: Neue Gesellschaft, 16. Jg., Mai 1969 (Sonderheft), S. 5-11, S. 7.

243 Baring: Machtwechsel, S. 69.

244 Stern v. 18. August 1971. Vgl. auch das Schreiben des SPD-Vorstandes an Nannen v. 19. August 1971, AdsD, NL Heinemann, Teil II, 0426 und das Schreiben Nannens an den SPD-Vorstand v. 19. August 1971, AdsD, NL Heinemann, Teil II, 0426.

Neuntes Kapitel

1 Thomas Meyer: Was ist Politik, 2. überarb. und erw. Aufl., Opladen 2003, S. 17.

2 Vgl. Manfred Mols: Politik als Wissenschaft: Zur Definition, Entwicklung und Standortbestimmung einer Disziplin, in: Manfred Mols/Hans-Joachim Lauth/Christian Wagner (Hg.): Politikwissenschaft. Eine Einführung. 3. neu bearb. und erw. Aufl., Paderborn/München/Wien/Zürich 2001, S. 25-66, S. 32f. Vgl. auch Jürgen Hartmann/Bernd Meyer/Birgit Oldopp: Geschichte der politischen Ideen, Wiesbaden 2002, S. 12ff.

3 Martin Rupps versteht unter dem Begriff ›Politikverständnis‹ »grundlegende Auffassungen eines Menschen zur Politik, ihren Institutionen und Akteuren.« Zu diesen Auffassungen zählt er »das Verständnis vom ›*Ort der Politik*‹«, »Hinweise zum *Demokratieverständnis*«, »das *Staatsverständnis*«, »das *Amtsverständnis*«, »Das Verhältnis [...] zur *Macht*« sowie »das *Menschenbild*«, Martin Rupps: Helmut Schmidt. Politikverständnis und geistige Grundlagen, Bonn 1997, S. 47 [Hervorhebungen im Original; J.T.]. Zur Motivations- und Persönlichkeitsforschung ›politischer Führer‹ siehe vor allem Douglas T. Stuart: Führung, in: Ekkehard Lippert/Roland

Wakenhut (Hg.): Handwörterbuch der Politischen Psychologie, Opladen 1983, S. 103-112, S. 109.

4 Vgl. Rolf Oerter: Einleitung: Menschenbilder als sinnstiftende Konstruktionen und als geheime Agenten, in: Rolf Oerter (Hg.): Menschenbilder in der modernen Gesellschaft. Konzeptionen des Menschen in der Wissenschaft, Bildung, Kunst, Wirtschaft und Politik, Stuttgart 1999, S. 1-2, S. 1.

5 Mit Recht warnt jedoch Kurt Lenk davor, »die jeweilige politische Praxis umstandslos als die Anwendung eines jeweils dominierenden Menschenbildes mißzuverstehen«; Kurt Lenk: Menschenbilder in der Politik, S. 94-98, S. 94. Lenk weist darauf hin, daß der real existierende Sozialismus ebensowenig am Menschenbild von Marx und Engels gescheitert sei, wie die Politik der CDU/CSU am Maßstab des christlichen Menschenbildes der Bergpredigt beurteilt werden dürfe. Auch Susanne Miller weist auf diese Problematik hin: Susanne Miller: Menschenbild und politische Programmatik, in: Thomas Meyer/Udo Vorholt (Hg.): Menschenbild und Politik, Bochum/Freiburg 2004, S. 76-86, S. 76.

6 Dieter Birnbacher: Was kann die Anthropologie zur Politik und ihrer theoretischen Fundierung beitragen? Eine Problemskizze mit einem Rückblick auf Leonard Nelson, in: Meyer/Vorholt: Menschenbild, S. 11-31.

7 Heinemann: Gedanken zur politischen Ethik, in: Ders.: Schnittpunkt, S. 76-79, S. 77f.

8 Ebd.

9 Zeitzeugenbericht Erhard Epplers, in: Heinemann und seine Politik, S. 78-80, S. 79. So auch Eppler im Interview v. 10. Januar 2007.

10 Heinemann im Interview mit dem Süddeutschen Rundfunk v. 6. Mai 1973.

11 Heinemann im Interview mit dem Kölner Stadtanzeiger v. 1. September 1971.

12 Ebd.

13 Heinemann im Interview mit Gaus v. 3. November 1968, in: Ders.: Plädoyer, S. 98.

14 Vgl. Heinemann im Interview mit Gaus v. 3. November 1968, in: Ders.: Plädoyer, S. 92. Frage Gaus: »Das Quantum Zynismus, das die meisten Menschen mitbekommen, hat sich bei Ihnen im Laufe des Lebens nicht vergrößert?« Antwort Heinemann: »Nein, ich wüßte nicht, wo ich das bei aller Bereitwilligkeit bestätigen könnte.«

15 Helmut Thielecke (1908-1986), evangelischer Theologe, Professor in Tübingen und Hamburg.

16 Schreiben Heinemanns an Thielicke v. 28. September 1959, AdsD, NL Heinemann, Teil I, 076. Vgl. auch das Kapitel über das »Geschichtsverständnis, Weltsicht und Menschenbild Konrad Adenauers« bei Permien: Protestantismus und Wiederbewaffnung, S. 62ff.

17 Vgl. Heinemann im Interview mit Gaus v. 3. November 1968, in: Ders.: Plädoyer, S. 91f.

18 Ebd., S. 92.

19 Heinemann im Interview mit dem Süddeutschen Rundfunk v. 6. Mai 1973. Vgl. auch Heinemann im Interview mit Gaus v. 3. November 1968, in: Ders.: Plädoyer, S. 91f.

20 Heinemann im Interview mit Günther Klempnauer, in: Klempnauer: Über Lebenschancen, S. 7-11, S. 10f.

21 Schreiben Heinemanns an Schmidt v. 25. März 1961, AdsD, NL Heinemann, Teil I, 081.

22 Ebd.

23 Ebd. [Hervorhebung im Original; J.T.]

24 Schreiben Heinemanns an Hitzke v. 25. Juli 1958, AdsD, NL Heinemann, Teil I, 074.

25 Heinemann im Interview mit Gaus v. 3. November 1968, in: Ders.: Plädoyer, S. 98.

26 Zit. nach Lindemann: Leben, S. 243f. Vgl. auch Gespräch mit Gustav Heinemann, in: Neue Gesellschaft, 16. Jg., Mai 1969 (Sonderheft), S. 5-11, S. 7.

27 Ebd, S. 7.

28 Heinemann im Interview v. Mai 1969. Vgl. auch Vinke: Heinemann, S. 143 und Ihlefeld: Anekdotisch, S. 67.

29 Günter Grass (1927), Schriftsteller, Bildhauer, Maler, Grafiker, 1982-1992 Mitglied der SPD, 1999 Literaturnobelpreis.

30 Günter Grass: Ein knapper Sieg der Vernunft – Vorwort, in: Schreiber/Sommer: Bundespräsident, S. 7-10, S. 8f.

31 Beobachtungsvermerk v. 18. November 1969 über die Sendung »Gustav Heinemann und sein schwieriges Vaterland« der niederländischen Sendegesellschaft KRO, AdsD, NL Heinemann, Teil II, 0299.

32 Die Welt v. 30. Juni 1969.

33 Beobachtungsvermerk v. 18. November 1969 über die Sendung »Gustav Heinemann und sein schwieriges Vaterland« der niederländischen Sendegesellschaft KRO, AdsD, NL Heinemann, Teil II, 0299.

34 Die Welt v. 30. Juni 1969.

35 Vgl. Stuttgarter Zeitung v. 8. März 1969 und Kölner Stadt-Anzeiger v. 1. September 1971.

36 Heinemann im Interview mit der Stuttgarter Zeitung v. 8. März 1969.

37 Heinemann: Mensch und Staat. Vortrag auf der evangelisch-sozialen Woche des evangelischen Männerwerks des Kirchenkreises Essen v. 11. Mai 1949, in: Ders.: Glaubensfreiheit, S. 35-47, S. 35. [Hervorhebung im Original; J.T.]

38 Ebd., S. 36.

39 Vgl. ebd., S. 36.

40 Heinemann: Gedanken zur politischen Ethik, in: Ders.: Schnittpunkt, S. 77f.

41 Heinemann: Mensch und Staat. Vortrag auf der evangelisch-sozialen Woche des evangelischen Männerwerks des Kirchenkreises Essen v. 11. Mai 1949, in: Ders.: Glaubensfreiheit, S. 35-47, S. 44. Vgl. auch Heinemann im Interview mit dem Süddeutschen Rundfunk v. 11. Januar 1969: »Jeder Staatsgewalt gebührt Respekt. Ich meine aber, wir sollten in keinem Fall den Staat zu etwas Überirdischem überhöhen, sozusagen vergöttlichen. Wir müssen den Staat ganz nüchtern als ein notwendiges Ordnungselement ansehen.«

42 Heinemann: Mensch und Staat. Vortrag auf der evangelisch-sozialen Woche des evangelischen Männerwerks des Kirchenkreises Essen v. 11. Mai 1949, in: Ders.: Glaubensfreiheit, S. 35-47, S. 44. Vgl. auch Heinemann: Gedanken zur politischen Ethik, in: Ders.: Schnittpunkt: »Es gibt keine Ver-christlichung (Selbsterlösung) der Welt. Darum dürfen wir den Staat, einerlei welche Form er hat, nicht vergöttern und nicht in idealistische Schwärmerei verfallen. Aber wir dürfen den Staat, einerlei welche Form er hat, auch nicht grundsätzlich mißachten oder in Anarchie verfallen lassen. Er ist Notordnung Gottes und hat den Auftrag, allem guten Werk zu helfen und allem Bösen zu wehren (auch durch Gewalt).«, S. 77f.

43 Georg Wilhelm Friedrich Hegel (1770-1831), Philosoph, Vertreter der Schule des Deutschen Idealismus.

44 Vgl. beispielsweise auch den Kölner Stadt-Anzeiger v. 9. Juli 1976.

45 These V der ›Barmer Erklärung‹. Siehe auch Koch: Christ, S. 63.

46 Vgl. Heinemann: Der demokratische Rechtsstaat als theologisches Problem. Vorlesung an der Universität Bonn nach der Verleihung der Würde des Ehrendoktors der Theologie v. 20. Dezember 1967, in: Ders.: Glaubensfreiheit, S. 268-280, S. S. 279.

47 Ebd., S. 279.

48 Vögele: Christus und die Menschenwürde, S. 159ff.

49 Vgl. ebd., S. 159ff.

50 Heinemann: Der Christ in der öffentlichen Verantwortung, Manuskript v. 8. Mai 1947, AdsD, NL Heinemann, Teil I., 120.

51 Vgl. Heinemann: Politik und Glaube, Referat bei der Tagung der Evangelischen Alt-Akademikergesellschaft am 2. Juni 1951, Manuskript, AdsD, NL Heinemann, Teil I, 128. Vgl. ebenso Axel von Campenhausen: Staat, Kirche und Gesellschaft bei Gustav W. Heinemann, in: GWU, Jg. 32, (1981), S. 1-23, S. 2f.

52 Vgl. Müller: GVP, S. 47.

53 Heinemann: Evangelische Kirche in Deutschland heute und die Wiederaufrüstung, Vortrag in der Johanneskirche in Bern v. 1. Dezember 1950, in: Ders.: Glaubensfreiheit, S. 69-82, S. 73.

54 FAZ v. 6. März 1969.

55 Weihnachtsansprache des Bundespräsidenten v. 24. Dezember 1971.

56 Heinemann: Gedanken zur politischen Ethik, in: Ders.: Schnittpunkt, S. 76.

57 Ebd., S. 76.

58 Heinemann: Evangelische Kirche in Deutschland heute und die Wiederaufrüstung, Vortrag in der Johanneskirche in Bern v. 1. Dezember 1950, in: Ders.: Glaubensfreiheit, S. 69-82, S. 74.

59 Heinemann: Der Christ in der öffentlichen Verantwortung, Manuskript v. 8. Mai 1947, AdsD, NL Heinemann, Teil I., 120.

60 Heinemann im Interview mit dem Kölner Stadt-Anzeiger v. 1. September 1971.

61 Heinemann: Der Beamte als Partner des Bürgers. Ansprache auf dem 8. Beamtentag des Deutschen Gewerkschaftsbundes v. 11. November 1971, in: Ders.: Präsidiale Reden, S. 254-257, S. 254.

62 Vgl. die Augsburger Allgemeine v. 9. Juli 1976.
63 Vgl. beispielsweise die Welt v. 23. Juli 1964: »Rein äußerlich ist er das Gegenteil eines Rebellen: gelassen, unauffällig, nüchtern – der Typ des gediegenen Bürgers.«
64 Heinemann: Ansprache vor dem Deutschen Bundestag zur Amtseinführung v. 1. Juli 1969, in: Ders.: Reden und Interviews, Bd. 1, S. 9-17, S. 12. Vgl. auch die Welt v. 1. Juli 1969.
65 Heinemann: Aufgaben und Grundsätze der Inneren Führung, Vortrag vor der Schule der Bundeswehr für Innere Führung v. 26. April 1972, in: Ders.: Reden und Interviews, Bd. 3, S. 111-117, S. 111.
66 Tagebucheintrag v. 30. Dezember 1919, S. 36.
67 Heinemann: Unsere Pflicht, Artikel in der Hessischen Landeszeitung v. 27. November 1919, in: Ders.: Vaterländer, S. 13-16, S. 15f.
68 Tagebucheintrag v. 31. Dezember 1919, S. 36.
69 Heinemann im Interview mit Günter Gaus, in: Plädoyer, S. 94.
70 Vgl. Sommer: Heinemann und die SPD, S. 164.
71 Heinemann: Ansprache zum Staatsakt im Bundestag v. 24. Mai 1974, in: Ders.: Grundgesetz, S. 15-25, S. 18.
72 Ebd., S. 18.
73 Beobachtungsvermerk v. 18. November 1969 über die Sendung »Gustav Heinemann und sein schwieriges Vaterland« der niederländischen Sendegesellschaft KRO, AdsD, NL Heinemann, Teil II, 0299. Vgl. Heinemann: Ansprache vor dem Deutschen Bundestag zur Amtseinführung v. 1. Juli 1969, in: Ders.: Reden und Interviews, Bd. 1, S. 9-17.
74 Vgl. Heinemann: 100 Jahre Deutsches Parlament, in: Ders.: Reden und Interviews, Bd. 2, S. 58-66, S. 66.
75 Heinemann im Interview mit dem Göttinger Tageblatt v. 20. Juli 1971.
76 Ebd., S. 66.
77 GVP-Broschüre ›Rettet Einheit, Freiheit, Frieden!‹ aus dem Jahr 1955, in: Heinemann: Einspruch, S. 23.
78 Heinemann: 100 Jahre Deutsches Parlament, in: Ders.: Reden und Interviews, Bd. 2, S. 58-66, S. 66.
79 Heinemann: Ansprache beim Festakt ›25 Jahre Grundgesetz‹ v. 24. Mai 1974, in: Ders.: Einspruch, S. 31-36, S. 34f.
80 GVP-Broschüre ›Rettet Einheit, Freiheit, Frieden!‹ aus dem Jahr 1955, in: Heinemann: Einspruch, S. 23.
81 Heinemann: Ansprache beim Festakt ›25 Jahre Grundgesetz‹ v. 24. Mai 1974, in: Ders.: Einspruch, S. 31-36, S. 34f.
82 Ebd., S. 34f.
83 Ebd., S. 34f.
84 Vgl. Heinemann: 100 Jahre Deutsches Parlament, in: Ders.: Reden und Interviews, Bd. 2, S. 58-66, S. 65f.
85 Ebd., S. 66.
86 Ebd., S. 65f.
87 Vgl. ebd., S. 64f.
88 GVP-Broschüre ›Rettet Einheit, Freiheit, Frieden!‹ aus dem Jahr 1955, in: Heinemann: Einspruch, S. 23.
89 Heinemann: Ansprache zum Staatsakt im Bundestag v. 24. Mai 1974, in: Ders.: Grundgesetz, S. 15-25, S. 18.
90 Ebd., S. 18.
91 Heinemann im Interview mit Gaus v. 3. November 1968, in: Ders.: Plädoyer, S. 99.
92 Ebd., S. 99.
93 Schreiben Heinemanns an Scherffig v. 15. Oktober 1959, in: AdsD, NL Heinemann, Teil II.
94 Heinemann: Ansprache zum Staatsakt im Bundestag v. 24. Mai 1974, in: Ders.: Grundgesetz, S. 15-25, S. 19. Siehe auch Heinemann im Interview mit dem Göttinger Tageblatt v. 20. Juli 1971: »Ich gehöre seit Jahren zu denjenigen, die unsere demokratische Gesellschaft nicht als fertig, sondern als weiter entwicklungsbedürftig ansehen.« Siehe ebenso Heinemann: Ansprache vor dem Deutschen Bundestag zur Amtseinführung v. 1. Juli 1969, in: Ders.: Reden und Interviews, Bd. 1, S. 9-17, S. 14: »Diese Bundesrepublik Deutschland ist […] bewußt als repräsentative

Demokratie gestaltet. [...] Diese Ordnung ist aber nicht fertig. Alle ihre Orientierungsmerkmale, als da sind: freiheitliche Demokratie, soziale Gerechtigkeit und Rechtsstaatlichkeit, bedürfen im Staat und in der Gesellschaft der fortwährenden Bemühung um täglich bessere Verwirklichung durch den mündig mitbestimmenden Bürger.«

95 Heinemann: Aufgaben und Grundsätze der Inneren Führung, Vortrag vor der Schule der Bundeswehr für Innere Führung v. 26. April 1972, in: Ders.: Reden und Interviews, Bd. 3, S. 111-117, S. 117.

96 Helmut Lindemann im Bayerischen Rundfunk v. 8. Juli 1976.

97 Heinemann im Interview mit Gaus v. 3. November 1968, in: Ders.: Plädoyer, S. 84.

98 Ebd., S. 84f.

99 Heinemann: Politik ohne Parteien ist verhängnisvoll, in: Die Welt v. 7. Juni 1950. Heinemann fuhr in dem Artikel fort: »Das Fußballspiel wird bekanntlich von zwei Mannschaften betrieben. Wie wäre es, wenn wir sagen würden: Fußballspiele interessieren uns erst, wenn sie ohne Mannschaften gespielt werden. Man könnte doch die beiden Mannschaften zu einer Einheitsmannschaft zusammenschließen und dem Befehl eines Schiedsrichters unterstellen. Auch dann könnte der Ball noch irgendwie bewegt werden. Auch dann könnte man das alles weiterhin Fußballspiel nennen. Aber in Wahrheit wäre das dann doch Betrug am Volk. Man könnte auch beide Mannschaften auflösen und hätte dann 22 Einzelspieler, die jeder für sich den Ball kreuz und quer treten würden. Was würde dabei herauskommen?«

100 Gespräch mit Gustav Heinemann, in: Neue Gesellschaft, 16. Jg., Mai 1969 (Sonderheft), S. 5-11, S. 7.

101 Braun: Präsident, S. 46f. Auch die SPD bildete für Heinemann keine Ausnahme. An den Parteivorsitzenden Ollenhauer schrieb er 1960: »Eine politische Partei wie die SPD ist keine Weltabschauungspartei.« Vielmehr, so Heinemann weiter, sei sie eine »politische Mannschaft von freiheitlich-demokratischer Struktur«, Schreiben Heinemanns an Ollenhauer v. 12. Dezember 1960, AdsD, NL Heinemann, Teil I, 079.

102 Lindemann: Leben, S. 167f.

103 Gespräch mit Gustav Heinemann, in: Neue Gesellschaft, 16. Jg., Mai 1969 (Sonderheft), S. 5-11, S. 10.

104 Vgl. auch Der Bundespräsident, hrsg. v. Presse- und Informationsamt der Bundesregierung, Essen o.J.

105 Heinemann im Interview mit Gaus v. 3. November 1968, in: Ders.: Plädoyer, S. 83.

106 Schreiben Wemmers i.A. Heinemanns v. 26.Oktober 1970, BA Koblenz, B 122 / 7103.

107 Vgl. Lindemann: Leben, S. 168.

108 Heinemann im Interview mit Gaus v. 3. November 1968, in: Ders.: Plädoyer, S. 83.

109 Ebd., S. 82f.

110 Manuskript Scheus, o.J., AdsD, NL Scheu 044.

111 Vgl. Der Bundespräsident, hrsg. v. Presse- und Informationsamt der Bundesregierung, Essen o.J. Vgl. auch Braun: Präsident, S. 46f.

112 Tagebucheintrag v. 28. Januar 1920, S. 41f.

113 Schreiben Heinemanns an Severing v. 29. September 1951, AdsD, NL Heinemann, Teil II, 640. Zit. nach Lindemann: Leben, S. 122.

114 Mit seinem Amtsvorgänger, dem KPD-Mitglied Heinz Renner verband Heinemann beispielsweise eine lebenslange Freundschaft. Vgl. auch Heinemann: Antrittsrede als Oberbürgermeister. Ansprache vor dem Gemeinderat der Stadt Essen v. 30. Oktober 1946, in: Ders.: Vaterländer, S. 27-31, S. 31.

115 Heinemann im Interview mit Gaus v. 3. November 1968, in: Ders.: Plädoyer, S. 82f.

116 Vgl. Heinemann im Interview mit Gaus v. 3. November 1968, in: Ders.: Plädoyer, S. 84. Vgl. auch das Interview mit Carola Stern im WDR-Morgenmagazin v. 8. Juli 1976: »Parteien waren für ihn nicht irgendwelche Glaubensgemeinschaften. Das war nicht seine Heimat. Seine Heimat war das Christentum. Parteien waren für ihn Vehikel, Zweckverbände, um das durchzusetzen, was er für richtig hielt.«

117 Heinemann im Interview mit Gaus v. 3. November 1968, in: Ders.: Plädoyer, S. 85. Vgl. auch Frankfurter Rundschau v. 9. Juli 1976.

118 Heinemann im Interview mit Gaus v. 3. November 1968, in: Ders.: Plädoyer, S. 82f.

119 Vgl. Lindemann: Leben, S. 168.

120 Braun: Präsident, S. 46f.

121 Vermerk Markscheffels über ein Abendessen Heinemanns mit jungen Abgeordneten der SPD-Fraktion v. 13. Februar 1973, BA Koblenz, B 122/7173. Zugleich warnte Heinemann aber auch vor Gruppen- bzw. Fraktionsbildungen innerhalb der eigentlichen Fraktion: »Macht's wenn überhaupt mit Maßen, sonst geht der größere Verbund in Scherben. Das nützt gar nichts.«

122 Heinemann im Interview mit Gaus v. 3. November 1968, in: Ders.: Plädoyer, S. 82f.

123 Braun: Präsident, S. 46f.

124 Gespräch mit Gustav Heinemann, in: Neue Gesellschaft, 16. Jg., Mai 1969 (Sonderheft), S. 5-11, S. 10. Siehe auch Heinemann im Interview mit Gaus v. 3. November 1968, in: Ders.: Plädoyer, S. 82f.: »Ich meine, daß man Politik sinnvollerweise überhaupt nur in Mannschaften, also in Parteien betreiben kann. Ich würde meinen, daß einer, der allein Politik betreiben will, alsbald eine extravagante Figur wäre, vielleicht sogar eine Kabarettfigur.«

125 Heinemann: Die Stunde des freien Wortes, in: Stimme der Gemeinde, 3. Jg., Nr. 10, 10. Oktober 1951, S. 2. Vgl. auch Müller: GVP, S. 124f.

126 Heinemann: Persönliche Verantwortung oder Linientreue? Zur Entwicklung der CDU, in: Ders.: Schnittpunkt, S. 60-67, S. 63.

127 Ebd., S. 65.

128 Heinemann im Interview mit Karlheinz Schemmann (Welt am Sonnabend) v. 22. August 1959.

129 Frankfurter Rundschau v. 9. Juli 1976.

130 Interview mit Carola Stern im WDR-Morgenmagazin v. 8. Juli 1976.

131 Helmut Lindemann im Bayerischen Rundfunk v. 8. Juli 1976.

132 So auch Erhard Eppler im Interview v. 11. Januar 2007. Epplers Ansicht nach eignete Heinemann sich aufgrund dessen kaum zum Parteiführer.

133 Baring: Machtwechsel, S. 70.

134 Helmut Lindemann im Bayerischen Rundfunk v. 8. Juli 1976.

135 Heinemann: Gedanken zur politischen Ethik, in: Ders.: Schnittpunkt, S. 76-79, S. 77.

136 Ebd., S. 77.

137 Ebd., S. 77.

138 Heinemann: Gedanken zur politischen Ethik, in: Ders.: Schnittpunkt, S. 76-79, S. 76f.

139 Spiecker: Das Grundsätzliche zum Wahlkampf, Manuskript o.D. [vermutlich November 1946], in: AdsD, NL Heinemann, Teil I, 0402.

140 Ebd.

141 Heinemann: Gedanken zur politischen Ethik, in: Ders.: Schnittpunkt, S. 76-79, S. 76.

142 Ebd., S. 76.

143 Ebd., S. 79.

144 Vgl. Heinemann im Gespräch mit Siegfried Lenz, Süddeutscher Rundfunk v. 6. Mai 1973, in: Ders.: Reden und Interviews, Bd. 4, S. 190-205, S. 205. Heinemann ging sogar soweit, daß er all diejenigen, die »politisch unansprechbar sind«, warnte, sie könnten eines Tages mit der Frage konfrontiert werden: »Wer hat zum Ruin des demokratischen Staates beigetragen, indem er keiner Partei angehörte?«, Bericht über die außerordentliche Zusammenkunft des erweiterten Arbeitsausschusses mit Dr. Heinemann am 8. Mai 1953 in Berlin, AdsD, NL Heinemann Teil II, 0662.

145 Heinemann: Gedanken zur politischen Ethik, in: Ders.: Schnittpunkt, S. 76-79, S. 76.

146 Heinemann im Interview mit Gaus v. 3. November 1968, in: Ders.: Plädoyer, S. 99.

147 Heinemann im Interview mit dem Kölner Stadtanzeiger v. 1. September 1971.

148 Ebd.

149 Die Zeit v. 11. September 1970. Vgl. auch Lindemann: Leben, S. 228.

150 Heinemann: Wahlrede in Heidelberg v. 22. Juli 1949, in: Ders.: Vaterländer, S. 74-84, S. 82. Siehe auch Heinemann: Persönliche Verantwortung oder Linientreue? Zur Entwicklung der CDU, in: Stimme der Gemeinde, 7. Jg., Nr. 11, Juni 1955, S. 241.

151 Vgl. Vermerk Markscheffels über ein Abendessen Heinemanns mit jungen Abgeordneten der SPD-Fraktion v. 13. Februar 1973, BA Koblenz, B 122/7173.

152 Spiecker: Das Grundsätzliche zum Wahlkampf, Manuskript o.D. [vermutlich November 1946], in: AdsD, NL Heinemann, Teil I, 0402.

153 Heinemann: Mensch und Staat. Vortrag auf der evangelisch-sozialen Woche des evangelischen Männerwerks des Kirchenkreises Essen v. 11. Mai 1949, in: Ders.: Glaubensfreiheit, S. 35-47, S. 44. [Hervorhebung im Original; J.T.]
154 Ansprache Heinemanns bei der Vorstellung des Kabinetts Brandt/Scheel im Hause des Bundespräsidenten v. 22. Oktober 1969, in: Ders.: Allen Bürgern, S. 115-116, S. 116.
155 Ebd., S. 116.
156 Rühmkorf: Rücktritt, S. 24.
157 Heinemann hatte zuvor immer wieder betont, daß er »locker genug im Sattel [sitze], um heruntersteigen zu können; denn der Ehrgeiz packt mich nicht.«, Schreiben Heinemanns an Gertrud Staeven v. 20. Januar 1950, AdsD, NL Heinemann, Teil I, 024.
158 Ansprache Heinemanns aus Anlaß der Verleihung des Heinrich-Heine-Preises v. 13. Dezember 1972, in: Ders.: Reden und Interviews, Bd. IV, S. 80-87, S. 84.
159 Heinrich Heine (1797-1856), Dichter, Essayist, Satiriker und Journalist, Vertreter der deutschen Romantik. Vgl. zu diesem Zitat auch Frigelj: Heinemann, S. 144f.

Zusammenfassung

1 Sebastian Haffner: Winston Churchill, Reinbek 2006, S. 45.
2 Sebastian Haffner (1907-1999),eigentlich Raimund Pretzel, deutscher Publizist.
3 Winston Churchill (1874-1965), englischer Politiker, 1908-1910 Wirtschaftsminister, 1910-1911 Innenminister, 1911-1915 Erster Lord der Admiralität, 1917 Rüstungsminister, 1919-1920 Kriegsminister, 1920-1922 Kolonialminister, 1939-1940 Erster Lord der Admiralität, 1940-1945 u. 1951-1955 Premierminister, siehe vor allem Haffner: Churchill und Martin Gilbert: Churchill. A Life, London u.a. 1991.
4 Ebd., S. 53.
5 Sommer: Konzeption, S. 35.
6 Tina Hildebrandt, in: Zeit v. 24. Januar 2008.
7 Heino Kaack: Fraktions- und Parteiwechsel im Deutschen Bundestag, in: ZParl, 3. Jg., (1972), Heft 1.
8 Geert Müller-Gerbes im Interview v. 8. Februar 2006.
9 Gertrud Staeven, geb. Ordemann (1894-1987), Schwester von Hilda Heinemann, evangelische Erzieherin.
10 Schreiben Heinemanns an Gertrud Staeven v. 20. Januar 1950, AdsD, NL Heinemann, Teil I, 024.
11 Vgl. Heinemann: Warum ich zurückgetreten bin, in: Ders.: Vaterländer, S. 97-107, S. 104.
12 Vgl. Sommer: Konzeption, S. 35f.
13 Erhard Eppler im Interview v. 11. Januar 2007.
14 Heinemann im Interview mit der Stuttgarter Zeitung v. 8. März 1969.
15 Heinemann im Interview mit Gaus v. 3. November 1968, in: Ders.: Plädoyer, S. 99.
16 Vgl. beispielsweise Braun: Der unbequeme Präsident.
17 Vgl. Eppler: Parteiwechsel, S. 196.
18 Helmut Lindemann im Bayerischen Rundfunk v. 8. Juli 1976.
19 Welt v. 23. Juli 1964.
20 Schreiben Heinemanns an Niemeyer v. 13. November 1946, AdsD, NL Heinemann, Teil I, 013.
21 Heinemann: Antrittsrede als Oberbürgermeister. Ansprache vor dem Gemeinderat der Stadt Essen v. 30. Oktober 1946, in: Ders.: Vaterländer, S. 27-31, S. 30.
22 Tagebucheintrag v. 11. Dezember 1919, S. 34.
23 Eintrag im Taschenkalender Nr. 6, AdsD, NL Heinemann, Teil II, 027.

ABKÜRZUNGEN

a.D.	außer Dienst
a.M.	am Main
a.R.	am Rhein
ACDP	Archiv für Christlich-Demokratische Politik
ADN	Allgemeiner Deutscher Nachrichtendienst
AdsD	Archiv der sozialen Demokratie
aktual.	aktualisiert
APO	Außerparlamentarische Opposition
APUZ	Aus Politik und Zeitgeschichte
AStA	Allgemeiner Studentenausschuß
Aufl.	Auflage
BA	Bundesarchiv
BBKL	Biographisch-bibliographisches Kirchenlexikon
Bd.	Band
BdD	Bund der Deutschen
Bearb.	Bearbeiter
BHE	Block der Heimatvertriebenen und Entrechteten
BK	Bekennende Kirche
BNSDJ	Bund Nationalsozialistischer deutscher Juristen
BP	Bayernpartei
BRD	Bundesrepublik Deutschland
BStU	Bundesbeauftragte(r) für die Unterlagen des Staatssicherheitsdienstes der ehemaligen DDR
BVP	Bayerische Volkspartei
bzw.	beziehungsweise
ca.	circa
CDU	Christlich-Demokratische Union
CDP	Christlich-Demokratische Partei
CDUD	Christlich-Demokratische Union Deutschlands
CSP	Christlichsoziale Partei
CSRV	Christlich-Soziale Reichsvereinigung
CSU	Christlich-Soziale Union
CSVD	Christlich-Sozialer Volksdienst
CVD	Christlicher Volksdienst
CVJM	Christlicher Verein Junger Männer
CVP	Christliche Volkspartei
DAF	Deutsche Arbeitsfront
DC	Deutsche Christen
DDP	Deutsche Demokratische Partei
DDR	Deutsche Demokratische Republik
DEK	Deutsche Evangelische Kirche
Dep.	Depositum
Ders.	Derselbe
DFU	Deutsche Friedensunion
DGFK	Deutsche Gesellschaft für Friedens- und Konfliktforschung
Dies.	Dieselbe
Diss.	Dissertation
DKP	Deutsche Kommunistische Partei

DM	Deutsche Mark
DMW	Deutsche Mark West
DNVP	Deutschnationale Volkspartei
DP	Deutsche Partei
Dpa	Deutsche Presse-Agentur
DRP	Deutsche Reichspartei
DS	Deutsche Sammlung
DStP	Deutsche Staatspartei
Dt.	Deutsch
DUD	Deutschland-Union-Dienst
DVP	Deutsche Volkspartei
EAK	Evangelischer Arbeitskreis
ebd.	ebenda
EKD	Evangelische Kirche in Deutschland
erg.	ergänzt
erw.	erweitert
etc.	et cetera
e.V.	eingetragener Verein
EVD	Evangelischer Volksdienst
EVG	Europäische Verteidigungsgemeinschaft
evtl.	eventuell
FAZ	Frankfurter Allgemeine Zeitung
FDGB	Freier Deutscher Gewerkschaftsbund
FDP	Freie Demokratische Partei
FES	Friedrich-Ebert-Stiftung
FN	Fußnote
FoVP	Fortschrittliche Volkspartei
FSU	Freisoziale Union
FVP	Freie Volkspartei
GDP	Gesamtdeutsche Partei
GG	Grundgesetz
GVP	Gesamtdeutsche Volkspartei
GWU	Geschichte in Wissenschaft und Unterricht
Hg.	Herausgeber
HPM	Historisch-politische Mitteilungen
HStA	Hauptstaatsarchiv
HV A	Hauptverwaltung Aufklärung des Ministeriums für Staatssicherheit
HZ	Historische Zeitschrift
i	
.Br.	im Breisgau
IM	Informeller Mitarbeiter
Jg.	Jahrgang
JuS	Juristische Sammlung
KAS	Konrad-Adenauer-Stiftung
KdA	Kampf dem Atomtod
KP	Kommunistische Partei
KPD	Kommunistische Partei Deutschlands
KZ	Konzentrationslager
LThK	Lexikon für Theologie und Kirche

MdB	Mitglied des Bundestags
MdEP	Mitglied des Europäischen Parlaments
MdL	Mitglied des Landtags
MdR	Mitglied des Reichstags
m.E.	meines Erachtens
MfS	Ministerium für Staatssicherheit der DDR
NATO	North Atlantic Treaty Organization
NL	Nachlaß
NLP	Nationalliberale Partei
NPD	Nationale Partei Deutschlands
NRW	Nordrhein-Westfalen
NRZ	Neue Ruhr Zeitung
NSDAP	Nationalsozialistische Deutsche Arbeiterpartei
NSRB	Nationalsozialistischer Rechtswahrerbund
NSV	Nationalsozialistische Volkswohlfahrt
NV	Nationaler Verein
OHL	Oberste Heeresleitung
o.D.	ohne Datum
o.J.	ohne Jahr
o.O.	ohne Ort
o.S.	ohne Seite
PdF	Partei der Frauen
PPP	Parlamentarisch-Politischer Pressedienst
Prof.	Professor
PV	Parteivorstand
PVS	Politische Vierteljahresschrift
RAF	Rote Armee Fraktion
RLB	Reichsluftschutzbund
RuP	Recht und Politik
SA	Sturmabteilung
SAPMO	Stiftung Archiv der Parteien und Massenorganisationen der DDR
SED	Sozialistische Einheitspartei Deutschlands
SPD	Sozialdemokratische Partei Deutschlands
SRP	Sozialistische Reichspartei
Stasi	Staatssicherheit
StBKAH	Stiftung Bundeskanzler Adenauer-Haus
Sten. Ber.	Stenographische Berichte
stv.	stellvertretender
SZ	Süddeutsche Zeitung
TOP	Tagesordnungspunkt
u.a.	unter anderem
UdSSR	Union der Sozialistischen Sowjetrepubliken
UFA	Universum Film AG
UiD	Union in Deutschland
UNO	United Nations Organization
USA	United States of America
USPD	Unabhängige Sozialdemokratische Partei
usw.	und so weiter

v.	vom
VELKD	Vereinigte Evangelisch-Lutherische Kirche Deutschlands
VfZ	Vierteljahrshefte für Zeitgeschichte
vgl.	vergleiche
VN	Vereinte Nationen
WDR	Westdeutscher Rundfunk
WP	Wahlperiode
z.B.	zum Beispiel
zit.	zitiert
ZK	Zentralkomitee
ZParl	Zeitschrift für Parlamentsfragen

QUELLEN UND LITERATUR

Zeitzeugengespräche

Hans Willgerodt, Universitätsprofessor, Neffe von Wilhelm Röpke; Interview v. 31. Januar 2006

Geert Müller-Gerbes, Journalist, ehemaliger Pressereferent des Bundespräsidenten; Interview v. 8. Februar 2006.

Peter Heinemann, Notar, Sohn von Gustav Heinemann; Interview v. 24. Februar 2006.

Barbara und Manfred Wichelhaus, Tochter und Schwiegersohn von Gustav Heinemann; Interview v. 22. März 2006.

Jürgen Schmude, Jurist, Bundesminister a.D., Interview v. 15. November 2006.

Erhard Eppler, Lehrer, Bundesminister a.D.; Interview v. 10. Januar 2007.

Ungedruckte Quellen

Archiv der sozialen Demokratie der Friedrich-Ebert-Stiftung, Bonn
Nachlaß Gustav Heinemann, Teil I
Nachlaß Gustav Heinemann, Teil II
Nachlaß Erich Ollenhauer
Nachlaß Kurt Schumacher
Nachlaß Helene Wessel
Nachlaß Adolf Scheu
Nachlaß Fritz Erler
Bestand Erhard Eppler
Protokolle des SPD-Parteivorstandes
Sammlung Organisationen des SPD-Parteivorstandes: GVP
Sammlung Willems

Stiftung Bundeskanzler-Adenauer-Haus, Bad Honnef/Rhöndorf
Nachlaß Konrad Adenauer

Archiv für Christlich-Demokratische Politik der Konrad-Adenauer-Stiftung, Sankt Augustin
Nachlaß Gerhard Schröder
Nachlaß Paul Bausch
Nachlaß Ernst Lemmer
Bestand der Ost-CDU
Bestand der Exil-CDU
Bestand des Kreisverbandes der CDU Essen

Archiv der Bundesbeauftragten für die Unterlagen des Staatssicherheitsdienstes der ehemaligen Deutschen Demokratischen Republik, Berlin
Bestand MfS-ZAIG: Zentrale Auswertungs- und Informationsgruppe
Bestand MfS-HA: Hauptabteilung

Bestand MfS-SIRA: System der Informationsrecherche der ›HV A‹
Bestand MfS-SED: Sozialistische Einheitspartei Deutschlands

Stiftung Archiv der Parteien und Massenorganisationen der DDR im Bundesarchiv, Berlin
Nachlaß Viktor Agartz
Nachlaß Heinrich Rau
Nachlaß Wilhelm Pieck
Nachlaß Otto Grotewohl
Nachlaß Walter Ulbricht
Bestand der Kommunistischen Partei Deutschlands (West)
Bestand des Zentralkomitees der SED
- Abteilung Agitation
- Arbeitsbüro der KPD
- Büro Walter Ulbricht

Thyssenkrupp Konzernarchiv, Duisburg
Bestand der Rheinischen Stahlwerke

Archiv der Philipps-Universität Marburg im Hessischen Staatsarchiv, Marburg
Bestand AStA
Bestand Demokratische Studentengruppe
Beleg- und Matrikelbögen

Hauptstaatsarchiv Düsseldorf – Landesarchiv Nordrhein-Westfalen, Düsseldorf
Entnazifizierungsakte
Bestand des CDU-Landesverbandes Rheinland
Bestand des CDU-Kreisverbandes Essen

Archiv der Universität zu Köln, Köln
Personalakte des Kuratoriums
Personalnebenakte des Rektors
Personalakte der Rechtswissenschaftlichen Fakultät

Stadtarchiv Essen, Essen
Bestand des Oberbürgermeisters
Bestand des Oberstadtdirektors

Bundesarchiv, Koblenz
Bestand des Bundespräsidialamtes

Privatarchiv Wilhelm Röpke im Institut für Wirtschaftspolitik an der Universität zu Köln, Köln
Nachlaß Wilhelm Röpke

Gedruckte Quellen und Literatur

Abendroth, Wolfgang: Aufstieg und Krise der deutschen Sozialdemokratie. Das Problem der Zweckentfremdung einer politischen Partei durch die Anpassungstendenz von Institutionen an vorgegebene Machtverhältnisse, Frankfurt a.M. 1964.

Adenauer, Konrad: »Es mußte alles neu gemacht werden.« Die Protokolle des CDU-Bundesvorstandes 1950-1953, bearb. v. Günter Buchstab, Stuttgart 1986.

Adenauer, Konrad: Erinnerungen 1945-1963, Augsburg 1996.

Adenauer, Konrad: Reden 1917-1967. Eine Auswahl, hrsg. v. Hans-Peter Schwarz, Stuttgart 1975.

Agartz, Viktor (Pseudonym: Hans-Georg Hermann): Verraten und Verkauft. Eine Abrechnung, Frankfurt 1983.

Albertin, Lothar: Einleitung, in: Linksliberalismus in der Weimarer Republik. Die Führungsgremien der Deutschen Demokratischen Partei und der Deutschen Staatspartei 1918-1933, eingel. v. Lothar Albertin, bearb. v. Konstanze Wegner in Verbindung mit Lothar Albertin, Düsseldorf 1980, S. IX-IL.

Albertin, Lothar: Liberalismus und Demokratie am Anfang der Weimarer Republik. Eine vergleichende Analyse der Deutschen Demokratischen Partei und der Deutschen Volkspartei, Düsseldorf 1972.

Albrecht, Dieter/Hockerts, Hans Günter/Mikat, Paul/Morsey, Rudolf (Hg.): Politik und Konfession. Festschrift für Konrad Repgen zum 60. Geburtstag, Berlin 1983.

Albrecht, Willy (Hg.): Kurt Schumacher. Reden, Schriften, Korrespondenzen 1945-1952, Berlin/Bonn 1985.

Algermissen, Konrad: Monistenbund, in: Lexikon für Theologie und Kirche, Bd. VII, Freiburg 1999, Sp. 555.

Althaus, Hermann: Nationalsozialistische Volkswohlfahrt. Wesen, Aufgaben und Aufbau, 4. Aufl., Berlin 1939.

Amelunxen, Clemens: Vierzig Jahre Dienst am sozialen Rechtsstaat. Rudolf Amelunxen zum 100. Geburtstag. Portrait eines Demokraten, erweiterte Fassung eines Vortrags gehalten vor der Juristischen Gesellschaft zu Berlin am 20. April 1988, Berlin/New York 1988.

Amos, Heike: Die Westarbeit der SED 1948/49-1961. ›Arbeit nach Westdeutschland‹ durch die Nationale Front, das Ministerium für Auswärtige Angelegenheiten und das Ministerium für Staatssicherheit, Berlin 1999.

Appelius, Stefan: Heine. Die SPD und der lange Weg zur Macht, Essen 1999.

Auftakt zur Ära Adenauer. Koalitionsverhandlungen und Regierungsbildung 1949, bearb. v. Udo Wengst, hrsg. v. der Kommission für die Geschichte des Parlamentarismus und der politischen Parteien sowie dem ACDP der Konrad-Adenauer-Stiftung, Düsseldorf 1985.

Augstein, Rudolf: Otto von Bismarck, Frankfurt am Main 1990.

Aust, Josef: In der Stunde Null war alles anders, in: Dreißig Jahre CDU in Essen, Essen 1976, S. 3-15.

Aust, Josef: Zehn Jahre CDU Essen. Werden und Wirken einer Kreispartei 1946-1956, Essen 1956.

Aust, Stefan: Der Baader-Meinhof-Komplex, erw. und aktual. Ausg., Hamburg 2007.

Backes, Uwe u.a.: Reichstagsbrand. Aufklärung einer historischen Legende, 2. Aufl., München/Zürich 1987.

Bajohr, Frank: Zwischen Krupp und Kommune. Sozialdemokratie, Arbeiterschaft und Stadtverwaltung in Essen vor dem Ersten Weltkrieg, Essen 1988.

Bald, Detlef: Die Bundeswehr. Eine kritische Geschichte 1955-2005, München 2005.

Barclay, David E.: Schaut auf diese Stadt. Der unbekannte Ernst Reuter, Berlin 2000.

Baring, Arnulf: Gustav Heinemann und der Machtwechsel, in: Gustav Heinemann und seine Politik. Wissenschaftliches Symposium am 10. Mai 1999 aus Anlaß des 100. Geburtstags von Dr. Dr. Gustav W. Heinemann, hrsg. v. Haus der Geschichte der Bundesrepublik Deutschland, Bonn 1999, S. 41-53.

Baring, Arnulf: Machtwechsel. Die Ära Brandt-Scheel, Berlin 1998.

Barth, Boris: Dolchstoßlegenden und politische Desintegration. Das Trauma der deutschen Niederlage im Ersten Weltkrieg 1914–1933, Düsseldorf 2003.

Barzel, Rainer: Die Tür blieb offen. Mein persönlicher Bericht über Ostverträge, Mißtrauensvotum, Kanzlersturz, Bonn 1998.

Baumgart, Winfried (Bearb.): Die Julikrise und der Ausbruch des Ersten Weltkrieges 1914. Auf der Grundlage der von Erwin Hölzle herausgegebenen ›Quellen zur Entstehung des Ersten Weltkrieges. Internationale Dokumente 1901-1914‹, Darmstadt 1983.

Bausch, Paul: Lebenserinnerungen und Erkenntnisse eines schwäbischen Abgeordneten, Korntal 1969.

Becker, Felix: Kleine Geschichte der CDU, Stuttgart 1995.

Becker, Winfried/Buchstab, Günter/Doering-Manteuffel, Anselm/Morsey, Rudolf (Hg.): Lexikon der Christlichen Demokratie, Paderborn/München/Wien/Zürich 2002.

Becker, Winfried/Morsey, Rudolf (Hg.): Christliche Demokratie in Europa. Grundlagen und Entwicklungen seit dem 19. Jahrhundert, Köln/Wien 1988.
Beckmann, Christoph: Der Weg der SPD in die Große Koalition 1966, unveröff. Diplomarbeit, Mainz 1995.
Beckmann, Johannes (Hg.): Kirchliches Jahrbuch für die Evangelische Kirche in Deutschland 1933-1944, 60.-71. Jg., Gütersloh 1948.
Behrend, Manfred: Franz Josef Strauß. Eine politische Biographie, Köln 1995.
Bentele, Karlheinz u.a. (Hg.): Metamorphosen. Annäherungen an einen vielseitigen Freund. Für Horst Ehmke zum Achtzigsten, Bonn 2007.
Benz, Wolfgang (Hg.): Deutschland unter alliierter Besatzung 1945-1949/55. Ein Handbuch, Berlin 1999.
Benz, Wolfgang: Alfred Hugenberg, in: Herman Weiß (Hg.): Biographisches Lexikon zum Dritten Reich, Frankfurt a.M. 1998, S. 235-237.
Berg, Manfred: Gustav Stresemann. Eine politische Karriere zwischen Reich und Republik, Göttingen/Zürich 1992.
Berlin-Weißensee 1950. Bericht über die zweite Tagung der ersten Synode der Evangelischen Kirche in Deutschland v. 23. bis 27. April 1950.
Besier, Gerhard (Hg.): Die evangelische Kirche in den Umbrüchen des 20. Jahrhunderts. Gesammelte Aufsätze, Neukirchen-Vluyn 1994.
Besier, Gerhard: ›Christliche Parteipolitik‹ und Konfession. Zur Entstehung des Evangelischen Arbeitskreises der CDU/CSU, in: Gerhard Besier (Hg.): Die evangelische Kirche in den Umbrüchen des 20. Jahrhunderts. Gesammelte Aufsätze, Bd. 2, Neukirchen-Vluyn 1994, S. 108-130.
Besson, Waldemar/Gaetringen, Friedrich Freiherr Hiller von (Hg.): Geschichte und Gegenwartsbewußtsein. Historische Betrachtungen und Untersuchungen. Festschrift für Hans Rothfels zum 70. Geburtstag, Göttingen 1963.
Bethge, Eberhard: Dietrich Bonhoeffer. Eine Biographie, 9. Aufl., Gütersloh 2005.
Beuys, Barbara: Vergeßt uns nicht. Menschen im Widerstand 1933-1945, Reinbek 1987.
Bickerich, Wolfram: Franz Josef Strauß. Die Biographie, München 1998.
Biermann, Werner: Strauß. Aufstieg und Fall einer Familie, Berlin 2006.
Bilstein, Helmut/Binder, Sepp/Elsner, Manfred: Organisierter Kommunismus in der Bundesrepublik Deutschland. DKP, SDAJ, MSB Spartakus, KPD/KPD(ML), KBW/KB, Opladen 1977.
Birke, Adolf M.: Präsidiales Entscheidungshandeln in politischen Krisensituationen, in: Eberhard Jäckel (Hg.): Von Heuss bis Herzog. Die Bundespräsidenten im politischen System der Bundesrepublik, Stuttgart 1999, S. 87-99.
Birnbacher, Dieter: Was kann die Anthropologie zur Politik und ihrer theoretischen Fundierung beitragen? Eine Problemskizze mit einem Rückblick auf Leonard Nelson, in: Thomas Meyer/Udo Vorholt (Hg.): Menschenbild und Politik, Bochum/Freiburg 2004, S. 11-31.
Birnstein, Uwe: Johannes Rau. Der Versöhner, Berlin 2006.
Bischof, Günter/Karner, Stefan/Stelzl-Marx, Barbara (Hg.): Kriegsgefangene des Zweiten Weltkriegs. Gefangennahme, Lagerleben, Rückkehr, München 2005.
Blanke, Thomas: Gustav W. Heinemann. Republikaner und Bürgerpräsident, in: Streitbare Juristen. Eine andere Tradition. Jürgen Seifert zum 60. Geburtstag, hrsg. v. Kritische Justiz, Baden-Baden 1988, S. 461-475.
Blankenhorn, Herbert: Verständnis und Verständigung. Blätter eines politischen Tagebuchs 1949 bis 1979, Frankfurt a.M./Berlin/Wien 1980.
Bloch, Marc: Apologie der Geschichtswissenschaft oder Der Beruf des Historikers, Stuttgart 2002.
Blum, John Morton: Deutschland ein Ackerland? Morgenthau und die amerikanische Kriegspolitik 1941-1945. Aus den Morgenthau-Tagebüchern, Düsseldorf 1968.
Blumenwitz, Dieter u.a. (Hg.): Konrad Adenauer und seine Zeit. Politik und Persönlichkeit des ersten Bundeskanzlers, Stuttgart 1976.
Böll, Heinrich/Gollwitzer, Helmut/Schmid, Carlo (Hg.): Anstoß und Ermutigung. Gustav W. Heinemann Bundespräsident 1969-1974, Frankfurt 1974.
Boockmann, Hartmut/Jürgensen, Kurt/Stoltenberg, Gerhard (Hg.): Geschichte und Gegenwart. Festschrift für Karl Dietrich Erdmann, Neumünster 1980.

Booms, Hans: Geleitwort, in: Herwart Vorländer: Die NSV. Darstellung und Dokumentation einer nationalsozialistischen Organisation, Boppard 1988, S. VII.
Booz, Rüdiger: Hallsteinzeit. Deutsche Außenpolitik 1955-1972, Bonn 1995.
Borsdorf, Ulrich (Hg.): Essen. Geschichte einer Stadt, Bottrop/Essen 2002.
Bösch, Frank: Die Adenauer-CDU. Gründung, Aufstieg und Krise einer Erfolgspartei 1945-1969, München 2001.
Bösch, Frank: Macht und Machtverlust. Die Geschichte der CDU, München 2002.
Bosch, Manfred (Hg.): Persönlichkeit und Struktur in der Geschichte. Historische Bestandsaufnahme und didaktische Implikationen, Düsseldorf 1977.
Bouillard, Henri: Karl Barth, in: Lexikon für Theologie und Kirche, Freiburg 1999, Sp. 5-8.
Bouvier, Beatrix: Zwischen Godesberg und Großer Koalition. Der Weg der SPD in die Regierungsverantwortung, Bonn 1990.
Boyens, Armin: Das Stuttgarter Schuldbekenntnis vom 19. Oktober 1945. Entstehung und Bedeutung, in: VfZ, Bd. 19, (1971), S. 374-197.
Bracher, Karl Dietrich/Funke, Manfred/Jacobsen, Hans-Adolf: Die Weimarer Republik 1918-1933. Politik – Wirtschaft – Gesellschaft, 3. Aufl., Bonn 1998.
Bracher, Karl Dietrich/Jäger, Wolfgang/Link, Werner: Republik im Wandel 1969-1974. Die Ära Brandt, Stuttgart 1986.
Bracher, Karl Dietrich: Die deutsche Diktatur. Entstehung, Struktur, Folgen des Nationalsozialismus, 7. Aufl., Köln 1993.
Bracher, Karl Dietrich: Theodor Heuss und die Wiederbegründung der Demokratie in Deutschland, Tübingen 1965.
Bracher, Karl-Dietrich/Funke, Manfred/Jacobsen, Hans-Adolf (Hg.): Deutschland 1933-1945. Neue Studien zur nationalsozialistischen Herrschaft, Bonn 1992.
Brammer, Karl: Fünf Tage Militärdiktatur. Dokumente zur Gegenrevolution. Unter Verwendung amtlichen Materials bearb., Berlin 1920.
Brandt, Willy: Begegnungen und Einsichten. Die Jahre 1960-1975, Hamburg 1976.
Brandt, Willy: Erinnerungen. Mit den ›Notizen zum Fall G‹, Berlin/Frankfurt a.M. 1994.
Braudel, Fernand: Der Historiker als Menschenfresser. Über den Beruf des Geschichtsschreibers, Berlin 1990.
Braun, Joachim: Der unbequeme Präsident. Mit einem Vorwort v. Siegfried Lenz, Karlsruhe 1972.
Brehmer, Jörg: Was wird aus Deutschland? Zum Leben und Denken des liberalen Landrates Karl Georg Pfleiderer, Stuttgart 2004.
Brickwedde, Friedrich: Die Frühgeschichte der westfälischen CDU, unveröff. Magisterarbeit, Münster 1978.
Brückner, Peter: Ulrike Marie Meinhof und die deutschen Verhältnisse, Neuausg., Berlin 1995.
Brüggemeier, Franz-Josef/Rommelspacher, Thomas: Blauer Himmel über der Ruhr. Geschichte der Umwelt im Ruhrgebiet 1840-1990, Essen 1992.
Brunner, Emil: Das Gebot und die Ordnungen, Tübingen 1932.
Buchheim, Karl: Geschichte der christlichen Parteien in Deutschland, München 1953.
Buchstab, Günter/Gassert, Philipp/Lang, Peter Thaddäus (Hg.): Kurt Georg Kiesinger 1904-1988. Von Ebingen ins Kanzleramt, Freiburg 2005.
Buchstab, Günter/Kaff, Brigitte/Kleinmann, Hans-Otto (Hg.): Keine Stimme dem Radikalismus. Christliche, liberale und konservative Parteien in den Wahlen 1930-1933, Berlin 1984.
Buchstab, Günter: 1945-1949, in: Winfried Becker/Günter Buchstab/Anselm Doering-Manteuffel/Rudolf Morsey (Hg.): Lexikon der Christlichen Demokratie, Paderborn/München/Wien/Zürich 2002, S. 53-64.
Bulletin des Presse- und Informationsamtes der Bundesregierung.
Bundesgesetzblatt der Bundesrepublik Deutschland, hrsg. v. Bundesminister der Justiz.
Bundespräsident Lübke baute Konzentrationslager – Internationale Pressekonferenz am 24. Januar 1966 in Berlin, hrsg. v. Nationalrat der Nationalen Front des demokratischen Deutschland, Berlin (Ost) 1966.
Busch, Eckart: Die Parlamentsauflösung 1972. Verfassungsgeschichtliche und verfassungsrechtliche Würdigung, in: ZParl, 4. Jg., (1974), S. 213-246.
Buschfort, Wolfgang: Parteien im Kalten Krieg. Die Ostbüros von SPD, CDU und FDP, Berlin 2000.

Campenhausen, Axel von: Staat, Kirche und Gesellschaft bei Gustav W. Heinemann, in: GWU, Jg. 32, (1981), S. 1-23.
Carlyle, Thomas: Über Helden, Heldenverehrung und das Heldentümliche in der Geschichte, Halle 1912.
Carstens, Karl: Erinnerungen und Erfahrungen, hrsg. v. Kai von Jena/Reinhard Schmoeckel, Boppard a.R. 1993.
Casdorff, Claus Hinrich (Hg.): Demokraten. Profile unserer Republik, Königstein/Ts. 1983.
Cavallie, James: Ludendorff und Kapp in Schweden, Frankfurt a.M. 1995.
Chaussy, Ulrich: Die drei Leben des Rudi Dutschke. Eine Biographie, Zürich 1999.
Clark, Christopher: Wilhelm II. Die Herrschaft des letzten deutschen Kaisers, München 2008.
Corneließen, Christoph: Gerhard Ritter. Geschichtswissenschaft und Politik im 20. Jahrhundert, Düsseldorf 2001.

Dähn, Horst/Schmierer, Wolfgang: SPD, in: Dieter Fricke u.a. (Hg.): Lexikon zur Parteiengeschichte. Die bürgerlichen und kleinbürgerlichen Parteien und Verbände in Deutschland (1789-1945), Köln 1983, S. 121-127.
Dahrendorf, Ralf: Liberal und unabhängig. Gerd Bucerius und seine Zeit, München 2000.
Damm, Karlwilli: Die hessischen Ahnen des Bundespräsidenten Gustav Heinemann, in: Hessische Familienkunde, Bd. 10, Heft 3, Juli-September 1970, S. 81-88.
Dembowski, Hermann: Barth – Bultmann – Bonhoeffer. Eine Einführung in ihr Lebenswerk und ihre Bedeutung für die gegenwärtige Theologie, 2. Aufl., Rheinbach-Merzbach 2004.
Denzler, Georg/Fabricius, Volker: Die Kirchen im Dritten Reich. Christen und Nazis Hand in Hand?, Bd. 1., Frankfurt a.M. 1984.
Der Bundespräsident, hrsg. v. Presse- und Informationsamt der Bundesregierung, Essen o.J.
Deutsche Gesellschaft für Friedens- und Konfliktforschung. Satzungsdokumente, Richtlinien, Schwerpunktprogramme, Bonn 1976.
Deutschkron, Inge: Gustav Heinemann. Logik eines Lebens, in: Vorgänge, (2005), Heft 1, S. 108-125.
Deutschlandplan der SPD. Kommentare, Argumente, Begründungen, hrsg. v. Vorstand der SPD, Bonn 1959.
Die Bundesversammlungen 1949-1994. Eine Dokumentation aus Anlaß der Wahl des Bundespräsidenten am 23. Mai 1999, Bonn 1999.
Die CDU/CSU-Fraktion im Deutschen Bundestag. Sitzungsprotokolle 1949-1953, bearb. v. Helge Heidemeyer, Düsseldorf 1998.
Die Kabinettsprotokolle der Bundesregierung, Bd. 1 (1949), Bd. 2 (1950), Bd. 3 (1950), bearb. v. Ulrich Enders und Konrad Reiser, hrsg. für das Bundesarchiv v. Hans Booms, Boppard a.R., 1982, 1984, 1986.
Die Luftschutz-Fibel, hrsg. v. der Landesgruppe Ostpreußen des Reichsluftschutzbundes e.V., Berlin o.J.
Die SPD-Fraktion im Deutschen Bundestag. Sitzungsprotokolle 1949-1966, bearb. v. Wolfgang Hölscher/Heinrich Potthoff/Petra Weber, Düsseldorf 1993.
Dittberner, Jürgen: Die FDP – Partei der zweiten Wahl. Ein Beitrag zur Geschichte der liberalen Partei und ihrer Funktionen im Parteiensystem der Bundesrepublik, Opladen 1987.
Doering-Manteuffel, Anselm: Die Kirchen und die EVG. Zu den Rückwirkungen der Wehrdebatte im westdeutschen Protestantismus und Katholizismus auf die politische Zusammenarbeit der Konfession, in: Hans Erich Volkmann/Walter Schwengler (Hg.): Die Europäische Verteidigungsgemeinschaft. Stand und Probleme der Forschung, Boppard a.R. 1985, S. 317-336.
Doering-Manteuffel, Anselm: Katholizismus und Wiederbewaffnung. Die Haltung der deutschen Katholiken gegenüber der Wehrfrage 1948-1955, Mainz 1981.
Doering-Manteuffel, Anselm: Konrad Adenauer – Jakob Kaiser – Gustav Heinemann. Deutschlandpolitische Positionen in der CDU, in: Jürgen Weber (Hg.): Die Republik der fünfziger Jahre. Adenauers Deutschlandpolitik auf dem Prüfstand, München 1989, S. 18-46.
Döhn, Lothar: Wirtschafts- und Sozialpolitik der Deutschen Demokratischen Partei und der Deutschen Volkspartei, in: Karl Holl/Günter Trautmann/Hans Vorländer (Hg.): Sozialer Liberalismus, Göttingen 1986, S. 84-107.
Dohse, Rainer: Der Dritte Weg. Neutralitätsbestrebungen in Westdeutschland zwischen 1945 und 1955, Hamburg 1974.

Dokumente zur deutschen Verfassungsgeschichte, hrsg. v. Ernst Rudolf Huber, Bd. 3, Stuttgart u. a. 1966.

Dowe, Dieter/Klotzbach, Kurt (Hg.): Kämpfe-Krisen-Kompromisse. Kritische Beiträge zum 125jährigen Jubiläum der SPD, Bonn 1989.

Dowe, Dieter/Klotzbach, Kurt (Hg.): Programmatische Dokumente der deutschen Sozialdemokratie, 3. überarb. und aktual. Aufl., Bonn 1990.

Dowe, Dieter/Wunder, Dieter (Hg.): Verhandlungen über eine Wiedervereinigung statt Aufrüstung! Gustav Heinemann und die Eingliederung der Bundesrepublik in das westliche Militärbündnis. Vorträge einer Veranstaltung der Gustav-Heinemann-Initiative und des Gesprächskreis Geschichte der Friedrich-Ebert-Stiftung e.V. in Berlin am 18. Oktober 2000, Bonn 2000.

Dr. Dr. Heinemann antwortet. Ein Interview und seine Folgen, Bonn 1969.

Dramm, Sabine: V-Mann Gottes und der Abwehr? Dietrich Bonhoeffer und der Widerstand, Gütersloh 2005.

Düding, Dieter: Heinz Kühn 1912-1992. Eine politische Biographie, Essen 2002.

Dülffer, Jost/Holl, Karl (Hg.): Bereit zum Krieg. Kriegsmentalität im wilhelminischen Deutschland 1890-1914, Göttingen 1986.

Dülffer, Jost: Einleitung: Dispositionen zum Krieg im wilhelminischen Deutschland, in: Jost Dülffer/Karl Holl (Hg.): Bereit zum Krieg. Kriegsmentalität im wilhelminischen Deutschland 1890-1914, Göttingen 1986, S. 9-19.

Eckardt, Felix von: Ein unordentliches Leben. Lebenserinnerungen, Düsseldorf/Wien 1967.

Eckel, Jan: Hans Rothfels. Eine intellektuelle Biographie im 20. Jahrhundert, Göttingen 2005.

Egen, Peter: Die Entstehung des Evangelischen Arbeitskreises der CDU/CSU, Diss. Bochum 1971.

Ehmke, Horst: Mittendrin. Von der Großen Koalition zur Deutschen Einheit, Berlin 1994.

Elkemann, Hugo/Götz, Wolfgang/Kranz, Brigitte: Die Universität in der Weimarer Republik 1918-1920. Die Münsteraner Studentenschaft in der Novemberrevolution, in: Lothar Kurz (Hg.): 200 Jahre zwischen Dom und Schloß. Ein Lesebuch zur Vergangenheit und Gegenwart der Westfälischen Wilhelms-Universität Münster, Münster 1980, S. 47-63.

Engelberg, Ernst: Bismarck. Urpreuße und Reichsgründer, Berlin 1998.

Eppler, Erhard: Einsprüche. Zeugnisse einer politischen Biographie, Freiburg i. Br. 1986.

Eppler, Erhard: Komplettes Stückwerk. Erfahrungen aus fünfzig Jahren Politik, 2. Aufl., Frankfurt a.M./Leipzig 1996.

Eppler, Erhard: Parteiwechsel statt Überzeugungswechsel, in: Jörg Thierfelder/Matthias Riemenschneider (Hg.): Gustav Heinemann. Christ und Politiker. Mit einem Geleitwort v. Manfred Kock, Karlsruhe 1999, S. 196-207.

Erler, Fritz: Disengagement und die Wiedervereinigung Deutschlands, in: EA, Heft 9-10 (1959), S. 291-300.

Eschenburg, Theodor: Jahre der Besatzung 1945-1949. Mit einem einleitenden Essay v. Eberhard Jäckel, Stuttgart 1983.

Eßer, Albert: Wilhelm Elfes 1884-1969. Arbeiterführer und Politiker, Mainz 1990.

Ettemeyer, Jörg: Gustav W. Heinemanns Weg im evangelischen Kirchenkampf 1933-1945, Heidelberg 1993.

Fahlbusch, Lutz/Methfessel, Werner: Christlich-Sozialer Volksdienst, 1929-1933, in: Dieter Fricke u.a. (Hg.): Lexikon zur Parteiengeschichte. Die bürgerlichen und kleinbürgerlichen Parteien und Verbände in Deutschland (1789-1945), Bd. 1., Köln 1983, S. 464-470.

Feldkamp, Michael F.: Der Parlamentarische Rat 1948–1949. Die Entstehung des Grundgesetzes, überarb. Neuausg., Göttingen 2008.

Fels, Gerhard: Der Aufruhr der 68er. Zu den geistigen Grundlagen der Studentenbewegung und der RAF, Bonn 1998.

Fest, Joachim C.: Das Gesicht des Dritten Reiches. Profile einer totalitären Herrschaft, 11. Aufl., München/Zürich 1993.

Fest, Joachim C.: Hermann Göring. Der zweite Mann, in: Joachim C. Fest: Das Gesicht des Dritten Reiches. Profile einer totalitären Herrschaft, 11. Aufl., München/Zürich 1993, S. 103-119.

Fest, Joachim C.: Staatsstreich. Der lange Weg zum 20. Juli, Berlin 1994.

Fest, Joachim C. : Hitler. Eine Biographie, 7. Aufl., Berlin 2004
Finger, Stefan: Franz Josef Strauß. Ein politisches Leben, München 2005.
Fink, Carole: Marc Bloch. A Life in History, Cambridge 1989.
Flechtheim, Ossip (Hg.): Dokumente zur parteipolitischen Entwicklung in Deutschland seit 1945, Berlin 1968.
Först, Walter: Kleine Geschichte Nordrhein-Westfalens, Düsseldorf 1986.
Forster, Karl: Der Katholizismus der Adenauer-Ära, in: Dieter Blumenwitz u.a. (Hg.): Konrad Adenauer und seine Zeit. Politik und Persönlichkeit des ersten Bundeskanzlers, Bd. 2, Stuttgart 1976, S. 488-520.
Foschepoth, Josef (Hg.): Adenauer und die Deutsche Frage, Göttingen 1988.
Frank, Hans: Nationalsozialistisches Handbuch für Recht und Gesetzgebung, 2. Aufl., München 1935.
Frank, Mario: Walter Ulbricht. Eine deutsche Biographie, Berlin 2000.
Fraser, Christine: Der Austritt Deutschlands aus dem Völkerbund, seine Vorgeschichte und seine Nachwirkungen, Diss. Bonn 1969.
Frei, Alfred Georg/Peter, Kurt: Wegbereiter der Demokratie. Die badische Revolution 1848/1849. Der Traum von der Freiheit, Karlsruhe 1997.
Freitag, Sabine: Friedrich Hecker. Biographie eines Republikaners, Stuttgart 1998.
Freyberg, Jutta von: Geschichte der deutschen Sozialdemokratie, 1863-1975, Köln 1975.
Fricke, Dieter u.a. (Hg.): Lexikon zur Parteiengeschichte. Die bürgerlichen und kleinbürgerlichen Parteien und Verbände in Deutschland (1789-1945), Köln 1983.
Friedenthal, Elisabeth: Volksbegehren und Volksentscheid über den Young-Plan und die deutschnationale Sezession, Diss. Tübingen 1957.
Friedrich, Norbert: »Die christlich-soziale Fahne empor!«. Reinhard Mumm und die christlichsoziale Bewegung, Stuttgart/Berlin/Köln 1997.
Friese, Elisabeth: Helene Wessel 1898-1969. Von der Zentrumspartei zur Sozialdemokratie, Essen 1993.
Friese, Elisabeth: Helene Wessel, eine unbequeme Christin, in: Peter Grafe/Bodo Hombach/Reinhard Grätz (Hg.): Der Lokomotive in voller Fahrt die Räder wechseln. Geschichte und Geschichten aus Nordrhein-Westfalen, Berlin/Bonn 1987, S. 120-125.
Frigelj, Kristian: Gustav W. Heinemann. ›Bürgerpräsident‹ im Zeitenwechsel, in: Vier Bundespräsidenten aus Nordrhein-Westfalen, hrsg. v. Präsidenten des nordrhein-westfälischen Landtages, Düsseldorf 2004, S. 103-145.
Fritz, Hartmut: Otto Dibelius. Ein Kirchenmann in der Zeit zwischen Monarchie und Diktatur, Göttingen 1998.
Fromkin, David: Europas letzter Sommer. Die scheinbar friedlichen Wochen vor dem Ersten Weltkrieg, München 2005.
Fuchs-Heinritz, Werner: Biographische Forschung. Eine Einführung in Praxis und Methoden, 3. überarb. Aufl., Wiesbaden 2005.
Fülberth, Georg/Harrer, Jürgen: Die deutsche Sozialdemokratie 1890-1933, Darmstadt/Neuwied 1974.
Funke, Manfred: Republik im Untergang. Die Zerstörung des Parlamentarismus als Vorbereitung der Diktatur, in: Karl Dietrich Bracher/Manfred Funke/Hans-Adolf Jacobsen: Die Weimarer Republik 1918-1933. Politik – Wirtschaft – Gesellschaft, 3. Aufl., Bonn 1998, S. 505-531.

Gaetringen, Friedrich Freiherr Hiller von: »Dolchstoß«-Diskussion und »Dolchstoßlegende« im Wandel von vier Jahrzehnten, in: Waldemar Besson/Friedrich Freiherr Hiller von Gaetringen (Hg.): Geschichte und Gegenwartsbewußtsein. Historische Betrachtungen und Untersuchungen. Festschrift für Hans Rothfels zum 70. Geburtstag, Göttingen 1963, S. 122-160.
Gall, Lothar (Hg.): Krupp im 20. Jahrhundert. Die Geschichte des Unternehmens vom Ersten Weltkrieg bis zur Gründung der Stiftung, Berlin 2002.
Gall, Lothar: Bismarck. Der weiße Revolutionär, 2. Aufl., Berlin 2002.
Gallus, Alexander: Biographik und Zeitgeschichte, in: APUZ, Heft 1-2, (2005), S. 40-46.
Gallus, Alexander: Die Neutralisten. Verfechter eines vereinten Deutschland zwischen Ost und West 1945-1990, Düsseldorf 2001.
Gassert, Philipp: Kurt Georg Kiesinger 1904-1988. Kanzler zwischen den Zeiten, München 2006.

Geiss, Imanuel: Geschichte bis in die Schulbücher, in: Heinrich Böll/Helmut Gollwitzer/Carlo Schmid (Hg.): Anstoß und Ermutigung. Gustav W. Heinemann Bundespräsident 1969-1974, Frankfurt 1974, S. 37-56.
Geiss, Imanuel (Bearb.): Julikrise und Kriegsausbruch 1914. Eine Dokumentensammlung, Bd. I und II, Hannover 1963/64.
Gellinek, Christian: Philipp Scheidemann. Gedächtnis und Erinnerung, Münster 2006.
Genscher, Hans-Dietrich: Erinnerungen, Berlin 1995.
Gerst, Wilhelm Karl: Bundesrepublik Deutschland unter Adenauer, Berlin 1957.
Gerstenmaier, Eugen. Streit und Friede hat seine Zeit. Ein Lebensbericht, Frankfurt a.M./Berlin/Wien 1981.
Gilbert, Martin: Churchill. A life, London u.a. 1991.
Gleising, Günter: Heinz Renner. Eine politische Biographie, Bochum 2000.
Gniss, Daniela: Der Politiker Eugen Gerstenmaier 1906-1986. Eine Biographie, Düsseldorf 2005.
Gniss, Daniela: Eugen Gerstenmaier (1906-1986). Kirche-Widerstand-Politik, Sankt Augustin 2006.
Gollwitzer, Helmut/Heinemann, Gustav: Erbauliche Reden, Neukirchen 1976.
Göppinger, Horst: Juristen jüdischer Abstammung im ›Dritten Reich‹. Entrechtung und Verfolgung, 2. völlig neubearb. Aufl., München 1990.
Götting, Gerald: Pastor Martin Niemöller. Kämpfer gegen den Faschismus – Kämpfer für den Frieden, Berlin 1984.
Gottschalk, Regina: Die Linksliberalen zwischen Kaiserreich und Weimarer Republik. Von der Julikrise 1917 bis zum Bruch der Weimarer Koalition im Juni 1919, Diss. Tübingen 1969.
Götz, Christian: An Gustav Heinemann scheiden sich die Geister, in: Gewerkschaftliche Monatshefte, Jg. 29, (1989), S. 280-284.
Grafe, Peter/Hombach, Bodo/Grätz, Reinhard (Hg.): Der Lokomotive in voller Fahrt die Räder wechseln. Geschichte und Geschichten aus Nordrhein-Westfalen, Berlin/Bonn 1987.
Grass, Günter: Ein knapper Sieg der Vernunft – Vorwort, in: Hermann Schreiber/ Frank Sommer: Gustav Heinemann. Bundespräsident. Mit einem Vorwort v. Günter Grass, Frankfurt a.M. 1969, S. 7-10.
Grau, Andreas: Gegen den Strom. Die Reaktion der CDU/CSU-Opposition auf die Ost- und Deutschlandpolitik der sozialliberalen Koalition 1969-1973, Düsseldorf 2005.
Grau, Andreas: Hinterherlaufen, »hinauskatapultieren« oder spalten? Zum Verhältnis von Union und FDP nach der Bundestagswahl 1969, in: HPM, 13. Jg., (2006), S. 77-92.
Grebing, Helga: Geschichte der deutschen Arbeiterbewegung. Ein Überblick, 9. Aufl., München 1979.
Greiner, Bernd: Die Morgenthau-Legende. Zur Geschichte eines umstrittenen Plans, Hamburg 1995.
Greschat, Martin (Hg.): Die Schuld der Kirche. Dokumente und Reflexionen zur Stuttgarter Schulderklärung vom 18./19. Oktober 1945, München 1982.
Grewe, Wilhelm: Der Deutschland-Vertrag nach zwanzig Jahren, in: Dieter Blumenwitz u.a. (Hg.): Konrad Adenauer und seine Zeit. Politik und Persönlichkeit des ersten Bundeskanzlers, Bd. 1.: Beiträge von Weg- und Zeitgenossen, Stuttgart 1976, S. 698-718.
Groh, Dieter/Brandt, Peter: ›Vaterlandslose Gesellen‹. Sozialdemokratie und Nation 1860-1990, München 1992.
Grüber, Heinrich: Erinnerungen aus sieben Jahrzehnten, Köln/Berlin 1968.
Gruber, Ludger: Die CDU-Landtagsfraktion in Nordrhein-Westfalen 1946-1980. Eine parlamentshistorische Untersuchung, Düsseldorf 1998.
Gruchmann, Lothar: Justiz im Dritten Reich 1933-1940, München 2001.
Günther, Klaus: Sozialdemokratie und Demokratie 1946-1966. Die SPD und das Problem der Verschränkung innerparteilicher und bundesrepublikanischer Demokratie, Bonn 1979.
Günther, Klempnauer: Über Lebenschancen. Prominenteninterviews, 3. Aufl., Wuppertal 1971.
Gustav Heinemann und seine Politik. Wissenschaftliches Symposium am 10. Mai 1999 aus Anlaß des 100. Geburtstags von Dr. Dr. Gustav W. Heinemann, hrsg. v. Haus der Geschichte der Bundesrepublik Deutschland, Bonn 1999.

Haas, Ludwig: Der Kampf um die Demokratie, in: Die Hilfe, (1922), 28.

Hacke, Christian (Hg.): Jakob Kaiser. Wir haben Brücke zu sein. Reden, Äußerungen und Aufsätze zur Deutschlandpolitik, Köln 1988.

Haeckel, Ernst: Der Monismus als Band zwischen Religion und Wissenschaft. Glaubensbekenntnis eines Naturforschers, Vortrag v. 9. Oktober 1892, 6. Aufl., Bonn 1893.

Haeckel, Ernst: Gott-Natur. Theophysis. Studien über die monistische Religion, 2. Aufl., Leipzig 1914.

Haffner, Sebastian: Winston Churchill, Reinbek 2006.

Hähner, Olaf: Historische Biographik. Die Entwicklung einer geschichtswissenschaftlichen Darstellungsform von der Antike bis ins 20. Jahrhundert, Frankfurt a.M. 1999.

Hammerschmidt, Peter: Wohlfahrtsverbände im NS-Staat. Die NSV und die konfessionellen Verbände Caritas und Innere Mission im Gefüge der Wohlfahrtspflege des Nationalsozialismus, Diss. Marburg 1997.

Hansen, Eckhard: Wohlfahrtspolitik im NS-Staat. Motivationen, Konflikte und Machtstrukturen im ›Sozialismus der Tat‹ des Dritten Reiches, Augsburg 1991.

Harald Schmid: ›Man kann wieder wählen!‹ Aufstieg und Fall der NPD 1964-1969, in: Deutschland Archiv, 40. Jg., (2007), Heft 1, S. 122-130.

Hartmann, Jürgen/Meyer, Bernd/Oldopp, Birgit: Geschichte der politischen Ideen, Wiesbaden 2002.

Hauer, Erich: Bürgerpräsident Gustav Heinemann, Freudenstadt 1969.

Haumann, Arnold: Gott mit uns? Zwischen Weltkrieg und Wende. Widerspruch eines politisch engagierten Theologen, Bonn 1993.

Hausmann, Friederike: Garibaldi, Berlin 1999.

Häussermann, Titus/Krautter, Horst: Die Bundesrepublik und die deutsche Geschichte, Stuttgart 1987.

Havemann, Robert: Ein deutscher Kommunist. Rückblicke und Perspektiven aus der Isolation, Hamburg 1978.

Havemann, Robert: Fragen-Antworten-Fragen. Aus der Biographie eines deutschen Marxisten. Mit einer erstmals veröffentlichten Ballade von Wolf Biermann, München 1970.

Hehl, Ulrich von (Hg.): Adenauer und die Kirchen, Bonn 1999.

Hehl, Ulrich von: Die Kirchen in der NS-Diktatur. Zwischen Anpassung, Selbstbehauptung und Widerstand, in: Karl-Dietrich Bracher/Manfred Funke/Hans-Adolf Jacobsen (Hg.): Deutschland 1933-1945. Neue Studien zur nationalsozialistischen Herrschaft, Bonn 1992, S. 153-181.

Hehl, Ulrich von: Nationalsozialistische Herrschaft, 2. Aufl., München 2001.

Heidtmann, Günter: Hat die Kirche geschwiegen? Das öffentliche Wort der evangelischen Kirchen aus den Jahren 1945 1957, 3. Aufl., Berlin 1958.

Heimann, Siegfried: Die Sozialdemokratische Partei Deutschlands, in: Richard Stöss (Hg.): Parteien-Handbuch. Die Parteien der Bundesrepublik Deutschland 1945-1980, Bd. 2, Opladen 1984, S. 2025-2216.

Heinemann, Gustav: Der Frieden ist der Ernstfall, hrsg. und eingeleitet v. Martin Lotz, München 1981.

Heinemann, Gustav: Deutsche Friedenspolitik. Reden und Aufsätze, Darmstadt 1952.

Heinemann, Gustav: Freimütige Kritik und demokratischer Rechtsstaat, in: APUZ, Heft 20-21, (1976), S. 3-7.

Heinemann, Gustav: Gustav W. Heinemann. Reden und Interviews, Bd. I-V, hrsg. v. Presse- und Informationsamt der Bundesregierung, Bonn 1969-1974.

Heinemann, Gustav: Einspruch. Ermutigung für entschiedene Demokraten, hrsg. v. Diether Koch in Verbindung mit der Gustav-Heinemann-Initiative, Bonn 1999.

Heinemann, Gustav: Im Schnittpunkt der Zeit. Reden und Aufsätze. Mit einem Vorwort von Prof Helmut Gollwitzer, Darmstadt 1957.

Heinemann, Gustav: Plädoyer für den Rechtsstaat. Rechtspolitische Reden und Aufsätze. Mit einem Vorwort von Rolf Zundel und einem Protokoll von Günter Gaus, Karlsruhe 1969.

Heinemann, Gustav: Präsidiale Reden. Mit einer Einleitung von Theodor Eschenburg, 2. Aufl., Frankfurt a.M. 1977.

Heinemann, Gustav: Reden und Schriften, Bd. 1: Allen Bürgern verpflichtet. Reden des Bundespräsidenten 1969-1974, Frankfurt a.M. 1975.

Heinemann, Gustav: Reden und Schriften, Bd. 2: Glaubensfreiheit – Bürgerfreiheit. Reden und Aufsätze zu Kirche – Staat – Gesellschaft 1945-1975, hrsg. v. Diether Koch, Frankfurt a.M. 1976.

Heinemann, Gustav: Reden und Schriften, Bd. 3: Es gibt schwierige Vaterländer. Aufsätze und Reden 1919 bis 1969, hrsg. v. Helmut Lindemann, Frankfurt a.M. 1976.
Heinemann, Gustav: Unser Grundgesetz ist ein großes Angebot. Rechtspolitische Schriften, hrsg. v. Jürgen Schmude, München 1989.
Heinemann, Gustav: Verfehlte Deutschlandpolitik. Irreführung und Selbsttäuschung. Artikel und Reden, 2. Aufl., Frankfurt a.M. 1969.
Heinemann, Gustav: Wir müssen Demokraten sein. Tagebuch der Studienjahre 1919-1922, hrsg. v. Brigitte Gollwitzer/Helmut Gollwitzer, mit einer Einführung v. Eberhard Jäckel, München 1980.
Heinemann, Otto: Kronenorden Vierter Klasse. Das Leben des Prokuristen Heinemann (1864-1944), hrsg. und mit einem Vorwort versehen v. Walter Henkels, Düsseldorf und Wien 1969.
Heitzer, Horstwalter: Die CDU in der britischen Zone 1945-1949. Gründung, Organisation, Programm und Politik, hrsg. v. Klaus Gotto/Hans Günter Hockerts/Rudolf Morsey/Hans-Peter Schwarz, Düsseldorf 1988.
Hellfaier, Karl-Alexander: Die deutsche Sozialdemokratie während des Sozialistengesetzes 1878-1890. Ein Beitrag zur Geschichte ihrer illegalen Organisations- und Agitationsformen, Berlin 1958.
Hempel, Gustav: Die deutsche Montanindustrie. Ihre Entwicklung und Gestaltung, Essen 1969.
Henkels, Walter: Vorwort, in: Otto Heinemann: Kronenorden Vierter Klasse. Das Leben des Prokuristen Heinemann (1864-1944), hrsg. und mit einem Vorwort versehen v. Walter Henkels, Düsseldorf und Wien 1969, S. 7-14.
Hennecke, Hans Jörg: Wilhelm Röpke. Ein Leben in der Brandung, Stuttgart 2005.
Henningsen, Bernd: Das dänisch-deutsche Verhältnis in politischer Perspektive: Desinteresse, Projektionen, Ängste, Wiederholungszwänge, in: Hans Süssmuth (Hg.): Deutschlandbilder in Dänemark und England, in Frankreich und den Niederlanden, Baden-Baden 1996, S. 141-155.
Henzler, Christoph: Fritz Schäffer 1945-1967. Eine biographische Studie zum ersten bayerischen Nachkriegs-Ministerpräsidenten und ersten Finanzminister der Bundesrepublik Deutschland, München 1994.
Herbstritt, Georg: Ein Weg der Verständigung? Die umstrittene Deutschland- und Ostpolitik des Reichskanzlers a.D. Dr. Joseph Wirth in der Zeit des Kalten Krieges (1945/51-1955), Frankfurt a.M. u.a. 1993.
Hermens, Ferdinand/Unkelbach, Helmut: Die Wissenschaft und das Wahlrecht, in: PVS, Jg. 8, (1967), S. 2-22.
Herwig, Holger: Von Menschen und Mythen – Gebrauch und Mißbrauch der Geschichte und des Ersten Weltkrieges, in: Jay Winter/Geoffrey Parker/Mary R. Habeck (Hg.): Der Erste Weltkrieg und das 20. Jahrhundert, Hamburg 2002, S. 298-328.
Heß, Jürgen C.: »Das ganze Deutschland soll es sein«. Demokratischer Nationalismus in der Weimarer Republik am Beispiel der Deutschen Demokratischen Partei, Stuttgart 1978.
Heß, Jürgen C.: Überlegungen zum Demokratie- und Staatsverständnis des Weimarer Linksliberalismus, in: Hartmut Boockmann/Kurt Jürgensen/Gerhard Stoltenberg (Hg.): Geschichte und Gegenwart. Festschrift für Karl Dietrich Erdmann, Neumünster 1980, S. 289-311.
Hessels, Hetty: Heinemann in Holland, in: Neue Gesellschaft, 41. Jg., (1994), Heft 4, S. 331-336.
Heuber, Wilhelm: Der Bund Nationalsozialistischer Deutscher Juristen und die Deutsche Rechtsfront, in: Hans Frank: Nationalsozialistisches Handbuch für Recht und Gesetzgebung, 2. Aufl., München 1935, S. 1561-1566.
Heuss, Theodor: Tagebuchbriefe 1955-1963. Eine Auswahl aus Briefen an Toni Stolper, hrsg. und eingel. v. Eberhard Pikart, Tübingen/Stuttgart 1970.
Hildebrand, Klaus: Das Dritte Reich, 6. neubearb. Aufl., München 2003.
Hildebrand, Klaus: Julikrise 1914. Das europäische Sicherheitsdilemma. Betrachtungen über den Ausbruch des Ersten Weltkrieges, in: GWU, Jg. 36, (1985), S. 469-502.
Hildebrand, Klaus: Von Erhard zur Großen Koalition 1963-1969. Mit einem einleitenden Essay von Karl Dietrich Bracher, Stuttgart/Wiesbaden 1984.
Hillgruber, Andreas: Heinemanns evangelisch-christlich begründete Opposition gegen Adenauers Politik 1950-1952, in: Dieter Albrecht/Hans Günter Hockerts/Paul Mikat/Rudolf Morsey (Hg.): Politik und Konfession. Festschrift für Konrad Repgen zum 60. Geburtstag, Berlin 1983, S. 503-517.

Hirscher, Gerhard: Carlo Schmid und die Gründung der Bundesrepublik. Eine politische Biographie, Bochum 1986.

Hockerts, Hans Günter: Zeitgeschichte in Deutschland. Begriffe, Methoden, Themenfelder, in: APUZ, Heft 29-30, (1993), S. 3-19.

Hodenberg, Christina von/Siegfried, Detlef (Hg.): Wo ›1968‹ liegt. Reform und Revolte in der Geschichte der Bundesrepublik Deutschland, Göttingen 2006.

Hoffend, Andrea: Mut zur Verantwortung. Hermann Müller. Parteivorsitzender und Reichskanzler aus Mannheim, mit einem Vorw. v. Ulrich Nieß, Mannheim 2001.

Hoffmann, Martin (Hg.): Rote Armee Fraktion. Texte und Materialien zur Geschichte der RAF, Berlin 1997.

Hoffmann, Peter: Claus Graf Schenk von Stauffenberg und seine Brüder, Stuttgart 2004.

Hofmann, Robert: Geschichte der deutschen Parteien. Von der Kaiserzeit bis zur Gegenwart, München 1993.

Hohlfeld, Johannes (Hg.): Dokumente der Deutschen Politik und Geschichte von 1848 bis zur Gegenwart. Ein Quellenwerk für die politische Bildung und staatsbürgerliche Erziehung, Berlin o.J.

Hölzle, Erwin (Hg.): Quellen zur Entstehung des Ersten Weltkrieges. Internationale Dokumente 1901-1914, Darmstadt 1983.

Hörster-Philipps, Ulrike: Joseph Wirth 1879-1956. Eine politische Biographie, Paderborn u.a. 1998.

Hornung, Klaus: Alternativen zu Hitler. Wilhelm Groener. Soldat und Politiker in der Weimarer Republik, Graz 2008.

Hürter, Johannes: Wilhelm Groener. Reichswehrminister am Ende der Weimarer Republik, München 1993.

Hüttenberger, Peter: Nordrhein-Westfalen und die Entstehung seiner parlamentarischen Demokratie, hrsg. v. Hauptstaatsarchiv Düsseldorf, Siegburg 1973.

Hütter, Joachim: SPD und nationale Sicherheit. Internationale und innenpolitische Determinanten des Wandels der sozialdemokratischen Sicherheitspolitik 1959-1961, Meisenheim/Glan 1975.

Hüwel, Detlev: Karl Arnold. Eine politische Biographie, Wuppertal 1980.

Ihlefeld, Heli: Gustav Heinemann. Anekdotisch, mit einem Vorwort v. Willy Brandt, München/Esslingen 1969.

Jäckel, Eberhard (Hg.): Von Heuss bis Herzog. Die Bundespräsidenten im politischen System der Bundesrepublik, Stuttgart 1999.

Jäckel, Eberhard: Gustav Heinemann als Bundespräsident, in: Gustav Heinemann und seine Politik. Wissenschaftliches Symposium am 10. Mai 1999 aus Anlaß des 100. Geburtstags von Dr. Dr. Gustav W. Heinemann, hrsg. v. Haus der Geschichte der Bundesrepublik Deutschland, Bonn 1999, S. 54-60.

Jasper, Gotthard: Die gescheiterte Zähmung. Wege zur Machtergreifung Hitlers 1930-1934, Frankfurt a.M. 1986.

Jesse, Eckhard: Wahlrecht zwischen Kontinuität und Reform. Eine Analyse der Wahlsystemdiskussion und der Wahlrechtsänderungen in der Bundesrepublik Deutschland 1949-1963, Düsseldorf 1985.

Jobke, Barbara: Aufstieg und Verfall einer wertorientierten Bewegung. Dargestellt am Beispiel der Gesamtdeutschen Volkspartei, Diss. Tübingen 1974.

Jung, Otmar: Plebiszit und Diktatur: die Volksabstimmungen der Nationalsozialisten. Die Fälle ›Austritt aus dem Völkerbund‹ (1933), ›Staatsoberhaupt‹ (1934) und ›Anschluß Österreichs‹ (1938), Tübingen 1985.

Kaack, Heino: Fraktions- und Parteiwechsel im Deutschen Bundestag, in: ZParl, 3. Jg., (1972), Heft 1.

Kaden, Albrecht: Einheit oder Freiheit. Die Wiedergründung der SPD 1945/46. Mit einem Vorwort v. Fritz Sänger, 3. Aufl., Bonn 1990.

Kanther, Michael: Das Portrait. Heinrich Weitz (1890-1962), in: Geschichte im Westen, Jg. 4, (1990), Heft 2, S. 198-215.

Karl Holl/Günter Trautmann/Hans Vorländer (Hg.): Sozialer Liberalismus, Göttingen 1986.

Kempf, Udo/Merz, Hans-Georg (Hg.): Kanzler und Minister 1949-1998. Biographisches Lexikon der deutschen Bundesregierungen, Wiesbaden 2001.

Kershaw, Ian: Hitler 1889–1936, Stuttgart 1998.

Kershaw, Ian: Hitler 1936–1945, Stuttgart 2000.

Kilian, Werner: Adenauers Reise nach Moskau, Freiburg 2005.

Kilian, Werner: Die Hallstein-Doktrin. Der diplomatische Krieg zwischen der BRD und der DDR 1955-1973. Aus den Akten der beiden deutschen Außenministerien, Berlin 2001.

Klein, Christian: Grundlagen der Biographik. Theorie und Praxis des biographischen Schreibens, Stuttgart/Weimar 2002.

Klein, Martin D.: Demokratisches Denken bei Gustav Radbruch, Berlin 2007.

Klein, Michael: Westdeutscher Protestantismus und politische Parteien. Anti-Parteien-Mentalität und partei-politisches Engagement von 1945 bis 1963, Tübingen 2005.

Kleinmann, Hans-Otto: Geschichte der CDU, hrsg. v. Günter Buchstab, Stuttgart 1993.

Klotzbach, Kurt: Der Weg zur Staatspartei. Programmatik, praktische Politik und Organisation der deutschen Sozialdemokratie 1945 bis 1965, Berlin/Bonn 1982.

Klotzbach, Kurt: Die moderne SPD. Entwicklungslinien und Hauptprobleme von 1945 bis zur Gegenwart, in: Dieter Dowe/Kurt Klotzbach (Hg.): Kämpfe-Krisen-Kompromisse. Kritische Beiträge zum 125jährigen Jubiläum der SPD, Bonn 1989, S. 103-122.

Klotzbach, Kurt: Die Programmdiskussion in der deutschen Sozialdemokratie 1945-1959, in: Archiv für Sozialgeschichte, Bd. 16 (1976), S. 469-483.

Kluth, Hans: Die KPD in der Bundesrepublik. Ihre politische Tätigkeit und Organisation 1945-1956, Köln 1959.

Knabe, Hubertus: Die unterwanderte Republik. Stasi im Westen, Berlin 1999.

Knabe, Hubertus: Honeckers Millionen für ein Trojanisches Pferd, in: FAZ v. 9. Oktober 2008.

Knabe, Hubertus: Westarbeit des MfS. Das Zusammenspiel von ›Aufklärung‹ und ›Abwehr‹, 2. Aufl., Berlin 2000.

Knorr, Heribert: Der parlamentarische Entscheidungsprozeß während der Großen Koalition 1966-1969. Struktur und Einfluß der Koalitionsfraktionen und ihr Verhältnis zur Regierung der Großen Koalition, Meisenheim am Glan 1975.

Koch, Rainer: Nationalliberale Partei (NLP), in: Frank Wende (Hg.): Lexikon zur Geschichte der Parteien in Europa, Stuttgart 1981, S. 114ff.

Koch, Diether: Heinemann und die Deutschlandfrage, mit einem Vorwort von Eugen Kogon, München 1972.

Koch, Diether: Heinemanns Kritik an Adenauers Deutschlandpolitik, in: Josef Foschepoth (Hg.): Adenauer und die Deutsche Frage, Göttingen 1988, S. 207-234.

Koch, Diether: Zur Einführung, in: Gustav Heinemann: Einspruch. Ermutigung für entschiedene Demokraten, hrsg. v. Diether Koch in Verbindung mit der Gustav-Heinemann-Initiative, Bonn 1999, S. 9-13.

Koch, Rainer: Deutsche Demokratische Partei (DDP), in: Frank Wende (Hg.): Lexikon zur Geschichte der Parteien in Europa, Stuttgart 1981, S. 85-88.

Koch, Rainer: Fortschrittliche Volkspartei (FoVP), in: Frank Wende (Hg.): Lexikon zur Geschichte der Parteien in Europa, Stuttgart 1981, S. 101ff.

Koch, Roland (Hg.): Heinrich von Brentano. Ein Wegbereiter der europäischen Integration, Oldenburg 2004.

Koch, Werner: Der Kampf der Bekennenden Kirche im Dritten Reich, 5. Aufl., Berlin 1988.

Koch, Werner: Heinemann im Dritten Reich. Ein Christ lebt für morgen, 3. Aufl., Wuppertal 1974.

Kock, Manfred: Geleitwort. Im Dienst der Kirche, in: Jörg Thierfelder/Matthias Riemenschneider (Hg.): Gustav Heinemann. Christ und Politiker. Mit einem Geleitwort v. Manfred Kock, Karlsruhe 1999, S. 8-13.

Kocka, Jürgen: Persönlichkeit und Struktur als methodologisches Problem der Geschichtswissenschaft, in: Bosch, Manfred (Hg.): Persönlichkeit und Struktur in der Geschichte. Historische Bestandsaufnahme und didaktische Implikationen, Düsseldorf 1977, S. 152-169.

Koenen, Gerd: Das rote Jahrzehnt. Unsere kleine Kulturrevolution 1967-1977, Köln 2001.

Kogon, Eugen: Zwei Arten realistischer Politik, in: Diether Koch: Heinemann und die Deutschlandfrage, mit einem Vorwort von Eugen Kogon, München 1972, S. 5-8.

Köhler, Wolfram: Der Chefredakteur Theodor Wolff. Ein Leben in Europa 1868–1943, Düsseldorf 1978.
Kolb, Eberhard: Die Weimarer Republik, 6. überarb. und erw. Aufl., München 2002.
Kolb, Eberhard: Gustav Stresemann, München 2003.
Könnemann, Erwin/Schulze, Gerhard (Hg.): Der Kapp-Lüttwitz-Ludendorff-Putsch. Dokumente, München 2002.
Konrad Adenauer und die CDU der britischen Besatzungszone 1946-1949. Dokumente zur Gründungsgeschichte der CDU Deutschlands, bearb. v. Helmuth Pütz.
Koop, Volker: Kai-Uwe von Hassel. Eine politische Biographie, Köln/Weimar/Wien 2007.
Kopper, Christopher: Hjalmar Schacht. Aufstieg und Fall von Hitlers mächtigstem Bankier, München 2006.
Kosthorst, Erich: Jakob Kaiser. Bundesminister für gesamtdeutsche Fragen 1949-1957, Stuttgart/Berlin/Köln/Mainz 1972.
Krämer, Jörg D.: Die Zusammensetzung des Parlamentarischen Rates, Berlin 2008.
Krämer, Susanne: Viktor Agartz. Vom Cheftheoretiker zur ›Persona non grata‹, in: Gewerkschaftliche Monatshefte, 46. Jg., 1995, Heft 5, S. 310-316.
Krause, Erika: Ernst Haeckel, Leipzig 1984.
Kraushaar, Wolfgang (Hg.): Die RAF und der linke Terrorismus, 2 Bde., Hamburg 2006.
Kraushaar, Wolfgang: 1968 als Mythos, Chiffre und Zäsur, Hamburg 2000.
Krebs, Mario: Ulrike Meinhof. Ein Leben im Widerspruch, Hamburg 1988.
Krieger, Wolfgang: Franz Josef Strauß. Der barocke Demokrat aus Bayern, Göttingen/Zürich 1995.
Kromberg, Hermann Emil: Politische Strömungen und Wahlen im Stadt- und Landkreis Essen von der Novemberrevolution 1918 bis zur Reichstagswahl 1924, Diss. Essen 1968.
Kuhn, Robert: Deutsche Justizminister 1877-1977, Köln 1977.
Kühr, Herbert: Parteien und Wahlen im Stadt- und Landkreis Essen in der Zeit der Weimarer Republik. Unter besonderer Berücksichtigung der Verhältnisses von Sozialstruktur und politischen Wahlen, Düsseldorf 1973.
Küpper, Jost: Die Kanzlerdemokratie. Voraussetzungen, Strukturen und Änderungen des Regierungsstils in der Ära Adenauer, Frankfurt a.M. 1985.
Küppers, Heinrich: Joseph Wirth. Parlamentarier, Minister und Kanzler der Weimarer Republik, Stuttgart 1997.
Kurz, Lothar (Hg.): 200 Jahre zwischen Dom und Schloß. Ein Lesebuch zur Vergangenheit und Gegenwart der Westfälischen Wilhelms Universität Münster, Münster 1980.

Landgrebe, Christiane/Plath, Jörg (Hg.): `68 und die Folgen. Ein unvollständiges Lexikon, Berlin 1998.
Langguth, Gerd (Hg.): Politik und Plakat. 50 Jahre Plakatgeschichte am Beispiel der CDU, Bonn 1995.
Langguth, Gerd: Mythos `68. Die Gewaltphilosophie von Rudi Dutschke. Ursachen und Folgen der Studentenbewegung, München 2001.
Laux, Andreas: Kalter Krieg im deutschen Fernsehen. Gerhard Löwenthal und das ZDF-Magazin, unveröff. Magisterarbeit, Bonn 2005.
Le Goff, Jacques: Wie schreibt man eine Biographie?, in: Fernand Braudel: Der Historiker als Menschenfresser. Über den Beruf des Geschichtsschreibers, Berlin 1990, S. 103-112.
Leber, Georg: Vom Frieden, Stuttgart 1979.
Lehnert, Detlef: Sozialdemokratie zwischen Protestbewegung und Regierungspartei 1848-1983, Frankfurt a.M. 1983.
Lemke, Michael: Die infiltrierte Sammlung. Ziele, Methoden und Instrumente der SED zur Formierung einer bürgerlichen Opposition in der Bundesrepublik 1949-1957, in: Tilman Mayer (Hg.): Macht das Tor auf. Jakob-Kaiser-Studien, Berlin 1996, S. 171-234.
Lemmer, Ernst: Manches war doch anders. Erinnerungen eines deutschen Demokraten, Frankfurt a.M. 1968.
Lenk, Kurt: Menschenbilder in der Politik, in: Rolf Oerter (Hg.): Menschenbilder in der modernen Gesellschaft. Konzeptionen des Menschen in der Wissenschaft, Bildung, Kunst, Wirtschaft und Politik, Stuttgart 1999, S. 94-98.
Lenz, Otto: Im Zentrum der Macht. Das Tagebuch von Staatssekretär Lenz 1951-1953, bearb. v. Klaus Gotto/Hans-Otto Kleinmann/Reinhard Schreiner, Düsseldorf 1989.

Lessing, Theodor: Geschichte als Sinngebung des Sinnlosen, Hamburg 1962.
Leugers-Scherzberg, August: Die Wandlungen des Herbert Wehner. Von der Volksfront zur Großen Koalition, Berlin 2002.
Ley, Richard: Die Auflösung der Parlamente im deutschen Verfassungsrecht, in: ZParl, Jg. 12, (1981), S. 367-377.
Liehr, Dorothee: Von der Aktion gegen den Spiegel zur Spiegel-Affäre. Zur gesellschaftspolitischen Rolle der Intellektuellen, Frankfurt a.M. 2002.
Lindemann, Helmut: Gustav Heinemann. Ein Leben für die Demokratie, München 1978.
Linksliberalismus in der Weimarer Republik. Die Führungsgremien der Deutschen Demokratischen Partei und der Deutschen Staatspartei 1918-1933, eingel. v. Lothar Albertin, bearb. v. Konstanze Wegner in Verbindung mit Lothar Albertin, Düsseldorf 1980.
Lippert, Ekkehard/Wakenhut, Roland (Hg.): Handwörterbuch der Politischen Psychologie, Opladen 1983.
Loth, Wilfried: Stalins ungeliebtes Kind. Warum Moskau die DDR nicht wollte, München 1996.
Lotz, Martin (Bearb.): Gustav W. Heinemann. Bibliographie, hrsg. v. Archiv für soziale Demokratie, Bonn 1976.
Lotz, Martin: Gustav Heinmann als Altbundespräsident, in: Jörg Thierfelder/Matthias Riemenschneider (Hg.): Gustav Heinemann. Christ und Politiker. Mit einem Geleitwort v. Manfred Kock, Karlsruhe 1999, S. 234-239.
Lotze, Gerd: Karl Wienand. Der Drahtzieher, Köln 1995.
Löwenthal, Gerhard: Ich bin geblieben. Erinnerungen, 3. Aufl., Berlin 2006.
Lübbe, Hermann: ›Ich entschuldige mich‹. Das neue politische Bußritual, Berlin 2003.
Lübbe, Peter: Kommunismus und Sozialdemokratie. Eine Streitschrift, Bonn 1978.
Luckemeyer, Ludwig: Die Deutsche Demokratische Partei von der Revolution bis zur Nationalversammlung 1918-1919, Diss. Gießen 1975.
Luftschutz-Taschenkalender 1940, hrsg. v. Präsidium des Reichsluftschutzbundes, Berlin 1939.
Lukacs, John: George Kennan. A Study of Character, New Haven 2007.

Maaß, Rainald: Entstehung, Hintergrund und Wirkung des Sozialistengesetzes, in: Juristische Schulung (JuS), 9 (1990), S. 702-706.
Mai, Gunther: ›Warum steht der deutsche Arbeiter zu Hitler?‹ Zur Rolle der Deutschen Arbeitsfront im Herrschaftssystem des Dritten Reiches, in: Geschichte und Gesellschaft, Jg. 12, (1986), S. 212-234.
Maier, Reinhold: Erinnerungen 1948-1953, Tübingen 1966.
Mann, Golo: Wilhelm II., München 1964.
Martens, Stefan: Hermann Göring. ›Erster Paladin des Führers‹ und ›Zweiter Mann im Reich‹, Paderborn 1985.
Marx, Stefan: Franz Meyers 1908-2002. Eine politische Biographie, Essen 2003.
Marx, Stefan: Heinrich Köppler. Politik aus christlicher Verantwortung, Düsseldorf 2006.
März, Peter: Der Erste Weltkrieg. Deutschland zwischen dem langen 19. Jahrhundert und dem kurzen 20. Jahrhundert, München 2004.
Materialien der Enquete-Kommission ›Aufarbeitung von Geschichte und Folgen der SED-Diktatur in Deutschland‹, hrsg. v. Dt. Bundestag, Baden-Baden 1995.
Matthias, Erich/Morsey, Rudolf (Hg.): Das Ende der Parteien 1933, Düsseldorf 1979.
Matthias, Erich/Morsey, Rudolf: Das Ende der Parteien 1933. Darstellungen und Dokumente, 2. Aufl., Düsseldorf 1979.
Matz, Klaus-Jürgen: Reinhold Maier (1889-1971). Eine politische Biographie, Düsseldorf 1989.
Mausbach, Wilfried: Zwischen Morgenthau und Marshall. Das wirtschaftspolitische Deutschlandkonzept der USA 1944–1947, Düsseldorf 1996.
Mayer, Tilman (Hg.): Jakob Kaiser. Gewerkschafter und Patriot. Eine Werkauswahl, Köln 1988.
Mayer, Tilman (Hg.): Macht das Tor auf. Jakob-Kaiser-Studien, Berlin 1996.
Mayer, Tilman/Weinacht, Paul-Ludwig: Ursprung und Entfaltung christlicher Demokratie in Südbaden. Eine Chronik 1945-1981, Freiburg i. Br. 1982.
Mayer, Tilman: Christliche Demokraten aus dem Widerstand in der Politik der Bundesrepublik, in: Joachim Scholtyseck/Stephen Schröder (Hg.): Die Überlebenden des deutschen Widerstandes und ihre Bedeutung für Nachkriegsdeutschland, Münster 2005, S. 33-39.

Mayer, Tilman: Die geschichtspolitische Verortung des 20. Juli 1944, in: APUZ, Heft 27, (2004), S. 11-14.
Mayer, Tilman: Ernst Lemmer, in: Udo Kempf/Hans-Georg Merz (Hg.): Kanzler und Minister 1949-1998. Biographisches Lexikon der deutschen Bundesregierungen, Wiesbaden 2001, S. 424-428.
Mehnert, Gottfried: Von Siegen nach Wittenbergen. Werden, Wirken und Wollen des Evangelischen Arbeitskreises der CDU/CSU 1952-1992, o.O. 1992.
Meier, Andreas: Hermann Ehlers. Leben in Kirche und Politik, Bonn 1991.
Meier, Kurt: Die Deutschen Christen, Halle 1964.
Meier, Kurt: Kirche und Judentum. Die Haltung der evangelischen Kirche zur Judenpolitik des Dritten Reiches, Göttingen 1968.
Meier, Kurt: Kreuz und Hakenkreuz. Die evangelische Kirche im Dritten Reich, München 2001.
Meinhof, Ulrike: Hitler in Euch, in: Konkret v. Mai 1961.
Mende, Erich: Die FDP. Daten – Fakten – Hintergründe, Stuttgart 1972.
Menschen unserer Zeit. Persönlichkeiten des öffentlichen Lebens, der Kirche, Wirtschaft und der Politik. Gustav Heinemann, hrsg. v. der Akademie Kontakte der Kontinente, Luzern 1970.
Menschenrechte – keine Altlasten sondern Zukunftsperspektive, hrsg. v. der Gustav Heinemann-Initiative, Stuttgart 2000.
Mergel, Thomas: Das Scheitern des deutschen Tory-Konservatismus. Die Umformung der DNVP zu einer rechtsradikalen Partei, 1928-1932, in: HZ (2003), 276, S. 323-368.
Merseburger, Peter: Der schwierige Deutsche Kurt Schumacher. Eine Biographie, Stuttgart 1995.
Merseburger, Peter: Willy Brandt, 1913-1992. Visionär und Realist, Stuttgart 2002.
Meyer zu Natrup, Maria: Der Wandel der deutschlandpolitischen Vorstellung der SPD seit dem Berlin-Ultimatum bis zum Mauerbau, unveröff. Examensarbeit, Köln 1979.
Meyer, Christoph: Herbert Wehner. Biographie, München 2006.
Meyer, Thomas/Vorholt, Udo (Hg.): Menschenbild und Politik, Bochum/Freiburg 2004.
Meyer, Thomas: Was ist Politik, 2. überarb. und erw. Aufl., Opladen 2003.
Meyer-Arndt, Lüder: Die Julikrise 1914. Wie Deutschland in den Ersten Weltkrieg stolperte, Köln 2006.
Michael, Johannes Petrus: Bekennende Kirche, in: Lexikon für Theologie und Kirche, Bd. II, Freiburg 1999, S. 138-142.
Michaelis, Herbert/Schraepler, Ernst (Hg.): Ursachen und Folgen. Vom deutschen Zusammenbruch 1918 und 1945 bis zur staatlichen Neuordnung Deutschlands in der Gegenwart. Eine Urkunden- und Dokumentensammlung zur Zeitgeschichte, Berlin o.J.
Michalka, Wolfgang (Hg.): Matthias Erzberger. Reichsminister in Deutschlands schwerster Zeit, Potsdam 2002.
Mierzejewski, Alfred C.: Ludwig Erhard. Der Wegbereiter der Sozialen Marktwirtschaft, Berlin 2005.
Milkereit, Gertrud: Gustav Walter Heinemann, in: Gertrud Milkereit: Lebensbilder aus dem Rheinisch-Westfälischen Industriegebiet, Baden-Baden 1984, S. 46-49.
Milkereit, Gertrud: Lebensbilder aus dem Rheinisch-Westfälischen Industriegebiet, Baden-Baden 1984.
Miller, Susanne: Menschenbild und politische Programmatik, in: Thomas Meyer/Udo Vorholt (Hg.): Menschenbild und Politik, Bochum/Freiburg 2004, S. 76-86.
Mohaupt, Helga: Kleine Geschichte Essens. Von den Anfängen bis zur Gegenwart, Essen 2002.
Möller, Horst: Theodor Heuss. Staatsmann und Schriftsteller, Bonn 1990.
Mols, Manfred/Lauth, Hans-Joachim/Wagner, Christian (Hg.): Politikwissenschaft. Eine Einführung. 3. neu bearb. und erw. Aufl., Paderborn/München/Wien/Zürich 2001.
Mols, Manfred: Politik als Wissenschaft: Zur Definition, Entwicklung und Standortbestimmung einer Disziplin, in: Manfred Mols/Hans-Joachim Lauth/Christian Wagner (Hg.): Politikwissenschaft. Eine Einführung. 3. neu bearb. und erw. Aufl., Paderborn/München/Wien/Zürich 2001, S. 25-66.
Molt, Peter: Die neutralistische Opposition. Bedingungen und Voraussetzungen der neutralistischen Opposition in der Bundesrepublik Deutschland, vor allem der Gesamtdeutschen Volkspartei, 1949-1954, Diss. Heidelberg 1955.
Mommsen, Hans: Alternative zu Hitler. Studien zur Geschichte des deutschen Widerstands, München 2000.

Mommsen, Hans: Der Reichstagsbrand und seine politischen Folgen, in: VfZ 14 (1965), S. 351-413.
Mommsen, Wilhelm (Hg.): Deutsche Parteiprogramme, München 1960.
Mommsen, Wolfgang J.: Der Erste Weltkrieg. Anfang vom Ende des bürgerlichen Zeitalters, Frankfurt a.M. 2004.
Morsey, Rudolf: Die Bundesrepublik Deutschland. Entstehung und Entwicklung bis 1969, München 1987.
Morsey, Rudolf: Die Große Koalition – Vorgeschichte und Nachwirkungen, in: Günter Buchstab/Philipp Gassert/Peter Thaddäus Lang (Hg.): Kurt Georg Kiesinger 1904-1988. Von Ebingen ins Kanzleramt, Freiburg 2005, S. 393-419.
Morsey, Rudolf: Heinrich Lübke. Eine politische Biographie, Paderborn/München/Wien/Zürich 1996.
Mosel, Heinrich: Christen an die Front!, Berlin 1928.
Mülhausen, Walter: Friedrich Ebert 1871-1925. Reichspräsident der Weimarer Republik, Bonn 2006.
Müller, Frank: Christlich-Sozialer Volksdienst, in: Winfried Becker/Günter Buchstab/Anselm Doering-Manteuffel/Rudolf Morsey (Hg.): Lexikon der Christlichen Demokratie, Paderborn/München/Wien/Zürich 2002, S. 468-469.
Müller, Josef: Die Gesamtdeutsche Volkspartei. Entstehung und Politik unter dem Primat nationaler Wiedervereinigung 1950-1957, Düsseldorf 1990.
Müller, Martin: Das konstruktive Mißtrauensvotum. Chronik und Anmerkungen zum ersten Anwendungsfall des Art. 67 GG, in: ZParl, 3. Jg., (1972), Heft 3, S. 273-291.
Mumm, Reinhard: Der christlich-soziale Gedanke. Bericht über eine Lebensarbeit in schwerer Zeit, Berlin 1933.

Narr, Wolf-Dieter: CDU-SPD. Programm und Praxis seit 1945, Stuttgart u.a. 1966.
Naumann, Friedrich: Demokratie als Staatsgrundlage, Berlin 1919.
Nebgen, Elfriede: Jakob Kaiser. Der Widerstandskämpfer, Stuttgart u.a. 1967.
Neitzel, Sönke: Kriegsausbruch. Deutschlands Weg in die Katastrophe 1900-1914, München 2002.
Neliba, Günter: Wilhelm Frick. Der Legalist des Unrechtsstaates. Eine politische Biographie, Paderborn 1992.
Neumann, Sigmund: Die Parteien der Weimarer Republik. Mit einer Einführung von Karl Dietrich Bracher, 3. Aufl., Stuttgart/Berlin/Köln/Mainz 1973.
Nicolaysen, Rainer: Siegfried Landshut. Die Wiederentdeckung der Politik. Eine Biographie, Frankfurt a.M. 1997.
Niemöller, Wilhelm: Die Evangelische Kirche im Dritten Reich. Handbuch des Kirchenkampfes, Bielefeld 1956.
Niemöller, Wilhelm: Gustav Heinemann. Bekenner der Kirche, Gütersloh 1970.
Nipperdey, Thomas: Deutsche Geschichte 1866-1918, München 1992.
Noack, Paul: Ludwig Erhard, in: Wilhelm von Sternburg (Hg.): Die deutschen Kanzler, Königstein 1985, S. 393-406.
Noelle, Elisabeth/Neumann, Erich Peter: Jahrbuch der öffentlichen Meinung 1947-1955, Allensbach 1956.
Noethen, Stefan: Christlicher Sozialismus im Nachkriegsdeutschland? Die vom Kloster Walberberg ausgehenden Neuordnungskonzeptionen und der Versuch ihrer politischen Umsetzung, unveröff. Magisterarbeit, Köln 1994.
Norden, Günther van/Schoenborn, Paul Gerhard/Wittmütz, Volkmar (Hg.): Barmer Theologische Erklärung. Kirchenkampf. Eine Sammlung ausgewählter Dokumente, Wuppertal-Barmen 1984.
Norden, Günther van: Der deutsche Protestantismus im Jahr der nationalsozialistischen Machtergreifung, Köln 1979.
Norden, Günther van: Der Kirchenkampf im Rheinland 1933-1939, in: GWU, 11. Jg., (1960), S. 725-743.
Nowak, Kurt: Evangelische Kirche und Weimarer Republik. Zum politischen Weg des deutschen Protestantismus zwischen 1918 und 1932, Göttingen 1981.

Nybøle, Steinar/Lundemo, Frode/Prell, Heinz-Peter: Papir vnde black – bläk och papper. Kontakte im deutsch-skandinavischen Sprachraum. Kurt Erich Schöndorf zum 70. Geburtstag, Frankfurt a.M. 2004.

Oerter, Rolf (Hg.): Menschenbilder in der modernen Gesellschaft. Konzeptionen des Menschen in der Wissenschaft, Bildung, Kunst, Wirtschaft und Politik, Stuttgart 1999.

Oerter, Rolf: Einleitung: Menschenbilder als sinnstiftende Konstruktionen und als geheime Agenten, in: Rolf Oerter (Hg.): Menschenbilder in der modernen Gesellschaft. Konzeptionen des Menschen in der Wissenschaft, Bildung, Kunst, Wirtschaft und Politik, Stuttgart 1999, S. 1-2.

Ollenhauer, Erich: Vorwort, in: Jahrbuch der SPD 1958/1959, Bonn o.J., S. 7.

Opitz, Günter: Der Christlich-soziale Volksdienst. Versuch einer protestantischen Partei in der Weimarer Republik, Düsseldorf 1969.

Oppelland, Torsten: »Politik aus christlicher Verantwortung«. Der Evangelische Arbeitskreis der CDU/CSU in der Ära Adenauer, in: Thomas Sauer (Hg.): Katholiken und Protestanten in den Aufbaujahren der Bundesrepublik, Stuttgart 2000, S. 35-64.

Oppelland, Torsten: Adenauers Kritiker aus dem Protestantismus, in: Ulrich von Hehl (Hg.): Adenauer und die Kirchen, Bonn 1999, S. 116-148.

Oppelland, Torsten: Gerhard Schröder (1910–1989). Politik zwischen Staat, Partei und Konfession, Düsseldorf 2002.

Østergård, Uffe: Das Deutschlandbild in Dänemark: in: Hans Süssmuth (Hg.): Deutschlandbilder in Dänemark und England, in Frankreich und den Niederlanden, Baden-Baden 1996, S. 170-193.

Osterroth, Franz/Schuster, Dieter: Chronik der deutschen Sozialdemokratie. Daten – Fakten – Hintergründe, Bonn 2005.

Otten, Dieter: Gustav W. Heinemann und die Transformation der SPD in eine bundesrepublikanische Partei, in: Peter Grafe/Bodo Hombach/Reinhard Grätz (Hg.): Der Lokomotive in voller Fahrt die Räder wechseln. Geschichte und Geschichten aus Nordrhein-Westfalen, Berlin/Bonn 1987, S. 112-119.

Overmans, Rüdiger: Soldaten hinter Stacheldraht. Deutsche Kriegsgefangene des Zweiten Weltkriegs, Berlin 2002.

Palmer, Christoph E./Schnabel, Thomas: Matthias Erzberger 1875–1921. Patriot und Visionär, Stuttgart 2006.

Parteiprogramm der Deutschen Demokratischen Partei v. Dezember 1919, in: Deutsche Parteiprogramme, hrsg. v. Wilhelm Mommsen, München 1960, S. 508-514.

Permien, Andreas: Protestantismus und Wiederbewaffnung 1950-1955. Die Kritik der Evangelischen Kirche im Rheinland und der Evangelischen Kirche von Westfalen an Adenauers Wiederbewaffnungspolitik – zwei regionale Fallstudien, Köln 1994.

Peters, Butz: Tödlicher Irrtum. Die Geschichte der RAF, Berlin 2004.

Pflanze, Otto: Bismarck. Der Reichskanzler, München 1998.

Pietsch, Hartmut: Militärregierung, Bürokratie und Sozialisierung. Zur Entwicklung des politischen Systems in den Städten des Ruhrgebietes 1945-1948, Duisburg 1978.

Polzin, Arno: Der Wandel Robert Havemanns vom Inoffiziellen Mitarbeiter zum Dissidenten im Spiegel der MfS-Akten, Berlin 2005.

Posser, Diether: Anwalt im Kalten Krieg. Ein Stück deutscher Geschichte in politischen Prozessen 1951-1968, 2. Aufl., München 1991.

Posser, Diether: Erinnerungen an Gustav W. Heinemann. Vortrag einer Veranstaltung der Friedrich-Ebert-Stiftung und des Bundesarchivs am 25. Februar 1999 im Schloß Rastatt anläßlich der Eröffnung der Ausstellung »Gustav Heinemann und Rastatt« und der Präsentation des Buches »Gustav W. Heinemann: Einspruch. Ermutigung für entschiedene Demokraten«, hrsg. v. Dieter Dowe, Bonn 1999.

Posser, Diether: Gustav Heinemann (1899-1976). Ein Lebensbild, in: Diether Posser: Reden und Aufsätze 1978-1988. Eine Auswahl, Düsseldorf o.J., S. 499-505.

Posser, Diether: Reden und Aufsätze 1978-1988. Eine Auswahl, Düsseldorf o.J.

Potthoff, Heinrich/Miller, Susanne: Kleine Geschichte der SPD, 1848-2002, 8. aktual. und erw. Aufl., Bonn 2002.

Prätorius, Rainer: Christlich-Sozialer Volksdienst, in: Frank Wende (Hg.): Lexikon zur Geschichte der Parteien in Europa, Stuttgart 1981, S. 84-85.

Prolingheuer, Hans: Der Fall Karl Barth 1934-1935. Chronologie einer Vertreibung, 2. Aufl., Köln 1984.

Prolingheuer, Hans: Kleine politische Kirchengeschichte. Fünfzig Jahre Evangelischer Kirchenkampf von 1919 bis 1969, Köln 1984.

Protokoll der Verhandlungen des Parteitages der SPD in Hamburg 1950, Frankfurt a.M. 1950.

Protokoll der Verhandlungen und Anträge vom Parteitag der SPD 1959 in Bad Godesberg, Bonn 1959.

Protokoll der Verhandlungen und Anträge vom Parteitag der SPD 1959 in Hannover, Bonn 1960.

Protokoll der Verhandlungen und Anträge vom Parteitag der SPD 1968 in Nürnberg, Bonn 1968.

Pütz, Helmut: Konrad Adenauer und die CDU der britischen Besatzungszone 1946-1949, Dokumente zur Gründungsgeschichte der CDU Deutschlands, Bonn 1975.

Raberg, Frank: Wilhelm Simpfendörfer, in: Winfried Becker/Günter Buchstab/Anselm Doering-Manteuffel/Rudolf Morsey (Hg.): Lexikon der Christlichen Demokratie, Paderborn/München/Wien/Zürich 2002, S. 369.

Radkau, Joachim: Max Weber. Die Leidenschaft des Denkens, München 2005.

Ramscheid, Birgit: Herbert Blankenhorn (1904 – 1991). Adenauers außenpolitischer Berater, Düsseldorf 2006.

Ransom, John Crow: The new Criticism (reprint, orig. 1941), Westport 1979.

Raupp, Werner: Rudolf Bultmann, in: BBKL, XXI (2003), Sp. 174-233.

Reich, Karlheinz: Die liberalen Parteien in Deutschland, 1918-1933, Osnabrück 1979.

Renger, Annemarie: ›Kampf dem Atomtod‹, ›Friedensbewegung‹, SPD – Ein Lehrstück, in: Neue Gesellschaft, 28. Jg., (1981), S. 704-709.

Rensing, Matthias: Geschichte und Politik in den Reden der deutschen Bundespräsidenten 1949-1984, Münster 1996.

Richter, Hans Werner (Hg.): Plädoyer für eine neue Regierung oder Keine Alternative, Hamburg 1965.

Richter, Michael/Rißmann, Martin (Hg.): Die Ost-CDU. Entstehung und Entwicklung, Weimar/Köln/Wien/Böhlau 1995.

Richter, Michael: Die Ost-CDU 1948-1952. Zwischen Widerstand und Gleichschaltung, Düsseldorf 1990.

Riemenschneider, Matthias: »Wir leben von Gott, nicht von den Menschen«, Gustav Heinemann in der Bekennenden Kirche des Dritten Reiches, in: Jörg Thierfelder/Matthias Riemenschneider (Hg.): Gustav Heinemann. Christ und Politiker. Mit einem Geleitwort v. Manfred Kock, Karlsruhe 1999, S. 74-117.

Ringshausen, Gerhard: Widerstand und christlicher Glaube angesichts des Nationalsozialismus, Berlin 2007.

Röckelein, Hedwig (Hg.): Biographie als Geschichte, Tübingen 1993.

Röckelein, Hedwig: Der Beitrag der psychohistorischen Methode zur ›neuen historischen Biographie‹, in: Hedwig Röckelein (Hg.): Biographie als Geschichte, Tübingen 1993, S. 17-38.

Röhl, John C. G.: Wilhelm II., Bd. 1: Die Jugend des Kaisers 1859–1888, München 1993.

Röhl, John C. G.: Wilhelm II., Bd. 2: Der Aufbau der Persönlichen Monarchie 1888–1900, München 2001.

Röhl, John C. G.: Wilhelm II.,Bd. 3: Der Weg in den Abgrund 1900–1941, München 2008.

Röhm, Eberhard/Thierfelder, Jörg: Evangelische Kirche zwischen Kreuz und Hakenkreuz. Bilder und Texte einer Ausstellung, Stuttgart 1981.

Roth, Karl Heinz: Facetten des Terrors. Der Geheimdienst der ›Deutschen Arbeitsfront‹ und die Zerstörung der Arbeiterbewegung 1933-1938, Bremen 2000.

Rowold, Manfred: Im Schatten der Macht. Zur Oppositionsrolle der nicht-etablierten Parteien in der Bundesrepublik, mit einem Vorwort von Karl Dietrich Bracher, Düsseldorf 1974.

Ruggenthaler, Peter (Hg.): Stalins großer Bluff. Die Geschichte der Stalin-Note in Dokumenten der sowjetischen Führung, München 2007.

Rühmkorf, Peter: Ein Rücktritt als Auftakt, in: Hans Werner Richter (Hg.): Plädoyer für eine neue Regierung oder Keine Alternative, Hamburg 1965, S. 23-34.

Rühmkorf, Peter: Gustav Heinemann, in: Frankfurter Hefte, 20. Jg., (1965), Heft 5, S. 325-335.
Rundel, Otto: Kurt Georg Kiesinger. Sein Leben und sein politisches Wirken, Stuttgart 2006.
Rupp, Hans Karl: ›Kampf dem Atomtod‹ und SPD. Eine Erwiderung auf Annemarie Renger, in: Neue Gesellschaft, 29. Jg., (1982), S. 52-55.
Rupp, Hans Karl: Außerparlamentarische Opposition in der Ära Adenauer. Der Kampf gegen die Atombewaffnung in den fünfziger Jahren. Eine Studie zur innenpolitischen Entwicklung der BRD, 2. Aufl., Köln 1980.
Ruppert, Karsten: Der Einfluß christlich-demokratischer wie christlich-sozialer Ideen und Parteien auf Geist und Politik in der Weimarer Zeit, in: Winfried Becker/Rudolf Morsey (Hg.): Christliche Demokratie in Europa. Grundlagen und Entwicklungen seit dem 19. Jahrhundert, Köln/Wien 1988, S. 129-152.
Rupps, Martin: Helmut Schmidt. Politikverständnis und geistige Grundlagen, Bonn 1997.

Saga, Markus: Deutschlandpolitische Vorstellungen Gustav Heinemanns im Spiegel der Periodika der ›Notgemeinschaft für den Frieden Europas‹ und der ›Gesamtdeutschen Volkspartei‹ der Jahre 1952-1955, unveröff. Hausarbeit, Bonn 1991.
Salentin, Ursula: Acht Wege in die Präsidentenvilla. Von Elly Heuss-Knapp bis Christina Rau, 6. Aufl., Freiburg 2000.
Sammet, Rainer: ›Dolchstoß‹. Deutschland und die Auseinandersetzung mit der Niederlage im Ersten Weltkrieg (1918–1933), Berlin 2003.
Sauer, Thomas (Hg.): Katholiken und Protestanten in den Aufbaujahren der Bundesrepublik, Stuttgart 2000.
Schäfer, Gerhard: Die evangelische Landeskirche in Württemberg und der Nationalsozialismus. Eine Dokumentation zum Kirchenkampf. Bd. I: Um das politische Engagement der Kirche 1932-1933, Stuttgart 1971.
Schenk, Dieter: Hans Frank. Hitlers Kronjurist und Generalgouverneur, Frankfurt a.M. 2006.
Scheu, Adolf (Hg.): Aus vergangenen Tagen. Unserem langjährigen verehrten Freund Gustav W. Heinemann zu seinem 70. Geburtstag, unveröff. Privatdruck 1969.
Scheurig, Bodo: Henning von Tresckow. Ein Preuße gegen Hitler, Berlin 2004.
Schieder, Wolfgang (Hg.): Erster Weltkrieg. Ursachen, Entstehung und Kriegsziele, Köln/Berlin 1972.
Schlechter, Armin: Gustav Radbruch 1878-1949. Zeitzeuge des 20. Jahrhunderts zwischen Rechtswissenschaft und Politik, Ubstadt-Weiher 2002.
Schlingensiepen, Ferdinand: Dietrich Bonhoeffer 1906–1945. Eine Biographie, München 2005.
Schmersal, Helmut: Philipp Scheidemann 1865-1939. Ein vergessener Sozialdemokrat, Frankfurt a.M. 1999.
Schmid, Carlo: Erinnerungen, Bern/München/Wien 1979.
Schmidt, Albert: Der Christlich-Soziale Volksdienst. Eine Antwort auf besorgliche Fragen, Hamburg 1932.
Schmidt, Dietmar: Martin Niemöller. Eine Biographie, Stuttgart 1983.
Schmidt, Karl-Heinz: Die Deutschlandpolitik der SED, in: Materialien der Enquete-Kommission ›Aufarbeitung von Geschichte und Folgen der SED-Diktatur in Deutschland‹, hrsg. v. Dt. Bundestag, Bd. V/3, Deutschlandpolitik, innerdeutsche Beziehungen und internationale Rahmenbedingungen, Baden-Baden 1995, S. 2114-2293.
Schmidt-Eenboom, Erich: Geheimdienst, Politik und Medien. Meinungsmache Undercover, Berlin 2004.
Schmoeckel, Reinhard/Kaiser, Bruno: Die vergessene Regierung. Die große Koalition 1966 bis 1969 und ihre langfristigen Wirkungen, Bonn 1991.
Schneider, Michael: Kleine Geschichte der Gewerkschaften. Ihre Entwicklung in Deutschland von den Anfängen bis heute, 2. überarb. und aktual. Aufl., Bonn 2000.
Schneider, Werner: Die Deutsche Demokratische Partei in der Weimarer Republik 1924-1930, München 1978.
Frye, Bruce B.: Liberal Democrats in the Weimar Republic. The History of the German Democratic Party and the German State Party, Carbondale/Edwardsville 1985.
Schneider, Wolf: Essen. Abenteuer einer Stadt, Düsseldorf/Wien/New York 1991.
Schnöring, Kurt: Gustav Walter, 1841-1913, in: Wuppertaler Biographien, Folge 12, Beiträge zu Geschichte und Heimatkunde des Wuppertales, Bd. 22, Wuppertal 1974, S. 85-90.

Schober, Volker: Der junge Kurt Schumacher 1895-1933, Bonn 2000.
Schoenbaum, David: Die braune Revolution. Eine Sozialgeschichte des Dritten Reiches, Köln/Berlin 1968.
Schoenbaum, David: Ein Abgrund von Landesverrat. Die Affäre um den ›Spiegel‹, Wien/München/Zürich 1968.
Schöllgen, Gregor: Willy Brandt. Die Biographie, Berlin 2001.
Scholtyseck, Joachim/Schröder, Stephen (Hg.): Die Überlebenden des deutschen Widerstandes und ihre Bedeutung für Nachkriegsdeutschland, Münster 2005.
Scholtyseck, Joachim: Hjalmar Schacht. Opportunistischer Weltgänger zwischen Nationalsozialismus und Widerstand, in: Bankhistorisches Archiv, Jg. 33, (1999), S. 38-46.
Scholtyseck, Joachim: Claus Schenk Graf von Stauffenberg (1907 – 1944), in: Reinhold Weber/Ines Mayer (Hg.): Politische Köpfe aus Südwestdeutschland, Stuttgart 2005, S. 204-214.
Scholz, Arno/Oschilewski, Walther: Turmwächter der Demokratie. Ein Lebensbild von Kurt Schumacher, Reden und Schriften, Berlin 1954.
Scholz, Günther: Die Bundespräsidenten. Biographien eines Amtes, Bonn 1997.
Schönbohm, Wulf: Die CDU wird moderne Volkspartei. Selbstverständnis, Mitglieder, Organisation und Apparat 1950-1980, Stuttgart 1985.
Schönfeldt, Rolf: Deutsche Friedens-Union, in: Richard Stöss (Hg.): Parteien-Handbuch. Die Parteien der Bundesrepublik Deutschland 1945-1980, Bd. 1, Opladen 1984, S. 848-876.
Schönfeldt, Rolf: Die Deutsche Friedens-Union (DFU) in Niedersachsen, unveröff. Diplomarbeit, Berlin 1977.
Schönhoven, Klaus: Wendejahre. Die Sozialdemokratie in der Zeit der Großen Koalition 1966-1969, Bonn 2004.
Schöttler, Peter (Hg.): Marc Bloch. Historiker und Widerstandskämpfer, Frankfurt am Main/New York 1999.
Schreiber, Hermann/Sommer, Frank: Gustav Heinemann. Bundespräsident. Mit einem Vorwort v. Günter Grass, Frankfurt a.M. 1969.
Schröter, Hermann: Essener Nachkriegsjahre und Oberbürgermeister Dr. Dr. Gustav W. Heinemann, in: Das Münster am Hellweg. Mitteilungsblatt des Vereins für die Erhaltung des Essener Münsters (Münsterbauverein e.V.), Jg. 28, (1969), Heft 3, S. 25-51.
Schücking, Walther: Neue Ziele der staatlichen Entwicklung. Eine politische Studie, Marburg 1913.
Schuler, Thomas: Strauß. Die Biographie einer Familie, Frankfurt a.M. 2006.
Schulte, Eduard (Hg.): Münstersche Chronik zu Novemberrevolte und Separatismus 1918, Münster 1936.
Schulze, Hagen: Die Biographie in der ›Krise der Geschichtswissenschaft‹, in: GWU, Jg. 29, Heft 8, (1978), S. 508-518.
Schumacher, Kurt: Karl Marx und die Deutschen, in: Arno Scholz/Walther Oschilewski: Turmwächter der Demokratie. Ein Lebensbild von Kurt Schumacher, Bd. II, Reden und Schriften, Berlin 1954, S. 298-300.
Schumacher, Kurt: Reden, Schriften, Korrespondenzen, hrsg. v. Willy Albrecht, Bonn 1985.
Schumann, Hans-Gerd: Nationalsozialismus und Gewerkschaftsbewegung. Die Vernichtung der deutschen Gewerkschaften und der Aufbau der ›Deutschen Arbeitsfront‹, Hannover/Frankfurt a.M. 1958.
Schumann, Michael: Die Entstehung des politischen Ansatzes bei Martin Niemöller unter dem Faschismus und seine Entfaltung in den Jahren 1945-1953 im Rahmen einer Bewegung kleinbürgerlicher Opposition. Versuch einer historisch materialistischen Fragestellung, Diss. Berlin 1974.
Schustereit, Hartmut: Linksliberalismus und Sozialdemokratie in der Weimarer Republik. Eine vergleichende Betrachtung der Politik von DDP und SPD 1919-1930, Düsseldorf 1975.
Schütz, Uwe: Gustav Heinemann und das Problem des Friedens im Nachkriegsdeutschland, Münster 1993.
Schwabe, Klaus: Der Weg der Republik vom Kapp-Putsch 1920 bis zum Scheitern des Kabinetts Müller 1930, in: Karl Dietrich Bracher/Manfred Funke/Hans-Adolf Jacobsen: Die Weimarer Republik 1918-1933. Politik – Wirtschaft – Gesellschaft, 3. Aufl., Bonn 1998, S. 95-133.
Schwarz, Hans Peter: Adenauer. Der Aufstieg 1876-1952, Stuttgart 1986.

Schwarz, Hans Peter: Adenauer. Der Staatsmann 1952-1967, Stuttgart 1991.
Schwarz, Hans-Peter (Hg.): Die Legende von der verpaßten Gelegenheit, Die Stalin-Note v. 10. März 1952, Stuttgart/Zürich 1982.
Schwarz, Heinz: DFU – Die Freunde Ulbrichts, Koblenz o.J.
Schwering, Leo: Frühgeschichte der Christlich-Demokratischen Union, Recklinghausen/Gelsenkirchen 1963.
Seifert, Jürgen (Hg.): Die Spiegel-Affäre, Bd. 1: Die Staatsmacht und ihre Kontrolle und Bd. 2: Die Reaktion der Öffentlichkeit, Olten 1966.
Seifert, Jürgen: Ulrike Meinhof, in: Wolfgang Kraushaar (Hg.): Die RAF und der linke Terrorismus, 2 Bde., Hamburg 2006, S. 350-371.
Simon, Christine: Erhard Epplers Deutschland- und Ostpolitik, Diss. Bonn 2004.
Simon, Helmut: Interview, in: Jörg Thierfelder/Matthias Riemenschneider (Hg.): Gustav Heinemann. Christ und Politiker. Mit einem Geleitwort v. Manfred Kock, Karlsruhe 1999, S. 208-225.
Sirges, Thomas/Sanner, Ingeborg/Pedersen, Henrik: Gustav Heinemanns Versöhnungsreisen in die Niederlande und nach Dänemark und Norwegen, in: Steinar Nybøle/Frode Lundemo/Heinz-Peter Prell: Papir vnde black – bläk och papper. Kontakte im deutsch-skandinavischen Sprachraum. Kurt Erich Schöndorf zum 70. Geburtstag, Frankfurt a.M. 2004, S. 205-250.
Smid, Marikje: Deutscher Protestantismus und Judentum 1932-33, München 1990.
Søe, Christian: Politische Kontrolle und Verantwortlichkeit in der Bundesrepublik Deutschland am Ende der Adenauer-Ära. Eine Verlaufsanalyse der Spiegel-Affäre, Diss. Berlin 1972.
Soell, Hartmut: Der junge Wehner. Zwischen revolutionärem Mythos und praktischer Vernunft, Stuttgart 1991.
Soell, Hartmut: Fritz Erler. Eine politische Biographie, Bonn 1976.
Solberg, Norbert: Chronik der CDU Essen, Essen 1996.
Sommer, Karl-Ludwig: Adenauers Konzeption, Heinemanns Alternative und die Nachwirkungen der gefällten Entscheidungen bis zum heutigen Verhältnis zwischen Ost- und Westdeutschen, in: Dieter Dowe/Dieter Wunder (Hg.): Verhandlungen über eine Wiedervereinigung statt Aufrüstung! Gustav Heinemann und die Eingliederung der Bundesrepublik in das westliche Militärbündnis. Vorträge einer Veranstaltung der Gustav-Heinemann-Initiative und des Gesprächskreis Geschichte der Friedrich-Ebert-Stiftung e.V. in Berlin am 18. Oktober 2000, Bonn 2000, S. 27-48.
Sommer, Karl-Ludwig: Der Übertritt Gustav Heinemanns zur SPD und die Folgen seiner Integration in diese Partei für das Parteiensystem der Bundesrepublik Deutschland, unveröff. Examensarbeit, o.O. 1975.
Sommer, Karl-Ludwig: Gustav Heinemann und die SPD in den sechziger Jahren. Die Entwicklungen politischer Zielsetzungen in der SPD in den Jahren 1960 bis 1969, dargestellt am Beispiel der politischen Vorstellungen Gustav Heinemanns, München 1980.
Sösemann, Bernd: Theodor Wolff. Ein Leben mit der Zeitung, München 2001.
Staadt, Jochen: Einverstanden Mielke, in: FAZ v. 9. Mai 2007, S. 1 u. S. 9-10.
Stamm, Christoph: Der Bund der Deutschen – Partei für Einheit, Frieden und Freiheit (BdD). Entstehung und Entwicklung einer ›bürgerlich-neutralistischen‹ Oppositionsbewegung, unveröff. Magisterarbeit, Bonn 1999.
Stang, Joachim: Die Deutsche Demokratische Partei in Preußen 1918-1933, Düsseldorf 1994.
Staritz, Dietrich: Kommunistische Partei Deutschlands, in: Richard Stöss (Hg.): Parteien-Handbuch. Die Parteien der Bundesrepublik Deutschland 1945-1980, Bd. 2, Opladen 1984, S. 1663-1809.
Steinberg, Hans-Josef: Widerstand und Verfolgung in Essen 1933-1945, Hannover 1969.
Steininger, Rolf: Deutsche Geschichte. Darstellung und Dokumente in vier Bänden, Frankfurt a.M. 2002.
Steininger, Rolf: Eine Chance zur Wiedervereinigung? Die Stalin-Note v. 10. März 1952, Bonn 1985.
Stenographische Berichte des Deutschen Bundestages.
Stenographische Berichte des nordrhein-westfälischen Landtages.
Stenographische Berichte über die Verhandlungen des Reichstages.
Stephan, Werner: Aufstieg und Verfall des Linksliberalismus 1918-1933. Geschichte der Deutschen Demokratischen Partei, Göttingen 1973.

Stern, Carola: Woher sie kamen, woher wir kommen, in: L76, Nr. 2, (1976), S. 151-173.
Stern, Carola: Zwei Christen in der Politik. Gustav Heinemann und Helmut Gollwitzer, München 1979.
Sternburg, Wilhelm von (Hg.): Die deutschen Kanzler, Königstein 1985.
Stöcker, Michael: Augusterlebnis 1914 in Darmstadt. Legende und Wirklichkeit, Darmstadt 1994.
Stöss, Richard (Hg.): Parteien-Handbuch. Die Parteien der Bundesrepublik Deutschland 1945-1980, Opladen 1984.
Stuart, Douglas T.: Führung, in: Ekkehard Lippert/Roland Wakenhut (Hg.): Handwörterbuch der Politischen Psychologie, Opladen 1983, S. 103-112.
Sunnus, Michael: Der NS-Rechtswahrerbund, 1928-1945. Zur Geschichte der nationalsozialistischen Juristenorganisation, Frankfurt a.M. 1990.
Süssmuth, Hans (Hg.): Deutschlandbilder in Dänemark und England, in Frankreich und den Niederlanden, Baden-Baden 1996.
Szöllösi-Janze, Margit: Fritz Haber 1868-1934. Eine Biographie, München 1998.

Tenfelde, Klaus: ›Krupp bleibt doch Krupp‹. Ein Jahrhundertfest – Das Jubiläum der Firma Fried. Krupp AG in Essen 1912, Essen 2005.
Tenfelde, Klaus: Krupp in Krieg und Krisen. Unternehmensgeschichte der Fried. Krupp AG, 1914 bis 1924/25, in: Lothar Gall (Hg.): Krupp im 20. Jahrhundert. Die Geschichte des Unternehmens vom Ersten Weltkrieg bis zur Gründung der Stiftung, Berlin 2002, S. 15-165.
Thierfelder, Jörg/Riemenschneider, Matthias (Hg.): Gustav Heinemann. Christ und Politiker. Mit einem Geleitwort v. Manfred Kock, Karlsruhe 1999.
Tormin, Walter: Geschichte der deutschen Parteien seit 1848, 3. Aufl., Stuttgart/Berlin/Köln/Mainz 1968.
Tormin, Walter: Geschichte der deutschen Parteien seit 1848, 3. Aufl., Stuttgart u.a. 1968.
Treffke, Jörg: Gustav W. Heinemann und die CDU, 1945-1952, unveröffentl. Magisterarbeit, Bonn 2003.
Treitschke, Heinrich von: Deutsche Geschichte im 19. Jahrhundert, Bd. 1, Leipzig 1913.
Treulieb, Jürgen: Ein Schicksal im Kalten Krieg. Viktor Agartz, in: Peter Grafe/Bodo Hombach/Reinhard Grätz (Hg.): Der Lokomotive in voller Fahrt die Räder wechseln. Geschichte und Geschichten aus Nordrhein-Westfalen, Berlin/Bonn 1987, S. 76-85.
Tschapke, Reinhard: Theodor Heuss, Berlin 1997.

Ueberschär, Gerd R.: Stauffenberg und das Attentat vom 20. Juli 1944. Darstellung, Biographien, Dokumente, Frankfurt a.M. 2006.
Uertz, Rudolf: Anmerkungen: Christliche Sozialethik und SPD. in: HPM, 13. Jg., (2006), S. 93-120.
Uertz, Rudolf: Christentum und Sozialismus in der frühen CDU. Grundlagen und Wirkungen der christlich-sozialen Idee in der Union 1945-1949, Stuttgart 1981.
Uhl, Bernd: Die Idee des christlichen Sozialismus in Deutschland 1945-1947, Mainz 1975.
Ullrich, Volker: Vom Augusterlebnis zur Novemberevolution. Beiträge zur Sozialgeschichte Hamburgs und Norddeutschlands im Ersten Weltkrieg 1914-1918, Bremen 1999.
Umbach, Dieter: Parlamentsauflösung in Deutschland: Verfassungsgeschichte und Verfassungsprozeß, Berlin 1989.
Uschmann, Georg: Ernst Haeckel. Biographie in Briefen mit Erläuterungen, Leipzig 1984.

Verfügungen, Anordnungen, Bekanntgaben, hrsg. v. der Partei-Kanzlei, München o.J.
Verhey, Jeffrey T.: The ›Spirit of 1914‹. The Myth and the Rhetoric of Unity in World War I, Berkeley 1991.
Vier Bundespräsidenten aus Nordrhein-Westfalen, hrsg. v. Präsidenten des nordrhein-westfälischen Landtages, Düsseldorf 2004.
Vinke, Hermann: Gustav Heinemann, hrsg. von der Gustav-Heinemann-Initiative, Bornheim 1986.
Vogel, Reiner: Hermann Höcherl. Annäherung an einen politischen Menschen, Regensburg 1988.
Vögele, Wolfgang: Christus und die Menschenwürde. Eckpfeiler der politischen Ethik des Justizministers und Bundespräsidenten Gustav Heinemann, in: Jörg Thierfelder/Matthias Riemen-

schneider (Hg.): Gustav Heinemann. Christ und Politiker. Mit einem Geleitwort v. Manfred Kock, Karlsruhe 1999, S. 150-169.

Volkmann, Hans Erich/Schwengler, Walter (Hg.): Die Europäische Verteidigungsgemeinschaft. Stand und Probleme der Forschung, Boppard a.R. 1985.

Volkmann, Hans Erich: Gustav W. Heinemann und Konrad Adenauer. Anatomie und politische Dimension eines Zerwürfnisses, in: GWU, Jg. 38, (1987), Heft 1, S. 10-32.

Vorländer, Herwart: Die NSV. Darstellung und Dokumentation einer nationalsozialistischen Organisation, Boppard 1988.

Wagner, Dietrich: FDP und Wiederbewaffnung. Die wehrpolitische Orientierung der Liberalen in der Bundesrepublik Deutschland 1949-1955, Boppard a.R. 1987.

Wagner, Jens-Christian: Der Fall Lübke, in: Die Zeit v. 19. Juli 2007, S. 74.

Walker, Denis Paul: Alfred Hugenberg and the Deutschnationale Volkspartei 1918 to 1930, Cambridge 1976.

Walter, Franz: Die SPD. Vom Proletariat zur Neuen Mitte, Berlin 2002.

Wassermann, Rudolf: Gustav Heinemann, in: Claus Hinrich Casdorff (Hg.): Demokraten. Profile unserer Republik, Königstein/Ts. 1983, S. 143-152.

Wassermann, Rudolf: Sechzehn Jahre Rechtspolitik unter sozialdemokratischer Verantwortung. Was haben die SPD-Minister im Bundesjustizministerium bewirkt?, in: RuP, 18. Jg., (1982), S. 165-173.

Weber, Jürgen (Hg.): Die Republik der fünfziger Jahre. Adenauers Deutschlandpolitik auf dem Prüfstand, München 1989.

Weber, Petra: Carlo Schmid 1896-1979. Eine Biographie, München 1996.

Weber, Reinhold/Mayer, Ines (Hg.): Politische Köpfe aus Südwestdeutschland, Stuttgart 2005.

Wehr, Gerhard: Karl Barth. Theologe und Gottes fröhlicher Partisan, Gütersloh 1985.

Weiß, Herman (Hg.): Biographisches Lexikon zum Dritten Reich, Frankfurt a.M. 1998.

Weizsäcker, Richard von: Vier Zeiten. Erinnerungen, Berlin 1999.

Wende, Frank (Hg.): Lexikon zur Geschichte der Parteien in Europa, Stuttgart 1981.

Wengst, Udo: Thomas Dehler 1897-1967. Eine politische Biographie, München 1997.

Wettig, Gerhard: Entmilitarisierung und Wiederbewaffnung in Deutschland 1943-1955. Internationale Auseinandersetzungen um die Rolle der Deutschen in Europa, München 1967.

Weyer, Rüdiger: Kirche-Staat-Gesellschaft in Autobiographien des Kirchenkampfes, Waltrop 1997.

Wichelhaus, Manfred: Gustav Heinemann. Als Christ Politik gestalten, in: Menschenrechte – keine Altlasten sondern Zukunftsperspektive, hrsg. v. der Gustav Heinemann-Initiative, Stuttgart 2000, S. 127-130.

Wichelhaus, Manfred: Politischer Protestantismus nach dem Krieg im Urteil Gustav Heinemanns, in: Titus Häussermann/Horst Krautter: Die Bundesrepublik und die deutsche Geschichte, Stuttgart 1987, S. 100-120.

Wieck, Hans-Georg: Die Entstehung der Christlich-Demokratischen Union in der britischen Besatzungszone und in Berlin und die Wiederbegründung der Deutschen Zentrumspartei in Westdeutschland im Jahre 1945, Hamburg 1952.

Wiedemeyer, Wolfgang: Karl Carstens. Im Dienste unseres Staates, Bonn 1980.

Wielenga, Friso: Niederländische Deutschlandbilder seit 1945, in: Hans Süssmuth (Hg.): Deutschlandbilder in Dänemark und England, in Frankreich und den Niederlanden, Baden-Baden 1996, S. 401-415.

Wielenga, Friso: Vom Feind zum Partner. Die Niederlande und Deutschland seit 1945, Münster 2000.

Wieneke, Heinrich: Union in Essen. Einblicke in Vorgeschichte, Geschichte und Strukturen einer Großstadtpartei, Essen 2005.

Wilker, Lothar: Die Sicherheitspolitik der SPD 1956-1966. Zwischen Wiedervereinigungs- und Bündnisorientierung, Bonn 1977.

Winkelbauer, Thomas (Hg.): Vom Lebenslauf zur Biographie. Geschichte, Quellen und Probleme der historischen Biographik, Horn-Waidhofen an der Thaya 2000.

Winkler, Heinrich-August: Der Weg in die Katastrophe. Arbeiter und Arbeiterbewegung in der Weimarer Republik 1930-1933, 2. Aufl., Berlin/Bonn 1990.

Winkler, Willi: Die Geschichte der RAF, Berlin 2005.
Winter, Ingelore: Unsere Bundespräsidenten. Von Theodor Heuss bis Roman Herzog. Sieben Porträts, 3. erg. und erw. Aufl., Düsseldorf 1994.
Winter, Jay/Parker, Geoffrey/Habeck, Mary R. (Hg.): Der Erste Weltkrieg und das 20. Jahrhundert, Hamburg 2002.
Wirsching, Andreas: Die Weimarer Republik in ihrer inneren Entwicklung. Politik und Gesellschaft, München 2000.
Wirsching, Andreas: Die Weimarer Republik. Politik und Gesellschaft, München 2000.
Wistrich, Robert: Wer war wer im Dritten Reich? Ein biographisches Lexikon. Anhänger, Mitläufer, Gegner aus Politik, Wirtschaft und Militär, Kunst und Wissenschaft, Frankfurt a.M. 1987.
Worm, Manfred: SPD und Strafrechtsreform. Die Stellung der Sozialdemokratischen Partei Deutschlands zur Strafrechtsreform unter Berücksichtigung ihrer Wandlung von einer Klassenkampfpartei zur Volkspartei, München 1968.
Wright, Jonathan: Gustav Stresemann 1878–1929. Weimars größter Staatsmann, München 2006.

Zarusky, Jürgen (Hg.): Die Stalin-Note vom 10. März 1952. Neue Quellen und Analysen, München 2002.
Zeh, Wolfgang: Bundestagsauflösung über die Vertrauensfrage. Möglichkeiten und Grenzen der Verfassung, in: ZParl, Jg. 14, (1983), S. 119-127.
Zehn Jahre NSV, hrsg. v. der NSDAP, Gau Hamburg, Hauptamt für Volkswohlfahrt, Hamburg 1943.
Zimmermann, Karl (Hg.): Die erste Reichstagung der Christlich-Demokratischen Union in Godesberg am 14.-16. Dezember 1945, Köln o.J.
Zinn, Holger: Die studentische Selbstverwaltung in Deutschland bis 1945, Wiesbaden 2005.
Zipfel, Friedrich: Kirchenkampf in Deutschland 1933-1945. Religionsverfolgung und Selbstbehauptung der Kirchen in der nationalsozialistischen Zeit, Berlin 1965.
Zitelmann, Rainer: Demokraten für Deutschland. Adenauers Gegner. Streiter für Deutschland, mit einem Vorwort v. Erhard Eppler, Neuausg., Frankfurt a.M./Berlin 1993.
Zitelmann, Rainer: Gustav W. Heinemann. Wenn ich nach Berlin will, steige ich nicht in den Zug nach Paris ein, in: Rainer Zitelmann: Demokraten für Deutschland. Adenauers Gegner. Streiter für Deutschland, mit einem Vorwort v. Erhard Eppler, Neuausg., Frankfurt a.M./Berlin 1993, S. 87-115.
Zülch, Rüdiger: Von der FDP zur F.D.P. Die dritte Kraft im deutschen Parteiensystem, Bonn 1972.

Zeitungen, Zeitschriften, Magazine

5Uhr Blatt
Aachener Nachrichten
Aachener Tageszeitung
Aachener Volkszeitung
Aachener Zeitung
Abendpost
Abendzeitung
Allgemeine Zeitung
Allgemeines deutsches Sonntagsblatt
Amberger Volksblatt
Augsburger Allgemeine
Augsburger Allgemeine Zeitung
Badische Neueste Nachrichten
Bayernkurier
Berliner Morgenpost
Berliner Stimme
Berliner Tageblatt
Berliner Zeitung
Bonner Kontakt – Informationen der CSU-Landesgruppe im Deutschen Bundestag
Bonner Rundschau
Bremer Nachrichten
Cannstatter Zeitung
Casseler Tageblatt
Cleveland Plain Dealer
CSU-Correspondenz
Darmstädter Echo
Das freie Wort
Der Abend
Der Informationsdienst
Der Morgen
Der Spiegel

Der Stern
Deutsche Nachrichten
Deutsche National-Zeitung
Deutschland-Union-Dienst
Die Welt
Die Zeit
Donau-Post
Düsseldorfer Nachrichten
Emnid-Informationen
Essener Allgemeine Zeitung
Essener Anzeiger
Essener Tageblatt
Flensburger Tageblatt
Frankfurter Allgemeine Zeitung
Frankfurter Neue Presse
Frankfurter Rundschau
Fränkischer Tag
Freiheit
Fuldaer Volkszeitung
Generalanzeiger
Gesamtdeutsche Rundschau
Göttinger Tageblatt
GVP-Nachrichten
Hamburger Abendblatt
Hamburger Echo
Handelsblatt
Hessische Allgemeine Zeitung
Hessische Landeszeitung
Hessische Nachrichten
IdeaSpektrum
Informations-Dienst der CDU
Iserlohner Kreisanzeiger
Kasseler Zeitung
Kieler Nachrichten
Kölner Stadt-Anzeiger
Kölnische Rundschau
Lübecker Nachrichten
Ludwigsburger Kreiszeitung
Lüneburger Landeszeitung
Mannheimer Morgen
Marburger Stadtbrille
Materialdienst des CSVD
Münchner Merkur
Neue Osnabrücker Zeitung
Neue Presse
Neue Ruhr Zeitung
Neue Zeitung
Neue Züricher Zeitung
Neues Deutschland
Neues Vorwärts
New York Herald Tribune
Nordwest-Zeitung
Nürnberger Nachrichten
Offenbach Post
Öffentlicher Anzeiger
Parlamentarisch-Politischer Pressedienst
Pirmasenser Zeitung
Rheinische Post
Rheinische Zeitung
Ruhr-Nachrichten
Ruhrzeitung
Sächsische Zeitung
Schriften des CSVD
Schwäbische Landeszeitung
Schwäbische Zeitung
Siegener Zeitung
SPD-Pressedienst
Stimme der Gemeinde
Stuttgarter Nachrichten
Stuttgarter Zeitung
Süddeutsche Zeitung
Tagesspiegel
Tägliche Rundschau
Telegraf
Union in Deutschland
United Press – Agenturmeldung
Vorwärts
Vossische Zeitung
Welt am Sonntag
Weser-Kurier
Westdeutsche Allgemeine Zeitung
Westdeutsche Neue Presse
Westdeutsche Rundschau
Westfalenblatt
Westfälische Nachrichten
Westfälische Zeitung
Wetzlarer Neue Zeitung
Wiesbadener Kurier
Wiesbadener Tageblatt

PERSONENVERZEICHNIS

Die Seitenhinweise beziehen sich nur auf Nennungen im Haupttext

SACH- UND ORTSVERZEICHNIS

Die Seitenhinweise beziehen sich nur auf Nennungen im Haupttext